THE NEW TESTAMENT IN SCOTS

ΠΟΛΥΝ
ΚΑΡΠΟΝ
ΦΕΡΕΙ

THE
NEW TESTAMENT
IN SCOTS

translated by

WILLIAM LAUGHTON LORIMER

LL.D. F.B.A.

SPES ALTERA VITAE

EDINBURGH

PUBLISHED FOR THE TRUSTEES

OF THE W. L. LORIMER MEMORIAL TRUST FUND

BY SOUTHSIDE (PUBLISHERS) LTD

1983

ISBN 0 900025 24 7

Published, sold and distributed
for the Trustees of the
W. L. LORIMER MEMORIAL TRUST FUND
Balcorrachy
Strathtummel
Pitlochry
by
SOUTHSIDE (PUBLISHERS) LTD
14 High Street
Edinburgh EH1 1TE

First published in hardback in 1983
Reprinted 1983, 1984, 1987, 2000

The Greek quotations from Jn. 12.24 and Mt 26.73
printed on pp. [i, 1] were written by George Thomson.

Printed in Great Britain by
Bookcraft (Bath) Limited
Trowbridge, Wiltshire

CONTENTS

EDITOR'S INTRODUCTION

My FATHER'S PARENTS were the Rev. Robert Lorimer, Free Church Minister of Mains & Strathmartine, a rural parish situated on the northern outskirts of Dundee, and Isabella Lockhart Robertson, who were married at Berne, Switzerland, in 1869, and during the next seventeen years had five sons and three daughters. He was the seventh of these eight children, was born at Strathmartine in 1885, and lived for most of his life within sight of the Sidlaws. When they grew up, his two eldest brothers, John Gordon Lorimer and David Lockhart Robertson Lorimer, both made distinguished contributions to Oriental linguistic studies; his eldest sister, Hilda Lockhart Lorimer, made an equally distinguished contribution to Homeric studies, and latterly became Vice-Principal of Somerville College, Oxford; and if he had died without having made the Scots translation of the New Testament printed in this memorial volume, his name might never have become quite so well known as any of theirs.[1]

Until towards the end of the eighteenth century, his eponymous ancestors had been farmers in Nithsdale: but his father's paternal grandfather was the Rev. Robert Lorimer, LL.D., nicknamed the Pope of Haddington, who was born in 1765 and died in 1848. He was the son of Robert Lorimer, farmer in Cleughfoot and Gateside, near Sanquhar, but was educated at Glasgow University, and then entered the ministry of the Church of Scotland. In 1792, when he was twenty-six or twenty-seven, the estates of the defunct Marquisate of Annandale devolved upon the Earl of Hopetoun, one of the principal heritors of the wealthy parish of Haddington. In 1793 the Rev. Robert Lorimer was appointed Chaplain to the Hopetoun Fencibles; in 1796 he was ordained Minister of Haddington; and in 1801 he married Elizabeth Gordon, daughter of John Gordon of Balmoor, W.S., and Margaret Stuart, through whom she was descended from James, fourth Earl of Moray, the Bonnie Earl's grandson. Their son, the Rev. John Gordon Lorimer, D.D., was born in 1804 and died in 1868. After having been educated at Glasgow University,

---

[1] Gordon and Lock also became the only two brothers both named in the discursive poem in which C. M. Grieve (Hugh Macdiarmid) pays homage to James Joyce; and, without being named, Hilda is affectionately portrayed in Vera Brittain's *Testament of Youth*.

he was ordained Minister of Torryburn, Fife, in 1828, but only three years later became Minister of St David's (commonly called the Ram's Horn Kirk), Glasgow. He married Jane Campbell, daughter of the Rev. John Campbell, D.D., who had been Moderator of the General Assembly of the Church of Scotland in 1819. One of the Rev. Dr John Campbell's first cousins was Thomas Campbell the poet; and amongst her second cousins Jane Campbell numbered both the classical scholars Lewis Campbell and Charles Badham.

Ever since the Anglo-Scottish Parliamentary Union of 1707, the clergy of the Established Church had not only occupied a much more dignified social position, but had also been much better-off, than most of their parishioners. The Pope of Haddington and his son had both risen in the world, and had both seemingly become pillars of the Establishment. But in 1843, when ten years of mounting conflict between Church and State culminated in the Disruption, the Rev. John Gordon Lorimer instantly renounced his emoluments, and soon became the first Free Church Minister of St David's, Glasgow. Only a few weeks later, the Pope followed his son's example, and in due course became Haddington's first Free Church Minister. What the Earl of Hopetoun may perhaps have had to say about his defection from the Establishment has not been recorded.

The Rev. John Gordon Lorimer's elder son, Robert, was born in 1840 and died in 1925. Like both his father and his paternal grandfather before him, he was educated at Glasgow University, and then, not without some preliminary hesitation, entered the ministry. In 1866 he was ordained Minister of Mains & Strathmartine; in 1900, when the Free Church and the United Presbyterian Church together formed the United Free Church, he became Strathmartine's first United Free Church Minister; and in 1909 he retired from active service. Although his ministry had thus lasted for forty-two years, the stipend on which he had brought up a family of eight children had never exceeded £400 a year: but none of them ever questioned the validity of the principles for which his father and grandfather had sacrificed the security which their merits had earned. He was dignified, but not ambitious; and, although he was both considerate and conscientious, he was so undemonstrative that he was not popularly regarded as an inspiring preacher. Before finally deciding to enter the ministry, he had wished to become an architect, and later transformed Strathmartine's original Free Church into a charming example of Victorian romanesque architecture.[1] It was in Rome, while studying architecture, that he first met his future wife, whose family was by contemporary standards much better connected than his.

Her father, grandfather, and great-grandfather had all been called David Robertson, and had all served the Honourable East India Company. Her paternal grandfather was Major David Robertson, H.E.I.C., who was born in 1766/7 and died at Cheltenham in 1847. He was the son of Captain David Robertson, H.E.I.C., a naval officer, and Marion Forbes, daughter of Hugh Forbes, advocate, and Margaret Aikman, daughter of William Aikman the painter; and on his mother's side he was also descended from Duncan Forbes of Culloden, the Lord President's grandfather, from Sir Thomas Urquhart of Cromartie, grandfather of Sir Thomas Urquhart the translator of Rabelais, and from Grizel Crichton, the Admirable Crichton's half-sister. He married Caroline Lockhart (described by her grand-daughter Bella as having been "a peepie-weepie old lady who went to bed whenever there was a thunderstorm") and retired early from service in India because the climate impaired his wife's health. Three of his four unmarried sisters lived to be very old; and Bella often saw them when she was a child. Like all Scottish gentlewomen of their generation, they ordinarily spoke Scots, not English; and one of them, Bella's Aunt Betsy, is not only said to have taken down part of *Marmion* from Scott's dictation, but had also danced as a girl with the Young Pretender, presumably in Rome towards the end of his life.

Bella's father, David Robertson, H.E.I.C., was Major David Robertson's son, and was born in 1811. After having been educated at Haileybury, where he was awarded a gold medal for mathematics, he went to India, and ultimately became a judge at Bareilly, midway between Delhi and Lucknow. In 1838 he married Elizabeth Hickson, who had been born in Dublin, but brought up in Cheltenham; and in 1857 he was hanged by his own servants during the Indian Mutiny.

His daughter Bella was born at Bareilly in 1849 and died at

---

[1] Illustrated in his *Mains and Strathmartine United Free Church: A short historical and architectural Account*, Dundee (Mathew) 1909. Like most British surnames ending in -er, Lorimer is of course a trade name; and he was not related to Sir Robert Lorimer, the architect. But my father was acquainted with the architect's brother, J. H. Lorimer, the painter, who sometimes visited him in St Andrews.

Bournemouth in 1931. Long before the Mutiny she had already been sent home to Scotland. With her brother David, who later returned to India, commanded a battalion of Gurkhas, and became a major-general in the Indian Army, she and her sisters were brought up mainly in Edinburgh, but also resided for some time in Rome, Heidelberg, and some other Continental cities. During their travels she acquired a European rather than a Scottish outlook, and became so proficient in languages that she spoke French, German, and Italian fluently. The Rev. Robert Lorimer, Strathmartine, also spoke Italian; and their lifelong habit of speaking it whenever they did not wish anyone else to understand what they were saying may perhaps have stimulated her three eldest children's precocious interest in language as such. Unlike her Aunt Betsy, she did not, however, speak Scots, and firmly insisted that in polite society her children must speak correct standard English. In later life most of them spoke it with at least a trace of her peculiarly Anglo-Scottish-Irish intonation, and with much more than a trace of her most un-English intensity. Energetic, excitable, and altruistic, she possessed a vigorous and acquisitive intellect, and despite her somewhat nomadic up-bringing was both well-educated and well-read. Unlike her husband, she was highly ambitious, and not only made life difficult for her five youngest children by encouraging them to emulate the youthful success already achieved by Gordon, Hilda, and Lock, but sometimes also exhorted them to be perfect, even as their Father in heaven was perfect. As a minister's wife, she set herself the same high standards as she set them, and was long remembered for the good works she had indefatigably done in the slums of Dundee.

When I was five or six years old, my grandparents were staying in furnished lodgings in Inverleith Row. One fine, fresh, sunny summer morning, my grandfather was looking after me while I played in the drawing-room. When my grandmother suddenly returned, she was shocked to find me leaning on the balcony which overlooked the garden, and made so much fuss that I burst into tears. In the midst of all the commotion thus precipitated by my prospective defenestration, my grandfather quietly drew me aside and said, only just loud enough for me to hear, "If only you'd just stop crying for a moment or two, I'd tell you a great secret. . . . *Never* cry till you're hurt." At once I stopped crying; and many years later my father told me that in childhood he had often had similar experiences.

IT WOULD SCARCELY be possible to improve upon Sir Kenneth Dover's eloquent, informative, and judicious account of my father's life and works;[1] and I shall accordingly confine myself to dealing with those aspects of them which seem most relevant to the history of his translation.

He was educated at Dundee High School, Fettes College, where he was Head of the School for two years, and Trinity College, Oxford.[2] At Fettes he won so many college prizes, all magnificently bound in full calf, gilt, that they occupy thirty-four inches of shelf-space. At Oxford he was less successful. In 1906 prolonged ill-health prevented him from sitting his examination for Classical Honour Moderations; and in 1908 he narrowly missed a first in *Literae Humaniores*. During his breakdown he reluctantly but finally renounced the religious beliefs with which his parents had indoctrinated him in childhood: but in 1906, while staying with his cousins the Crichton Millers[3] at San Remo, he was captivated by the charms of one of their domestic servants,[4] from whom he received so much encouragement that before he returned home to Strathmartine he had already acquired a fluent command of Italian; and by the time that he went down from Oxford, he had also learnt to read German.

His second in Greats made it difficult for him to find academic employment, but in 1910 he was fortunately appointed Professor Burnet's Assistant in Greek at St Andrews University. While teaching Greek, he fell in love with St Andrews—that *haunted town,*

> *Where o'er the rocks, and up the Bay,*
> *The long sea-rollers surge and sound,*
> *And still the thin and biting spray*
> *Drives down the melancholy street—*

[1] K. J. Dover, "William Laughton Lorimer (1885-1967)", Memoir, printed in the British Academy's *Proceedings*, Vol. LIII, pp. 437-48.

[2] One of his most cherished reminiscences of Trinity was that one day a globe-trotting American asked the college porter, a Roman Catholic, "Whom do those statues on the tower represent?" "Bless you, sir," the porter replied, "the 'oly Trinity." "But," said the puzzled American, "there are four of them." "That's right, sir," the porter assured him: "three Persons—and one God."

[3] My grandfather's younger brother, Sheriff Principal John Campbell Lorimer, K.C., married Jemima Bannerman; and their eldest daughter Eleanor (Nona) Lorimer married Hugh Crichton Miller, one of the earliest British practitioners of psychoanalytic medicine.

[4] He called her Vige, but so seldom mentioned her surname that I cannot remember it.

and with one of his students, Marion Rose Gordon, whom he married in 1915.

> They *did not dream*, they *could not know*,
> *How soon the Fates would sunder* them.

In 1914 he was commissioned in the Gordon Highlanders, but renewed ill-health rendered him unfit for active service; and from 1916 to 1919 he served in the Intelligence Directorate of the War Office, while his wife was employed in the War Trade Intelligence Department, and consequently knew how many British merchant ships were being sunk in 1917. While reading and analysing the neutral press, he learnt to read several languages, including Swedish, Dutch, Frisian, Romaunsch, and Roumanian, and became increasingly keenly interested in the difficulties encountered by ethnic minorities and their languages.

In 1919 he returned, with wife and son, to St Andrews, and in 1921 they finally settled down to live at 19 Murray Park, now called Lorimer House. In September 1922 his wife died suddenly, while on holiday at Braemar. The wounds inflicted by her death were at first overwhelming, and never completely healed: but with characteristic sagacity he soon succeeded in finding a housekeeper capable of helping him to bring up his son. Mrs MacGregor (1873/4-1930) was a miner's daughter from Ayrshire, and her maiden name was Helen Strachan. During the next seven years my father and I both learnt plenty of Scots from her.

In 1925 Burnet's health broke down, and my father was appointed acting head of his department. When Burnet died, he was succeeded by H. J. Rose; and in 1929 my father reluctantly accepted a Readership in Humanity at University College, Dundee, with permission to remain resident in St Andrews, and Principal Sir James Irvine's verbal assurance that he would not be obliged to retire until he reached the age of seventy. In 1947 the Principal was finally persuaded to offer him the Chair of Humanity at St Andrews, which he firmly declined; in 1953, when Rose retired, he was not only appointed Professor of Greek, but was also elected a Fellow of the British Academy; and in 1955 he relinquished the chair once occupied by his kinsman Lewis Campbell.[1]

---

[1] On first arriving in St Andrews, he had rung his learned cousin's front-door bell and politely enquired whether Professor Campbell was at home. "*Maister Cawmel*'ll see ye", his cousin's housekeeper tartly replied. *Autres temps, autres mœurs.*

Except in term-time, when lecturing, he had regularly worked at his desk every day from nine to one, and again from five to eight, but had always made a point of taking plenty of exercise. In childhood he had walked every day three miles down through the Hill Toun to school, and then three steep miles back home.[1] When ten years old he had once walked right round Loch Tay in one day. In 1908, when summoned to Oxford to attend a *vivâ voce* examination, he had walked from Spean Bridge, climbed Ben Alder, and reached Dalwhinnie in time to catch the night train. During his first two or three years at St Andrews he had played hockey for the University. And in the hot summer of 1911 he had once walked fifty-two miles by road from Stirling to St Andrews in one day. In later life he always, if possible, walked at least three miles every afternoon; and during most of his retirement he enjoyed excellent health. His last illness began in December 1966, when he was eighty-one; and he died in Edinburgh on 25 May the following year, without having completed his own final recension of the Scots translation of the New Testament to which he had devoted the last ten years of his life.

ALTHOUGH HE WAS proud of his mother's connexions, he had never identified himself so closely with them as with his father's comparatively plebeian eponymous ancestors, and liked to think that the latter included two of the stone-masons employed in building Drumlanrig.

When he was only nine years old, he responded to his mother's conflicting requirements that her children must all endeavour to learn as many different languages as possible, but must not themselves speak Scotch, by beginning to keep a notebook in which he wrote down the Scots words and phrases spoken by Mrs Mollison, Mrs Haggart, and Mrs Hodge, three aged and impoverished pensioners who inhabited the cottar-houses behind his father's manse. As a girl Mrs Hodge had been summoned (but not called) to give evidence at the trial of the Wife of Denside. Mrs Mollison had seen Strathmore illuminated from end to end by the flames of the bonfires lit to celebrate the passage of the Reform Bill. Mrs Haggart was bedridden. Once, when the Laird's daughter attempted to persuade her to lift her lines and join the Episcopal Church, she listened in stony silence until her young visitor

---

[1] In later life, one of his favourite proverbs was, "A stout hairt til a stey brae"; two others were, "A gangin fuit's ey gettin, gin it's nocht but a thorn or a brokken tae", and "Traduttori traditori".

ran out of arguments, and then replied, "Na, na, Miss Ogilbie: at the Lest Juidgement, Christ'll no speir fat Kirk we belanged tae." On another occasion, when someone persisted in trying to persuade her to perform some Victorian equivalent of telling white lies to the Social Security Inspector, she drew herself up in bed and indignantly retorted, "I ken brawlie richt bi wrang!" And although my father subsequently lost the notebook in which he recorded her idiomatic Scots, he never forgot how much it differed from English spoken with a Scots accent.

From 1910 to 1914, and from 1919 to 1955, he was mainly engaged in teaching Greek and Latin, and although he thus incidentally became an experienced, resourceful, and versatile translator, did not have much spare time to devote to studying Scots. Before the New Testament can be translated into Scots, or any other language, it must first, however, be translated out of Greek; and during these years he not only acquired an incomparable knowledge of ancient Greek lexis, grammar, usage, and syntax from 800 B.C. to A.D. 400 or so but also kept abreast of all the latest developments in New Testament studies.

As already mentioned, it was while reading the neutral press in 1916-19 that he had first become keenly interested in the problems encountered by linguistic minorities in reviving or developing their languages. Before the beginning of the Second World War further study had convinced him that, if Scots was ever to be resuscitated and rehabilitated, two great works must first be produced: a good modern Scots dictionary, and a good modern Scots translation of the New Testament, with which (it might be assumed) all well-educated general readers, and many others, were already familiar. In September 1945, soon after I returned home from the War, he told me that he had recently been considering what to do when he retired, and had tentatively decided to undertake the task of making his own Scots translation of the New Testament.

He was well aware that in doing so he would also be setting out to resuscitate and recreate Scots prose; and early in 1946 he wrote to William Grant, then editor of *The Scottish National Dictionary*, drawing his attention to some omission in one of the fascicules already published. In reply, Grant generously invited him to contribute such further information as he thought fit; and he soon became one of the Dictionary's chief external contributors. In 1947 he was elected a member of the Scottish National Dictionary Association's Executive Council; in the same year, Mr David

Murison succeeded William Grant as Editor; and from 1953 until his death in 1967 my father also officiated as Chairman of the Executive Council. He had already contributed to the revised edition of Liddell & Scott's Greek Lexicon published before the Second World War, and in assessment of his contribution to *The Scottish National Dictionary* Murison says:

> For twenty years Lorimer continued this work with his wonted prodigious thoroughness and accuracy, applying to it the same exacting standards of scholarship he had brought to bear in his work for the revision of Liddell & Scott, seeking out new sources, supplying better examples of usage, and noting errors and omissions, so that there can be hardly a page that does not contain some contribution from him. He began to hunt . . . for obscure authors, and in a few years had amassed a large collection of out-of-the-way texts. . . . These he excerpted with great care, and little escaped him; he noted not merely words but constructions, phrases and idioms, rhymes, . . . odd spellings, and so on. His particular interest in the Greek particles alerted him to similar usages in Scots, and one thinks in this connexion of his acute and invaluable study of the quasi-enclitic *na*, by which the relevant articles in the *S.N.D.* are so much the richer. He was in fact compiling a lexicon of his own, almost a thesaurus, from which he generously supplied the Dictionary where it was necessary; and it is now clear that this intense study of Scots was at the same time serving his other purpose, the translation of the New Testament.[1]

Murison's statement confirms that long before my father began work on his translation, he was already engaged in ransacking all available linguistic sources; and two brief examples will suffice to show that, when finally commenced, the work that he did on his translation went hand in hand with that which he still went on doing for the Dictionary.

My father's housekeeper, Mrs Barclay, once happened to say, "I'm gey forfauchelt."

"*What* was that word you used?" he incautiously interrupted. "Forfauchelt?"

"Na, na," she replied, "I juist said I wis gey forfochen", and, when pressed, obstinately denied that she had ever heard any such word as "forfauchelt". After further investigation, my

[1] Quoted (or paraphrased) in Dover, *op. cit.*, p. 444.

father, however, communicated it to the Dictionary, in which it
is now supported by several other references; and in due course he
also introduced it into his translation. Similarly, when, in reading
Paterson's *History of the Counties of Ayr & Wigton*, he came across
the statement that *c.* 1740 "The wet seasons threw up a bad weed
in the crop, called the *doite*", he duly reported it to the Dictionary;
and in translating the Parable of the Tares and the Wheat he
subsequently made good use of this discovery.[1]

In December 1946 he asked the National Bible Society of
Scotland to provide him with copies of several modern trans-
lations of the New Testament, including one Frisian, two
Flemish, one Afrikaans, and three Roumanian. During the next
ten years he scrutinised a great many translations of the New
Testament in many different languages;[2] and he also found time
to make some experimental Scots translations of Galatians,
Hebrews (11.32-7), James, I Peter, and Jude. Until 1955 he was
still teaching; and even when he retired, he did not finally become
free to begin making his definitive translation until towards the
end of 1957. Many of his ancestors had, however, been very long-
lived; and he had often assured me in the past that we both pos-
sessed excellent prospects of living to be at least eighty years old.

One of his notebooks contains preliminary drafts, begun in
1957, and all finally completed between 27 December the same
year and 8 June 1958, of Galatians, Philemon, Hebrews (11.32-7),
James, I Peter, and Jude. (It was not only because these works
were so short, but also because they presented such a wide
variety of styles, that he chose to begin with them.) Before going
any further he entirely revised these preliminary drafts. But
during the last seven months of 1959 he also completed his first
drafts of Philippians, I-II Thessalonians, II-III John, Titus, and
II Timothy; and in 1960 he completed those of I Timothy,
Colossians, Ephesians, I John, and II Peter.

Early in 1961 he began work on the Gospels; and it took him

[1] *S.N.D.*, s.vv. DOIT (*n.*[3]), FORFAUCHELT (where Fif.[14] = W. L. Lorimer,
St Andrews): *N.T.S.*, below, pp. 17, 26, 151.
[2] Thus, not content with having "read through" 72 different versions of Jude,
Hebrews (11.32-8), and James (1) in 14 languages, including 4 Latin, 2 Scots,
22 English, 9 German, 3 Swedish, 4 Danish, 4 Norwegian, 2 Dutch, 2 Flemish,
11 French, 4 Italian, 3 Spanish, 1 Catalan, and 1 Rhaeto-Romaunsch, he also
"read through" at least 174 versions of Philemon in 23 different languages,
including 8 Latin, 2 Coptic, 2 Syriac, 2 Platt-Dutsch, 23 German, 7 Danish,
5 Norwegian, 3 Swedish, 1 Faroese, 6 Dutch, 2 Flemish, 22 French, 1 Occitanian,
2 Catalan, 14 Italian, 4 Rhaeto-Romaunsch, 4 Modern Greek, 2 Scots, 48
English, and (for good measure) 1 Esperanto.

two years and three months to complete the first drafts of Mark, Matthew, Luke, and John. On 23 June 1963 he began work on Acts; and by 19 February 1964 he had also completed his first draft of Revelation. Since the beginning of 1961, when he had first set out to translate the Gospels, his progress had thus been surprisingly rapid. But much the most difficult part of his daunting task still lay ahead of him; and it was not until towards the end of the following year that he finally completed the first drafts of II Corinthians, I Corinthians, Romans, and Hebrews, the last of which was finished on 10 October 1965, at "9.3 p.m." Thus it had taken him approximately eight years to translate the whole of the New Testament into Scots; and all that he had so far produced was only a first draft. He was now eighty years old, and no longer possessed sufficiently good eyesight to read small print.

Early in 1966 he began to make what he called a revised edition of his first drafts, and had soon completed revised final transcripts of James, Mark, and Jude. Then he embarked on a hasty revision of the first drafts of Matthew, Luke, and Acts: but at the end of April 1966, he resumed the labour of transcription; and during the summer months he completed his revised final transcripts of I Peter, I-II Timothy, Titus, I-III John, II Peter, Philemon, Galatians, Philippians, Colossians, and Ephesians (completed 28 September 1966). Thus it had already cost him eight or nine laborious months to transcribe only one fourth of his first drafts. Even if he had succeeded in maintaining the same rate of progress, it would have taken him at least two more years to complete the task of revising and transcribing the other three-fourths; and, probably because he was beginning to feel that he was not destined to live so long, he now set out to revise the first drafts of I-II Corinthians, Romans, Hebrews, Acts, Matthew, Luke, John, and Revelation. He began to make this rapid revision on 29 September 1966, and finally completed it on 11 December 1966, at "c. 9.45 p.m."

On 12 December 1966 he put me editorially in charge of his translation and drafted, at my request, a few brief notes on "Orthography & Pronunciation", in which he expressly says:

I have deliberately refrained from writing in a uniform 'standard' Scots. On the contrary, I have made differences between different writers. In doing so, I have made the following units, which are intended to be *internally* consistent in forms and orthography:

1. MATTHEW.

2. MARK, except: 2(*a*), 16.9-20.

3. LUKE-ACTS.

4. JOHN, with I-III John, except: 4(*a*) Jn. 7.53-8.11; 4(*b*), Jn. 21.

5. PAUL, incl. Romans, I-II Corinthians, Galatians, Philippians, Colossians, I-II Thessalonians, Philemon, and (perhaps with some differences) Ephesians.

6. PASTORALS, incl. I-II Timothy and Titus.

7. HEBREWS.

8. JAMES.

9. I PETER.

10. II PETER.

11. JUDE.

12. REVELATION.

In quotations from the O.T. I have made occasional use of Old Scots words.

IN ONE OF the few conversations in which my father discussed his translation with me during his last illness, he said that in revising his first drafts he had carefully reconsidered all such variants and alternative renderings as they contained, and had in most cases indicated his final preference, but that in doing so he had often mistrusted his own judgement, and still felt doubtful about many of the spellings he had adopted. Accordingly he instructed me that in editing his manuscripts I must always, in the last resort, be guided by my own editorial judgement.

The manuscripts of his translation are contained in ten notebooks ranging in format from $8\frac{1}{4} \times 6\frac{1}{2}$ to $10\frac{1}{4} \times 8\frac{1}{4}$ ins., and comprise:

(*a*) REVISED FIRST DRAFTS (Matthew, Luke, John, Acts, Romans, I-II Corinthians, Hebrews, and Revelation): All text is written, in single verses, on recto pages; it contains a great many variants; and many alternative renderings are also written, with notes, on previous verso pages.

(*b*) REVISED FINAL TRANSCRIPTS (Mark, Galatians, Ephesians, Philippians, Colossians, I-II Thessalonians, I-II Timothy,

Titus, Philemon, James, I-II Peter, I-III John, and Jude): All text is transcribed, in solid paragraphs, on recto pages; it contains only a few remaining variants; and scarcely any alternative renderings are written *en face* on previous verso pages. There are, however, a few explanatory or critical notes.

The Revised First Drafts together contain about three-fourths of my father's translation, and have, of course, demanded much more editorial attention than the Revised Final Transcripts.

Without having lost sight of the requirement that each of the twelve authorial units already specified should be *internally* consistent in forms and orthography, I have made a good many minor alterations in my father's spelling. Most of them do not require any detailed discussion, but a few brief comments must now be made on those which affect the pronunciation.

In his revised final transcript of I-III John,[1] my father throughout writes "truith". Throughout his revised first draft of John's Gospel[2] he first also wrote "truith", but subsequently altered it, wherever it occurred, to "trowth"; and in a definitive list of spellings compiled less than three months before his health broke down he expressly adopts "trowth" as standard in Luke, Acts, and John. John's Gospel and I-III John all, however, belong to one of his twelve authorial units; and in I-III John I have accordingly substituted "trowth" for "truith" wherever it occurs.

In the same annotated list of standard spellings, my father records his final preference for the spellings "king(dom), wing, wisdom". But in one of the few conversations in which we discussed his translation during his last illness he told me that he had never finally made up his mind whether these words should be pronounced *king, wing, wizdom*, or *keeng, weeng, weezdom*. I received the impression that he had not completely overcome his hankering for the pronunciations *keeng, weeng, weezdom*; and after prolonged editorial indecision I finally resolved to spell these words so as to be pronounced *keeng, weeng, weezdom*, in the Pauline Epistles, Mark, Matthew, and Hebrews, but so as to be pronounced *kings, wings, wizdom* everywhere else. Any reader who dislikes my spellings of these words should simply ignore them.

Finally, my father's manuscripts also provide much evidence

---

[1] Begun 18 June, finished 5 July 1966.
[2] Revision not finally completed until 3 December 1966.

which suggests that he had not finally made up his mind how two other words should be pronounced: "same", which he sometimes spells "sam"; and "shame(fu)", which he often spells "sham(fu)". I doubt whether he would have retained either of these spellings if the last two volumes of *The Scottish National Dictionary* had been published before his death; and I have always (except once) substituted "same, shame(fu)", for "sam, sham(fu)", wherever each occurs.

My father had once told me, while I was still at school, that "fornicatio" was a legalism which had first been introduced into the language of Christian morals by Jerome in the Vulgate. A few months before his health broke down, I asked him whether "hurin", etc., would not therefore be much better Scots translations of πορνεία, etc., than "furnication", etc. After his death I found that in the revised first draft of I Corinthians 5.9-11 he had originally written "furnicators", etc., but had subsequently added in pencil the variant "hoorers", etc. Elsewhere in his manuscripts, there are a few other passages (*e.g.*, I Cor. 6.9) in which he had tentatively added the same or similar variants. All such additions are written in shaky handwriting, and appear to have been made not long before his health broke down. I feel sure that if it had not broken down so soon after our discussion of this particular question, he would once more have gone through all his voluminous manuscripts, adding similar variants wherever appropriate; and I doubt whether he would in the end have preferred "furnicators" to "hurers". I have throughout his translation altered the text accordingly; and in my *apparatus criticus* I have accurately reported all such alterations.

My father's own passionate devotion to truth was probably the only dogmatic commitment which restricted the freedom which his combined knowledge of Greek and Scots permitted him to exercise; and, like his collateral ancestor Sir Thomas Urquhart of Cromartie, he was sometimes an exuberant translator. In deciding which of several variants or alternative renderings to adopt, I have sometimes hesitated to collaborate with his scholarship in inhibiting his creativity; and, although I have in general been governed by such final preferences as he has indicated, mine have not always coincided with his. Thus in I Corinthians 14.11 his text reads:

I will be like a barbârian tae him an he will be like a barbârian tae me.

But written on the previous verso page there is also an alternative rendering, which reads:

my speech will be like the {cheepin o a spug/currooin o a (cushie) doo} tae him an his will be like the {chitterin o a swallow/ claikin o a [kae/craw]} tae me.

At first sight, this may perhaps seem far-fetched. It should not, however, be overlooked that, in classical Greek, foreign languages were proverbially compared to the twittering of birds;[1] and, although βάρβαρος means "anyone who does not speak Greek", it does not strictly mean "anyone who is not civilised". In the text printed below, I have consequently resorted to my father's alternative rendering.

In one of the few conversations in which he discussed his translation with me during the last five months of his life, I reminded him that he had once shown me an apocryphal rendering of Matthew's account of the Temptation in which the Devil spoke English; and when I asked whether he could tell me what had become of it, he replied that since it had never been intended for publication, he had destroyed all extant copies of it. A draft headed *Interpretatio Apocrypha* had, however, survived; and after his death I found it, quite by chance, amongst the spoilt papers which he had always kept in his desk. Once having plucked this brand out of the fire, I could not finally bring myself to suppress so characteristic an example of his wit; and I have accordingly printed an edited transcript of it in Appendix II below.

Fortunately for me, my father's handwriting was always so legible that I have only twice had any difficulty in reading it. In the text printed below, I have silently corrected a few mere slips of the pen; and in perhaps as many as three or four passages (*e.g.*, especially, Jn. 6.42, I Cor. 15.27) I have taken it upon myself to supply a few inadvertently omitted words.

The Goliardic mixture of Greek, Latin, Scots, and English in which my father composed the Notes printed in Appendix III, I daresay, would make most contemporary publishers' editors stare and gasp: but since it illustrates his intellectual agility, I have reproduced it with as few trifling editorial alterations as I have considered necessary.

---

[1] Cp. also, in Japanese, Murasaki Shikibu, *The Tale of Genji*, tr. Seidensticker, London (Secker & Warburg) 1976, Vol. I, p. 390: "He glowed with health and had a deep, rough voice and a heavy regional accent that made his speech seem as alien as bird language."

In the *apparatus criticus* printed below the text, I have concisely reported:

(*a*)   All cases in which I have finally adopted any of the alternative renderings written on verso pages;

(*b*)   All cases in which I have supplied any missing words; and

(*c*)   Except with regard to "king, wing, wisdom, same, shame(fu)", all cases in which I have made any orthographical alteration which alters the pronunciation.

I have *not* reported:

(*d*)   More than very few cases in which I have adopted any of the variants written on recto pages;

(*e*)   Any alterations of my father's punctuation;

(*f*)   Any orthographical alterations which do not affect the pronunciation; or

(*g*)   Obvious corrections of any mere slips of the pen.

In text all words quoted from the Old Testament are printed in italics; and, where necessary, special emphasis is indicated by letter-spaced roman type. Some detailed notes on spelling and pronunciation will be found in Appendix IV.

The genesis of my father's translation can, as I have shown, be traced back to the autumn of 1945. From the first notion of the brain to the last motion of the press, at least thirty-eight years will thus have elapsed since he first tentatively decided to make it; and I hope that all those into whose hands it comes will enjoy reading it as much as I have enjoyed editing it.

WHILE MAKING HIS translation, my father let only a few close friends and relatives know what he was doing. Throughout the whole course of its production he read each successive instalment aloud to Dr R. G. Cant, with whom he discussed it in detail, seeking his advice, pondering his occasional criticisms, and welcoming his remedial suggestions. Whenever he came to Edinburgh, he seized the opportunity to read as much of the latest instalments as time allowed to Mr David and Mrs Hilda Murison, whose combined advice he invariably sought on all doubtful points. From time to time, he also read parts of it to the late Professor D. C. C. Young, the only contemporary Scottish poet whose advice he solicited. During the last few years of his life, he often told me how much he valued all the advice, criticism, and encouragement that these four friends of ours had so freely and fruitfully provided; and if he had lived long enough he would certainly have expressed his profound gratitude to them for all their help.

Without saying why, he often consulted his friends and colleagues the Very Rev. Professor Matthew Black, Professor Kenneth Dover (as he then was), and perhaps a few others whose names are not known to me, and would undoubtedly have thanked them for their judicious, illuminating, and ungrudged advice.

Perhaps he might, however, have reserved his deepest gratitude for his father's parishioners Mrs Haggart, Mrs Mollison, and Mrs Hodge, the three "auld wives" of Strathmartine from whose lips he first took down some of the living Scots into which he was later to translate the Book which gave them their faith; and there cannot be much doubt that he would also have acknowledged how much he subsequently gleaned from those of his housekeepers Mrs MacGregor and Mrs Barclay.

Last, but by no means least, no words of mine can sufficiently thank their ultimate successor, Miss Elsie Shepherd, without whose faithful, assiduous, and efficient service he could not possibly have completed his great work before he died.

TO MAKE DUE acknowledgement for all the help of which I have availed myself in course of my editorial work will tax my linguistic capacities. I wish first to express my deepest gratitude to the Very Rev. Professor R. A. S. Barbour, Dr R. G. Cant, and Emeritus Professor Sir Thomas Smith for all their inexhaustible generosity, and for all the wise advice, guidance, and encouragement that they have given me in this connexion, and many others, during the last seventeen years. In editing my father's translation I have also, from time to time, consulted the Very Rev. Principal Matthew Black, Sir Kenneth Dover, Miss Iseabail Macleod, Dr David Murison, Mrs Mairi Robinson, and Dr Tom Scott, and welcome this opportunity to thank them, not only for all their learned advice, but also for the alacrity with which they have invariably provided it. I am also very grateful to Mr G. H. Elliot, Mr I. R. Guild, Professor R. M. Hare, and Mr P. W. Simpson for much good counsel and practical help that they have given me during the last few years. In acknowledging my indebtedness to all those already named in this paragraph, I wish, however, to make it quite clear that, in compliance with my father's instructions, I have always, in the last resort, been guided by my own editorial judgement, and am solely responsible for all that I have done.

My friends Professor Barbour, Emeritus Professor David Daiches, Mr Michael Grieve, Mr W. G. Henderson, and Sir Thomas Smith all have so many other responsibilities that, had I initially foreseen how much hard work it would cost us to found and establish the W. L. Lorimer Memorial Trust Fund, I might perhaps have forborne to invite them to accept office as its Trustees; and I cannot sufficiently thank them for all the help they have given me in raising the funds required to finance the production and publication of this memorial volume. In expressing our gratitude to all those who graciously permitted us to name them as Patrons or Sponsors of our Appeal, we wish particularly to mention the supererogatory services so willingly rendered by Dr Jean Balfour, Dr Cant, Sir Kenneth Dover, Dr David Russell, and, not least, Lady Stormonth-Darling. A list of all donors who have not chosen to remain anonymous will be found at the end of this book. In expressing our heartfelt gratitude to all those who have responded to our Appeal, it would be invidious, however, to single any of them out for special mention; and we wish merely to say that, although we have most gratefully received some quite substantial donations, we have been no less grateful for many widows' mites whose donors, we dare say, could ill afford to make them. It remains to be recorded that we are also very grateful to Mr R. E. Pears, the W. L. Lorimer Memorial Trust Fund's Honorary Treasurer, for all the advice and assistance that he has so willingly provided, to Mr T. K. Fleming for having so generously helped us to launch our Appeal, and to Mr Alastair M. Dunnett for having so productively promoted it.

Soon after my father handed his manuscripts over to me, I deposited them in the National Library of Scotland for safe-keeping; and I wish to express my gratitude to Professor W. R. Beattie, Professor E. F. D. Roberts, Mr James Ritchie, and Dr T. I. Rae for all their courteous and efficient co-operation. Grateful acknowledgement is also due to the British Academy for permission to print the extract from Mr David Murison's statement quoted on p. xv.

For much helpful professional advice and assistance I am especially indebted to my friends and colleagues Mr Ruari McLean, Mr Christopher Maclehose, Mr George Thomson, Mrs Stephanie Wolfe Murray, and Mr Charles Wild; and in recording my gratitude to Clark Constable (1982) Ltd for the readiness with which their compositors, readers and managers have always responded to my exorbitant editorial demands, I wish particularly to thank my friends Mr K. G. Dickson and Mr L. Mair for all the trouble they have taken. Most editors can seldom have been so well served by their printers as I have been by mine.

To Miss Sally Glover, Dr W. J. Irvine, Dr J. S. A. Sawers, and all other members of the National Health Service whose care and skill saved me from going blind four years ago, I can only say:

> Non è l'affezion mia tanto profonda
> che basti a render voi grazia per grazia:
> ma quei che vede e puote a ciò risponda.

Elsewhere[1] Dante shortly defines "the vernacular speech" as "that which we acquire without any rule, by imitating our nurses"; and I wish penultimately to record my lifelong gratitude to my dear nurse Gregor for having, *inter alia*, familiarised me in childhood with our "nobler speech". In conclusion, I cannot, however, find words sufficient to thank my wife Priscilla for all the help and encouragement that she has abundantly supplied from her store of grace.

Edinburgh
17 February 1983   R. L. C. LORIMER

POSTSCRIPT: The text here printed was thoroughly collated with my father's manuscripts for the Penguin edition and supersedes those printed in the first three impressions.

R. L. C. L.

---

[1] *De vulgari eloquentia*, tr. A. G. F. Howell, in *A Translation of Dante's Latin Works*, Temple Classics, London 1904, a second-hand copy of which my father bought for 6d in 1949.

Η ΛΑΛΙΑ ΣΟΥ ΔΗΛΟΝ ΣΕ ΠΟΙΕΙ

SIGLA

R = MS. Variants written on recto pages.
L = MS. Alternative Renderings written on previous verso pages.

Superior Arabic numerals in printed text refer to Notes contained in
Appendix III (below, pp. 457 ff.). All passages stigmatised in the Trans-
lator's manuscript are here enclosed in double square brackets ⟦ ⟧.

MATTHEW'S GOSPEL

GENEALOGIE O JESUS CHRIST, the son o Dauvit, the son o Abraham: Abraham wis the faither o Isaac; Isaac o Jaucob; Jaucob o Judah an his brithers; Judah o Perez an Zârah, bi Tâmar; Perez o Hezron; Hezron o Ram; Ram o Ammínadab; Ammínadab o Nahshon; Nahshon o Salma; Salma o Boaz, bi Râhab; Boaz o Obed, bi Ruth; Obed o Jessè; Jessè o Kíng Dauvit.

Dauvit wis the faither o Solomon, bi Uríah's wife; Solomon o Rehoboam; Rehoboam o Abíjah; Abíjah o Asa; Asa o Jehoshaphat; Jehoshaphat o Joram; Joram o Azaríah; Azaríah o Jotham; Jotham o Ahaz; Ahaz o Hezekíah; Hezekíah o Manasseh; Manasseh o Amon; Amon o Josíah; Josíah o Jechoníah an his brithers, at the time o the Cairriein-Awà tae Babylon.

Efter the Cairriein-Awà, Jechoníah wis the faither o Shealtiel; Shealtiel o Zerubbabel; Zerubbabel o Abíud; Abíud o Elíakim; Elíakim o Azor; Azor o Zâdok; Zâdok o Achim; Achim o Elíud; Elíud o Eleâzar; Eleâzar o Matthan; Matthan o Jaucob; Jaucob o Joseph, the husband o Mary, the mither o Jesus, at is caa'd Christ. Sae there is fowrteen generâtions in aa frae Abraham til Dauvit; fowrteen frae Dauvit til the Cairriein-Awà tae Babylon; an fowrteen frae the Cairriein-Awà til Christ.

THIS IS THE storie o the birth o Jesus Christ. His mither Mary wis trystit til Joseph, but afore they war mairriet she wis fund tae be wi bairn bi the Halie Spírit. Her trystit husband Joseph, honest man, hed nae mind tae affront her afore the warld an wis for brakkin aff their tryst hidlinweys; an sae he wis een ettlin tae dae, whan an angel o the Lord kythed til him in a draim an said til him, "Joseph, son o Dauvit, be nane feared tae tak Mary your trystit wife intil your hame; the bairn she's cairriein is o the Halie Spírit. She will beir a son, an the name ye ar tae gíe him is Jesus, for he will sauf his fowk frae their sins."

Aa this happent at the wurd spokken bi the Lord throu the Prophet micht be fufilled:

Behaud, the virgin will bouk an beir a son,
an they will caa his name Immanuel—

that is, "God wi us".

Whan he hed waukit frae his sleep, Joseph did as the angel hed bidden him, an tuik his trystit wife hame wi him. But he bedditna wi her or she buir a son; an he caa'd the bairn Jesus.

2 JESUS WIS BORN at Bethlehem in Judaea i the days o Kíng Herod, an it wis nae time efter his birth or a curn spaemen frae the Aist cam tae Jerusalem an begoud speirin, "Whaur is the Kíng o Jews at hes come hame eenou? We saw the risin o his stairn, an ar come wast for tae wurship him."

Kíng Herod wis sair pitten about tae hear that, an een sae wis the haill o Jerusalem. Sae he convened aa the Heid-Príests an Doctors o the Law i the kintra an speired at them whaur the Christ wis tae be born.

"At Bethlehem in Judaea," said they, "een as the Prophet says in his buik:

> 'An thou, Bethlehem i the Laund o Judah,
>   is naegate *the least amang the Clans o Judah*,
>   *for frae thee will gang furth a leader*
>   *at will herd my peiple Israel*'."

Herod than caa'd the spaemen til him in hidlins, an whan he hed lairnt frae them the day an hour o the stairn's kythin, he sent them awà tae Bethlehem, biddin them gang their waas an seek out aa the speirins they coud win at anent the bairn: "An whan ye hae fund him," qo he, "bring me back wurd, sae at I may gae an wurship him mysel."

They did een as the Kíng baud them, an tuik the gate; an, behaud, thair wis the stairn gaein on afore them, on an on, or it stappit abuin the houss whaur the bairn wis; an byous blythe war they tae see the stairn! Syne they gaed ben, an saw the bairn, wi Mary his mither; an they fell on their knees an wurshippit him, an apnin their treisur-kists, they laid gifts afore him—gowd, an frankincense, an myrrh. Than they fuir awà hame anither gate nor they hed come, sin they hed been warnished in a draim no tae gae back til Herod.

Efter their wagang belyve an angel kythed til Joseph in a draim an said til him, "Rise ye up an tak the bairn an his mither an haud awà til Egyp; for Herod ettles tae seek the bairn, for tae kill him."

Sae Joseph rase an tuik the bairn an the bairn's mither throu the nicht an gaed doun intil Egyp, an steyed there till

Herod's deith. For sae it buid be, at the wurd spokken bi the Lord throu the mouth o the prophet micht be fufilled: *"I cried my son frae Egyp."*

Whan Herod saw at he hed been joukit bi the spaemen, he wis reid-wud wi teen, an sent an slauchtert aa the man-bairns intil the haill o Bethlehem, toun an laundart, at wis twa year auld or less, conform til the time he hed lairnt frae the spaemen. Than wis fufilled the wurd spokken bi Jeremíah the Prophet:

> *A cry wis hard in Râmah,*
> *yammer an murnin an nae devaul—*
> *Rachel yammerin for her bairntime,*
> *an comfort nane wad she tak,*
> *for at they warna nae mair.*

But, when Herod díed, belyve an angel o the Lord kythed in a draim til Joseph in Egyp an said til him, "Rise ye up an tak the bairn an his mither an haud awà til the Laund o Israel, for them at socht the bairn's life is deid." Sae Joseph rase an tuik the bairn an the bairn's mither an fuir awà til the Laund o Israel. But whan he heared at Archelâus wis Kíng o Judaea in place o his faither Herod, he wis fleyed tae gang back there an owre the heid o a warnishment in a draim drew aff intil the pairt o Galilee an there sattelt in a toun caa'd Nazareth, at the wurd spokken bi the Prophets micht be fufilled: "He will be caa'd a Nazaraean."

ABOUT THAT TIME John the Baptist kythed i the muirs o 3 Judaea, preachin an tellin the fowk: "Repent, for the Kíngdom o Heiven is naurhaund!"

This wis the man at wis spokken o bi the Prophet Isaiah, whan he said:

> *Hark! The voice o ane cryin, out i the muirs:*
> *'Redd ye the gate o the Lord,*
> *mak strecht his pads!'*

This same John's cleadin wis a raploch coat o caumel's hair, wi a lethern girth about his waist, an [a]locusts an bumbees' hinnie wis aa his scran. Aa Jerusalem an the haill o Judaea an Jordanside gaed out til him an confessed their sins an hed baptism at his haunds i the Jordan.

---

[a] (his mait wis locusts an foggie-bees' hinnie) R: locusts an bumbees' hinnie wis aa his scran [*ticked*] L.

Whan he saw a feck o Pharisees an Sadducees comin for baptism, he said til them, "Ye getts o ethers, wha warnished ye tae flee frae the comin wraith? Awà an bring furth the frutes o repentance! An thinkna tae say til yoursels, 'We hae Abraham til our faither.' I tell ye, God coud raise childer for Abraham out o thir stanes. The aix is lyin else at the ruits o the tree, an ilka tree at beirsna guid frute will be cuttit doun an cuissen intil the fire. I am baptízin ye wi watter, tae win ye tae repentance: but him at is comin efter me is michtier nor me, sae at I amna wurdie tae tak aff his shuin for him; an he will baptíze ye wi the Halie Spírit an fire. His shuil is eenou intil his haund, an weill will he dicht his threshin-fluir; his grain will he gether intil his corn-laft, but the caff will he brenn wi fire at downa be slockent!"

Jesus nou cam frae Galilee tae the Jordan tae be baptízed bi John. But John socht tae hender him: "I hae need tae be baptízed bi ye," qo he, "an come ye tae me?"

But Jesus answert, "Lat it be sae for the nou; we behuive tae dae this, gin we ar tae dae God's will in aathing." Syne John loot him hae his will.

Jesus cam strecht up frae the watter efter he hed been baptízed, an on a suddentie the lift apent, an he saw the Spírit o God comin doun his airt like a dou; an strecht a voice cam out o the lift, sayin, "This is my beluvit Son; in him I am weill-pleised."

4 SYNE JESUS WIS led awà bi the Spírit tae the muirs for tae be tempit bi the Deivil.

Whan he [b]hedna haen bite nor soup for fortie days an fortie nichts an wis fell hungrisome, the Temper [c]drew up til him an said, "Gin ye ar the Son o God, bid thir stanes turn intil laifs."

Jesus answert, "It says i the Buik:

> *Man sanna líve on breid alane,*
> *but on ilka wurd at comes*
> *furth o God's mouth."*

Neist the Deivil tuik him awà til the Halie Cítie an set him on the toupachin o the Temple an said til him, "Gin ye ar the Son o God, cast yoursel doun tae the grund; for it says i the Buik:

> *He will gíe his angels orders anent ye,*

---

[b] hed taen nae mait R: hed haen naither bite nor soup/hedna haen bite (n)or soup L.
[c] cam R: drew up L.

> an *they will haud ye up on their haunds,*
> *at ye dingna your fit again a stane."*

Jesus answert, "Ithergates it says i the Buik: '*Thou sanna pit the Lord thy God tae the pruif*'."

Aince mair the Deivil tuik him awà, this time til an unco heich muntain, whaur he shawed him aa the kíngdoms o the warld an aa their glorie, an said til him, "Aa thir I s' gíe ye, gin ye will gae doun on your knees an wurship me."

Than Jesus said til him, "Awà wi ye, Sautan! It says i the Buik:

> *Thou sal wurship the Lord thy God,*
> *an him sal thou sair* alane."

At that the Deivil loot him abee, an immedentlie angels cam an *a*begoud fettlin for him.

Whan he heared at John hed been incarcerate, he gaed back tae Galilee an, quattin Nazareth, sattelt in Capernaüm, doun at the Lochside, i the kintra o Zebulon an Naphtali. For sae it buid be, at the wurd spokken bi Isaiah the Prophet micht be fufilled, whan he says:

> *Laund o Zebulon, an Laund o Naphtali,*
> *on the gate til the sea, atowre Jordan,*
>   *Galilee o the Haithen!*
> *The fowk at sat i the mirk*
>   *hes seen a gryte licht:*
>   *for them at sat*
> *i the shaidows o the Laund o Deith*
>   *day hes dawed.*

FRAE THAT TIME forrit Jesus set tae the preachin: "Repent," he tauld men, "for the Kíngdom o Heiven is naurhaund."

Ae day he wis traivlin aside the Loch o Galilee, whan he saw twa brithers, Símon, caa'd Peter, an Andro his brither, castin a net intil the loch; for they war fishers tae tredd.

"Come efter me," qo he til them, "an I s' mak ye men-fishers"; an strecht they quat their nets an fallowt him.

Gaein on faurer, he saw ither twa brithers, Jeames the son o

a fettelt *R*: begoud fettlin *L*.

Zebedee, an his brither John. They war intil their boat, tae, wi
their faither Zebedee, beetin their nets; an he caa'd them, an
immedentlie they quat the boat an their faither an fallowt him.

SYNE HE GAED round the haill o Galilee, teachin i their meetin-
housses, an preachin the Kíngdom, an hailin ilka síckness an ilka
complènt amang the fowk. His fame gaed outowre aa Sýria, an
aa at wis oniegate ailin wis brocht til him—fowk dreein aa
kinkind o ills an pyne, fowk pestit wi ill spírits, fowk afflickit wi
the faain-síckness or the pairls—an he hailed them aa; an frae
Galilee an the Ten Touns, frae Jerusalem an Judaea an ayont
Jordan, muckle thrangs cam an fallowt him about.

5   Seein hou monie there wis o them, he spealed the brae, an
whan he hed sitten doun, an his disciples hed gethert about him,
he set tae the teachin, an this is what he said tae them:

"Hou happie the puir at is hummle afore God,
    for theirs is the Kíngdom o heiven!
Hou happie the dowff an dowie,
    for they will be comfortit!
Hou happie the douce an cannie,
    for they will faa the yird!
Hou happie them at yaups an thrists for richteousness,
    for they will get their sairin!
Hou happie the mercifu,
    for they will win mercie!
Hou happie the clean o hairt,
    for they will see God!
Hou happie the redders o strow an strife,
    for they will be caa'd the childer o God!
Hou happie them at hes dree'd misgydin for richteousness' sake,
    for theirs is the Kíngdom o Heiven!

Hou happie ye, whan they tash an misgyde ye an say aathing ill
o ye, líein on ye, for my sake! Blythe be ye an mirkie, for gryte
is the rewaird bidin ye in heiven; it wis een sae they misgydit the
Prophets afore ye.

"Ye ar the saut o the warld. But gin the saut gaes saurless, what
will gíe it back its tang? There is nocht adae wi it mair but cast it
outbye for fowk tae patter wi their feet.

"Ye ar the licht o the warld. A toun biggit on a hill-tap canna
be hoddit; an again, whan fowk licht a lamp, they pit-it-na ablò

a meal-bassie, but set it up on the dresser-heid, an syne it gíes licht for aabodie i the houss. See at your licht shínes that gate afore the warld, sae at aabodie may see your guid deeds an ruise your Faither in heiven!

"Trewna I am come tae abolish the Law an the Prophets: I haena come tae abolish them, but tae perfyte them. Atweill, I tell ye, as lang as heiven an yird bides, ᵉno the smaaest scart o ink or scrape o the pen will be strucken frae the Law, or aathing at maun be hes come tae pass. Onie-ane, than, at braks ane o thir commaunds, be it the least o them, an lairns ithers tae dae the like, will be the least thocht-on i the Kíngdom o Heiven. But onie-ane at keeps them, an lairns ithers tae keep them, will be muckle thocht-on i the Kíngdom o Heiven. Deed, I tell ye, onless ye ar a hantle better-daein men nor the Doctors o the Law an the Pharisees, ye s' ne'er win intil the Kíngdom o Heiven avà.

"Ye hae heared at it wis said tae them i the langsyne: 'Thou sanna commit murther, an onie-ane at commits murther maun thole an assize afore the magistrate.' But I say til ye, 'Onie-ane at is angert at his brither maun thole an assize afore the magistrate.' ᶠAgain, 'Onie-ane at says til his brither, "Ye bee-heidit gowk!" maun thole an assize afore the Council.' But I say: 'Onie-ane at says til his brither, "Ye muckle sumph!" maun thole an assize afore ane at can duim til the lowes o hell.' Sae whan ye bring your gift tae the altar, gin ye caa tae mind at your brither hes something again ye, lae your gift there forenent the altar an awà an souther it up wi your brither, an syne, but no afore, come an offer your gift. Loss nae time in greein wi onie-ane at hes raised a pley again ye, as lang as ye ar on the road tae the court wi him: or aiblins he will haund ye owre tae the Juidge, an the Juidge will turn ye owre til the Officiar o the Court, an ye will ᵍfinnd yoursel in jyle. Atweill, I tell ye, ye s' no win out the jyle or ye hae peyed up ilka plack an farden!

"Ye hae heared at it wis said, 'Thou sanna commit adulterie.' But I say til ye at onie-ane at ʰcasts a keistie luik owre a wuman hes

ᵉ no the smaaest letter, no as muckle as {the tail/a straik} o a letter R: no een an onnecessar kay—e.g., knocked—or double vow—e.g., wrang (cf. Pernot, P.C.E.)/no the smaaest scart o ink or scrape o the pen L.

ᶠ onie-ane at caas his brither a cuif maun thole an assize afore the Council; onie-ane at caas his brither a (muckle) gomeril maun gang afore him at duims til hellfire R: ⟨Again:⟩ Onie-ane at says til his brither, Ye {boss-heidit cuif/bee-heidit gowk}, maun thole an assize afore the Council. ⟨But I say:⟩ Onie-ane at says til his brither, Ye muckle sumph, maun thole an assize afore ane at can duim til the lowes o hell [cf. McNeile, Wade] L.   ᵍ be cuissen intil R: finnd yoursel in L.

ʰ glowers at a wuman wi carnal thochts (in his mind) R: casts a {lustfu ee/keestie luik} owre a wuman L.

commitit adulterie wi her else in his hairt. Gin your richt ee gars ye stoiter, pyke it out an cast it awà; ye will be better wantin ae ee nor haein your haill bouk cuissen intil hell. An gin your richt haund gars ye stoiter, cut it aff an cast it awà; ye will be better wantin ae pairt o ye nor haein your haill bouk an gangin the gate til hell.

"Again, it wis laid doun: '*A man at divorces his wife maun gíe her divorce-lines.*' But I say tae ye at onie-ane at divorces his wife—an it binna for *i*hurin—drives her intil adulterie, an onie-ane at mairries a divorced wuman commits adulterie.

"Again, ye hae heared at it wis said tae them i the lang-syne: '*Ye sanna mansweir yoursel, but maun bide bi your aiths swurn tae the Lord.*' But I say til ye, 'Sweir nane avà'—naither bi *the lift*, for it is *his throne*; nor bi *the yird*, for it is *the fit-brod aneth his feet*; nor yit bi Jerusalem, for it is *the Cítie o the Gryte Kíng.* Sweirna bi your ain heid aitherins, for ye canna mak ae hair o it black or white. Lat it ey be plain 'Ay' an 'Na' wi ye; ocht mair an that comes o the Ill Ane.

"Ye hae heared at it wis said: '*Ee for ee, an tuith for tuith.*' But I say tae ye, 'Haudna again wrang.' Gin onie-ane *j*taks ye a scud on the tae chaft, turn the tither til him. Gin onie-ane wad tak the law o ye, an hae the sairk aff your back, lat him hae baith hit an your jaicket forbye. Gin a public officiar gars ye traivel wi him a mile, gang ye ither twa wi him. Gíe til onie-ane at axes ye, an til onie-ane seeks a len' o ocht gíe-him-na a na-say.

"Ye hae heared at it wis said: '*Thou sal luve thy neipour*, an ill-will thy fae.' But I say til ye, 'Luve your faes, an pray for them at misgydes ye.' Sae ye will shaw yoursels sons o your Faither in heiven, at gars his sun rise the same on the guid an the bad, an the renn faa the same on the weill-daein an the ill-daein. Gin ye luve nane but them at luves ye, what rewaird can ye ettle for that? Een the tax-uplifters dis as muckle. An gin ye ar couthie wi your brether alane, what is there sae byous about that? Een the haithen dis as muckle. Na, ye maun be perfyte, as your Faither in heiven is perfyte!

6 "Tak tent no tae dae your guid deeds afore fowk, tae hae them glowrin at ye; that gate ye s' win nae rewaird o your Faither in heiven. Toutna a horn, whan ye gíe an awmous, the wey the hýpocrítes dis i the meetin-housses an the streets, at fowk may ruise them. Atweill, I tell ye, they hae gotten aa the rewaird

---

i furnicâtion R: *but see abuin, p. xx.*   *j* scuds R: gíes ye a scud/taks ye a sclype L.

they'r tae get. Na, whan ye gíe an awmous, latna your cair haund ken what your richt haund is daein, sae at your awmous-gíein may be dune in hidlins; an syne your Faither, at sees aathing at is dune in hidlins, will gíe ye your rewaird.

"Than, whan ye pray, ye maunna be like the hýpocrítes, at likes weill tae staund an pray i the meetin-housses an at the gate-heids, sae at fowk may see them. Atweill, I tell ye, they hae gotten aa the rewaird they'r tae get. Na, whan ye pray, gang intil your benmaist chaumer an tak the door wi ye, an syne pray til your Faither, at bides whaur nane can see him; an your Faither, at sees aathing at is dune in hidlins, will gíe ye your rewaird. Rame-ramena awà, whan ye pray, like the haithen, at trews they will be hairkent for their tung-rake. Binna ye like them, for your Faither kens what ye hae need o, afore iver ye ax him. Pray ye, than, this gate:

Our Faither in heiven,
    hallowt be thy name;
    thy Kíngdom come;
    thy will be dune
on the yird, as in heiven.

Gíe us our breid for this incomin day;
forgíe us the wrangs we hae wrocht,
    as we hae forgíen the wrangs we hae dree'd;
an sey-us-na sairlie, but sauf us
    frae the Ill Ane.

Gin ye forgíe ither fowk their fauts, your heivenlie Faither will een forgíe ye your fauts: but gin ye forgíena ithers, God winna forgíe ye your fauts naitherins.

"Whan ye fast, glumph-an-gloom-na like the hýpocrítes, at hings on lang, shilpitlike faces, at fowk may see they ar fastin. Atweill, I tell ye, they hae gotten aa the rewaird they'r tae get. Na, whan ye fast, pit oil on your heid an wash your face, sae at ye mayna be seen bi men tae be fastin, but onlie bi God, at bides whaur nane can see him; an your Faither, at sees aathing at is dune in hidlins, will gíe ye your rewaird.

"Huirdna up treisur for yoursels on the yird, whaur mochs an roust gaes wi aathing, an thíefs holes throu the waa an staels: huird ye up treisur for yoursels in heiven, whaur is naither mochs nor roust tae gae wi it, nor thíefs tae hole throu the waa an stael.

Whaur your treisur is huirdit, een thair will your hairt be an aa.

"The ee is the lamp o the bodie. Gin your sicht is guid, your haill bodie will be fu o licht: but gin your sicht is bad, your haill bodie will be fu o mirkness. Gin, than, the licht ithin ye is mirkness, hou fell maun be your mirkness!

"Nae man can sair twa maisters: aither he will ill-will the tane an luve the tither, or he will grip til the tane an lichtlifíe the tither. Ye canna sair God an Gowd baith.

"An sae I rede ye: binna sair thochtit hou ye'r tae fend an haud yoursels in life, or whaur ye'r tae finnd cleadin for your bodies. Isna life something mair nor fendin, an the bodie something mair nor cleadin? Luik til the birds i the lift: they saw nane, they shear nane, they getherna nae grain intil barns; an yit your heivenlie Faither gíes them their mait. An arna ye a lang gate tae the fore o them? Whilk o ye can eik hauf an ell til his heicht bi thochtiness? An what for ar ye ey thochtit for cleadin? Luik til the wild lilies an the wey they grow: they tyauvena nor spin-na; an yit I tell ye at Solomon himsel in aa his braivitie wisna buskit hauf sae braw. But gin God sae cleads the girss i the fíelds, at is growin the day, an the morn is cuissen intil the uin, will he no be faur liker tae clead ye? Shame on your want o faith!

"Binna thochtit, than, an ey sayin tae yoursels, 'Bit an drap for our wymes, claes for our backs—whaur ar they tae come frae?' Thir is the things at the haithen is ey taen up wi; an, mair atowre, your heivenlie Faither kens at ye hae need o them aa. Na, afore aathing seek ye his Kíngdom an his richteousness, an syne ye s' be gíen aa thir ither things forbye. Binna thochtit, than, for the morn; lae the morn tae be thochtit for itsel; ilka day hes eneuch adae wi its nain ills.

7   "Juidgena ithers, an ye wadna be juidged yoursels. Ye will be juidged the same wey as ye juidge, an [k]the meisur ye gíe will be the meisur ye get.

"Hou is it ye luik til the spail in your brither's ee, an tentna the dail in your ain? Hou can ye say til your brither, 'Lat me tak yon spail out o your ee', an here a dail in your ain ee aa the time? Ye hýpocríte, first tak the dail out o your ain ee, an syne ye s' see richt tae tak the spail out o your brither's ee!

"Gíena halie flesh tae dowgs, an castna murlins o halie breid afore swine, for fear at they patter them wi their feet, an syne turn an rive ye in píeces.

[k] as ye mett, een sae ye s' hae meisur R: *ut supra*, L.

Ax, an it s' be gíen ye;
seek, an ye s' finnd;
chap, an the door s' be apent til ye.

Ilkane at axes gets,
an ilkane at seeks finnds,
an til onie-ane at chaps
the door will be apent.

Is there a man o ye at his son axed breid o, an he wad rax him a stane? Or a fish, an he wad rax him an ether? Gin ye, than, for as ill-daein as ye ar, ken hou tae gíe your childer guid gifts, hou muckle mair will your Faither in heiven gíe guid things til them at axes him? Ey dae as ye wad be dune til: that is the haill o the Law an the Prophets.

"Gae ye in at the nairrow yett. Side an wide is the gate at leads tae sculder, an monie feck traivels it: but nairrow is the yett, an nae braider is the gate, at leads til life; an no monie finnds it.

"Be-waur o fauss prophets at come tae ye in sheep's cleadin, but aneth is ravenish woufs. Ye will ken them bi their deeds. Div fowk gether grapes aff bríar-busses, or fegs aff thrissles? Na, fy: ilka guid tree beirs guid frute, an ilka ¹rotten tree beirs ill frute. A guid tree canna beir ill frute, nor a ᵐrotten tree guid frute. Ilka tree at beirsna guid frute is cuttit doun an cuissen intil the fire. Sae ye will ken thir men bi their frute.

"No ilkane at says til me, 'Lord, Lord,' will win intil the Kíngdom o Heiven, but him alane at dis the will o my Faither in heiven. Monie-ane will say tae me on yon day, 'Lord, Lord, pro-phesíed-we-na in your name, an in your name cuist-we-na out ill spírits, an in your name wrocht-we-na míracles a feck?' Syne I will say til them braid out: 'I niver kent ye: atowre frae me, ill-daers at ye ar!'

"Ilkane, than, at hears thir biddins o mine an dis them is like a forethochtie man at biggit his houss on rock. On dang the renn, an the spates cam doun, an the winds they blew an blaudit yon houss: but it fellna, because its founds wis set i the rock. But ilkane at hears thir biddins o mine an dis-them-na is like a fuilish chíel at biggit his houss on saund. On dang the renn, an the spates cam doun, an the winds they blew an blattert yon houss; an doun it fell, an sic a stramash as that wis!"

---

¹ (fusionless)/rotten R.   ᵐ fusionless R: but cp. ¹abuin.

Wi that Jesus brocht his discoùrse til an end; an the fowk wis dumfounert at his mainner o teachin, for he spak wi the voice o authoritie, an no like their Doctors o the Law.

8 WHAN HE HED come doun aff the braeside, an unco thrang o fowk fallowt him. Belyve a lipper drew up til him an, beckin fu laich, said til him, "Sir, an ye hae the will, ye hae the can tae hail me o my fousome ill."

Jesus raxed out his haund an laid it on him an said, "I hae the will: be ye haill an clean"; an strecht the lipper wis redd o his ill an fylement.

Syne Jesus said til him, "Mind an tell·naebodie: gang ye, tho, an shaw yoursel til the priest an offer the gift ordeined bi Moses, at the warld may hae pruif o your betterness."

WHAN HE HED come intil Capernaüm, a Centurion cam up an socht his help: "Sir," said he, "my servan hes haen a straik; he's lyin intil his bed, owrebye at my houss, terrible sair taen."

"I will come an richt him," qo Jesus.

"Ill wad it set the like o me, sir, tae hae ye comin intil my howff," said the Centurion: "say but the wurd, an my servan will be better. Tak mysel, sir: forbye them at gíes me orders, I hae sodgers under me, an I say til ane, 'Gae yont', an he gaes; an til anither, 'Come here', an he comes; an tae my servan, 'Dae this, or that', an he dis it."

Jesus ferliet tae hear him, an he said tae them at wis wi him, "Atweill, I tell ye, no een in Israel hae I fund siccan faith! Monie, I tell ye, will come frae the aist an the wast an lie doun at the buird wi Abraham an Isaac an Jaucob i the Kíngdom o Heiven, an the born heirs o the Kíngdom will be cuissen furth intil the outmaist mirk; an it's there at the yaumer an the chirkin o teeth will be!"

Syne he said til the Centurion, "Gang your waas; it will een be as ye hae lippent." An i that same maument his servan wis better.

EFTERHIN HE GAED til Peter's houss, whaur he faund Peter's guid-mither lyin intil her bed wi the fivver. He grippit her haund, an the fivver quat her; an she rase frae her bed an saw efter his mait an aa.

Syne, whan it wis faur i the day, they brocht til him monie at wis trauchelt wi ill spírits, an he drave out the ill spírits an hailed aa them at wis oniegate no weill. Een sae buid he dae, at the wurd spokken bi the mouth o the Prophet Isaiah micht be fufilled:

> *He tuik on himsel our ills*
> *an buir our sícknesses.*

SEEIN WHAT A fowk wis about him, Jesus gae the wurd tae gang owre til the ither side o the Loch. Afore they war awà, a Doctor o the Law cam up til him an said, "Maister, I will fallow ye, whauriver ye ar gaein."

"The tods hes their bouries," answert Jesus, "an the birds o the lift their bíelds: but the Son o Man hes naewey tae lay his heid."

Anither o the disciples said til him, "Lat me gang hame first an yird my faither."

"Fallow me," qo Jesus; "an lat the deid een yird their deid."

SYNE JESUS GAED on tae the boat, an his disciples cam abuird efter him. On a suddentie a fell storm rase the loch, an the jaws cam jow-jowin owre the boat. But Jesus ey sleepit.

Sae they cam an waukent him an said til him, "Sauf us, Maister, we'r likin tae be drouned!"

But Jesus said til them, "What maks ye sic couarts? What hes come owre your faith?" Syne he stuid up an bostit the winds an the watter; an aa fell lown an still.

They aa ferliet an said, "Whattan kin o man is this, at een wind an watter dis his biddins?"

WHAN HE HED laundit on the ither side i the Gadarene kintra, he met in wi twa men wi ill spírits, at wis comin out frae the graffs— a twasome sae fell an fairce at nae man daured gang that gate. Strecht they yelloched out, "What want ye wi hiz, ye Son o God? Ar ye come here tae pyne us afore our time?"

Nou, a gey gate aff there wis a muckle herd o swine feedin; an the spírits socht him, gin he wis tae cast them out, tae send them intil the herd o swine. "Awà wi ye," qo Jesus; an they cam out o the men an gaed intil the swine; an, swith, the haill herd breinged awà doun the stey braeface intil the loch an perished in its watters.

At that the herds at wis tentin the swine tuik leg frae the bit an screived awà til the toun, whaur they tauld the storie o the men wi the ill spírits, an aa the lave o it. An belyve the haill fowk cam out frae the toun tae meet Jesus; an whan they saw him, they socht him tae quat their bounds.

9 JESUS THAN BUIRDIT a boat an gaed atowre the Loch an cam til his ain toun. Belyve they brocht him a blastit man lyin on a bed; an, seein their faith, he said tae the man, "Tak hairt, my son; your sins is forgíen." At that a wheen Doctors o the Law at wis by said til themsels, "It is aivendoun blasphemie, that!"

Jesus kent what they war thinkin intil themsels an said tae them, "What wey hae ye sic ill thochts in your hairts? Whilk o the twa things is the aisiest—tae say, 'Your sins is forgíen', or tae say, 'Staund up, an traivel about'? But, tae lat ye ken at the Son o Man hes the richt on the yird tae forgíe sins—Staund up," says he til the blastit man: "tak up your bed, an gang your waas hame."

The man stuid up, an gaed awà hame; an the croud wis fleyed tae see him rise an gang, an ruised God for gíein men sic pouers.

AS HE GAED yont the gate frae there, he saw a man caa'd Matthew sittin at his dask i the Towbuid, an he said til him, "Fallow me"; an he rase an fallowt him.

Efterhin he wis i the houss, lyin at the buird, an belyve a guid wheen tax-uplifters an siclike outlans cam ben an lay doun aside Jesus an his disciples. Whan the Pharisees saw it, they said til his disciples, "What for taks your Maister his mait wi tax-uplifters an siclike outlans?"

Jesus heared them an said, "It isna the haill an fere hes need o the doctor, but the síck an dwinin. Awà ye an lairn the meanin o the wurd, '*Mercie I wad hae, an no saicrifíce*'! I haena come tae invíte the weill-lívin, but outlans an ill-daers."

AE DAY JOHN's disciples cam til him an said, "What wey is it at hiz an the Pharisees fasts, an your disciples fastsna?"

Jesus answert, "As lang as the bridegroom is wi them, the waddiners canna be dowff an wae, canna they no? But the day is tae come whan the bridegroom will be taen awà frae them, an than they will fast. Nae man shews a clout cuttit frae an on-waukit wab on til an auld dud; an he dis, the platch rugs awà at the auld dud, an the affcome is a waur rive. Naither is noo wine filled intil auld wine-skins; an it is, the skins splíts, an the wine is skailed an the skins massauckert. Fy, na: noo wine is filled intil noo wine-skins, an syne baith wine an skins is hained."

EEN AS HE spak, up cam a [n]meetin-houss convener an, beckin fu

---

[n] synagogue-praisident R: *but* cp. 6.5, 9.35.

laich, said til him, "My dachter hes juist díed: but come, sir, an
lay your haund on her, an she s' líve again."

Sae Jesus rase an fallowt him, an his disciples gaed wi them.
They war ey on the road whan a wuman at hed haen a rin o bluid
a twal year comes up an titches the rund o his coat: "Gin I can
but titch the coat o him," thocht she til hersel, "I'll get better."
But Jesus turned about an saw her: "Tak hairt, my dachter," qo
he; "your faith hes made ye weill." An, deed, i that same maument
the wuman wis better.

Whan he wan til the °Convener's hame, an faund the saulies
there, an the houss fu o fowk an din an stír,[1] "Awà out o this!"
qo he. "The lassock isna deid, she's sleepin." ᵖThey onlie leuch
at him. But whan the fowk hed been pitten out o the houss, he
gaed ben an grippit the lassie bi the haund, an she rase up. An
belyve the souch o this gaed outowre the haill o that pairt.

AS HE GAED yont the gate frae there, twa blinnd men fallowt him,
rairin an cryin out: "Son of Dauvit, hae pítie on us!"

Whan he hed come til his houss an gane inbye, the twa o them
cam ben til him, an he said tae them, "Lippen ye at I can dae what
ye seek o me?"

"Ay, div we!" said thcy.

Than he titched their een, sayin til them, "Sae ye hae lippent,
an sae it s' be wi ye"; an wi the wurd their een wis onsteikit.
Syne he chairged them stourlie, sayin, "See til it at naebodie
kens ocht o this." But nae shuner war they tae the road an they
begoud tae tell aa an sindrie anent him out-throu the haill o
that kintra.

Juist as they war takkin the gate, a dummie at wis pestit wi an
ill spírit wis brocht til him. He cuist out the ill spírit, an the man
begoud tae speak. The fowk aa ferliet tae hear him: "The like o
that," qo they, "wis niver seen in Israel!" But the Pharisees said,
"It is wi the help o the Maister Fíend he casts out the ill spírits."

SYNE JESUS GAED round aa the touns an clachans, teachin i
their meetin-housses, an preachin the Gospel o the Kíngdom,
an hailin aa kinkind o ills an infirmities. Ae day, as he luikit
at the croud, he wis wae for them, seein them lyin on the grund
sair dung an forfachelt, like a hirsel o ᵠherdless sheep; an he said

---

° praisident's R.   ᵖ But thcy . . . R [καὶ κατεγέλων αὐτοῦ. ὅτε δὲ . . .].
ᵠ forwandert R [μὴ ἔχοντα ποιμένα]: but cp. 10.6 (forwandert)/waff R [ἀπολωλότα].

til his disciples, "A braw an rowthie crap, a-wat, but hairsters is tae seek: pray ye, than, tae the gryte awner o the crap tae send out hairsters tae shear it."

10   Syne Jesus caa'd the Twal Disciples til him an gíed them pouer tae cast out onclean spírits, an tae hail aa kinkind o ills an infirmities. Thir is the names o the Twal Apostles: first

SIMON (or PETER), an ANDRO his brither;
JEAMES the son o Zebedee, an JOHN his brither;
PHILIP, an BARTHOLOMEW;
TAMMAS, an MATTHEW the tax-uplifter;
JEAMES the son o Alphaeus, an THADDAEUS;
SIMON the Cânanaean, an JUDAS ISCARIOT, at efterhin
    betrayed him.

Thir twal Jesus sent out wi this chairge: "Gangna the airth o the haithen," qo he, "an setna a fit in onie Samâritan toun: gae ye raither tae the waff sheep o the Houss o Israel, preachin an proclaimin, whauriver ye gang, at the Kíngdom o Heiven is naurhaund. Richt the ailin, raise the deid, hail lippers, cast out ill spírits; an as ye hae gotten for nocht, sae maun ye gíe for nocht. Tak nae gowd nor siller, no een a capper, in your pouches, whan ye set tae the gate, nor nae awmous-poke, nor saicond sairk, or shuin, or rung: ilka wurkman hes a richt til his up-haud.

"Whan ye come intil a toun or clachan, speir out some dacent, wysslike bodie tae gíe ye up-pittin, an bide ye there till your wagang. Whan ye gang inbye, gíe the houss your benison. Syne, gin the houss be wurdie o it, your blissin will een come doun on it: but gin it binna wurdie, lat your blissin come back til ye. Whauriver they walcome-ye-na an hairken-na your wurds, daud the stour o that houss or toun aff your feet at your wagang. Atweill, I tell ye, blacker s' be the faa o yon toun at the Day o Juidgement nor the faa o the Laund o Sodom an Gomorrah!

"I am sendin ye furth like sheep amang woufs, sae be ye as cannie as ethers an as ill-less as dous. Tak tent o men. They will gíe ye up tae councils an swípe ye i their meetin-housses: ay, ye will be harlt afore governors an kíngs for my sake, at ye may beir witness tae the truith afore them an the haithen. But, whan they gíe ye up, binna thochtit owre what ye ar tae say, or hou ye ar tae say it. It will een come tae ye, whan ye staund there, what ye ar tae say: deed, ye winna be speakin avà; your Faither's Spírit will be speakin in ye.

"Brither will gíe up brither tae deith, an faither will gíe up son; childer will rise up again their paurents an cause pit them tae deid: sair will the warld ill-will ye, because ye ar named for me; but him at hauds steive til the hinnerend will be saufed. Whan they persecute ye in ae toun, flee awà til anither: atweill, I tell ye, ye winna hae gane throu the touns o Israel, gin the comin o the Son o Man!

"The disciple isna tae the fore o his teacher, nor the servan o his maister; an the disciple maunna complein, gin he is saired the same as his teacher, nor the servan, gin he is saired the same as his maister. Gin they hae caa'd the heid o the houss-hauld Beëlzeboul, hou muckle mair will they gíe the name til his sons an servans!

"Binna ye feared for them, than; nocht is hoddit at isna tae be brocht tae licht, or saicret at isna tae be made kent, or aa be dune. What I tell ye under cloud o nicht, ye maun say it out i the day-licht; an what is hairkit tae ye in laich, ye maun cry it out on the riggins. Binna ye frichtit for them at kills the bodie, but canna kill the saul: be frichtit raither for him at can wrack baith bodie an saul in hell. Isna spugs sauld at a maik the píece? An yit no ae spug o them aa can faa tae the grund ithout your Faither's will. An as for ye, ilka hair on your heids hes been countit. Binna ye feared, than; ye ar wurth mair nor spugs monie feck.

"Ilkane, than, at owns me for his maister afore men, I will own him for my servan afore my Faither in heiven. But ilkane at disavous me afore men, I will disavou him afore my Faither in heiven. Trewna at I am come tae bring peace on the yird: I amna come tae bring peace, but a swuird. Ay, I hae come tae raise sturt an strife

> atween a man *an his faither*
> *a dachter an her mither,*
> *a guid-dachter an her guid-mither;*
> *an a man will hae*
> *his ain houss-hauld for faes.*

Onie-ane at luves faither or mither mair nor me is onwurdie o me; onie-ane at luves son or dachter mair nor me is onwurdie o me; an onie-ane at taksna up his cross an comes efter me is onwurdie o me. Sauf your life, an ye s' tyne it: tyne your life for my sake, an ye s' sauf it.

"Onie-ane at walcomes ye walcomes me; an onie-ane at wal-comes me walcomes him at sent me. Onie-ane at walcomes a

prophet because he is a prophet will get a prophet's rewaird;
onie-ane at walcomes a weill-daein man because he's a weill-
daein man will get a weill-daein man's rewaird; an onie-ane at
raxes ane o thir smaa fowk a bicker o cauld watter—nae mair an
that—because he is a disciple, atweill, I tell ye, he s' no want his
rewaird!"

11   Wi that Jesus brocht his chairge tae the Twal Disciples til an
end. Syne he quat the place whaur he wis, tae gae teachin an
preachin i the touns i that pairt.

MEANTIME JOHN GAT wittins in jyle o what the Christ wis
daein, an he sent some o his disciples tae speir at him: "Ar ye him
at wis tae come? Or ar we tae bide on someane else?"

    "Gang your waas," answert Jesus, "an tell John aa at ye hae
heared an seen for yoursels—*the blinnd winnin back their sicht* an
lameters traivlin, lippers cowrin their ill an deif fowk hearin,
deid men comin back tae life an *the Gospel brocht tae the puir.*
Happie him at snappersna because o me!" Sae they tuik the
gate; an Jesus begoud speakin tae the thrang anent John.

    "Tell me," qo he: "what wis it ye gaed out tae the muirs
tae luik at? . . . A windlestrae waggin i the wind? . . . Na,
'tweill!

    "What wis it, than, ye gaed out tae see? . . . A man cled in
silken braws? Siclike is tae seek in kíngs' pailaces.

    "What for, than, gaed ye out? . . . Tae see a Prophet? Ay—an
muckle mair nor a Prophet! This is him at Scriptur speaks o i the
wurds:

> 'Behaud, I send furth my messenger afore thy face,
>   tae redd thy gate afore thee.'

Atweill, I tell ye, the ne'er a ane o them aa at hes kythed on the
yird hes been gryter nor John the Baptist; an yit the least i the
Kíngdom o Heiven is gryter nor him.

    "Frae the days o John the Baptist till nou breingers hes been
birzin intil the Kíngdom o Heiven an makkin it their ain bi force.
For the haill o the Prophets an the Law up til John spak o it as a
thing ey tae come; an, gin ye will tak it, he is the Elíjah tae come.
Lat him at hes lugs in his heid hairken!

    "But what am I tae liken the fowk o thir days til? They ar like
bairns sittin i the mercat-place an cryin tae their play-marrows:

We hae played ye a spring,
   but ye wadna lilt:
we hae cried ye a cronach,
   but ye wadna murn!

First cam John, haudin aff mait an drink, an they say, 'The man hes an ill spírit.' Syne the Son o Man hes come, takkin his mait, an takkin his drap; an they say, 'See at him, the poke-puddin, the drouth, the billie o tax-uplifters an siclike clamjamphray!' But God's wísdom is free'd o aa blame bi the outcome o its wark."

Syne he yokit on the touns whaur the maist feck o his míracles hed been wrocht, an challenged them, because they hedna repentit o their sins. "Wae's me for ye, Chorazín!" qo he. "Wae's me for ye, Bethsâida! Gin the míracles wrocht in ye hed been wrocht in Tyre an Sídon, langsinsyne wad they repentit o their sins in harn gouns an aiss. Ay, an I tell ye this: blacker s' be your faa at the Day o Juidegment nor the faa o Tyre an Sídon!

"An ye, Capernaüm—trew ye

   at ye will be raised til heiven?
      Na, doun ye s' gang,
   doun tae the Laund o the Deid!

For gin the míracles at hes been wrocht in ye hed been wrocht in Sodom, it wad hae been ey tae the fore. Ay, an I tell ye this: blacker s' be your faa at the Day o Juidgement nor the faa o the Laund o Sodom!"

AT THIS SAME time Jesus spak thir wurds forbye: "I cun thee thanks, Faither, Lord o Heiven an Yird, at thou hes hoddit thir things frae men o wit an lair, an loot the littlans ken them. Ay, Lord, I thank thee at sic wis thy will.

"Aathing hes been lippent tae me bi my Faither, an nae-ane is faur ben wi the Son but the Faither, nor nae-ane is faur ben wi the Faither but the Son an sic as he is pleised tae mak acquent wi him. Come ye til me, aa ye at is sair forfochen an laident, an I will gíe ye easedom an rest! Tak my yoke upò ye, an lairn frae me; for I am douce an hummle o hairt, an wi me ye s' finnd easedom an rest til your sauls. ʳFor my yoke it gawsna the craig, an my birn it bousna the back."

ʳ For my yoke is cannie an my lade is licht R: For my yoke winna gaw your {necks/craigs} an my birn winna {bou/wecht} your backs/my yoke it gawsna the {neck/craig}, and my birn, it bousna the back L.

12 AE SABBATH ABOUT that time Jesus wis traivlin throu the corns, whan his disciples begoud tae be yaup an stairtit puin the ickers an aitin them. The Pharisees saw them an said til him, "Luik ye there, your disciples is daein what it isna leisome tae dae on the Sabbath!"

"Hae ye no read i your Bibles," qo Jesus, "what Dauvit did aince whan him an them at wis wi him wis yaup—hou he gaed intil the Houss o God, an they aitit the Saucred Bannocks at it wisna leisome for him, or them at wis wi him, or for onie-ane, binna the priests, tae ait? Or hae ye no read i the Buiks o the Law hou the priests braks the Sabbath ilka ouk i the Temple, an nae-ane hes a faut tae them owre it? An there is something gryter nor the Temple here, at is there! Gin ye hed kent the meanin o the wurd, '*I wad lour hae mercie nor saicrifice*', ye wadna wytit sakeless men; for the Son o Man is maister o the Sabbath."

Syne he gaed his waas frae the fields an cam til the meetin-houss o the place, whaur he gaed in an faund a man wi a geizent airm i the congregâtion.

"Is it leisome tae hail fowk on the Sabbath?" they speired at him, at they micht hae a faut tae chairge him wi.

Jesus answert, "Is there onie man o ye aa at hes but ae sheep, an it faas intil a gote on the Sabbath, at winna grip hauds o it an set it on its fowr feet again? An hou muckle mair wurth is a bodie nor a sheep! Sae ye see, it is leisome tae dae guid on the Sabbath." Syne he said tae the man, "Rax out your airm"; an the man raxed it out, an it wis richtit an made as guid as the tither ane.

At that the Pharisees gaed out an colleagued wi ither hou they micht hae him pitten tae deith. Jesus lairnt o it, an depairtit frae that place. Monie fowk gaed efter him, an he hailed aa at wis sick, chairgin them stricklie no tae lat fowk ken about him. This wis at the wurd spokken bi Isaiah the Prophet micht be fufilled, whaur he says:

> '*Behaud my Son, at I hae waled,*
>   *my weill-beluvit, at my saul delytes in!*
> *I will pit my Spírit upò him,*
>   *an he will proclaim the richt til the haithen.*
>
> *He winna cangle or rowt;*
>   *his voice nane will hear i the streets.*
> *A brouzelt rash he winna brak,*
>   *an a smuistin wíck he winna slocken,*

afore he hes brocht the cause o richt
throu tae victorie.
In his name will the haithen
set their howp.'

AN NOU A man at wis pestit wi an ill spirit, an dumb an blinnd
forbye, wis brocht til him; an he hailed him o his dumbness an
blinndness baith. The fowk at wis round about wis aa fair by
themsels wi winder an said, "Can he be the Son o Dauvit, na?"

Whan the Pharisees gat wurd o that, they said, "It is bi
Beëlzeboul, the Maister Fiend, at he casts out the ill spirits."

Jesus kent their thochts an said til them, "Ilka kingdom at is
sindert in twa, pairt again pairt, gangs tae wrack; an nae toun or
houss-hauld at is sindert in twa, pairt again pairt, can staund. Gin
it is Sautan at casts out Sautan, he maun be sindert in twa an at
feid wi himsel: hou, than, can his kingdom staund? An gin it is bi
Beëlzeboul at I cast out the ill spirits, wha is your ain fowk
behauden til for castin them out? ⁸Tak your wey o it, an it is them
will pruive ye wrang! But gin it is bi the Spirit o God at I cast out
the ill spirits, syne the Kingdom o Heiven maun hae come til ye.
Hou can onie-ane win intil a strang man's houss an lift his gear,
wiout he first binnds the strang man? Aince he hes bund him, he
can spuilie his houss at his leisur.

"Him at isna wi me is again me, an him at ingethersna wi me
skails abreid. An sae I tell ye, ilka ither sin an blasphemie will be
forgien men, but blasphemie again the Spirit will no be forgien.
Gin a man speaks again the Son o Man, it will be forgien him:
but gin he speaks again the Halie Spirit, it winna be forgien him,
naither i this warld nor i the warld tae come.

"Aither caa a tree guid an its frute guid, or caa a tree rotten an
its frute rotten; for it is the frute at tells ye whatlike a tree is.
Getts o ethers at ye ar, hou can ye say ocht at is guid, whan ye ar
ill yoursels? It is the hairt's owrecome at gies the mou its wurds.
A guid man brings guid things out o the store o guid ithin him,
an an ill man brings ill things out o the store o ill ithin him. But I
tell ye at men will answer on the Day o Juidgement for ilka
heedless wurd they hae spokken, for it is bi your wurds at ye will
be assoilied, an bi your wurds at ye will be duimed."

SYNE A CURN Doctors o the Law an Pharisees said til him,
"Maister, we want ye tae dae a miracle."

⁸ Sae they will be your juidges R: *ut supra*, (⟨cf. N.E.B.) L.

Jesus answert, "An ill-gíen, onfaithfu generâtion wad hae a míracle, na? A-weill, the ne'er a míracle will it get, binna the míracle o Jonah. As *Jonah wis three days an three nichts i the wyme o the Whaul*, een sae will the Son o Man be three days an three nichts i the hairt o the yird. The men o Níneveh will staund up at the Juidgement wi this generâtion an ^tduim it, for they repentit o their sins at Jonah's preachin; an, tent ye, what ye hae here is mair nor onie Jonah. The Queen o the South Kintra will rise up at the Juidgement wi this generâtion an ^tduim it, for she cam frae the bounds o the yird tae hairken the wísdom o Solomon; an, tent ye, what ye hae here is mair nor onie Solomon.

"Whan a foul spírit gaes outen a man, it raiks the muirs, seekin a howff tae rest in an, finndin nane naegate, says til itsel, 'I s' awà back til my ain houss at I quat.' Sae back it gaes; an, finndin the houss staundin tuim an aa soopit an brawlie redd up, aff it gangs an feshes ither seiven spírits, ilkane waur nor itsel, an they aa gae ben an heft i the place. Sae yon man is waur aff nor he wis at the first, afore aa's dune. An that is hou it is tae be wi this ill-gíen generâtion."

HE WIS EY speakin til the fowk, whan thair wis his mither an his brithers staundin outbye, seekin a wurd wi him. Someane tauld him: "Luik," qo he, "your mither an your brithers is staundin thereout, seekin a wurd wi ye."

Jesus said tae the man at tauld him, "Wha is my mither? Wha is my brithers?"

Syne he streikit out his haund an pointit at his disciples: "Thair," qo he, "is my mither an my brithers. Onie-ane at dis the will o my Faither in heiven is my brither an sister an mither!"

13 THAT SAME DAY Jesus gaed furth an sat doun at the Lochside, but sic a thrang o fowk gethert round about at he buid gang abuird a boat an lean him doun in it. The croud aa stuid on the shore, an he spak tae them in parables a lang while.

"A sawer," qo he, "gaed out tae saw his fíeld. As he sawed, some o the seeds fell alang the bauk, an the birds cam an gorbelt them up. Ithers fell on a hirstie bit, whaur there wisna muckle soil; an they shuitit up strecht awà, because they hed nae deepth o yird ablò them. Syne, whan the sun spealed the lift, they war birselt, an dowed awà for the want o ruits. Ithersome fell amang

---

^t condemn R.

thrissles, an the thrissles grew up an chokkit them. But ither seed
fell on bonnie grund, an gae a crap a hunderfauld, saxtiefauld,
thertiefauld, biz what hed been sawn. Lat him at hes lugs in his
heid listen weill!"

The disciples cam an speired at him efterhin, "Hou is it ye speak
tae the fowk in parables?"

"Because," qo he, "tae ye it is gíen tae ken the saicrets o the
Kíngdom o Heiven, but tae them it isna.

> Til havers mair is gíen,
>   till it faur owregangs their need:
> frae not-havers is taen
>   een what they hae.

Gin I speak tae them in parables, it is because they hae sicht, but
seena, an hearin, but naither hear nor understaund. In them is
fufilled the prophecie o Isaiah at says:

> 'Ye sal hairken an better hairken
>   an nocht forstaund,
> an glower an better glower
>   an naething see;
> for drumlie i the wit this fowk hes grown
>   an dull o hearin,
> an tichtlie their een hae they dittit,
>   leist they suid see wi their een
>   an hear wi their ears
> an forstaund wi their wit an turn back til me,
>   an I suid hail them.'

But happie ye for your een, at they see, an your ears, at they hear!
Atweill, I tell ye, monie prophets an saunts greined tae see the
things at ye see, an saw-them-na, an hear the things at ye hear, an
heared-them-na!

"Hairken ye nou till I redd ye the Parable o the Sawer. Whan
onie-ane hears the Wurd o the Kíngdom an understaunds-it-na,
the Ill Ane comes an cairries awà what wis sawn in his hairt.
Siccan ane is the seed sawn alang the bauk. As tae the seed sawn
on the hirstie bit, yon is the man at hears the Wurd an blythelie
accèps it. But it stricks nae ruit in him, an he isna ane tae haud
onie gate lang; an sae, whan affliction or persecution maun be

dree'd for the Wurd, he stoiters an faas. The seed sawn amang the thrissles is the man at hears the Wurd, but warldlie kyauch an care an the chaitrie glaumour o walth smoors the Wurd, an the crap misgíes aathegither. But the seed sawn on the bonnie grund is the man at hears an understaunds the Wurd, the man at beirs a crap, a hunderfauld, saxtiefauld, or thertiefauld, biz what wis sawn.''

ANITHER PARABLE AT he laid doun til them wis this: "The Kíngdom o Heiven is like a man at sawed his fíeld wi guid seed. Syne, whiles fowk wis aa sleepin intil their beds, his ill-willer cam an sawed doite in amang the whyte, an wis aff an awà.

"Whan the shuits hed brairdit, an the heids begoud tae bouk, the doite kythed amang the whyte. The [u]fairmservans cam an said til the guidman, 'It wis guid seed ye sawed i your fíeld, wis it no, sir? Whaur's aa thon doite come frae, than?'

" 'This is some ill-willer's wark,' said he.

"The fairmservans speired at him, 'Will we gang an gether the doite?'

" 'Na, fegs,' said he; 'whan ye war getherin the doite, I dout ye'd be puin up the whyte alang wi'd. Lat doite an whyte een grow thegither till hairst-time; whan hit comes, I s' say til the shearers, "First gether the doite an binnd it in banyels tae be brunt, an syne gether the whyte intil my barn".' "

Anither parable at he laid doun til them wis this: "The Kíngdom o Heiven is like a curn o mustart-seed at a man tuik an sawed in his fíeld. Mustart is the littlest o aa seeds, but it grows up intil the mucklest gairden-yerb o them aa, a richt tree, at the birds o the lift comes an bíelds in its brainches."

This wis anither parable he tauld them: "The Kíngdom o Heiven is like barm at a wuman tuik an pat in amang a firlot o flour, tae tuive awà there or the haill daud o daich hed risen."

Aa this Jesus spak tae the croud in parables: deed, he spakna til them binna in parables. Sae it buid be, at the wurd o the Prophet micht be fufilled:

> I will apen my mouth in parables:
> I will tell out
> things hoddit frae the warld begoud.

Syne he sent the croud their waas an himsel gaed hame. There

---

[u] fairmwurkers R [δοῦλοι]: but cp. ablò, fairmservans R [δοῦλοι].

his disciples cam an socht him tae lay out the Parable o the Doite i the Fíeld.

"The sawer o the guid seed," qo he, "is the Son o Man; the fíeld is the warld; the guid seed is the childer o the Kíngdom; the doite is the childer o the Ill Ane; the ill-willer at sawed it is the Deivil; the hairst is the end o the warld; the shearers is the angels. Een, than, as the doite is gethert an brunt i the fire, sae will it be at the end o the warld. The Son o Man will send out his angels, an they will gang throu the Kíngdom an gether aa them at gars ithers faa in sin an them at keepsna God's law, an will cast them intil the bleezin kil'; an it's there at the yaumer an the chirkin o teeth will be! Than will the richteous shíne out like the sun i the Kíngdom o their Faither. Lat him at hes lugs in his heid listen weill!

"The Kíngdom o Heiven is like a treisur hoddit in a fíeld at a man faund an hade again, an syne gaed awà—sae blythe as he wis!—an sauld aa he wis aucht an coft the fíeld. Or again, the Kíngdom o Heiven is like a merchan seekin braw pearls at, whan he faund a gey dairthfu ane, gaed awà an sauld aa he wis aucht an bocht it.

"Again, the Kíngdom o Heiven is like a net cuissen intil the sea, in whilk aa kin o fish wis catched. Whan it wis fu, the fishers harlt it up on the shore an, sittin doun, gethert the guid fish intil creels an cuist the bad anes awà. Een sae will it be at the end o the warld. The angels will gang furth an shed the wickit frac the richteous, an will cast them intil the bleezin kil'; an it's there at the yaumer an the chirkin o teeth will be!

"Hae ye understuid aa at I hae been sayin?"

"Ay, hiv we," said they.

"It is weill seen, than," [v]said he til them, "at ilka Doctor o the Law at hes been sculed i the lair o the Kíngdom o Heiven is like the guidman o a houss at feshes out things baith noo an auld frae his presses an kists."

WHAN JESUS WIS throu wi tellin thir parables, he left that pairt an cam back til his ain kintra, whaur he yokit tae teachin i the meetin-houss.

The fowk wis fair stoundit at him an said, "Whaur gat the man sic wísdom an thae by-ordinar pouers? Isna he the wricht's son? Isna the wuman caa'd Mary his mither, an isna Jeames, Joseph,

---

[v] said he til them *om.* R [ὁ δὲ εἶπεν αὐτοῖς].

Símon, an Jude his brithers? An his sisters, bidena they aa here amang us? Whaur gat he aa this frae?" An they war gey an illpleised wi him.

But Jesus said til them, "A prophet hesna honour faur aseekin, binna in his ain kintra an his ain faimlie." An he wrochtna monie míracles there for their want o faith.

14 ABOUT THIS TIME Herod the Tetrarch heared what fowk wis sayin about Jesus. "This maun be John the Baptist," said he til his mengie: "he is risen frae the deid, I dout; an that is hou thae by-ordinar pouers is a-wurkin in him."

Herod hed arreistit John no lang afore, bund him, an pitten him in jyle, aa tae pleisur Herodias, his brither Philip's wife, because John wis ey tellin him, "It isna richt for ye tae hae her as your wife." Herod wad fain pitten him tae deith, but he wis fleyed for the fowk, sin they luikit on him as a prophet.

At his birthday-banqet Herodias' dachter daunced afore them aa, an Herod wis sae delytit wi the lassie at he swuir tae gíe her oniething she socht o him. Eggit up til it bi her mither, she said, "Gíe me the heid o John the Baptist here on an ashet."

The Kíng wis wae tae hear her, but out o regaird for his aith an the guests an aa, he gae the order at she suid hae her will, an sent an heidit John i the jyle. His heid wis brocht in on an ashet an gíen til the queyn, an she cairriet it awà til her mither. Meantime, John's disciples cam an liftit the corp an buirit it. Syne they gaed an tauld Jesus what hed happent.

WHAN JESUS HEARED the noos, he quat the place whaur he wis in a boat an made til a faur-out-about spat whaur he coud be his lane. But wurd o his wagang wis brocht tae the touns, an crouds cam out efter him bi laund. Sae, whan he gaed ashore, he faund an unco thrang o fowk forenent him. His hairt wis sair at the sicht o them, an he hailed the ailin amang them.

Whan it wis faur i the day, the disciples cam an said til him, "This is an out-o-the-gate place, an it's by sippertime. Bid the croud skail, sae at they may gae tae the clachans an buy themsels vívers."

"Nae need for them tae gang avà," qo he: "ye maun gíe them their sipper."

"But aa we hae wi us is five laifs an twa fishes!" said they.

"Awà an fesh them," qo he.

Syne he tauld the fowk tae lie doun on the girss; an, takkin the

five laifs an the twa fishes in his haunds, he first luikit up til
heiven an axed a blissin, an syne brak up the laifs an gae them til
the disciples, an the disciples haundit them tae the fowk. Ilkane
gat his full o mait; an as monie as twal creelfus o whangs o breid
at wisna nott wis gethert up efterhin. A maitter of five thousand
men hed this diet o breid an fish, forbye weimen an littlans.

STRECHT AWA EFTER that he gart the disciples buird the boat,
biddin them gang atowre the Loch afore him, till he skailed the
croud. Efter he hed skailed them, he clam the brae for tae pray bi
himsel. Gin nicht fell, he wis ey there on the brae his lane, an the
boat hed wun a guid wheen furlongs out frae the shore, an wis
haein a sair fecht o it wi a heidwind an jawin waves.

I the gray o the mornin he cam til them gangin on the screiff
o the watter. The sicht o him gangin on the watter gae them an
unco fleg: "It's a ghaist," said they, an skirlt out wi fricht. But
immedentlie he spak tae them: "Tak mettle," qo he: "it's een
mysel, be nane feared!"

Peter answert him: "Maister," said he, "gin it is een yoursel,
bid me come til ye on the watter."

"Come your waas," qo he.

Sae Peter clam doun the boatside an traivelt on the watter
Jesus' airt. But whan he faund the fu bensil o the gell, he tuik the
fricht an, beginnin tae sink, scraiched out, "Help, Maister, help!"
An immedentlie Jesus streikit out his haund an claucht hauds o
him.

"What hes come owre your faith?" qo he. "What gart ye
dout?"

Syne the twa o them clam intil the boat, an the wind devauled.
An the men intil the boat gaed doun on their knees til him an
said, "Ye ar fairlie the Son o God!"

Efter that they wan owre an laundit at Gennesaret. The in-
dwallers i the place kent him whan they saw him; an they sent
wurd round the haill o that kintra, an brocht til him aa at wis
ailin, an socht him tae lat them titch een the bab o his coat. An
ilkane at gat his haund til it freelie cowred o his ail.

ABOUT THAT TIME Pharisees an Doctors o the Law frae Jerusalem **15**
cam an speired at Jesus, "What for div your disciples gang con-
trair tae the auld weys an hants o our forebeirs? They washna
their haunds afore a diet!"

"An ye," qo he, "what for gae ye contrair til the commaundment o God wi up-haudin your 'auld weys an hants'? God said, 'Honour your faither an your mither', an again, 'Lat him at bans faither or mither be execute tae the deid'. But ye say, 'Gin a man says til his faither or his mither, "What I wad hae waired on your throubeirin is aa dedicate tae God", syne he isna awin faither or mither a haet or rissom mair.' That gate ye hae cassed an annulled God's commaund wi your 'auld weys an hants'. Hýpocrítes at ye ar, weill prophesíed Isaiah anent ye, whaur he says:

> 'This fowk honours me frae the teeth outwith,
>   but hyne-awà is the hairt o them frae me:
> naewurth is the wurship they gíe me;
>   the doctrines they teach is commaunds o men'."

Syne he caa'd the croud in about him an said til them, "Tak tent, an understaund this: a man isna suddelt bi what gangs intil his mou, but bi what comes outen it."

The disciples cam up efter an said til him, "Div ye ken at the Pharisees wis hairknin what ye said the nou, an is waur nor ill-pleised wi it?"

Jesus answert, "Ilka plant at is no o my heivenlie Faither's yirdin will be ruggit up bi the ruits. Lat them een gang their ain gate: they ar blinnd men leadin ithers as blinnd as themsels; an whan ae blinnd man leads anither, the twasome ey cowps intil a sheuch."

Peter than socht him tae lay out his parable tae them.

"Ar ye ey as dull i the uptak as the lave?" qo he. "Div ye no see at aathing at gaes intil a man's mou gangs intil his wyme an is cuissen out intil the shoar? On the ither haund, what comes outen the mou comes frae the hairt, an it is that at suddles a man. For out o the hairt comes ill thochts, murther, adulterie, *w*hurin, theft, fauss witness, blasphemie. Thir is the things at suddles a man: but takkin a diet onwuishen his haunds first ne'er suddelt onie man."

JESUS NOU LEFT Gennesaret an socht quaitness i the kintra o Tyre an Sídon. But what suid happen but at a Caunaaníte wuman noolins come out o thae pairts cam scraichin efter him: "Oh, sir," cried she, "hae pítie on's, thou Son o Dauvit; my

w furnicâtion R.

dachter is sair pleggit wi an ill spírit." But the ne'er a wurd spak he.

Syne the disciples cam an priggit wi him, sayin, "Gíe the wuman her will, afore we'r deived wi her skelloch-skellochin ahent's!"

But he answert, "I wisna sent but tae the wandert sheep o the Houss o Israel."

Than the wuman cam forrit an fell at his feet an said til him, "Oh, help me, sir!"

"It isna weill dune," qo he, "tae tak the bairns' breid an cast it tae the dowgs."

"Na, weill-a-wyte, is it, sir: but een the dowgs gets aitin the murlins at faas aff o their maisters' buird."

Syne Jesus said til her, "Gryte is your faith, wuman: ye will een hae your will." An i that same maument her dachter cowred her ill.

EFTER THAT JESUS quat thae pairts an traivelt alang the Loch o Galilee. Syne he clam the braeside an leaned him doun. Belyve haill thrangs o fowk cam til him, bringin friends at wis lame or maimed, blinnd or dumb, an monie mae forbye, an laid them doun at his feet; an he hailed them. An wisna the croud rael dumfounert at the sicht o dummies speakin, the maimed able, lameters gangin, an blinnd fowk seein? A-wyte they; an they ruised God for it!

But Jesus caa'd his disciples til him an said til them, "I am sair-hairtit for aa thae fowk; they hae bidden wi me three days nou an hae naething tae ait. I am sweird tae send them awà faimishin, for fear they wad fent an faa on the road."

The disciples said til him, "Whaur will we finnd eneuch laifs hereawà i the muirs tae gíe sae muckle a croud their full?"

"Hou monie laifs hae ye?" qo Jesus.

"Seiven," said they, "an twa-three smaa fishes."

Syne he baud the fowk sit doun on the grund; an, takkin the seiven laifs an the fishes in his haunds, he first axed a blissin, an syne brak up the laifs an gae them tae the disciples, an the disciples haundit them tae the fowk. Ilkane gat his full o mait; an as monie as seiven creelfus o whangs o breid at wisna nott wis gethert up efterhin. Nae less nor fowr thousand men hed this diet o breid an fish, ontaen count o weimen an bairns.

SYNE HE SKAILED the croud an, buirdin the boat, cam tae the

16 kintra o Magadan. / Here the Pharisees an Doctors o the Law cam up an axed him tae lat them see a sign frae heiven.

This wis for tae sey him. But he answert them, "I the eenin ye say, 'It's a reid sky, it'll be fine the morn'; an again air i the mornin ye say, 'Wather the day, I dout; the sky's reid an hingin.'

"Ay, weill ken ye hou tae read the luik o the lift, but ye haena the can tae read the signs o the times. An ill-daein an onfaithfu generâtion seeks a sign, but nae sign will be gíen it, binna the sign o Jonah!"

Wi that he turned about an left them.

WHAN THEY WAN atowre the Loch, the disciples faund at they hed foryat tae tak breid wi them; an sae, whan Jesus said tae them, "Tak tent o the barm o the Pharisees an Sadducees", they begoud tae cast his wurd owre i their minds an said til themsels, "But we haena brocht nae breid!"

Kennin their thochts, Jesus said til them, "What hes come owre your faith? What gars ye cast my wurd owre i your minds an say til yoursels, 'But we haena brocht nae breid'? Div ye ey no understaund? Dae ye no mind on the five laifs ye haufed amang the five thousand, an hou monie creelfus ye liftit efterhin? Or the seiven laifs ye haufed amang the fowr thousand, an hou monie scullfus ye liftit at the back o it aa? Hou can ye no see at I wisna speakin o laifs o breid? What I am tellin ye is tae tak tent o the barm o the Pharisees an Sadducees."

Than they understuid at he hedna bidden them tak tent o baxters' barm, but o the teachins o the Pharisees an Sadducees.

WHAN JESUS HED come tae the pairt about Caesarea Philippi, he speired at his disciples, "Wha div men say at the Son o Man is?"

"Some says John the Baptist," said they: "ithers Elíjah, ithersome Jeremíah, or ane o the ither Prophets."

"But wha say ye at I am?" qo he.

Up an spak Símon Peter: "Ye ar the Christ, the Son o the lívin God!"

Jesus answert, "Blissit ar ye, Símon BarJonah;[2] ye lairntna that frae ocht o bluid an bane, but frae my Faither in heiven! I, i my turn, tell ye this: ye ar Peter [Rock]; an on this rock I will bigg my Kirk, an the yetts o the Place o Deith winna hae the strenth tae haud out again it. I will gíe ye the keys o the Kíngdom o Heiven; an aathing ye forbid on the yird will be forbidden in heiven, an aathing ye allou on the yird will be allouéd in heiven."

Syne he stricklie chairged the disciples no tae mouband a wurd til onie-ane at he wis the Christ.

FRAE THAT TIME forrit Jesus begoud layin out til his disciples hou he maun gang awà tae Jerusalem an there, efter sair misgydin at the haunds o the Elders an Heid-Priests an Doctors o the Law, be pitten tae deith, an syne rise again the third day.

At that Peter drew him aside an begoud tae yoke on him: *"Awà, Maister," said he, "ye s' ne'er hae tae dree the like o yon: the Gude gyde ye, na!"

But Jesus turned about an said til him, "Out o my sicht, ye Sautan! Ye ar a hender in my gate; sic a thocht comes frae men, no frae God."

Syne Jesus said til his disciples, "Gin a man wad come wi me, he maun forget himsel aathegither an tak up his cross an fallow me. For him at wad sauf his life will tyne it, but him at tynes his life for my sake will finnd it. What the better o'd is a man, gin he gains the haill warld, but losses life an saul i the gainin o'd? Tyne your saul, an what hae ye in aa your aucht ye coud coff it back wi?

"The Son o Man is tae come or lang gae i the glorie o his Faither wi his mengie o angels about him, an than he will pey ilkane what is awin him for aa he hes wrocht. Atweill, I tell ye, there is them staundin here the nou winna pree deith afore they hae seen the Son o Man comin in his Kingdom!"

THE BETTER PAIRT O an ouk efter, Jesus tuik Peter an the brithers **17** Jeames an John awà up a heich hill their lanes. There an unco cheinge cam owre him afore their luikin een—his face skinkelt like the sun, an his claes becam as clair as the licht; an belyve thair wis Moses an Elijah speakin wi him.

Syne Peter tuik speech in haund an said tae Jesus, "It is braw for us tae be here: I s' bigg three bouers, an ye like—ane for yoursel, ane for Moses, an ane for Elijah!"

He wis ey speakin, whan a shinin cloud cuist a shaidow owre them, an a voice cam out o the cloud, sayin, "This is my beluvit Son: in him I tak delyte; hairken ye him."

Whan the disciples heared that, they war sair frichtit an flang themsels agrouf. But Jesus cam up an, layin his haund on them, said tae them, "Staund up, there is nocht tae be feared for"; an they luikit up, an saw naebodie there but Jesus.

---

x   The {Guid/Gude} gyde ye, maister, said he, that {maun/(can)} ne'er happen ye *R: ut supra, L.*

As they cam doun aff the brae, Jesus chairged them tae tell nae-ane o what they hed seen or the Son o Man hed risen frae the deid. Syne the disciples speired at him, "Hou is it the Doctors o the Law says at Elíjah maun come first?"

Jesus answert, "Atweill, Elíjah is tae come first an redd up aathing: but I tell ye, Elíjah hes come else, an they miskent him an misgydit him the wey they hed a mind til; an een sae the Son o Man is tae dree ill at their haunds."

Than the disciples understuid at he hed been speakin o John the Baptist.

WHAN THEY CAM back til the croud, a man cam up an, gaein doun on his knees afore him, said til him, "Oh, sir, tak pítie on my son: he's in a terrible ill wey wi the faain ill; he's ey faain intil the fire or intil watter! I brocht him til your disciples, but they coudna hail him."

"Whattan a contermâcious, onbelíevin generâtion!" qo Jesus. "Hou lang time am I tae be wi ye? Hou lang maun I thole ye? Bring the loun here!" Syne he challenged him; an the ill spírit gaed out o the loun, laein him freelie better.

Efterhin, whan they war their lanes, the disciples cam up tae Jesus an speired at him, "What wey wis it we coudna cast out the ill spírit?"

"Because ye hae sae little faith," qo he. "Atweill, I tell ye, gin ye hae faith, be it but the bouk o a curn o mustart-seed, ye will say tae this hill, 'Flit owre thonder frae this', an it will een flit; nocht will be abuin your pouer."

WHAN THEY WAR getherin in Galilee, Jesus said til them, "The Son o Man.is tae be gíen up intil the haunds o men, an they will pit him tae deith; an he will rise again the third day."

Richt wae war they tae hear that.

SYNE THEY CAM tae Capernaüm, an there the uplifters o the teinds cam up tae Peter an said til him, "Your Maister ʸwill pey his teinds, na?"

"He dis that," said Peter.

Syne, whan he wan hame, Jesus wis tae the fore wi him wi the queystin, "What say ye, Símon: the kíngs o this warld, wha tak they cesses an poll-taxes frae—their ain fowk, or fremmit fowk?"

___

ʸ will pey his teinds, na? He dis that R: peysna the teind, we're jalousin. Ay but he dis [But I'm jalousin οὐ . . .; maun = ἆρ’ οὐ . . .;] L.

Whan Peter said, "Frae fremmit fowk", Jesus said til him, "Aweill, than, their ain fowk is exemed. Housomiver, we ar no wantin tae mis-set them; sae gang ye doun tae the loch, mak a cast wi your line, an grip the first fish ye huik. Whan ye apen its mou, ye will finnd a siller píece intil'd: tak hit an pey for the baith o us wi'd."

ABOUT THAT TIME the disciples cam an speired at Jesus, "Wha is **18** the grytest i the Kíngdom o Heiven?"

Cryin a bairn til him, he gart him staund up afore them aa, an said, "Atweill, I tell ye, gin ye cheingena aathegither an become like bairns, ye winna e'er win intil the Kíngdom o Heiven. Your grytest i the Kíngdom o Heiven is him at maks nae mair o himsel nor this bairn. Onie-ane at walcomes a bairn the like o this ane for my sake walcomes me: but onie-ane at gars ane o thir littlans at lippens tae me faa in sin, it wad be guid for him gin he hed a millstane hung about his craig an wis drouned hyne out i the mids o the sea.

"Wae's me for the warld for the things at gars men faa in sin! Siccan things maun een come, but wae's me for him at is tae wyte for their comin! Gin your haund or your fit gars ye faa in sin, sned it aff an cast it awà: it is better for ye tae gang intil life wantin a haund or a fit nor hae baith haunds or baith feet an be cuissen intil the iverlestin fire. Gin your ee gars ye faa in sin, rive it out an cast it awà: it is better for ye tae gang intil life wantin an ee nor hae baith een an be cuissen intil the lowes o hell.

"Tak tent at ye lichtlifíe nane o thir littlans: ilkane o them, I tell ye, hes his angel in heiven at iver an on behauds the face o my Faither in heiven. Hou think ye—gin a man hes a hunder sheep, an ane o them gaes will, will he no lae the ninetie-nine on the hill an gae seek the ane hes gane will? An gin he lucks tae finnd it, he is crousser, I s' warran him, owre hit nor owre the ninetie-nine at gaedna will! Een sae it isna the will o your Faither in heiven at ane o thir littlans suid be tint.

"Gin your brither sins, gang your waas an hae it out wi him atweesh the twa o ye your lanes. Syne, gin he hairkens ye, ye will hae the gain o a brither wun back. But, gin he hairkens-ye-na, tak ane or twa ithers wi ye, at *ilka pley be sattelt on the testimonie o twa witnesses or three.* Syne, gin he winna hear til them, bring the maitter afore the congregâtion; an gin he winna hear til hit aitherins, haud him for nae better nor a haithen an a tax-uplifter!

"Atweill, I tell ye, aathing at ye forbid on the yird will be forbidden in heiven; an aathing at ye allou on the yird will be alloued in heiven. An mairatowre I tell ye this: gin twa o ye on the yird grees wi ither in seekin ocht, it maksna what, it will een be gíen them bi my Faither in heiven. For whauriver twa or three is forgethert i my name, thair am I amang them."

SYNE PETER CAM up an said til him, "Maister, hou monie times will my brither sin again me, an I maun forgíe him? Mebbie seiven times?"

Jesus said til him, "'Seiven times'? Fy, na—seiventie times seiven times, mair like! Ye maun think o the Kíngdom o Heiven this gate. It is like a kíng at tuik in haund tae sattle accounts wi his servans. He hedna lang yokit tae the wark, whan ane at wis awin him ten thousand talents wis brocht in. Sin the man hedna the siller tae pey that muckle, his maister gae the order at he suid be rowpit at the slave-mercat alang wi his wife an bairns an aa he wis aucht, an the debt peyed out o what they war sauld for. At that the servan fell on his knees an hummlie fleitched wi him tae gíe him time, an he wad pey him back ilka plack an farden. The maister felt unco sorrie for his servan an loot him gae an faikit his debt.

"Awà gaed the man; an, meetin in wi a neipour-servan at wis awin him a hunder merks, he grippit him bi the thrapple like tae wirrie him an said til him, 'Pey me aa ye'r awin me!'

"The chíel gaed doun on his knees an priggit wi him: 'Gíe me time,' qo he, 'an I s' pey ye back what I'm awin ye.' But the ither wadna hear tell o it, an gaed awà an hed him jyled till he suid pey his debt.

"The lave o the servans wis richt wae, whan they saw what hed happent, an gaed an laid doun the haill storie tae their maister; an he sent for the man an said til him, 'Ye wratch o a servan at ye ar, I faikit aa your debt, whan ye priggit me: suid ye, tae, no hae taen pítie on your neipour-servan, the same as I tuik pítie on ye?' An sae raised wis he at he haundit him owre tae the torturers till sic time as he suid hae peyed the haill o his debt.

"Een sae will my heivenlie Faither sair ye, gin ye forgíena ilkane his brither wi aa his hairt."

19 WHAN HE WIS throu wi his preachin-wark in Capernaüm, Jesus quat Galilee an cam til the pairt o Judaea ayont Jordan. Fell thrangs o fowk fallowt him, an he hailed the síck amang them

there. Ae day some Pharisees cam up an, tae sey him, speired at him gin a man micht richtlie divorce his wife for onie cause.

Jesus answert, "Hae ye no read i your Bibles at the Creâtor *made them man an wuman* frae the beginnin, an said, '*For that cause sal a man forleit his faither an his mither an haud til his wife; an the twasome will become ae flesh*'? Sae they ar nae mair twa, but ane, *ae flesh*; an what God hes buckelt, man maunna twine."

"What wey, than," said they, "did Moses lay doun at a man micht *gíe his wife a vrit o divorce, an syne pit her awà?*"

"Moses," qo he, "kent the dour hairts o ye, an that wis hou he gae ye freedom tae pit your wives awà. But that wisna the gate o it at the beginnin; an sae I tell ye at onie man at pits awà his wife, binna for ᶻhurin, an mairries anither, commits adulterie."

"A-weill," said the disciples, "gin that is the wey o it wi a man an his wife, ye ar better no tae mairrie avà!"

"No aabodie," qo he, "can understaund that wurd, but them alane at hes haen the pouer gíen them. There is some hes been born intil the warld libberts, an some hes been made libberts bi men, an some hes made themsels libberts for the sake o the Kíngdom o Heiven. Lat him understaund at can."

Syne some fowk brocht their littlans til him, at he micht lay his haunds on them an gíe them his blissin. The disciples quarrelt them, but Jesus said, "Lat the littlans abee, hender-them-na tae come tae me; the Kíngdom o Heiven is for sic as thir." Syne he laid his haunds on them, an gaed his waas.

AN NOU UP cam a man an said til him, "Maister, what guid thing maun I dae tae faa iverlestin life?"

"'Guid'?" qo he. "What gars ye speir me anent that? There is ane alane at is guid! But, gin ye wad win intil life, keep the Commaunds."

"Whilk Commaunds?" said the ither.

"Thir," qo Jesus: "*Thou sanna commit murther; Thou sanna commit adulterie; Thou sanna stael; Thou sanna beir fauss witness; Honour thy faither an thy mither; Thou sal luve thy neipour as thysel.*"

"Aa thir I hae keepit," said the yung man. "What mair maun I dae?"

Jesus answert, "Gin ye wad be perfyte, gang your waas, sell aa ye ar aucht, an gíe the siller tae the puir—sae will ye hae a feck o

---

ᶻ furnicâtion R.

walth in heiven; syne come ye back an fallow me." Whan he heared that, the yung man gaed awà dowie an dowff, for he hed rowth o warld's gear. Syne Jesus said til his disciples, "Atweill, I tell ye, a rich man will hae it gey an ill winnin intil the Kíngdom o Heiven: troth ay, a caumel will shuner birze throu the ee o a needle nor a rich man win intil the Kíngdom o God!"

The disciples wis fair bumbazed tae hear that, an said, "Wha can be saufed syne?"

Jesus glowert at them an said, "For men the thing is no-possible: but aathing is possible for God."

At that Peter spak up an said, "Luik, we hae forhoued aathing an fallowt ye: what guid will we hae o'd?"

Jesus said tae them, "Atweill, I tell ye, at the gryte renooin o the warld, whan the Son o Man is saitit on his throne o glorie, ye, for your pairt, at hes fallowt me, will sit on twal thrones juidgin the Twal Clans o Israel; an ilkane at hes forhoued housses or brithers or sisters or faither or mither or bairns or launds *for my sake will hae his loss made up til him monie times owre, an will heir iverlestin life. But monie at is foremaist the nou will than be henmaist, an monie at is henmaist will be foremaist.

20 "The Kíngdom o Heiven is like the guidman o a haudin at gaed out at skreich o day tae fee laubourers for wark in his vine-yaird. He gree'd wi them at he faund for a merk for the day's darg, an sent them intil his vine-yaird.

"Syne he gaed out again i the mids o the forenuin; an, seein ithers staunding about idle i the mercat-place, he said til them, 'Gang ye, tae, intil my vine-yaird, an I s' pey ye a fair wauge'; an awà they gaed.

"Aince mair he gaed out at twal hours, an again i the mids o the efternuin, an did the same as afore. Syne an hour afore lowsin-time he saw ithersome staundin about, an said til them, 'Hou is it ye ar staundin here haund-idle aa day?'

"'Naebodie's fee'd us,' said they.

"'Awà ye, tae, intil my vine-yaird,' qo he til them.

"Whan the eenin cam, the guidman said til his gríeve, 'Cry the men in an gíe them their pey: begin wi the henmaist, an sae on till ye come tae the first.' Sae them at wis fee'd an hour afore lowsin-time cam forrit, an wis gíen a merk the píece.

"Whan the first-tae-come cam forrit, they war thinkin they wad get mair, but they war gíen nae mair nor a merk the píece.

---

a for my sake *om.* R [ἕνεκεν τοῦ ὀνόματός μου].

Syne they begoud girnin at the guidman: 'Thir lest-comers hes wrocht but ae hour,' said they, 'an ye hae peyed them the same as hiz, at hes trauchelt an tyauved the haill day i the bleezin sun!'

"But he gae them their answer: 'Friend,' qo he til ane o them, 'I'm no wrangin ye onie: gree'd-ye-na wi me for a merk? Tak what's awin ye, an awà ye gae! I'm tae pey this lest-comer the same as ye. Can I no dae as I like wi my nain siller? Or maun ye tak it ill out, gin I am furthie?'

"That is the gate the henmaist will be foremaist, an the fore-maist henmaist."

WHAN JESUS WIS gaein doun tae Jerusalem, he tuik the Twal awà frae the lave an said til them, as they gaed alang, "Listen, we ar on our road doun tae Jerusalem; an there the Son o Man will be gíen up tae the Heid-Priests an Doctors o the Law, an they will duim him tae deith an haund him owre tae the haithen tae be jamphed an leashed an crucified: but on the third day he will rise again."

Efter that the mither o Zebedee's sons cam up wi her sons an gaed doun on her knees afore him tae seek a fauvour o him.

"What is your will?" qo he til her.

"I want ye," said she til him, "tae say at thir twa sons o mine is tae sit, the tane on your richt haund, an the tither on your cair haund, in your Kingdom."

"Ye kenna what it is ye ar seekin," qo Jesus tae the brithers. "Can ye drink the tass at I am tae drink?"

"That can we," said they.

"Atweill will ye drink my tass," qo he til them: "but saits on my richt haund an my cair haund isna mine tae gíe; they will hae them at my Faither hes ordeined is tae hae them."

The ither ten disciples hed heared aa this, an they war sair mis-set owre the twa brithers. But Jesus caa'd them til him an said, "Amang the haithen, as ye ken, the rulers lairds it owre the lave, an the gryte fowk lats them ken they ar their maisters. But that isna tae be the gate o it wi ye: upò the contrair, him at wad be gryte amang ye maun be your servan, an him at wad be the first amang ye maun be your slave—een as the Son o Man camna tae be saired, but tae sair, an tae gíe his life as a ransom for monie."

THEY WAR GAEIN out o Jericho wi an unco thrang o fowk fallowin them, whan what suid happen but twa blinnd men at wis sittin at the gateside, hearin at Jesus wis gaein by, cried out, "Maister, Son o Dauvit, hae pítie on's!"

The fowk *b*tauld them, gey rochlike, tae haud their wheesht. But they onlie scraiched out the louder, "Maister, Son o Dauvit, hae pítie on's!"

Syne Jesus stappit an cried them til him: "What is it ye wad hae me dae for ye?" qo he.

"We want our een onsteikit, Maister," said they; an at that Jesus, muived wi hairt-pítie for them, titched their een; an immedentlie their sicht cam back, an they fallowt him.

21 WHAN THEY HED come the lenth o Bethphagie an the Hill o Olives, no faur frae Jerusalem, Jesus sent twa o the disciples on an eerant. "Gang your waas tae yon clachan forenent ye," he tauld them, "an strecht awà ye'll finnd there a tethert cuddie-ass, an a cowt aside her: lowse them, an bring them here. Gin onie-bodie says ocht til ye, tell him at the Maister needs them, an syne he s' lat ye tak them awà but mair adae."

This happent at the wurd o the Prophet micht come true:

> Say til the Dachter o Zíon:
> 'Behaud, here comes thy Kíng til thee,
> sae cannie an douce, ridin on an ass,
> on a cowt, the foal o an ass-baist.'

Sae the disciples gaed their waas an did as Jesus hed bidden them. They brocht the ass an the cowt, an they laid their coats on them; an he backit them.

Syne the fowk i their thousands strawed their coats on the road, an ithers sneddit brainches aff the trees an strawed the road wi them. An iver an on the thrang at gaed afore him an the thrang at cam ahent him cried out:

> "Hosanna til the Son o Dauvit!
> Blissins on him at comes i the name o the Lord!
> Hosanna i the heicht o heiven!"

Whan Jesus cam intil Jerusalem, the haill toun wis pitten in a

---

b challenged them an tauld them *R*: tauld them gey roch-like (?)/flytit on them an tauld them (?) *L*.

stír: "Wha's this avà?" fowk speired; an the croud answert, "This is Jesus the Prophet, frae Nazareth in Galilee!"

EFTERHIN JESUS GAED intil the Temple an drave out aa them at bocht an sauld in it, an whummelt the tables o the money-cheingers an the saits o them at sauld dous: "It says i the Bible," qo he tae them, "*'My houss sal be caa'd a houss o prayer'*: but ye ar makkin it *a rubbers' howff*."

Syne some blinnd fowk an lameters cam up til him i the Temple, an he hailed them. But whan the Heid-Príests an Doctors o the Law saw the uncos at he wrocht, an heared the callans cryin i the Temple, "Hosanna til the Son o Dauvit", they war ill-sortit, an said til him, "Hear ye what thir louns is sayin?"

"Ay, div I," qo he. "But hae ye ne'er read i your Bibles: *'Thou hes lairnt the mouths o littlans an pap-bairns tae ruise thee'*?" Wi that he quat them, an gaed out the toun tae Bethanie, whaur he bade the nicht.

AIR I THE mornin he gaed back tae the toun; an, as he gaed, he begoud tae be yaup. Sae, seein a feg-tree at the gateside, he gaed up til it, but nocht faund he on it but leafs. "Niver nae mair will ye beir frute again," said he til it; an the feg-tree withert awà afore their een. The disciples wis dumfounert tae see it, an said, "Hou is it the feg-tree's withert awà in a gliff like that?"

Jesus answert, "Atweill, I tell ye, gin ye hae faith, an misdout nane, ye will dae mair nor strick feg-trees deid wi a wurd—ay, gin ye say tae this hill, 'Up wi ye an cast yoursel intil the loch', the thing will be dune. Mairfortaiken, oniething ye pray for wi faith, ye s' een get the same."

SYNE HE GAED intil the Temple again, an hed begoud teachin, whan the Heid-Príests an the Elders o the Fowk cam up an speired at him, "What authoritie hae ye for this at ye ar daein? Wha gíed ye it?"

Jesus answert, "An I hae my queystin tae speir at ye; an gin ye answer it, syne I will tell ye what authoritie I hae for this at I am daein. John's baptism—wis it frae heiven, or cam it o men?"

They cuist his queystin owre i their minds, an said til themsels, "Gin we say, 'Frae heiven', he will say til us, 'What for did ye no believe him syne?' But gin we say, 'It cam o men'—there's the fowk tae be feared for; aabodie hauds John for a Prophet!" Sae they said tae Jesus, "We canna say."

"An I winna tell ye aitherins," qo he, "what authoritie I hae for this at I am daein. But tell us your thocht on this," he gaed on. "There wis a man hed twa sons. He gaed tae the tane o them an said, 'Awà, lad, an wurk i the vine-yaird the day.'

"'Ay, faither,' said he, 'I'll dae that.' But he gaedna.

"Syne the man gaed tae the tither son an said the same til him.

"'No me!' said he. But efterhin he forthocht, an gaed.

"Whilk o the twa did his faither's will?"

"The lest ane," said they.

"Atweill, I tell ye," said Jesus tae them, "the tax-uplifters an the hures is winnin intil the Kíngdom o God afore ye! John cam tae ye an shawed ye in wurd an deed the wey o richteousness, an ye belíeved-him-na: but the tax-uplifters an hures belíeved him. An tho ye saw them, een than ye tuikna the rue, een than ye belíeved-him-na!

"Listen anither parable. The' war aince a laird at plantit a vine-yaird. *He dykit it, delved a wine-fatt intil it, biggit a watch-touer*, an syne set it tae some gairdners an fuir awà furth o the kintra.

"Whan the hairst-tid wis naurhaund, he sent his servans tae uplift his pairt o the crap frae them. But the gairdners grippit them an laubourt ane, felled anither, an staned a third. Syne he sent ither servans, mair o them this time nor afore: but the gairdners saired them the same gate.

"A while efter, he sent his ain son tae them: 'They'll niver mint tae middle him,' thocht he til himsel. But whan the gairdners saw the son, they said amang themsels, 'Here's the yung laird—c'wà, lads, lat's fell him an get wir haunds on his heirskip!' Sae they tuik hauds o him an drave him outen the vine-yaird an felled him.

"Weill, than, hou will the awner o the vine-yaird sair thae gairdners, whan he comes hame?"

"An ill deith the ill-daers'll díe at his haunds!" said they. "An for the vine-yaird's pairt, he will set it til ither gairdners, at will ey gíe him up his skare o the crap at the trystit time."

Syne Jesus said tae them, "Hae ye ne'er read thir wurds i the Bible:

> *The stane at the biggars cuist aside,*
> *hit is een become the cunyie:*
> *this wis wrocht bi the Lord,*
> *an a ferlie it is in our een?*

An sae I tell ye, the Kíngdom o God will be taen awà frae ye an gíen til a fowk at brings furth the frutes o the same. [Him at faas on this stane will be dung in blauds; an him at this stane faas on, it will send him flíein like stour.]"

Whan the Heid-Priests an Pharisees heared his parables, weill saw they at he wis ettlin at themsels, an they wad fain arreistit him: but they war fleyed for the fowk, sin they huid him for a Prophet.

JESUS NOU TAULD them a wheen mair parables. This wis ane o them: "The Kíngdom o Heiven is like this," qo he. "A kíng gíed a waddin-feast for his son. He sent his servans til aa them at hed gotten invítes, tae bid them come: but they wadna come.

"Syne he sent them wurd again bi ither servans, at wis tauld tae say this tae them: 'Here is aa my fore-redd for the waddin-brakfast made, an my bills an feds killed; aathing is reddie, come tae the mairrage.' But nae heed peyed they. Some o them gaed awà tae their fíelds, an ithers tae their treddin an trokin: but the lave grippit his servans an ill-gydit an felled them, whilk sae raised the Kíng at he sent his sodgers an slew thae murtherers an brunt their toun in aiss.

"Syne the Kíng said til his servans, 'The waddin-feast is aa reddie, but them at wis bidden til it wisna wurdie. Gae ye out nou tae the toun's ports an bid in aabodie ye meet in wi tae the waddin.' Sae the servans gaed out intil the streets an gethert aa at they faund there—saunts, sinners, aa kinkind—till the muckle haa wis pang fu o guests.

"Whan the Kíng cam in tae tak a vízie o the companie, he saw a man at wisna cled in waddin-braws. 'My fríend,' qo he til him, 'what ar ye daein here an ye no in your waddin-braws?' But the man said naither 'Eechie' nor 'Ochie'.

"Syne the Kíng said tae the servitors, 'Binnd this man fit an haund, an cast him intil the mirk thereout!' It is there at the yaumer an the chirkin o teeth will be; for monie-ane is bidden, but few is waled."

SYNE THE PHARISEES gaed their waas an tuik counsel hou they micht fangle him in an argiment; an the affcome o their colloguin wis at they sent their ain disciples, wi men o Herod's pairtie, tae say til him, "Aabodie kens at ye ar honest an aivendoun, an your teachin o God's wey for men is confeirin, nor ye carena a doit for onie-ane, for it's nae odds tae ye wha a man is—tell us your mind anent the imperial poll-tax: hae we líshence tae pey it, or hae we no?"

Jesus saw weill their sleeness, an said tae them, "What for seek ye tae girn me, hýpocrítes at ye ar? Shaw me ane o the coins ye pey the tax wi." They raxed him a merk, an he speired at them, "Wha's heid is that? Wha's name read ye there?"

"The Emperor's," said they.

"A-weill, than," qo he, "pey the Emperor what perteins tae the Emperor, an pey God what perteins tae God." That left them dumfounert; an, onsaid mair til him, they gaed their waas.

THE SAME DAY a wheen Sadducees—them at hauds out there is nae risin o the deid—cam up an speired a queystin at him: "Maister," said they, "Moses laid doun at, *gin a man díes laein nae bairns, his brither maun mairrie his wídow an raise a faimlie til him.* Nou, the' war aince seiven brithers whaur we belang. The first o them mairriet an díed an, no haein childer, left his wife til his brither. It gaed the same gate wi the saicond brither, an the third, an aa the lave o the seiven. Syne, efter aa the brithers wis awà, the wuman díed hersel. At the resurrection wha's wife will she be, na? She wis mairriet, like, on them aa, ye see."

Jesus answert, "Ye ar aa wrang for no kennin aither the Bible or the pouer o God! Whan the deid rises again, there is nae mair mairriein for man nor wuman; they ar een as the angels in heiven. An, as tae the resurrection o the deid, hae ye no read the wurds spokken tae ye bi God himsel: '*I am the God o Abraham an the God o Isaac an the God o Jaucob*'? He isna the God o the deid, but the lívin."

This wis said i the hearin o the croud; an they war fair stoundit at his teachin.

WHAN THEY HEARED at he hed gart the Sadducees wheesht, the Pharisees met thegither, an ane o them at wis faur seen i the Law socht tae kittle him wi a queystin.

"Maister," said he, "whilk is the grytest Commaund i the Law?"

He answert, "'*Thou sal luve the Lord thy God wi aa thy hairt an wi aa thy saul an wi aa thy wit.*' That is the first an grytest Commaund. The saicond is like it: '*Thou sal luve thy neipour as thysel.*' On thae twa Commaunds hings the haill o the Law an the Prophets."

Afore the Pharisees skailed, Jesus speired a queystin at them:

"What is your thocht anent the Christ?" qo he. "Wha's son is he?"

"Dauvit's," said they.

"Hou, than," qo he, "dis Dauvit, speakin i the Spírit, caa him 'lord', whaur he says:

> The Lord said til my lord,
>   'Sit thou at my richt haund,
> till I pit thy faes
>   aneth thy feet'?

Gin Dauvit caas him 'lord', hou can he be his son?"

That freelie fickelt them aa; an frae that day forrit naebodie daured speir onie mair queystins at him.

EFTER TIIIS, JESUS spak tac thc croud an his disciples.   **23**

"The Doctors o the Law an the Pharisees," qo he, "sits on Moses' sait; an sae ye behuive tae dae an keep aathing at they say ye maun dae an keep. But daena as they dae, for their daein is no conform til their sayin. They mak up hivvie birns an lay them on ither men's shuithers, but themsels they winna pit out a finger tae mudge them. Aathing they dae, they dae tae hae fowk glowrin efter them. They mak their text-chairms by-ordinar braid an the babs o their mantílles by-ordinar lang; they maun ey hae the first place at a denner, an a foresait i the meetin-houss; they ar ill for fowk tae bid them 'Guid-day' an 'Guid-een' i the mercat, an tae get 'Rabbi' frac aabodie. But latna fowk caa ye 'Rabbi', for ye hae but the ae maister an ar aa brithers til ilk ither. An caana onie-ane on the yird your 'Faither', for ye hae but the ae faither, your Faither in heiven. Latna fowk caa ye 'Doctor' aitherins, for the Christ is your Doctor. The grytest o ye aa maun be the servan o ye aa; an him at up-heizes himsel will be hummelt, an him at hummles himsel will be up-heized.

"Black s' be your faa, Doctors o the Law an Pharisees, hýpocrítes at ye ar! Ye steik the yett o the Kíngdom o Heiven in men's faces; ye gangna in yoursels, an them at seeks in ye hender tae win ben.

"Black s' be your faa, Doctors o the Law an Pharisees, hýpocrítes at ye ar! Ye gang athort laund an sea tae mak ae convèrt, an whan ye hae him convertit, ye mak o him a Deivil's limb double as ill as yoursels.

"Black s' be your faa, blinnd gydes at says, 'Him at sweirs bi

the Temple, it is naething: but him at sweirs bi the gowd o the
Temple is bund bi his aith.' Blinnd fuils at ye ar, whilk is o mair
account—the gowd, or the Temple at sanctifíes the gowd? Or
again, 'Him at sweirs bi the altar, it is naething,' ye say: 'but him
at sweirs bi the gift upò'd is bund bi his aith.' Blinnd men at ye ar,
whilk is a mair account—the gift, or the altar at sanctifíes the
gift? Na: him at sweirs bi the altar sweirs baith bi hit an bi aathing
upò'd, an him at sweirs bi the Temple sweirs baith bi hit an bi
him at dwalls in it, an him at sweirs bi heiven sweirs baith bi
the throne o God an bi him at sits on it.

"Black s' be your faa, Doctors o the Law an Pharisees, hýpo-
crítes at ye ar! Ye pey teinds o mint an anet an cummin, but
mislippen the wechtier things o the Law—juistice, mercie, an
guid faith. But thir things ye behuived tae practíse, onmislippent
the ithers. Blinnd gydes at ye ar, ᶜye stummle at a strae, an lowp
owre a brae!

"Black s' be your faa, Doctors o the Law an Pharisees, hýpo-
crítes at ye ar! The caup an the bicker ye dicht them weill ithout,
but ithin they ar lippin-fu o greed an gilravagin. Oh, blinnd,
blinnd Pharisees, first dicht the inside o the caup, an syne ye s' hae
the outside dichtit an clean as weill!

"Black s' be your faa, Doctors o the Law an Pharisees, hýpo-
crítes at ye ar! Ye ar like white-wuishen graffs, at luiks bonnie an
braw outside, but inside is fu o deid men's banes an aa kin o filth
an fulyie. Een sae wi ye: tae luik at ye, aabodie wad think ye
honest, weill-daein fowk, but ithin ye ar pang fu o hýpocrisie an
wickitness.

"Black s' be your faa, Doctors o the Law an Pharisees, hýpo-
crítes at ye ar! Ye bigg the graffs o the Prophets an decore the
lairs o the Saunts, an syne ye threap, 'Gin we hed lívved i the days
o wir forebeirs, we wadna taen pairt wi them in skailin the bluid
o the Prophets!' Wi that ye gíe witness again yoursels at ye ar the
sons o them at murthert the Prophets: caa ye awà, than, an pit the
caipstane on your forebeirs' wark! Ye serpents, ye getts o ethers,
hou can ye escape damnâtion tae hell?

"An sae nou I'm sendin amang ye prophets an wyss men an
men o lair. Some o them ye'll kill an crucifíe, an ithers ye'll leash in
your meetin-housses an hund frae toun tae toun, sae at on ye may
faa the gilt o aa the sakeless bluid e'er skailed on the yird, frae

ᶜ Ye syle out a midge an craig a caumel R: Ye stummle at a strae an lowp owre a {bink/
brae/windlin/linn}/Ye stairt at a strae an lat windlins gae [cf. Kelby, p. 151, no. 192;
Ramsay ap. Mackay, p. 356 m.; Motherwell (1876), p. 117; Hislop³, p. 139 in.;
Cheviot, p. 143] L.

the bluid o sakeless Abel tae the bluid o Zecharíah, the son o Barachíah, at ye felled atweesh the Temple an the altar. Atweill, I tell ye, this generâtion will mak mends for aa thae ill deeds!

"O Jerusalem, Jerusalem, at kills the Prophets an stanes them at is sent til her, hou aft wad I fain hae gethert your bairns about me, as a hen gethers her brodmil aneth her wíngs, but ye, ye wadna lat me! See, *nou is your houss forhoued*;[3] for I tell ye, frae this time forrit ye s' see me nae mair or the day whan ye say, '*Blissit is him at comes i the name o the Lord*'!"

JESUS NOU QUAT the Temple; an, as he gaed alang, the disciples **24** cam up an baud him luik up at the Temple biggins.

"Ye see aa that?" qo he. "Atweill, I tell ye, no ae stane o them aa will be left abuin anither: the haill Temple will be but a rickle."

Efterhin, whan he wis sittin his lane on the Hill o Olives, the disciples cam up an said til him, "Whan is thae things tae be? An whattan taiken will we hae at your back-comin an the hinnerend o the praisent warld is naurhaund?"

Jesus answert, "Tak tent at nae man leads ye agley! For monie-ane will kythe, takkin my name an threapin, 'I am the Christ'; an monie feck they will lead agley. Ye will hear tell o wars an souchs o war, but be ye nane flichtert. Siccan things maun een be, but that isna the end. For fowk will mak war on fowk, an kinrick on kinrick; an faimins there will be an yirdquauks in orra pairts. Aa thae things is but the onfaa o the birth-thraws.

"Than will they haund ye owre tae them at will sair ill-gyde ye an kill ye, an in ilka laund ye will be hatit because ye beir my name. Monie will tyne their faith i thae days an betray ilk ither for hate. Monie fauss prophets will kythe an lead monie agley, an wi the wickitness lairge in ilka place the luve o the maist feck will grow cauld. But him at hauds out till the end will be saufed. Mairatowre, this Gospel o the Kíngdom will first be preached out-throu the haill warld an made kent til the haithen aagate, an syne the end will come.

"Whan, therefore, ye see the *Deidlie Ugsome Thing* at the Prophet Daniel spak o staundin *i the Halie Place*"—ye at reads this, tak tent!—"them at wons in Judaea maun tak the hills. Him at is up on his houss-heid maunna gae doun intil the houss tae lift his gear, an him at is afield maunna gang back hame tae fesh his coat. Wae's me for weimen at is big wi bairn or gíein souk i thae days! Pray at your flicht faasna in wintertime, or on the Sabbath, for the *dule an dree* o that time will be *sic as there hesna been the like o frae the beginnin o the warld till nou*, nor nivermair will be. Gin thae days hedna been shortent, nae-ane avà wad be left tae the fore: but shortent they will be for the sake o the Eleck. Gin onie-ane says tae ye than, 'Luik, here's the Christ', or, 'See, yonder's the Christ', lippen-him-na. For monie fauss Christs an fauss prophets will kythe an wurk míracles an ferlies tae gar een the Eleck gae will, coud sic a thing be. Mind, nou, I hae wairned ye! Gin they say tae ye than, 'He's thereout i the muirs', gang-ye-na furth; or gin they tell ye, 'He's ben the houss in ane o the chaumers', lippen-them-na. For as the fireflaucht lowps leamin athort the lift frae the aist tae the wast, een sae will be the comin o the Son o Man. Whaur the carcage liggs, thair the vulturs forgethers.

"As shune as thae days o dule an dree is by,

> The sun will be mirkit,
>   an the muin winna gíe her licht;
> the stairns will faa frae the carrie,
>   an the pouers i the lift will be dinnelt.

Than will the sign o the Son o Man kythe i the lift, an aa the clans o the yird will murn an baet their breists; an they will see the Son o Man comin on the clouds o the lift wi unco micht an glore. Wi a dunnerin blast o the horn he will send furth his angels; an they will gether his Eleck frae the fowr airts, frae the tae end o the lift tae the tither.

"Tak a lesson o the feg-tree. Whan its ryss grows sappie an saft, an the leafs onfaulds, ye ken at the simmer is naur. Siclike, whan ye see aa thir things happnin, ye maun ken at the end is naur—ay, at your verra doors!

"Atweill, I tell ye, this generâtion winna pass awà or aa thir things hes happent. The lift an the yird will pass awà, but my wurds winna pass awà. But the day an the hour nae-ane kens, no een the angels in heiven, nor the Son: na, nane but the Faither alane!

"At the comin o the Son o Man it will be the same wey as it wis i the days o Noah. I thae days afore the Fluid fowk wis thrang aitin an drinkin, mairriein an gíein in mairrage, richt up tae the time whan Noah gaed intil the Airk; an naething jaloused they, or the Fluid cam an soopit them aa awà. That is the wey it will be at the comin o the Son o Man. Twa men will be wurkin

thegither i the field—ane o them will be taen, an the tither left
ahent; twa weimen will be caain a haundmill thegither—ane o
them will be taen, an the tither left ahent. Haud ye ey wauken,
than, for ye kenna what day your Maister is comin. But o this ye
may be shair: gin the guidman hed kent at what hour o the nicht
the thief wis tae come, he wad hae bidden waukin, an no latten his
houss be brakken intil. Sae ye, tae, maun ey be reddie, sin the Son
o Man will come at an hour whan ye'r bodin him nane.

"Wha's the wysslike an faithfu servan at his maister lippent wi
the owrance o the lave, an seein at they war maitit raiglar?
Happie man, at his maister, whan he comes hame, finnds daein
the wark he wis gíen tae dae! He'll gíe him the gydin o aa he is
aucht, I s' warran ye. But gin he is an ill-set bleck, yon servan,
an says til himsel, 'He's lang o comin, the Maister', an faas tae
lounderin the ither servans an gilravagin wi the dribblin-core,
syne, on a day he bodesna, an at an hour he kensna, the maister o
that servan will come hame, an will hag him in píeces an assign
him his dail wi the hýpocrítes; an it is there at the yaumer an the
chirkin o teeth will be!

"Here is whatlike it will be wi the Kíngdom o Heiven, whan **25**
that day comes. The' wis aince ten deames gaed out tae meet the
bridegroom an the bride at a waddin, takkin their bouets wi them.
Five o them wis glaikit lassies, an five wis wysslike queyns. The
glaikit anes tuik their bouets, but they tuik nae orra oil wi them:
but the wysslike anes tuik baith their bouets an oil-pouries
forbyes.

"The bridegroom wis lang o comin, an the lassies aa dovert an
fell owre. At midnicht the cry wis raised: 'Here's the bridegroom;
come out an meet him!' The din waukent the lassies, an they rase
an fettelt up their bouets.

"The glaikit anes said tae the wyss anes, 'Lat see a twa-three
draps oil: our bouets is gaein out!'

"'Nae fears!' the wyss anes answert. 'We haena what wad sair
ye an hiz baith belike. Better gae tae the chops an buy yoursels
some.' Sae aff they gaed tae buy their oil.

"I the mids o the meantime the bridegroom cam, an the lassies
at wis reddie gaed inbye wi him tae the waddin-brakfast, an the
door wis steikit. A whilie efter, the ither lassies cam an begoud
cryin, 'Pleise, sir, apen the door til us!' But he answert, 'Atweill,
I hae nae kennin o ye avà!' Haud ye ey wauken, than; for ye ken
naither the day nor the hour.

"Or again, it is like this. A man at wis gaein out o the kintra

caa'd up his servans an haundit his haudin owre tae them tae
gyde. He lippent ane wi five talents, anither wi twa, an a third
wi ane—ilkane wi the soum confeirin til his capacitie. Syne he
gaed his waas out o the kintra. The man at hed gotten the five
talents gaed strecht awà an yuised them sae weill in tredd at he
made ither five talents; an siclike him at hed gotten the twa
talents wan ither twa talents. But him at hed gotten the ae talent
gaed awà an howkit a hole i the grund an hade his maister's
siller intil it.

"Efter a lang time, the maister o thae servans cam hame an
huid a racknin wi them. Him at hed gotten the five talents cam
forrit wi ither five talents forbye an said, 'Maister, ye lippent me
wi five talents: see, here's ither five talents I hae made.'

"'Weill dune, guid an leal servan!' said his maister til him. 'Ye
hae been leal wi the gydin o little, I s' gíe ye the gydin o muckle.
Awà in tae your Maister's banqet!'

"Syne him at hed gotten the twa talents cam forrit an said,
'Maister, ye lippent me wi twa talents: see, here's ither twa
talents I hae made.'

"'Weill dune, guid an leal servan!' said his maister. 'Ye hae
been leal wi the gydin o little, I s' gíe ye the gydin o muckle.
Awà in tae your Maister's banqet!

"Lest, him at gat the ae talent cam forrit an said, 'Maister, I
kent ye for a dour man an a stour, at maws whaur he hesna sawn,
an shears whaur he hesna seedit; sae I wis feared, an gaed awà an
hade your talent i the grund: here it is back tae ye.'

"'Ye sweird wratch o a servan!' said his maister. 'Ye kent at I
maw whaur I haena sawn, an shear whaur I haena seedit—ye kent
that, na? A-weill, than, ye suid hae pitten my siller i the Bank, an
syne I wad hae gotten it back wi annualrent at my hamecome.
Tak his talent awà frae him, an gíe it til him at hes the ten talents:

> For til havers mair is gíen,
>   till it faur outgangs their need:
> frae not-havers is taen
>   een what they hae.

An cast yon wanwurdie servan intil the mirk outbye.' It is there
at the yaumer an the chirkin o teeth will be!

"Whan the Son o Man comes in his glorie, an aa his angels wi
him, he will sit him doun on his throne o glorie; an aa the fowks
o the yird will be gethert afore him, an he will shed them intil

twa hirsels, as a herd sheds the sheep frae the gaits; an the sheep he will hirsel on his richt haund, an the gaits on his cair haund.

"Than the Kíng will say til them on his richt haund, 'Come your waas, ye at hes my Faither's blissin, an tak possession o your heirskip, the Kíngdom prepared for ye frae the founds o the warld wis laid. For I wis yaup, an ye gae me mait; I wis thristie, an ye gae me drink; I wis an outlan, an ye gae me bed an bicker; I wis nakit, an ye cleadit me; I wis síck, an ye tentit me; I wis in jyle, an ye cam inbye tae me.'

"Syne the richteous will answer, 'Lord, whan saw we ye yaup, an gae ye mait? Or thristie, an gae ye drink? Whan saw we ye an outlan, an gae ye bed an bicker? Or nakit, an cleadit ye? Whan saw we ye síck or in jyle, an gaed inbye til ye?'

"Syne the Kíng will say til them, 'Atweill, I tell ye, oniething at ye did til ane o thir hummle brithers o mine, ye did it til me.'

"Than will he say til them on his cair haund, 'Awà wi ye out o my sicht, ye curst anes, awà til the iverlestin fire prepared for the Deivil an his angels! For I wis yaup, an ye gae-me-na mait; I wis thristie, an ye gae-me-na drink; I wis an outlan, an ye gae-me-na bed an bicker; I wis nakit, an ye cleadit-me-na; I wis síck an in jyle, an ye tentit-me-na.'

"Syne they, tae, will answer, 'Lord, whan saw we ye yaup, or thristie, or an outlan, or nakit, or síck, or in jyle, an wadna dae ocht for ye?'

"An he will say tae them, 'Atweill, I tell ye, oniething at ye did no dae til ane o thir hummle anes, ye did no dae it tae me.' An thir will gang awà til iverlestin punishment, but the richteous will gang til iverlestin life."

WHAN HE WIS throu wi aa thir discoùrses, Jesus said til his dis- **26** ciples, "It's the Passowre the day efter the morn, ye ken; an the Son o Man is tae be haundit owre tae be crucifíed than."

Juist at this time, the Heid-Príests an Elders o the Fowk forgethert i the pailace o the Chíef Heid-Príest, Caiaphas bi name, an collogued thegither hou they micht get their haunds on him bi some wimple an pit him tae deith—"no on the Feast-Day, tho," said they, "for fear o raisin a stírrie amang the fowk!"

JESUS WIS STAPPIN in Bethanie in Símon the Lipper's houss, whan a wuman cam up til him wi an alabaster stowp o dairthfu ointment in her haund, as he lay at the buird, an tuimed it owre his heid. The disciples wis angert tae see it. "The waistrie o it!"

said they. "It micht hae been sauld for a gey soum, an the siller gíen tae the puir."

Jesus heared them, an said tae them, "What needs ye fyke the wuman that gate? It's a bonnielike thing she's dune tae me! The puir ye hae ey amang ye, but ye s' haena me ey. Her pourin this ointment on my bodie is a fore-redd for my buiral. Atweill, I tell ye, whauriver the Gospel is preached i the haill warld, the storie o this at she hes dune will be tauld an aa, sae at she may ne'er be forgot."

Syne ane o the Twal, him they caa'd Judas Iscariot, gaed tae the Heid-Priests an said til them, "What will ye gíe me tae pit him in your haunds?" They peyed him doun thertie siller píeces; an frae that time forrit he wis ey seekin an opportunitie tae betray him.

ON THE FIRST day o the Feast o Barmless Breid the disciples cam an speired at Jesus, "Whaur is it your will we suid mak fore-redd for your Passowre?"

"Gang tae Sae-an-Sae i the toun an say til him, 'The Maister says, "My time is naurhaund; I am tae haud the Passowre wi my disciples i your houss".'" The disciples did his biddin, an made fore-redd for the Passowre.

Whan it wis geylins gloamed, he lay in tae the buird wi the Twal, an throu the diet he said tae them, "Atweill, I tell ye, ane o ye is tae betray me."

Richt wae war they tae hear him, an begoud tae speir at him, ilkane o them, "No me, Maister, shairlie?"

He answert, "Him at dippit his haund eenou i the bicker wi me is the ane at is tae betray me. The Son o Man maun een gae his gate, as it says i the Buik anent him, but black s' be the faa o the man at will be the mean o the Son o Man's betrayal. Better wad it been for him, gin he hed ne'er been born, that man!"

Syne Judas, at wis betrayin him, said, "It's no me ye mean, *Rabbi*, shairlie?"

"Ye hae said it," qo Jesus.

AFORE THEY WAR throu wi their sipper, Jesus tuik a laif an, efter he hed speired a blissin, brak it an gíed it tae the disciples, sayin, "Tak an ait this: it is my bodie." Syne he tuik a tass an, efter he hed gíen thanks tae God, raxed it til them, sayin, "Drink ye this, ilkane o ye: it is my bluid, the Bluid o the Covenant, whilk is

skailed for monie for the forgíeness o sins. An this I tell ye: I s'
drink nae mair the frute o the vine afore I drink a noo wine wi ye
in my Faither's Kíngdom."

SYNE THEY SANG the Passowre Hyme, an gaed out an awà tae
the Hill o Olives. There Jesus said tae them, "This nicht ye will
aa be fauss tae me. For it is written i the Buik:

> 'I will ding the herd,
>   an the sheep o his hirsel will be sparpelt abreid.'

But efter I hae risen, I will gang afore ye til Galilee."
    Peter said til him, "Lat aa the warld be fauss tae ye, Peter
will ne'er be fauss!"
    "Atweill, I tell ye," qo Jesus, "this nicht, afore the cock craws,
ye will disavou me thrice."
    "Tho I buid díe wi ye, niver will I disavou ye!" said Peter. An
the lave o the disciples aa said the like.
    Syne Jesus cam wi his disciples til a dail caa'd Gethsemanie; an
here he said tae them, "Lean ye doun here, till I gang yont an
pray." But he tuik Peter an the twa sons o Zebedee wi him. An
nou unco dule an dridder cam owre him, an he said tae them, "My
saul is likin tae díe for dule: bide ye here wi me, an haud ye
wauken."
    Than he gaed a wee faurer on an, castin himsel doun on the
grund, prayed, sayin, "Faither, gin it can be, lat [a]this caup gang
by me: yit no as I will, but as thou wills." Syne he cam back til
his disciples an faund them asleep, an he said tae Peter, "Sae ye
dochtna bide waukin ae hour wi me! Haud ye wauken, an pray
at ye may be hained a sair seyin: the spírit is willint, but the flesh
is waik."
    Again he gaed awà an prayed, "My Faither, gin it canna gae by
me, this caup, but I maun een drink it, thy will be dune." Aince
mair he gaed back tae the disciples an faund them faan owre, for
their een wis hivvie wi sleep.
    Sae he quat them an gaed awà an prayed the third time, pittin
up the same prayer as afore. Syne he cam back tae them an said,
"Ey sleepin an takkin your rest? An the hour is come whan the
Son o Man is betrayed intil the haunds o sinners! Fy, rise ye up,
an lat us gae forrit: he is naurhaund, my betrayer."

[a] this caup o wae R [τὸ ποτήριον τοῦτο]: but cp. Mk. 14.36.

The wurds wisna weill aff his tung, whan up cam Judas, ane o the Twal, an wi him a mardle o fowk wi swuirds an rungs, at hed been hundit out bi the Heid-Priests an the Elders o the Fowk. The traitor hed gree'd on a taiken wi them: "Him at I kiss is your man," he hed said; "it is him ye maun grip." Sae nou he cam strecht up tae Jesus an, wi a "Fair guid-een tae ye, *Rabbi*," kissed him.

"Tae your wark, my friend," qo Jesus.

Syne they cam forrit an laid their haunds on him an huid him fest. Than, swith, the haund o ane o them at wis wi Jesus gaed til his swuird-hilt, an he drew it an strack the Heid-Priest's servan an sneddit aff his lug. But Jesus said til him, "Back wi your swuird til its place! Aa them at grips til the swuird will die bi the swuird. Or trew ye at I canna caa on my Faither for help, an he will immedentlie send me mair gin twal legions o angels? But than hou coud the wurd o the Bible come true at this is tae be the gate o it?"

At the same time Jesus said tae the croud, "Think ye at I am some laundlowpin reiver, at ye hae come out wi swuirds an rungs tae fang me? Dailieday I sat teachin intil the Temple, an ye grippit-me-na. But aa this hes happent at what the Prophets wrate may come true." Than aa his disciples forhoued him an fled awà.

THEM AT HED arreistit Jesus nou led him awà tae the pailace o Caiaphas the Heid-Priest, whaur the Doctors o the Law an the Elders wis forgethert. Peter fallowt them, a fell bit ahent, the lenth o the pailace close. There he gaed in an sat doun amang the [e]servitors, tae see what the end wad be.

Meantime the Heid-Priests an the haill Council wis seekin fauss witness again Jesus, at they micht pit him tae deith. But, athò monie fauss witnesses cam forrit, nae evidence faund they tae sair them; till at lenth an lang twa cam forrit an said, "This man said, 'I can caa doun the Temple o God an bigg it up again in three days'."

At that the Heid-Priest rase an said tae Jesus, "Answer ye nane? What o the testimonie o thir twa witnesses?" But Jesus said nocht.

Than the Heid-Priest said til him, "On your aith bi the livin God, tell us gin ye ar the Christ, the Son o God."

---

[e] servitors R: servan-men [monie scholards thinks at τῶν ὑπηρετῶν here = temple gairds or pollis. But cf. McNeile ad 47 (p. 393), 58 (pp. 397-8)] L.

"Ye hae said it," qo Jesus; "an, mairfortaiken, I tell ye this: or lang gae, ye will see *the Son o Man*

> *sittin on the richt haund o the Almichtie*
> *an comin on the clouds o the lift."*

At that the Heid-Príest rave his claes an cried, "He hes spokken blasphemie! What needs we mair witnesses? See there, ye hae heared the blasphemous wurds yoursels: what is your juidgement?"

"Giltie, an desairvin o deith," they answert. Syne they spat in his face an nevelt him wi their neives, an ithers scuddit him wi their luifs, sayin til him wi ilka baff, "Spae awà, Messíah, spae awà: wha wis it strack ye?"

MEANTIME, PETER WIS sittin furth i the close, whan a servanqueyn cam up an said til him, "Ye war wi the man frae Galilee, Jesus, tae, I'm thinkin."

But he denied it afore them aa: "I kenna what ye mean," said he; an wi that he gaed out intil the pend.

Here anither servan-lass saw him an said tae the fowk staundin about, "This chíel wis wi yon Nazaraean Jesus."

Again Peter wadna tak wi it, but said wi an aith, "I kenna the man!"

A wee efter, the staunders-by gaed up til him an said, "Ay, but ye war sae wi him, tae: your Galilee twang outs ye."

At that he fell tae bannin an sweirin at he hed nac kennins o the man avà. An than a cock crew, an it cam back tae Peter hou Jesus hed said til him, "Afore the cock craws, ye will disavou me thrice"; an he gaed out an grat a sair, sair greit.

AIR I THE mornin the Heid-Príests an the Elders o the Fowk **27** forgethert an gree'd thegither hou tae hae Jesus pitten doun. Syne they led him awà in cheins an haundit him owre tae Pílate, the Governor. Whan Judas saw at Jesus hed been duimed, he tuik the rue an brocht back the thertie siller píeces tae the Heid-Príests an Elders, sayin til them, "I hae sinned my saul bringin a sakeless man til his deith."

"What hae we adae wi that?" said they. "See ye til'd yoursel!" At that he labbit doun the siller i the Temple an quat the bit an gaed awà an hangit himsel.

The Heid-Príests liftit the siller. "But," said they, "it isna lei-

some tae pit it intil the Temple Treisurie, it is the price o a man's
bluid"; an sae, efter some debate, they bocht the Patter's Dail wi
it, tae mak o it a buiral-grund for outlans an incomers. It is for
that at ey sinsyne the place hes been caa'd the Bluidie Dail.

This gate the wurd spokken bi Jeremíah the Prophet cam true:
"*An they tuik the thertie siller píeces, the price o him at wis vailiet, at
sons o Israel vailiet, an waired it on the Patter's Dail, as the Lord hed
bidden me.*"

AN NOU JESUS compeared afore the Governor, an Pílate speired
at him, "Ar ye the Kíng o Jews?"

An Jesus answert, "Ye hae said it."

Syne the Heid-Príests an Elders deponed again him. But he
made nae answer tae their chairges. Pílate than said til him,
"Hearna ye aa the chairges thir deponers is makkin again ye?"
But no on ae chairge o them aa wad he gíe him an answer, sae at
the Governor ferliet sair.

Ilka Passowre the Governor wis wunt tae set free onie ae
convìct in jyle at the fowk wantit. This year there wis a certain
weill-kent wicht, Jesus BarAbbas, lyin in jyle. Sae whan the fowk
wis forgethert, Pílate speired o them, "Whilk o the twa is it your
will I suid set free—Jesus BarAbbas, or Jesus caa'd the Christ?"
He kent brawlie at it wis for nocht but ill-will at Jesus hed been
brocht up afore him.

As he sat on the juidgement-sait, a message wis brocht til him
frae his wife: "Hae nocht adae wi that guid, weill-daein man,"
said she: "I hae haen a frichtsome draim anent him throu the
nicht."

Meantime the Heid-Príests an the Elders hed perswaudit the
croud tae seek the releash o BarAbbas an the pittin tae deith o
Jesus; an sae, whan Pílate speired o them again, "Whilk o the
twa is it your will I releash tae ye?" they answert, "BarAbbas!"

"Syne what will I dae wi Jesus caa'd the Christ?" said Pílate.

"Tae the cross wi him!" cried they aa.

"But what ill hes the man dune?" said he.

But they onlie raired out the louder, "Tae the cross wi him!"

Whan Pílate saw he wis comin nae speed, but raither the
hubbleshew wis growin waur, he sent for watter an wuish his
haunds afore the een o the croud, sayin as he sae did, "I am
naither airt nor pairt i this man's deith: on your shuithers be it!"
An the haill o the fowk cried back at him, "His bluid be on hiz,
an on our childer!" Sae Pílate gae them their wiss an releashed

BarAbbas, but Jesus he caused screinge an haundit owre tae be crucifíed.

The sodgers o the Governor than cairriet him awà tae the Governor's pailace, whaur they gethert the haill regiment about him. Syne first they tirred him an reikit him out in a reid coat, an neist they plettit a wreathe out o thorn-rysses an set it on his heid an pat a reed wand in his richt haund an, gaein doun on their knees afore him, geckit him, sayin, "Hail, Kíng o Jews!" Syne they spat on him an, takkin the wand, yethert him owre the heid wi it. Than, whan they war throu wi their spíel, they tirred the coat aff him an, cleadin him again in his ain clacs, cairriet him awà tae crucifíc him.

AS THEY QUAT the toun, they met in wi a man frae Cyrenie, Símon bi name; an they gart him cadge Jesus' cross. Syne, whan they cam tae the place caa'd Golgotha, or the "Hairn-Pan", they raxed him a tass o wine-an-gaa, whilk he pree'd, but wadna drink nae mair o. Whan they hed crucifíed him, they cuist caivels owre his cleadin an haufed it amang them, an efter that they sat doun an keepit watch. Abuin his heid they hed pitten up a plaicard shawin the chairge again him:

THIS IS JESUS
KING O JEWS

Alang wi him twa reivers wis crucifíed, the tane on his richt haund, an the tither on his left.

The fowk at gaed by miscaa'd him, geckin their heids an sayin, "Hey, ye at wis caain doun the Temple an biggin it up again in three days, sauf yoursel, gin ye ar the Son o God, an come doun frae the cross!" The Heid-Príests, an the Doctors o the Law an Elders as weill, jeered him the same gate: "He saufed ithers," said they: "but himsel he canna sauf! Kíng o Israel, is he? A-weill, lat's see him come doun frae the cross, an syne we'll belíeve on him! He lippent on God—lat God sauf him, an he's fain o him: did he no haud out he wis the Son o God?" An een the reivers at wis crucifíed alang wi him cuist up the like til him.

At twal hours a mirkness cam owre the haill laund at liftitna or the mids o the efternuin. About that time Jesus cried out wi a gryte stevven, "Elí, Elí, lema sabachthâni?" whilk means, "My God, my God, why for hes thou forleitit me?"

Some o them at wis staundin there an heared him said, "He's

cryin on Elíjah!" An immedentlie ane o them ran an gat a spunge an doukit it *in sour wine* an set it on a wand an *raxed it* up *til him*. But the lave said, "Lat's see first gin Elíjah comes tae sauf him."

Than Jesus sent furth anither gryte cry; an wi that he wis by wi it. At that same maument the courtain o the Temple screidit in twa frae the tap tae the boddom; the yird quaukit; the rocks rave sindrie; the graffs apent; an monie o the saunts at there lay sleepin the sleep o deith waukent an rase, an *f*syne, efter he hed risen again himsel, quat their lairs an cam intil the Halie Cítie, whaur they kythed in bluid an bane til a feck o fowk. The centurion an the sodgers at wis keepin watch owre Jesus wi him wis ill fleyed whan they saw the yirdquauk an aa, an said, "Atweill wis he a son o God, that ane!"

A guid wheen weimen at hed fallowt Jesus frae Galilee an fettelt for him wis luikin on frae a guid gate aff. Amang them wis Mary frae Magdala, an Mary the mither o Jeames an Joseph, an the mither o Zebedee's sons.

WHAN IT GLOAMED, a weill-gethert man o Arimathaea, Joseph bi name, at wis himsel a disciple o Jesus, cam tae Pílate an socht Jesus' bodie o him, an Pílate ordert it tae be haundit owre til him. Joseph tuik it an swealed it in a clean linnen corp-sheet an lairt it i the graff at he hed noolins cuttit out o the rock for himsel. Syne he rowed a muckle stane up again the in-gang an gaed his waas, laein Mary frae Magdala an the ither Mary sittin forenent the graff.

NEIST DAY—THE day efter the Fore-Sabbath, that is—the Heid-Príests an the Pharisees gaed thegither tae Pílate an said til him, "Your Honour, it hes come back til our mind at yon impostor, whan he wis ey tae the fore, said at he wad rise again in three days' time. We wad requeist ye, therefore, tae gíe orders at the graff be made siccar till three days is by: an ye daena, his disciples may come an stael his bodie, an syne threap at he hes risen frae the deid, an than fowk will be waur mislaired nor afore."

"I s' gíe ye your gaird," said Pílate; "awà an mak the graff as siccar as ye ken hou!"

Sae they gaed awà an made the graff siccar, pittin a seal on the stane an laein the gaird tae keep watch.

---

f syne, efter he hed risen again himsel, quat their lairs an R: quattin their lairs [i.e., om. μετὰ τὴν ἔγερσιν αὐτοῦ, cf. A. Pallis, *N.M.M.* (1932), p. 108] L.

WHAN THE SABBATH wis by, an the first day o the ouk wis **28**
grayin, Mary o Magdala an the ither Mary cam tae luik at
the graff.

Hardlins hed they wun til it, whan an unco dinnle gaed
throu the yird, for an angel o the Lord cam doun frae heiven an
gaed up an rowed awà the stane an leaned him doun on it.
His face leamed like a flaucht o fire, an his cleadin wis as white
as the snaw.

The sodgers o the gaird grued wi dreid at the sicht o him, an
becam as deid men. But the angel said tae the weimen, "Binna
feared. I ken ye ar seekin Jesus, at wis crucified. He isna here: he
hes risen, een as he said he wad. Come ye in an see the lair whaur
he lay. . . .

"An nou heast ye awà an tell the disciples at he hes risen frae the
deid an, mairfortaiken, at he is gaein afore ye til Galilee, whaur ye
will see him. . . .

"There, I hae tauld ye."

Awà they screived frae the graff, feared, but faur mair fain nor
feared, an ran tae gíe wurd til his disciples. They war ey on the
road, whan thair wis Jesus forenent them, an he hailsed them, an
they gaed up til him an seized hauds o his feet an kneeled doun
afore him. Syne Jesus said tae them, "Binna feared, but *ᵍawà* ye
an gíe my brithers wurd tae gae til Galilee, an there they will
see me."

WHAN THE WEIMEN wis tae the gate, some o the gairds cam intil
the toun an laid doun tae the Heid-Priests the haill storie o what
hed happent. Efter a communin wi the Elders anent the maitter,
the Heid-Priests gae the sodgers a dentie bit siller. "Tell aabodie,"
said they, "at his disciples cam throu the nicht an staw his corp
whan ye war sleepin. Gin the Governor gets onie wittins o the
maitter, we s' sort aathing wi him an see at ye hae nocht tae be
thochtit owre."

Sae the sodgers tuik the siller an did as they hed been tauld. An
tae this day it is ey their storie at is caa'd about amang the Jews.

THE ELEIVEN DISCIPLES fuir awà tae Galilee an cam til the
trystin-hill at Jesus hed named. Whan they saw him, they kneeled
doun afore him, athò some o them hed ey their douts.

Than Jesus cam naurer an said tae them, "Aa authoritie hes

ᵍ gae bid my brithers gae *R: ut supra, L.*

been gíen me in heiven an on the yird. Gang ye furth, than, an
mak disciples o aa the fowks o the yird, baptízin them intil the
name o the Faither an the Son an the Halie Spírit, an teachin them
tae keep aa the commaundments at I hae gíen ye. An, mind this
weill, I am wi ye throu aa the days at is tae be till the hinnerend
o the warld."

MARK'S GOSPEL

ERE BEGINS THE Gospel o Jesus Christ. In Isaiah the 1 Prophet it staunds written:

> 'Behaud, I send furth my messenger afore thy face
> tae redd thy gate,
> the voice o ane cryin out i the muirs:
> "Prepare the gate o our Lord,
> mak strecht his pads".'

An een sae it wis at John the Baptízer kythed i the muirs, preachin at men suid repent an be baptízed tae win forgíeness o their sins; an the haill o the laundart fowk o Judaea an aa the indwallers in Jerusalem gaed out til him an confessed their sins an hed baptism at his haund i the Jordan.

John wis cleadit in a raploch coat o caumel's hair an hed a lethern girth about his weyst, an locusts an foggie-bees' hinnie wis his fairin. The owrecome o his preachin wis ey: "Ane at is michtier nor me is comin efter me, at I amna wurdie tae lout doun afore an lowse the points o his shuin. I hae baptízed ye wi watter, but this ane will baptíze ye wi the Halie Spírit."

About that time, Jesus cam frae Nazareth in Galilee an wis baptízed bi John i the Jordan. Juist as he wis comin up outen the watter, he saw the lift rive abreid an the Spírit comin doun on him like a dou, an a voice cam out o the lift: "Thou is my beluvit Son, wi thee I am weill-pleised."

Strecht on the back o that the Spírit drave him awà tae the muirs, an there he bade the feck o sax ouks, tempit aa the time bi Sautan; an tho he hed nane but the wild beass tae neipour him, the angels fettelt him.

FTER JOHN HED been incarcerate, Jesus fuir tae Galilee an there preached the Gospel o God. "The time hes comed," he said, "an the Kíngdom o God is naurhaund: repent ye, an belíeve i the Gospel."

Ae day he wis gaein alangside the Loch o Galilee, whan he saw Símon an his brither Andro castin their net i the watter—they war fishers tae tredd—an he said til them, "Come awà efter me, an I s' mak ye men-fishers"; an strecht they quat their nets an fallowt him.

Traivlin on a bittock faurer, he saw Jeames, the son o Zebedee, an his brither John. They war intil their boat, tae, thrang abeetin their nets; an strecht he cried them, an they left their faither i the boat wi the hiremen an gaed awà efter him.

FIRST THEY FUIR til Capernaüm, an there, whaniver the Sabbath cam, Jesus gaed intil the sýnagogue an yokit til expundin the Scripturs, an aa the congregâtion wis dumfounert at his mainner o teachin, for he taucht as ane at hed authoritie, an no like the Doctors o the Law. Nou,[1] there wis a man wi an onclean spírit i the sýnagogue that Sabbath, an it wisna lang or he skirlt out, "What want ye wi hiz, Jesus o Nazareth? Ar ye comed tae destroy us? I ken wha ye ar, at div I: the Halie Ane o God!"

But Jesus challenged him shairplie: "Be quait," qo he, "an come ye out o him!" At that the spírit ruggit an runched the man sairlie an, lattin a loud skelloch, gaed out o him.

Aabodie wis fair stoundit, an they tuik the maitter throu haunds. "What's this, nou, avà?" they speired at ither. "Sic teachin, an the authoritie he speaks wi! Wha iver hard the like o'd? An see hou he gíes the onclean spírits their orders, an they een dae his will!" An belyve the souch o his wark in Capernaüm gaed aagate throu the haill o that kintra.

STRECHT AWA EFTER the skailin they gaed wi Jeames an John til Símon an Andro's houss. Símon's guidmither wis lyin in her bed wi the fivver, an they tauld Jesus about her at aince. He gaed up tae the bedside an, grippin her bi the haund, helpit her tae win up on her feet; an immedentlie the fivver quat her, an she begoud seein efter their mait an aa.

I th' eenin, efter the sun wis doun, they brocht til him aa at wis oniegate ailin or pestit wi ill spírits, till 'maist aa the toun wis gethert forenent the door. He hailed a hantle o fowk at wis fashed wi ae complènt or anither, an cuist out ill spírits monie feck; an the ne'er a wurd wad he lat the spírits speak, because they kent wha he wis.

NEIST MORNIN HE rase afore skreich o day an wis out an awà til a lanesome bit an there prayed. Peter an his companions gaed in sairch o him, an whan they faund him, they tauld him at aabodie wis seekin him. But he said tae them, "Lat us awà frae this, awà tae the laundart touns i the round. I maun preach i them, tae: that is een what I cam out for tae dae."

Sae he gaed throu the haill o Galilee, preachin i their sýnagogues an castin out ill spírits.

AE DAY A lipper cam up til him an fleitched him on his boued knees, sayin, "An ye hae the will, ye hae the can tae mak me clean."

Jesus wis wae for the man an raxed out his haund an laid it on him, sayin, "I hae the will, be ye clean"; an i that same maument the liprosie quat him, an he wis clean. Syne he sent him awà, but mair adae, wi a stour warnishment: "Mind an no mouth a wurd o this tae nae lívin," qo he. "Gae shaw yoursel tae the príest, an mak the offerins for your clensin at Moses ordeined, for pruif til the warld o your betterness."

But the lipper he wisna weill tae the gate afore he begoud trokin an toutin the storie hereawà-thereawà, sae at Jesus dochtna be seen gaein intil onie o the touns, but bade aback in faur-out-about bits. But still an on fowk ey thranged til him frae aa the airts.

EFTER SOME DAYS he cam back til Capernaüm. Wurd gaed **2** round at he wis back hame, an siccan a thrang gethert at there wis nae mair room for them, no een about the door. He hed begoud preachin tae them, whan fowr men cam wi a blastit man cairriein on a matrèss, seekin him. Whan they faund at they coudna win forrit til him wi their fríend for the hirsel o fowk, they tirred the pairt o the ruif abuin whaur he wis staundin, an loot doun the matrèss wi the blastit man lyin on it throu the hole they hed made. Seein their faith, Jesus said tae the man, "My son, your sins is forgíen."

Nou, the' war some Doctors o the Law sittin by an thinkin intil themsels, "What wey can the chíel say sic a thing, na? It's aivendoun blasphemie! Wha can forgíe sins, binna God alane?"

Jesus read aff their thochts like a buik, an said til them, "What wey hae ye sic thochts in your hairts? Whilk o the twa things is aisiest—tae say til the blastit man, 'Your sins is forgíen', or tae say til him, 'Staund up, tak up your matrèss, an traivel'? But, tae gar ye ken at the Son o Man hes the richt on the yird tae forgíe sins"—an here he turned tae the blastit man an said til him, "Staund up, I bid ye, an tak up your matrèss an gang your waas hame."

At that the man strechtit til his feet an immedentlie tuik up his

matrèss an gaed awà afore the luikin een o them aa. They war aa
fair stoundit an glorified God an said, "Ne'er saw we the like o
that!"

SYNE HE GAED out the road alang the lochside again, an the haill
thrang cam out til him, an he taucht them. As he gaed alang, he
saw Leví, the son o Alphaeus, sittin at his dask i the Towbuith, an
said til him, "Fallow me"; an Leví rase an fallowt him.

Ae day efterhin he wis dennerin wi Leví, an monie tax-uplifters
an ither siclike outlans wis at the buird wi him an his disciples.
The' war a fell wheen o sic at ey fallowt him about. Whan the
Doctors o the Law at belanged the Pharisees' pairtie saw him
takkin his mait wi sic clamjamphrie, they said til his disciples,
"What wey dis your Maister tak his mait wi tax-uplifters an
outlans?"

Jesus hard it an said tae them, "It's no the stout an hardie hes
need o a doctor, but the sick an ailin; I camna for tae caa weill-
daein fowk, but sinners."

AE DAY AT John's disciples an the Pharisees wis keepin a fast,
fowk cam an speired at Jesus, "What for is John's disciples an the
disciples o the Pharisees fastin, an yours isna?"

Jesus answert them, "As lang as the bridegroom is by them, the
waddiners canna fast, canna they no? Weill-a-wat they canna fast
as lang as they hae the bridegroom by them! But a day will come
whan the bridegroom will be taen awà frae them, an whan that
day comes, than they will fast.

"Naebodie platches an auld dud wi a bit onwaukit claith: an he
dis, the new eik rives awà at the auld claith an maks the screid
waur nor afore. Naither dis onie-ane fill new wine intil auld wine-
skins: an he dis, the new wine will brust the skins, an the wine
will be skailed, an the skins connacht. Na, new wine gaes
intil new skins."

AE SABBATH HE wis gingin throu the corns, an his disciples
begoud puin the ickers as they gaed alang.

"See til them," the Pharisees said til him: "what wey ar they
brakkin the Sabbath?"

Jesus answert, "Hae ye ne'er read i your Bibles what Dauvit
did whan him an his men wis sair straitit for provand an hungri-
some—hou he gaed intil the Houss o God, it wis in the days whan
Abíathar wis Heid-Priest, an aitit the saucred laifs at it isna leisome

for onie tae ait, forbye the priests, an gae some til his men an aa?"

This, tae, he said til them: "The Sabbath wis made for man, an no man for the Sabbath. Sae the Son o Man is maister een o the Sabbath."

HE GAED AGAIN intil a sýnagogue. The' war a man there wi a **3** shirpit airm, an they tentit him gleglie tae see gin he wad hail him on the Sabbath, sae at they micht hae a faut tae chairge him wi.

Jesus said til the man wi the shirpit airm, "Staund up an come forrit intil the bodie o the sýnagogue." Syne tae the lave o them he said, "Hou think ye? Is it leisome tae dae guid on the Sabbath, or tae dae ill—tae sauf life, or tae tak it awà?" But the ne'er a wurd spak they.

Than, glowrin round at them wi bruindin een, for he wis sair vexed wi their waukitness o hairt, he said til the man, "Rax out your airm"; an he raxed it out, an it wis made haill an sound aince mair.

At that the Pharisees liftit an immedentlie begoud tae collogue wi the Herodians; an thegither they socht hou they micht hae him pitten tae deith.

SYNE JESUS GAED awà tae the Loch wi his disciples, an a fell thrang o fowk frae Galilee fallowt him. Frae Judaea, tae, an Jerusalem, frae Idumaea an be-cast the Jordan, frae Tyre an Sídon an thereawà, fowk at hed hard tell o aa he wis daein cam til him in hirsels. Sae he baud his disciples haud a boat lyin inbye for him, for fear o bein brouzelt bi the crouds; for sae monie wis the cuirs he wrocht at aa sic as wis trauchelt wi ills an incomes birzed sair on him, sae gyte war they tae git layin a haund on him.

The onclean spírits, tae, at the sicht o him, flang themsels at his feet, spraichin out, "Ye ar the Son o God!" But he warnished them shairplie no tae lat ken wha he wis.

JESUS NOU SOCHT the hills an sent for them at he wantit, an they quat their hames an cam til him. Sune out o thir he waled a twalsome tae be his companions, at he coud send furth tae preach the Gospel, wi pouer tae cast out ill spírits. First o the twal wis SIMON, at he caa'd PETER; neist, the twasome, JEAMES THE SON O ZEBEDEE an his brither JOHN, at he gae the taename o BOANERGES, or SONS O THUNDER; syne ANDRO,

Philip, Bartholomew, Matthew, Tammas, Jeames the Son o Alphaeus, Thaddaeus, Simon the Caunanaean,[2] an, lest, Judas Iscariot, at efterhin betrayed him.

AE DAY HE gaed intil a houss, an again sic thrangs o fowk gethert about at Jesus an his friends coudna git takkin their mait.

Whan his faimlie hard o it, they set out tae git a haud o him: "Jesus hes gane out o his wit," they said.

The Doctors o the Law at hed comed up frae Jerusalem hed anither wey o it: "Beëlzebub's i the man," they said; "it's wi the help o the Maister Fíend at he casts out the ill spírits." Sae he cried them til him an spak tae them in parables.

"Hou can Sautan cast out Sautan?" qo he. "Gin a kíngdom is sindert atwà, pairt fechtin pairt, it canna staund, an gin a faimlie is sindert atwà, it winna can staund; sae gin Sautan hes taen up airms again himsel an is sindert atwà, he canna staund aitherins, but is by wi it.

"Nae-ane can brak intil a stout carle's houss an spuilie his gear, binna he first binnds the stout carle hard: aince he hes him siccart, syne he can rook an herrie the houss at aa will.

"Atweill, I tell ye, men will be forgíen aa ither sins an aa ither blasphemies at they mou, but blasphemie again the Halie Spírit will ne'er be forgíen a man: that sin an the gilt o it bides iver an ey." This he said because they threapit at he hed an onclean spírit.

AN NOU HIS mither an his brithers cam up til the houss an, staundin outbye, sent wurd ben til him tae come out tae them. A feck o fowk wis sittin round him, an they said til him, "Your mither an your brithers an sisters is thereout speirin for ye."

Jesus answert, "Wha is my mither? An wha is my brithers?" Syne he glowred aa round at the fowk sittin about him an said, "Here is my mither an my brithers. Ilkane at dis God's will is a brither an a sister an a mither o mine."

4 AINCE MAIR HE set tae the teachin at the lochside, an sic an on-deemous thrang bourached about him at he buid ging abuird a boat an lean him doun in it. The haill o the fowk stuid[3] on the laund at the watter-lip; an, as they stuid there, monie-thing taucht he them in parables.

Amang the lave the' war this ane: "Hairken me," qo he. "A sawer aince gaed out tae saw; an, as he cuist his seed, some pairt o it fell alang the fit-road, an the birds cam an gorbelt it up. Ither

seed fell on scaupie grund, whaur the moul wis ebb, an up it
brashed, because it hed nae deepth o yird ablò it: but whan the
sun rase, it wis aa scouthert an dowed awà for the want o ruits.
Ither seed fell amang thrissles, an the thrissles shuitit up an
smoored it, an no a heid o corn cam o'd. But some seed fell on
braw grund, an it brairdit weill an raxed intil a bonnie crap,
threttiefauld, saxtiefauld—ay, a hunderfauld—biz what wis sawn.
Lat him at hes lugs in his heid hairken," qo he.

Efterhin, whan he wis awà frae the crouds an the stír, the Twal
an the ither disciples speired him anent the parables, an he said tae
them, "Ye hae been lippent wi the saicret o the Kíngdom o God,
but tae the frem aathing is gíen in parables, for it is een God's will

> At *they suid luik an better luik,*
>   *but see nane,*
> *an hairken an better hairken,*
>   *but forstaund nane,*
> *leist aiblins they suid mend,*
>   *an their sins be forgíen them."*

Than he said til them, "This parable blecks ye, na? What'll ye
mak o the lave o them, syne? The seed sawn bi the sawer is the
Wurd. Them alang the fit-road is the fowk at the Wurd is sawn
i their hairts, an nae shuner hae they hard it nor Sautan comes an
cairries it awà, an they tyne what wis sawn i them. I the samelike
wey, them at gat the seed in scaupie grund is the fowk at gledlie
an blythelie taks up the Wurd, whaniver they hear it, but hes
nae ruit in them; there is nae steiveness in them, an whan pyne
or persecution maun be dree'd for the Wurd, belyve they
stammer an faa. Syne there is them at gat the seed amang thrissles.
They hear the Wurd, but warldlie kyaucht an care an the chaitrie
glaumour o walth an aa kinkind o ither craves wins intil their
hairts an smoors the Wurd, an nae crap comes o it avà. But them
at gat the seed in guid grund is the fowk at hears the Wurd an
walcomes it, an a braw crap comes o it, threttie, saxtie, a hunder-
fauld, biz the seed at wis sawn."

This, tae, he said til them: "Whan ye fesh ben your cruisie,
pit ye it aneth your meal-bowie, or stap ye it in ablò the box-bed?
Div ye no set it up on the chimla-heid? Nocht is e'er hodden at is
no tae be brocht intil the licht ae day, an nocht is e'er keepit
hidlin at is no tae be made kent afore aa is dune. Lat him at hes
lugs in his heid hairken."

This he said til them, tae: "Tent ye weill what ye hear. The mair ye pit til'd, the mair ye s' git frae'd, an a hantle abuit:

> for til him at hes ocht
> mair will be gíen,
> an frae him at hes nocht
> een his nocht will be taen awà."

This he said forbye: "The Kíngdom o God is like whan a man casts seed on the grund, an sleeps an wauks, wauks an sleeps, ouk for ouk, an meantime the corn brairds an raxes up, himsel onkennin hou. The yird feshes up the crap the lane o her—first the pyle, syne the icker, syne the fu-boukit pickle i the icker. But whaniver the crap is that faur forrit, he taigles nane, but sends in the huik, because the time for shearin hes comed."

Anither thing at he said wis this: "What will we liken the Kíngdom o God til? What will sair us for a pictur o it?

"What better nor a curn o mustart seed? Whan it is sawn, it is the littlest seed at there is, but aince it is in the moul, it raxes up an up till it owretaps aa ither gairden yirbs, an pits out sic wallie granes at the birds at flíes i the lift can bíeld i the shade o it."

In his preachin o the Wurd tae the fowk, he yuised monie sic-like parables confeirin wi their wit an uptak. Deed, til the fowk nae haet said he, an it wisna in parables: but til his disciples he brak doun aathing, whan they war bi their lanes.

THE SAME DAY, whan eenin cam on, he said til them, "Lat's atowre tae the tither side o the Loch." Sae they skailed the thrang an tuik him wi them i the boat whaur he wis sittin; an the' war ither boats wi him forbye.

Belyve a fell wind begoud tae blaw, an the jaws jaupit intil the boat, till it wis naur at the sinkin. Meantime Jesus wis lyin asleep i the stern wi his heid on the coad. They waukent him, cryin til him, "Maister, carena-ye by, an us like tae be drouned?"

Sae he rase an shored the wind an caa'd tae the waves, "Wheesht ye, be quait"; an the wind dilled doun, an aa wis lown an caum. Syne he said til them, "What maks ye sic cuifs? Hae ye ey nae faith?" An they war fell feared an said til ither, "Wha can this be, at een wind an wave dis his biddin?"

5 SAE THEY WAN atowre the Loch tae the kintra o the Gerasenes.

As shune as he cam aff the boat, a man wi an onclean spírit cam out frae the graffs tae meet him.

This man howffed i the graff chaumers, an the day wis by whan onie-ane coud siccar him, een wi a chein. Monitime they hed bund him wi aa kin o shackles an cheins, but the cheins he rave them sindrie, an the shackles he dang them asmash; an he wis as stour as nae man coud maister him. Day an nicht he wis ey thereout amang the graffs or on the braesides, rairin an haggin himsel wi stanes.

Whan he wis ey a lang gate aff, he saw Jesus, an he ran an flang himsel agrouf at his feet, an raired out wi a loud stevven, "What hae ye adae wi me, Jesus, Son o the Maist Híe God? For the luve of God, misgyde-me-na!" For Jesus hed sayen til him, "Come ye out o the man, ye onclean spírit!" Syne he speired him his name, an he tauld him, "My name is Legion, for there's a gey feck o us"; an he threapit wi him no tae drive them furth o that kintra.

Nou, the' war a muckle herd o swine feedin on the braeside; an the onclean spírits priggit him, sayin, "Send us tae thae swine owrebye, an lat's ging intil them." Jesus gíed them their will, an they cam outen the man an gaed intil the beass, an the haill herd— a twa thousand heid o swine—breishelt doun the heuch intil the loch an wis drouned in its watters.

Syne the herds at wis tentin the swine tuik leg frae the bit an toutit the news in toun an laundart; an the fowk cam out tae see for themsels what hed happent. Whan they cam up tae Jesus, they saw the man at hed haen the ill spírits sittin quaitlie there in his claes, aa wyss an warldlike—ay, the man at hed haen Legion in him, an nae ither! The sicht o him fleyed them, an whan ee-witnesses tauld them the outs an ins o what hed happent wi the man at hed haen the ill spírits an the swine, they socht him tae quat their kintra.

As he wis stappin abuird the boat, the man socht him tae be alloued tae ging wi him. But Jesus wadna lat him. "Gang your waas hame tae your fríends," qo he, "an tell them hou the Lord hes taen pítie on ye, an what he hes dune for ye." At that the man gaed awà an begoud tae troke the news throu the Ten Touns; an aabodie ferliet.

WHAN JESUS HED gotten back tae the wast side o the Loch, a fell thrang gethert in about him at the watterside. Whan he wis there, a sýnagogue-práisident, Jaírus bi name, cam up an, whan he saw

Jesus, flang himsel at his feet an socht him sair for his help.

"My wee lassie's at ane mae wi'd," said he: "oh, an ye coud come, sir, an lay your haund on her—weill-a-wat, she'd win a-buin'd an no díe !" Sae Jesus tuik the gate wi him, an a mairdle o fowk gaed alang wi him, dunshin an dirdin him, as he gaed.

Amang them wis a wuman at hed haen a rin o bluid for a twal year past. She hed been til ae doctor efter anither, an hed dree'd a feck at their haunds an waired on them aa she wis aucht forbye, an hedna gotten nae guid o'd avà, but raither hed gane frae ill tae waur. She hed hard what they war sayin about Jesus, an nou she wan up ahent him i the croud an titched his coat—"Gin I can as muckle as titch the claes o him," said she til hersel, "I s' git the better o my income"—an at that same maument the bluidin devauled, an she faund in her bodie at she wis redd o her auld complènt. Jesus kent o himsel strecht awà at pouer hed gane furth o him, an he turned round whaur he stuid i the mids o the thrang an said, "Wha titched my claes?"

His disciples answert, "Ye see the croud birzin about ye, an speir ye, 'Wha titched me'?" But Jesus glowred aa round tae see wha hed dune it. Syne, chittrin wi dreid, because she kent what hed happent her, the wuman cam forrit an, flingin hersel doun at his feet, tauld him the haill truith.

"Dachter," qo he til her, "your faith hes made ye weill, gang your waas wi my blissin, an bide quat o your auld complènt."

The wurds wisna weill aff his tung, whan fowk cam frae Jaírus' houss an said til him, "Your dachter is deid; ye needsna fash the Maister mair."

Jesus made on no tae hear them an said til the sýnagogue-praisident, "Be nane fleyed; onlie hae faith."

Syne, lattin naebodie ging wi him, forbye Peter an Jeames an Jeames's brither John, he gaed til the houss, whaur he faund an unco stír an din o fowk greitin an yowlin. He gaed inbye an said til them, "What's aa this stír an din an greitin? The bairn isna deid, she's sleepin." But they onlie leuch at him.

At that he set them aa outowre the doorstane; syne, takkin the bairn's faither an mither an his ain three disciples wi him, he gaed ben til the chaumer whaur the wane wis lyin an, grippin her haund, said til her, "Talitha, koum", whilk is the Aramâic for "Rise ye up, lassock, I bid ye"; an strecht the lassock rase an begoud tae traivel up an doun the chaumer. She wis twal year auld.

The lave wis fair by themsels wi mazement, but Jesus stricklie dischairgit them tae lat oniebodie ken ocht o the maitter. Syne he baud them gíe the lassie mait.

EFTER THIS HE quat that pairt an cam wi his disciples til his **6** cauf-kintra.

Whan the Sabbath cam, he begoud tae teach i the sýnagogue. The place wis pang, an they war aa stoundit at him. "Whaur gat he aa that?" said they. "This wísdom he hes been gíen, what ar ye tae say o it? An thir unco warks he hes wrocht . . . ? Is he no Jesus the wricht, Mary's son, an the brither o Jeames an Joses an Jude an Símon? An isna his sisters bidin here by us? ªSet him up!"

But Jesus said til them, "A prophet wantsna honour, binna in his ain kintra, an amang his ain friends, an in his ain faimlie." An no a míracle docht he wurk there, forbye at he laid his haunds on a twa-three síck fowk an hailed them; an he ferliet at their want o faith.

EFTER THIS HE gaed round throu the smaa touns an clachans, teachin the fowk. An nou he caa'd the Twal til him an begoud tae send them out in twasomes, gíein them pouer owre onclean spírits. He baud them tak nocht for the road, but a rung onlie—nae breid, nae awmous-poke, no a bodle i their girth-pouch; they war tae traivel shoddit, but "Ye maunna," qo he, "hae mair nor the ae sairk."

This, tae, he said tae them: "Bide ye on i the first houss whaur ye finnd up-pittin till ye quat the pairt. Oniewey whaur they dinna walcome ye or winna hairken ye, lae the place an shak the stour aff your feet at your waa-gaein for a warnishment tae them."

Sae they gaed their waas an preached aagate at men suid repent; an they cuist out monie ill spírits an anointit a hantle o síck fowk wi oil an cuired them.

WURD O AA this cam til Kíng Herod, for Jesus' name wis weill-kent gin this time, an fowk wis sayin at he wis John the Baptízer risen frae the deid; that, they said, wis hou thir byous pouers wis a-wurkin in him. Ithers up-huid at he wis Elíjah; ithers again threapit he wis a new Prophet, like ane o the Prophets i the auld.

ª (An they war sair mis-set wi him) *R*: Set him up! [*ticked*] *L*.

But Herod, whan he hard what they war sayin, said, "It's the man John, at I gart heid, risen frae the deid!"

Herod hed sent an arreistit John an cuissen him in jyle, in airns, tae pleisur Herodias (his brither Philip's wife, at he hed mairriet), because John hed sayen til him, "It's no leisome for ye tae be mairriet on your guid-sister"; an for that Herodias hed a fell ill-will at him an wantit him pitten tae deith. But she coudna faa that, because Herod wis in daur o him, kennin him for an upricht an gudelie man, an fendit him frae skaith; an, for aa he wis sair pitten about ilka time he hard him, he ey hairkent him gledlie.

But the day cam at lang an lenth whan the bouls rowed richt for her, an that wis whan Herod gíed a birthday banqet til his nobles an offishers an the wale o the gentrice o Galilee, an her ain dachter cam in an daunced afore them, an Herod an the lave o the companie wis sae taen wi her at Herod said til the damie, "Seek oniething ye like o me, an I s' gíe ye it": deed, he swuir an aith at he wad gíe her oniething she socht o him, an it war een the ae hauf o his kíngdom!

Sae awà gaed the lassie an speired at her mither, "What will I seek o him?" An her mither said, "The heid o John the Baptízer." Back the quean bickert tae the Kíng an said til him, "I want ye tae gíe me the heid o John the Baptist on an ashet, an I want it this mínit!"

Richt wae wis the Kíng tae hear her: but because o his aith, an for verra shame afore his guests, he dauredna gíe her a na-say, an strecht awà sent aff a lockman wi orders tae come back wi John's heid. The man gaed awà an heidit John i the jyle an brocht in his heid on an ashet an gíed it til the lassie, an the lassie gíed it til her mither. Whan his disciples gat wittins o what hed happent, they cam an liftit the corp an laired it in a graff.

THE APOSTLES NOU cam back tae Jesus an tauld him about their teachin an ither wark. But whaur they war, they war keepit that thrang wi fowk comin an fowk gaein at they coudna sae muckle as faud a hoch an tak a diet. Sae he said til them, "Come ye awà tae some quait, out-o-the-gate spat whaur ye s' be your lanes an can rest a whilie."

Sae they gaed awà i the boat til an outlan bit tae be their lanes. But monie-ane [b]saw them gaein an kent them, an frae aa

---

[b] saw om. R [εἶδον].

the touns thereawà fowk made til the place what they coud scour
bi laund an wan til't afore them. Sae, whan Jesus cam ashore, he
faund a fell thrang forenent him. A stound o pítie gaed til his
hairt tae see them staundin there like forwandert sheep, an he
begoud tae teach them.

Whan it wis weirin late an him ey at the teachin, his disciples
cam til him an said, "This is a gey lane bit, an it's fell late; send
the fowk awà, sae at they can ging tae the fairmtouns an clachans
round about an coff themsels something tae ait."

"Na," said Jesus, "it's ye maun gíe them something."

"Ʌr we tae ging awà," said they, "an coff a twa hunder merks'
wurth o breid an gíe them hit tae ait?"

"What feck o laifs hae ye?" qo Jesus. "Awà an see."

Whan they hed fund hou monie they hed, they tauld him,
"Five, an twa fishes forbye."

Syne he baud the fowk sit doun in pairties on the green screiff,
an they leaned them doun on the girss in pairties o fiftie an a
hunder, luikin like sae monie raws o gairden plats. Syne he tuik
the five laifs an the twa fishes an, raisin his een til heiven, axed a
blissin an brak the laifs intil whangs, at he gae til his disciples tae
haund tae the fowk; an the twa fishes he haufed the same gate
amang them aa.

Ilkane gat his sairin o mait, an they liftit aff the grund efterhin
twal creelfus o owrecome píeces o breid, forbye a feck o fishes.[4]
The haill nummer o men at hed a diet aff the laifs wis five
thousand.

STRECHT AWA EFTER that Jesus gart his disciples ging abuird the
boat an tauld them tae ging owre tae Bethsaïda afore him, while
he himsel skailed the thrang.

Whan he hed bidden the fowk fareweill, he speiled the hill for
tae pray, an gin the darknin the boat wis haufgates owre the Loch
an him ey his lane on laund. Efter a while he saw at they war
haein a sair fecht tae win forrit again a heidwind, an he cam til
them, traivlin on the screiff o the watter. It wis nou the henmaist
quarter o the nicht.

He wis a-weers o gaein by them, but they saw him traivlin on
the watter an, jalousin it wis a ghaist, skirlt out; for they aa saw
him, an war sair besturtit. But he spak til them at aince: "Binna
scaured," qo he: "it is een mysel; binna fleyed nane."

Syne he sclam intil the boat aside them, an the wind lowned;
an they war fair forbye themsels wi winder, for they wantit

the wit tae lairn what the míracle o the laifs micht hae taucht them.

AT LANG AN lenth they wan tae laund at Gennesaret, whaur they tied up the boat an gaed ashore. Jesus wis kent strecht awà, an fowk scoured round the haill o that kintra an begoud bringin their síck til him on matrèsses, whauriver they hard at he wis; an in ilka clachan an toun an fairm at he cam til they set doun the ailin at the gateside⁵ an socht him tae lat them titch een the rund o his coat; an aa at sae did gat better o their ails.

7 AE DAY THE Pharisees an a wheen Doctors o the Law frae Jerusalem cam in about him, an whan they saw some o his disciples aitin their mait wi common (that is, onwuishen) haunds —aa the Jews, an, mairbitaiken, the Pharisees, winna ait wiout they hae first wuishen their haunds "wi the níeve", as they say, conform til the hant haundit doun frae their forefaithers, nor they winna ait ocht whan they come frae the mercat, gin they haena first strinkelt themsels wi watter; an, deed, there is a gey curn ither hants at they hae it o their forefaithers tae keep, the like o rinzin bickers an jougs an capper bowls—a-weill, than, the Pharisees an Doctors speired at him, "What wey is it your disciples haudsna til the hants haundit doun frae our forefaithers, but aits their mait wi common haunds?"

Jesus answert, "Hýpocrítes at ye ar, richtlie did Isaiah prophesíe anent ye, i the bit whaur he says:

> 'This fowk honours me frae the teeth outwith,
>   but their hairts is hyne awà frae me:
> vain is the wurship they gíe me,
>   the lair at they teach
> is but the commaundments o men.'

Ye heedna nae mair the commaunds o God, an grip til the hants haundit doun bi men!"

An this, tae, he said til them: "Bonnie wark, bonnie wark yours, settin aside what God commaunds, at ye may keep the hants haundit doun til ye! Moses said, 'Honour thy faither an thy mither', an, 'Him at miscaas faither or mither, lat him be execute tae the deid'. But ye say, gin a man says, 'What I wad helpit ye wi is qorbân'—that is, a 'gift o God'—aince a man hes sayen that, ye dischairge him tae dae ocht for them, an sae cass an annull the

Wurd o God wi the hants an tradítions ye hae heired an taucht til ithers. An monie mae siclike things ye dae."

Aince mair he cried the thrang til him an said til them, "Hairken me, aa o ye, an uptak what I say: [c]nocht at gings intil a man frae ithout can fyle him."

Whan he cam inbye awà frae the croud, his disciples speired at him anent his parable, an he said til them, "Ar ye as scant o wit as the lave? Can ye no see at naething at gaes intil a man can fyle him, sin it gingsna intil his hairt, but intil his wyme, an syne out intil the shoar?" Wi this wurd he declaired at aa kin o mait is clean.

"Na," he gaed on, "it is what comes furth o a man fyles him; for it is frae ithin, frae the hairt, at aa ill thochts comes, an aa at they breed—[d]hurin, theft, murther, adulterie, menseless greed, ill-daein, chaitrie, debosherie, invỳ, ill-speakin, pride, an fuilishness. Aa thir things comes frae ithin, an it is them fyles a man."

EFTER THAT HE quat the pairt whaur he wis an gaed awà tae the kintra o Tyre, an stappit there in a houss somewey. He wissed naebodie tae ken he wis i the bit, but for him there wis nae bidin derned. Deed, it wis nae time or a wuman at hed a wee lassie wi an onclean spírit hard o him an cam an flang hersel at his feet— she wis a haithen o Sýrophenícian bluid—an socht him tae cast the ill spírit out o her dachter.

"Lat the childer hae their sairin first," said he til her; "it isna richt tae tak the bairns' mait an gíe'd til the dowgs."

"Ou ay, sir," she answert: "but, still an on, the dowgs gits aitin muilins o the bairns' breid ablò the table."

"For that wurd ye hae spokken," qo he til her, "ye may een gang your waas; the ill spírit hes gane out o your dachter."

Sae awà the wuman gaed hame, an there she faund her lassie lyin quaitlie on her bed, an the ill spírit flittit.

EFTER THAT HE quat the kintra o Tyre again an fuir bi Sídon owre tae the Loch o Galilee an intil the mids o the Ten Touns' kintra. There they brocht til him a tung-tackit deifie an socht him tae lay his haund on him.

Jesus tuik the man awà frae the croud his lane an stappit his fingers intil his lugs an pat a lick o his spittin on his tung, an syne, luikin up intil the lift, said til him wi an unco sech, "*Ephphatha*",

---

[c] v. 15b [ἀλλὰ τὰ ἐκ τοῦ ἀνθρώπου ἐκπορευόμενά ἐστι τὰ κοινοῦντα τὸν ἄνθρωπον] *cum* v. 16 *om.* R.   [d] furnicâtion R.

whilk is the Aramâic for "Be apent". Wi that the man's lugs wis apent, an the tack o his tung wis swackent, an he begoud speakin the same as ither fowk.

Jesus baud them say nocht o the maitter til onie-ane: but the mair he baud them, the mair eydentlie they trokit the news aa-wey an athort, an aabodie wis ondeemouslie dumfounert: "Braw an bonnie wark, aa this o his," said they, "garrin een the deif hear an the dumb speak!"

8 A FELL THRANG hed gethert again about that time, an, as they hed nocht tae ait, Jesus cried his disciples til him an said til them, "Wae's my hairt for the thrang: they hae bidden wi me three days nou an hae nocht left tae ait. Gin I send them awà clung tae their hames, they will swarf on the road; there's o them bides a lang gate frae this."

His disciples answert, "Whaur coud ye git the laifs tae stainch them here i the muirs?"

"What feck o laifs hae ye?" he speired.

"Seiven," said they.

Sae he gíed the croud the wurd tae lean them doun on the girss. Syne he tuik the laifs an, efter thenks gíen tae God, brak them intil whangs, at he gae til his disciples tae haund tae the thrang; whilk they did. Forbye the laifs they hed a twa-three smaa fishes, an he axed a blissin owre them, tae, an tauld the disciples tae gíe them tae the thrang as weill. Ilkane gat his sairin o mait, an they liftit aff the grund efterhin seiven creelfus o orts.

Syne he skailed the thrang, whilk nummert about fowr thousand sauls, an gaed strecht an buirdit the boat wi his disciples an cam til Dalmanutha-side.

HERE THE PHARISEES cam out an begoud tae yoke wi him. Tae sey him, they socht o him a sign frae heiven. Jesus seched frae the fit o his hairt an said til them, "What gars this generâtion seek a sign? Atweill, I tell ye, the ne'er a sign will this generâtion be gíen." Syne he quat them an, buirdin the boat aince mair, gaed owre til the ither side.

They hed forgot tae tak breid wi them—deed, they hed but ae laif on the boat; an whan Jesus warnished them an tauld them, "See an tent the barm o the Pharisees an the barm o Herod"— "What's he ettlin at?" they speired at ither. "It maun be at our haein nae breid."

Jesus kent what they war sayin an said til them, "What gars

ye talk about haein nae breid? Div ye ey no understaund? Hae ye nae wit avà? Hae ye een, an seena? Hae ye lugs, an hearna? Div ye no mind hou monie creelfuls o orts ye liftit aff the grund, the time I brak the five laifs for the five thousand?"

"Ay, twal," said they.

"An whan I brak the seiven laifs for the fowr thousand, hou monie scullfus o orts wis it ye liftit?"

"Seiven," they answert.

"An div ye ey no understaund?" speired he.

SYNE THEY CAM til Bethsaïda, an there they brocht him a blinnd man an socht him tae pit his haunds on him. He grippit the man bi the haund an, takkin him out the clachan, spat on his een an laid his haund on him, syne speired at him, "See ye ocht?"

The man luikit up, an said, "Ay, I can see the fowk; I see them like as it wis trees traivlin about!"

Again Jesus laid his haund on his een, an the man glowred forenent him, an his sicht cam back til him, an he saw aathing plain an clair. Jesus than sent him strecht hame: "Gingna een intil the clachan," qo he.

JESUS AN HIS disciples nou tuik the gate for the clachans about Caesarea Philippi, an on the road he speired at them, "Wha is the fowk sayin at I am?"

"John the Baptist," they tauld him; "tho some says Elíjah, an ithers ane o the Prophets."

"But ye," he gaed on tae speir, "wha say ye at I am?"

Peter answert, "Ye ar the Christ."

Jesus than stricklie forbaud them tae mint a wurd o it til onie-ane.

AN NOU HE begoud tae teach them at the Son o Man buid dree monie-thing an be rejeckit bi the Elders an Heid-Príests an Doctors o the Law, an be pitten tae deith, an syne rise again efter three days. Aa this he tauld them, speakin fair out an no gaein about the buss wi it.

Syne Peter drew him aside an begoud tae quarrel him, but Jesus whurlt round an, seein his disciples there, rebuikit Peter afore them aa: "Out my sicht, ye Sautan, ye! Thir thochts o yours isna God's thochts, but men's."

Syne he cried the croud an his disciples til him an said til them,

"Gin onie-ane is mindit tae come efter me, lat him forget himsel aathegither an tak his cross on his shuithers an gae my road wi me. Him at wad sauf his life will tyne it, an him at tynes his life for my sake an the Gospel's will sauf it. What the better o'd is a man gin he gains the haill warld an losses his life an saul? What hes he in aa his aucht tae niffer for his saul? Him at is affrontit wi me an my wurds i this ill-gíen an sinfu generâtion, the Son o Man will be affrontit wi him, whan he comes i the glorie o his Faither wi his halie angels."

9 This, tae, he said: "Atweill, I tell ye, there is them staundin here at winna pree deith afore they hae seen the Kíngdom o God estaiblished on the yird in pouer."

SAX DAYS EFTER, Jesus tuik Peter an Jeames an John an gaed awà wi them, their lane sels, up a heich hill. There an unco cheinge cam owre the luik o him afore their een, an his claes becam, oh! sae clair an white—the plashmiller drawsna breith at coud mak claes as white an skinklin. Belyve Elíjah kythed tae them, an Moses wi him, an the twa o them wis speakin wi Jesus.

Syne Peter tuik speech in haund an said til Jesus, "What better coud we want nor this, Maister? We s' bigg ye three bouers, ane for yoursel, ane for Moses, an ane for Elíjah!" He wis juist sayin the first thing at cam intil his heid; the man wis frichtit out o his wit, an the lave nae less.

Syne a cloud cam an cuist its shaidow owre them, an a voice spak out o the cloud: "This is my beluvit Son; hairken ye him." They luikit round at aince, but there wis nae-ane tae be seen; onlie Jesus wis wi them.

As they cam doun aff the hill, he baud them no mint a wurd o what they hed seen til onie-ane or the Son o Man hed risen frae the deid. Sae they keepit the maitter til themsels, tho they discussed wi ilk ither what he meaned wi his "risin frae the deid". Syne they speired at him, "Hou is it the Doctors o the Law says at Elíjah maun come first?"

"It is een sae," he answert: "Elíjah comes first an richts aathing. But hou says the Buik at the Son o Man is tae dree monie-thing an be houtit an nochtifíed? A-weill, I tell ye this: Elíjah hes comed else, an they hae dune til him aa they hed a mind til, een as the Buik tells o him."

WHAN THEY CAM back til the ither disciples, they faund them i the mids o a muckle thrang, an a curn Doctors o the Law threapin wi them. The croud wis fair stoundit tae see Jesus, an immedentlie aa ran forrit tae welcome him.

"What's your threap about?" he speired at them.

A man i the croud gíed him his answer: "Maister," said he, "I hae brocht my son til ye. He hes a tung-tackit spírit, an whaniver it grips haud o him, it dauds him on the grund, an he freiths at the mou an chirks his teeth, an syne he gaes aa steive an stark. I spak tae your disciples tae cast it out, but they coudna."

"Oh, this generâtion at hes nae faith!" said Jesus til them. "Hou lang will I ey be wi ye? Hou lang maun I ey thole ye? Bring him til me."

Sae they brocht the lad til him, an whaniver it saw Jesus, the spírit ᵉtwistit an twined the lad, an he fell tae the grund an rowed about faemin at the mou. Syne Jesus speired at his faither, "Hou lang time hes he been this gate?"

"Frae he wis a littlan," said he; "an monitime it hes socht tae kill him an cuissen him intil the fire or intil watter. But gin ye can dae ocht, tak pítie on us an help us!"

"'Can'?" qo Jesus. "Hae faith, an ye can dae aathing."

"I hae faith," the callan's faither cried out: "help ye my want o it!"

Syne, seein at mair an mair fowk wis fest getherin round them, Jesus challenged the onclean spírit: "Deif an dumb spírit," qo he, "come ye out o the lad, I, Jesus, commaund ye, an ne'er ging intil him mair."

At that the spírit loot a loud skraich an, efter ruggin an rivin him sair, cam out o him. The loun lay there like a corp: deed, the maist feck o the fowk said he wis awà. But Jesus grippit him bi the haund, an wi his help the lad wan up on his feet.

Whan he wis inbye again, an they war their lanes, his disciples speired at him, "What wey wis it we coudna pit out the spírit?"

He answert, "This kind canna be pitten out bi onie mean but prayer."

EFTER THIS THEY quat the pairt whaur they war, an fuir throu Galilee. Jesus wissed naebodie tae ken, because he wis nou teachin his disciples.

The Son o Man, he wis ey tellin them, wis tae be gíen up intil the haunds o men, an they wad pit him tae deith, an three days efter his deith he wad rise again. But they understuidna what he meaned, an dauredna queystin him anent it.

ᵉ ruggit an rave R: twistit an twined L.

Sae they cam tae Capernaüm, an there, whan they war inbye, he speired at them, "What wis your threap on the road about?" But nocht said they, for they hed been threapin on the road about whilk o them wis the grytest.

Than he leaned him doun an, cryin the Twal til him, said til them, "Gin a man wad hae the first place, he maun tak the henmaist place o aa an be the servan o aa." Syne he tuik a bairn an set him i the mids o them an, takkin him intil his oxter, said til them, "Onie-ane at walcomes a bairn sic as this i my name walcomes me, an him at walcomes me walcomes no me alane, but him at sent me."

John said til him, "We saw a man at gingsna wi us castin out ill spírits in your name, an we socht tae hender him, because he gingsna wi us."

"Hender-him-na," qo Jesus; "nae-ane at wurks míracles in my name will can ging strecht an speak ill o me. Him at isna again us is for us. Gin onie-ane gíes ye a tass o watter because ye ar Christ's, atweill, I tell ye, he s' no gae wantin his rewaird. But gin onie-ane gars ane o thir hummle belíevers stammer an faa in sin, it wad be tellin him, gin he war cuissen intil the Loch wi a millstane about his craig. Gin your haund gars ye faa in sin, sneg it aff; it is better ye suid ging intil life wantin a limb nor hae baith haunds an ging til hell an the onslockenable fire. Gin your fit gars ye faa in sin, sneg it aff; it is better ye suid ging intil life cripple nor hae baith feet an be cuissen intil hell. Gin your ee gars ye faa in sin, rive it out; it is better ye suid ging intil the Kíngdom o God ae-ee'd nor hae baith een an be cuissen intil hell, whaur *their wurm ne'er díes, an the fire is ne'er slockent.* Ilkane will be sautit wi fire.

"A braw thing is saut: but gin it gaes wairsh, what will ye mak it sautie again wi? Ye maun hae saut in yoursels an líve in paice wi ilk ither."

10 JESUS NOU TUIK the gate frae Galilee an gaed intil the kintra o Judaea an the pairts be-east the Jordan. Aince mair thrangs o fowk gethert about him, an he taucht them, as he wunt tae dae. Belyve a wheen Pharisees cam up an, seekin tae fankle him, speired him gin it wis leisome for a man tae divorce his wife.

Jesus answert wi the queystin, "What laid Moses doun in his Law for ye?"

"Moses gíed a man freedom *tae divorce his wife,*" said they, "*bi the mean o a dismissal in write.*"

"Weill kent he the dour, thrawn hairts o ye," qo Jesus, "an it wis for that at he gíed ye that líshence in his law-buik. But frae God first made the warld, *man an wuman made he them. For that a man will forleit his faither an his mither an haud til his wife, an the twasome will become ae flesh.* Man an wife isna twa onie mair than, they ar but ae flesh; an what God hes joined thegither man maunna pit sindrie."

Back inbye, the disciples speired him faurer on this maitter, an he said til them, "Onie man at divorces his wife wrangs her, an commits adulterie, gin he marries anither wuman; an gin the wuman divorces her husband an marries anither man, she commits adulterie."

AE DAY SOME fowk brocht forrit their bairns for Jesus tae pit his haunds on them. The disciples begoud tae quarrel them, but whan Jesus saw them, he wis gey an ill-pleised, an said til them, "Lat the bairns come tae me, seekna tae hender them; it is een sic as them at the Kíngdom o God belangs. Atweill, I tell ye, nae-ane at walcomesna the Kíngdom o God like a bairn will e'er win intil'd."

Syne he tuik the littlans in his oxter an pat his haunds on them an gae them his blissin.

HE WIS SETTIN tae the gate aince mair, whan a man cam rinnin up an, gaein doun on his knees afore him, speired at him, "Guid Maister, what maun I dae tae win iverlestin life?"

Jesus said til him, "What for caa ye me 'guid'? Nae-ane is guid, binna God alane. Ye ken the commaunds: *'Thou sanna commit murther; Thou sanna stael; Thou sanna beir fauss witness; Thou sanna haud nae man out o his ain; Honour thy faither an thy mither'*."

The man answert, "Maister, I hae keepit aa thir commaunds frae I wis a bairn."

Jesus glowert at him, an he tuik a hairt-likin for him. "Ae thing ye ey want," qo he: "gang your waas, sell aa ye ar aucht, an gíe the siller tae the puir—it will be an outly for ye i the Bank o Heiven; syne heast ye back an ging my gate wi me." At thir wurds the man hang his heid an gaed awà unco wae, for he hed rowth o warld's gear.

Syne Jesus luikit round his disciples an said til them, "Hou ill will them at hes walth hae winnin intil the Kíngdom o God!"

They ferliet tae hear him say that. But Jesus cam back on it. "Bairns," qo he, "hou ill it is winnin intil the Kíngdom o God!

A caumel will shuner gae throu the ee o a needle nor a rich man win intil the Kíngdom o God."

At that the disciples wis stoundit out o aa meisur, an said til ither, "Syne wha can be saufed?"

Jesus luikit them braid i the face an said, "It is abuin the pouer o man, but no the pouer o God: God can faa aathing."

Peter bluitert out, "But what o hiz? We hae gíen up aathing an comed alang wi ye!"

"Atweill, I tell ye," qo Jesus, "there is nae-ane hes gíen up hame or brithers or sisters or mither or faither or childer or fairm an fíelds for my sake an the Gospel's but will git a hunder times as muckle nou i the praisent warld, be it housses or brithers or sisters or mithers or childer or fairms an fíelds, athò no wiout persecution, an i the warld tae come iverlestin life. Monie at is first eenou will be henmaist, afore aa's dune, an the henmaist will be first."

THEY WAR NOU on the road gaein doun tae Jerusalem, wi Jesus traivlin aheid o them his lane. The disciples wis ferliein sair, an the lave at fallowt him wis fu o fear. Aince mair he cried the Twal til him an begoud tae tell them what wis bidin him.

"Luik ye," qo he, "we ar gaein doun tae Jerusalem eenou, an there the Son o Man will be gíen up tae the Heid-Príests an the Doctors o the Law, an they will condemn him tae deith an haund him owre til the haithen, an the haithen will geck him an spit on him an leash him an kill him; an syne efter three days he will rise again."

AE DAY JEAMES an John, the twa sons o Zebedee, cam up til him an said, "We hae a fauvour tae seek o ye, Maister."

"What is it ye wad hae me dae?" qo he.

"We want ye tae lat us sit aside ye," they answert, "the tane on your richt haund an the tither on your left haund, on your day o glorie."

"Ye kenna what ye ar seekin," Jesus answert. "Can ye drink the tass at I maun drink an dree the baptism at I maun dree?"

"Ay, can we," said they.

"Atweill will ye drink the tass at I maun drink," qo Jesus, "an dree the baptism at I maun dree: but saits on my richt haund an saits on my left haund isna mine tae gíe; they will hae them at it hes been ordeined is tae hae them."

Whan they hard o this, the ither ten disciples wis mis-set wi

Jeames an John. Sae Jesus cried them til him an said, "Ye ken hou them they caa rulers amang the haithen lairds it owre the fowk, an their gryte men ey lats them ken at they ar their maisters. But that maunna be the gate o'd wi ye. Onie-ane at wad be gryte amang ye maun be your servan, an onie-ane at wad be the first amang ye maun be the slave o aa. For een the Son o Man camna tae be saired, but tae sair, an tae gíe his life as a ransom for monie."

EFTER THAT THEY cam tae Jericho, an as Jesus an his disciples wis gaein out the toun, an a gey thrang o fowk wi them, Timaeus's son, BarTimaeus, a blinnd thigger, wis sittin at the gateside.

Whan he hard it wis Jesus o Nazareth, he begoud tae skirl out, "Jesus, Son o Dauvit, tak pítie on's!" Monie o the fowk cowed him an tauld him tae haud his wheesht. But he skirlt out muckle the mair, "Son o Dauvit, tak pítie on's!"

Jesus stappit an said, "Cry him here."

Sae they cried the blinnd man: "Tak hairt an staund up," said they til him; "he's cryin ye!" Wi that he aff wi his coat an laup til his feet an cam up til Jesus.

"What is it ye wad hae me dae?" speired Jesus.

"Your Honour," the man answert, "I'd fain hae my sicht again."

"Gang your waas," qo Jesus; "your faith hes gíen ye back your sicht." An strecht the man saw again, an he gaed alang the gate efter Jesus.

WHAN THEY WAR comin naur Jerusalem, an hed gotten **11** the lenth o Bethphagie an Bethanie an the Hill o Olives, Jesus sent twa o his disciples on an eerant: "Gae tae yon clachan owrebye. Richt at the in-gaun ye'll finnd a cowt tethert at nae man hes e'er ridden; lowse him an bring him here. Gin oniebodie speirs at ye, 'What ar ye daein there?', tell him at the Maister's needin him an is tae send him back belyve." Sae awà they gaed an faund a cowt tethert outside a door i the street an begoud lowsin it.

"What ar ye daein lowsin the cowt?" some staunders-by axed them. They gíed them the answer Jesus hed tauld them tae gíe, an the men gae them nae mair fash.

Sae they brocht the cowt tae Jesus an laid their coats on its back, an he muntit it. Monie o the fowk spreidit their coats on the road, an ithers strawed it wi ryss they hed cuttit i the fields; an

afore an ahent him, as he gaed alang, they war aa cryin, "*Hosanna!*
Blissins on him at comes i the name o the Lord! Blissins on the comin
Kíngdom o our Faither Dauvit! *Hosanna i the hicht o heiven!*"

Whan he cam tae Jerusalem, he gaed intil the Temple an luikit
round at aathing there; syne, as it wis weirin late, he quat the
toun an gaed wi the Twal tae Bethanie.

NEIST MORNIN, WHAN they war on their road tae Jerusalem,
Jesus begoud tae finnd yaup; an, seein a feg-tree a gey gate aff in
leaf, he gaed forrit, howpin tae finnd some frute on it. But whan
he wan up tae the bit, he faund nocht but leafs; an, deed, it wis
owre air i the year for fegs.

Syne he said tae the tree, an the disciples hard him say the
wurds, "May nae man iver again ait frute aff ye!"

WHAN THEY HED gotten back tae Jerusalem, Jesus gaed intil the
Temple an begoud tae cast out them at coft an trokit intil it. He
whummelt the tables o the nifferers o siller an the cheyrs o the
dou-cowpers, an he lootna onie-ane ging throu the place wi a
luim or a veshel cairriein.

Syne he spak tae the fowk: "Is it no written i the Bible," qo he,
"'*My houss will be caa'd a houss o prayer for aa the fowks o the
yird*'? But ye hae made it *a rubbers' howff.*"

The Heid-Priests an Doctors o the Law gat wittins o this, an
they cuist about for some wey tae git redd o him; for they war
feared for him, because the haill fowk wis cairriet awà bi his
teachin.

Whan the eenin cam, Jesus gaed out o the toun.

AS THEY GAED alang the road bytimes neist mornin, they saw
the feg-tree, an it wis aa geizent, ruit an ryss. Mindin o the day
afore, Peter said tae Jesus, "Luik, Maister, the feg-tree at ye
banned is aa geizent!"

"Hae faith in God," qo Jesus tae them aa. "Atweill, I tell ye,
gin onie-ane says tae thon hill, 'Up wi ye an cast yoursel intil
the sea', an misdouts nane in his hairt, but weill believes at what
he says will happen, he will een hae his will. Sae I tell ye this:
aathing ye seek in prayer, believe ye hae gotten it, an ye will een
hae it.

"An whan ye staund prayin, forgíe onie wrang at onie-ane
may hae dune ye, sae at your Faither in heiven may forgíe ye
your ain fauts."

THEY CAM BACK again tae Jerusalem, an as Jesus wis traivlin back an fore i the Temple, the Heid-Priests, Doctors o the Law, an Elders cam up til him an said til him, "Whattan authoritie hae ye for daein the things ye ar daein? Wha gíed ye the richt tae dae them?"

Jesus said til them, "I will speir ye ae queystin, an gin ye answer it, I will een tell ye what authoritie I hae: John's baptism— wis it frae heiven, or cam it o men? Answer me that."

They cuist owre his queystin i their minds an said til ither, "Gin we say, 'Frae heiven', syne he will speir, 'What for did ye no belíeve him, than?' But ar we tae say, 'It cam o men'?"—na, they war owre feared for the fowk tae say that; for ane an aa they huid at John wis a prophet, an nae twa weys about it. Sae they said til him, "We canna say."

"A-weill," qo Jesus, "I winna tell ye what authoritie I hae for daein what I dae aitherins."

SYNE HE BEGOUD tae speak til them in parables. "A man," qo he, "*plantit a vine-yaird, dykit it round about, howkit a troch, biggit a touer*, set the place til a wheen gairdners, an syne fuir awà out o the pairt. At grape-hairst time he sent a servan tae uplift the skair o the crap at his tenants wis awin him, but they grippit hauds o him an loundert him an sent him awà tuim-haundit. Syne he sent anither servan til them, but they cruntit his heid til him an ill-gydit him shamefullie. Yit anither servan he sent til them, but this ane they felled; an een sae wi monie mae—some they loundert, an ithers they felled. He hed ey ane left tae send, his nain dear son; an he sent him, the henmaist o aa, til them. 'They'll respeck my son,' thocht he til himsel. But thae gairdners said til ilk ither, 'This is the heir; c'wà, lat's fell him, an the haudin will be our ain.' Sae they grippit him an felled him an flang his corp outen the vine-yaird.

"Nou, what will the laird o the vine-yaird dae? He will come an kill the gairdners an set the vine-yaird til ithers. Hae ye no read the bit i the Bible whaur it says:

> The stane at the biggars cuist aside,
> hit is een become the cunyie:
> this is the Lord's wark,
> an a ferlie it is in our een?"

They wad fain laid haunds on him, for they weill saw at he wis

12

ettlin at themsels wi his parable. But they war frichtit for the fowk, sae they loot him abee an gaed their waas.

EFTERHIN SOME PHARISEES an Herodians wis sent tae girn him wi a queystin. Thir men cam up an said til him, "Maister, we ken at ye ar an aivendoun man at heedsna ither fowk's ruise or wyte; for ye carena by wha a man is, but trulie an honestlic teach the wey o God. Tell us nou, is it leisome tae pey the poll-tax tae Caesar, or is it no? What say ye? Ar we tae pey it, or no?"

Jesus saw the doubleness o them an said, "What for seek ye tae fankle me? Fesh a merk, an gíe me a luik o it." Sae they brocht him a merk, an he said til them, "Wha's heid an name is thir?"

"Caesar's," said they.

"A-weill, than," qo he, "pey Caesar what belangs Caesar, an pey God what belangs God." They war fair stoundit at him.

AE DAY SOME Sadducees (fowk at threaps there is nae risin again efter deith) cam an speired him a queystin.

"Maister," said they, "Moses laid it doun in our Law at, *gin a man díes laein a wídow but nae childer, his brither suid mairrie his wídow an beget a faimlie til him.*

"A-weill, the' war aince seiven brithers. The auldest o them mairriet a wife an díed laein nae childer; syne the saicond brither mairriet his wídow, an he díed bairnless an aa; it wis the same gate wi the third; an sae it fuir on or the haill seiven o them hed díed, an nae childer left ahent them; an syne, lest o aa, the wuman díed hersel. At the resurrection, than, whan they ar risen again, wha's wife will she be, seein hou the haill seiven wis mairriet on her?"

Jesus answert them, "Isna this hou ye gae wrang—at ye kenna naither the Bible nor the pouer o God? Whan the deid is risen again, there is nae mair mairriein for man or wuman, they ar like the angels in heiven. As for the risin-up o the deid, hae ye ne'er read i the Buik o Moses, i the bit anent the *ᶠbríar-buss, hou God said til him, '*I am the God o Abraham an the God o Isaac an the God o Jaucob*'? God is nae God o deid men, but a God o men in life. Atweill ye ar freelie wrang!"

A Doctor o the Law at hed hairkent this threap an seen hou weill he answert his queystiners nou cam forrit an speired at him, "Whilk is the first commaund o aa?"

ᶠ breir R: breir (cf. G. A. Smith ad Dt. 33.16)/ brammle/brummle L.

Jesus said til him, "The first commaund is this: '*Hairken, Israel: the Lord thy God is the onlie Lord; an thou sal luve the Lord thy God wi thy haill hairt an thy haill saul an aa thy wit an aa thy pith.*' The saicond is this: '*Thou sal luve thy neipour as thysel.*' There is nae ither commaund gryter nor thir twa."

The Doctor o the Law answert, "Weill an trulie said, Maister: *there is but ae God, an nae ither forbye him,* an tae *luve him wi aa your hairt an aa your understaundin an aa your pith* is a hantle better nor aa the brunt offerins an saicrifíces i the warld."

Seein hou wysslike he answert, Jesus said til him, "Ye arna faur frae the Kíngdom o God." Efter that nae man daured speir him onie mair queystins.

ANITHER TIME, AS he wis teachin i the Temple, Jesus said, "Hou can the Doctors o the Law up-haud at the Christ is the Son o Dauvit? Dauvit himsel, speakin i the Halie Spírit, said:

> *The Lord said til my lord:*
> *'Sit thou at my richt haund,*
>   *till I pit thy faes aneth thy feet.'*

Dauvit himsel caas him his lord: hou can he be his son avà?"

The maist feck lissent him gledlie. Amang ither things at he said in his teachin o them the' war this: "Tak tent o the Doctors o the Law," qo he, "at is fain o brankin on the plainstanes in side gouns, an canna dae wantin becks an bous i the mercat, an is ey ill for the best saits i the sýnagogue an the foremaist places at denners an banqets. Them at hings on a lang face an pits up lang screids o prayer an aa the time is rookin wídows out o their haudins, stick an stow, it will be[6] the waur for them at the Juidgement, at will it!"

AE DAY HE wis sittin foregainst the Temple Treisurie, tentin the fowk as they cuist their coins intil the offerin-kists. Efter monie weill-tae-pass fowk hed cuissen in a gey feck o siller pieces, a puir wídow cam forrit an drappit in twa fardens.★

Seein her, Jesus cried his disciples til him an said til them, "Atweill, I tell ye, yon puir wídow-wuman hes pitten mair intil the kist nor aa the lave. They aa gíed out o their owrecome, but she out o her need hes gíen aa she wis aucht—ay, the haill o her fendin!"

★ Twa fardens maks ae bawbee.

13 AS HE WIS ginging out the Temple, ane o the disciples said til him, "Luik, Maister! Whattan stanes! Whattan biggins!"

Jesus answert, "Ye see thir muckle biggins? No ae stane o them will be left abuin anither; the hailwar s' be dung doun an disannulled."

Syne, as he wis sittin his lane on the Hill o Olives, forenent the Temple, Peter cam up wi Jeames an John an Andro an speired at him: "Tell us," qo he, "whan is thir things tae happen? What sign will be gíen whan they ar aa a-weers o comin tae pass?"

Jesus tuik speech in haund an said til them: "Tak tent at nae man mislairs ye. Monie feck will kythe caain themsels bi my name an threapin, 'I am the Christ', an monie-ane will they gar gae will. Whan ye hear tell o wars an souchs o war, binna nane pitten about. Thir things maun een happen, but the end will be ey tae come. First will fowk mak war on fowk, an kinrick on kinrick. There will be yirdquauks in orra pairts, there will be faimins, but thir is nae mair an the oncome o the birth-thraws.

"But ye maun luik til yoursels. Ye will be haundit owre tae councils an loundert wi wands in sýnagogues: mairfortaiken, ye will hae tae compear afore governors an kíngs for my sake, tae gíe them your testimonie; for afore the end the Gospel maun first be preached in aa launds. Whan they harl ye afore courts an juidges, fashna yoursels aforehaund for what ye ar tae say: say ye een what is gíen ye tae say whan ye ar staundin there, for it winna be ye at speaks, but the Halie Spírit.

"Brither will betray brither tae deith, an faithers their bairns, an childer will rise up again their paurents an cause pit them tae deith. Ye will be hatit bi aa men, because ye beir my name: but him at staunds steive tae the end will be saufed. But, whaniver ye see the *Deidlie Scunner* staundin whaur staund it suidna"—ye at reads this, tak tent!—"syne them at bides in Judaea maun tak the hills wi speed; him at is on his houss-heid maunna come doun an gae ben tae lift ocht frae the houss, an him at is outbye i the field maunna ging back tae claucht up his coat. *g*Pítie help the wuman wi babe i the wyme an the wuman wi bairn at the breist i thae days! Pray tae God at this comesna in winter; for thae days will be days *o dule an wae at there hesna been the like o frae God first made the warld till nou*, nor winna be again i the time tae come. Troth, gin God hedna shortent thae days, no a bodie-kind wad win throu wi his life. But for the sake o the eleck at he hes waled for his ain he hes shortent them.

g Waesucks for *R*: Pítie help *L*.

"Gin onie-ane says tae ye at that time, 'Luik, here's the Christ', or, 'See, there he's thonder', lippen-him-na. For fauss Christs an fauss prophets will kythe, an will wurk míracles an ferlies tae gar the eleck gae will, coud sic a thing be. But tak ye tent: I hae tauld ye aathing aforehaund. I thae days, whan the dule an wae is by wi,

> The sun will be mirkit,
> an the muin winna gíe her licht;
> the stairns will be faain frae the carrie,
> an the pouers i the lift will be dinnelt.

Than will they see the *Son o Man comin i the clouds* wi unco micht an glore, an belyve he will send furth his angels an gether his eleck frae the fowr airts, frae the laichmaist bound o the yird tae the buinmaist bound o heiven.

"Lat the feg-tree lairn ye a lesson. Whan its ryss is sappie an saft, an its leafs onfaulds,[7] ye ken at the simmer is naur. Siclike, whan ye see thir things happnin, ye maun ken at the end is naur—ay, at your verra doors! Atweill, I tell ye, this generâtion winna pass awà or aa thir things hes happent. The lift an the yird will pass awà, but my wurds they winna pass awà nane. But the day an the hour whan thae things will be nae-ane kens, no een the angels in heiven, nor the Son himsel, but the Faither alane. Be ye tentie an haud ye wauken, for ye kenna whan the time is tae come. It is as gin a man hes gane furth o hame an kintra, lippnin his houss tae the chairge o his scrvans. Ilkane o them hes been gíen his nain wark tae dae, an the janitor's orders is no tae steik an ee, but be waukrif. Siclike ye maun be waukrif, for ye kenna whan the Maister will be back—i the gloamin or the howe o the nicht, the smaa hours or the dawin: gin no, he will aiblins cast up o a suddentie an finnd ye sleepin. What I say tae ye, I say til aa: be waukrif!''

IT WANTIT BUT twa days or the Passowre an the Feast o **14** Barmless Breid, an the Heid-Príests an Doctors o the Law wis castin owre hou they micht git their haunds on Jesus bi some prat an pit him tae deith. "But no throu the Feast," said they, "or we'r like tae hae the fowk raisin a stramash!"

Ae day, whan he wis lyin at the buird i the houss o Símon the Lipper at Bethanie, a wuman cam in wi a stowp o dairthfu uilie o rael nard in her haund an, brakkin aff the tap o the stowp, tuimed the uilie owre his heid.

Some o them at wis there wis sair ill-pleised an said til ither, "What for's this waistrie o guid nard? It micht hae been sauld for three hunder white shillins an mair, an the siller gíen tae the puir!" Syne they turned an yokit on the wuman.

But Jesus said, "Lat her abee; what cause hae ye tae fash her? It wis braw an weill dune o her, this at she hes dune for me. The puir ye hae ey wi ye, an ye can dae them kindness whaniver ye will, but me ye s' no hae ey wi ye. She hes dune aa at wis in her pouer tae dae; she hes anointit my bodie for my buiral afore the day. Atweill, I tell ye, whauriver the Gospel is preached i the haill warld her storie will be tauld, sae as she s' ne'er be forgot."

Syne Judas Iscariot, ane o the Twal, gaed awà til the [h]Heid-Priests tae offer tae betray him intil their haunds. Whan he tauld them what he hed comed for, they war fair liftit up an shored him a soum o siller, an he begoud tae luik out for a guid opportunitie o betrayin him.

ON THE FIRST day o the Feast, whan the Jews wis in yuiss tae fell the Passowre Lamb, the disciples speired at Jesus whaur it wis his will they suid ging an mak fore-redd for him tae ait his Passowre. Sae he sent aff twa o them wi thir orders: "Ging intil the toun," he tauld them, "an there ye'll forgether wi a man wi a watter-kit cairriein. Fallow him; an whan he gaes intil a houss, say til the guidman o the same, 'The Maister baud us ax ye whaur is the chaumer trystit for him an his disciples tae ait the Passowre in.' The man will tak ye up the stair an shaw ye a muckle chaumer wi couches weill spreid up, an aathing in order.[8] That is whaur ye ar tae mak fore-redd for us." Sae the twasome tuik the gate an cam intil the toun, whaur they faund aathing as Jesus hed tauld them; an they made reddie for the Passowre.

Whan it wis weirin late, Jesus cam til the place wi the Twal. As they lay at the buird takkin their sipper, he said, "Atweill, I tell ye, ane o ye is tae betray me, ane o ye at is here *at the buird wi me*."

Dule war they tae hear him, an they said til him, ane efter anither, "No me, shairlie?"

"It is ane o the Twal," qo he, "ane at is dippin his píece i the bicker wi me. The Son o Man maun een gae the gate at Scriptur

---

[h] the heidpriest R [τοὺς ἀρχιερεῖς].

foretells for him: but waesucks for the man at is tae betray him! Better wad it been for that man, gin he hed ne'er been born."

Whan they war ey at the buird, Jesus tuik a laif an, efter he hed axed a blissin, brak it an gíed it til them, sayin, "Tak ye this, it is my bodie."

Syne he tuik a caup, gae thenks tae God, an raxed it til them, an ilkane o them drank frae it, an he said til them, "This is my Bluid o the Covenant, whilk is skailed for monie. Atweill, I tell ye, I winna lip the bree o the grape again or the day tae come whan I drink a new wine i the Kíngdom o God."

WHAN THEY HED sung the Passowre Psaum, they gaed out an awà til the Hill o Olives. Belyve Jesus said tae them, "Ye will aa turn fauss an faithless, for it is written in Scriptur:

> 'I will ding the herd,
> an the hirsel will be sparpelt abreid.'

But efter I hae risen frae the deid, I will ging on afore ye tae Galilee."

Peter said til him, "Lat ithers be fauss an faithless, Peter will ey haud leal an true!"

Jesus answert, "Atweill, I tell ye, nae later nor this day's nicht, or the cock craws twice, ye will disavou me thrice."

But Peter threapit the mair, "Tho I buid díe wi ye, I winna disavou ye nane, at winna I!" An siclike said the haill o them.

Syne they cam til a dail caa'd Gethsemanè, an he said til his disciples, "Sit ye here, till I ging an pray."

Sae they bade there, but he gaed on wi Peter an Jeames an John. An nou an unco dridder cam owre him, an he said til them, "My saul is likin tae díe for wae; bide ye here an haud ye wauken."

Syne he gaed forrit a bittock an cuist himsel on the grund an prayed at, gin it coud be, the hour o dree micht ging by him. "*Abba*, Faither," he prayed, "nocht is abuin thy pouer, *i*hain me this caup: yit no as my will, but as thy will, is."

Syne he cam back an faund them asleep, an he said til Peter, "Asleep, Símon, asleep? Docht-ye-na bide waukin ae hour? Bide ye aa waukin, an haud at the prayin, at ye haena tae dree nae sair seyal. Tho the spírit be *j*freck, the flesh is *k*feckless."

---

i tak this caup o dree frae me *R*: hain me this caup (o dree) *L*.
j freck *R*: fain/willint/reithe *L*.   *k* sillie *R*: waik/feckless/bauch *L*.

Again he gaed awà an prayed the same prayer as afore. Syne he cam back aince mair an faund them asleep, for their een wis hivvie wi tire; an they kentna what answer tae gíe him.

Yit a third time he cam back, an nou he said til them, "Ey sleepin? Ey takkin your rest? Lang eneuch hae ye sleepit. The hour is comed: see, the Son o Man is eenou tae be betrayed intil the haunds o sinners! Rise ye up, an lat us gae meet them: ay, here he comes, my betrayer."

The wurds wisna aff his tung afore Judas—ane o the Twal!—cam up, an wi him a thrang o fowk airmed wi whingers an rungs, at hed been sent bi the Heid-Príests, Doctors o the Law, an Elders. The traitor hed gree'd a taiken wi them: "Him at I kiss is the man ye'r seekin," he hed sayen: "grip him, an tak him awà under siccar gaird." Sae, nou he wis at the bit, he gaed strecht up til him an caa'd him "Maister" an kissed him; an than the ithers laid haunds on him an huid him siccar.

Ane o the staunders-by drew his whinger an lent the Heid-Príest's servan a straik at sneddit aff his lug. Jesus than tuik speech in haund: "Am I some reiver," qo he, "at ye needs come out wi whingers an rungs for tae fang me? Day an dailie I wis in amang ye teachin i the Temple, an ye laidna a haund on me. But Scriptur buid be fulfilled, I trew."

Syne the haill o his disciples forhoued him an scoured awà. The' war ae callan, tho, at ey huid efter Jesus. He wis cled in nocht but a linnen hap, an they claucht hauds o him. But he wan lowse o their grips, an awà he ran scuddie-bare, laein his hap i their haunds.

SYNE THEY CAIRRIET Jesus awà til the pailace o the Heid-Príest, whaur the haill o the Heid-Príests an Doctors o the Law an Elders convened. Peter fallowt him a lang gate ahent richt intil the pailace yaird, whaur he sat doun amang the servitors an beikit himsel at the ingle.

I the meantime the Heid-Príests an the haill Council wis seekin evidence on whilk they coud pit Jesus tae deith, but coudna finnd onie; for, tho monie-ane buir witness again him, their witness wis fauss, an their líes didna een compluther. Syne the' war some stuid up an buir fauss witness again him, sayin at hou they themsels hed hard him say, "I will ding doun this Temple at haund o man biggit, an in three days' time I will raise up anither temple, biggit bi nae man's haund." But no een thir witnesses' deposítions compluthert.

Syne the Heid-Priest rase frae his sait an, comin forrit intil the
bodie o the court, speired at Jesus, "Answer ye nocht? What
mak ye o this witness again ye?" But the ne'er a wurd spak he.

The Heid-Priest than pit anither queystin til him: "Ar ye the
Christ," said he, "the Son o the Blissit Ane?"

"I am," qo Jesus, "an, mairfortaiken, ye will see *the Son o Man*

sittin on the richt haund o God Almichtie
an comin amang the clouds o the lift."

Wi that the Heid-Priest rave his goun an said, "What needs we
seek mair witness? Ye hae hard his blasphemie yoursels: what,
than, is your juidgement?"

Ane an aa they juidged him giltie o a capital crime. Syne some
fell tae spittin on him, an they blinfauldit him an lent him ey the
tither gowff, cryin at ilka flewit: "Spae awà nou, Prophet!" An
the servitors, tae, lent him monie a clink athort the haffits.

AA THIS WHILE, Peter wis doun ablò i the yaird. As he wis
sittin there beikin himsel at the fire, ane o the Heid-Priest's
servan-queans cam in an, seein him, tuik a guid luik o him an said,
"Ye war wi the man frae Nazareth, this Jesus, tae, I'm thinkin."

But he wadna own wi it: "I kenna buff nor sty what ye'r
speakin o," said he; an wi that he slippit out intil the *l*fore-close.

The servan-lass saw him there an said tae the staunders-by,
"This chíel's ane o them": but aince mair he denied it.

Belyve the staunders-by cam back til it an said tae Peter:
"Deed, but ye ar sae ane o them; ye'r frae Galilee!"

At that he set tae the bannin an swuir at he kentna "this man,"
says he, "at ye'r speakin o." Nae shuner wis the wurds *m*out o his
mou nor the cock crew the saicond time. Than Peter caa'd tae
mind hou Jesus hed sayen til him, "Afore the cock craw twice, ye
will disavou me thrice." An he banged out[9] an fell agreitin.

STRECHT AWA AT the first styme o daylicht the haill Council— **15**
Heid-Priests, Elders, an Doctors o the Law—tuik counsel the-
gither, efter whilk they caused binnd Jesus an cairriet him awà
an haundit him owre tae Pílate.

"Prísoner at the bar, ar ye the Kíng o Jews?" Pílate speired
at him; an Jesus answert, "Ye hae said it."

---

l porch/transe (?) R: transe (?)/*fore-yaird (?)/*fore-close L.
m (spokken) R: *ut supra,* ticked, L.

Syne the Heid-Príests cam forrit wi monie chairges again him, an Pílate speired at him aince mair, "Hae ye nocht avà tae say? Luik what monie chairges they hae again ye!" But Jesus wadna answer mae, sae at Pílate ferliet.

Ilka Passowre Pílate wis in yuiss tae set free onie ae prísoner at the fowk socht o him. Nou, at this time the man caa'd BarAbbas wis lyin in waird alang wi the reibels at hed committit murther i the Risin. Sae the croud gaed up tae Pílate an begoud tae seek o him what he wis in yuiss tae dae for them, an Pílate speired at them, "Is it your will I suid líberate the Kíng o Jews for ye?" Weill kent he at it wis for ill-will the Heid-Príests hed brocht Jesus up afore him. But the Heid-Príests eggit up the croud tae seek him tae lowse BarAbbas raither.

"Syne what will I dae," answert Pílate again, "wi him ye caa Kíng o Jews?"

"Tae the cross wi him!" raired they again.

"But what ill hes he dune?" speired Pílate.

"Tae the cross wi him! Tae the cross wi him!" wis aa the answer he gat.

Nou, Pílate wis laith tae conter the croud, sae he loot them hae their will an set BarAbbas at líbertie: Jesus he caused screinge an haundit owre tae the sodgers tae be crucifíed. Sae the sodgers cairriet him awà intil the Court, or Governor's Pailace, an whan they hed gethert the haill regiment in about, they reikit him out in purpie an crouned him wi a wreathe they hed plettit o thorn rysses. Syne they begoud tae hailse him wi "Hail, Kíng o Jews!" an they gaed on tae yether him owre the heid wi a wand an spat on him an kneeled on the grund afore him in fenyiet homage. An than, whan they war throu wi their jamphin-wark, they [n]tirred the purpie aff him an cled him again in his ain claes.

Syne they led him awà tae crucifíe him.

ON THE ROAD they met in wi Símon frae Cyrenè, the faither o Elshinder an Rufus, at wis comin in frae the kintra an wis ettlin tae ging by them, an gart him gae wi them an cadge his cross.

Sae they brocht Jesus til the place caa'd Golgotha, or the Hairn-Pan. Here they offert him a tass o droggit wine, but he wadna pree it.

Than they crucifíed him an *haufed his claes amang them, castin caivels*, ilkane for his skair. It wis the beginnin o the forenuin

---

[n] tirred the reid coat aff him R [ἐξέδυσαν αὐτὸν τὴν πορφύραν]: but cp. abuin, reekit him out in purpie R [ἐνδιδύσκουσιν αὐτὸν πορφύραν].

whan he wis crucified. A plaicard wis pitten abuin his heid shawin the chairge again him:

THE KING O JEWS

An alang wi him they crucified twa reivers, the tane on his richt haund, an the tither on his left.

Aa them at gaed by ill-tung'd him, *geckin their heids* an sayin, "Hey! Ye at dings doun temples an biggs them up again in three days, come ye doun aff the cross an sauf yoursel!" Siclike the Heid-Priests an Doctors o the Law jeistit owre him amang themsels: "He saufed ithers," said they, "but himsel he canna sauf. Lat this Christ, this King o Israel, come doun eenou aff the cross; we will believe whan we see that!" An een the twa at wis crucified wi him flytit on him.

At nuin mirk cam owre the haill kintra an bade till the mids o the efternuin. At that hour Jesus cried out wi a loud stevven, "*Eloì, Eloì, lema sabachthani?*" whilk means, "*My God, my God, what for hes thou forleitit me?*"

Some o the staunders-by hard him an said, "Hairken, he's cryin Elijah!" At that someane ran an dippit a spunge in *sour wine*, set it on the end o a wand, an *raxed it* up til him *tae souk*: "Lat us see," said he, "gin Elijah will come an tak him doun frae the cross!" But Jesus gied a loud cry, an wi that he wis by wi it. At the same maument the courtain o the Temple screidit atwà frae heid tae fit. Whan the centurion at wis staundin richt forenent the cross saw hou he died, he said, "Atweill, that man wis a son o God!"

The' war some weimen there, tae, luikin on frae a guid gate aff. Amang them wis Mary o Magdala, Mary the mither o Jeames the Yunger an Joses, an Salomè, at hed gane about wi him whan he wis in Galilee an tentit him; an the' war a fell wheen ithers forbye at hed comed doun wi him tae Jerusalem.

IT WIS NOU late owre i the eenin, an seein it wis the Preparâtion, or Fore-Sabbath, Joseph o Arimathaea, a sponsible councillor, at wis himsel bodin the Kingdom o God, gaed bauldlie inbye til Pilate an socht o him the bodie o Jesus. Pilate misdoutit he coudna be sae shune deid an sent for the centurion an speired at him gin he hed been lang deid, an whan he faund it wis een sae, he gae Joseph freedom tae tak awà Jesus' corp.

Joseph caft a piece o linnen claith an, takkin Jesus' bodie doun frae the cross, swealed it i the claith an laired it in a graff howkit out o the rock an syne rowed up a stane again the ingang. Mary o Magdala an Mary the mither o Joses wis luikin on an saw whaur he wis yirdit.

16 WHAN THE SABBATH wis by, Mary o Magdala, Mary the mither o Jeames, an Salomè bocht themsels spices, at they micht ging an anoint him; an gey an air on the first day o the ouk they war tae the gate an cam til the graff on the back o sunrise.

o"Wha'll we git tae shift the muckle stane frae the in-gang?" they speired at ilk ither, for it wis a fell thing o a stane. But, whan they luikit up, they saw it hed been rowed awà else.

Sae they gaed intil the graff-chaumer, an there they saw a yung man sittin on their richt haund, cled in a side white goun, an they war uncolie frichent. But he said til them, "Binna frichent. Ye will be seekin Jesus o Nazareth, him at wis crucified. He hes risen; he isna here. Luik, there is whaur they laid him . . . .

"Gang your waas nou, an tell his disciples—an, mairfortaiken, Peter—at he is gaein afore ye tae Galilee, whaur ye will see him, as he tauld ye."

At that they cam out o the graff-chaumer an screived awà, trimmlin an 'maist by themsels wi feirich an dreid. An they tauld naebodie naething, sae afeared war they.[10]

---

o Wha is tae row awa the stane for us frae the ingang? *R: ut supra, L.*

LUKE'S GOSPEL

FORASMEIKLE AS MONIE-ANE hes setten his haund tae 1 drawin up a narrâtion o aa the things at hes been brocht tae pass amang us, takkin for their found that whilk hes been haundit doun til us bi them at wis ee-witnesses frae the first an efterhin becam servans o the Wurd, therefore an for that raison it hes seemed guid tae me, as ane at hes painfullie studdied aa the outs and ins o the storie, at I, tae, suid set it furth in write, aa in fair order, for your behufe, my honoured friend, Theophilus, sae at ye may see an ken hou siccar an savendle is that whilk ye hae been taucht.[1]

IN THE DAYS whan King Herod rang in Judaea, there wonned i the laund a certain Zacharie, a priest o the companie caa'd for Abíjah, an wi him his guidwife, ᵃa dauchter o the Houss o Aaron, Elspeth bi name. They war a gudelie, weill-daein pair, at ey keepit aa God's biddins an commaundments, an nae-ane hed e'er a faut tae them. But bairns they hed nane, sin Elspeth wis barren, an baith the twa o them wis nou weill up in years.

Ae day, whan it wis his companie's ouk o service, an he wis there seein til the duties o his saucred office, the lot fell on Zacharie at the yuiswal castin o caivels amang the priests tae gang intil the sanctuarie o the Lord an brenn the incense; an while he wis inbye offerin the incense, the haill thrang o the fowk stuid prayin thereout. Belyve an angel o the Lord kythed til him staundin on the richt side o the altar o incense.

Zacharie gat a gliff at the sicht an wis grippit wi dreid. But the angel said til him: "Binna fleyed, Zacharie; your prayer hes been hard, an Elspeth your wife will beir ye a son, at ye ar tae caa bi the name o John. Unco joy an gledness ye s' hae o him, an monie feck will be blythe owre his birth, for he will be gryte i the sicht o the Lord. Wine nor maut nane will he drink, an een in his mither's wame he will be fulled o the Halie Spírit. Monie a son o Israel will he bring back tae the Lord their God. He will gang afore him i the spírit an pouer o Elíjah, *sowtherin the hairts o faithers an bairns* an lairnin the wanrulie gudelie gates, at the Lord may finnd a fowk aa redd an prepared for him."

Zacharie than said til the angel, "What wey will I ken at this is

ᵃ *ut supra,* R: {Elspeth/Ishbel} MacTaggart L.

true? I am an auld man, an my wife is weill *b*come throu."

"I am Gâbriel," the angel answert, "at staunds i the praisence o God, an I hae been sent tae speak tae ye an gíe ye this guid news. An nou tent what I tell ye: ye will be tung-tackit, no able tae mouband a wurd, or this hes come tae pass, because ye hae misdoutit my wurds, at will be fufilled for aa whan the time comes."

Aa this while the fowk wis waitin on Zacharie, ferliein what coud be taiglin him sae lang intil the sanctuarie; an whan at lang an lenth he cam out an coudna speak til them, they kent at he buid hae seen a vísion i the sanctuarie. Aa he coud dae wis tae staund there makkin signs tae them, an the pouer o speech bade awà frae him.

Belyve his ouk o service cam til an end, an he gaed hame. He wisna lang time back whan his wife Elspeth conceived, efter whilk she líved in dern prívacie, trokin nane wi her neibours for five month, an ey comin owre til hersel, "I am behauden tae the Lord for this; it is his kindlie thocht at hes nou taen awà the shame I hae dree'd amang men."

Sax month efter thir happnins God sent the angel Gâbriel on an eerant til a quean at wonned in a toun in Galilee caa'd Nazareth an wis trystit til a man o the name o Joseph, a descendant o King Dauvit. The quean's name wis Mary.

"Fair guid-day tae ye," qo the angel whan he cam ben til her; "fair guid-day tae ye, wuman at hes fund fauvour wi God! The Lord is wi ye."

Mary wis fair forfluthert tae hear him, an cuist throu her mind what siccan a hailsin micht bode.

"Binna ye afeared, Mary," qo the angel. "Ye hae fund fauvour wi God; an, see nou, ye ar tae conceive an fesh hame a bairn, an Jesus is the name ye maun gíe him. He will be gryte, an men will caa him the Son o the Maist Híe. God the Lord will gíe him the throne o his forefaither Dauvit, an he will ring owre the Houss o Jaucob for iver an ey; niver nae end will there be til his rule."

Syne Mary said til him, "Hou is this tae be, sin I haena a man?"

"The Halie Spírit," qo the angel, "will come owre ye, an the pouer o the Maist Híe will cast a scaddow upò ye; an therefore will the halie babe tae be born be caa'd the Son o God. An there is this *c*atowre: Auld Elspeth, at is sib tae yoursel, is five month gane an mair wi a man-bairn, for aa her years; a barren auld wife,

---

b up in years *R*: come throu *L*.   *c* forbye *R*: atowre *L*.

they caa'd her, but *nocht is onpossible wi God*, as ye will see."

"Faur be it frae me," qo Mary, "tae conter God's will; lat it een gae wi me as ye say!" Wi that the angel quat her an gaed his waas.

On the heid o this Mary liftit an hied til a toun i the Uplaunds o Judah whaur Zacharie bade, an she gaed intil his houss an hailsed Elspeth. An whaniver Elspeth hard her hailsin, the bairn fidged an bowtit in her wame, an she wis fulled wi the Halie Spírit an skirlt out, "Blissed ar ye amang weimen, an blissed is the babe ye ar cairriein! But wha or what am I at the mither o my Lord suid come tae see me? Wad ye trew it, whaniver the sound o your hailsin strack on my ears, the wee thing intil my wame fidged an bowtit for fainness? Blissed atweill is her at misdoutit nane at the wurd at wis brocht her frae the Lord wad een come tae pass!" Syne [d]she said:

"Nou lauds *my saul the Lord,*
    an my spírit *stounds wi joy in God my sauviour,*
because *he hes taen thocht til his servan,*
    his *haundmaid o laich degree;*
an behaud, frae this time furth for iver an ey
    mankind will caa me blissit!
Gryte things he hes dune for me, him at is michtie:
    halie is his name,
an frae age til age his mercie bides
    on them at fears him.
He hes wrocht michtie deeds wi his wichtfu airm:
    he hes sperpelt the heilie an heich,
    at thocht proud thochts i their hairts;
he hes dung híe princes doun frae their thrones
    an heized up the hummle an laich;
he hes gíen the hungersome their full o guid fairin
    an driven the gearie an gethert
    tuim-haundit awà;
he hes helpit Israel his servan,
    sae mindfu he wis o his mercie,
een as he hecht our forefaithers,
    Abraham an his seed, for iver an ey."

Mary bade wi her fríend three month, less or mair, an syne

---

[d] Mary/she R: Elspeth [vid. App. Crit.; J. G. Davies, in *J.T.S.*, N.S., xv. pp. 307 f.] L.

gaed back til her ain hame. Efter Mary's wagang, Elspeth cam til
her time an fuish hame a son. Her neibours an her kin wis fell
pleised whan they hard what wunder kind the Lord hed been til
her, an they cam an gíed her their weill-wisses. Syne a sennicht
efter, whan they war forrit for the circumcísion o the bairn, they
war for caain him Zacharie for his faither, but his mither inter-
poned an said, "Na, na: it is John he is tae be caa'd."

"But," said they, "ther' nane amang aa your fowk hes that
name!" An they made signs tae the bairn's faither tae lat them
ken what wis his will anent the name.

He gart them fesh a writin-buird, an on it he wrate doun the
wurds, "His name is John"; an they aa ferliet. An immedentlie his
lips wis onsteikit, an his tung wis lowsed, an he begoud tae speak,
ruisin God.

Dreid fell on the fowk o the neibourhuid; an the storie, wi aa
the outs an ins o it, wis crackit owre the haill Uplaunds o Judaea.
Aa at hard it laid it tae hairt, sayin til themsels, "What can this
bairn be tae become?" An, fack, the Lord's haund wis wi him.

Than wis Zacharie, his faither, fulled wi the Halie Spírit, an he
spak wi the tung o a prophet, sayin:

"Blissit be the Lord, the God o Israel,
    for at he hes taen thocht til his fowk,
    an wrocht their redemption,
an raised up a feckfu delíverer for us
    i the houss o Dauvit his servan,
een as he hecht throu the mouth
    o his halie Prophets i the langsyne time,
at he wad delíver us frae our faes,
    out o the haunds o aa them at hates us,
an deal mercifullie wi our forefaithers,
    keepin mind o his halie Covenant
an the aith at he swuir til Abraham our forefaither,
    tae cleik us out o the haunds o our faes
an graunt us tae sair him, but fear an dreid,
    in haliness an richteousness afore his face
    aa the days o our life.

An ye, my bairn, will be caa'd a prophet o the Maist Híe,
    for ye will gang *afore him tae redd his gate*
an mak kent til his fowk the wey o salvâtion
    throu forgíeness o their sins—

> sae gryte is the mercie an kindness o God,
>   our God, at will gar the spealin sun
>   cast its beams
>   frae the lift upò us,
> *tae gíe licht tae them at sits*
>   *i the mirk*
>   *an the scaddow o deith,*
>   an tae airt our feet
>   i the gate o peace!"

The bairn raxed up tae manhuid, growin ey the langer, the stranger in spírit; an he bade ey thereout i the muirs or the day cam for his kythin as a prophet afore Israel.

ABOUT THIS TIME the Emperor Augustus pat furth an edick **2** ordeinin at aa the fowk i the haill warld suid be registrate. This wis whan Quirínius wis Governor o Sýria, an it wis the first time at siccan a thing hed been dune. Sae aabodie gaed tae be registrate, ilkane til his ain toun, Joseph amang the lave.

He belanged til the stock an faimlie o Dauvit, an sae it wis tae Dauvit's Toun, Bethlehem in Judaea, at he gaed doun frae Nazareth in Galilee for tae gíe in his name, takkin Mary, at wis haundfastit til him, wi him. She wis boukin gin this; an whan they war in Bethlehem, she cam til her time an brocht hame her first-born son. She swealed the bairn in a barrie an beddit him in a heck, sin there wis nae room for them intil the inn.

Nou, i that same pairt the' war a wheen herds bidin thereout on the hill an keepin gaird owre their hirsel at nicht. Suddent an angel o the Lord cam an stuid afore them, an the glorie o the Lord shíned about them, an they war uncolie frichtit. But the angel said tae them: "Binna nane afeared: I bring ye guid news o gryte blytheness for the haill fowk—this day in Dauvit's Toun a sauviour hes been born til ye, Christ, the Lord! This gate ye s' ken it is een as I say: ye will finnd a new-born bairn swealed in a barrie an liggin intil a heck."

Syne in a gliff an unco thrang o the airmies o heiven kythed aside the angel, gíein laud tae God an liltin:

"Glore tae God i the heicht o heiven,
  an peace on the yird tae men he delytes in!"

Whan the angels quat them an gaed back til heiven, the herds said til ither, "Come, lat us gang owre-bye tae Bethlehem an see this unco at the Lord hes made kent til us." Sae they hied owre tae Bethlehem what they coud drive, an faund Mary an Joseph there wi the new-born babe liggin intil the heck; an whan they saw him, they loot fowk ken what hed been said tae them anent the bairn. Aabodie ferliet tae hear what the herds tauld them, but Mary keepit aa thir things lown an cuist them throu her mind her lane. Syne the herds gaed back tae their hirsel, praisin an ruisin God for aa at they hed hard an seen; aathing hed been een as they war tauld.

Whan the ouk wis gane by, an he wis tae be circumcísed, they gíed him the name Jesus, the same at the angel hed said afore his conception. Whan the time ordeined i the Law o Moses for their purificâtion wis by, they tuik him doun tae Jerusalem tae present him tae the Lord (for sae it staunds i the Law: *Ilka man-bairn at apens the wame sal be hauden for dedicate tae the Lord*), an tae offer the saicrifíce laid doun i the Law o the Lord, a pair o cushats, or twa yung dous.

Nou, there wis wonnin in Jerusalem at that time a man o the name o Símeon. A weill-daein, strick, God-fearin man he wis, at lived bidin on the day whan the Consolâtion o Israel wad kythe. He wis gey faur ben, an the Halie Spírit hed looten him ken at he wadna see deith afore his een hed behauden the Lord's Anointit. Sae nou, muived bi the Spírit, he hed come intil the Temple, an whan Jesus' faither an mither brocht him in for tae dae wi him what wis necessar bi law an custom, Símeon tuik the bairn in his oxter, an blissed God, an said:

"Maister, nou may thy servan,
  lowsed frae thy service,
    gang his waas in peace,
  een as thou hecht him;
for my een hes seen thy salvâtion,
  whilk thou hes made redd i the sicht
  o aa the fowks o the yird,
tae be a licht tae enlichten the haithen
  an a glorie til Israel thy fowk."

His faither an mither ferliet sair at what wis said anent him.

Syne Símeon blissed the baith o them; an tae Mary, the wane's mither, he said, "Tent my wurds: this bairn o yours is appointit

tae cause the dounfaa o monie an the rise o monie in Israel, an tae
be a sign frae God forbye at monie feck will speak again—ay, an
throu your ain saul a swuird will gang—at the dern thochts o
monie a hairt may kythe."

The' wis forbye a prophetess, Anna, the dauchter o Phanuel, o
Clan Asher. She wis a gey an eildit carlin, at hed mairriet in her
quean-days, but hed tint her guidman efter seiven year an bidden
a widow-wuman sinsyne. She wis nou nae less nor echtie-fowr
year o age, an niver quat she the Temple, but wis ey there
wurshippin God wi fastin an prayer. Juist at this maument she
cam up an, efter gíein thenks tae God, spak anent the bairn til aa
them at wis bidin on the redemption o Jerusalem.

Whan they hed cairriet out aa at wis prescrived i the Law o the
Lord, Joseph an Mary gaed back tae Galilee, til their ain toun o
Nazareth. The bairn raxed up, growin ey the langer, the stranger,
an getherin ey the mair wisdom; an the fauvour o God bade
on him.

ILKA YEAR HIS faither an mither gaed til Jerusalem for the
Passowre. Whan he wis twal year auld, they gaed doun for it as
yuiswal, an efter they hed bidden til the end o it an hed taen their
haimart gate, the callan Jesus bade ahent in Jerusalem. Nocht kent
they o it, but jaloused he wad be wi some ither fowk i the
companie, an it wisna afore they hed traivelt a haill day's road at
they begoud tae seek him amang their kith an kin. Syne, whan
they faund-him-na, they gaed back til Jerusalem for tae see efter
him.

It wis twa days an mair afore they faund him i the Temple
sittin i the mids o the teachers o the Law, hairknin an speirin
them ey quastins, wi aa them at wis listnin him ferlicin at the
smeddum o the loun an his auldfarrant answers. His faither
an his mither wis fair dumfounert whan they saw him there,
an his mither said til him, "Bairn o mine, what iver gart ye dae
the like o this til us? Here is your faither an me been aseekin ye
wi sair, sair hairts!"

"What wey needs ye hae socht me?" qo he. "Kenna ye at I
buid be in my Faither's houss?" But they uptuikna what he
meaned.

Syne he gaed up north wi them an cam hame til Nazareth; an
there lived, ey daein their biddin in aathing; an his mither keepit
guid mind o aa thir things. An as the years gaed by, Jesus *grew* in
wit an wisdom an *in fauvour wi God an man.*

3 I THE FIFTEENT year o the Emperor Tiberius, whan Pontius Pílate wis Governor o Judaea, Herod Tetrarch o Galilee, his brither Phílip Tetrarch o Ituraea an Trachonítis, an Lysânias Tetrarch o Abilenè, the year whan Annas an Caiaphas wis the Heid-Príests, the Wurd o the Lord cam til John, the son o Zacharie, i the muirs; an he cam forrit an towred the haill o Jordanside, preachin a baptism o repentance for the forgíeness o sins—een as it is written i the Prophecies o Isaiah:

A cry sae loud i the muirs:
'Redd ye the gate o the Lord,
   mak ye straucht his pads!'
Ilka gill an cleuch sal be made queem,
   an ilka knock an knowe become a laich;
the wimpelt gates sal be strauchtit,
   an the roch roads made sound;
an aa lívin will see
   the saufin wark o God!

Tae the thrangs o fowk at cam out seekin baptism at his haund John said, "Getts o ethers, wha warnished ye tae flee frae the comin wraith? First lat me see your repentance kythe in your lives! An dinna ye sae muckle as think o sayin til yoursels, 'We hae Abraham for our faither': I tell ye, God coud raise up childer til Abraham out o thir stanes. The aix is lyin else at the ruit o the trees, an ilka tree at beirsna guid frute will be cuttit doun an cuissen intil the fire."

"What ar we tae dae, than?" the fowk speired at him; an he answert, "Him at hes twa sarks maun gíe ane til him at hes nane; an him at hes provand maun dae the like."

Some tax-uplifters cam, tae, for tae be baptízed, an said til him, "What maun we dae?"

"Lift nae mair aff fowk nor the stent," he tauld them.

Syne some sodgers speired at him, "An what o hiz? What maun we dae?"

"Spuilie nae man o his siller," qo he, "bi bangstrie or fauss delâtion, but be content wi your pey."

The fowk wis luikin for something by-common tae happen, an ilkane wis axin himsel gif aiblins John wis the Christ, whan he tuik speech in haund an said til them aa, "I am baptízin ye wi watter, but ane stairker nor me is comin at I amna wurdie tae lowse the whangs o his shaes, an he will baptíze ye wi the Halie

Spírit an fire. His shuil is eenou intil his haund tae dicht his threshin-fluir clean an gether the grain intil his corn-laft, but the caff he will brenn wi fire at downa be slockent."

Sae, an wi monie siclike exhorts, he preached the Gospel tae the fowk. But Herod the Tetrarch, at hed been rebuikit bi John anent Herodias, his brither's wife, an aa his ither ill deeds, pat the caipstane on aathing bi castin John in jyle.

Whan aa the fowk hed been baptized, an Jesus hed been bap-tized alang wi them an wis prayin, the lift apent, an the Halie Spírit cam doun upò him in bodilie form like a dou, an a voice cam out o the lift, sayin, "Thou is my beluvit Son; in thee I tak delyte."

AT THIS TIME whan Jesus first cam forrit, he wis threttie year auld, less or mair.

He wis the son, habit an repute, o Joseph, son o Heli, son o Matthat, son o Levi, son o Melchi, son o Jannai, son o Joseph, son o Mattathíah, son o Amos, son o Nâhum, son o Esli, son o Naggai, son o Mâath, son o Mattathíah, son o Semeín, son o Josech, son o Joda, son o Johanan, son o Rhesa, son o Zerubbabel, son o Shealtiel, son o Neri, son o Melchi, son o Addi, son o Cosam, son o Elmadam, son o Er, son o Joshua, son o Eliezer, son o Jorim, son o Matthat, son o Levi, son o Símeon, son o Judah, son o Joseph, son o Jonam, son o Elíakim, son o Melea, son o Menna, son o Mattatha, son o Nâthan, son o Dauvit, son o Jessè, son o Obed, son o Boaz, son o Shelah, son o Nahshon, son o Ammínadab, son o Arni, son o Hezron, son o Perez, son o Judah, son o Jaucob, son o Isaac, son o Abraham, son o Terah, son o Nâhor, son o Serug, son o Reu, son o Peleg, son o Eber, son o Shelah, son o Caínan, son o Arphaxad, son o Shem, son o Noah, son o Lâmech, son o Methuselah, son o Enoch, son o Jâred, son o Mahâleel, son o Caínan, son o Enosh, son o Seth, son o Aidam, son o GOD.

FU O THE Halie Spírit, Jesus nou quat Jordanside, an for sax ouks **4** wis led bi the Spírit hither an yont i the muirs, wi the Deivil tempin him aa the time. The haill sax ouks bit nor sup tuik he nane, an gin they war by, he wis faimishin.

Than the Deivil said til him, "Gif ye ar the Son o God, bid yon stane turn intil a laif o breid."

Jesus answert, "It is written i the Buik, 'Man sanna live on breid alane'."

Neist the Deivil tuik him up til a heicht an shawed him aa the kingdoms o the yird in a gliffin. "I s' mak ye lord o aa thir an their glorie," said he, "for they hae been haundit owre tae me, an I can gíe them til onie-ane I am amind tae. Ye needs but gang doun on your knees tae me, an the hailwar s' be yours."

Jesus answert, "It is written i the Buik, 'Thou sal wurship the Lord thy God, an him alane thou sal sair'."

Syne the Deivil brocht him tae Jerusalem an set him on the ledgin o the Temple an said til him, "Gif ye ar the Son o God, cast yoursel doun frae here. For it is written i the Buik:

> He will gíe his angels chairge anent ye
> tae fend ye frae hurt an hairm.

An this:

> They will up-haud ye i their airms,
> at ye dingna your fit again a stane."

"It is said i the Buik," qo Jesus, "'Thou sanna sey the Lord thy God'."

Wi that, haein tried aa his airts, the Deivil quat him, thinkin it weill tae lat him abee for than, an bide his time.

JESUS NOU GAED back tae Galilee. The pouer o the Spírit wis in him, an fowk begoud tae speak o him owre the haill o that kintra. He taucht i their sýnagogues, an aabodie ruised him.

Sae he cam tae Nazareth, whaur he hed been fuishen up, an on the Sabbath he gaed til the sýnagogue, as he wis in yuiss tae dae, an stuid up for tae read the portion o Scriptur. The row at the bedral raxed him wis the Buik o the Prophet Isaiah, an he onrowed it till he cam tae the place whaur it says:

> The Spírit o the Lord is upò me,
>   because he hes anointit me:
>   he hes sent me
>   tae bring guid news tae the puir,
>   tae proclaim tae the captives lowsance,
>   an winnin-back o sicht tae the blinnd;
>   tae set the doun-hauden an forjeskit free,
>   tae proclaim the year o grace o the Lord.

Syne he rowed up the row an gíed it back tae the bedral an sat him doun; an ilka ee i the haill congregâtion wis stelled on him.

"This day," he begoud, "this wurd o Scriptur hes come true in your hearin."

Aabodie ruised him an ferliet what winsome wurds cam out o his mou. "Is this no Joseph's son, na?" said they.

"Weill-a-wat," qo he til them, "ye will be comin owre the auld say tae me, 'Hail yoursel, doctor'; an ye will say, 'Dae here in your ain kintra aa the things we hae hard tell ye hae dune in Capernaüm.' Atweill, I tell ye," he gaed on, "nae prophet is walcomed in his ain kintra. Trowth an atweill, I tell ye, there wis wídows monie feck in Israel i the days o Elíjah, whan the lift wis steikit three year an sax month, an a fell dairth wis owre the haill laund, an tae nane o them wis Elíjah sent, but onlie til a wídow-wuman in Sarepta in Sidonia; an there wis lippers monie feck in Israel i the time o the Prophet Elísha, an nane o them wis hailed, but onlie Nâaman the Sýrian."

Whan they hard that, the congregâtion gaed aa hyte thegither, an they banged up an drave him furth o the burgh an tuik him up the hill at their toun wis biggit on, ettlin tae cast him owre a heuch-heid. But he slippit throu the mids o them an gaed his waas.

SYNE HE GAED doun til Capernaüm, a toun in Galilee, whaur he taucht the fowk on the Sabbath, an fair dumfounert them wi his teachin, for he spak wi the voice o authoritie.

There wis a man i the sýnagogue at hed an onclean spírit a deivil—an he scraiched out wi aa his stevven, "Awà wi ye! What want ye wi hiz, Jesus o Nazareth? Brawlie ken I wha ye ar: ye ar the Halie Ane o God!"

Jesus challenged him shairplie: "Be quait, an come out o him," qo he. An the ill spírit flang the man doun afore them aa an cam out o him, an nae scaith dune til him.

Aabodie wis fair stoundit, an they fell acrackin wi ilk ither anent him. "What a wey o speakin!" said they. "Whattan authoritie an pouer! He bids the onclean spírits come out—an, swith, out they come!" Nae ferlie gin he begoud tae be spokken o in ilka nuik o that kintraside!

FRAE THE SYNAGOGUE Jesus gaed til Símon's houss, whaur Símon's guidmother wis lyin intil her bed sair fivvert. They socht his help for her, an he cam an stuid owre her an chackit the fivver, an it quat her, an she rase frae her bed an saw efter their mait an aa.

Whan the gloamin cam, aa at hed fowk at wis ailin ae gate or anither brocht them til him, an he laid his haunds on ilkane o them an hailed them. Ill spírits, tae, cam furth o monie-ane, rairin out, "Ye ar the Son o God!" But he chackit them an lootna them say ocht mair, because they kent at he wis the Christ.

AT SKREICH O day he gaed furth the houss an awà til an outbye spat. The crouds cam seekin him; an whan they wan til the bit whaur he wis, they ettelt sair tae haud him frae quattin their toun. But he said til them, "I behuive tae preach the Gospel o the Kingdom o God til the ither touns forbye; that is een my eerant." Sae he huid on wi his preachin-wark i the sýnagogues o Judaea.

5 AE DAY, WHAN he wis staundin on the shore o Loch Gennesaret, an the crouds birzed again him as they hairkent him speakin God's Wurd, he saw twa boats lyin at the watter-lip—the fishers hed gane ashore an wis syndin their nets—an he gaed abuird ane o them, at belanged Símon, an socht him tae pit out a bittock frae the laund. Syne he sat doun an taucht the crouds frae the boat.

Whan he wis throu wi his discoùrse, he said tae Símon, "Pit out intil the deep watter, an lat doun your nets for a catch."

"We hae wrocht hard aa nicht, maister, an catched naething avà," Símon answert: "still an on, I s' een dae as ye say, an lat doun the nets." An sae did they, an the nets tuik in sic an on-deemous drave o fishes at they war like tae brak. Sae they waggit their pairtners i the ither boat tae come an lend them a lift; an they cam, an baith the boats wis fulled sae pang fu o fishes at they war near at the sinkin.

Whan he saw that, Símon Peter flang himsel at Jesus' knees an said til him, "G'awà frae me, Lord; I am a sinfu man!" For baith him an aa his hiremen wis fair dumfounert at the drave o fishes they hed catched; an een sae wis Jeames an John, Zebedee's sons, at wis pairtners wi Símon. But Jesus said til him, "Binna fleyed; frae this day forrit ye will be fishin for men."

Syne they brocht their boats tae laund an, forleitin aathing, fallowt him.

ANITHER DAY, WHAN he wis in ane o the touns, a man at wis liprous frae heid tae heel cam his gate an, seein him, flang himsel agrouf an besocht him, sayin, "Sir, an ye will, ye can hail me."

Jesus raxed out his haund an laid it on him, sayin, "I hae the will, be hailed"; an straucht the liprosie quat him.

Syne Jesus dischairged him stricklie tae mouband a wurd til onie-ane, but "Gae ye awà," qo he, "an shaw yoursel tae the priest an gíe the offerin for your hailin ordeined bi Moses, at fowk may hae pruif o your betterness." But wurd o Jesus gaed the mair aa round about, an fell thrangs o fowk gethert tae hear him an be hailed o their ills. But he wis ey slippin quaitlie awà tae the muirs an prayin there.

ANITHER DAY AGAIN he wis teachin somewey, wi Pharisees an lawwers, at hed come in frae Judaea an Jerusalem, amang his hearers; an the pouer o the Lord wis on him for hailin-wark.

Belyve some fowk cam up wi a man at hed the pairls cairriein on a matrèss an socht tae bring him ben an set him doun afore Jesus. But win in they coudna naegate for the thrang, an sae they gaed up tae the ruif o the houss an loot him doun throu the tiles intil the mids o the fowk richt forenent Jesus. Whan he saw their faith, he said, "My friend, your sins is forgíen ye."

Syne the Doctors o the Law an Pharisees begoud tae cast this owre i their minds: "Wha is this man tae tak sic blasphemies atween his lips? Wha can forgíe sins but God alane?"

Jesus needitna tae be tauld their thochts, an said tae them, "What gars ye hae sic thochts in your hairts? Whilk is easier—sayin, 'Your sins is forgíen ye', or sayin, 'Staund up, an traivel about'? But I s' lat ye see at the Son o Man hes authoritie tae forgíe sins on the yird—Dae as I bid ye," qo he tae the pairlt man: "staund up, lift your matrèss aff the grund, an gang your waas hame." An straucht the man rase, liftit the matrèss he hed been lyin on, an gaed his waas hame.

Aabodie wis fair bumbazed an ruised God. An they war sair feared, tae: "Unco things, thir, at we hae seen this day!" said they.

JESUS GAED OUT efterhin an, seein a tax-uplifter, at his name wis Levi, at his dask i the Towbuith, he said til him, "Come ye wi me." An he rase an, laein aathing ahent, gaed wi him.

Ae day Levi gíed a graund haundlin for Jesus in his houss. There wis a gey feck o tax-uplifters an ithers lyin in at the buird wi them, an the Pharisees an the Doctors o the Law at belanged their pairtie begoud channerin til his disciples: "What wey is it," said they, "at ye eat an drink wi tax-uplifters an siclike ill-daers?"

Jesus answert them, "It isna the weill, but the no-weill, at needs a doctor: I haena come for tae caa the weill-dacin, but the ill-daein, tae repentance."

Syne they said til him, "John's disciples is ey fastin an prayin, an the Pharisees' disciples dis the same, but your disciples eats an drinks."

Jesus answert, "Can ye gar the waddiners fast as lang as the bridegroom is wi them? Atweill, na! But a time is comin, an whan it comes, an the bridegroom is taen awà frae them, syne they will fast."

He tauld them a parable forbye: "Nae-ane," qo he, "rives a piece outen a new dud an platches an auld ane wi it: an he dis, he blauds the new dud, an the platch an the auld claith isna marrows. An nae-ane fills new wine intil auld wine-skins: an he dis, the new wine will split the skins, an the wine will be skailed, an the skins massauckert. Na, new wine maun be pitten intil new skins. Nae-ane efter a waucht o auld wine wants new: 'The auld is fine,' says he."

6 AE SABBATH HE wis traivlin throu the corns, an his disciples begoud puin the ickers, rubbin them i their luifs, an eatin them. A wheen Pharisees said tae them, "Hou is it ye ar daein a thing it isna leisome tae dae on the Sabbath?"

Jesus answert, "Hae ye no een read in your Bibles what Dauvit did ae time at him an them at wis wi him wis yaup—hou he gaed intil the Houss o God an tuik the saucred laifs at it isna leisome for onie-ane, binna the priests alane, tae eat, an eatit them an gae them tae them at wis wi him?"

Syne he said tae them, "The Son o Man is maister een o the Sabbath."

ANITHER SABBATH, WHAN he gaed tae the synagogue tae teach, there wis a man there at his richt airm wis wizzent, an the Doctors o the Law an the Pharisees tentit him gleglie tae see gif he wad hail a man on the Sabbath, at they micht hae a faut tae chairge him wi. But he kent what they war thinkin, an said tae the man wi the wizzent airm, "Staund up, an come forrit intil the bodie o the synagogue." An the man rase an cam forrit.

Syne Jesus said tae them, "Answer me this: is it leisome tae dae guid, or tae dae ill, on the Sabbath—tae sauf life, or tae tak it awà?" Than he glowred round on them aa, an said tae the man,

"Rax out your airm." An he raxed it out, an it wis made haill an sound aince mair. It pat them red-wud tae see it, an they discussed wi ilk ither what they coud dae tae Jesus.

ABOUT THIS TIME he gaed awà tae the hills tae pray an waired the haill nicht in prayer tae God. Whan day dawed, he cried his disciples til him an waled out twal o them at he named Apostles: SIMON, at he caa'd PETER; ANDRO, SIMON's brither; JEAMES; JOHN; PHILIP; BARTHOLOMEW; MATTHEW; TAMMAS; JEAMES, the son o Alphaeus; SIMON, at wis caa'd the Leal Jew; JUDE, the son o Jeames; JUDAS frae Kerioth, at efterhin betrayed him.

EFTER HE CAM doun aff the hill wi them, he tuik his stance on a flet bit o grund. A fell wheen o his disciples wis wi him, an a muckle thrang o fowk forbye at hed come frae aa owre Judaea an Jerusalem an the Laich o Tyre an Sídon tae hear him an be hailed o their ills. Een them at wis pleggit wi onclean spírits wan redd o their ill, an the haill croud made mauchts tae get their haunds til him, for pouer gaed furth o him an hailed them aa.

Syne he liftit up his een til his disciples an said tae them:

"Hou happie ye at is puir,
     for yours is the Kingdom o God!
Hou happie ye at drees hunger eenou,
     for ye s' get your fu sairin!
Hou happie ye at greits eenou,
     for ye s' lauch an be fain!

Happie ar ye whan ᵉmen ill-wills ye an steiks their doors on ye an miscaas ye an uggs at your name as a shamefu thing for the sake o the Son o Man! Spang an fling ye for blytheness, whan thae days comes, for oh! but your rewaird in heiven is gryte; it wis een the same gate their forebeirs gydit the Prophets. But

     Waesucks for ye walthie,
        for ye hae aa the consolement ye s' hae!

ᵉ the warld {ill-wills/(hates)} ye, an winna hae nae trokins wi ye, an miscaas ye, an casts laith on R: men {ill-wills/(hates)} ye, an {winna hae ocht adae wi ye/steeks {ye out o the sýnagogues/their doors on ye}/debars ye frae the sýnagogue}, an miscaas ye, an uggs at L.

Waesucks for ye at wantsna for naething eenou,
   for ye s' dree hunger!
Waesucks for ye at lauchs an is fain eenou,
   for ye s' murn an greit!

Waesucks for ye, whan ilkane speaks weill o ye, for their forebeirs gaed een the same gate wi the fauss prophets!

"But tae ye at is listnin me I say this: luve your faes, an be kind tae them at ill-wills ye; bliss them at bans ye, an pray for them at misgydes ye. Gif onie-ane clours ye on the tae chaft, pit forrit the tither; an henderna him at taks your coat tae tak your sark tae the buit. Gíe til onie-ane at seeks ocht o ye; an gif onie-ane taks your gear, seek-it-na back frae him. Ey dae til ithers een as ye wad hae them dae til yoursels.

"Gif ye luve them alane at luves ye, what thenk is awin ye? Een ill-daers luves fowk at luves them. An gif ye ar kind tae them at is kind tae ye, what thenk is awin ye? Een ill-daers dis the same. An gif ye lend tae them alane at ye lippen on repeyin ye, what thenk is awin ye? Een ill-daers lends til ill-daers, ettlin tae get back as muckle as they hae lent. Na, luve your faes an be kind tae them, an lend whaur ye luik for naething back.[2] Syne your rewaird will be gryte, an ye will be true sons o the Maist Híe, for himsel he is guid tae the onthenkfu an wickit. Be mercifu, een as your Faither is mercifu.

"Juidge nane, an ye s' no be juidged; condemn nane, an ye s' no be condemned; assoilie, an ye s' be assoiliet. Gíe, an gifts will be gíen ye—ay, luckie meisur, saddit, shuiken thegither, an lipperin owre, will be tuimed intil your lap; for een as ye mett, ye s' hae meisur."

Syne he tauld them anither parable: "Can ae blinnd man lead anither?" qo he. "Will they no whummle intil a gote, the baith o them? A scholard isna tae the fore o his teacher, an een whan he hes maistert scuil-lair, he will be nae faurer seen nor his teacher. What for luik ye til the bit spail in your brither's ee an tentna the bauk in your ain ee? Hou can ye say til your brither, 'C'wà, man, lat me tak yon spail out o your ee', whan ye tentna the bauk in your ain ee? Hýpocríte at ye ar, tak the bauk out o your ain ee first, an syne ye will see richt tae tak the spail out o your brither's ee.

"There nae sic a thing as a guid tree beirin rotten frute or a rotten tree beirin guid frute. Ilka tree is kent bi its nain frute: fegs isna gethert aff a whin-cowe, nor grapes isna hairstit frae a bríar-buss. A guid man brings furth guid out o his hairt's store o guid, an an ill man ill out o his store o ill. The wurds o a man's mouth is ey but the owrecome o his hairt.

"What for ar ye ey Maister-Maisterin me, whan ye daena as I tell ye? A man at comes tae me an listens my wurds an dis what I say—I s' tell ye what he is like. He is like a man at biggit a houss an delved an better delved till he cam tae rock, an on hit he laid his founds. Belyve the river rase in spate an cam doun on his houss wi a bensil, but mudge it it dochtna, sae wysslike hed been the biggin o'd. But him at listens my wurds an dis nane as I say is like a man at biggit a houss on the screiff o the grund an laid nae founds avà; an whan the river cam doun on'd wi a bensil, in a blink it gaed out o ither an fell, an nocht wis left but a rickle o stanes."

WHAN HE HED fínished his preachin afore the fowk, he gaed til Capernaüm. **7**

A centurion's servan there wis lyin in his bed gey faur throu. His maister thocht unco weill on him, an sae, whan he hard about Jesus, he sent some Jewish elders til him tae speir him tae come an sauf the man's life. Sae they cam tae Jesus an priggit him sair tae come: "He is weill wurdie," said they, "at ye suid dae this for him; he is a weill-willer o the Jewish fowk, an it wis him biggit us our sýnagogue."

Sae Jesus gaed alang wi them. But whan he hed nearhaund wan til the houss, the centurion sent some friends tae say til him, "Dinna fash, sir: it is no for the likes o me tae hae ye comin in-owre my door, an the same gate I thocht it wad be forritsome o me tae gang tae ye mysel. Ye needs but say the wurd, an my servan s' get better. I can say that, for forbye them at is owre me an gíes me orders, I hae sodgers aneth me, tae; an I say til ane, 'Gae yont', an he gaes yont; an til anither, 'Come here', an he comes; an tae my servan, 'Dae this or that', an he dis it."

Whan he hard thae wurds, Jesus ferliet at the man, an, turnin about tae the thrang at wis fallowin him, he said, "I tell ye, no een in Israel hae I fund sic faith!"

Syne the centurion's friends gaed back tae the houss, whaur they faund his servan the better o his ail.

A WEE EFTERHIN Jesus gaed til a toun caa'd Naín, an his disciples an a fell thrang o fowk gaed wi him. As he cam up tae the toun's port, a founeral wis comin out the gate. The corp wis a yung man, the ae son o a wídow-wuman, an a hantle o the tounsfowk wis wi her.

Whan Jesus saw the wuman, his hairt wis sair for her, an he said, "Greitna." Syne he gaed up an laid his haund on the deid-dail,[3] an the beirers stappit, an he said, "Yung man, rise up, I bid ye"; an the corp sat up an begoud tae speak, an Jesus gíed him back til his mither.

Dreid grippit them aa, an they ruised God, sayin, "A gryte prophet hes kythed in our mids", an again, "God hes taen thocht til his fowk." An wurd o this he hed dune gaed outowre the haill o Judaea an aa the kintra round about.

WHAN JOHN'S DISCIPLES brocht him wurd o aa thir things, he caa'd twa o them up til him an sent them tae the Lord tae speir at him, "Ar ye him at is tae come, or maun we bide on someane else?"

Whan the twasome cam tae Jesus, they said til him, "John the Baptist hes sent us tae speir gif ye ar him at is tae come, or maun we bide on someane else?"

That day Jesus hed been hailin monie-ane o their ails an sair complènts an reddin ithers o ill spírits an garrin a feck o blinnd fowk see. Sae he gíed John's disciples this for answer: "Gang your waas," qo he, "an tell John what ye hae seen an hard your ain sels—hou *the blinnd is seein*, lamiters gangin, lippers cowrin, the deif hearin, an *the puir haein the Gospel preached tae them.* Happie is the man at gangsna aglee owre me!"

Whan John's messengers hed taen the gate, Jesus begoud tae speak tae the crouds anent John. "What gaed ye furth tae the muirs for tae luik at?" qo he. "A thresh swee-sweein i the wind? . . . Na?

"A-weill, what gaed ye furth tae see, na? . . . A man cleadit in silken duds? Them at gangs in braivitie an líves at heck an manger—I dout ye maun seek siclike i the pailaces o kings!

"What, than, wis it ye gaed furth tae see? . . . A Prophet? Trowth, ay, a Prophet, an faur mair nor a Prophet! This is him at Scriptur speaks o i the wurds:

> 'Behaud, I send furth my messenger afore thy face,
>   tae redd thy gate afore thee.'

No a mither's son o them aa, I tell ye, is gryter nor John; an yit the laichest i the Kingdom o God is gryter nor him.

"Aa the common fowk, een the tax-uplifters, wis muived bi John's preachin tae tak baptism at his haunds, sae awnin God's richteousness: but the Pharisees an lawwers wadna be baptízed bi him, an sae brocht God's purpose anent them tae nocht. What, than, will I liken the men o this generâtion til? What ar they like? They ar like bairns sittin i the mercat an comin owre til ither the wurds o the game:

> We hae pleyed ye a spring,
> but ye wadna lilt:
> we hae sung ye a lament,
> but ye wadna greit!

For John the Baptist cam eatin nae breid an taistin nane, an ye say, 'The man hes an ill spírit.' Syne the Son o Man cam takkin his mait an his drap, an ye say, 'See til him! The stechie, the saund-bed, the billie o tax-uplifters an siclike cattle!' But Wisdom is ey free'd o faut bi her childer."

AE DAY ANE o the Pharisees baud him tae denner wi him; sae he gaed intil the man's houss an lay doun at the buird.

As he wis liggin there, ben cam a notour limmer o the toun at hed hard he wis dennerin i the Pharisee's houss. She hed brocht a stowp o ointment wi her, an she tuik her stance aback o him aside his feet. The tears wis hailin doun her chowks, an whan they begoud tae faa on his feet, she yokit tae dichtin them aff wi her hair an kissin his feet an anointin them wi her ointment.

Whan the Pharisee at wis interteinin him saw it, he thocht til himsel, "I dout this man is nae prophet, or he wad ken wha this wuman is at is haundlin him, an what cless she belangs; he wad ken her for the limmer at she is!"

Jesus answert his thocht: "Símon," qo he, "I want tae say something tae ye."

"Say awà, Maister, say awà," said the Pharisee.

"A creditor," said Jesus, "hed twa debtors, the tane awin him five hunder merk, an the tither fiftie. Nane o the twa hed the siller tae pey his debt, an he loot the baith o them aff. Whilk o the twa will like him the best, na?"

"A-weill," said Símon, "I jalouse it wad be him at wis looten aff the maist."

"Ye hae said it," qo Jesus. Syne he turned tae the wuman, an said tae Símon, "Ye see this wuman? Whan I cam intil your houss,

ye gae me nae watter for my feet: but she hes wuishen my feet wi
her tears an dichtit them wi her hair. Ye kissed me nane: but she,
frae the maument I cam in, hesna devauled kissin my feet. Ye
anointitna my heid wi uilie, but she hes anointit my feet wi
ointment. For that I say tae ye: her monie, monie sins hes been
forgíen her, seein she hes kythed sic luve; him at hes been forgíen
little kythes little luve." Syne he said tae the wuman, "Your sins
is forgíen."

At that the ithers at the buird begoud sayin tae themsels, "Wha
is this at een forgíes sins?"

But Jesus said tae the wuman, "Your faith hes saufed ye; gang
your waas in peace."

8 EFTER THIS JESUS made a towr o the kintra, toun bi toun, an
clachan bi clachan, preachin an proclaimin the Gospel o the
Kingdom o God.

The Twal wis wi him, an a curn weimen an aa at hed been
redd o foul spírits an sindrie ills—Mary, caa'd Mary o Magdala,
at hed haen seiven ill spírits cuissen out o her; an Joanna, the wife
o Chuza, Herod's stewart; an Susanna; an monie mae. Thir
weimen aa fettelt for him out o their ain haudins.

AE DAY, WHAN a fell thrang gethert round, an fowk wis comin
out til him frae aa the touns, he spak tae them in parables. "A
sawer gaed afíeld," qo he, "tae saw his seed. As he sawed, some
fell alang the lip o the fit-pad, whaur it wis pattert, an the birds o
the lift gorbelt it up. Ithersome fell on clintie grund, an whan it
cam up, it dowed awà for the want o wuss. Ithersome again fell
amang thrissles, an the thrissles grew up wi it an smoored it. But
some fell on guid grund, an it grew up an gíed a crap a hunder
times owre what wis sawn." Syne, raisin his voice, he cried out,
"Lat him at hes ears in his heid tak tent!"

His disciples than speired at him what his parable meaned.

"Tae ye," qo he, "it hes been gíen tae ken the saicrets o the
Kingdom o God, but the lave is tauld them in parables, sae at

they may luik an no see,
an hear an no understaund.

Here, than, is what the parable means. The seed is the Wurd o
God. Them at the side o the fit-pad is the fowk at hears the Wurd,
an syne the Deivil comes an cleiks it out o their hairts, at they

mayna believe an be saufed. Them on the clintie grund is the
fowk at walcomes the Wurd wi joy, whaniver they hear it, but
they haena nae ruit an bidena leal lang time, but as sune as dour
times comes tae sey them, they tyne it. As for the seed at fell
amang thrissles, hit is them at hears the Wurd, but, as they haud
on their gate, cark an care, walth an warldlie pleisurs, smoors
their faith, an they bring nae frute tae the ripenin. But the seed
at fell on guid grund—hit is them at hairkens the Wurd wi a
leal an aefauld hairt an tynes-it-na, but hauds ey the grip, till a
bonnie crap comes o it.

"Nae-ane lichts a lamp, an syne co'ers it wi a crock, or pits it in
ablò a deass: na, lamps is setten up on staunds, sae at fowk comin
ben may see their licht. For there is naething hodden eenou at
winna kythe afore aa ae day, nor naething dern eenou at winna
be kent an come tae licht ae day. Tent ye weill, than, hou ye
listen: for

> Til him at hes mair will be gíen;
>   an frae him at hesna
> een that whilk he trews he hes
>   will be taen awà."

Syne his mither an his brithers cam tae the bit whaur he wis,
but coudna win up til him for the thrang o fowk.

"Your mither an your brithers is outbye," someane tauld him;
"they want tae see ye."

"My mither an my brithers?" qo he til them. "They ar them at
hears God's Wurd an dis its biddins."

AE DAY ABOUT this time he gaed abuird a boat wi his disciples.
"Lat us gang owre tae the tither side o the Loch," said he; an they
pat out frae the shore. Efter a bit he fell owre.

Syne a gurl stour soupit doun on the loch, an the watter begoud
tae win up on them an pit them in jippertie o their lives. Sae they
gaed up til him an waukent him: "Maister, Maister," they cried,
"we'r gaein tae be drouned!"

Syne he rase an challenged the wind an the jawin watter, an
the storm devauled, an aa wis lown aince mair. Than he said
tae them, "What hes come owre your faith?"

An they, afeared an stoundit baith, said til ither, "Wha can this
ane be, at gíes his orders een til wind an watter, an they dae
his biddin?"[4]

SYNE THEY CAM tae laund i the kintra o the Gerasenes on the faur side o the Loch frae Galilee.

As he gaed ashore, a man o the toun at wis afflickit wi foul spirits cam his airt. For a gey while back he hedna wurn nae claes nor steyed intil a houss, but ey howffed amang the graffs. Whan he saw Jesus, he gíed a skirl an flang himsel at his feet, cryin out wi a loud stevven, "What want ye wi me, Jesus, Son o the Maist Híe God? Torment-me-na, I beseek ye!"

For Jesus hed begoud tae bid the onclean spírit come out o the man. Monitime it hed grippit him, an syne they wad binnd him wi shackles an cheyns an keep gaird owre him, but ilka time he wad rive his baunds sindrie an be driven bi the ill spírit out intil the muirs again. "What is your name?" Jesus speired at him, an he said, "Legion"; for ill spírits monie feck hed gane intil him. An they socht him no tae order them back intil the Boddomless Sheuch.

Nou, there wis a muckle herd o swine feedin a short gate aff on the braeside, an the ill spírits socht him tae lat them gang intil them, an he gíed them their will. Sae the spírits gaed out o the man an intil the swine, an the herd breinged awà doun the snab intil the loch an wis drouned.

Whan the *men at wis tentin them saw what hed happent, they tuik leg frae the bit an tauld the storie i the toun an owre the kintraside. Syne the fowk cam out tae see aathing for themsels; an whan they cam up tae Jesus, they faund the man at the ill spírits hed quat sittin at Jesus' feet, cleadit aince mair, an aa wyss an warldlike; an they war unco fleyed. Them at hed seen what hed happent tauld them hou the man at hed haen the ill spírits hed been richtit. Syne the haill fowk o Gerasa an the kintra round about socht him tae quat their bounds, for they war uncolie fleyed.

Sae Jesus buirdit the boat an gaed back atowre the Loch. But first the man at the ill spírits hed quat besocht him tae lat him bide wi him. But he sent him awà: "Gae back hame," qo he, "an tell the fowk aa at God hes dune for ye." Sae the man gaed throu the haill toun lattin aabodie ken aa at Jesus hed dune for him.

MEANTIME THE CROUD hed aa been waitin his back-comin, an they walcomed him whan he cam. Belyve a man, Jaírus bi name, at wis a sýnagogue-praisident, cam up an, flingin himsel at Jesus'

---

* herds R: men at wis tentan them [ticked] L.

feet, socht him tae come til his houss, whaur his ae dauchter, a
lassie like twal year auld, lay díein.

Jesus wis gaein alang wi the thrang 'maist birzin the breith out
o him, whan a wuman at hed haen a rin a bluid for twal year, at
nae-ane docht redd her o, cam up ahent him an titched the rund
o his coat; an immedentlie the rin o bluid devauled.

"Wha wis that titched me the nou?" qo Jesus.

Whan aabodie said it wisna him, Peter tuik speech in haund:
"Maister," he begoud, "the croud is thrangin an birzin again
ye. . . !"

"Still an on," qo Jesus, "someane titched me; I faund at pouer
hed gane out o me."

Syne the wuman, seein there wis nae mair hoddin it, cam forrit
bevverin an cuist hersel doun at his feet, an there afore the haill
fowk tauld him what for she hed titched him, an hou her com-
plènt hed gane that same maument.

"Dauchter," qo he, "your faith hes made ye weill; gang your
waas in peace."

The wurds wisna richt aff his tung whan a man cam frae the
Praisident's houss an said til him, "Your dauchter is deid; fashna
the Maister onie mair."

Jesus hard him an said tae Jaírus, "Tak nae fear: onlie hae faith,
an she s' get better."

Whan he cam tae the houss, he loot naebodie gae ben wi him
binna Peter an John an Jeames, forbye the lassock's faither an
mither. Aabodie wis greitin an makkin an unco maen for her.
"Gíe owre greitin," qo he. "She isna deid, she's sleepin."

They leuch at him, for did they no ken at she wis deid? But he
tuik her bi the haund an cried til her, "Rise ye up, lassie"; an her
spírit cam back, an she rase at aince. Syne he baud them gíe her
mait.

Her pârents wis fair dumfounert, but he dischairgit them tae
tell onie-ane what hed happent.

JESUS NOU CAA'D the Twal thegither an gae them pouer an **9**
authoritie tae cast out aa kin o ill spírits an tae hail fowk o their
ails. Syne he sent them furth tae preach the Kingdom o God an
tae hail the síck.

"Tak nocht for the gate wi ye," he tauld them—"naither rung
nor awmous-poke nor breid nor siller; an ye maunna hae mair
nor ae sark the píece. The first houss ye stap in oniegate, bide ye
on i the same or ye quat the place. Onie toun whaur they

walcome-ye-na, shak the stour aff your feet at your wagang for a testimonie again its fowk." Sae they tuik the road an gaed frae clachan tae clachan, preachin the Gospel an hailin the sick aagate.

HEROD THE TETRARCH hard o aa at wis happnin, an he kentna what tae mak o it. Some war sayin at John hed risen frae the deid, an ithers at Elijah hed kythed, an ithers again at ane o the langsyne Prophets hed come back tae life.

Herod said, "John I heidit; wha, than, can this be at I am hearin siccan things o?" An he wis ill for seein him.

WHAN THE APOSTLES cam back, they tauld Jesus aa they hed dune. Syne he tuik them quaitlie awà til a toun caa'd Bethsaïda tae be his lane wi them. But the croud gat wit o'd an cam efter him. He walcomed them an spak tae them anent the Kingdom o God an hailed aa them at hed need o hailin.

Whan the day begoud tae douk, the Twal cam an said til him, "Bid the croud skail, sae at they may gang an seek a bield an mait i the clachans an fairmtouns i the round, for it is an outbye bit we ar in here."

"Ye maun een gie them something tae eat yoursels," said he.

"But we haena nae mair nor five laifs an twa fishes," said they— "wiout we war tae gang an coff vivers for aa this fowk wirsels."

There wis like five thousand o them. "Bid them lie doun in pairties o a fiftie the piece," qo he. They did sae, an gart them aa lie doun. Syne he tuik the five laifs an the twa fishes an, luikin up til heiven, axed a blissin on them an brak them up an gae them til his disciples tae haund tae the croud. Ilkane hed his sairin; an twal creels o owrecome bits wis liftit aff the grund efterhin.

AE TIME WHAN he hed gane awà frae the crouds for a time o prayer, an the disciples wis by him, he speired at them, "Wha say the fowk at I am?"

"Some says, John the Baptist," they answert; "an ithers, Elijah; an ithers again hauds out at ane o the langsyne Prophets hes come back tae life."

"An ye," qo he, "wha say ye at I am?"

Peter answert, "The Christ o God."

He dischairged them stricklie tae come owre that til a livin saul. "The Son o Man," he gaed on, "hes tae dree monithing an be rejeckit bi the Elders an Heid-Priests an Doctors o the Law an be pitten tae deith an rise again the third day."

TIL AA THE fowk he said, "Onie-ane at is amind tae haud efter me maun think nae mair o himsel, an day an dailie tak up his cross an gang my gate wi mi. For ilkane at wad sauf his life will tyne it, an ilkane at tynes his life for my sake will sauf it. What the better o it is a man, gin he gains the haill warld an tynes, or is twined o, himsel?

"Gin onie-ane is affrontit at me an my wurds, the Son o Man will be affrontit at him, whan he comes in his glorie an the glorie o his Faither an the halie angels. Trowth, I tell ye, there is them staundin here eenou at winna pree deith afore they hae seen the Kingdom o God!"

ECHT DAYS OR therebye efter this discoùrse he gaed up the braeside tae pray, takkin Peter an John an Jeames wi him. As he prayed, a cheynge cam owre the luik o his face, an his cleadin becam aa daizzlin white. An nou twa men wis speakin wi him; Moses an Elíjah, it wis, an the glorie o heiven wis about them, an they spak o his wagaun at wis ordeined tae be in Jerusalem.

Peter an the ithers wis drummelt wi sleep, but nou they waukent an saw him in his glorie, an the twa men at wis staundin aside him. Whan the twasome wis ettlin tae quat Jesus, Peter said til him, "Maister, it is bonnie for us tae be here; lat us een pit up three bourachs, ane for ye, ane for Moses, an ane for Elíjah!" He wistna weill what he wis sayin.

Een as he spak, a clud cam an cuist a scaddow owre them, an the disciples wis uncolie scaured, whan they saw them sant intil it. Syne a voice cam out o the clud: "This is my Son, my Waled Ane," it said; "listen ye him." An whan the voice hed come an gane, Jesus wis seen there himlane.

They keepit a caum souch anent what they hed seen; no a wurd mintit they at the time til onie-ane.

NEIST DAY, WHAN they cam doun aff the hill, a fell thrang o fowk met them.

Suddent a man i the croud cried out, "Oh, pleise, Maister, will ye cast an ee on my son? He's the ae bairn I hae, an a spírit's ey grippin the laddie. It yellochs out on a suddentie, an rugs an rives at him till he faems at the mou; an it winna haurdlins *g* quat him, an ey brouzles him sair or it's out. I socht your disciples tae drive it out, but they dochtna."

---

g come out o him, an ey laes him sair mischieved R: quat him an ey brouzles him sair or it's out L.

Syne Jesus tuik speech in haund an said, "Oh, sae essart an hard i the belief as this generâtion is! Hou lang time maun I be wi ye? Hou lang maun I thole ye? Bring your son here."

Afore the loun coud win til him, the ill spírit flang him doun on the grund in a vílent fit an ruggit an rave him. But Jesus spak snellie til the onclean spírit an hailed the callan an gíed him back til his faither. An they war aa bumbazed an stoundit at sic a kythin o the maijestie an micht o God.

THEY HEDNA GOTTEN abuin their dumfounerment at aa his daeins, whan Jesus said til his disciples their lane, "Tent ye weill this at I am gaein awà tae say til ye: the Son o Man is tae be pitten i the pouer o men or lang gae."

But they uptuikna what he wis ettlin at; the meanin o his say wis hodden frae them, they dochtna win til it; an they dauredna speir him thereanent.

AE DAY THEY fell tae argifíein amang themsels whilk o them wis the grytest. Kennin what they war thinkin in ithin themsels, Jesus tuik hauds o a bairn an gart him staund aside him. Syne he said tae them, "Onie-ane at walcomes this bairn i my name walcomes me, an onie-ane at walcomes me walcomes him at sent me. The least amang ye, he is the grytest."

JOHN THAN TUIK speech in haund: "Maister," said he, "aince we saw a chíel castin out ill spírits i your name, an we socht tae hender him, because he gangsna wi us."

"Binna ye henderin them," qo Jesus; "him at isna contrair til ye is for ye."

WHAN THE TIME for him tae be taen up intil heiven wis come, nocht wad haud him back, but he maun een gae tae Jerusalem. He sent some messengers aheid o him, an they set tae the gate an cam til a clachan in Samâria, tae tryst up-pittin for him. But nane o the fowk there wad hae him, because he wis bund for Jerusalem. Whan the disciples Jeames an John saw that, they said til him, "What is your will, Maister? Will we bid *fire come doun frae the lift tae brenn them up?*" But Jesus turned an tairged them snellie; an sae they gaed on til anither clachan.

As they fuir alangs the road, a man said til him, "I s' gae wi ye whauriver ye gae."

Jesus said til him, [h]"Tod Lowrie hes his lair, an the miresnipe her bíeld, but the Son o Man hes naegate tae lay his heid."

Til anither man he said, "Come wi me", an the man said, "Lat me gang an yird my faither first."

"Lat the deid een yird their deid," qo Jesus; "gae ye an preach the Kingdom o God aagate."

Anither man said til him, "I s' come wi ye, Maister: but lat me first bid the fowk at hame fareweill."

Jesus said til him, "Nae man at sets his haund tae the pleuch an luiks back owre his shuither is onie guid for the Kingdom o God."

EFTER THIS THE Lord appointit ither seiventie-twa an sent them **10** aheid o him bi twasome til ilka toun an place he ettelt tae vísit himsel.

"It is a rowthie crap," said he til them, "but the hairsters isna monie feck; ye maun seek the gryte awner o the crap tae send out mair hairsters afíeld.

"An nou tae the gate! But I tell ye fair out: I am sendin ye furth like lambs intil the mids o woufs. Cairrie naither spung nor poke; gang onshodden; sayna een 'Braw day' til onie-ane ye meet in wi. Whan ye gang intil a houss, be your first wurd, 'A blissin on this houss', an gif a man wurdie o a blissin staps there, your blissin will bide on him: gif no, it will come back tae ye. Stey aa your time i that houss, takkin the mait an drink they gíe ye, for wurkers airns their wauge: ye maunna shift frae houss til houss. Whan ye come til a toun, an they walcome ye, tarrowna at the mait they set afore ye, hail the síck i the place, an say tae the fowk, 'The Kingdom o God is ny-haund ye.' But whan ye come til a toun, an they winna tak ye in, gang out intil the braid streets o the same an say, 'See, we dicht aff the verra stour o your toun at clags our feet, ye can een keep it, but ken ye this: the Kingdom o God is nearhaund!' I tell ye, lichter s' be the faa o Sodom at the Lang Day nor yon toun's.

"Wae's me for ye, Chorazín! Wae's me for ye, Bethsaïda! Gif the míracles wrocht in ye hed been wrocht in Tyre an Sídon, they wad langsinsyne repentit o their sins sittin in harn an aiss; an, for aa they haena repentit o them, lichter s' be the faa o Tyre an Sídon at the Juidgement nor yours. An ye, Capernaüm, will ye *be up-heized til heiven?*

<hr>

[h] The tods hes their bouries an the burds o the lift their bields R: Tod Lowrie hes his {lair/bourie/(yird)/den (?)}, an {{Robin Reidbreist/the {blackcock/muircock} his}/ Jennie Wran/the {muir-hen/miresnipe/laverock/lintie} her} bield L.

Na, *doun ye s' gang,*
doun tae the laund o the deid!

"Him at listens ye listens me; an him at will nane o ye will nane
o me, an him at will nane o me will nane o him at sent me."

THE SEIVENTIE-TWA CAM back fu liftit: "Maister," said they,
"we hae owrance een o the ill spírits throu your name!"
    "I wis luikin," qo he, "an saw Sautan faa frae the cairrie like a
flaucht o fire. Atweill hae I gíen ye the pouer tae stramp on ethers
an scorpions an tae traissle the haill micht o the fae, an nocht s'
e'er wrang a hair o ye! Still an on, binna liftit because ye hae
owrance o the spírits, but raither be liftit because your names
is inrowed in heiven."
    At that maument Jesus' hairt stoundit wi joy,[5] an he said,
"I cun thee thenks, Faither, Lord o Heiven an Yird, at thou hes
hodden thir things frae the wyss an gash an made them kent tae
ᵗthe bairn-like! Ay, Faither, I thenk thee at thou hes thocht it
guid sae tae dae. Aathing hes been lippent tae me bi my Faither,
an nae-ane kens wha the Son is binna the Faither, nor wha the
Faither is binna the Son an sic as he is pleised tae mak him
kent til."
    Syne he turned tae the disciples an said tae them apairt frae the
lave, "Happie the een at sees what ye ar seein! I tell ye, monie a
prophet an king hes been fond tae see what ye ar seein an saw-it-
na, an tae hear what ye ar hearin an hard-it-na."

AE DAY A lawwer stuid up an socht tae sey him: "Maister," said
he, "what maun I dae tae faa iverlestin life?"
    Jesus answert, "What is written i the Law? What read ye
there?"
    "'Thou sal luve the Lord thy God'," said the ither, "'wi aa thy
hairt an aa thy saul an aa thy pith* an aa thy mind, an thy neibour as
thysel'."
    "Weill answert!" qo Jesus. "Sae dae, an ye s' hae life."
    But the lawwer wisna tae be pitten i the wrang, an he said tae
Jesus, "An wha is my neibour, na?"
    Jesus answert his quastin this gate: "A man wis aince gaein
doun frae Jerusalem tae Jericho, whan he met in wi a wheen
rubbers, at tirlt the claes aff him an yerkit him, an syne gaed their

---

ᵗ wains R: (little) childer; the *bairn-like [W.W.S.] L.

waas, laein him hauf deid. As it sae happent, a príest wis gaein doun that road; an whan he saw him, he held wide o him; an efter the príest a Levíte cam alang an did the like. Laist a Samâritan, at wis on a jornie somegate, cam tae the bit whaur he wis liggin; an whan he saw him, oh! but his hairt wis sair for him, an he gaed up til him an band up his sairs an poured uilie an wine upò them, an syne muntit him on his ain beass an brocht him til an inns, whaur he saw efter his needs. Neist mornin he out wi twa merks an gae them tae the laundlord an said til him, 'See efter him, an gif that's no eneuch for the lawin, I s' pey ye the differ whan I come back the road.'

"Nou, whilk o thir three, think ye, shawed himsel the neibour o the chíel at fell intil the haunds o the rubbers?"

"The ane at tuik pítie on him," the lawwer answert.

"A-weill, than," qo Jesus, "gang your waas, an dae ye the like."

AS THEY GAED alang, Jesus cam til a clachan whaur a wuman caa'd Martha walcomed him intil her houss.

Martha hed a sister Mary, at leaned her doun at Jesus' feet an listened his wurds. But hersel she wis owre taen up wi her sair-in-wark tae hae a thocht tae wair on ocht else. Belyve she cam an stuid afore him an said, "Maister, carena ye by at my sister hes left me tae see til aathing my lane? Bid her lend me a haund!"

But the Lord answert, "Martha, Martha, ye ar fykin an fashin about a hantle o things, but there is need o little—o but ae thing, raither. It's Mary hes waled the best pairt, an she maunna be twined o it."

AE DAY HE hed gane somegate tae pray, an whan he hed devauled 11 prayin, ane o his disciples said til him, "Maister, teach us hou we suid pray, the same as John taucht his disciples."

"Whan ye pray," said he til them, "say this:

> Faither, hallowt be thy name;
>> thy Kingdom come:
> gíe us ilka day our breid for the incomin day;
> forgíe us our sins, for we forgíe
>> ilkane at hes wrocht us wrang;
> an sey-us-na sairlie.

Syne he said til them, "Suppose ane o ye hes a fríend, an he

gangs til him at the howe o the nicht an says til him, 'See's a lend
o three laifs, neibour; a friend o mine hes cuissen up eenou aff the
gate, an no a haet scran hae I i the houss tae set afore him'; an
than the ither cries frae inbye, 'Fash-me-na, the door's sneckit
langsyne, an the bairns an me is aa intil wir beds; I canna rise an
gíe ye ocht!'

   "I tell ye, an he winna rise an gíe him his laifs because he is his
friend, yit he will out o his bed an gíe him aa he needs because he
isna blate, an winna tak a na-say. An I tell ye the same:

> Ax, an it s' be gíen ye;
>   seek, an ye s' finnd;
> chap, an the door s' be apent tae ye:
>   ilkane at axes gets,
>   an ilkane at seeks finnds,
>   an the door is apent til him at chaps.

Whaur is the faither amang ye at will rax his son an ether, gif he
axes him for a fish? Or a scorpion, gif he axes for an egg? Gif ye,
than, for as wickit as ye ar bi kind, ken hou tae gíe your childer
guid things, hou muckle mair will the Faither in heiven send doun
the Halie Spírit tae them at axes him?"

AE DAY HE wis castin ʲout an ill spírit at hed taen the pouer o
speech frae a man, an whan it hed left him, the dumb man begoud
tae speak, tae the gryte mairvel o the croud. But there wis some o
them said, "It is bi Beëlzeboul, the Maister Fíend, at he casts out
the ill spírits." Ithersome, tae sey him, socht o him a sign frae
heiven. But he needitna tae be tauld their thochts, an he said tae
them, "Ilka kingdom at is sindert, pairt fechtin pairt, gaes tae
ruin an wrack, an a houss-hauld at is riven wi strife an strow hes a
douncome. Gif Sautan, than, is sindert the same gate, hou will
his kingdom staund—sin ye threap at I cast out the ill spírits wi
the help o Beëlzeboul? Mairowre, gif I cast out the ill spírits wi
the help o Beëlzeboul, wha is it helps your fowk tae cast them
out? Sae it is them will be your juidges. But, gif I cast them out
bi the pouer o God, it canna be but the Kingdom o God hes come
til ye.

   "As lang as a strang man, airmed an aa, gairds his castel, nae-ane
will middle his belangins. But whan a stranger carle comes an

---

ʲ out *om. R.*

faas upò him an gets the owrance o him, he will tak awà his staund o airms at he lippent an hauf the spuilie amang ithers. Him at isna wi me is again me, an him at ingethersna wi me skails abreid.

"Whan an onclean spírit gaes out o a man, it raiks the muirs, seekin a howff tae rest in, an whan it finndsna ane, it says, 'I s' awà back tae my auld hame.' Sae it gaes hame; an whan it finnds the houss soupit an brawlie snoddit up, aff it gaes again an feshes ither seiven spírits, no ane o them tae better itsel, an they aa gae ben an heft there. An sae it is iller wi the man at the hinnerend nor it wis at the first."

Een as he said this, a wuman i the croud cried out til him, "Blissed is the wame at cairriet ye, an the breists at gae ye souk!"

"Blissed, raither," qo he, "is them at hears God's Wurd an keeps it."

As mair an mair fowk bourached round him, Jesus tuik speech in haund. "This is an ill generâtion," said he; "it is ey aseekin a sign, but nae sign s' be gíen it forbye the sign o Jonah. For as Jonah saired for a sign til the fowk o Níneveh, een sae will the Son o Man sair for a sign til this generâtion. The Queen o the South will rise up at the Juidgement alang wi the men o this generâtion, an will condemn them. For she cam frae the faurest bounds o the yird tae listen the wisdom o Solomon; an a gryter nor Solomon is here. The fowk o Níneveh will be raised up at the Juidgement alang wi the men o this generâtion, an will condemn them. For they repentit o their sins at the preachin o Jonah; an a gryter nor Jonah is here.

"Whan a man lichts a lamp, he stows-it-na awà in a bole[6] or aneth the girnel-bassie, but sets it up on a staund, sae at onie-ane comin intil the chaumer may see its licht. The ee is the lamp o the bodie. Whan your eesicht is guid, the haill bouk o ye is lichtit up: but whan your eesicht is puir an drumlie, the haill bouk o ye is happit in mirkness. Mak shair, than, at the licht in ithin ye isna mirkness. Gif the haill bouk o ye is lichtit up, an ne'er a nuik o it left in mirkness, it will be aa lichtit up, the same as whan a lamp casts its leamin licht upò ye."

WHAN HE WIS throu wi his say, a Pharisee speired him hame tae denner, an he gaed inbye wi him an lay in tae the buird.

The Pharisee ferliet whan he saw at he wuishna his haunds afore the meltith. But the Lord said til him, "Ye Pharisees, atweill synd ye the outside o the caup an the bicker, but inside ye ar fu o greed an wickitness yoursels. Fuils at ye ar, him at made the outside, made he no the inside as weill? Gíe raither what is in o it in awmous, an syne ye hae aathing clean! Ill s' be your faa, ye Pharisees! Ye pey teinds on mint an rue an aa kin o gairden yerbs, but regairdna juistice an the luve o God. But thir things ye behuived tae practíse, wiout negleckin tae pey the teinds. Ill s' be your faa, ye Pharisees! Ye ar keen o the foresaits i the sýna- gogues, an becks an bous frae aabodie i the mercat. Ill s' be your faa! Ye ar like graffs wantin graffstanes,[7] at fowk gangs owre onkennin it.''

Here a lawwer pat in his wurd: "Ye lichtlifíe hiz lawwers an aa, whan ye speak that gate,'' said he.

"Ay, but it's ill s' be your faa, tae, ye lawwers! Ye lay fell birns on ither fowk's backs, but will ye lift ae finger tae help them yoursels? Weill-a-wat, na! Ill s' be your faa! Ye bigg the graff- moniments o the Prophets, at your forebeirs killed. Sae ye beir witness tae your forebeirs' deeds an appruive them, sin ye bigg moniments tae them at your forebeirs killed. It is for that God in his wisdom said, 'I will send them Prophets an Apostles, an some o them they will kill an persecute'; an sae will mends be tae be taen frae this generâtion for aa the bluid o the Prophets at hes been skailed frae the founds o the warld wis laid, frae the bluid o Abel tae the bluid o Zacharie, at wis felled atweesh the altar an the Houss o God—frae this generâtion, I tell ye, will mends be taen for it aa! Ill s' be your faa, ye lawwers! Ye hae taen awà the key o knawledge; ye haena gane in yoursels, an them at socht in ye hae steikit out.''

Syne Jesus quat the houss, an frae that day forrit the Doctors o the Law an the Pharisees hed a sair ill-will at him. They tairged him anent the tae thing an the tither, aa the time settin girns for him, an reddie tae cleik up onie wurd he loot faa at wad sair their turn.

12 AE DAY ABOUT this time, whan the croud wis bourachin round him in thousands, sae thick an thrang at they strampit on ither, Jesus tuik speech in haund an said til his disciples mair an the lave, "Bewaur o the barm ⟦that is, hypocrisie⟧[8] o the Pharisees. Nocht is kivvert at winna be onkivvert, nor nocht is hodden at winna be made kent, or aa be dune; an sae aa ye hae said i the mirk o nicht will be hard i the foreday, an aa ye hae harkit i the ear benbye will be cried tae the warld frae the houss-heid.

"Tae ye, at is my fríends, I say this: fearna them at kills the

bodie an efter that hes nocht mair they can dae. Wha is tae be
feared, that I will tell ye: fear him at, efter he hes killed a man,
can cast him intil hell. Ay, I say, be feared o that ane! Isna sprugs
sauld five for tippence? An yit God keeps mind o ilkane o them.
Mairbitaiken, the verra hairs on your ain heids is aa countit. Sae
binna ye feared; ye ar wurth mair nor a thousand sprugs.

"I tell ye this: onie-ane at owns me for his maister afore men,
the Son o Man will own him for his servan afore the angels o
God. But him at disavous me afore men will be disavoued afore
the angels o God.

"Ilkane at says ocht again the Son o Man will be forgíen his
faut: but him at speaks ill o the Halie Spírit will nane be forgíen.

"Whan they haurl ye intae the sýnagogues an afore the magis-
trates an authorities, binna thochtit hou or in what wurds ye ar
tae speak for yoursels, or what ye ar tae say avà. For the Halie
Spírit will een lat ye ken, whan ye staund there, what tae say."

A MAN i the croud said til him, "Maister, bid my brither hauf our
heirskip wi me."

"Fríend," qo Jesus, "wha made me a juidge or owresman
atweesh ye?" Syne he said tae them aa, "Tak tent an haud awà
frae aa kin o greed: life isna a maitter o haudin, for as walthie as
a man may be."

He gaed on tae tell them a parable: "There wis aince," qo he,
"a walthie laird hed graund craps aff his launds. He thocht til
himsel, 'Nou what am I tae dae? I haena nae place at'll haud sic a
sowd o vittal. Ay, but I ken what I'll dae,' said he, 'I'll pu doun
my girnels an bigg muckler anes, an I'll stow the haill o my vittal
an aa intil them. Syne I'll say tae mysel, "Ye hae as muckle o
aathing laid by as'll haud ye cosh for monie year, my man: nae
mair fashin an trauchlin for ye nou; eat an drink awà, an haud ye
ey in merrie pin!"'

"'Ye fuil,' God said til him, 'this nicht them at taksna a na-say
is tae seek your saul o ye, an wha than will aucht aa this ye hae
haurlt thegither?'

"That is een the gate o it wi them at gethers gear for themsels,
an isna rife o the siller o God. An sae," he gaed on til his disciples,
"I say tae ye this: binna thochtit for mait tae haud ye in life, nor
for cleadin tae hap your bodies in. Life is something mair nor
provand, an the bodie is something mair nor claes. Think on the
corbies: they sawna an they shearna, an nae aumrie nor girnel hae
they, but God feeds them for aa; an arna ye wurth a hantle mair

nor fouls? Is there a man o ye can eik hauf an ell tae his heicht bi
thochtiness? A-weill, gif ye canna dae a wee thing like that, what
for ar ye thochtit for the lave o'd? Or again, think on the lilies:
they naither spin nor weave; an yit, I tell ye, no een Solomon in
aa his braivitie wis buskit hauf sae braw! But, gif God sae cleads
the gress at is growin there i the fields the day, an the morn is
cuissen intil the uin, is he no faur liker tae clead ye? But oh, sae
hard i the belief as ye ar! Sae binna ye ey speirin what ye ar tae
eat an what ye ar tae drink; livena in a drither. Lae the haithens
tae fash about fendin: ye hae a Faither at kens your need o'd.
But seek ye the Kingdom o God, an the lave s' een be gien ye in
buit.

"Binna feared, my wee hirsel: God ettles tae gie ye the King-
dom! Sell aa ye ar aucht, an wair the siller on awmous. Mak
spungs for yoursels at weirsna out, niver-failin treisur in heiven,
at thief canna win at, nor mowd downa connach. For whaur
your treisur is, thair will your hairt be an aa.

"Hae your lunyies ey girt up, an your lamps lichtit, like
servans waitin their maister's hamecome efter a mairrage, sae at
they mayna haud him staundin outbye, whan he chaps at the
door. Happie thae servans at their maister at his hamecomin
finnds waukin an watchin! Atweill, I tell ye, he will pit on an
aupron an gar them lie in tae the buird, an syne come forrit an
sair them. Lat him come afore the howe o the nicht, or lat him
come i the smaa hours, happie them, gif he finnds them sae
daein!

"Ye may be shair o this: gif the guidman hed kent at what
hour the thief wis comin, he wadna looten him howk throu his
houss-waa! Sae be ye reddie, tae, sin the Son o Man is comin at
an hour whan·ye arna expeckin him."

Here Peter tuik speech in haund: "Maister," said he, "is this
parable o yours meaned for hiz alane, or is it for aabodie?"

The Lord answert, "Wha is the leal an wysslike factor at the
maister will lippen wi the owrance o his servans an [k]seein they get
their dail o mait an yill at the richt time? Happie the factor at his
maister finnds sae daein at his hamecome! Trowth, I tell ye, he
will gie him the owrance o aa he is aucht. But gif yon factor says
til himsel, 'The maister's a gey while o comin', an yokes tae
yerkin the servans an servan-lassies an gilravitchin an drinkin
himsel fu, his maister will cast up on a day at he bodesna an at

[k] giein them out their meal an aa R: ut supra, L.

an hour he kensna, an will sair him as them at isna leal tae
their maisters is saired, an will cut him i collops.

"The servan at kent his maister's will, but madena maucht or
mint tae dae it, will hae monie straiks o the wand tae dree. But
ane at kent-it-na, yit is in a faut an deserves a paikin, will win aff
wi few straiks. Muckle will be luikit for frae him at hes been gíen
muckle; an a man at hes been lippent wi muckle will hae the mair
socht o him.

"I am come tae cast fire owre the yird, an oh, gin it wis kennelt
else! I hae a baptism I maun be baptízed wi, an sic pyne as I dree
i my saul or it is by wi! Trew ye I am come tae mak peace on the
yird? Na, I tell ye, no peace, but strife an strow! For frae this time
forrit, whaur there is five dwallin in a houss, they will be at strife
wi ilk ither, three on the tae side, an twa on the tither—

> faither yeddin wi son
>   an *son wi faither*,
> mither wi dauchter
>   an *dauchter wi mither*,
> guid-mither wi guid-dauchter
>   an *guid-dauchter wi guid-mither*."

Syne he said tae the croud, "Whan ye see a clud risin i the wast,
straucht ye say, 'We'r tae hae an on-ding o rain', an een sae it
faas out; an again whan ye see at the wind's i the south, 'It's tae be
fell warm,' ye say; an ye ar richt. Hýpocrítes at ye ar! Ye ken tae
read the luik o the yird an the lift like a buik: hou is it ye canna
read what thir days at we live in bodes? An what wey is it ye
canna juidge for yoursels what it is richt tae dae?

"Whan a man hes a law-pley wi ye, an ye ar gangin tae the
Magistrate wi him, dae your endaivour tae sattle your pley on the
gate an be redd o him, for fear at he haurls ye afore the Juidge, an
the Juidge haunds ye owre tae the Offisher o the Court, an the
Offisher casts ye intae jyle; an frae there, I s' warran, ye s' no win
out afore ye hae peyed the henmaist plack an farden!"

JUIST THAN SOME men cam up an tauld him hou Pílate hed **13**
slauchtert some Galilaeans, whan they war saicrifícin, sae at their
bluid an the bluid o the beass ran thegither.

Whan he hard that, Jesus said, "Trew ye at thir Galilaeans wis
waur sinners nor aa the lave o their kintramen, sin they dree'd sic
a faa? Na, I tell ye: still an on, gif ye repentna o your sins, ye s'

hae a like hinnerend. Or thae auchteen fowk at the touer fell on an killed at Síloäm, trew ye at they war waur fautors nor aa the ither indwallers in Jerusalem? Na, I tell ye: still an on, gif ye repentna o your fauts, ye s' hae a like hinnerend."

Syne he tauld them this parable: "A man," qo he, "hed a feg-tree growin in his vine-yaird, an he gaed seekin frute on it, but faund nane. Sae he said tae the gairdner, 'Luik, it's three year nou I hae come seekin frute on this feg-tree an no fund onie! Cut it doun; what for suid it staund there waistin guid grund?'

"But the gairdner answert, 'Lae it abee ae year mair, sir. I'll delve about it an lay doun guidin, an gif it beirs frute therefter, guid an weill: but gif no, ye can een cut it doun.'"

AE SABBATH HE wis teachin in a sýnagogue, an there wis a wuman i the congregâtion at hed been possessed auchteen year bi an ill spírit at keepit her boued twafauld, no able tae straucht her back avà. Whan Jesus saw her, he cried til her, "Wuman, ye ar redd o your infirmitie." Syne he laid his haunds on her, an immedentlie she stuid upricht an begoud ruisin God.

But the sýnagogue-praisident wis sair mis-set wi his hailin on the Sabbath, an he tuik speech in haund an said til the congregâ-tion, "There is sax days i the ouk whan it is richt tae wurk; ye suid come an be hailed on onie o them, an no on the Sabbath."

Jesus answert, "Hýpocrítes at ye ar, ilkane o ye lowses his owss or his cuddie-ass frae the staa an leads it awà an watters it on the Sabbath, dis he no? This wuman, than, a dauchter o Abraham, at Sautan hed hauden bund haill auchteen year, wis it wrang at she suid be lowsed frae her baund on the Sabbath?" Whan he said that, aa them at wis thrawin him thocht shame tae themsels, but the lave o the fowk wis delytit at the gryte things he wis daein.

Syne he gaed on, "What is the Kingdom o God like? What will I compare it til? It is like a mustart-seed at a man tuik an sawed in his gairden, an it grew an raxed up intil a tree, an the birds made their bíelds in its granes."

Again he said, "What is the Kingdom o God like? It is like barm at a wuman tuik an pat in amang a firlot o flour, tae tuive awà till the haill daud o daich hed risen."

SAE HE FUIR forrit on his gate tae Jerusalem, teachin in ilka toun an clachan at he cam til.

Ae day a man speired at him, "Is there no monie tae be saufed, Maister?"

He gae them the answer, "Struissle what ye can tae win in bi the nairrow door; monie-ane, I tell ye, will seek in, an will no win. Whar the guidman hes risen an lockit the door, an ye finnd yoursels staundin thereout an begin tirlin at the pin an sayin, 'Pleise, sir, apen the door til's', he will answer, 'I ken-ye-na, nor whaur ye come frae.'

"Syne ye will say, 'But we hae etten an drunk at the same buird wi ye, an ye taucht in our streets!'

"An he will say, 'I tell ye, I kenna whaur ye come frae. Out o my sicht, ye ill-daers, the haill o ye!'

"It is there at the yaumer an the crinchin o teeth will be, whan ye see Abraham an Isaac an Jaucob an aa the Prophets intil the Kingdom o God, an yoursels cuissen furth. Ay, an frae the east an the wast, frae the north an the south, fowk will come an lie in tae the buird i the Kingdom o God. But tent ye this: there is them at is henmaist will be foremaist, an them at is foremaist will be henmaist."

THE SAME DAY a wheen Pharisees cam up an said til him, "Quat this pairt an haud forrit on your gate; Herod is amind tae kill ye."

He answert, "Gae tell yon tod frae me: 'Tak tent: the day an the morn I am tae be castin out ill spírits an hailin the síck, an the day efter I s' win tae the end o my wark.' Still an on, I maun haud the gate the day, the morn, an the day efter, for it is no tae be thocht at a prophet suid tak his deith furth o Jerusalem.

"O Jerusalem, Jerusalem, the cítie at kills the prophets an stanes them at is sent til her, hou aft wis I fond tae gether your bairns about me, as a hen gethers her lauchter aneth her wings, an ye wadna lat me! See, *nou is your houss forhoued.* An I tell ye this— ye s' see me nae mair or the day whan ye ar sayin, '*Blissit is him at comes i the name o the Lord!*'"

AE SABBATH HE wis dennerin i the houss o ane o the chíef **14** Pharisees, an they war aa watchin him. Richt forenent him wis a man at hed the dropsie, an Jesus said tae the lawwers an Pharisees, "Is it alloued tae hail on the Sabbath, or is it no alloued?"

Nocht said they. Sae Jesus laid his haund on the man an hailed him an sent him awà. Syne he said tae the ithers, "Is there onie o ye at hes a sou[9] or an owss faan intil a wall on the Sabbath at winna pu it out immedentlie?" They hed nae answer tae mak tae that.

Syne, observin hou the guests wis walin the chíef places at the

buird for themsels, he spak tae them in a parable. "Whan ye ar
bidden til a mairrage-feast," said he, "liena doun i the best place.
Aiblins amang the ither guests there is someane o mair honourable
[superscript l]degree nor yoursel, an your host will come an bid ye gíe up your
place til this ither man, an ye will hae tae hing your heid an awà
an tak the laichest place. Na: whan ye ar bidden oniewhaur, gae
an lie doun i the laichest place, sae at, whan your host comes, he
will say tae ye, 'Come awà up here, fríend', an aa the ither guests
will see the honour dune ye. For ilkane at up-heizes himsel will be
hummelt, an ilkane at hummles himsel will be up-heized."

Syne he spak til his host: "Whan ye gíe a denner or a sipper,"
qo he, "bidna your fríends or your brithers or onie-ane else at is
sib tae ye, or sillert neibours, for it is like they will speir ye back,
an than ye'll hae your repeyment. Na, whan ye hae a haundlin in
your houss, bid the puir, the maimed, the lamiters, the blinnd.
It will be braw for ye than; for they canna repey ye, an sae ye will
get your repeyment whan the richteous rises frae the deid."

ANE O THE guests at hed hard his say said til him, "Wow, but it's
braw for them at's tae be at the banqet i the Kingdom o God!"

Jesus said til him, "Aince on a day there wis a man wis gíein a
graund sipper. He hed bidden a feck o fowk, an whan it wis near
the time set for it, he sent out his servan tae them at hed bodwurds
tae tell them at aathing wis reddie, an they suid come nou. But
they begoud, ane an aa, makkin their affcomes.

"The first ane said, 'I hae coft a bit laund, an ther' nae ither wey
o'd, but I maun gang an hae a luik o it. I'm rael vexed, but ye'll
see I canna come.'

"Anither said, 'I hae bocht five pair o owssen, an I maun needs
gae an preive them. I'm shair ye'll see at I canna come.'

"A third ane said, 'I'm new mairriet: it's onpossible for me tae
come.'

"The servan cam back an tauld his maister aa this. Than the
guidman gaed hyte an said til his servan, 'Be at your speed an out
intil the streets an wynds o the toun an bring in here the puir, the
maimed, the blinnd, an the lamiters!'

"A whilie efterhin the servan cam an tauld him, 'Your biddins
is aa dune, maister, but there's ey room for mair.'

"Syne the maister said til him, 'Awà laundart, alang the gates
an the hedgesides, an gar the fowk come in, till my houss is pang

---

[superscript l] rank R: degree L.

fu. For I tell ye, no ane o them at wis bidden will get preein my sipper!'"

AE DAY, WHAN a fell thrang wis gaein alang wi him, he turned, as he fuir on his gate, an said tae them, "Nae-ane at comes tae me an hatesna his faither an mither, his wife an childer, his brithers an sisters—ay, an his ain life an aa—can be a disciple o mine; an nae-ane at wad come efter me an cadgesna his cross can be a disciple o mine.

"Gif ane o ye wis amind tae bigg a touer, wad he no first sit doun an cast up the cost, tae mak shair at he hed the siller tae win throu wi the biggin o it? Or mebbie, efter he hed laid the found, he wadna be able tae win throu wi the wark, an syne aabodie at saw it wad jeer him an say, 'Thair a chíel at begoud tae bigg, an coudna win throu wi'd!' Or again, what king at is takkin the gate tae fecht a battle wi anither king winna first sit doun an cast owre in his mind gif he is able wi ten thousand sodgers tae meet ane at is comin again him wi double as monie? Gif he finnds he canna, whan his fae is ey a lang gate aff, he will send messengers til him tae speir his terms o peace. Een sae nae-ane at bidsna fareweill til aa he is aucht can be a disciple o mine!

"Saut is a braw thing: but gif it tynes its tang, what will gíe it back its saur? It is o nae yuiss aither for the grund or the midden: fowk juist casts it awà. Lat him at hes ears in his heid tak tent!'"

THE TAX-UPLIFTERS AN ither siclike ill-daers wis ey comin up **15** tae listen him. That set the Pharisees an Doctors o the Law tae the channerin: "This man," said they, "walcomes sinners an taks his mait wi them!"

Sae ae day he tauld them this parable: "Whilk ane o ye," qo he, "at hes a hunder sheep, an ane o them gaes will, winna lae the ither ninetie-nine thereout i the muirs an gae seek the ane at hes gane will or aince he finnds it? An oh, sae blythe as he is tae finnd it! He pits it up on his shuither an birrs awà hame wi it, an there he caas his friends an neibours thegither an says til them, 'Ye maun haud a spree wi me, my friends, I hae funnd my sheep at gaed will!' I tell ye, they will be blyther in heiven owre ae sinner at repents o his sins nor owre ninetie-nine saunts at needs nae repentance.

"Or again, what wuman at hes ten siller píeces, an tynes ane o them, winna licht a lamp, soup out the houss, an caa ilka hole an bore or she finnds it? Syne, whan she hes fund it, she cries in her kimmers an neibours an says tae them, 'Ye an me maun hae a braw rockin, kimmers; I hae fund my siller piece at I tint!' Een sae, I tell ye, the angels in heiven is braw an blythe owre ae sinner at repents o his sins."

THIS, TAE, HE said tae them: "There wis aince a man hed twa sons; an ae day the yung son said til him, 'Faither, gíe me the faa-share o your haudin at I hae a richt til.' Sae the faither haufed his haudin atweesh his twa sons.

"No lang efterhin the yung son niffert the haill o his portion for siller, an fuir awà furth til a faur-aff kintra, whaur he sperfelt his siller lívin the life o a weirdless waister. Efter he hed gane throu the haill o it, a fell faimin brak out i yon laund, an he faund himsel in unco mister. Sae he gaed an hired wi an in-dwaller i that kintra, an the man gíed him the wark o tentin his swine outbye i the fields. Gledlie wad he panged his wame wi the huils at they maitit the swine wi, but naebodie gíed him a haet.

"Or lang he wis his ain man aince mair, an he said til himsel, 'Hou monie o my faither's dargars hes mait in galore, an me here likin tae díe o hunger! I s' up an awà back tae my faither, an syne I s' say til him, "Faither, I hae sinned again heiven an again yoursel, an I'm nae mair wurdie tae be caa'd your son; tak me as ane o your dargars".' Sae he rase up an awà til his faither.

"Whan he wis ey a lang gate aff, his faither saw him, an a stound o pítie gaed til the hairt o him, an he ran an flang his airms about his craig an kissed him. An his son said til him, 'Faither, I hae sinned again heiven an again yoursel, an I'm nae mair wurdie tae be caa'd your son.'

"But his faither cried til the servans, 'Fy, heast ye, fesh the brawest goun in my aucht an clead him in it; an pit a ring on his finger, an shaes on his feet. Syne bring out the fat mairt stirk an fell it for the feast; for we ar tae haud it hairtie, because this son o mine wis deid an is aince mair in life, he wis tint an is fund.' Syne they yokit tae their haundlin.

"Aa this time the auld son wis afield. As he cam hamewith an wis near the houss, he hard maisic an dauncin, an he cried ane o the servans til him an speired at him what wis this o'd.

"'It's your brither come hame, sir,' said the man, 'an your faither's felled the fat mairt stirk, because he's gotten him back haill an fere.'

"The auld son wis wud tae hear that, an he wadna gang in; an whan his faither cam out an priggit him tae come ben, he said til

him, 'Listen! Aa thir years I hae saired ye, an the ne'er a biddin o
yours hae I disobayed, an yit ye niver gae me as muckle as a kid,
at I micht hae a spree wi my billies. But whaniver this son o yours
at hes gane throu your haill haudin wi hures comes hame—ou ay,
ye maun fell the fat mairt stirk, nae less, for him!'

"'Laudie, laudie,' said his faither, 'ye ar ey by me, an aathing I
hae is yours. But we buid be mirkie an haud it hairtie: your brither
wis deid an is in life aince mair; he wis tint an nou hes been fund'."

ANITHER TIME HE said til his disciples, "There wis aince a weill-   **16**
gethert carle hed a factor at wis blamed til him for misgydin his
haudin. Sae he sent for the man an said til him, 'What's this I'm
hearin about ye? Gíe me up your factor's accounts, for efter this
ye canna factor onic mair.'

"At that the factor said til himsel, 'What sorra will I dae, nou
at my maister's tae twine me o my factorship? *m*Delve I downa;
sorn I winna for verra shame. Hover a blink, tho: I ken what I s'
dae, sae at I'll no want friends tae gíe me a riggin abuin my heid,
whan I'm pitten out o my factorship!'

"Sae he caa'd in, ane an ane, them at wis awin his maister ocht.
'Hou muckle ar ye awin my maister?' he speired at the first ane.

"'A hunder trees o uilie,' said he.

"'A-weill, here's your note,' said the factor: 'sit doun there an
scríve "Fiftie"; heast ye, man!'

"Syne til anither he said, 'Hou muckle ar ye awin?'

"'Twa hunder bows o vittal,' the man answert.

"'Here, tak your note,' said the factor, 'an scríve "A hunder an
saxtie".'

"The maister ruised his ill-daein factor for a lang-heidit chíel.
An, deed, *n*the childer o this warld is ey langer-heidit nor the
childer o the licht i their dailins wi their ain breed. Sae I rede ye,
tae, win friends for yoursels wi the warld's sinfu walth, sae at,
whan ye ar throu wi walth an siller an aa, ye may finnd a hame i
the iverlestin dwallins.

"Him at is leal an lippenable in smaa things is leal an lippenable
in gryte things, an him at is no tae lippen til in smaa things is
no tae lippen til in gryte things. Sae gif ye coudna be lippent wi
sinfu warldlie walth, wha will lippen ye wi the true walth? An

m I {haena the pith for a delver/want the pith tae caa a spaud}, an I hae owre muckle
pride for the {sorner's/gaberlunyie's} tredd *R*: *ut supra*/I want the pith tae caa a spaud,
an I wadna bemean mysel tae haik {the kintra wi/about} an awmous poke *L*.
n (the warldlie)/warldlie fowk . . . the gudelie *R*: the childer o this warld . . . the childer
o the licht *L*.

gif ye coudna be lippent wi ithers' walth, wha will lippen ye wi your ain?[10]

"Nae man can wurk tae twa maisters: aither he will hate the tane an luve the tither, or he will grip til the tane an lichtlie the tither. Ye canna wurk baith tae God an tae gowd."

THE PHARISEES, AT wis gey an keen o siller, hard him say aa this, an begoud jamphin an jeerin him.

He said tae them, "Ye ar ey seekin tae be thocht saunts bi men, but God kens your hairts, an what men thinks maist on is ugsome tae God.

"Afore John the Law an the Prophets wis aathing, but frae he cam, the Gospel o the Kingdom hes been preached, an aabodie hes been birzin an bangin intil it. But suiner will heiven an yird pass awà nor the tail o ae letter be strucken out o the Law.

"Ilkane at divorces his wife an mairries anither commits adulterie, an ilkane at mairries a wuman divorced frae her husband commits adulterie.

"There wis aince a walthie man at ey wuir a purpie goun an the saftest linnens an líved at heck an manger in lordlifu fashion. [o]Ilka day a puir man lay on the grund at his yett, Lazarus bi name, aa sairs frae tap tae heel, an langin, as he lay, tae stainch his hunger wi the aff-faains frae the walthie man's buird, an een the dowgs wad come an slaik his sairs.

"The day cam whan the puir man díed an wis cairriet awà bi the angels an laid aside Abraham; an the walthie man díed an aa an wis laired in a graff. I the warld ablò, whaur he wis dreein tormènt an tortur, he luikit up an saw Abraham hyne awà, an Lazarus by him. Sae he cried til him, 'Oh, for pítie's sake, Faither Abraham,' said he, 'send Lazarus tae douk the neb o his finger in watter an cuil my tung til me; I'm in awesome pyne i this lowe!'

"But Abraham said til him, 'My son, binna ye forgettin at ye gat your blissins whan ye war in life, an Lazarus, for his pairt, gat his ills; an nou he is in easedom,[11] an ye ar in awesome pyne. An by an atowre aa that, there is a muckle howe stelled atweesh an ye, tae hender aa gaein an comin frae the tae place til the tither.'

"'A-weill, than, Faither,' said he, 'pleise tae send Lazarus til my faither's houss, whaur I hae five brithers, tae wairn them

---

[o] Ilka day a puir man lay on the grund at his yett, Lazarus bi name. He wis aa {sairs/(rinnins)} frae tap tae heel, an he fain wad hae stainched his {hunger/wame} wi the aff-faains frae the walthie man's buird, but isteid the tykes R: Ilka . . . dowgs, *ut supra*, L.

an hender them tae come, like mysel, tae this place o tormènt.'

"But 'They hae Moses an the Prophets,' said Abraham; 'lat them een tent them!"

"Na, na, Faither Abraham,' said he: 'but gif ane gaes tae them frae the deid, syne they will repent o their sins.'

"But Abraham answert, 'Gif they tentna Moses an the Prophets, they winna heed nane, no een gif ane rises frae the deid'."

HE SAID THIS til his disciples: "It is onpossible that temptâtions **17** tae sin suidna come, but pítie help the man at is tae wyte for their comin! It wad be better for him tae be cuissen intil the sea wi a millstane about his craig nor gar ane o thir littlans snapper an faa in sin. Tak ye tent tae yoursels.

"Gif your brither dis wrang, quarrel him, an gif he rues on it, forgíe him. Ay, gif he wrangs ye seiven times in a day, an ilka time comes back an tells ye he hes taen the rue, ye maun forgíe him."

THE DISCIPLES SAID tae the Lord, "Gíe us mair faith"; an the Lord answert, "Gif ye hed faith the bouk o a curn o mustart-seed, ye micht say tae this mulberrie-tree, 'Up wi ye out o the yird, an plant yoursel i the sea', an it wad een dae your biddin.

"Wad onie o ye say til a hind or a herd whan he comes in frae the pleuch or the hill, 'Come awà, man, come awà, an tak your place at the buird', an no raither, 'Reddie something tae my sipper, an than pit on your aupron an wait on me, till I hae my mait an yill, an syne ye can hae your ain'? Will the maister fiund himsel behauden til his servan for daein what he baud him? I trew no.

"It is the same gate wi ye: dae aa ye war bidden tae dae, an ye maun ey say, 'We ar but little-wurth servans; we hae dune nae mair nor we behuived tae dae'."

ON HIS ROAD tae Jerusalem Jesus gaed alang the mairch atweesh Galilee an Samâria. Ae day, as he wis gaein intil a clachan, ten lippers cam his airt. They bade outowre an cried out til him, "Jesus, Maister, tak pítie on us!"

Whan he saw them, "Gang your waas," qo he, "an shaw yoursels tae the priests"; an afore iver they wan that lenth, they war redd o their smitsome ill.

Ane o them, whan he saw he wis better, cam back ruisin God

at the heicht o his voice, an flang himsel agrouf at Jesus' feet an thenked him. The man wis a Samâritan.

"Wisna aa the ten cuired?" qo Jesus. "Whaur is the ither nine? Tae think at nane o them hes come back tae gíe glorie tae God, but onlie this outlan!" Syne he said tae the man, "Rise up an gang your waas. Your faith hes made ye weill."

AE DAY THE Pharisees speired at him whan the Kingdom o God wis tae come; an he answert, "Watch for it as gleg as ye will, there is nae seein the comin o the Kingdom o God, an there will be nane can say, 'See, here it is,' or, 'See, there it is.' For, tent this weill, the Kingdom o God is amang ye else."

Syne he said til his disciples, "The time will come whan ye will grein tae see war it but ae day o the Son o Man, an winna see it. Fowk will be sayin til ye, 'Luik, here he is! Luik, there he is!' But bide ye i the bit an seekna efter him. For as the fire-flaucht leams athort the lift, lichtin it up frae the tae end til the tither, een sae will it be wi the Son o Man. But first he maun dree moni-thing an be rejeckit bi this generâtion.

"As it wis i the days o Noah, een sae will it be i the day o the comin o the Son o Man. They war thrang eatin an drinkin, mairriein an gíein in mairrage, richt up til the day whan Noah gaed intil the Airk, an the Fluid cam an drouned the haill o them. Een, tae, as it wis i the days o Lot: they war thrang eatin an drinkin, coffin an sellin, plantin an biggin, but the day at Lot quat Sodom, fire an brunstane rained frae the lift an brunt up the haill o them. Een sae will it be i the day whan the Son o Man kythes!

"On yon day latna him at is up on the houss-heid an his gear ablò i the houss gae doun tae lift it; an latna him at is affeld seek hame. Mind on Lot's guidwife! Ilkane at seeks tae sauf his life will loss it, an ilkane at losses his life will hain it. On yon nicht, I tell ye, there will be twa men intil the ae bed, an the tane will be cleikit awà, an the tither left. Twa weimen will be grinndin meal thegither, an the tane will be cleikit awà, an the tither left."

The disciples speired at him, "Whaur is aa this tae be, Maister?" An he answert, "Whaur the carcage is, thair the vulturs gethers thegither."

18 TAE LAIRN THEM tae haud on at the prayin an no tyne hairt, he tauld them this parable: "There wis aince in a toun somegate," qo he, "a juidge at fearedna God an respeckitna man; an there wis a wídow wonned intil the same toun, at wis ey comin an sayin til him, 'Gíe me juistice o this man at I'm seekin the law o.'

"For a gey while he wadna gíe her her will, but syne he said til himsel, 'Nae dout I carena by God or man, but this wídow's becomin a fair fash: I better gíe the wuman juistice, or ^pafore aa's dune, she'll come an gíe me twa blue een'."

The Lord gaed on, "Tent ye what the regairdless juidge says. An winna God up-haud the richts o his eleck, at cries on him day an nicht? ^qWill he no be pâtientfu owre their wrangs?[12] I tell ye, he will up-haud their richts, an no taigle owre'd aitherins!

"Ay, but whan the Son o Man comes, will he finnd onie faith tae the fore on the yird?"

TAE SOME AT wis gey crouss an shair at they war richt wi God an thocht scorn on aabodie ither he tauld this parable: "Twa men," said he, "aince gaed up intil the Temple tae pray, the tane o them a Pharisee, an the tither a tax-uplifter.

"The Pharisee tuik up his stance an prayed intil himsel this gate: 'O God, I cun thee thenks at I amna like the lave o men, thíefs, swickers, adulterers—or, for that o it, like yon tax-uplifter owrebye. I fast twice i the ouk, an I gíe God a teind o aa at I win.'

"But the tax-uplifter, he stuid outowre, no mintin een tae luik up til heiven, an lendin his breist ey the ither nevel; an, 'O God,' he prayed, 'hae mercie on me, sinner at I am!'

"I tell ye, yon anc gaed doun hame mair richt wi God biz the tither. For ilkane at up-heizes himsel will be hummelt, an ilkane at hummles himsel will be up-heized."

SOME FOWK BEGOUD bringin their baubies til him tae hae a blissin o him.

Whan the disciples saw it, they quarrelt them. But Jesus cried them til him: "Lat the bairns een come til me," qo he: "binna ye haudin them back; it is siclike the Kingdom o God belangs til. Atweill, I tell ye, him at walcomesna the Kingdom o God like a bairn winna nane win intil it."

---

^p she'll be deavin me tae deith afore she's gien owre comin til's R: Ἄλλως· afore aa's dune, she'll come an {gie me twa blue een/lend me a blenter owre the chafts} L [ἵνα μὴ εἰς τέλος ἐρχομένη ὑπωπιάζῃ με].

^q Will he be R: ut supra, R corr.

AE DAY A knab cam an speired at him, "Guid Maister, what maun I dae tae faa iverlestin life?"

"What gars ye caa me guid?" qo Jesus. "There is nae-ane guid but God alane. Ye ken the Commaunds: '*Thou sanna commit adulterie*; *Thou sanna commit murther*; *Thou sanna steal*; *Thou sanna beir fauss witness*; *Honour thy faither an thy mither*'."

"I hae keepit aa thir Commaunds frae my laudie-days," said the knab.

Whan he hard that, Jesus said, "Ae thing ye ey want: sell the haill o your haudin an hauf the siller amang the puir, an sae win yoursel treisur in heiven; syne come ye back an gang my gate wi me."

Rael wae wis the knab tae hear him say that, for he wis byous rich. Whan he saw the disjaskit luik o him, Jesus said, "Atweill, them at hes rowth o warld's gear will hae their ain adaes tae win intil the Kingdom o God. Suiner will a caumel win throu the ee o a needle nor a walthie man win intil the Kingdom o God."

"Wha, than, can be saufed?" them at hard him speired.

"What owregangs the pouer o man," qo he, "owregangsna the pouer o God."

"A-weill," said Peter, "we hae forleitit our hames an aa."

"Trowth an atweill, I tell ye," qo Jesus, "there is nae-ane hes forleitit houss or wife or brithers or pârents or bairns for the sake o the Kingdom o God but will get muckle mair nor he hes tint i the praisent time, an in the time tae come iverlestin life."

SYNE HE TUIK the Twal aside an said tae them, "Tak tent, we ar on our gate tae Jerusalem, whaur aathing foretauld i the Prophets for the Son o Man will nou come tae pass. He will be haundit owre tae the haithen, geckit, ill-gydit, spitten on, leashed, pitten tae deith, an syne rise again the third day."

Nocht understuid the disciples o this say: the meanin o it wis hodden frae them; they war dung tae mak ocht o it.

AS HE CAM near Jericho, there wis a blinnd man sittin at the gateside beggin. Hearin the sound o a croud gaein past, he speired what wis adae, an they tauld him it wis Jesus o Nazareth gaein by.

At that he cried out, "Jesus, Son o Dauvit, hae pítie on me!" Them at the heid o the croud lichtit on him an tauld him no tae set up sic a din, but he onlie skirlt out the mair, "Son o Dauvit, hae pítie on me!"

Jesus stappit an baud them bring the man til him, an as he cam up, he speired at him, "What is your will wi me?"

An he said, "I wad hae ye gíe me back my sicht, Maister."

"Hae your sicht back," qo Jesus; "your faith hes hailed ye." An straucht the man gat back his sicht an begoud tae fallow Jesus, praisin God; an aa the fowk ruised God, whan they saw what hed happent.

SYNE JESUS GAED intil Jericho an fuir on his gate throu the toun. **19** Nou, there wis a man there, Zacchaeus bi name, a heid tax-uplifter, an himsel a walthie man. He socht tae get a vísie o Jesus an see whatlike he wis, but he coudna for the croud, for he wis a laich wee man. Sae he ran on forrit an spealed a sýcomore tree at Jesus wis tae gae by, tae get a sicht o him.

Whan Jesus cam tae the bit, he luikit up an said til him, "Heast ye, sclim doun, Zacchaeus; I am tae bide wi ye this day."

Sae he sclam doun wi speed an tauld him he wad be rael blythe tae hae him stap wi him. But aa them at wis by wis ill-pleised tae see it, an begoud mungein: "He's gane in," said they, "tae ludge wi a sinner!"

But Zacchaeus stuid there an said til the Lord, "Sir, I promise tae gíe the hauf I am aucht in awmous; an gif I hae taen ocht frae onie-aine bi chirtin or chaitrie, I s' mak him up for it fowr times owre."

Jesus said til him, "This day hes salvâtion come til this houss, for its guidman, tae, is a son o Abraham. For the Son o Man hes cen come tae seek an sauf what is tint."

THEM AT HARD him say this wis ey hairknin, sae he gaed on tae tell them a parable, because he wis nou no faur frae Jerusalem, an they ettelt at the Kingdom o God wad kythe straucht awà. This wis the parable: "A nobleman aince gaed awà til a faur-aff laund tae get himsel made King o his kintra, an syne come back. Afore his wagang he caa'd ten o his servans til him an gae them a pund the píece, biddin them troke an tredd wi it gin his back-comin. Nou, the nobleman wis sair ill-likit bi his kintramen, an they sent ambassadors efter him wi the message, 'We wantna this man made King owre us.' Made King he wis for aa; an whan he wan hame, he sent for thir servans at he hed lippent the siller til, for tae ken what speed ilkane hed come wi his trokin.

"The first ane cam in an said, 'Sir, your pund hes made ither ten pund.'

"'Lee's me on sic a braw servan!' said the King. 'Ye hae been leal i the gydin o a wheen bawbees; ye s' hae the owrance o ten touns.'

"Syne the saicond servan cam an said, 'Your pund, sir, hes made ither five pund.'

"'Ye, tae,' said the King, 'ye s' hae the owrance o five touns.'

"Syne the lest ane cam an said, 'Here is your pund, sir. I hae keepit it rowed up in a nepkin, I wis that afeared o ye; for ye ar a dooms siccar man: ye uplift whaur ye haena pitten doun, an ye shear whaur ye haena sawn.'

"'Ill-deedie loun at ye ar,' qo the King, 'I will convìck ye out o your ain mou! Ye kent, did ye, at I'm a dooms siccar man, at uplifts what he hesna pitten doun, an shears what he hesna sawn? A-weill, than, what wis tae hender ye tae pit my siller i the Bank, an syne I wad hae gotten it back wi annualrent at my hame-comin?'

"Than he said tae them at wis staundin by, 'Tak the pund frae him, an gíe it til him at hes the ten pund.'

"'But, sir,' said they, 'he hes ten pund else!'

"'Ay,' said the King, 'but I tell ye at

> Til ilkane at hes ocht
> mair will be gíen;
> an frae ilkane at hes nocht
> een what he hes will be taen awà.

As for thir ill-willers o mine at wadna hae me for King owre them, fesh them here, an fell them afore my een!'"

FTER THIR DISCOURSES Jesus fuir forrit on the road up tae Jerusalem; an whan he cam nearhaund Bethphagie an Bethanie an the Hill o Olives, as it is caa'd, he sent twa o his disciples on an eerant: "Gang ye," said he, "tae yon clachan fore-nent us. Richt at the in-gang ye will finnd a tethert cowt, at naebodie hes e'er ridden: lowse him an bring him here. Gif onie-ane speirs what ye ar daein lowsin the cowt, tell them at the Maister is needin him."

Sae the twasome gaed aff on their eerant, an they faund aathing een as he tauld them.

As they war lowsin the cowt, his awners said tae them, "What's that ye'r daein lowsin the cowt?" an they answert, "The Maister is needin him." Syne they brocht him tae Jesus an cuist their claes athort his back an muntit Jesus on him; an as he rade alang, the fowk spreidit out their claes on the road afore him.

Whan he hed 'maist come tae the dounfaa o the road owre the Hill o Olives, the haill thrang o his disciples brustit intil a gledsome lilt o praise tae God for aa the michtie warks they hed seen. Loud raised they their stevven, as they sang:

"*Blissins on him at comes*, the King
     at comes i the name o the Lord:
Peace in heiven, an glore on hie!"

A wheen Pharisees i the croud said til him, "Check your disciples, Maister!"

But he answert, "I tell ye, an they bide quait, the verra stanes will scraich out."

Whan he cam ithin sicht o Jerusalem, he fell agreetin owre it an said, "Oh, gif ye hed kent een this day what wad siccar your peace! But na, it wis hodden frae your een. For the time is comin upò ye whan your faes will cast up a bank again ye an beset ye an hamphis ye tichtlie on ilka side, ay! an will ding ye tae the grund wi your childer at wons ithin your yetts, an no ae stane o ye will they lae on anither—because ye miskent the day at God cam tae ye!"

Syne he gaed intil the Temple an begoud castin out the trokers, sayin, "It is written i the Bible: '*My houss sal be a houss o prayer*', but ye hae made it *a rubbers' howff*."

DAY AN DAILIE nou he taucht i the Temple. The Heid-Priests an the Doctors o the Law, an the leaders o the fowk an aa, cuist owre i their minds hou they micht be redd o him, but fair fickelt war they what tae dae, for the haill fowk hang on his wurds.

Ae day, whan Jesus wis teachin the fowk an preachin the Gospel **20** i the Temple, the Heid-Priests an the Doctors o the Law cam up wi the Elders an said til him, "Tell us on what authoritie ye ar daein this: wha gíed ye it?"

He answert, "I will speir ye a quastin, tae. Tell me this: John's baptism, wis it God's wark, or men's wark?"

They cuist his quastin owre i their minds: "Gif we say, 'God's wark'," said they til themsels, "he will speir, 'What for syne did ye no believe him?' But gif we say, 'Men's wark', the haill fowk will clod us tae deith, for they misdout nane at John wis a prophet." Sae they answert they coudna say whilk it wis.

"A-weill," qo Jesus, "I am no tae tell ye aitherins on what authoritie I am daein this."

Syne he turned tae the fowk an tauld them this parable: "A man aince *plantit a vine-yaird*, gíed a tack o it tae some gairdners, an gaed awà frae hame for a fell while. Whan hairst-time cam, he sent a servan tae the tacksmen tae uplift his skare o the crap. But the tacksmen gíed him a creishin an sent him awà tuim-haundit. Again he sent anither servan, an they creished him, tae, an efter mair shamefu misgydin sent him awà tuim-haundit. Syne he sent a third servan, but they mittelt him the same as the ithers an drave him awà.

"'What am I tae dae nou?' said the awner o the vine-yaird til himsel. 'I ken, tho: I'll send my ain dear son; I doutna but they'll respeck him.'

"But whan they saw him, the gairdners talkit owre the maitter amang themsels: 'This is the heir,' said they; 'lat's fell him an get his heirskip for our ain.' Sae they drave him out o the vine-yaird an felled him.

"Nou what will the awner o the vine-yaird dae tae them? He will come an pit thae gairdners tae deith an set the vine-yaird til ithers."

"Gude forbid!" the fowk said, whan they hard that.

But he luikit them braid i the face an said, "What, than, is the meanin o the Bible wurd:

> *The stane at the biggars cuist aside,*
> *hit hes een become the cunyie?*

Ilkane at faas on this stane will be dung tae drottlans, an onie-ane it faas on will be brouzelt tae pouther."

THE DOCTORS o the Law an the Pharisees wad fain hae grippit him affluif, for weill kent they at he wis ettlin at themsels in his parable, but they war frichtit for the fowk. Sae they bade their time, an syne hundit out some men, at ʳmade on they war honest wichts, tae gang an cleik up ocht he micht say for whilk they coud haund him owre tae the jurisdiction an authoritie o the Governor.

"Maister," thir men speired at him, "we ken at, talkin or

ʳ fenyit tae be *R*: made on they war *L*.

teachin, ye ey say fair out what ye think, an heed nane wha onie-ane is, but teach God's wey for men wi eendounness—is it leisome for us tae pey taxes tae Caesar, or no?"

He saw the sleeness o them an said, "Lat us see a siller píece. . . . Wha's heid an name is thae on it?"

"Caesar's," they answert.

"A-weill, than," qo he: "gíe Caesar what belangs tae Caesar, an God what belangs tae God."

That sattelt them. They hedna gotten the wurd spokken bi him afore the fowk at wad sair their turn, an they war fair stoundit at his answer; an sae no anither wurd spak they.

AE DAY a curn Sadducees (at threaps there is nae risin frae the deid) cam up an pat a quastin til him. "Maister," said they, "Moses laid it doun in our Law at gif a man dies laein a wídow, but nae childer, his brither maun mairrie his wídow an beget a faimlie til him.

"A-weill, there wis aince seiven brithers. The auldest o them mairriet a wife an díed bairnless; syne the saicond brither mairriet her, an the third likweys; an the same wi the lave, till the haill seiven wis awà, an nae childer left ahent them. Efterhin the wuman díed hersel. "Wha's wife, than, is she tae be at the resur-rection? She wis mairriet on the haill seiven, like."

Jesus answert, "Men an weimen i this warld mairries, but them at is hauden wurdie tae win tae the neist warld an rise frae the deid mairries nane, for than they ar like the angels an canna díe, an throu the resurrection hes been born again as sons o God. That the deid rises again Moses himsel hes made kent i the bit anent the bríar-buss, whaur he caas the Lord *the God o Abraham, the God o Isaac, an the God o Jaucob*. God isna the God o the deid, but the lívin; for him, ane an aa is in life."

"A guid answer, that, Maister," some o the Doctors o the Law said til him; for they dauredna speir him onie mair quastins.

Syne he said tae them, "What wey can they mak out at the Christ is Dauvit's son? Dauvit himsel says i the Buik o Psaums:

> *The Lord said til my lord,*
> *'Sit thee doun on my richt haund,*
> *or aince I mak thy faes*
> *a fit-brod aneth thy feet.'*

Dauvit caas him his lord there: hou, than, can he be his son avà?"

SYNE, I THE hearin o the haill fowk, he said til his disciples, "Tak tent o the Doctors o the Law, at is fain o struntin back an fore in side an wide gouns, an maun ey hae their becks an bous i the mercat an the foresaits i the sýnagogue an the buinmaist places at denner-pairties an banqets—hýpocrítes, at spuilies wídow-weimen o houss an hauld an pits up lang screeds o prayers tae hod their sin: it will gang the waur wi them at the Juidgement, at will it!"

21 Luikin up, he saw the walthie fowk drappin their offerins intil the kists o the Temple Treisurie, an forbye them he saw a needfu wídow drap in twa fardens, an he said, "Atweill, I tell ye, this puir wuman hes pitten in mair nor them aa. Thae walthie anes hes aa gíen what they gíed out o their owrecome, but this wuman, at wants for needcessities, hes gíen aa at she hed tae mak a fend wi."

WHAN SOME FOWK begoud sayin what bonnie the Temple wis, wi its braw stanes an giftit graith an aa, "The day is comin," qo he, "whan thir biggins ye ar glowrin at will be dung doun, an no ae stane o them left abuin anither!"

"Whan will that be, Maister?" they speired at him. "What taiken will there be whan it is about tae happen?"

"Tak tent at ye binna led ajee," qo he. "Monie-ane will come i my name, sayin, 'I am the Christ,' an, 'The Day is nearhaund.' Haudna ye efter them. Whan ye hear souchs o wars an rebellions, binna nane frichtit: thae things maun happen first, but the end isna tae come straucht on the heid o them."

Syne he gaed on tae say, "Fowk will mak war on fowk, an kinrick on kinrick; there will be unco yirdquauks, an in sindrie pairts pests an dairths, an fleysome sichts, an fell portènts i the lift. But afore ocht o this happens, they will be layin haunds on ye an persecutin ye, gíein ye up at the sýnagogues an castin ye in jyle, haurlin ye afore kings an governors, because ye own me for your Maister. Than will be your time for beirin witness. Mak up your minds, than, no tae prepare your defence aforehaund: I will gíe ye siccan wurds an wit as nane o your adversaries will can gainsay or conter. Een your pârents an brithers, your kinsfowk an your friends, will gíe ye up, an some o ye will be pitten tae deith, an aa men will hate ye, because ye own me for your Maister. But the ne'er a hair on your heid will be tint; an bi haudin out steivelie ye will sauf your lives.

"But whan ye see airmies winnin round about Jerusalem, than ye may ken at her hership is nearhaund. Than lat them at is in

Judaea tak the hills, an them at is intil Jerusalem gang furth o it,
an them at is laundart no seek intil it; for thae days is the days o
God's vengeance, whan aathing foretauld i the Buik maun een
come tae pass. Dule an wae for the wuman wi bairn i the wame
an the mither wi babe at the breist i thae days! For there will be
sair distrèss owre aa the kintra, an God's wraith will lie on this
fowk. They will faa bi the edge o the swuird an be taen awà
captive intil fremmit launds in ilka airt, an Jerusalem will be
champit bi haithen feet, till the haithens' day hes wurn awà.

"Bodefu uncos will kythe i the sun an the muin an the stairns,
an upò the yird the nâtions will grue at the dumfounerin rair o the
jowin sea, an men will dwaum awà wi eerie ettlin o the waes at is
comin upò the warld; for een *the pouers i the lift* will be shuiken.
An than they will see *the Son o Man comin on a clud* wi unco
micht an glore. Whan thir things begins tae happen, fling ye back
your heids, ay! lift ye them up, for your delíverance will be near-
haund."

Syne he tauld them a parable: "Luik til the feg-trees," qo he,
"or onie tree else. Whaniver they begin tae bud, ye needsna
tellin at the simmer is no faur aff. Een sae, whan ye see thir
things happnin, ye may ken at the Kingdom o God is no faur aff.
At-weill, I tell ye, this generâtion winna be awà or aa thir things
hes come tae pass. Heiven an yird will pass awà, but my wurds
they s' pass awà nane.

"But tak ye heed tae yoursels, an see at ye becomena drummelt
i the wit wi debosh an drinkin an warldlie fykes, leist the Gryte
Day come doun o a suddentie on ye, like a brod at is set tae faa
on a bird;[13] for it will een come, yon day, on ane an aa, it maksna
whaur they won on the face o the yird. Sae haud ye ey wauken,
an devaulna tae pray for the pouer tae win throu aa thae waes
at is comin, an syne staund up straucht face tae face wi the Son
o Man."

ILKA DAY NOU he taucht i the Temple, an syne, whan it
gloamed, quat the toun an bade the nicht on the hill caa'd the
Hill o Olives; an aa the fowk ey rase i the gray o the mornin
an cam tae the Temple tae hear him teachin.

Meantime the Feast o Barmless Breid, or Passowre, wis comin   **22**
on, an the Heid-Príests an Doctors o the Law wis ey castin owre
hou they coud hae Jesus pitten out o the gate, sae afeared war
they o the fowk. An nou Sautan crap intil the hairt o Judas, at wis

caa'd Iscariot, ane o the Twal; an he gaed awà tae the Heid-Priests an offishers o the Temple Gaird an hed a communin wi them owre a wey o pittin Jesus intil their haunds. They war fell pleised, an sattelt wi him tae pey him a soum o siller for the wark; an he gíed them his wurd for his pairt o it, an straucht begoud tae luik out for an opportunitie tae pit Jesus intil their haunds ithout raisin a dirdum amang the fowk.

ON THE DAY o Barmless Breid, whan the Passowre Lamb buid be felled, Jesus baud Peter an John gang on aheid an mak aathing reddie for their Passowre meltith.

"Whaur is it your will at we suid mak reddie for our Passowre?" they speired.

"Tak tent, nou," qo he: "aince ye ar intil the toun, a man will meet ye wi a pigg o watter cairriein: gang efter him intil the houss he gaes intil, an say tae the guidman o the houss, 'The Maister baud us speir at ye whilk is the chaumer whaur he is tae eat the Passowre wi his disciples.' He will tak ye up the stair an shaw ye a lairge chaumer plenished an aa; mak aathing reddie for us there." Sae the twasome set tae the gate an, finndin aathing een as Jesus hed tauld them, made aathing reddie for their Passowre.

Whan the time cam, he lay in tae the buird, an the Apostles alang wi him. Than he said tae them, "Fu fain hae I been tae eat the Passowre wi ye afore I dree my dree. For I tell ye, I s' eat it nae mair afore the gryte Passowre i the Kingdom o God."

Syne he tuik a caup, an, efter he hed speired a blissin, he said, "Tak ye this an skare it amang ye. For I tell ye, frae this time forrit I s' drinkna the frute o the vine again or the Kingdom o God hes come." Syne he tuik a laif an, efter he hed speired a blissin, brak it an gíed it til his disciples, sayin, "This is my bodie, ⟦at is gíen for ye: dae this in remembrance o me." I the same wey, efter sipper, he liftit the caup an said, "This caup, at is poured out for ye, is the new Covenant sealed wi my bluid⟧.[14] But tent ye: him at is betrayin me, his haund is on this buird wi mine. For the Son o Man maun een gang his weirdit gate: but wae for the man at is the mean o his betrayin!" At that they begoud tae speir amang themsels whilk o them it wad be at wis tae betray him.

Syne they fell athrawin wi ither owre whilk o them suid be hauden the grytest. Jesus said tae them, "Amang the haithen, kings lairds it owre the fowk, an rulers taks the name o Bene-factors. But it s' no be sae wi ye: amang ye the grytest maun demean himsel as the yungest, an him at the heid as him at sairs.

Whilk is the gryter—the man at lies at the buird, or the servan at sairs him? Him at lies at the buird, I trew. A-weill, here amang ye it is me at is daein the servan's wark. Ye hae stuiden steivelie by me in aa my throucomes; an, as my Faither hes disponed the Kingdom tae me, I, for my pairt, dispone a place at the banqet-buird i my Kingdom tae ye; an ye sal sit on thrones rulin owre the Twal Clans o Israel.

"Símon, Símon," he gaed on, "tent what I tell ye: Sautan hes socht an gotten líshence tae cave ye an your feres like corn, but I hae prayed for ye, Símon, at your faith failna; an syne, whan ye hae turnt back tae me, ye behuive tae strenthen your brether."

"Maister," said Peter, "blythelie wad I gang wi ye tae jyle an tae deith!"

"I tell ye, Peter," qo Jesus, "the cock winna craw this nicht, or thrice owre ye hae threapit at ye ken-me-na."

Syne tae them aa he said, "Whan I sent ye furth but spung or poke or shaes, wantit ye ocht?"

"No a haet," said they.

"But nou," qo he, "lat him at hes a spung tak it wi him, an a poke the same; an lat him at hesna a swuird sell the claes aff his back an coff anc. For, I tell ye, yon Scriptur wurd maun finnd its fufilment in me, *An he wis nummert wi the fautors*; for aathing weirdit for me is nou comin tae pass."

"See, Maister," said they, "here is twa swuirds."

"Eneuch tae sair us," qo he.

SYNE HE GAED out an fuir awà, as he wunt tae dae, til the Hill o Olives, an the disciples gaed wi him. Whan he hed come tae the place, he said tae them, "Pray nou tae be hained a sair seyin."

Syne he drew aff frae them about a stane-clod, kneeled doun, an prayed i thir wurds: "Faither, an ye will, lat [s]this caup gae by me: yit, no my will, but thine, be dune."

An nou an angel frae heiven kythed til his een an pat pith in him. In sair distress o saul he prayed the mair ferventlie, till the blabs o sweit wis hailin aff him on tae the grund like blowts o bluid.

[t]Whan he wis dune prayin, he wan up on his feet an gaed back tae the disciples. They hed faan owre, forfauchelt for verra dule,

[s] this caup o dool R [τοῦτο τὸ ποτήριον]: but cp. Mk. 14.36.

[t] Whan he rase frae his prayin, he gaed atowre til the disciples an faund them faan owre, {sair dung wi/forfochen for verra} dool. Hou coud ye sleep? qo he R: Whan he wis dune prayin, he wan up on his feet an gaed back tae the disciples. They hed faan owre {forfauchelt/forfairn/forjeskit} {wi/for} dool, an he said tae them [mox om. qo he] L.

an he said tae them, "Hou coud ye sleep? Rise ye up an haud on at the prayin, sae at ye haena tae bide a sair seyin."

Een as he spak the wurds, a thrang cam up, wi the man caa'd Judas—ane o the Twal!—at their heid. He stappit up tae Jesus for tae kiss him, but Jesus said til him, "Judas, wad ye betray the Son o Man wi a kiss?"

Whan them at wis wi him saw what it wis comin til, they said, "Will we yuise our swuirds, Maister?" An, deed, ane o them lent the Heid-Priest's servan a straik on the heid at sneggit aff his richt ear. But Jesus said, "Nae mair o that!" an he pat his haund tae the man's ear an hailed him.

Syne he turned tae the Heid-Priests, the offishers o the Temple Gairds, an the Elders, at hed come out tae grip him, an said tae them, "Am I some reiver at ye needs come out wi swuirds an rungs again me? Day an day I wis amang ye i the Temple, an the ne'er a haund raxed ye out tae grip me. But this is your hour, the hour whan mirkness hes the owrance o aathing."

SYNE THEY GRIPPIT him an cairriet him aff an awà tae the Heid-Priest's pailace; an Peter fallowt them a guid gate ahent.

They war aa sittin round a fire they hed kennelt i the pailace close, an Peter wis sittin amang them, whan a servan-lass saw him whaur he sat i the lowe o the fire, an, takkin a lang vísie o him, said, "This ane wis wi him, tae." But he wadna own wi it: "Na, na, wuman," said he, "I haena nae kennins o him."

A wee efterhin a man noticed him an said, "Ye ar ane o them, tae."

"The ne'er o me's that, my man," said Peter.

Mebbie an hour later a third ane threapit the same thing: "Trowth an atweill," said he, "this chíel wis wi him; he's frae Galilee."

"Atweill, man," said Peter, "I kenna what ye ar speakin about"; an een as he spak the wurds, a cock crawed. An the Lord turnt at that maument an luikit at Peter, an Peter mindit on hou Jesus hed said til him, "This nicht, afore the cock craws, ye will disavou me thrice owre." ⟦An he gaed outbye an grat sair.⟧

Than ᵘthem at wis gairdin Jesus begoud geckin an paikin him, an, efter blinfauldin him, they said til him, "C'wà, Prophet, tell us wha it wis at strack ye"; an monie mae siclike blasphemous things they said til him.

ᵘ his gairds R [οἱ ἄνδρες οἱ συνέχοντες αὐτὸν]: sed cf. R.S.V., N.E.B.

AT SKREICH o day the Eldership o the fowk, Heid-Priests, an Doctors o the Law convened. They gart Jesus compear afore their Council, whaur they said til him, "Gif sae be ye ar the Messíah, tell us sae."

"Gif I tell ye," qo he, "ye winna belíeve me nane; an gif I speir ye quastins, ye winna answer me nane. But this I s' tell ye—frae this time forrit *the Son o Man* will be *saitit at the richt haund o Aamichtie God.*"

"Sae ye ar the Son o God, than?" said they.

"Ye hae said it,"[15] qo he.

"What needs we caa mair witnesses?" said they. "We hae hard it outen his ain mou!"

The haill Assemblie than liftit an tuik him awà tae Pílate. **23** There they begoud bringin chairges again him: "We hae fund this man," said they, "eggin up our nâtion tae rebèl, biddin fowk no tae pey taxes tae the Emperor, an haudin out at he is the Messíah, a king."

Pílate speired at him, "Ar ye the King o Jews?"

"Ye hae said it," he answert.

Syne Pílate said tae the Heid-Priests an the croud, "I finnd nae faut avà i this man." But they threapit the mair at he wis airtin on the fowk tae rebèl wi the things he wis teachin owre the haill o Judaea, aa the gate frae Galilee tae Jerusalem.

Hearin them speak o Galilee, Pílate speired gif the man wis a Galilaean; an whan he faund at he belanged tae Herod's jurisdiction, he sent him on tae Herod, for the King happent tae be in Jerusalem at that time. Herod wis fell gled tae get his een on Jesus, for he hed hard a hantle anent him, an hed lang been wishfu tae see him, an wis in howp tae witness ane o his unco warks wrocht afore his ain een. Sae he tairged an better tairged him, but Jesus answert nane; an the same, whan the Heid-Priests an the Doctors o the Law stuid up an brocht ey the tither chairge again him. At the end o it Herod joined his sodgers in jamphin an jeerin him, an syne buskit him up in a braw sheen goun an sent him back tae Pílate. That day Herod an Pílate, at hed ey haen an ill-will at ither, becam friends.

Pílate nou caa'd thegither the Heid-Priests, the Councillors, an the fowk, an said tae them, "Ye brocht this man afore me, chairgin him wi eggin up the fowk tae rebèl. A-weill, I exemint him mysel in your praisence an coud finnd nae found avà for your chairges again him; nor coud Herod naither, for he hes sent him back til us. Manifestlie, than, he hes dune naething deservin a capital sentence. I am, therefore, tae cause nortur him, an syne lat him gae free."

But the haill thrang o them raired wi ae stevven, "Awà wi him: it's BarAbbas we want!" This BarAbbas hed been incarcerate owre the heid o a riot in Jerusalem in whilk some fowk hed been killed.

Pílate wantit tae set Jesus free, an he spak tae them again. But they cried out aiven on, "Tae the cross! Tae the cross wi him!"

A third time Pílate spak tae them: "But what ill hes he dune?" said he. "I haena fund nae faut in him deservin a capital sentence; I s' cause nortur him, an syne lat him gae free." But they onlie yelloched the mair at he maun be crucified.

Pílate dochtna outstaund their rairin, an settelt tae gíe them their will. Sae he set free the man they craved, at hed been incarcerate as airt an pairt in a bluidie riot, an gae Jesus up tae their will.

AS THEY LED him awà, they claucht hauds o Símon, a man frae Cyrenè, at wis comin in frae the kintra, an gart him gang ahent Jesus cairriein his cross on his shuither.

A fell thrang o fowk fallowt him, amang them some weimen at wis baetin their breists an makkin a maen for him. Jesus turnt tae them an said, "Murn-na for me, dauchters o Jerusalem: murn for yoursels an your childer; for, tent my wurds, the days is comin whan they will be sayin, 'Happie the wuman at is barren, ay! happie the wame at ne'er buir bairn an the breists at ne'er gae milk.' Than, tae, they will begin

> tae say tae the hills,
> 'Faa on abuin us',
> an tae the knowes,
> 'Kivver us owre.'

For gif they dae siclike wi the tree at is green an growthie, what will be dune wi the tree at is wallowt an deid?"

Ither twa wis led out tae be execute for crimes alang wi him; an whan they cam tae the place caa'd the Hairn-Pan, they crucified him there, an wi him the twa ill-daers, the tane on his richt, an the tither on his left. Jesus said, "Faither, forgíe them, for they kenna what they ar daein."[16] Syne the sodgers cuist caivels an haufed his cleadin amang them.

The fowk stuid by luikin on, an een the Councillors geckit at him: "He saufed ithers," said they; "lat him sauf himsel, gif he is God's Messíah, the Choised Ane!" The sodgers, tae, hed their jamph at him, comin up an offerin him *sour wine*, an sayin, "Gif ye ar the King o Jews, sauf yoursel!" There wis a plaicard abuin his heid wi the wurds:

THIS IS
THE KING
O JEWS

Ane o the ill-daers at hang there jeered him, sayin, "Arna ye the Christ? A-weill, sauf yoursel, an hiz forbye!" But the ither ill-daer challenged him: "Ar ye no fleyed een o God," said he, "whan ye ar dreein the same duim as him? An a juist duim it is for hiz twa, at is but gettin our sairin for things at we hae dune: but this ane hesna dune ocht wrang!"

Syne he said tae Jesus, "Hae mind on me, Jesus, whan ye come intil your Kingdom"; an Jesus answert, "Atweill, I tell ye, this day ye s' be wi me in Paradise."

It wis about twal hours, an the licht o the sun failed, an it mirkit owre the haill laund till the mids o the efternuin, at whilk hour the courtain i the Temple screidit atwà. Than Jesus cried wi a loud stevven, "Faither, *intil thy haunds I commit my spírit*"; an wi that he souched awà.

Whan the captain o the gaird saw what hed happent, he gae glorie tae God, an said, "Trowth an atweill, yon wis a guid man!"

Aa the crouds o fowk at hed come thegither tae see the sicht, nou at aathing wis by, gaed their waas hame, strickin themsels on their breists for dule. But aa his friends, an the weimen at hed fallowt him frae Galilee, bade staundin whaur they war, a guid gate aff, luikin on at aathing.

THERE WIS A man caa'd Joseph, at belanged tae the Jewish toun o Arimathaea, a Councillor, an a weill-daein, upricht man, at líved bidin on the comin o the Kingdom o God, an hedna gree'd wi his colleagues i their counsel an their wark. This man nou cam tae Pílate an craved the bodie o Jesus. Syne he tuik it doun, swealed it in deid-linnens, an laired it in a graff cuttit i the rock, whaur nae man hed yit been buiriet. This wis on the Fore-Sabbath, whan the Sabbath wis grayin.

The weimen at hed come alang wi Jesus frae Galilee gaed efter

Joseph, luikit weill at the graff, an saw hou his bodie wis laid. Syne they gaed back an prepared spices an ointments.

Conform tae the Law, they restit frae wark on the Sabbath. 24 But on the first day o the ouk, i the gray o the mornin, they gaed out tae the graff wi the spices at they hed prepared. They faund the stane rowed awà frae the graff, an gaed in, but the bodie faundna they.

They war ferliein sair what tae mak o it, whan aa o a suddentie twa men in skinklin claes kythed aside them an said tae them, as they stuid there wi boued heids in unco dreid, "What for seek ye the lívin amang the deid? [[He isna here, he is risen.]] Mind on hou he tauld ye, whan he wis ey in Galilee, at the Son o Man maun be gíen up intil the haunds o sinfu men an be crucifíed an rise the third day!" Than they mindit on what he hed said an, quattin the graffside, cam an gae wurd o aathing tae the Eleiven an the lave o them.

Mary frae Magdala, Joanna, an Mary the mither of Jeames it wis, an the weimen wi them, at brocht the Apostles wurd o thir things. Tae the Apostles theirs seemed but a haivrel tale; an they wadna lippen them.

THAT SAME DAY twa o the disciples wis traivlin til a clachan caa'd Emmâus, sax-seiven mile frae Jerusalem, crackin wi ilk ither owre aa thir happnins. As they crackit an tuik aathing throu haunds thegither, Jesus himsel cam up an traivelt alangside them, but an unco pouer wis on their een, sae at they kent-him-na.

"What is aa this ye ar nifferin thochts about, as ye gang your gate?" he speired at them; an at aince they stappit, an sae wae as they luikit!

Syne ane o them, caa'd Cleopas, tuik speech in haund an said til him, "Ar ye the ae unco bodie in Jerusalem at this time at hesna gotten wit o the happnins there i thir henmaist days?"

"Whattan happnins?" qo he.

"About Jesus," said Cleopas, "Jesus o Nazareth, at shawed himsel a prophet feckfu in wurd an deed i the sicht baith o God an the haill fowk, an hou our Heid-Príests an Councillors gíed him up tae be duimed tae deith an hed him crucifíed. An we war howpin it wis him at wis tae redeem Israel! Ay, an, by an atowre, it is nou the third day sin aa this happent. Some o our weimen-fowk, mairowre, hes pitten us in an unco fluther. They gaed out at the first skreich o day tae the graff an faundna his bodie there, an nou they hae come an tauld us they hae seen a vísion o angels, an the angels said at he wis in life! Some o hiz gaed out tae the graff, whaur they faund aathing as the weimen said, but they sawna him."

"Oh, sae dowfart as ye ar," said Jesus, "an sae dreich tae belíeve aa the things at the Prophets foretauld! Buidna the Christ dree aa thir things afore he entert intil his glorie?" Syne, beginnin wi the buiks o Moses an aa the Prophets, he laid out tae them ilka thing said anent him i the haill o Scriptur.

Whan they hed wun til the clachan at they war gaein til, he wis ettlin tae gang yont, but they fleitched wi him sair tae bide: "Bide wi us," said they; "it's faur i the day, the gloamin hour is here." Sae he gaed in an bade wi them.

Whan he hed lien doun at the buird wi them, he tuik the laif an, efter axin the blissin, brak it an haundit the píeces tae them. Than wis their een onsteikit, an they kent him; an immedentlie he eeliet awà frae their sicht. They said til ither, "Wisna the hairts o us lowin in our breists, as he spak wi us on the gate an expundit the Scripturs til us?"

THAN AT AINCE they liftit an gaed back tae Jerusalem, whaur they faund the Eleiven an the lave gethert thegither. Bi them they war tauld at the Lord wis trulins risen an hed kythed tae Símon; an, for their pairt, they tauld the Eleiven an the ithers what hed happent them on the gate, an hou they hed kent him, whan he brak the laif.

Een as they war speakin, thair he kythed, staundin i their mids. They gat a fearsome gliff, jalousin i their fricht at they war seein a ghaist. But he said tae them, "What for ar ye sae pitten about? What gars misdouts rise up in your hairts? Luik at my haunds an feet, an see at it is een mysel. Finnd me, luik at me, I say: a ghaist hesna flesh an banes, as ye see I hae!"

Whan for verra blytheness they coudna lippen their lívin een, but war ey in ferlies owre it aa, he said tae them, "Hae ye onie mait i the houss?" An they gíed him a píece o a brandert fish, whilk he tuik an eatit afore their een.

Syne he said tae them, "This is the fufilment o what I taucht ye whan I wis wi ye—at aathing scriven anent me i the Law o Moses an the Prophets an the Psaums maun come true."

Than he apent their minds tae the understaundin o the Scripturs. "This is what is written in Scriptur," qo he: "the Christ maun dree deith an rise frae the deid the third day; an repentance for the forgíeness o sins maun be preached til aa the fowks o the yird, frae Jerusalem outwith; ye ar witnesses o aa this. An tent ye this: I am sendin upò ye the gift at my Faither promised. Bide ye here, than, in Jerusalem, till ye ar cleadit wi pouer frae on hie."

Syne he led them out the lenth o Bethanie, an there liftit up his haunds an blissed them; an een as he blissed them, he sindert frae them an wis cairriet up intil heiven. Than fu blythe at hairt they gaed back tae Jerusalem, whaur they waired their haill time i the Temple, blissin God.

JOHN'S GOSPEL

N THE BEGINNIN o aa things the Wurd wis there ense, an the **1**
Wurd bade wi God, an the Wurd wis God. He wis wi God i
the beginnin, an aa things cam tae be throu him, an wiout
him no ae thing cam tae be. Aathing at hes come tae be, he wis
the life in it, an that life wis the licht o man; an ey the licht shínes
i the mirk, an the mirk downa slocken it nane.

There kythed a man, sent frae God, at his name wis John. He
cam for a witness, tae beir witness tae the licht, at aa men micht
win tae faith throu him. He wisna the licht himsel; he cam tae beir
witness tae the licht. The true licht, at enlichtens ilka man, wis
een than comin intil the warld. He wis in the warld, an the warld
hed come tae be throu him, but the warld miskent him. He cam
tae the place at belanged him, an them at belanged him walcomed-
him-na. But til aa sic as walcomed him he gae the pouer tae
become childer o God; een tae them at pits faith in his name,
*a*an wis born, no o bluid or carnal desire or the will o man, but
o God.

Sae the Wurd becam flesh an made his wonnin amang us, an
we saw his glorie, sic glorie as belangs the ae an ane Son o the
Faither, fu o grace an trowth. We hae John's witness til him:
"This is him," he cried out loud, "at I spak o, whan I said, 'Him
at is comin efter me is o heicher degree nor me, because he wis
there afore iver I wis born'." Out o his fouth ilkane o us hes haen
his skare, ay! grace upò grace; for, athò the Law wis gíen throu
Moses, grace an trowth hes come throu Jesus Christ. Nae man
hes e'er seen God: but the ae an ane Son, at is God himsel, an
liggs on the breist o the Faither, hes made him kent.

THIS WIS THE testimonie John gae whan the Jews o Jerusalem
sent a wheen príests an Levítes tae speir at him wha he wis. Wi
niver a hanker he awned fair out at he wisna the Christ.

"Wha ar ye, than?" they speired. "Ar ye Elíjah?"

"I am no," said he.

"Ar ye the Prophet?"

"Na," he answert.

"A-weill," they speired, "wha ar ye? We want tae gíe them at
sent us an answer. What say ye o yoursel?"

He answert, "I am

---

a at R [oî].

The voice o ane cryin, out i the muirs,
'Mak strecht the gate o the Lord',

as the Prophet Isaiah said."

Thir men hed been sent bi the Pharisees. They nou gaed on tae speir at him, "What for div ye baptíze, gin ye ar no the Christ or Elíjah or the Prophet?"

"I baptíze wi watter," he answert: "but there staunds i the mids o ye ane at ye kenna, him at is comin efter me, at I amna wurdie tae lowse the whangs o his shuin."

This tuik place in Bethanie atowre the Jordan, whaur John wis baptízin.

NEIST DAY HE saw Jesus comin til him, an he said, "Luik, there is the Lamb o God, at taks awà the sin o the warld! It wis him I spak o whan I said at a man wis comin efter me at wis o heicher degree nor mysel, because he wis there afore iver I wis born. Mysel I kent-him-na, nae mair nor the lave: yit it wis een tae mak him kent til Israel at I am come baptízin wi watter."

Mairatowre John gae this testimonie: "Eenou," said he, "I saw the Spírit comin doun out o heiven like a doo, an it bade on him. Mysel, I kent-him-na afore, but God, at sent me tae baptíze wi watter, hed tellt me, 'Him at ye see the Spírit comin doun an bidin on—he is the man at is tae baptíze wi the Halie Spírit.' I hae een seen that, an nou beir witness at this is the Son o God."

NEIST DAY AGAIN John wis staundin there, wi twa o his disciples, whan Jesus cam traivlin alang. Glowrin at him, as he gaed by, he said, "There gaes the Lamb o God!" The twa disciples hard him say the wurds an begoud tae fallow Jesus.

Turnin round, Jesus saw them fallowin him an said tae them, "What ar ye wantin?"

They answert, "*Rabbi*"—that is, in our leid, "Maister"—"whaur ar ye stappin?"

"Come an see," qo he.

Sae they gaed an saw whaur he wis stappin, an they bade wi him the lave o that day. It wis than about fowr hours at een.

Ane o the twa at hed hard what John said an fallowt Jesus wis Andro, Símon Peter's brither. The first thing he did wis tae finnd his brither Símon an tell him, "We hae fund the Messíah"—that is, the "Christ", or "Anointit".

Syne he brocht him tae Jesus, an Jesus glowert at him an said,

"Ye ar Símon, John's son; ye will nou be caa'd Cephas"—that is, "Peter", or "Rock".

THE DAY EFTER, Jesus made up his mind tae gae awà tae Galilee. Forgetherin wi Phílip, at belanged Bethsaïda, the same as Andro an Peter, he said til him, "Fallow me."

Phílip awà an faund Nathânael an said til him, "We hae fund him at Moses wrate o i the Law, an the Prophets forbye: it is Jesus, the son o Joseph, frae Nazareth."

"Nazareth?" said Nathânael. "Can ocht guid come out o Nazareth?"

"C'wà an see for yoursel," said Phílip.

Jesus saw Nathânael comin til him an said o him, "A true Israelíte, this, the ne'er a styme o faussness about him!"

"What wey dae ye ken me?" said Nathânael.

An Jesus answert, "I saw ye aneth the feg-tree, afore Phílip cried ye."

"*Rabbi*," said Nathânael, "ye ar the Son o God, ye ar King o Israel!"

"Trew ye that," *b*Jesus answert him, "because I said I saw ye anunder the feg-tree? Ye s' see gryter things nor that, afore aa is dune." Syne he gaed on, "Trowth an atweill, I tell ye, ye will aa see *the lift* riven abreid an *the angels o God gaein up an comin doun* on the Son o Man."

TWA DAYS EFTERHIN there wis a waddin at Càna in 2 Galilee. Jesus' mither wis there, an Jesus an his disciples wis amang the friends bidden til it.

Efter a while the wine wis aa dune, an his mither said til him, "They hae nae mair wine."

"Ye can lae that tae me," said Jesus; "my hour isna come."

Syne his mither said til the servans, "Dae oniething he bids ye."

Conform tae the Jewish rules anent syndin the haunds, there wis sittin there sax stane watter-crocks, haudin *c*a seiven gallon[1] the píece. "Fu thae crocks wi watter," Jesus said tae the servans; an whan they hed fu'd them tae the lip, he gaed on, "Draw some aff nou an tak it tae the stewart"; an they did as he baud them.

Whan the stewart pree'd the watter turned intil wine, onkennin whaur it cam frae, tho the servans at hed drawn it kent, he turned

---

b   Jesus answert him *om. R* [ἀπεκρίθη Ἰησοῦς καὶ εἶπεν αὐτῷ].
c   twa-three firkins *R:* a seiven gallon *L.*

tae the bridegroom an said, "Aabodie pits doun his guid wine first an keeps back his puirer wine till fowk is fu, but ye hae hained your guid wine till nou!"

This at Jesus did at Câna in Galilee wis the first o the signs he wrocht. Bi it he kythed his glorie an wan the faith o his disciples.

EFTER THIS HE gaed doun tae Capernaüm wi his mither, brithers, an disciples, but they badena there monie days. Whan the Jewish Passowre wis comin on, Jesus gaed doun tae Jerusalem. Finndin i the Temple the cowpers o nowt, sheep, an doos, an the money-cheyngers sittin at their tables, he made a whang o lingels an drave them out o the Temple, sheep, nowt, an aa; skailed the money-cheyngers' siller on the grund an kiltit owre their tables; an than said tae the doo-sellers, "Out o here wi aa that! Nae mair o this makkin my Faither's houss a place o troke an tredd!" His disciples mindit on the word o Scriptur, *Zeal for thy houss will cowe me.*

Here the Jews tuik speech in haund an said til him, "What sign can ye shaw us in pruif o your richt tae dae this?"

"Ding doun the Temple here," said he, "an I will raise it up again in three days."

"This Temple," the Jews answert, "tuik fortie-sax year tae bigg, an ye will raise it up again in three days, na?" But the Temple he wis ettlin at wis his bodie.

Efter he hed risen frae the deid, his disciples mindit on his sayin this, an it gae them faith in Scriptur an the wurds at Jesus hed spokken.

WHAN HE WIS in Jerusalem for the Passowre Feast, monie becam believers in him, whan they saw the signs at he wrocht. But Jesus, for his pairt, wadna lippen himsel tae them, because he kent them aa, an needit naebodie tae tell him ocht about men, sae weill he kent o himsel the hairts o them aa.

3 About this time a man caa'd Nícodemus, a Pharisee an a member o the Jewish Council, cam tae Jesus under clud o nicht an said til him, "Maister, we ken at ye ar a teacher sent bi God, for nae man coud wurk the signs at ye wurk, gin God wisna wi him."

"Trowth an atweill, I tell ye," Jesus answert, "nae man can see the Kingdom o God, onless he is born again."

"But hou can a man be born in his auld days?" said Nícodemus. "Can he gae back intil his mither's wame an be born again?"

"Trowth an atweill, I tell ye," Jesus answert, "gin a man binna born o watter an spírit, he canna win intil the Kingdom o God. What is born o the flesh is flesh, an what is born o the Spírit is spírit. Ferliena at I tellt ye ye maun be born again. The wind blaws whaur it will, an ye hear the souch o it, but whaur it is comin frae, an whaur it is gaein til, ye kenna: een sae it is wi ilkane at is born o the Spírit."

"Hou can that be?" said Nícodemus.

"What?" said Jesus. "Ye a teacher o Israel, an understaundna siccan things! Trowth an atweill, I tell ye, we speak onlie o what we ken, an we beir witness onlie tae what we hae seen, yit nane o ye lippens our testimonie. Gin ye believe-me-na whan I speak tae ye o things o the yird, hou will ye believe me whan I speak o things o heiven?

"Nae-ane e'er gaed up intil heiven but him at cam doun frae heiven, the Son o Man. As Moses liftit up the serpent i the wilderness, een sae maun the Son o Man be liftit up, at ilkane at believes in him may hae eternal life. For God sae luved the warld at he gíed his ae an ane Son, at ilkane at believes in him mayna perish but hae eternal life. For God sentna his Son intil the warld tae condemn the warld, but at the warld suid be saufed throu him.

"Them at believes in him isna condemned, but them at believesna is condemned else, because they haena believed i the name o God's ae an ane Son. The grund o the juidgement is een this—at the licht hes come intil the warld, an men hes been fainer o the mirk nor the licht, because their deeds wis ill. Wickit men ey hates the licht an bides back frae it, for dreid at their deeds be seen bi aa. But him at líves leal tae the trowth comes forrit intil the licht, at aabodie may see at his deeds hes been wrocht in God."

EFTER THIS JESUS an his disciples gaed intil the kintra o Judaea, an there he bade an baptízed fowk. Meantime John wis baptízin in Aenon, no faur frae Salím, because watter wis rife thereawà, an fowk wis ey comin tae be baptízed bi him. He hedna yit been pitten in jyle.

John's disciples hed haen an argiment wi a Jew anent purification, an nou they cam an said tae John, "Maister, ye mind him at wis wi ye ayont the Jordan, him at ye buir witness til? A-weill, he is baptízin nou, an aabodie is gaein til him."

"Nae man," John answert, "can tak mair til himsel nor is gíen him frae abuin. Ye can beir me witness yoursels at I said, 'I amna the Christ, I am but his forerinner.' It is the bridegroom at the bride belangs til: still an on, the best man, at staunds by an listens him, is fell blythe at ilka wurd he speaks. His blytheness is mine, an nocht is wantin til it. He maun grow, an I maun dow.

"Him at is frae abuin is abuin aa ithers. Him at is o the yird, yirdlie is his naitur, an yirdlie is the leid he speaks. Him at comes frae heiven ⟦is abuin aa ithers an⟧ hes seen an hard what he beirs witness til, but nae-ane accèps his testimonie. Onie-ane at accèps his testimonie gíes his warrantie in sae daein at God speaks trowth, for him at God sent speaks God's ain wurds, sae stentless is God's gift o the Spírit til him.

"The Faither luves the Son an hes gíen him aathing intil his haund. Him at belíeves i the Son hes eternal life, but him at heedsna the Son's biddins will ne'er see eternal life; God's wraith ey lies on him."

4 WURD NOU CAM tae the Pharisees at Jesus wis makkin an baptízin mair disciples as John (tho it wis his disciples, an no Jesus himsel, at baptízed); an whan the Lord gat wittins o it, he quat Judaea an tuik the gate back tae Galilee. Tae win there, he buid gang throu Samâria, an on his road throu that kintra he cam til a toun caa'd Sychàr, nearhaund the dail at Jaucob gíed his son Joseph, an bi the same taiken no faur frae Jaucob's Wall. He wis defait wi traivel an leaned him doun there at the wallside. The time wis twal hours or thereby. Belyve a Samâritan wuman cam tae draw watter.

"Rax me a drap watter, will ye?" Jesus said til her. His disciples hed gane awà tae the toun tae buy vívers.

The wuman answert, "What! A Jew like ye seekin a drink o a Samâritan like mysel?" The Jews hes nae trokins wi the Samâritans.

Jesus answert, "Gin ye kent what God hes tae gíe, an wha it is at is seekin a drink o ye, ye wad socht o him, an he wad gíen ye, lívin watter."

"Sir," said she, "ye haena a watter-stowp, an the wall is deep: whaur ar ye tae get your 'lívin watter' frae? Ar ye gryter as our forebeir, Jaucob, at gíed us the wall an drank o it himsel—ay! an his sons an beass an aa?"

"Ilkane at drinks this watter," Jesus answert, "will be thristie again, but him at drinks the watter at I will gíe him, niver nae mair will he be thristie again; the watter at I gíe him will become a popplin spring in his hairt, a funtain o eternal life."

"Oh, sir," said the wuman, "gíe me this watter, sae at I mayna e'er be thristie again, an ey be traikin owre here tae draw watter!"

"Gang your waas," said he, "an cry your guidman, an syne come back here."

"I haena a man," she answert.

"'I haena a man', that is a true wurd," said he: "ye hae haen five husbands, an him at is wi ye eenou is nae husband tae ye: ay, ye spak the trowth there!"

"I see at ye'r a prophet, sir," she answert. "A-weill, our fore-beirs wurshipped on this hill: but ye Jews says at Jerusalem is the place whaur aabodie suid wurship."

"Believe me," Jesus answert, "the time is comin whan ye will wurship the Faither nowther on this hill nor in Jerusalem. Ye wurship what ye kenna: we wurship what we ken—salvation is een tae come frae the Jews. But the time is comin, or raither is come, whan true wurshippers will wurship the Faither in spírit an in trowth: it is een siclike the Faither wad hae for his wurship-pers. God is spírit, an his wurshippers maun wurship him in spírit an in trowth."

"Weill ken I," the wuman answert, "at Messíah"—that is, "Christ"—"is tae come; whan he comes, he will lat us ken about aathing."

"It is him at is speakin tae ye eenou," said Jesus.

On the heid o this, his disciples cam back. They war stoundit tae finnd him speakin wi a wuman, but nane o them speired, "What ar ye wantin?" or, "What for ar ye speakin wi her?"

The wuman than, laein her watter-stowp sittin at the wallside, gaed back tae the toun, whaur she said tae fowk, "Come awà an see a man at hes tellt me aathing at iver I did! Coud this aiblins be the Christ?" Sae they cam out the toun for tae see him.

Mids the meantime the disciples wis haudin at their Maister tae eat something. "I hae mait tae eat," he tellt them, "at ye wat naething o."

"Can onie-ane hae brung him ocht tae eat?" the disciples speired at ither.

"My mait," Jesus said tae them, "is daein the will o him at sent me, till I win tae the end o the wark he gae me tae dae. Hae ye no a say, 'Ither fowr month or hairst'? Na, na, I tell ye: cast your een outowre the fields an see hou yallow they ar an reddie for shearin! Aareddie the shearer is gettin his fee an ingetherin a crap for eternal life, sae at sawer an shearer may be blythe thegither. Ay, here, tae, the auld freit, 'Ane saws, an anither maws', says true: I hae sent ye furth tae maw a crap at ye tewedna for; ithers hes tewed, an ye hae gotten the guid o their tewin."[2]

Monie o the Samâritans i that toun hed come owre tae belíef in him for the wuman's threap at he hed tellt her aathing at iver she hed dune. Sae whan they cam an saw him, they socht him tae stey wi them; an he steyed twa days there. Monie mae nou belíeved in him for his preachin, an they said tae the wuman, "We'r no belíevin in him onie mair for what ye tellt us: we hae hard him wirsels, an ken at he is in trowth the Sauviour o the Warld."

WHAN THE TWA days wis by, Jesus tuik the gate for Galilee; for he himsel said at a prophet is little thocht on in his ain kintra.

Whan he cam tae Galilee, the fowk there walcomed him. They hed seen aathing he hed dune in Jerusalem at the Feast, for they hed been til it themsels. Sae he cam back tae Cāna in Galilee, whaur he hed cheynged the watter intil wine. There wis an offisher i the King's service hed a son lyin síck at Capernaüm. Whan he hard at Jesus wis back in Galilee frae Judaea, he cam til him an socht him tae come doun an cuir his son, at wis gey faur throu.

"Ye Galilee fowk, ye'll ne'er belíeve, an ye seena signs an ferlies," Jesus said til him.

"Oh, but come ye doun, sir," said the offisher, "afore my laddie slips awà!"

"Gang your waas," said Jesus, "your son is better"; an the man lippent what he said til him, an gaed his waas.

On his road doun hame, he met his servans, an they tauld him at his son wis better. He speired at them at what time he hed begoud tae mend, an they said, "It wis yesterday an hour efter nune at the fivver quat him." That wis the verra time, the faither thocht til himsel, at Jesus hed said til him, "Your son is better"; an he becam a belíever, an his haill houss-hauld wi him.

This sign at Jesus wrocht efter his back-comin frae Judaea tae Galilee wis the saicond o his míracles.

5 EFTER THIS JESUS gaed doun tae Jerusalem for ane o the Jewish feasts.

At the Sheep Port in Jerusalem there is a soomin-puil, caa'd Bethzatha i the Aramâic, wi five porches round it, in whilk there wis ey a fell feck o onhaill fowk lyin, some blinnd, ithers cripple, ithers wi shirpit limbs. Amang them wis a man at hed been a lameter aucht an threttie year. Whan Jesus saw him lyin there an kent hou lang time he hed been cripple, he said til him, "Dae ye want tae be made haill?"

"Sir," the lameter answert, "I haena naebodie tae douk me i the puil, whan the watter popples; ey as I am winnin forrit, someane else staps doun afore me."

"Staund up," said Jesus, "lift your matrèss, an traivel about"; an straucht the man gat back the pouer o his limbs an traivelt about.

It wis a Sabbath this happent on, an the Jews said til him at hed been cuired, "It's the Sabbath the day, an it's no leisome for ye tae be cadgin your matrèss."

"It wis him at made me haill," he answert, "at said tae me, 'Lift your matrèss, an gang about'."

"Wha wis he," they speired, "him at baud ye lift your matrèss an gang about?" But the man at hed been hailed kentna wha it wis; for the place wis thrang, an Jesus hed gane straucht awà.

Efterhin Jesus forgethert wi him i the Temple, an said til him, "There ye ar, aa sound an haill nou: gíe owre sinnin, or waur may faa ye."

The man gaed awà an tellt the Jews at it wis Jesus at hed made him haill. For daein siclike wark on the Sabbath the Jews wantit tae hae him arreistit. His answer tae them wis this: "My Faither," he said, "hesna devauled wurkin, an I am een tae haud on at my wark an aa."

For that the Jews socht the mair tae hae him pitten tae daith, no onlie for brakkin the Sabbath, but because he spak o God as his Faither, an sae aivent himsel wi God. Jesus answert them i thir wurds: "Trowth an atweill, I tell ye, the Son dis nocht at his ain haund, but onlie what he sees the Faither dae; for aathing the Faither dis the Son dis an aa. For the Faither luves the Son, an shaws him aathing he dis; an belyve he will shaw him gryter warks nor thir, at will gar ye ferlie.

"As the Faither raises the deid an gíes them life, een sae the Son gíes life til aa sic as he will. Nor the Faither juidges nae man owtherins, but hes lippent aa juidgement tae the Son, sae at aa men may pey the Son the same honour as they pey the Faither. Him at with-hauds honour frae the Son with-hauds honour frae the Faither at sent him.

"Trowth an atweill, I tell ye, him at hears my wurds an lippens on him at sent me hes eternal life, an underliesna juidgement, but hes passed owre frae daith tae life. Trowth an atweill, I tell ye, the hour is comin—ay! is come—whan the deid will hear the

voice o the Son o God, an them at hears an heeds it will lĩve.
For as the Faither hes life in himsel, een sae he hes gíen the Son
tae hae life in himsel, an hes gíen him authoritie tae sit in juidge-
ment, because he is the Son o Man.

"Ferliena at that, for a time is comin whan aa them at lies i the
graffs will hear his voice an come furth o their lairs, them at wis
weill-daein on the yird risin tae bruik new life, an them at wis
ill-daein tae underlie duim. I downa dae ocht avà at my ain
haund: I gíe juidgement but as I am bidden, an my juidgements
is juist, because I seekna at my will be dune, but the will o him
at sent me.

"Gin I beir testimonie for mysel, my testimonie is no tae lippen
til. But there is anither at beirs testimonie tae me, an weill ken
I at his testimonie is tae lippen til. Ye sent tae speir at John,
an he buir testimonie til the trowth. No at I hae need o onie
man's testimonie: gin I am sayin this, it is at ye may be saufed.
John wis a lichtit, shínin lamp, an ye war willint tae delyte in
his licht a whilock. But I hae wechtier testimonie nor John's:
the wark at the Faither hes gíen me tae accomplish, this same
wark at I am daein eenou, beirs me testimonie at the Faither
hes sent me.

"Mairatowre, the Faither at sent me hes himsel borne testi-
monie tae me, tho ye hae ne'er hard his voice or seen his form, an
haena his Wurd dwallin in your hairts—or hou is it ye belíevena
him at he hes sent? Ye gae in-throu an out-throu the Scripturs,
because ye trew ye s' finnd eternal life in them, an atweill
it is them at beirs testimonie tae me: but come tae me, at ye may
finnd life, ye winna. No at I am heedin for honour frae
men: the trowth is at ye haena nae luve o God i your hairts, as
weill I see.

"I am come in my Faither's name, an ye walcome-me-na: [d]lat
someane else come in his ain name, an he s' wantna a walcome
frae ye! Hou coud the like o ye e'er belíeve, ye at is blythe o
honour frae ilk ither, an caresna by honour frae God, at alane is?
Thinkna at I will accuse ye afore the Faither: Moses is your
accuser, Moses, at ye hae sutten your howps on. Gin ye belíeved
Moses, ye wad belíeve me, for it wis anent me at he wrate. But
whan ye belíevena what he wrate, what ferlie an ye belíevena
what I say?"

6 A WHILE EFTER this Jesus gaed awà tae the ither side o the Loch o

[d] but gin anither comes in his ain name, ye will walcome him R: *ut supra*, L.

Galilee (itherweys caa'd Tiberias Loch).³ A fell thrang o fowk fallowt him at hed seen the miracles he wis daein on sick fowk. He than gaed up the braeside an sat doun wi his disciples. The time wis no lang afore the Passowre Feast.

Luikin up an seein a fell thrang comin til him, he said tae Philip, "Whaur can we buy breid tae sair aa thir fowk?" It wis juist tae sey him, like, at he said this, for he kent braw an weill what he wis tae dae.

"Twa hunder merk," Philip answert, "wadna buy as muckle breid as wad gie them a tuithfu the piece."

Ane o the disciples, Andro, Simon Peter's brither, said til him, "Ther' a laddock here wi five bear laifs an twa fishes: but what is that amang sae monie?"

"Gar the fowk lie doun," said Jesus.

There wis a dail o gerss i the place, an the men lay doun, like five thousand o them. Syne Jesus tuik the laifs, gae thenks, an haufed them amang the fowk as they lay on the swaird, an the like wi the fishes; an ilkane gat as muckle as he wantit. Whan they hed aa haen their sairin, he said til his disciples, "Gether up the owrecome pieces, sae at nocht be waistit." They did as they war bidden; an the stoos o the five bear laifs left owre bi them at hed etten fu'd twal creels.

Whan they saw whattan a miracle he hed wrocht, the fowk begoud sayin, "This is the Prophet at wis tae come intil the warld, atweill!"

Syne Jesus, seein at they war ettlin tae come an cairrie him awà sting an ling tae mak him King, gaed awà back tae the hill, himlane.

WHAN IT GLOAMED, his disciples cam doun aff the brae tae the lochside an, gaein abuird a boat, begoud crossin tae Capernaüm. Jesus hed ey no come tae them, gin it grew mirk; an nou the loch wis jawin an jawpin wi an unco storm o wind. Than, efter they hed rowed a five-an-twintie or threttie furlongs, they saw him gangin on the screiff o the watter an comin near the boat, an they war gliffed. But he cried tae them, "It is een mysel; binna nane feared."

They war ettlin tae tak him abuird, but aa o a sudden an a clap the boat wis there at the shore they war airtin til.

NEIST DAY THE croud wis ey staundin on the aist side o the Loch. They hed seen the day afore at there wis but the ae boat there, an at Jesus hedna gane wi his disciples, but hed looten them gae awà themlane; sae nou, whan some boats frae Tiberias cam tae laund no faur frae the place whaur they hed etten the breid at Jesus hed gíen thenks for, an they saw at Jesus wisna i the bit nou nae mair nor his disciples, they gaed abuird their boats an airtit for Capernaüm tae seek efter him.

There they faund him on the wast side o the Loch an speired at him, "Hou lang hae ye been here?"

"Weill-a-wat," Jesus answert, "ye ar no seekin me for the signs ye saw, but for the laifs ye eatit till your hunger wis stainched. But na, ye maunna wurk tae win mait at perishes: wurk for the mait at bides til eternal life! The Son o Man will gíe ye this mait, for the Faither—ay! God himsel—hes pitten his kenmark on him."

"What is the wark God wants o us?" they speired. "What wad he hae us dae?"

"God's wark for ye," Jesus answert, "is believin in him at he hes sent."

"What míracle, than, ar ye daein afore our een tae gar us believe in ye? What sign ar ye gíein us? Our forebeirs eatit manna i the wilderness; as it says i the Buik, *breid out o heiven gíed he them tae eat.*"

"Trowth an atweill, I tell ye," Jesus answert, "Moses ne'er gae ye breid out o heiven, but my Faither gíes ye the true breid out o heiven. God's breid is the breid at comes doun frae heiven an gíes life tae the warld."

"Ey gíe us that breid, sir," they said til him.

Jesus said tae them, "I am the breid o life; him at comes tae me will ne'er dree hunger, an him at believes in me will ne'er dree thrist. But ye, as I tellt ye, for aa ye hae seen me, believena in me.

"Aa at the Faither gíes me will come tae me, an him at comes tae me I winna nane cast out. For I hae een come doun frae heiven, no tae dae my ain will, but tae dae the will o him at sent me; an the will o him at sent me is at I suidna tyne ocht o aa at the Faither hes gíen me, but suid raise the haill up at the henmaist day. For it is my Faither's will at ilkane at sees the Son an believes in him suid hae eternal life, an I suid raise him up on the henmaist day."

At that the Jews begoud moungein at him for sayin, "I am the breid at hes come doun frae heiven."

"Isna this Joseph's son, Jesus," they said, "at we aa ken his faither an mither? *e*What wey's he sayin he's come doun frae heiven?"

"Devaul wi your moungein amang yoursels," Jesus answert. "Nae man can come tae me, binna the Faither at sent me draws him; an I will raise him up on the henmaist day. It is written i the Buik o the Prophets, '*They sal aa be taucht bi God.*' Ilkane at listens the Faither an lairns frae him comes tae me. No at onie-ane hes e'er seen God, binna him at is frae God; he hes seen the Faither. Trowth an atweill, I tell ye, him at belíeves hes eternal life. I am the breid o life. Your forebeirs eatit the manna i the wilderness, an they díed for aa. But the breid at comes doun frae heiven—him at eats hit will líve for iver. I am the lívin breid at hes come doun frae heiven; an, mairfortaiken, the breid at I will gíe is my flesh, an for the life o the warld I s' gíe it."

The Jews than begoud canglin amang themsels: "What wey," they said, "can this man gíe us his flesh tae eat?"

"Trowth an atweill, I tell ye," Jesus said tae them, "binna ye eat the flesh o the Son o Man an drink his bluid, ye can hae nae life in ye. Him at eats my flesh an drinks my bluid hes eternal life, an I will raise him up on the henmaist day. For my flesh is true mait, an my bluid is true drink. Him at eats my flesh an drinks my bluid ey bides in me, an I in him. As the lívin Faither hes sent me, an I draw life frae him, een sae him at maks me his mait will draw life frae me. This is the breid at hes come doun frae heiven. It is no *f*like it wis wi your forebeirs: they eatit the manna, an díed for aa, but him at eats this breid will líve for iver."

THIS TEACHIN WIS gíen in a discoùrse i the sýnagogue at Capernaüm. Monie o his disciples at hard him said, *g*"Dour doctrine, that: wha can listen til it?"

Jesus kent o himsel at his disciples wis moungein owre it, an said tae them, "Ar ye scunnert at this, na? Hou, an ye see the Son o Man gaein up whaur he wis afore? The spírit alane gíes life: the flesh avails nocht. The wurds I hae spokken tae ye is baith spírit an life. But there is them amang ye at believesna." For Jesus hed ey kent wha belíevedna, an wha wis tae betray him. Syne he gaed on tae say, "That is hou I said tae ye at nae man can come tae me, onless it is gíen him bi the Faither."

e What . . . heiven? *om.* R [πῶς νῦν λέγει ὅτι Ἐκ τοῦ οὐρανοῦ καταβέβηκα;].
f like the manna your forebeirs eatit: they deed for aa R: {like/the gate} it wis wi your forebeirs: they eatit the manna, an deed for aa (cf. Knox) L.
g Yon's a fell wey o speakin; wha can thole tae listen {sic-like/sic doctrine}? R: Dour doctrine that; wha can listen til it? L.

Owre the heid o this a feck o his disciples sklentit awà an gaed
about nae mair wi him. Sae Jesus said tae the Twal, "Ye'll no be
for laein me, tae, will ye?"

"An wha wad we be seekin til else, Maister?" said Símon
Peter. "There is eternal life i your wurds, an weill belíeve an ken
we at ye ar the Halie Ane o God."

"Haena I waled the twal o ye mysel," Jesus answert, "an ane o
ye's a deivil?" He wis speakin o Judas, the son o Símon Iscariot, at
wis ane o the Twal, an wis tae betray him.

7   EFTER THIS JESUS gaed about in Galilee. He hed nae mind tae
be about in Judaea, whaur the Jews wis seekin his life. Whan
it wis nearhaund the time at the Jews haud their Feast o Shíels,
his brithers said til him, "Ye behuive tae quat this an gang tae
Judaea, sae at your disciples may see the unco things ye ar daein.
Naebodie at wad be kent bi aabodie aagate dis his wark in
hidlins. Saebeins ye ar daein thir things, ye suid come forrit an
lat the warld see ye." For no een his ain brithers wis belíevers
in him.

Jesus answert them, "My time isna come, but for ye onie time
is as guid as anither. The warld downa ill-will ye, but it ill-wills
me, because I beir witness at it dis nocht but ill. Gae ye doun tae
the Feast: mysel, I s' no gang tae the Feast eenou, because my
time hesna come." Sae he bade ahent in Galilee.

But efterhin, whan his brithers hed taen the road south for the
Feast, he gaed doun an aa, no apenlie, like, but kin o hidlin-weys.
The Jews wis seekin efter him at the Feast, speirin aagate,
"Whaur's the man?"

The' wis a dail o hark-harkin anent him amang the crouds at
the Feast. "He's a guid man, yon," said some: "No him," said
ithers: "he's mislairin the fowk!" But for dreid o the Jews
naebodie spak ᴴhis thocht anent him free an fair out.

THAN, WHAN THE Feast wis haufgates throu, Jesus gaed up tae
the Temple an yokit tae the teachin. The Jews wis bumbazed tae
hear him: "What wey," they said, ᴵ"dis he ken his letters, whan
he wis ne'er at the schule?"

"My teachin," Jesus said tae them, "is no my ain: it is the
teachin o him at sent me. Onie-ane at seeks tae dae God's will

---

ᴴ up bauld anent him R: *ut supra*, L.
ᴵ hes this man (aa this) buiklair, whan he ne'er hed nae schuilin? R: *ut supra*, L.

will ken gin my teachin comes frae God, or I am teachin at my ain haund. Him at teaches at his ain haund seeks his nain glorie, but him at seeks the glorie o him at sent him, his wurds is tae lippen til; he hesna a rissom o faussness in him. Didna Moses gíe ye the Law? An frithàt there is nane o ye keeps it. What for ar ye seekin tae kill me?"

"Ye'r delírit!" the croud said til him. "Wha's seekin tae kill ye?"

Jesus answert, "I hae dune but the ae wark on the Sabbath, an ye ar aa makkin an unco adae about it. Tak tent, nou: Moses gae ye circumcísion—no at it begoud wi Moses, it begoud wi our first forefaithers—an ye circumcíse on the Sabbath. A-weill, gin a bairn is circumcísed on the Sabbath, at the Law o Moses binna contravened—what for ar ye wud wi me for cuirin a man's haill bouk on the Sabbath?

"Juidgena bi the luik o a thing: juidge as juist men behuives tae juidge."

SOME JERUSALEM FOWK nou begoud sayin, "Isna this the man they'r seekin tae kill? An here he is, speakin awà apenlie, an they haena a wurd tae mouband til him! Can it be at our rulers hes raellie fund out at he is the Christ? Na, na: we ken whaur this man comes frae; an whan the Christ kythes, that is mair nor onie-ane will ken!"

At that Jesus cried out loud, as he taucht i the Temple: "At-weill," he said, "ye ken me, an ye ken whaur I come frae! But I haena come at my ain haund: there is trulins ane at hes sent me. Ye ken-him-na: but I ken him, because I am frae him, an it is him at sent me."

Efter that they war fain tae grip him, but naebodie laid a haund on him, because his time wisna come. On the ither haund, monie o the common fowk believed in him: "Whan the Christ comes," they said, "is it like he will dae mair míracles nor this ane hes dune?" Whan the Pharisees hard the fowk harkin that gate, they tuik order wi the Heid-Priests tae send offishers tae grip him.

Syne Jesus said, "It is no lang at I am tae be wi ye nou, afore I gang awà til him at sent me. Ye will seek me, but ye s' no finnd me: whaur I am tae gae ye s' no can win."

"Whaur's this he's tae gae til," the Jews said til ither, "at we s' no finnd him? He'll no be tae gang tae the Skailment amang the Greeks, shairlie, for tae teach the Greeks? What dis he mean

wi his 'Ye will seek me, but ye s' no finnd me', an 'Whaur I am
tae gang, ye s' no can win'?"

ON THE HENMAIST day, the gryte day, o the Feast, Jesus stuid
forrit an cried in a loud stevven, "Onie-ane at is thristie, lat him
come tae me an drink! Him at belíeves in me—een as Scriptur
says, rivers o lívin watter will ush frae his hairt." He wis speakin
i thir wurds o the Spírit at wis tae be gíen tae them at belíeved in
him; for as yit there wis nae Spírit, because Jesus hedna yit been
glorifíed.

Some o the fowk at hed hard him speakin said, "Atweill this
is the Prophet at we ar luikin for"; an ithers, "This is the Christ."
But ithersome said, "The Christ? Frae Galilee? Disna the Buik
say at the Christ is tae *come o the Houss o Dauvit*, an *frae* the
clachan o *Bethlehem*, whaur Dauvit wonned?" Sae the fowk
differt wi ither owre him. Some wis for grippin him, but nae-
bodie laid a haund til him.

Belyve the offishers cam back tae the Heid-Príests an Pharisees,
an whan they war axed what for they hedna brung Jesus wi them,
they answert, "Faith, nae man e'er spak the like o this man!"

"Hae ye, tae, than, been led agley?" said the Pharisees. "Hes
onie Councillor, or Pharisee, mebbie, become a belíever in him?
As for this canallie at kensna the Law, God's ban is on them!"

Here Nícodemus, at hed come til him afore, an wis ane o
them, pat in a wurd: *j*"Dinna tell me," he said, "at our Law lats
us duim a man wiout we hae first hard him an fund out what he
hes dune!"

"Dinna tell us," they chappit back, "at ye, tae, ar frae Galilee!
Seek your Bible throu, an ye s' see for yoursel at Prophets ne'er
comes[4] frae Galilee."[5]

8

AINCE MAIR JESUS spak tae the fowk: "I am the licht o the
warld," he said; "him at fallows me will gang nane i the mirk,
but will hae the licht o life."

"Ye ar gíein witness for yoursel," the Pharisees said til him;
sic witness is nae witness."

"Een tho I am my ain witness," Jesus answert, "still an on, my
witness is guid witness, sin I ken whaur I hae come frae, an whaur
I am gaein: but ye kenna owther whaur I hae come frae, or
whaur I am gaein. Ye juidge bi outwart things. I juidgena onie-

---

j But dis our Law, said he, lat us. . . . Are ye, tae, than frae Galilee, they answert *R: ut
supra, L.*   *k* But . . . come *om. R.*

ane; or, gin I div, my juidgement is true, because I am no my lane, but him at sent me is wi me. In your ain Law it is laid doun at the witness o twa is guid witness; a-weill, I hae twa witnesses— mysel an my Faither at sent me."

"Whaur is your Faither?" they speired.

"Ye ken nowther me nor my Faither," Jesus answert; "gin ye kent me, ye wad ken my Faither as weill."

Aa this he said i the Treisurie, as he taucht i the Temple. *k*But naebodie grippit him, for his time wisna come.

AGAIN HE SAID tae them, "I am tae gang my waas. Ye will seek me, an ye will díe in your sin; whaur I am gaein ye canna win."

At that the Jews said, "Is he tae pit himsel doun, than, at he says, 'Whaur I am tae gae ye canna win'?"

Syne he gaed on, "Ye belang tae the yird, I belang tae heiven; ye ar o this warld, I am no o this warld. That is hou I tellt ye at ye will díe in your sins; for gin ye trewna at I am een what I am, ye will díe in your sins."

"An wha may ye be, than?" they said til him.

"Oh, what for div I speak tae ye avà?" he answert. "A feck o things coud I say anent ye, an a feck o juidgements pass on ye, atweill! But I say tae the warld onlie what I hae hard frae him at sent me; an he ey speaks true."

They uptuikna at he wis speakin o the Faither. Sae he gaed on, "Whan ye hae liftit up the Son o Man, ye will ken at I am what I am, an dae nocht at my ain haund, but speak onlie as the Faither hes taucht me. An, mairowre, him at sent me is wi me; ne'er hes he left me my lane, because I ey dae what pleises him."

Thir wurds wan him monie believers amang the Jews.

SPEAKIN TAE THIR believers, he said, "Gin ye haud leal tae my wurd, ye ar trulins my disciples, an ye will come tae ken the trowth, an the trowth will set ye free."

"We come o Abraham," they answert, "an hae ne'er been slaves tae the face o cley: what wey, than, dae ye say at we will be sutten free?"

Jesus answert, "Trowth an atweill, I tell ye, ilkane at commits sin is a slave o sin. A slave bidesna on for guid in a housshauld at his ain will: a son is a son o the houss aa the days o his life. Gin the Son sets ye free, than, free ye will be, in deed an trowth. Weill ken I at ye come o Abraham! But ye ar fain tae kill me frithàt, because my wurd maks nae endwey in your hairts. I tell ye what I hae seen wi my Faither, an ye dae een as ye hae lairnt frae your faither."

"Abraham is our faither!" they said.

Jesus answert, "Gin ye ar Abraham's childer, ye wad dae as Abraham did. But nou ye ar fain tae kill me, because I hae tellt ye the trowth, as I hae hard it frae my Faither: that wisna the gate o Abraham; ye dae een as your faither dis."

"We ar nae come-o-wills," they said: "we hae ae Faither—God."

"Gin God war your Faither," said Jesus, "ye wad luve me. Furth o God cam I, an am here: I haena come at my ain haund, he sent me. Hou is it ye understaundna what I say? It is een because ye downa thole what I am come tae tell ye. Ye hae the Ill Ane for your faither, an what your faither wants dune it is your will tae dae. He wis a murtherer frae the beginnin, an he [1]isna stelled i the trowth, for no a rissom o trowth is in him. Whan he speaks lies, he speaks his nain leid, for a liar he is, an the faither o lies an leasin. But I speak the trowth, an for that ye believe-me-na. Can onie o ye shaw me wrang in ocht? . . . A-weill, gin I speak the trowth, what for dinna ye believe me? God's childer listens his wurds; gin ye listen-them-na, it is because ye arna his childer."

"Sae we ar richt," the Jews answert, "whan we say ye'r a Samâritan, an delirit forbye."

"Na," said Jesus, "I am nane delirit: the trowth is, I am magnifiein my Faither, an ye ar nochtifiein me. Dinna think, tho, at I am seekin honour: there is ane at is seekin honour for me, an he hes the juidgin o it. Trowth an atweill, I tell ye, gin onie-ane hauds leal tae my wurd, he s' ne'er ken ocht o daith."

The Jews said til him, "Nou ken we for shair at ye'r delirit! Abraham is deid, an the Prophets is deid—an ye say, 'Gin onie hauds leal tae my wurd, he's ne'er pree daith'! Ar ye gryter nor our faither Abraham, at is deid? Or the Prophets, at is deid an aa? Wha div ye mak yoursel out?"

Jesus answert, "Honour at cam frae mysel wad be wanwurdie: but my honour comes tae me frae my Faither, at ye threap is your God. Ye ken-him-na, but I ken him—gin I said I kent-him-na, I wad be as fauss a liar as yoursels: ay, I ken him an haud leal til his wurd! Our faither Abraham stouned wi joy at the thocht o seein my day, an he saw it an wis gled."

---

[1] baidna steive i R: οὐκ ἔστηκεν = {badena steive in/sklentit frae}; οὐχ ἔστηκεν = isna stelled i (⟨cf. N.E.B.⟩ L.

"Ye tell us ye hae seen Abraham," the Jews said, "ye at isna yit fiftie year auld?"

"Trowth an atweill, I tell ye," Jesus answert, "afore iver Abraham wis born, I am."

At that the Jews liftit stanes tae clod at him. But Jesus coukit an wan awà frae the Temple.

AS HE GAED alang, Jesus saw a man at hed been blinnd frae his **9** birth. "Maister," his disciples speired at him, "whilk o them sinned, this man or his paurents, at he wis born blinnd?"

"Nowther him," Jesus answert, "nor his paurents sinned: it wis at God's haund micht be seen at wark on him. As lang as the daylicht laists, we maun haud at the wark o him at sent me; the nicht is comin, whan nae-ane can wurk. As lang as I am in the warld, I am the licht o the warld."

Efter thir wurds he spittit on the grund an made a slag o glaur wi his spittin. Syne he straikit the glaur on the blinnd man's een an said til him, "Awà an wash yoursel i the Puil o Síloam"—a wurd at means "sent". Sae the man awà an wuish himsel an cam his waas again wi seein een.

His neibours an ithers at hed affen seen him at his beggin tredd begoud sayin, "Isna this him at sat beggin aforesyne for awmous?"

"Ay, it's him," some said: but ithers said, "Na, faith ye, it's someane like him."

Himsel he said, "I'm the man—aa at there is o him."

"A-weill, hou did ye get your sicht?" they speired at him.

"The man they caa Jesus," he answert, "made some glaur an straikit my een wi it an tellt me tae gang tae Síloam an wash mysel; an I awà an wuish mysel, an syne I coud see."

"Whaur is he nou?" they speired at him.

"I coudna say," he answert.

SYNE THEY TUIK him—the man at hed been blinnd—tae the Pharisees. It wis on a Sabbath day at Jesus hed made the glaur an gíen him his sicht. Sae the Pharisees axed him, the same as the ithers, how he hed gotten his sicht.

"He straikit glaur on my een," he tauld them, "an I wuish mysel, an nou I can see."

At that some o the Pharisees said, "This man canna be frae God; he keepsna the Sabbath." But ithers said, "Hou coud an ill-deedie man dae sic míracles?" Sae they differt wi ither anent him.

Syne they spak tae the blinnd man again. "What is your thocht anent him, ye at hes gotten your sicht frae him?" they speired.

"It is my mind," he answert, "at he's a prophet." But the Jews wadna trew at the man wis born blinnd an hed been hailed o his blinndness. They buid first gar fesh his paurents an hae a wurd wi them.

"Is this your son at ye say wis born blinnd?" they axed them. "Hou is it he can see nou?"

"He is our son, an he wis born blinnd, that we ken: hou he can see nou, we kenna; nor we kenna wha gíed him his sicht. Speir at himsel: he's manmuckle, an can speak for himsel."

They spak that gate for dreid o the Jews; for the Jews hed made it up atween themsels at they wad excommunicate onie-ane at owned Jesus for the Christ. It wis that gart them say, "He's manmuckle; speir at himsel."

Sae aince mair they gart fesh the man at hed been blinnd, an said til him, "As ye sal answer tae God, speak the trowth. We ken for a fack at this man is a sinner."

"Gin he be a sinner or no, I kenna," the man answert: "what I div ken is at aince I wis blinnd, an nou I can see."

"Ay, but what did he dae tae ye," they speired, "hou did he gíe ye your sicht?"

"I hae tellt ye that aareddies, an ye peyed nae heed. What for dae ye want tae hear it aa owre again? Wad ye be thinkin o becomin his disciples, tae, mebbie?"

At that they yokit on him wi birr: "Ye ar a disciple o his," they said: "we ar disciples o Moses; we ken at God spak tae Moses, but this man, we kenna whaur he comes frae."

"Isna that a ferlíe, nou?" the man answert. "He gart me see, an ye kenna een whaur he comes frae! We aa ken at God listensna sinners, but ey listens onie man at is gude-fearin an dis his will in aathing. Frae the warld begoud, siccan a thing as a man born blinnd winnin his sicht wis ne'er hard tell o. Gin this man wisna frae God, he coudna dune ocht."

"Ye wad lairn hiz, ye at wis born in sin, an naething but sin?" they answert; an they debarred him the sýnagogue.

WHAN JESUS GAT wurd at he hed been debarred the sýnagogue, he socht him out an said til him, "Dae ye belíeve i the Son o Man?"

"Wha is he, sir," the man speired, "at I may belíeve in him?"

"Ye hae seen him," Jesus answert; "an, mairfortaiken, it is een him at is speakin wi ye eenou."

"Deed, I believe, Lord," he said; an he boued laich afore him.

Jesus said, "I am come intil the warld for juidgement—tae gíe sicht tae them at seesna, an tae tak awà their sicht frae them at sees."

Whan the Pharisees at wis wi him hard him say that, they said, "Ar we blinnd, tae, than?"

"Gin ye war blinnd," Jesus answert, "nae sin wad be on ye: but ye up-haud at ye can see, an sae your sin bides. / Trowth an **10** atweill, I tell ye, onie-ane at comesna intil the bucht at the yett, but sclims in somegate else, is a thíef an a reiver. The man at comes in bi the yett is the shepherd o the hirsel. The yett-keeper onsteiks the yett til him, an the sheep tents his voice; he cries his ain sheep, ilkane bi its name, an leads them out. Whan he hes brung them out, he gangs afore them, an the sheep fallows him, because they ken his voice. A strainger they winna e'er fallow, but will scour awà frae him, because they tak unco wi the voices o frem fowk."

That wis a parable Jesus tellt them, but they understuidna what he meaned bi it. Sae he gaed on tae say this tae them: "Trowth an atweill, I tell ye, I am the yett o the bucht. Aa them at hes come afore me hes been thíefs an reivers, but the sheep tentit-them-na. I am the yett: onie-ane at gaes in bi me will be saufed; he s' gang out an in, an he s' ey finnd pastur.

"The thíef comesna for ocht but tae steal an fell an destroy: I am come at they may hae life—ay, an rowth, an mair, o it! I am the guid shepherd. The guid shepherd lays doun his life for the sheep. The hireman, at is nae shepherd, an isna aucht the sheep himsel, forleits the sheep, whaniver he sees the wouf comin, an scours awà, laein the wouf tae herrie an skail the hirsel. He rins awà, because he is a fee'd man, an cares nocht for the sheep. I am the guid shepherd; I ken my sheep, an my sheep kens me, een as the Faither kens me, an I ken the Faither; an I am tae lay doun my life for the sheep. But I hae ither sheep, forbye thir, at belangsna this fauld, at I maun bring in, tae. They will tent my caa, an syne there will be ae hirsel, an ae shepherd.

"The Faither luves me because I am layin doun my life, for tae tak it back again. Nae-ane hes twined me o it; I am layin it doun o will. I hae freedom tae lay it doun, an I hae freedom tae tak it again: that is the chairge at I hae frae my Faither."

Thir wurds set the Jews at odds wi ilk ither aince mair. A

feck o them said, "He hes an ill spírit; he's gyte! What for dae ye heed him?" But ithers said, "Na, yon's no the wey o speakin o a man wi an ill spírit in him. An, forbye, can an ill spírit gar blinnd fowk see?"

AE WINTER'S DAY, durin the Festival o Dedication in Jerusalem, Jesus wis up i the Temple, gangin back an fore in Solomon's Porch, whan the Jews cam bourachin round him an said til him, "Hou lang ar ye tae haud us in captíre? Gin ye ar the Christ, tell us fair out."

"I hae tellt ye," Jesus answert, "an ye winna belíeve me. The unco things at I dae i my Faither's name beirs witness anent me, but ye winna belíeve, because ye belangna tae my hirsel. My sheep heeds my voice, an I ken them, an they fallow me. I gíe them eternal life, an ne'er will they perish, nor nae-ane will e'er rive them out o my haund. My Faither, at hes gíen me them, is michtier nor aa, an nae-ane can rive ocht out o my Faither's haund. My Faither an me is ane."

Aince mair the Jews tuik up stanes for tae stane him. Jesus said, "Monie a guid deed hae I dune afore your een wi the pouer I hae frae my Faither; whilk o them is it ye wad stane me for?"

"It is no for onie guid deed we are tae stane ye," said the Jews: "it is for blasphemie—because, mere man at ye ar, ye mak yoursel out tae be God!"

Jesus answert, "Is't no written in your Bible, '*I said, Ye ar gods*'? Scriptur—an Scriptur is no tae set aside—there caas them 'gods' at God's Wurd cam til; an ar ye tae faut for blasphemie him at God hes consecrate til his service an sent intil the warld, because I said at I am the Son o God? Gin I am no daein the things at my Faither dis, believe-me-na: but gin I am, than, een tho ye belíevena what I tell ye, belíeve what my deeds tells ye, at ye may see for yoursels at my Faither is in me, an I in him."

That gart them seek aince mair tae grip him, but he wan awà out o their clauchts.

JESUS NOU GAED back athort the Jordan tae the bit whaur John hed begoud til his baptízin-wark. There he steyed, an a fell feck o fowk cam tae see him: "John mebbie wrocht nae míracles," they said: "but aathing he said about this man wis true!" Monie becam belíevers there.

AT THIS TIME there wis a man, Lazarus bi name, lyin síck [m]i the **11**
clachan o Bethanie, whaur he wonned wi his sisters Martha an
Mary, her at anointit the Lord wi ointment an dichtit his feet wi
her hair. The twa sisters sent wurd tae Jesus, sayin, "Lord, your
dear friend here is gey an ill."

Whan Jesus hard that, he said, "This síckness is no tae end in
daith; it hes faan him for God's glorie, an tae bring glorie tae the
Son o God."

Nou, Jesus wis fell fain o the threesome, Martha an her sister
an Lazarus; sae, whan he hard at Lazarus wis ailin, efter steyin on
ither twa days i the bit whaur he wis, he said til his disciples,
"Lat us gae back tae Judaea."

"Maister," the disciples said til him, "wad ye gae back there,
whan the Jews wis for stanin ye no langsinsyne?"

Jesus answert, "Is there no twal hours i the day? A man at
gangs i the daytime stammers nane, because he sees the licht o
the sun. But a man at gangs at nicht stammers [n]for the want o
licht." Efter sayin that, he gaed on, "Our friend Lazarus hes faan
owre, but I am gaein there tae wauken him."

"Maister," his disciples said til him, "gin he's faan owre, he'll
get better."

Jesus hed meaned at he wis deid, but they thocht he wis
speakin o ordnar sleep. Sae he said tae them straucht out, "Lazarus
is deid. I am gled for [o]your sakes at I wisna by; your faith will
be the steiver o it. But come, lat us awà til him."

Tammas, at hed the tae-name o "The Twin", said tae the ither
disciples, "Lat us gae an díe wi him!"

Whan Jesus cam tae the bit, he faund at Lazarus hed been lyin
aareddies fowr days in his graff. Bethanie wis no faur—less nor
twa mile—frae Jerusalem; an a guid wheen Jews hed come out tae
condole wi Martha an Mary owre their brither's daith. Whan
Martha hard at Jesus wis comin, she gaed out tae meet him, while
Mary bade on sittin ahame.

Martha said tae Jesus, "Lord, gin ye hed been here, my brither
wadna díed: but I ken at een nou God will gíe ye oniething ye
seek o him."

"Your brither will rise again," Jesus said til her.

***

[m] at his hame i the clachan o Bethanie, whaur Mary an Martha her sister wonned. (This
Mary, the sister o Lazarus, at wis ailin, wis the wuman at anyntit the Lord wi yntment
an dichtit his feet wi her hair.) *R: ut supra, L.*
[n] because he hesna nae licht *R: ut supra, ticked, L.*
[o] ye an your faith at I wisna bye *R:* your sakes at I wisna bye; your faith will be the
{(better)/steiver/(siccarer)} o it [*ticked*] *L.*

"Ou ay," said Martha, "weill-a-wat he will rise again at the resurrection on the henmaist day!"

"I am the resurrection an the life," Jesus answert: "him at believes in me will líve, een tho he hes díed; an nae-ane at líves an hes faith in me will e'er díe avà. Belíeve ye that?"

"Ay, div I, Lord," she said: "I weill belíeve at ye ar the Christ, the Son o God, at the warld hes been bidin on." Syne she gaed awà an cried her sister Mary an harkit laich in til her, "The Maister's here an is speirin for ye!"

Whan she hard that, Mary banged up an gaed awà til him. He hedna come yit tae the clachan, but wis ey at the spat whaur Martha hed met him. The Jews at wis inbye condolin wi Mary, whan they saw her rise up in heast an gae out, fallowt her, jalousin at she wis gangin tae the graff tae weep there. Sae Mary cam tae the place whaur Jesus wis. Whaniver she saw him, she flang hersel doun at his feet an said, "Oh, gin ye hed been here, Lord, my brither wadna díed!"

Whan Jesus saw her an the Jews at hed come wi her greitin, he gíed a graen like his hairt wis tae brak, an wis uncolie pitten about.[6] "Whaur hae they laired him?" he speired.

"Come an see, Lord," they said.

Jesus fell agreitin, an the Jews said, [p] "Man, wisna he fain o him?" But some o them said, "Gin he gíed the blinnd man his sicht, coud he no somegate hendert this man tae díe?"

Aince mair Jesus gíed a graen like his hairt wis tae brak. He gaed up tae the graff, whilk wis a weem wi a muckle stane sittin afore the mouth o it.

"Tak awà the stane," he said.

[q] Martha, the corp's sister, said til him, "Oh, sir, he maun be stinkin nou, he's been deid fowr days!"

"Did I no tell ye," Jesus said til her, "at gin ye belíeved, ye wad see a kythin o God's glorie?" Sae they shiftit the stane.

Jesus than raised his een tae heiven an said, "Faither, I thenk thee at thou hes listent my prayer. Weill kent I afore at thou ey listens me; an gin I speak this gate, it is for the sake o the thrang staundin round, tae gar them trew at thou hes sent me."

Efter he hed said that, he cried in a loud stevven, "Lazarus, come furth"; an the corp cam out the graff, his haunds an feet

---

[p] See hou faín he wis o him! R: *ut supra*, L.

[q] O but, {Lord, he maun be stinkin gin this/(think o the guff, Lord)}, he's been deid fowr days nou, Martha, the corp's sister, said til him R: Martha, the sister o the corp, said til him, O {sir, he maun be stinkan nou, he's been deid fowr days [*ticked*]/sir, we'll be scumfished; he's been deid fowr days nou/but, sir, think o the saur. . . .} L.

swealed in deid-linnens, an his face happit in a naipkin. Jesus said
tae them, "Lowse him, an lat him gae hame."

OWRE THE HEID o this, ʳthe Jews at hed come tae Mary an hed
witnessed what Jesus did—an there wis a gey wheen o them—
becam believers in him. But ithersome gaed awà tae the Pharisees
an tellt them what he hed dune, an the Heid-Priests an Pharisees
convened a meetin o the Council, whaur they said, "This man is
wurkin a hantle o miracles; what order ar we takkin wi him?
Gin we lae him abee onie langer, aabodie will tak up wi him, an
syne the Romans will come an soop our Temple an our nation
aff the face o the yird!"

But ane o them, Caiaphas, at wis the Heid-Priest that year,
said tae them, ˢ"Ye hae nae smeddum avà, an ye takna thocht o
hou muckle better it wad be at ae man died for the lave nor the
haill fowk perished." He saidna this at his ain haund: it wis a
prophecie he made as Heid-Priest for that year at Jesus wad die
for the nation, an no for that nation alane, but sae at he micht
gether aa God's childer thegither in ane frae aa the airts. Sae frae
that day forrit they plottit his daith.

Efter that Jesus nae mair gaed about apenlie amang the Jews,
but quat Bethanie for a muirside toun caa'd Ephraim, an there
bade wi his disciples. The Jewish Festival o the Passowre wis no
faur aff nou, an monie kintra fowk cam in tae Jerusalem tae
purifie themsels afore it begoud. Thir kintra fowk luikit out for
Jesus; an, as they stuid about i the Temple, the tane wad say til
the tither, "What's your thocht—at he'll come nane tae the
Festival?" That wis because the Heid-Priests an Pharisees hed
gien orders at onie-ane at kent whaur he wis suid lat them hae
wittins o it, sae at they micht grip him.

SAX DAYS AFORE the Passowre Jesus gaed tae Bethanie, whaur **12**
Lazarus wonned, at he hed raised frae the deid. There a sipper wis
gien in his honour, at whilk Lazarus wis ane o the guests, an
Martha saired them. Mary than tuik a pund o dairthfu true-nard
uilie an anointit Jesus' feet wi it, an syne dichtit them wi her hair;
an the saur o the uilie gaed out-throu the houss.

monie o the Jews—them at hed come tae Mary an hed witnessed what Jesus did—
becam believers in him R: ut supra, L.   ˢ Dulbarts at ye ar,
ye {want the wit/(haena the smeddum)} tae see at it wad be an unco fore for ye, gin ae
man deed for the lave, {raither nor the haill fowk perished/isteid o the haill fowk
perishin} R: Ye hae nae smeddum ava, an ye takna thocht o hou muckle better it wad
be [om. ὑμῖν s. ἡμῖν; rectè, ut puto] at ae man deed for the lave nor the haill fowk
perished L.

At that Judas Iscariot, ane o the disciples—the ane at wis tae betray him—said, "What for wisna yon uilie sellt for three hunder merk, an the siller gíen tae the puir?" He said that, no because he cared ocht for the puir, but because he wis a thíef; he wis their box-maister, an wis ey picklin the siller pitten intil it.

But Jesus said, "Lae her abee; lat her een hain it for the day o my buiral. The puir ye hae ey amang ye, but ye winna ey hae me."

The thrang o Jews at wis in Jerusalem for the Festival gat speirins at Jesus wis in Bethanie, an they cam out, not tae see him alane, but tae get a vízie o Lazarus forbye, at he hed raised frae the deid. An nou the Heid-Príests begoud plottin Lazarus' daith as weill, because awin til him monie Jews wis gaein aff an becomin belíevers in Jesus.

NEIST DAY, WHAN the gryte thrang in Jerusalem gat wit at Jesus wis comin tae the toun, they tuik palm-rysses i their haunds an gaed out tae meet him, cryin loud as they gaed:

> "Hosanna!
> Blissins on him at comes i the name o the Lord,
>   the King o Israel!"

Jesus hed gotten a cuddie-ass an backit it, conform tae the wurd o Scriptur:

> Dreid nane, dauchter o Zíon:
>   behaud, thy King comes,
>   sittin on the cowt o an ass-beast.

The disciples understuidna aa this at the time, but efterhin, whan Jesus wis glorifíed, they mindit at it hed happent him, an it cam back tae them at it hed been foretauld o him i the Buik.

The monie fowk at hed been by whan he cried Lazarus out o the graff an raised him frae the deid tellt ithers their tale; an it wis because they hard he hed wrocht this míracle at the croud gaed out tae meet him. The Pharisees than said til ilk ither, "Ye see ye ar comin nae speed avà; luik hou the haill warld's haudin efter him!"

AMANG THEM AT cam tae Jerusalem tae wurship at the Festival

there wis a wheen Greeks. Thir Greeks cam tae Phílip, at belanged Bethsaïda in Galilee, an said til him, "Coud we see Jesus, sir?" Phílip gaed awà an tellt Andro, an the twasome gaed an tellt Jesus.

Jesus said tae them, "The time is come for the Son o Man tae be glorifíed. Trowth an atweill, I tell ye, a pickle o wheat bides ae ane pickle itlane, an it faasna intil the grund an díes: but gin it díes, a braw hairst is wun o it. Him at luves his life tynes it, an him at caresna by life i this warld will hain it for the life at is life an laists for ey. Gin a man is tae sair me, he maun fallow me; an syne whauriver I am, my servan, tae, will be there. Ilkane at sairs me will be honourt bi my Faither.

"Nou is my saul sair tribbelt. What am I tae say? 'Faither, sauf me frae this hour'? . . . But na: it is een for this at I am come tae this hour. Faither, glorifíe thy name !"

A voice than cam out o heiven: "I hae glorifíed it else, an I will glorifíe it again."

The croud staundin by hard the sound. Some said it wis thunder, but ithers said, "An angel spak til him !"

"This voice," said Jesus, "spakna for me, but for ye. Nou is this warld tae be juidged; nou is the prince o this warld tae be cuissen furth. As for me, whan I am liftit up frae the yird, I will draw aa men tae mysel." I thae wurds he wis lattin them ken whatna kin o daith he wis tae díe.

The croud said til him, "We hae lairned frae the Bible at the Christ is tae bide for ey: hou div ye say, than, at the Son o Man is tae be liftit up? [t]Whatna Son o Man is this?"

Jesus answert, "The licht winna be lang nou amang ye. Be ey haudin forrit, as lang as ye hae the licht, or ye'll hae the mirk comin doun on ye, an ye ey a-gate; an a man at gangs i the mirk kensna whaur he is gaein. Lippen tae the licht, as lang as ye hae it, at ye may become childer o licht."

EFTER HE HED said that, Jesus gaed his waas an derned himsel frae them. For aa he hed wrocht sae monie míracles afore their lívin een, they wadna belíeve in him, at the wurd spokken bi Isaiah the Prophet micht come true:

> *Lord, wha hes lippent [u]the wurd he hard frae us?*
> *Wha hes seen the Lord's airm kythe in its micht?*

[t]   Wha is this Son o Man? R: Whatna Son o Man is this? (⟨Knox, N.E.B.⟩ L.
[u]   our wurd R: the wurd he hard {o/frae} us (⟨cf. Noli⟩ L.

They dochtna believe for this, at Isaiah spak forbye:

> He hes blinndit their een
> an mirkit their wit,
> at they suidna see wi their een
> an understaund wi their wit,
> an I wad hail them.

[v]It wis een o Jesus at Isaiah spak thae wurds, an he spak them because he saw his glorie.

Still an on, a fell curn Councillors becam believers in him: but they dauredna haud wi it for the Pharisees, an for dreid o bein debarred the synagogue. They wad liefer hae honour o men nor o God. But Jesus cried out loud, "Him at believes in me believesna in me but in him at sent me, an him at sees me sees him at sent me. I hae come intil the warld as a licht, sae at nae-ane at believes in me suid bide i the mirk. Gin onie-ane hears my wurds an haudsna bi them, I juidge-him-na, for I camna tae juidge the warld, but tae sauf it. Him at rejecks me an accèpsna my wurds hes his juidge bidin him—the wurd I hae spokken, hit will juidge him on the henmaist day. For I haena spokken at my ain haund: my Faither at sent me hes gíen me his biddins himsel what I am tae say, an hou I am tae speak; an weill-a-wat his biddins is eternal life! Sae in aathing I say I speak but the wurds he hes spokken tae me."

13 [w]IT WIS PASSOWRE Een. Jesus kent at the time wis come for him tae quat this warld an gang tae the Faither. He hed ey luved his ain at wis in the warld, an nou he kythed his haill luve for them. Afore they begoud their sipper, the Deivil hed pitten it intil the mind o Judas, son o Símon Iscariot, tae betray him. Whan they war at the buird, Jesus, for aa he kent at God hed lippent aathing intil his haunds, an mairfortaiken at he hed come frae God an wis gaein back tae God, rase frae his place, tirred tae the sairk, an, takkin a touel, wappit it round him. Syne he poured watter intil a baishin an begoud washin his disciples' feet an dichtin them wi the touel he hed round him.

Whan he cam tae Símon Peter, "What, Lord?" said Peter. "Ye tae wash my feet?"

---

[v] [Isaiah said that because he saw his glorie; (an) it wis een o Jesus he spak] R: ut supra, ticked, L.   [w] The Passowre festival wis about tae begin R: It wis Passowre Een (⟨Rieu)/Afore the Passowre Festival begoud L.

"What this means at I am daein," said Jesus, "ye kenna the nou, but ye s' ken syne."

"Na, na, Lord," said Peter: "ye s' ne'er wash my feet!"

"An I washna your feet," Jesus answert, "aa is by wi atween us."

"Oh, than, Lord," said Peter, "washna onlie my feet, but my haunds an my heid an aa!"

Jesus answert, "Him at hes haen a bath needsna wash himsel mair: he is clean, the haill bouk o him. Ye, tae, ar clean—no ilkane o ye, tho." He kent wha wis betrayin him, an that wis hou he said, "No ilkane o ye is clean."

Whan he wis throu wi washin their feet, he pat on his claes an lay doun at the buird again. Syne he said tae them, "Div ye understaund this at I hae dune tae ye? Ye caa me 'Maister' an 'Lord', an weill may ye, for I am een that. Gin, than, I, your Lord an Maister, hae wuishen your feet, ye behuive tae wash ilk ithers' feet. I hae sutten ye an exemple tae lairn ye tae dae as I hae dune tae ye. Trowth an atweill, I tell ye, a servan isna gryter as his maister, nor a messenger as him at sent him. Gin ye ken that, braw for ye, an ye ack conform til it! I am no speakin o ye aa—weill ken I them I hae waled—but the Scriptur wurd maun come true at says, '*My fere, at taks his mait wi me, hes gíen me the back o his haund.*' I tell ye this nou, afore it happens, sae at, whan it happens, ye may believe at I am what I am. Trowth an atweill, I tell ye, him at walcomes onie-ane at I send walcomes me, an him at walcomes me walcomes him at sent me."

Efter he hed said that, Jesus wis tribbelt in spírit an, speakin maist solemnlie, said, "Trowth an atweill, I tell ye, ane o ye is tae betray me."

The disciples glowred at ilk ither, fair dung tae ken wha he wis speakin o. Ane o them—the disciple at Jesus luved—wis lyin neist him at the buird wi his back til him. Símon Peter noddit til him an said, "Tell us wha he's speakin o"; an the disciple leaned back on Jesus' breist an said til him, "Wha is it, Lord?"

"It is him," said Jesus, "at I am tae gíe this bit breid, whan I hae dippit it i the bowie." Syne he dippit it i the bowie an raxed it tae Judas, Símon Iscariot's son; an as shune as Judas hed gotten it, Sautan crap intil his hairt. Syne Jesus said til him, "Swith tae your wark!"

Nane o the lave at the buird understuid what for he said that til him. Some jaloused, sin Judas wis their gowdie, at Jesus wis tellin him tae buy what they war needfu o for the Festival, or biddin him gíe awmouses tae the puir. As shune, than, as he hed gotten the bit breid, Judas gaed out, intil the mirk o nicht.

WHAN HE HED gane, Jesus said, "Nou is the Son o Man glorifíed, an God is glorifíed in him. Gin God is glorifíed in him, God will glorifíe him in himsel, an he will glorifíe him belyve. Dear bairns, it is but a whilock I am tae be wi ye nou. Ye will seek me, but as I said tae the Jews, sae I maun say tae ye nou: whaur I am gaein ye canna win. I gíe ye a new commaundment—luve ilk ither; een as I hae luved ye, sae maun ye luve ilk ither. It is bi that—the luve ye hae til ither—at fowk will ken ye for my disciples.

"Whaur ar ye gaein, Maister?" Peter speired at him.

"Whaur I am gaein," Jesus answert, "ye canna fallow me nou, but ye s' fallow me syne."

"What wey," said Peter, "can I no fallow ye the nou? I s' lay doun my life for ye!"

"Lay doun your life for me?" said Jesus. "Trowth an atweill, I tell ye, the cock winna craw afore ye hae disavoued me three times owre.

14 "Latna your hairts be tribbelt. Lippen on God; lippen on me an aa. My Faither's houss hes monie chaumers; an it warna sae, wad I hae tellt ye at I am gaein awà tae mak reddie a place for ye?[7] Syne, whan I hae gane an made reddie a place for ye, I will come back an tak ye tae mysel, sae at whaur I am ye may be, tae. Mairatowre, ye ken the wey tae whaur I am gaein."

Tammas said til him, "We kenna whaur ye ar gaein, Lord; sae hou can we ken the wey there?"

Jesus said til him, "I am the wey, the trowth, an the life. Nae man comes tae the·Faither binna throu me. Gin ye kent me, ye wad ken my Faither an aa. Nou ye hae seen him, an frae this forrit ye ken him."

"Lord," Phílip said til him, "shaw us the Faither, an we s' seek nae mair!"

"Am I this fell while wi ye aa," said Jesus, "an ye ey ken-me-na, Phílip? Him at hes seen me hes seen the Faither: hou can ye say, than, 'Shaw us the Faither'? Div ye no belíeve at I am in the Faither, an the Faither in me? The wurds at I speak tae ye, they comena frae mysel: it is my Faither dwallin an wurkin in me. Trew me, whan I tell ye I am in the Faither, an the Faither in me: or, gin ye winna tak my wurd, trew me for the unco warks at ye see themsels. Trowth an atweill, I tell ye, him at belíeves in me

will dae the things at I dae—ay ! an gryter things nor them; for I
am gaein awà tae the Faither, an oniething at ye seek i my name,
I s' dae it, at the Faither may be glorifíed i the Son. Oniething at
ye seek o me i my name, I s' een dae it.

"Gin ye luve me, ye will keep my commaundments; an syne I
will ax the Faither, an he will gíe ye anither forspeaker, at will
bide wi ye for iver—the Spírit o Trowth, at the warld downa tak
til itsel, because it naither sees him nor kens him. But ye ken him,
because he dwalls wi ye an will be in ye. I winna lae ye burdalane
i the warld: I am comin back tae ye. Afore it is lang, the warld
will see me nae mair: but ye will see me, because I am in life, an
ye will be in life. Whan yon day comes, ye will ken at I am in my
Faither, an ye in me, an I in ye. A man luves me whan he kens my
commaundments an keeps them. Him at luves me will be luved
bi my Faither, an I will luve him an shaw mysel til him."

Judas—no Judas Iscariot—said til him, "Hou is it, Lord, at ye
ar tae shaw yoursel til hiz, an no tae the warld?"

Jesus answert, "Gin a man luves me, he will heed my wurd, an
my Faither will luve him, an we will come til him an mak our
bidin wi him. Him at luves-me-na heedsna my wurds. An the
wurd at ye hear frae me isna my ain: it comes frae him at sent me.
This muckle I hae been able tae tell ye afore I buid lae ye, but the
Forspeaker, the Halie Spírit at the Faither will send i my name,
will teach ye aathing an mind ye o aa at I hae said tae ye.

"Peace I lae ye at my wagang—my peace, no sic peace as the
warld gíes. Latna your hairts be erch or flichtert. Ye hard me say
tae ye, 'I am gaein awà the nou, but I s' come back tae ye syne.'
Gin ye luved me, ye wad hae been gled at I am gaein tae the
Faither, for the Faither is gryter nor me. I hae tellt ye this nou,
afore the time, sae at, whan it happens, ye may belíeve. Efter this
I winna be speakin tae ye onie mair,[8] for the prince o this warld
is comin afore it is lang. Atweill, he hes nae pouer owre me, but
the warld maun be gart ken at I luve the Faither, an am daein een
as the Faither hes bidden me. An nou, tae your feet, an lat us awà
frae this ! . . .

"I am the true vine, an my Faither is the gairdner. Ilka ryss in **15**
me at beirs nae frute he sneds, an ilkane at beirs frute he snods,
at it may beir the mair. Ye ar snod else awin tae the wurd I hae
spokken tae ye. Bide ye in me, an I s' bide in ye. As the ryss
downa beir frute itlane, but maun bide on the vine tae be frutefu,
nae mair can ye beir frute, an ye bidena in me. I am the vine, ye
ar the rysses. Gin a man bides in me, an I in him, he beirs rowth o

frute, for sindert frae me ye can dae nocht avà. Gin onie-ane bidesna in me, he is cuissen furth, like a sneddit ryss, an dows awà; an siclike rysses is gethert an cuissen on the fire, an there brunt til aiss. Gin ye bide in me, an my wurds bides in ye, seek o God what ye pleise, an ye s' hae your will. My Faither is glorified whan ye beir rowth o frute, an sae shaw yoursels true disciples o mine.

"As my Faither hes luved me, een sae hae I luved ye. Bide in my luve. Gin ye keep my commaundments, ye will bide in my luve, een as I hae keepit my Faither's commaundments an bide in his luve. Aa this I hae said tae ye at my joy may be yours, an at your joy may be naeweys mank. This is my commaundment: luve ilk ither, as I hae luved ye. The grytest luve o aa is the luve o the man at lays doun his life for his friends. Ye ar my friends, gin ye dae what I commaund ye. I caa ye servans nae mair, for a servan kens nane what his maister is adaein: I hae caa'd ye friends, because I hae looten ye ken aa at my Maister hes tellt me. Ye haena waled me, I hae waled ye; an I hae appointit ye tae gae an beir frute, frute at will laist, sae at my Faither may gie ye aathing ye seek o him. This is the commaundment I gie ye: luve ilk ither.

"Gin the warld hates ye, it hatit me first, as weill ye ken. Gin ye belanged the warld, weill wad the warld like its ain: but ye belangna the warld, because I hae waled ye for mine, an sae it hates ye. Keep mind o what I said tae ye afore: 'A servan isna gryter as his maister.' As they hae persecutit me, een sae they will persecute ye, an they will haud til your teachin as ill as they hae hauden til mine. They will misgyde ye this gate, because ye own me for your Maister, an because they kenna him at sent me.

"Gin I hedna come an spokken tae them, they wad hae nae sin on their sauls, but nou they hae nae excuse for their sin. Him at hates me hates my Faither an aa. Gin I hedna dune sic things amang them as nae ither hes e'er dune, they wad hae nae sin on their sauls. But nou they hae seen them, an they hate baith me an my Faither. But the wurd at staunds i their Law buid een come true: '*They hatit me for nocht*'. But whan the Forspeaker comes, at I will send ye frae the Faither—the Spírit o Trowth at gangs furth frae the Faither—he will beir witness anent me. An ye maun beir witness, tae, because ye hae been wi me frae the first.

16   "I hae tellt ye aa this at ye mayna be shuiken i your faith. They will debar ye the sýnagogue: deed, the time is comin whan onie-ane at kills ye will trew at he is daein God a halie service. Siccan things they will dae, because they hae nae kennins o the Faither, or o me. I hae tellt ye this nou, sae at, whan the time comes for it tae happen, ye may mind at I tellt ye anent it. Gin I tellt-ye-it-na at the affset, it wis because I wis wi ye. But nou I am gaein awà til him at sent me, an there is nane o ye tae speir at me, 'Whaur ar ye gaein?' Yit ar ye dool at hairt because I hae tellt ye o my wagang. Still an on, it is the trowth I tell ye whan I say it is for your guid at I suid gang awà; for gin I gangna, the Forspeaker s' ne'er come tae ye, but gin I gae, I will send him tae ye. Whan he comes, he will gar the warld see an own wi the trowth anent sin, richteousness, an juidgement: anent sin, inasmuckle as they believena in me; anent richteousness, inasmuckle as I am gangin awà tae the Faither, an ye s' see me nae mair; an anent juidgement, inasmuckle as the prince o this warld is juidged else.[9]

"There is a hantle mair I coud say tae ye, but it wad be owre hivvie a lift tae lay on your backs the nou. But whan he, the Spírit o Trowth, comes, he will wyse ye intil the haill trowth. For he winna speak nane at his ain haund: he will een tell ye what he is tellt, nae less an nae mair, an he will lat ye ken the things at is ey tae come. He will glorifíe me, for aathing he maks kent tae ye he will draw frae what is mine. I say 'draw frae what is mine aathing he maks kent tae ye' because aa at the Faither hes is mine. But a whilock nou, an ye s' see me nae mair; an syne a whilock, an ye s' behaud me again."

Some o the disciples said til ither, "What is this he's sayin til us, 'But a whilock, an ye s' see me nae mair; an syne a whilock, an ye s' behaud me again', an this, 'Because I gang awà tae the Faither'? What is this 'whilock'?" they speired. "We kenna what he means."

Jesus kent at they wantit tae speir what he meaned, an he said tae them, "Ar ye speirin amang yoursels what I meaned whan I said, 'But a whilock, an ye s' see me nae mair; an syne a whilock, an ye s' see me again'? Trowth an atweill, I tell ye, ye will greit an murn, an the warld will be blythe; ay, ye will dree dool, but your dool will turn tae blytheness! Whan a wuman faas owre, she drees dool, because her time is come: but aince she is lichter o her bairn, she hes nae mind o the stounds an thraws, sae blythe is she at a man is born intil the warld! Een sae ye dree dool the nou, but I will see ye again, an your hairts will be blythe wi a blytheness at nane will can twine ye o. On that day ye winna speir me nae quastins.

"Trowth an atweill, I tell ye, oniething ye seek o the Faither he will gíe ye in my name. Till nou ye haena socht oniething in my name: seek, an ye s' get what ye seek, an syne your blytheness

winna be mank! Aa this I hae spokken tae ye in parables; the
time is comin whan I will speak nae mair in parables, but will
tell ye fair out anent the Faither. On that day ye will mak requeists;
an I am no sayin at I will pit in a wurd wi the Faither for ye, for
the Faither luves ye ithout wurd o mine, because ye hae luved me
an believed at I hae come frae God. I cam frae the Faither, an am
come intil the warld; an nou again I am quattin the warld an
gaein awà tae the Faither."

His disciples said til him, "Atweill nou ye ar speakin fair out,
an no in parables avà! We see nou at ye ken aathing an needsna
be quastint; an, for that, we believe at ye ar come frae God."

"Believe ye nou?" Jesus answert. "The time is comin—na, is
come!—whan ye will flee hereawà thereawà, ilkane til his hame,
an lae me my lane: na, no my lane, for the Faither is wi me! I hae
tellt ye aa this at ye micht hae saucht in me. Drees is your faa i the
warld: but hae a hairt abuin aa, I hae waured the warld!"

17 SAE JESUS SPAK tae them. Syne he luikit up til heiven an said,
"Faither, the hour hes come. Glorifíe thy son, at the Son may
glorifíe thee, an bi the pouer thou hes gíen him owre aa lívin
may gíe eternal life til aa at thou hes gíen him. This is eternal life
—kennin thee, the ae true God, an him thou hes sent, Jesus
Christ. I hae glorifíed thee on the yird bi cairriein throu til its
end the wark thou gíed me tae dae. An nou glorifíe thou me,
Faither, at thy side, wi the glorie I bruikit aside thee afore the
warld begoud.

"I hae made kent thy name til the men at thou hes gíen me out
o the warld. They war thine, an thou hes gíen them tae me, an
they hae hauden leal tae thy Wurd. Nou ken they at aa thou hes
gíen me comes frae thee; for I hae taucht them what thou taucht
me, an they hae walcomed it, an weill ken they nou at I cam frae
thee, an believe at thou sent me. I pray for them: I prayna for the
warld, but for them at thou hes gíen me, because they ar thine—
aa at is mine is thine, an what is thine is mine—an I hae been
glorifíed in them. No lang am I nou for this warld, but they bide
ey i the warld, as I gang my waas tae thee. Halie Faither, keep
them sauf bi the pouer o thy name, at they may be ane, een as we
ar ane.

"Whan I wis wi them, I keepit them sauf bi the pouer o thy
name at thou hes gíen me; I gairdit them weill, an no ane o them
aa hes gane the Black Gate, binna him at wis weirdit tae gang
that gate, at the wurd o Scriptur micht come true. Nou I am

comin tae thee, but afore I quat the warld, I speak thir wurds, sae
at they may hae i their hairts the joy at I hae in mine. I hae gíen
them thy Wurd; an the warld hates them, because they belangna
the warld, een as I belangna the warld. I pray-ye-na tae tak them
out o the warld, but tae keep them sauf frae the Ill Ane. They
belangna the warld, een as I belangna the warld. Consecrate them
bi the trowth; thy Wurd is the trowth. As thou hes sent me intil
the warld, een sae hae I sent them intil the warld. It is for their
sakes I consecrate mysel, at they, tae, may be consecrate bi the
trowth. But I prayna for them alane: I pray for them as weill at
believes in me throu the wurd at they speak. May they aa be ane;
may they be in us, een as thou, Faither, is in me, an I in thee, sae
at the warld may believe at thou hes sent me. I hae gíen them the
glorie at thou hes gíen me, at they aa may be ane, een as we ar
ane, I in them, an thou in me, sae at the warld may ken at thou
hes sent me an luved them, een as thou hes luved me.

"Faither, it is my will at they, thy gift tae me, may be wi me
whaur I am, sae at they may behaud my glorie at thou hes gíen
me for the luve thou buir me afore the founds o the warld wis
laid. O richteous Faither, the warld kens-thee-na, but I ken thee,
an thir o mine kens nou at thou hes sent me. I hae made thy name
kent tae them, an will mak it ey the mair kent, at the luve thou
hes borne me may be i their hairts, an I in them!"

AFTER HE HED sae prayed, Jesus tuik his disciples out athort **18**
the Kedron Cleuch an gaed wi them intil a gairden on the
faur side. Judas, at wis betrayin him, wis weill acquant wi
the bit, for Jesus hed monitime forgethert there wi his disciples.
Sae nou he gaed out til it wi the sodgers o the garrison an Temple
Gairds sent bi the Heid-Priests an Pharisees, airmed, an wi
bouets an torches cairriein. Kennin what wis tae come owre him,
Jesus stappit forrit an said tae them, "Wha is it ye ar seekin?"

"Jesus o Nazareth," they answert.

"I am him," said he.

Judas, at wis betrayin him, wis staundin wi them, an whan
Jesus said tae them, "I am him", he stevelt backlins an gaed clyte
on the grund.[10]

"Wha is it ye ar seekin?" Jesus speired at them again, an they
said, "Jesus o Nazareth."

"I hae tellt ye I am him," said Jesus; "sae, gin it is me ye ar
seekin, lat thir men een gang their waas." This wis at the wurd

he hed spokken micht come true, "O them thou gíed me I tintna ane."

Símon Peter than drew the swuird he wis cairriein an strack the Heid-Príest's servan an sneddit aff his richt lug. (The man's name wis Malchus.) But Jesus said til him, "Pit your swuird back intil its scabbart! Am I no tae drink the caup at the Faither hes gíen me tae drink?"

THE SODGERS O the garrison, wi their Cornel an the Jewish Temple Gairds, nou grippit Jesus, siccart his haunds, an tuik him til Annas. They brocht him til Annas first, because he wis guid-faither tae Caiaphas, the Heid-Príest that year—the same Caiaphas at hed counselt the Jews it wad sair them best at ae man suid díe for the haill fowk.

Jesus wis fallowt bi Símon Peter an anither disciple. This disciple wis acquant wi the Heid-Príest, an he gaed intil the yaird o the pailace alang wi Jesus, but Peter bade staundin thereout at the door. Belyve the ither disciple, him at wis acquant wi the Heid-Príest, gaed out an, efter twa-three wurds wi the janitress, brocht Peter inbye. The servan-lass—the janitress, like—said tae Peter, "Ye'll no be ane o this man's disciples, tae, na?"

"No me," said he.

The servans an Temple Gairds hed kennelt an ingle an war staundin beikin forenent it, for it wis cauldrif; an Peter stuid wi them an beikit an aa.

The Heid-Príest quastint Jesus anent his disciples an his teachin. "I hae spokken fair out tae the haill warld," Jesus answert: "aa my teachin hes been in sýnagogues an the Temple; ne'er said I ocht in hidlins. What for div ye speir at me? Speir at them at hes hard me what I tellt them; they ken what I said."

Whan he said that, ane o the Temple Gairds lent him a haffit wi his luif, sayin, "Wad ye answer the Heid-Príest that gate?"

"Gin I spak ill the nou," said Jesus, "tell the Court what ill I said: but gin I spak weill, what for div ye clour me?" Annas than sent him awà, ey bund, tae Caiaphas the Heid-Príest.

Símon Peter wis ey staundin outbye beikin himsel at the fire. Sae they said til him, "Ye'll be ane o his disciples, tae, na?"

But he disavoued him: "No me," said he.

Ane o the Heid-Príest's servans at wis sib tae the man at Peter sneddit his lug said, "Did I no see ye i the gairden wi him?"

But Peter disavoued him aince mair; an straucht a cock crew.

I THE FIRST o the day they cairriet Jesus frae Caiaphas tae the Governor's Pailace. But they gaedna inbye themsels, for that wad fyled them an hendert them tae eat the Passowre. Sae Pílate cam out tae them.

"What chairge hae ye again this man?" he speired.

"An he wisna a fautor," they answert, "we wadna haundit him owre tae ye."

"Tak him yoursels, an try him bi your ain Law," said Pílate.

But the Jews answert, "It is no leisome for us tae pit onie-ane tae daith." Sae answert they because what Jesus hed said anent the daith he wis tae díe buid come true.

Pílate than gaed back intil the Pailace an gart bring Jesus afore him. "Ar ye the King o Jews?" he speired at him.

"Ar ye sayin that at your ain haund," said Jesus, "or hae they spokken tae ye anent me?"

"Am I a Jew?" said Pílate. "It is your ain kintramen an the Heid-Príests at hes haundit ye owre tae me. What hae ye dune?"

"My Kingdom," Jesus answert, "isna o this warld. Gin my Kingdom hed been o this warld, my sodgers wad be fechtin tae haud me out o the grips o the Jews. But na, my Kingdom belangsna this warld."

"A-weill, ye ar a king, than?" said Pílate.

"Ye hae said it," Jesus answert. "It wis een for this I wis born an cam intil the warld—tae beir witness tae the trowth."

"What is trowth?" said Pílate. An wi that he gaed outbye again tae the Jews an said tae them, "I finnd nae faut in him. Ye hae a custom at I suid líberate ae man for ye at the Passowre. Is it your will at I suid líberate the King o Jews?" But they raired out again, "No him! BarAbbas!" BarAbbas wis a reiver.

Pílate nou tuik Jesus an gart leash him. The sodgers than **19** plettit a wreathe wi thorn-rysses an pat it on his heid an cled him in a purpie mantílle, efter whilk they made a ploy o comin up til him wi a "Hail, the King o Jews", an syne lendin him a haffit wi their luifs. Belyve Pílate gaed out aince mair an said tae them, "Luik, I am bringin him out tae ye tae lat ye see I finnd nae faut in him."

Jesus than cam out, weirin the wreathe o thorn-rysses an the purpie mantílle, an Pílate said, "See, here he is!"

At the sicht o him the Heid-Príests an Temple Gairds raired out, "Tae the cross, tae the cross wi him!"

"Tak him an crucifíe him yoursels," said Pílate; "I finnd nae faut in him."

"We hae our ain Law," the Jews answert, "an bi hit he suid be pitten tae daith for haudin out tae be the Son o God."

Whan Pílate hard them say that, he wis the mair afeared, an he gaed back intil the Pailace an said tae Jesus, "Wha ar ye?" But Jesus answert him nane.

"Will ye no speak tae me?" said Pílate. "Div ye no ken at I hae the pouer tae líberate ye, an the pouer tae cause crucifíe ye?"

"Ye wadna hae nae pouer owre me avà," said Jesus, "an ye hedna been gíen it frae abuin, an *that maks him at pat me intil your haunds mair tae wyte nor ye ar."

Efter that Pílate wis for settin him free, but the Jews raired an better raired, "Gin ye set this man free, ye ar nae fríend o Caesar's; ilkane at hauds out tae be a king is settin himsel up again Caesar!"

*Whan he hard what they war sayin, Pílate brang Jesus furth an sat doun on the juidgement-sait i the place caa'd "The Plain-stanes"—*Gabbatha*, i the Aramâic. It wis the day afore the Passowre, an the time wis about twal hours, less or mair. Syne he said tae them, "Luik, here is your king." But they raired out, "Tak him awà, tak him awà! Tae the cross wi him!"

"Wad ye hae me crucifíe your king?" said Pílate.

"We hae nae king binna Caesar," the Heid-Príests answert. Pílate than haundit Jesus owre tae be crucifíed.

SAE THEY TUIK Jesus, an he gaed furth o the toun, cairriein his cross himsel, tae the Place caa'd "The Hairn-Pan"—*Golgotha*, i the Aramâic; an there they crucifíed him, an alang wi him ither twa, ane on ilka side, an Jesus atween them.

Pílate set a plaicard on the cross on whilk he hed gart scríeve the wurds:

JESUS O NAZARETH KING O JEWS

Thir wurds wis read bi monie Jews, because the place whaur Jesus wis crucifíed wis *short-gate frae the toun, an the wurds wis written in Aramâic, forbye Laitin an Greek. Sae the Jewish Heid-Príests said tae Pílate, "Ye suidna say, 'King o Jews', but, 'He threapit he wis King o Jews'."

Pílate answert, "What I hae written I hae written."

---

x for that him at pat me intil your haunds is mair {tae wyte/in faut} R: that maks . . . mair tae wyte L.   *y* At that R: Whan he hard what they war sayan (⟨N.E.B.⟩) L.
z nae lang gate R: short gate [*ticked*] L.

Efter they hed crucified Jesus, the sodgers tuik his claes an haufed them in fowr pairts, ane for ilka sodger. But the sairk wis woven aa in ae piece frae the tap tae the boddom but seam or steik. Sae they said til ither, "We s' no screid this: lat's cast caivels for wha's tae hae it." This wis at the wurd o Scriptur suid come true:

'They depairtit my claithes amang them,
    owre my cleadin they cuist the caivels'

—the whilk wis een what the sodgers did.

Meantime Jesus' mither an her sister wis staundin aside the cross, an wi them Mary the wife o Clopas an Mary o Magdala. Whan Jesus saw his mither an the disciple at he luved staundin aside her, he said til her, "This is your son", an syne tae the disciple, "This is your mither"; an frae that day the disciple tuik her intil his ain hame.

An nou Jesus, kennin at aathing hed been dune at buid be dune, said, in fufilment o the wurd o Scriptur, "I am thristie."

There wis a cog sittin there fu o sour wine. Sae they dookit a spunge i the wine an pat it on a ᵃspear an raxed it up til his mouth; an whan he hed taen the wine, he said, "It is dune." Syne he boued his heid an gied up his spirit.

It wis the Friday o Passowre Ouk, an the Jews wisna wantin at the bodies suid bide on the crosses on the Sabbath, sin that wis a by-ordnar halie Sabbath; sae they socht Pilate tae cause brak the men's legs an tak the bodies awà. Sae the sodgers cam an brak the legs baith o the first man an the ither at wis crucified wi Jesus: but whan they cam tae Jesus an faund at he wis deid else, they brakna his legs. But ane o the sodgers stappit his spear intil his side; an straucht bluid an watter bowtit furth. We hae the witness o ane at saw it for this: an leal an soothfast is the witnessin he hes borne; an he kens at his witness is true, sae at ye, tae, may believe. For aa this happent at the wurd o Scriptur micht come true: "Bane o him sanna be brokken." An again there is anither wurd o Scriptur: "They will luik on him at they proggit."

EFTER THIS, JOSEPH frae Arimathaea, at wis a disciple o Jesus, but hidlinweys for dreid o the Jews, socht freedom o Pilate tae tak awà the bodie. Pilate gied him his allouance,[11] an he cam an

---

ᵃ spear R: spear = ὕσσῳ/hýssop {shank/wand} = ὑσσώπῳ L.

tuik it awà. Nícodemus, at hed first come tae Jesus under clud o
nicht cam, tae, bringing wi him fiftie-saxtie pund[12] o minged
myrrh an alaes. Sae they tuik Jesus' bodie an swealed it in deid-
linnens wi the spices amang them, as the Jews is in yuiss tae dae
at the buskin o a corp for buiral.

At the place whaur he hed been crucifíed there wis a gairden,
an i the gairden a new graff at nae-ane hed yit been laired in.
There, because it wis the Jewish Fore-Sabbath, an the graff wis
nearhaund, they laid Jesus.

20 ON THE FIRST day o the ouk Mary o Magdala cam air tae the
graff afore the first styme o daylicht. She saw at the stane hed
been shiftit frae the in-gang, an hied awà tae Símon Peter an the
disciple at Jesus luved an said tae them, "They hae taen the Lord
out o the graff, an we kenna whaur they hae laid him!"

At that Símon Peter an the ither disciple gaed out an made til
the graff. For a while the twasome ran fit for fit, but belyve the
ither disciple fore-ran Peter an wan tae the graff first. He keikit
in an saw the deid-linnens lyin on the grund, but gaedna inbye.
Syne Símon Peter cam up efter him, an he gaed intil the graff an
saw the deid-linnens lyin there, an the naipkin forbye at hed been
on Jesus' heid, no lyin wi the linnens, but rowed up in a place
itlane. Syne the ither disciple at hed reakit the spat first gaed in,
tae, an saw aathing, an belíeved; for up tae this they hedna
understuid frae the Scripturs at he buid rise frae the deid.

The twa disciples than gaed back hame again. But Mary bade
staundin outside the graff greitin; an as she grat, she keikit inbye
an saw twa angels cleadit in white sittin whaur the bodie o Jesus
hed lain, the tane at the heid, an the tither at the feet.

"What for ar ye greitin, wuman?" they speired.

"They hae taen my Lord awà," said she, "an I kenna whaur they
hae laid him."

Syne she turned round an saw Jesus staundin there, but miskent
him. "What for ar ye greitin, wuman?" Jesus said til her. "Wha ar
ye seekin?"

Jalousin it wis the gairdner, she said til him, "Gin it is ye, sir,
at liftit him, tell me whaur ye hae laid him, an I s' tak him awà."

"Mary," Jesus said til her; an she turned an said til him, in
Aramâic, "*Rabbouni*"—that is, "Maister".

"Quat grippin til me," said Jesus; "I haena yit gane up tae the
Faither. Gang tae my brether an gíe them wurd at I am nou tae
gae up tae my Faither an your Faither, my God an your God."

Sae Mary o Magdala gaed awà tae the disciples wi her tidins: "I hae seen the Lord," said she; an syne she cam owre his wurd tae them.

I THE FORENICHT o that same day, the first day o the ouk, the disciples wis sittin ahent lockfast doors for dreid o the Jews, whan Jesus cam an stuid i their mids: "A blissin on ye!" he said, an shawed them his haunds an his side; an the disciples wis fell gled tae see the Lord.

"A blissin on ye!" he said again. "As the Faither sent me, een sae send I ye." Wi that he breathed on them an said, "Receive the Halie Spírit: them at ye forgíe their sins, their sins is forgíen; an them at ye forgíena their sins, their sins bides onforgíen."

ANE O THE Twal, Tammas, at wis caa'd "The Twin", wisna wi them whan Jesus cam; an whan they tellt him at they hed seen the Lord, he said tae them, "An I seena the sted o the nails in his haunds an stapna my finger intil the place, an my haund intil his side, I s' ne'er belíeve sic a thing!"

A sennicht efterhin his disciples wis inbye again, an Tammas wis wi them, whan Jesus cam an stuid i their mids, for aa the doors wis lockfast, an said, "A blissin on ye!" Syne he said tae Tammas, "Rax here your finger an luik at my haunds, rax out your haund an stap it intil my side; an binna misdoutin nae mair, but belíevin."

"My Lord an my God!" said Tammas.

"Hae ye belíeved because ye hae seen?" said Jesus. "Blissed is them at hesna seen, but hes belíeved!"

JESUS WROCHT MONIE mae míracles afore his disciples' een forbye them at is recordit i this buik. Them at is recordit here hes been recordit at ye may belíeve at Jesus is the Christ, the Son o God, an, sae belíevin, may hae eternal life throu his name.[13]

THE ACKS O THE APOSTLES

1 IN MY FIRST buik, Theophilus, I set doun a narrative o aa Jesus' wark an teachin, beginnin wi the beginnin, an comin doun tae the time whan he gíed his henmaist commaunds throu the Halie Spírit til the Apostles he hed waled. Efter he hed dree'd his dree, he gae them monie pruifs at he wis ey in life, kythin tae them monitime owre seiven ouks an tellin them anent the Kingdom o God an aa.

Ae time at he wis suppin wi them, he baud them no quat Jerusalem. "Bide ye here," qo he, "or the Faither's hecht at I tauld ye o hes come true. John baptízed wi watter, but ye will be baptízed, or it's lang, wi the Halie Spírit."

Ae day at they hed aa come thegither, they speired at him: "Lord," said they, "ar ye tae restore the Kingdom o Israel at this time?"

"It is no for ye," he answert, "tae ken times an dates at the Faither hes appointit at his nain will. But the Halie Spírit will come on ye an gíe ye pouer, an ye will be witnesses for me in Jerusalem an aa Judaea an Samâria an tae the faurest bound o the yird."

Efter he hed said that, he wis liftit up afore their een an santit awà intil a clud out o their sicht. They war ey glowrin up intil the lift efter him whan aa o a suddentie twa men in white cleadin cam an stuid aside them an said tae them, "What for ar ye staundin there luikin up intil the lift, ye Galilee men? This Jesus at hes been taen up frae ye intil the lift will een come doun again the same wey as ye hae seen him gang up intil the lift."

*a*EFTER THAT THEY quat the hill caa'd Olivet an gaed back tae Jerusalem. It is nae lang gate, nae mair an a Sabbath day's traivel. Whan they hed gotten back tae Jerusalem, they gaed up tae the chaumer up the stair whaur they war stappin—that is: PETER, JOHN, JEAMES, an ANDRO; PHILIP an TAMMAS; BARTHOLOMEW an MATTHEW; JEAMES the son o Alphaeus, SIMON the leal Jew, an JUDE the son o JEAMES. Aa thir men huid on wi ae hairt an mind at the prayin, alang wi a wheen weimen, Mary the mither o Jesus, an his brithers.

About this time Peter stuid up at a meetin o the brether whaur

---

a Efter that they gaed back tae Jerusalem frae the Hill caad Olivet, whilk is no faur—hauf a mile an a bittock/(a wee mair nor hauf a mile)/a hauf mile frae the toun [*all bracketed*] R: *ut supra, ticked,* L.

there wis about a hunder an twintie persons praisent, an spak this
gate: "Brether, the Scriptur prophecie buid come true at the
Halie Spírit spak throu the mouth o Dauvit anent Judas, at saired
as gyde tae them at arreistit Jesus, sin he wis ane o oursels an hed
gotten a pairt i this mínistrie o ours.* Nou it is written i the Buik
o Psaums:

Lat his hauld be left desèrt;
lat nae lívin won intil it.

An again:

Lat anither tak owre his room.

We behuive, therefore, tae join anither til oursels as a witness tae
the Lord Jesus' resurrection, an he maun een be ane o them at
sortit wi us aa the time at Jesus gaed out an in amang us frae he
wis baptízed bi John doun tae the day at he wis taen up frae us."
Twa names wis pitten forrit: Joseph, caa'd BarSabbas, at wis
agnamed Justus; an Matthías. Syne they prayed, sayin, "O Lord,
at sees ben intil aa men's hairts, shaw us whilk o thir twa thou hes
choised tae tak the vaikin place i this mínistrie as Apostles at
Judas forhoued tae gang whaur he belanged." They war than
gíen caivels tae cast, an the caivel fell on MATTHIAS; an sae bi
election he tuik his place wi the eleiven Apostles.

WHAN THE DAY o Pentecost cam round, they war aa forgethert 2
in ae place, whan o a suddentie a sound like the rair o a blowsterin
gell o wind cam out o the lift an fu'd the haill biggin whaur they
war sittin. They saw like tungs o fire, at sindert in twa an sattelt
on ilkane o them, an they war aa filled wi the Halie Spírit an
begoud speakin in fremmit leids, accordin as the Spírit gae them
the pouer tae mouband their thochts.
There wis wonnin in Jerusalem at this time gudelie Jews at hed
come there frae ilka kintra aneth the lift. Whan this sound gaed
throu the place, they aa gethert in a croud an war fair bumbazed,
ilkane o them, tae hear the Apostles speakin in his ain leid. Deed,
they maistlins gaed by themsels wi winder: "Isna thir men at is

* This man bocht a dail wi the siller he wis peyed for his wickitness, an he cowpit on
his grouff in it, an the wame o him brustit sindrie, an aa his harigals hushed out. Aa the
indwallers in Jerusalem hard tell o it, sae at that dail cam tae be caa'd i their leid
"*Hakeldamach*", or "The Bluidie Dail".

speakin aa Galilee fowk?" said they. "What wey, than, is it at ilkane o us hears them speakin the langage he wis fuishen up in himsel? Here we ar—Parthians, Medes, an Elamítes, indwallers in Mesopotâmia, in Judaea an Cappadocia, in Pontus an Asia, in Phrýgia an Pamphýlia, in Egyp an the pairts o Líbya about Cyrenè, Jews frae Roum, some o us born Jews, ithers convèrts, Cretans an Arabs—an ilkane o us hears them tellin in his ain leid the unco things at God hes wrocht!"

They war aa 'maist by themsels, no kennin what tae think, an speirin at ilk ither, "What's this o'd avà?" tho there wis some geckit an said, "They'r lippin fu o new wine." But Peter stuid up wi the eleiven aside him an, takkin speech in haund, said tae the croud: "Aa ye Jews an dwallers in Jerusalem, this is something at ye maun ken; tent ye weill what I am tae say tae ye. Thir men isna fu, as ye jalouse: it is but the mids o the forenuin. Na, this is what the Prophet Joel foretauld, whan he said:

> 'An this sal come tae pass,' God says,
>   'i the henmaist days:
> I will pour out my Spírit on aa lívin,
>   an your sons an your dauchters will prophesíe,
> an your springalds will see vísions
>   an your carles will dream dreams.
> Ay, een on my servans, baith men an maids,
>   I will pour out my Spírit i thae days,
>   an they will prophesíe.
> An I will gar uncos kythe i the lift abuin
>   an signs on the yird ablò,
>   bluid an fire an cluds o reek.
> The sun will be turnt tae mirkness,
>   an the muin tae bluid,
>   afore the income o the day,
> the gryte an glorious day, o the Lord!
>   An syne it sal be
> at ilkane at incaas the name o the Lord
>   will be saufed.'

"Men o Israel, listen ye my wurds! Jesus o Nazareth wis a man appruiven tae ye bi God throu michtie warks an ferlies an signs at God wrocht throu him i your mids, as weill ye wat yoursels. Whan, bi God's delíberate purpose an predestinâtion, he wis pitten in your pouer, ye gart nail him tae the cross an kill him bi haithen haunds. But God lowsed him frae the thraws o deith an brocht him back tae life; for he dochtna be hauden i the grips o deith. For Dauvit says anent him:

> I saw the Lord constant forenent my een
>> for he is at my richt haund, at I mayna be shuiken.
> Therefore my hairt wis blythe, an my tung rejoiced;
>> mairowre, my flesh will dwall in howp,
> for thou s' no lae my saul i the laund o the deid
>> nor lat thy Halie Ane mouler i the graff.
> Thou hes shawn me the gates o life, thou s' fu me
>> wi blytheness bi thy praisence.

"My brether, I can say this tae ye wiout a hanker about our forefaither Dauvit—but dout he died an wis laired, an his graff is ey tae the fore here in Jerusalem. A-weill, than, as he wis a prophet, an kent at God *hed swurn an aith til him at he wad set ane o his posteritie on his throne*, he foresaw the resurrection o the Christ; an it wis een o that at he spak whan he said at *he wisna left i the laund o the deid, an his flesh moulertna i the graff.* This Jesus God hes raised frae the deid: o that we ar aa witnesses. An nou at he hes been liftit up on hie tae the richt haund o God, the Faither hes gíen him the promised gift o the Spírit, an this at ye see an hear is poured out on us bi him. For Dauvit ne'er gaed up til heiven; he says himsel:

> The Lord said tae my lord:
> 'Sit ye at my richt haund
>> till I mak your faes
>> a fit-brod aneth your feet.'

Lat the haill fowk o Israel, than, dout nane at God hes made him baith Lord an Christ, this same Jesus at ye crucified!"

A stang gaed throu their hairts whan they hard that, an they speired at Peter an the lave o the Apostles, "What maun we dae, brether?"

"Repent," said Peter, "an be baptízed ilkane o ye i the name o Jesus Christ for the forgíeness o your sins, an ye will be gíen the gift o the Halie Spírit. For the promise is tae ye an your childer, an til aa sic o them at is hyne-awà[1] as the Lord our God may caa."

Wi thir an mair wurds he buir his witness an exhortit them: "Win sauf awà," he baud them, "frae this ill-gíen generâtion!"

Syne them at walcomed his wurd wis baptízed; an a three
thousand sauls wis eikit tae the believers that day. They war ey
forrit whan the Apostles wis teachin, an constant an on met in
britherlie fallowship an brak breid an prayed thegither; an awe
lay on ilka saul for the monie ferlies an signs wrocht bi the
Apostles.

Aa them at hed become believers conjunctlie huid aathing in
common, an they wad sell aa they war aucht in laund or in guids
an gear an supplíe the want o onie needfu brither wi the siller
peyed for them. Wi ae mind they keepit the Temple an the
dailie services, an ilka day they brak breid in ilk ither's housses, ey
takkin their mait wi blythe an aefauld hairts, an mindin tae gie
praise tae God. They hed the guidwill o aa the fowk, an dailieday
God eikit mair sauls he wis saufin tae their nummer.

3   AE DAY PETER an John wis gaein up tae the Temple i the mids o
the efternuin, the hour o prayer, whan a man wis cairriet by at
hed been cripple frae the day o his birth. This man wis pitten doun
ilka day at the Temple yett caa'd the Bonnie Yett tae seek awmous
o the fowk gaein intil the Temple. Sae whan he saw Peter an
John about tae gang inbye, he speired an awmous.

The twasome glowred at him, an Peter said, "Luik at us!" The
lamiter stelled his twa een on them, jalousin they war tae gie him
something. But Peter gaed on, "Siller nor gowd hae I nane: but
what I div hae, I s' een gie ye—i the name o Jesus Christ o
Nazareth, traivel!"

Syne he grippit him bi the richt haund an raised him til his
feet; an straucht his feet an cuits becam strang, an he banged up
an stuid steive on his feet, an syne begoud traivlin about. Than he
gaed intil the Temple wi them, gangin on his feet, spangin, an
ruisin God. Aa the fowk saw him gangin on his feet an ruisin
God; an whan they kent him for the beggar at hed ey sitten at
the Bonnie Yett o the Temple, they war 'maist by themsels
wi dumfounerment.

As he ey keepit hauds o Peter an John, the fowk aa ran an
bourached in a thrang round them in Solomon's Porch, as it is
caa'd, ferliein ayont aathing. Whan Peter saw it, he spak tae the
croud.

"Men o Israel," he said, "what for ferlie ye at this? What maks
ye glowre at us, as we hed gart this man traivel bi onie pouer or
gudeliness o our ain?

"It is the God o Abraham an Isaac an Jaucob at hes glorifíed his servan Jesus, at ye gíed up tae the authorities an disavoued afore Pílate, at hed sattelt tae set him free. Ye disavoued the Halie an Richteous Ane an craved the life o a murtherer an killed the Prince o Life. But God hes raised him frae the deid, as we can beir witness; an, because he hed faith in Jesus' name, that name hes made him able, this man at ye see an ken: ay, it is een the faith at comes throu Jesus at hes made him haill an fere i the sicht o ye aa !

"Weill-a-wat nou, my fríends, ye did what ye did, an your rulers an aa, because ye kent nae better. But God hed foretauld throu the mouth o aa his Prophets at his Christ maun een dree deith, an this wis hou he gart his wurds come true. Repent, than, an turn tae God, at your sins may be delete, an syne the Lord will send ye Jesus, your fore-appointit Christ, an ye s' hae days o easedom efter aa your throucomes.[2] But nou heiven maun be his hame till the time whan aa things is tae be restored at God hes spokken o throu the mouth o his halie Prophets frae the warld begoud.

"Moses said, '*The Lord will raise up a Prophet frae 'mang your brether, een as he raised up me. Ye maun tent ilka wurd at he speaks tae ye. Onie lívin at tentsna that Prophet sal be exterminate out o the fowk.*' Aa the Prophets, forbye, at hes spokken frae Samuil forrit foretauld thir days. Ye ar the sons o the Prophets an the heirs o the Covenant at God made wi your forefaithers, whan he said, '*In thy posteritie aa the faimlies o the yird will be blissèd.*' It wis for ye afore ithers at God raised up his Servan, an tae ye first at he sent him, tae bring ye blissin bi turnin ilkane o ye awà frae his ill weys o daein."

Afore Peter an John wis throu wi speakin tae the fowk, the **4** priests cam up wi the Governor o the Temple an the Sadducees. They war gey an ill-sortit at the Apostles teachin the fowk an threapin at Jesus wis a pruif o the resurrection frae the deid, an arreistit them an, as it wis gloamed, pat them in waird owre the nicht. But monie o them at hed hard their discoùrses becam belíevers, sae at the haill nummer o the brether rase til five thousand or therebye.

NEIST DAY THERE wis a meetin o the Jewish rulers, Elders, an Doctors o the Law in Jerusalem, at whilk Annas the Heid-Príest, Caiaphas, John, Elshinder, an the lave o the Heid-Príest's kin wis praisent. They caused bring in the Apostles afore them an speired at them, "Bi what pouer, or in whase name, hae ye dune this thing?"

Peter, fu o the Halie Spírit, answert them, "Rulers o the fowk an Elders, gif we ar here this day tae be quastint anent a kindness dune til a lamiter, an the wey he wis richtit, this is what ye aa an the haill fowk o Israel maun ken—it wis wrocht i the name o Jesus Christ o Nazareth, at ye crucified, but God raised frae the deid; an it is his wark at this man staunds here forenent ye cripple nae mair. He is *the stane at wis cuissen aside bi* ye *biggars*, but *hes become the cunyie*. In nae ither is salvâtion tae be fund; amang aa the names i the warld nae ither hes been gíen tae men for their saufin, but throu hit alane we maun win salvâtion."

The Council ferliet tae hear Peter an John speakin sae bauld an maikint, for they saw at they war plain men wi nae buik-lair, [an, "Ou ay," they said tae themsels, "thir twa hes been feres o Jesus."][3] But thair wis the richtit lamiter staundin wi them, an they dochtna gainsay them nane. Sae they baud them quat the council-chaumer, an tuik counsel amang themsels.

"What ar we tae dae wi thir men?" they speired. "Aa Jerusalem kens at a byous míracle hes been wrocht throu them, an we downa threap at it hesna. But sae at wurd o it gaes nae faurer abreid amang the fowk, we will better dischairge them wi threits frae speakin i this man's name til onie lívin in aa time comin."

Syne they caa'd them in an dischairged them frae aa speakin an teachin whatsomiver i the name o Jesus. But Peter an John answert, "Juidge for yoursels gif it is richt in God's sicht for us tae dae your biddin, or his: we, for our pairt, canna gíe owre speakin o what we hae seen an hard."

Efter shorin them aince mair, they loot them gang. They coudna see hou they coud pounish them, an they war fleyed for the fowk, at wis aa ruisin God for what hed happent, for the man at hed been richtit bi the míracle wis abuin fortie year auld.

As suin as they war free, they gaed tae their friends an cam owre tae them aa at the Heid-Príests an Elders hed said tae them, an whan they hard it, aa wi ae hairt raised their stevvens tae God, sayin, "Lord an Maister, *makker o the lift an the yird an the sea an aathing at is intil them*, at said throu the Halie Spírit bi the mouth o thy servan Dauvit:

> *What gart the haithen rampauge*
> *an set the* [b]*fowks athinkin idle thochts?*
> *The kings o the yird cam forrit*

[b] fowk R [λαοì].

an their rulers colleagued thegither
again the Lord an his Anointit.

Een sae it is: i this toun Herod an Pontius Pílate colleagued wi the haithen an the fowk o Israel again thy halie servan Jesus, at thou hes anointit, for tae dae aathing at thy aamichtie will hed predestinate suid come tae pass. An nou, Lord, tak tent o their threits, an graunt at thy servans may speak thy Wurd but dreid, raxin out thy haund tae hail, an garrin míracles an ferlies be wrocht i the name o thy halie servan Jesus."

Efter they hed sae prayed, the place whaur they war convened dinnelt an dirlt, an they war aa filled wi the Halie Spírit an begoud speakin the Wurd o God but fear or dreid. The Apostles, for their pairt, gae their testimonie tae the resurrection o the Lord Jesus, an gryte grace bade on them aa.

THE HAILL BODIE o the believers wis ane in hairt an saul. No ane o them said at oniething he awned wis his ain; aathing wis hauden in common. Deed, there wis nae-ane needin amang them, for aa at wis awners o laund or housses sauld them an brocht the price peyed for them an laid it at the Apostles' feet, an it wis distribute til ilkane accordin til his need.

Amang ithers, Joseph, a Levíte frae Cýprus, at wis caa'd Barnabas, or "Son o Hairtnin", bi the Apostles, sauld a room at he awned an brocht the siller an laid it at the Apostles' feet. / But 5 there wis a man caa'd Ananías, at alang wi his wife Sapphíra sauld a room, but keepit back a pairt o the siller til himsel, no ithout the kennin o his wife, an syne brocht the lave o it an laid it at the feet o the Apostles. But Peter said, "Ananías, what wey loot ye Sautan tak sic a haud on your hairt an egg ye up tae líe til the Halie Spírit an keep back a pairt o the price o the grund? Afore it wis sauld, wis it no your ain tae keep? Whan ye hed sauld it, wis the siller no yours tae dae as ye wad wi? Hou cam ye iver tae think o daein sic a thing? Ye haena líed tae man, but tae God."

At thir wurds Ananías cloitit doun deid, a juidgement at strack unco fear intil the hairts o aa at hard o it. Syne the yung men praisent rase an, efter happin him in a deid-sheet, cairriet him out an buiriet him.

A maitter o three hours efter, his wife cam in, onkennin what hed happent. Peter said til her, "Ye an your guidman, sauld ye the grund for sic-an-sic a soum?"

"Ay, that wis the soum," she answert.

"What for," said Peter, "made ye it up atween ye tae preive the Spírit o the Lord? Listen—that's the fit-staps ye hear at the door o the men hes been buiriein your guidman, an nou they'r tae cairrie ye out an aa."

At that straucht she cloitit doun deid at his feet; an the yung men cam in an faund her a corp, an syne cairriet her out an buiriet her aside her guidman. Unco dreid fell on the haill Kirk an aa them at hard o this happnin.

THEY FORGETHERT NOU raiglar as a bodie in Solomon's Porch; an, athò nae fremmit mirdit tae tak pairt i their meetins, the fowk ruised them sair, an mae convèrts wis ey comin owre tae the Lord, men an weimen baith, monie feck.

Monie míracles an ferlies wis wrocht bi the haunds o the Apostles i the sicht o the fowk;[4] an, or it wis lang, they war cairriein out their síck an aa intil the streets an layin them on beds an matrèsses, sae at, whan Peter gaed by, leastweys his shaidow micht faa on an antrin ane here an there. Thrangs cam in forbye frae the touns i the round, bringin them at wis oniegate ailin or pestit wi foul spírits; an they aa gat haill o their ills.

This made the Heid-Príest an aa his friends, the pairtie o the Sadducees, wud wi jailousie, an they caused arreist the Apostles an incarcerate them i the common jyle. But an angel o the Lord apent the doors o the príson throu the nicht an brocht them out an said, "Gang ye an tak up your stance i the Temple an tell the fowk aathing anent this new life." Sae they gaed tae the Temple at skreich o day an yokit tae the preachin.

I the mids o the meantime the Heid-Príest an his friends met an convened the Council an the haill Eldership o the Childer o Israel; an they sent tae the jyle tae fesh the Apostles. But whan the macers cam tae the jyle, they faund-them-na there. Sae they cam back an tauld the Council, "We faund the jyle siccarlie steikit an lockfast," they said, "an the gairds staundin at the doors, but whan we gaed inbye, we faund naebodie there."

Whan the Governor an the Heid-Príests hard that, they war fickelt tae ken what tae mak o it. But belyve a man cam an tauld them at the men they hed pitten in jyle wis staundin there i the Temple preachin tae the fowk, an the Governor gaed wi the macers an fuish them—but wiout layin a haund on them, for they war feared the fowk wad tak up stanes an clod them.

Whan they hed brocht them in afore the Council, the Heid-

Príest quastint them: "We stricklie dischairged ye," said he, "frae preachin i this name, an what hae ye dune but fill aa Jerusalem wi your preachin? An, mairfortaiken, ye ar seekin tae lay the wyte o this man's deith on us."

Peter answert for aa the Apostles: "God's biddins," he said, "maun be dune raither nor men's. The God o our faithers raised up Jesus, at ye pat tae deith on a dule-tree; an God hes raised him up til his ain richt haund as Prince an Sauviour, tae graunt Israel repentance an forgíeness o sins. O aa this we ar witnesses, an no us alane, but the Halie Spírit as weill, at is gíen bi God til aa them at dis his biddins."

The Councillors wis wud wi teen tae hear thae wurds, an wis fain tae pit them tae deith. But a Pharisee o the name o Gamâliel, a lawwer at wis respeckit bi the haill fowk, strauchtit til his feet an, efter biddin them pit the Apostles outbye for a wee, spak tae the Council: "Men o Israel," he said, "think weill what ye ar tae dae wi thir men. A while syne a certain Theudas cam forrit an blew an blowstit till he hed gethert a fowr hunder men about him. But he wis killed, an aa his mengie wis skailed; an the haill thing misgaed. Syne, efter him, Judas the Galilaean cam forrit at the time o the Inrowment an drew a wheen fowk efter him intil sedítion. But he, tae, perished; an his haill mengie wis scattert. ᶜAn sae nou—haud aff thir men, I rede ye; lae them abee! Gif what they ar ettlin at, an what they ar daein, is o man, it will come tae nocht o itsel: but gif it is o God, ye s' ne'er can bring it tae nocht— an ye winna be wantin tae finnd yoursels fechtin again God!"

They thocht he hed the richt o it an caused bring in an flag the Apostles, an syne, efter dischairgin them tae speak i the name o Jesus in time comin, set them free. Sae the Apostles quat the council-chaumer an gaed their waas. Richt blythe war they tae be hauden wurdie tae dree shame for the Name; an ilka day an aa day, i the Temple an in fowk's housses, they huid on at the teachin an the preachin o the Gospel o Jesus the Christ.

ABOUT THIS TIME, whan the disciples wis ey growin in nummers, the fremmit Jews begoud channerin at the hamelt Jews. Their complènt wis at their wídows wis owreluikit i the dailie distribution o awmous. Sae the Twal convened a meetin o the haill bodie o the disciples, at whilk they **6**

ᶜ Sae nou I rede ye tae haud awa frae thir men an lat them een gang their waas R: *ut supra*, (⟨N.E.B.⟩) L.

said, "It wadna be richt at we suid gíe owre preachin the Wurd tae see efter meltiths an siclike. Ye, brether, maun wale out seiven o yoursels, men faumous, wyss, an fu o the Spírit, at we can pit in chairge o this wark, an syne wair aa our time an thocht on prayer an preachin."

This counsel wis homologate bi the haill bodie o the disciples; an they choiced Steven, a man fu o faith an the Halie Spírit, Phílip, Prochorus, Nicânor, Tímon, Parmenas, an Nícholas, a proselýte frae Antioch. Thir men they brocht afore the Apostles, an the Apostles prayed an laid their haunds on them.

Aa this while the Wurd o God wis makkin endwey, an the nummer o the disciples grew michtilie in Jerusalem; amang ithers a fell feck o príests becam leal belíevers.

MEANTIME STEVEN, FU o grace an pouer frae abuin, wis wurkin gryte ferlies an míracles amang the fowk. But some at belanged ᵈwhat wis caa'd the Sýnagogue o the Líbyans,⁵ Cýrenaeans, an Alexandrians, alang wi a wheen ither Jews frae Cilícia an Asia, cam forrit again him an yokit on him, onlie tae finnd themsels waured bi his wisdom an the Spírit, at pat his wurds in his mou. Syne they out-houndit men tae say at they hed hard him sayin blasphemous things anent Moses an God; an, whan they hed sae pitten the fowk an the Elders an the Doctors o the Law in a stír, they lichtit on him an grippit him an cairriet him awà tae the Council.

There they brocht forrit fauss witnesses tae say, "This man's tung niver lies lichtlifíein this saucred place an the Law. We hae hard him say at this Jesus o Nazareth will ding doun this place an cheynge the customs haundit doun til us bi Moses."

Aabodie at wis sittin i the Council ᵉhed his een stellt on him, an his face luikit tae them like the face o an angel. / Syne the Heid-Príest said, "Is this true?"

7

Steven answert: "Faithers an brethren, the God o Glore kythed til our forebeir Abraham whan he wis ey in Mesopotâmia, afore he made his wonnin in Hâran, *an said til him, 'Quat thy kintra an thy kith an kin, an come tae the laund at I will shaw thee.'* Sae he quat the laund o the Chaldaeans an sattelt in Hâran. Frae there God gart him gang, efter his faither's deith, an he cam tae bide i this laund at ye nou won in. God gíed him nae haudin

---

ᵈ belanged the "Sýnagogue . . . Alexandrians" *R.*
ᵉ glowred at him as he spak *R*: hed his een stellt on him as he spak *L, but* as he spak'*s no i the Greek, an Steven's no speakin.*

here—na, no sae muckle as a fit-breid o grund, but he promised *tae gíe it til him an his descendants* efter him for their ain, for aa he hed than nae bairns. What God said til him wis this—at *his posteritie wad líve as outlans in an unco kintra, an the fowk o the laund wad mak slaves o them an ill-gyde them fowr hunder year.* 'But the *fowk at they ar slaves til,*' God said, '*I will juidge; an efterhin they will win out the laund an sair me i this* kintra.' Mairatowre, he gíed him the Covenant o Circumcísion; an sae it wis at, whan he becam the faither o Isaac, he circumcísed him the aucht day; an syne Isaac becam the faither o Jaucob, an Jaucob o Joseph.

"The Pâtriarchs sauld Joseph intil Egyp for jailousie, but God wis wi him, an brocht him sauf outen aa his drees, an *gíed him* wisdom an *fauvour wi Phâraoh, King o Egyp; an Phâraoh made him Governor o Egyp an gíed him the owrance o aa his houss-hauld. Than a dairth cam owre the haill o Egyp* an *Cânaan,* an sair, sair sufferin ahent it, till our forefaithers coudna fínnd nae provand. Jaucob hard, housomiver, at there wis corn in Egyp, an sent our forebeirs there: but it wisna or he hed sent them a saicond time at Joseph made himsel kent til his brithers, an Phâraoh lairnt aa anent his faimlie. Joseph than sent for his faither Jaucob an aa his kin, five-an-seiventie sauls in aa, an Jaucob cam doun intil Egyp; an there he díed, an our forebeirs efter him. Efterhin their bodies wis cairriet awà tae Shechem an laired i the graff at Abraham hed bocht for a soum o siller frae the sons o Emmor in Shechem.

"As the time for the fufilment o God's hecht til Abraham drew near, the fowk o Israel in Egyp grew mair an mair in nummers, or ae day a new King at hed nae kennins o Joseph cam tae the throne. He delt pawkilie wi our fowk, cruellie garrin our fore-beirs cast their wee bairns thereout tae díe o cauld an hunger. It wis een at this time at Moses wis born, an a winder braw bairn he wis. For three month he wis fuishen up in his faither's houss; an whan he wis cuissen furth tae díe, Phâraoh's dauchter saufed him an fuish him up as her nain son. Sae he wis taucht aa the lair o the Egyptians, an grew up tae be a man feckfu baith in speech an deed.

"Whan he wis fortie year auld, he tuik a thocht tae vísit his brether, the Childer o Israel. Belyve he cam on ane o them bein misgydit, an he gaed til the wranged man's help an peyed the Egyptian hame wi a straik at felled him. He thocht his brether wad understaund at he wis God's mean for their delíverance: but they understuidna. Neist day he cam on twa o them fechtin an socht tae sowther peace atweesh them. 'Ye ar brither Israelítes,' he tauld them: 'what gars ye mischíeve ilk ither at sic a rate?'

"But the man at wis in faut poussed him aside: '*Wha set ye as a ruler an juidge owre us?*' said he. '*Will ye be fellin me as ye felled the Egyptian yesterday?*' At that Moses fled the kintra an awà tae Mídian, whaur he sattelt as an outlan an hed twa sons born til him.

"Fortie year efterhin, whan he wis *i the desert about Munt Sínai, an angel o the Lord kythed til him i the lowes o a bleezin bríar-buss.* He coudna weill lippen his luikin een, an wis gaein up tae hae a better vízie o the ferlie, whan the voice o the Lord cam til him, sayin, '*I am the God o your forefaithers, the God o Abraham, Isaac, an Jaucob.*' Moses girrelt wi dreid, an dauredna luik at the buss. *Syne the Lord said til him, 'Tak the shaes aff your feet; the place ye ar staundin on is halie grund. Atweill I hae seen the ill-gydin o my fowk an hard their graenin, an I hae come doun tae sauf them. Come nou, I am tae send ye til Egyp.*'

"This Moses, at they disavoued, sayin, '*Wha set ye up as a ruler an juidge owre us?*'—it wis een him God gart the angel kythe til i the buss, an sent tae be their ruler an delíverer. It wis een him brocht them out o Egyp, wurkin ferlies an míracles in Egyp an the Reid Sea an the desert for fortie year. It wis the same Moses said tae the Childer o Israel, '*God will raise up a Prophet frae 'mang your brether, een as he raised up me.*' It wis him again at, whan the fowk wis aa assembelt i the desert, wis the mediâtor atweesh our forebeirs an the angel at spak wi him on Munt Sínai an gíed him wurds o life tae haund on tae ye. But our forebeirs, wad they heed his biddins? Deed, no: they poussed him aside, greinin i the hairts o them tae gae back til Egyp. '*Gíe us gods,*' they said til Aaron, '*at will gang afore us; for, as tae this Moses at brocht us out o Egyp, we kenna what hes come owre him!*'

"At that time they made an ímage o a stot an brocht offerins til it, an they huid gryte rejoicins owre a thing at their haunds hed wrocht. But God turnt awà frae them an gíed them owre tae the wurship o the Airmie o Heiven, een as it is written i the Buik o the Prophets:

> '*Brocht ye me slauchert beass an offerins thae fortie year*
> *i the wilderness, O Houss o Israel?*
> *Tuik ye up on your shuithers the tent o Moloch*
> *an the sterne o the god Rephan,*
> *thae mawments at ye hed wrocht,*
> *for tae wurship them?*
> *I will een bainish ye*
> *tae the faur side o Babylon!*'

"Our forebeirs hed the Tent o Testimonie i the desert, een as hed been ordeined bi him at spak wi Moses an baud him mak it conform tae the paittren he hed seen. It wis heired bi our neist forebeirs, an they brocht it wi them whan God drave the Cânaanítes afore Joshua, an they tuik possession o their laund; an it bade here or the days o Dauvit. Dauvit faund fauvour wi God an socht laive o him tae [f]finnd a place for the God o Jaucob tae camp in, but it wis Solomon biggit a houss for him. But the Maist Híe wonsna frithàt in ocht biggit bi haund o man. Een as the Prophet says:

> 'The lift is my throne,
>   an the yird is the fit-brod
>   aneth my feet.
> What kin o a houss will ye bigg me?'
>   says the Lord.
> 'Whattan place coud sair for my bidin?
>   Madena my haund the haill warld?'

"Thrawart haithens at ye ar, paugans blinnd an deif tae the trowth, at is ey contrairin the Halie Spírit! Faith, ye ne'er brak aff kind: wis there e'er a Prophet at wisna persecute bi your forebeirs? They killed them at foretauld the comin o the Richteous Ane, an nou ye hae betrayed an murthert him—ye at gat the Law in ordinances o angels, but haena keepit it!"

The Council wis wud tae hear thae wurds, an crinched their teeth at him. But Steven, glowrin up fu o the Halie Spírit intil the lift, saw the glorie o God an Jesus staundin at the richt haund o God, an he said, "There's a gaw i the cairrie, an I can see the Son o Man staundin at God's richt haund!"

At that they loot a loud skelloch an clappit their haunds owre their ears. Syne they lichtit on him like ae man, drave him out o the toun, an yokit tae stanin him, the witnesses first layin doun their claes at the feet o a yung man named Saul. As they staned him, he caa'd on Jesus: "Lord Jesus," he prayed, "tak my spírit til ye!" Syne he gaed doun on his knees an cried wi a loud stevven, "Lord, haudna this sin again them"; an wi thae wurds he slippit awà. / The yung man Saul wis amang them at appruived his **8** murther.

That same day a sair persecution wis lowsed on the Kirk in

---

[f] tae set up a tabernacle [σκήνωμα] for the God o Jaucob R: tae finnd a place for the God o Jaucob tae camp in (cf. M. Simon, *St. Stephen & the Hellenists*, pp. 51 sqq.) L.

Jerusalem, an aa the Kirk members, forbye the Apostles, fled aa airths atowre the laundart pairts o Judaea an Samâria. Steven wis buiriet bi a wheen gudelie men, at made gryte murnin owre him. But Saul wis thrang haggin an hashin at the Kirk; breingein intil ae houss efter anither, he haurlt aff men an weimen an caused thraw them in jyle.

THEM AT FLED frae Jerusalem preached the Wurd whauriver they gaed. Phílip, for his pairt, gaed up tae the toun o Samâria an preached the Christ there. Whan they hard what he said, an saw the míracles at he wrocht, they tentit weill aathing he said. For ill spírits cam out o monie fowk wi an awesome scraich, an monie-ane at hed the pairls or wis cripple wis richtit; an there wis gryte joy i that toun owre it.

For a while back there hed been a man, Símon, at practísed sorcerie, steyin i the toun an drivin the Samâritans amaist out o their wit wi his warlockrie. He huid out tae be faur abuin the common, an aabodie, híe an laich, ran efter him: "This ane," said they, "maun be the Gryte Pouer o God they speak o!"

Gin they huid efter him that gate, it wis because they hed lang been dementit wi his warlock's wark. But whan they hard Phílip preach anent the Kingdom o God an the name o Christ, they becam belíevers an war baptízed, baith men an weimen. Amang the lave, Símon, tae, becam a belíever; an efter he hed been baptízed, he gaed aagates wi Phílip, an wis mair an stoundit wi the míracles an michtie warks he saw wrocht.

Wurd nou cam tae the Apostles in Jerusalem at the fowk o Samâria hed acceppit the Gospel o God, an they sent Peter an John tae vísit them. Whan the twasome cam up, they prayed for the new belíevers at they micht receive the Halie Spírit, for up tae this it hedna come doun on onie o them; they hed onlie been baptízed i the name o the Lord Jesus. Syne the twa Apostles laid their haunds on them, an they received the Halie Spírit.

Whan Símon saw at the Halie Spírit wis gíen throu the layin-on o the Apostles' haunds, he cam an offert them siller: "Gíe me an aa," said he, "this pouer, sae at onie-ane at I lay my haunds on will receive the Halie Spírit."

But Peter said til him, "Ill hae ye an your siller baith, *g*for thinkin tae coff God's gift wi clink! Ye haena nae pairt or portion

---

g As gin the gift o God wis a thing tae be bocht an sauld! *R*: ye at wad coff God's gift wi clink!/for thinkin God's gift a thing tae be bocht wi bawbees!/for thinkin tae coff God's gift wi clink! *L*.

i this, for your hairt isna richt i the sicht o God. Repent o this wickitness o yours, an beseek the Lord tae be forgíen your ill thocht, gif it may be. Weill see I at ye ar tae pree the sours an be bund i the cheyns o sin."

"Pray tae the Lord for me," Símon answert, "at nocht o what ye hae spokken o may come owre me !"

Efter they hed gíen their testimonie an spokken the Wurd o the Lord, the Apostles set tae the gate aince mair for Jerusalem. On their road hame they preached the Gospel in monie Samâritan clachans.

MEANTIME AN ANGEL o the Lord said tae Phílip, "Up an haud south-owre alang the road at gaes doun frae Jerusalem tae Gâza." It is a road throu the muirs at no monie traivels. Phílip rase at aince an tuik the gate.

As it sae happent, an Ethiopian libbert at wis a híe offisher at the court o Candâcè, Queen o Ethiopia—he hed the owrance o her haill treisur—wis juist than on his road hame frae Jerusalem, whaur he hed been tae wurship. He wis sittin in his cairrage readin the Prophet Isaiah loud out.

Syne the Spírit said tae Phílip, "Awà an get in tow wi the man in yon cairrage." Sae Phílip ran up; an whan he hard him readin Isaiah the Prophet, he speired, "Can ye understaund what ye ar readin there?"

"What wey coud I that, wantin someane tae expund it tae me?" the Ethiopian answert; an he socht him tae come up an sit aside him. The portion o Scriptur he wis readin wis this:

> Like a sheep he wis led awà tae the skemmles;
> like a lamb at is dumb afore the clipper,
>   een sae he apensna his mouth.
> In his hummlin he wis juidged but juistice;
> posteritie o his nae man will e'er tell o,
>   for his days on the yird wis shortent.

The Ethiopian said tae Phílip, "Tell me, pleise, wha is the Prophet speakin o? Himsel, or someane else?" Syne Phílip tuik speech in haund an, beginnin wi thir wurds o Scriptur, laid out til him the Gospel o Jesus.

As they fuir alang the gate, they cam tae some watter. "Luik, thair's watter !" said the Ethiopian tae Phílip. "What's tae hender me tae be baptízed?"

Sae he baud the driver stap; an baith the twa o them, the Ethiopian an Phílip, gaed doun intil the watter, an Phílip baptízed him. Whan they cam up out o the watter, the Spírit clinkit awà Phílip; an, for aa the Ethiopian saw him nae mair, he gaed forrit on his gate, blythe at hairt.

As tae Phílip, he cam til Azotus, an frae there he gaed athort the kintra, preachin the Gospel in aa the touns til he cam tae Caesaraea.

9 SAUL, MEANTIME, WIS ey breithin threits o murther again the disciples o the Lord, an he gaed til the Heid-Príest an socht o him letters tae the sýnagogues in Damascus gíein him authoritie tae arreist onie o the Wey at he faund there, be it men or weimen, an bring them tae Jerusalem. He hed taen the road, an wis no faur frae Damascus, whan suddent a flaucht frae the lift leamed aa round him. He fell tae the grund an hard a voice sayin, "Saul, Saul, what gars ye persecute me?"

"Tell me, Maister, wha ye ar," said he; an the voice answert, "I am Jesus, at ye ar persecutin. But staund ye up an gang intil the toun, an ye s' be tauld there what ye maun dae." His companions stuid there tung-tackit, hearin the voice, but seein naebodie.

Syne Saul rase aff the grund, but, whan he apent his een, he coudna see nane; sae they tuik him bi the haund an brocht him intae Damascus. For three days he wis seein nane, an tuik naither bite nor sup.

There wis a disciple in Damascus caa'd Ananías. The Lord said til him in a vísion, "Ananías"; an he answert, "I am here, Lord."

Syne the Lord said til him, "Swith, awà tae the Straucht Gate an speir at Judas' houss for a man o the name o Saul frae Tarsus. He is prayin eenou, an hes haen a vísion o a man caa'd Ananías comin inbye an layin his haunds on him tae gíe him back his sicht."

"But, Lord," Ananías answert, "I hae hard frae a hantle fowk o this man an aa the scaith he hes wrocht thy saunts in Jerusalem, an he is here nou wi authoritie frae the Heid-Príests tae arreist aa at caas on thy name!"

"Gang, as I bid ye," the Lord said til him: "I hae waled this man as a mean for cairriein my name afore the haithen an their kings an the Childer o Israel an aa. I will lat him ken aa he maun dree for my name."

Sae Ananías gaed awà an intil the houss an there laid his haunds on him, sayin, "Brither Saul, the Lord—Jesus, at kythed tae ye on your road here—hes sent me tae ye, at ye may win back your sicht an be fulled wi the Halie Spírit." Immedentlie there cam awà like a screiff frae his een, an he coud see again; an he rase an wis baptízed. Syne he hed some mait, an his strenth cam back til him.

He bade on a while wi the disciples in Damascus, an he tint nae time or he begoud preachin Jesus i the sýnagogues an up-haudin at he is the Son o God. Aa at hard him wis bumbazed: "Isna this him," said they, "at sae sair misgydit the wurshippers o this name in Jerusalem? An hed he no come hereawà aince-eerant tae arreist aa siclike an haurl them awà tae the Heid-Príests?" But Saul ey grew the langer, the mair feckfu, an wis ey yokin wi the Jews in Damascus an waurin them wi his pruifs at Jesus wis the Christ. Efter a while the Jews colleagued tae kill him, but Saul gat wit o their ill design; an as, tae win at their end, the Jews wis watchin the toun's ports day an nicht, his disciples tuik him ae nicht an towed him doun owre the waa tae the grund in a creel.

Whan he cam tae Jerusalem, he ettelt tae hing tae the disciples there, but they war aa rad for him, no trewin at he wis fack [h]ane o themsels. But Barnabas tuik him bi the haund an brocht him tae the Apostles an tauld them at hou he hed seen the Lord on his gate tae Damascus an spokken wi him, an hou he hed preached bauldlie there i the name o Jesus. Sae he remeined in Jerusalem, gangin out an in wi the disciples an preachin bauldlie i the name o the Lord, forbye speakin an yokin wi the fremmit Jews. But whan the brether gat wittins at thir Jews wis seekin his life, they convoyed him up tae Caesaraca an there set him tae the gate for Tarsus.

An nou throu the haill o Judaea, Galilee, an Samâria the Kirk hed saucht. Airtin its staps bi the fear o the Lord, it gaed forrit wi the biggin o its houss an, comfortit an hairtent bi the Halie Spírit, grew in nummers.

PETER WIS TOWRIN the kintra aagates at this time, an ae day he cam tae the saunts at Lydda. Amang them he faund a man o the name o Aeneas, at hed been bedfast aucht year wi the pairls.

"Here is hailin frae Jesus Christ," he said til him. "Rise up an mak doun your bed"; an straucht Aeneas rase up. Aa the fowk o Lydda an the Laich o Shâron saw him gangin about an turnt tae the Lord.

[h] a disciple R: ane o themsels [*ticked*] L.

[i]IN JOPPA THERE wis a disciple o the name o Tabitha, whilk is Aramâic for Dorcas, or "Gazelle".[6] She wis a wuman at waired aa her time daein kindnesses an gíein awmouses. About this time she tuik ill an flittit. They wuish her corp an streikit it in a chaumer up the stair.

Nou, Joppa is nae lang gate frae Lydda, an whan the disciples hard at Peter wis in Lydda, they sent twa men tae say til him, "Heast ye, sir, heast ye an come owrebye til us." Sae Peter rase an gaed wi them; an whan he wis come tae the houss, they tuik him tae the chaumer up the stair, whaur he faund aa the wídows murnin an greitin, an they shawed him the sarks an ither claes Dorcas wis ey makkin wi her ain haunds, whan she wis wi them.

Efter sendin aabodie out the chaumer an pittin up a prayer, Peter turnt tae the corp an said, "Tabitha, rise up"; an she apent her een an, seein Peter, sat up in her bed. Syne he lent her a haund an set her on her feet, an than he cried in aa the brether an the wídows tae see her staundin there lívin an lifelike.

Wurd o this unco gaed aa owre Joppa, an a fell curn fowk becam belíevers i the Lord owre the heid o it. Peter bade on a gey while i the toun, ludgin wi a tanner caa'd Símon.

10 [j]IN CAESARAEA THERE wis at this time a man o the name o Cornelius, a centurion i the Italian Regiment. He (an his haill houss-hauld wis like himsel) wis a strick, gude-fearin man at mindit ey on the needfu Jew, an ne'er forgat his prayers tae God. Ae day about the mids o the efternuin he hed a vísion in whilk he clearlie saw the angel o God comin inbye an sayin til him, "Cornelius!"

He glowert at him, gruein wi dreid, an said, "What is your will, pleise?"

"God hes your prayers an your awmouses ey afore his een in heiven," the angel answert; "an nou ye maun send men tae Joppa tae fesh here ane Símon at hes the tae-name Peter. He is ludgin wi anither Símon, a tanner, in his houss doun aside the sea."

Whan the angel at spak til him hed gane awà, the centurion cried in twa o his houss-servans an ane o the sodgers he hed ey about him at wis a gude-fearin man, an, efter tellin them the haill storie, sent them aff tae Joppa.

Neist day, whan they war on their jornie, an hed maistlins wun tae Joppa, Peter gaed up tae the ruif about twal hours tae pray.

---

[i] In Joppa *om.* R ['Εν 'Ιόππῃ].
[j] There wis a man at this time R ['Ανὴρ δέ τις ἐν Καισαρείᾳ].

He becam fell yaup an wis ill for his mait. They hed begoud tae reddie something for him, whan he fell owre intil a dwaum an saw comin doun throu a gaw i the lift like a muckle sheet looten doun bi the fowr nuiks tae the grund, an intil it aa kin o beass— aathing at gangs on fowr feet or crowls on its grouff or flies i the lift. Syne a voice cam til him, sayin, "Up wi ye, Peter, fell awà an hae your mait."

But Peter said, "Na, na, Lord: ne'er in aa my born days hae I eatit ocht profaun or onclean!"

Than the voice spak til him the saicond time: "What God hes made clean, caana ye profaun!"

This happent three times owre, an than, swith! the sheet-thing wis claucht up intil the lift. Peter wis ey switherin what micht be the meanin o the vísion he hed seen whan, luik, here wis the men sent bi Cornelius staundin at the foredoor! They hed speired out their gate tae the houss, an nou they war cryin ben, wad someane tell them gif this wis whaur Símon wi the tae-name Peter wis howffin? Peter wis ey castin the vísion owre in his mind, whan the Spírit said til him, "Here is twa men seekin ye. Heast ye an gae doun the stair, an gang wi them wiout a hanker; it is me hes sent them."

Sae Peter gaed doun an said tae the men, "I am the man ye ar seekin; what is your eerant here?"

"Cornelius, a centurion," they answert, "a weill-lívin, gude-fearin man, at the haill Jewish fowk hes a guid wurd for, [k]wis bidden bi a halie angel tae gar fesh ye til his houss tae hear what ye hae tae say."

Sae Peter baud them inbye an gae them up-pittin for the nicht. Neist day he tuik the road wi them, some o the brether in Joppa gaein alang wi him; an the day efter they cam tae Caesaraea. Cornelius wis waitin their comin, an hed bidden his kin an sibbest fríends tae meet them.

Whan Peter wis comin in, Cornelius cam forrit an flang himsel hummlie at his feet in raiverent homage. But Peter gart him rise: "Staund up," said he: "I am a man the same as yoursel."

Syne he gaed inbye, ey speakin wi him, an faund a gey feck o fowk forgethert there. Tae them he said, "Ye aa ken at it isna leisome for a Jew tae mak or mell wi [l]the frem, war it but tae pit a fit atowre their doorstane. But God hes shawn me at I maunna caa onie man profaun or onclean, an that is hou, whan I gat the

---

[k] gat an order frae R: wis bidden bie L.
[l] onie-ane o fremmit bluid . . . his R: the frem . . . their L.

wurd tae come, I cam wiout a hanker; sae nou I want tae ken what gart ye send for me."

"Three days syne," Cornelius answert, "at this same time o day, I wis ahame sayin my efternuin prayers, whan suddent thair wis a man staundin forenent me in braw shíne claes an sayin tae me, 'God hes hard your prayer an haen mind o your awmouses, Cornelius; an nou ye ar tae send tae Joppa an invíte ane Símon at hes the tae-name Peter tae come tae ye. He is howffin there wi Símon, a tanner, doun aside the sea.' Sae I sent for ye straucht, an it hes been rael kind o ye tae come owre hereawà. An nou ye see us aa forgethert here i the praisence o God tae hairken aa at the Lord hes bidden ye say til us."

Syne Peter tuik speech in haund: "Weill see I nou," he said, "the trowth o the wurd: 'It gangsna bi fauvour wi God.' Upò the contrair, he walcomes ilka gude-fearin, weill-lívin man, lat him belang what fowk he will. He sent the Wurd tae the Childer o Israel wi the guid news o peace throu Jesus Christ, at is Lord o aa.[7] Ye ken about the wark at begoud in Galilee efter the baptism preached bi John, an hes spread sinsyne owre the haill o Judaea, the wark o Jesus Christ—hou he wis anointit bi God wi the Halíe Spírit an pouer, an gaed throu the kintra daein guid tae fowk an hailin them at wis i the grips o the Deivil, because God wis wi him.[8] We ar witnesses o aa at he did i the kintra o the Jews an in Jerusalem. They pat him tae deith, hingin him on a dule-tree: but God raised him frae the deid twa days efter, an loot him kythe plainlie, no til the haill Jewish fowk, but tae the witnesses fore-appointit bi God, hiz at eatit an drank wi him efter he rase frae the deid. An God hes chairged us tae preach tae the fowk an gíe wir testimonie at it is him at God hes appointit Juidge o the lívin an the deid. He hes the testimonie o aa the Prophets forbye at ilka belíever in him obteins forgíeness o his sins throu his name."

Afore Peter hed fínished sayin this, the Halie Spírit fell on aa them at wis hairknin the Wurd. Whan the Jewish belíevers at hed come wi Peter hard them speakin in unco tungs an glorifíen God, they war stoundit out o aa meisur at the gift o the Halie Spírit hed been poured out on the haithens an aa. Syne Peter said tae them aa, "Can onie-ane seek tae hender us baptízin thir men wi watter, nou at they hae gotten the Halie Spírit the same as oursels?"

Syne he gíed orders for them tae be baptízed i the name o Jesus Christ. Efter that they socht him tae bide on wi them a while.

THE APOSTLES AN the brether in Judaea hard tell at the haithens **11** hed walcomed the Wurd o God; an whan Peter cam back tae Jerusalem, the circumcísed brether yokit on him, fautin him for gaein intil oncircumcísed men's housses an eatin wi them. Peter than laid doun the haill storie frae the beginnin.

"I wis i the toun o Joppa sayin my prayers," he said, "whan I fell in a dwaum an saw a vísion, it wis like a muckle sheet looten doun bi the fowr nuiks. It cam my lenth, an as I glowert an better glowert, I saw intil it fowr-fittit beass an wild beass an beass at crowls an beass at flíes i the lift. Syne I hard a voice sayin til me, 'Up, Peter, fell an eat.'

"'Na, na, Lord,' I answert: 'ne'er in aa my days hes ocht profaun or onclean gane owre my craig!'

"But again the voice spak out o the lift: 'What God hes made clean, caana ye profaun.'

"This happent three times owre, an syne aathing wis haurlt back up intil the lift. At that verra maument three men at hed been sent tae me frae Caesaraea cam up tae the houss whaur we war stappin. The Spírit baud me gang wi them, no heedin wha they micht be,[9] an I tuik *m*thir three men wi me an gaed wi them, an we gaed intil the houss o the man at sent for me. He tauld us hou he hed seen an angel staundin there in his houss an sayin, 'Send tae Joppa an fesh Símon wi the tae-name Peter, an he will tell ye things at will bring ye an aa your houss-hauld salvâtion.'

"Whaniver I begoud speakin, the Halie Spírit fell on them, the same as it did on us at the first; an I caa'd tae mind hou the Lord hed said, 'John baptízed wi watter, but ye will be baptízed wi the Halie Spírit.' Gif, than, God hes gíen them the same free gift as he gíed us, whan we belíeved on the Lord Jesus Christ, wha wis I, an what pouer hed I, tae mar God's wark?"

What Peter tauld them left them wi nocht tae say, an they fell tae ruisin God: "Sae God," said they, "hes gíen the haithens, tae, the repentance at leads tae life!"

MEANTIME, THEM AT wis scattert hereawà thereawà i the persecution owre Steven cam throu as faur as Phoenícia, Cýprus, an Antioch. The maist feck o them gae the Wurd tae nane by Jews, but there wis a wheen o them frae Cýprus an Cyrenè at spak tae the haithens an aa in Antioch, an preached the Gospel o the Lord Jesus tae them; an a hantle o fowk belíeved an turnt tae the Lord.

---

m thir three men R [οἱ ἐξ ἀδελφοὶ οὗτοι: sax *pro* three, *vel* τρεῖς *pro* ἐξ, *sc. ponendum*].

The Kirk in Jerusalem gat wurd o aa this, an they sent Barnabas til Antioch. He wis a guid man, fu o the Halie Spírit an o faith; an whan he cam an saw the wark o God's grace, he wis byous gled an exhortit them tae bide leal tae the Lord wi steive hairts; an monie mae fowk wis eikit tae the Lord's fallowers.

Frae Antioch he gaed on tae Tarsus tae seek out Saul; an whan he hed fund him, he brocht him til Antioch, whaur the twasome bade a haill towmond as members o the congregâtion an taucht a fell curn fowk. It wis in Antioch at the disciples wis first caa'd Christians.

About this time, some prophets cam up til Antioch frae Jerusalem. Ane o them, Agabus bi name, stuid up wi a gell upò his spírit an foretauld the comin o an unco dairth owre the haill warld.* The disciples gree'd thegither tae send ilkane as muckle a soum as he coud affuird tae relíeve the needcessities o the brether in Judaea; an they een did sae, forwàrdin the siller bi the haunds o Barnabas an Saul.

12 IT WIS ABOUT this time at King Herod yokit tae misgydin some members o the Kirk. He begoud bi causin heid Jeames the brither o John; an syne, seein the Jews weill pleised wi his wark, he gaed on tae hae Peter arreistit, tae, an pitten in jyle under the chairge o fowr gairds o fowr sodgers the píece. This wis durin the Feast o Barmless Breid; efter the Passowre he ettelt tae bring him out afore the fowk. Sae Peter lay in jyle stricklie gairdit, but aa the time the Kirk wis prayin an better prayin tae God for him.

The nicht afore Herod wis tae bring him furth, Peter wis sleepin cheyned tae twa sodgers, an gairds wis keepin watch afore the door, whan aa o a suddentie an angel o the Lord wis staundin there, an a licht shíned i the príson. He waukent Peter wi a pap on the airm an said til him, "Heast ye, get up"; an the cheyns fell aff his shackles. Syne the angel said til him, "Pit on your belt an your shaes." He did sae, an than the angel said, "Cast your coat about your shuithers, an fallow me." Sae he gaed out an fallowt him, no kennin it wis rael an true, the angel an aa, but thinkin he wis seein a vísion. Whan they hed passed first ae gaird, an syne anither, an cam tae the airn yett at led intil the toun, it apent o itsel, an they gaed out an alang a street, at the end o whilk the angel quat him.

---

* It cam i the time o the Emperor Claudius.

Whan Peter wis himsel again, he said, "Atweill, I ken nou at the Lord hes cleikit me out o Herod's clauchts an saufed me frae the faa at the Jewish fowk wis ettlin for me!" [n]Haein seen at that wis the gate o it, he gaed til the houss o Mary, the mither o John Mârk, whaur a hantle o fowk wis forgethert at a prayer-meetin. He chappit at the fore-door, an a girzie caa'd Rhoda wis comin forrit tae answer his chap, but whan she kent it wis Peter bi his voice, for perfit joy she ran back ben the houss, laein the door on the sneck, an tauld them Peter wis staundin outbye.

"Ye'r gyte, lassie," they said til her: an whan she threapit it wis een sae, "Na," said they, "it'll be his angel."

Meantime Peter gaed on chap-chappin, or they apent the door; an whan they saw him, they war 'maist dementit wi joy. Biddin them be quait wi a wag o his haund, he tauld them hou the Lord hed brocht him out o the jyle: "An see ye come owre aa this," said he, "tae Jeames an the lave o the brether!" Syne he quat them an gaed his waas somegate else.

Whan mornin cam, there wis an unco carfuffle amang the sodgers: "What in aa the warld can be wurt o Peter?" they speired at ither.

Herod gart sairch for him aagates; an, whan he cam nae speed wi his seekin, he hed the gairds tichtlie tairged, an syne pitten tae deith. Efter that he quat Judaea an gaed up tae Caesaraea for a lang stey.

Herod wis wud at this time wi the fowk o Tyre an Sídon. But they kent they wad stairve, war it no for the vívers they gat frae the King's kintra; an sae they sent an embassie conjunctlie til him an, first winnin owre his chaumerlain, Blastus, socht peace o him.

Sae a day wis set; an whan it cam, Herod pat on his royal braivitie an, takkin his sait on his throne, made a speech tae them. The fowk begoud cryin out, "Yon's a god speakin, no a man!" An immedentlie an angel o the Lord strack him doun, because he lootna God hae the glorie; an wurms bred in his wame, an he wuir awà. Meantime the Wurd o God wis ey makkin mair an mair endwey.

As for Barnabas an Saul, nou at they hed dune aa at they hed come tae Jerusalem for tae dae, they gaed back til Antioch, takkin John Mârk wi them.

---

[n] Wi that R: Haein seen at that wis the gate o it [συνιδὼν] L.

13 AMANG THE MEMBERS o the Kirk at Antioch there wis a curn prophets an teachers—Barnabas, Símeon caa'd Níger, Lucius the Cýrenaean, Manâen, at hed been fuishen up at the court wi Herod the Tetrarch, an Saul. Ae day, whan they war fastin an haudin a prayer-meetin, the Halie Spírit said, "Set Barnabas an Saul apairt for me, for the wark at I hae caa'd them til." Syne, efter mair fastin an prayin, they laid their haunds on them an loot them gang their waas.

Sent furth intae the warld this gate bi the Halie Spírit, the twasome first gaed up tae Seleucía. Frae there they sailed tae Cýprus, whaur they cam ashore at Salamis an, wi John for helper, begoud preachin the Wurd o God i the Jewish sýnagogues.

Frae Salamis they gaed out-throu the island the lenth o Paphos, whaur they faund a warlock, a Jewish fauss prophet, BarJesus bi name, at wis ane o the mengie o the Governor Sergius Paulus. Sergius wis [o]a gash, smeddumfu man, an he wis fond tae hear the Wurd o God, an sent for Barnabas an Saul: but Elymas the Warlock (that is the meanin o the name) contraired them an socht tae turn him awà frae the faith.

Than Saul, at is caa'd Paul an aa, fulled wi the Halie Spírit, luikit him braid i the face an said, [p]"Ye Deil's limb, at kens aathing there is tae ken o the swicker's tredd, an fechts again aathing at is honest an richt, will ye ne'er devaul seekin tae pit cruiks in what the Lord hes made straucht? Tent me, the haund o the Lord is tae strick ye nou, an ye will be blinnd an no see the licht o day a while."

Wi that mist an mirk cam doun on his een, an he begoud graipin round for someane tae lead him bi the haund. Whan the Governor saw what hed happent, he becam a belíever, sae stoundit he wis at the teachin o the Lord.

PAUL AN THE lave nou sailed awà frae Paphos tae Pergè in Pamphýlia. Here John quat them an gaed back tae Jerusalem.

Frae Pergè they gaed throu the kintra til Antioch in Pisídia, whaur they gaed intil the sýnagogue an tuik their saits. Efter the readin o the Law an the Prophets, the office-beirers sent wurd tae them: "Brether," said they, "gif ye hae oniething i the hairtnin wey tae gíe the congregâtion, lat us een hae it."

Sae Paul stuid up; an, efter biddin them be quait wi a wag o his

---

[o] a smeddumfu man R: a gash, smeddumfu man L.
[p] Ye maister o ilka {pawk an prat/(prat an pratick)} i the swicker's tredd, ye limb o Sautan, ye fae o aa at is richt an guid R: ut supra, L.

haund, he said, "Men o Israel, an wurshippers o the true God,[10] tent my wurds. The God o this fowk o Israel waled our forebeirs an made them a gryte fowk whan they dwalt as outlans in Egyp, an syne raxed out his airm an brocht them furth o it. He tholed them an their willyart gates a fortie year i the desert; an, efter he hed exterminate seiven fowks in Cânaan, he gae them that laund for their heirskip. Aa this tuik a fowr hunder year. Syne he gae them juidges doun tae the time o Samuil the Prophet. Efter that they socht a king, an God gae them Saul, the son o Kish, a man o Clan BenJamín, tae be their king fortie year. Efterhin he pat him aside an set Dauvit, the son o Jessè, on the throne, gíein him this testimonie: '*I hae fund Dauvit, a man efter my ain hairt*, at will dae aa my will.'

"An nou ane o his posteritie, Jesus, God hes brocht til Israel tae be their sauviour, conform til his hecht. John hed redd the gate for his comin bi preachin the baptism o repentance; an, whan he wis weirin tae the end o his day, he said, 'I amna him ye trew at I am: na, ane is tae come efter me at I amna wurdie tae lowse the whangs o his shaes!'

"My brether, baith ye at is sons o the faimlie o Abraham, an ye at is wurshippers o the true God, it is til us at the Wurd o this salvâtion hes been sent. The fowk o Jerusalem an their rulers, miskennin him, an no understaundin the wurds o the Prophets at is read ilka Sabbath i the sýnagogue, ᑫbrocht them tae pass bi duimin him.[11] Whan they coudna finnd nae capital faut in him, they socht Pílate tae cause pit him tae deith; an, efter they hed fufilled aathing at is written anent him in Scriptur, they tuik him doun frae the dule-tree an laid him in a graff. But God raised him frae the deid, an for monie days he kythed tae them at hed come doun wi him frae Galilee tae Jerusalem.

"Thir men is nou his witnesses til our fowk; an we, for our pairt, bring ye the blythe tidins at God, bi raisin Jesus tae life, hes fufilled for us, their childer, the promise made til our forebeirs— een as it is written i the Saicond Psaum:

'*Thou is my Son, this day*
hae I begotten thee.'

That he hes raised him frae the deid, niver nae mair tae gae back an mouler i the graff, he hes said i the wurds: 'I will een gíe *ye the*

ᑫ fufilled them R [ἐπλήρωσαν]: brocht the same tae pass (?) L.

halie an siccar blissins at wis hecht tae Dauvit.' That is made plain in anither Psaum, in whilk he says, '*Thou winna lat thy Halie Ane mouler i the graff.*' Nou Dauvit, efter he hed saired his ain generâtion, fell owre asleep bi the will o God an wis gethert til his forebeirs an moulert i the graff: but him at God raised tae life moulert nane i the graff.

"This, than, is what ye maun ken, my brether—forgíeness o sins throu him is proclaimed tae ye, an ilkane at belíeves in him is assoiliet frae aathing there wis nae assoilin frae bi the Law o Moses. Tak tent, than, at ye seena the wurd spokken i the Buik o the Prophets come true:

> '*Luik, ye jamphers, an ferlie,*
> *an perish out o the warld;*
> *for nou in your days I am daein sic a wark*
> *as ye winna trew nane*
> *whan wurd o it comes tae ye*'."

As they war gaein out o the sýnagogue, fowk socht them tae come back neist Sabbath an speak again on thir maitters. Whan the congregâtion skailed, monie Jews an gude-fearin adherents gaed alang wi Paul an Barnabas, an the twasome spak tae them an exhortit them no tae quat their grip o the grace o God.

THE SABBATH EFTER, ny-haund aa the toun forgethert tae hear the Wurd o God. Whan the Jews saw the thrangs, they war sair chawed an yokit on Paul, ill-tungin him an contrin aathing he said. But Paul an Barnabas wisna dauntont: "The Wurd o God," they answert, "buid be preached tae ye first: but sin ye winna hairken it, an sae juidge yoursels onwurdie o iverlestin life, we s' een turn nou tae the haithen. For sae the Lord hes bidden us dae:

> '*I hae set ye for a licht til the haithen*
> *tae cairrie salvâtion*
> *til the faurest pairts o the yird*'."

The haithens wis unco blythe tae hear that, an ruised the Wurd o the Lord. Aa at wis weirdit til iverlestin life becam belíevers, an the Wurd o the Lord wis cairriet aa airths outowre that kintra. But the Jews eggit up the maist sponsible ʳweimen adherents an

---

ʳ gude-fearin weimen *R*: weimen adherents *L*.

the chief men o the toun tae raise a persecution again Paul an Barnabas an cause drive them furth o their bounds. Sae they shuik the stour aff their feet again them an, laein ahent them disciples filled wi joy an wi the Halie Spírit, gaed on til Iconium.

AT ICONIUM THEY again gaed intil the Jewish sýnagogue, whaur **14** they spak wi sic pith an pouer at a gey hantle o Jews an haithens becam believers. But the Jews at wadna believe stírred up the haithens an ⁵kennelt a fell ill-will i their breists at the brether. Paul an Barnabas wisna dauntont frithàt, but, lippnin the Lord, steyed on a gey while, preachin the Wurd o his grace; an the Lord buir witness til it bi gíein them the pouer tae wurk signs an míracles.

There wis twa weys o thinkin i the toun, the tae hauf o the fowk pairt-takkin the Jews, an the tither the Apostles; an whan the Apostles gat speirins at some o the haithens an Jews wis ettlin, no out o their rulers' kennin, tae massaucker an clod them, they fled awà for sauftie tae the touns o Lýcaonia, Lýstra an Derbè, an the kintra round about them, an there gaed on wi their preachin-wark.

AE DAY PAUL wis preachin in Lýstra, wi a cripple man, a lamiter at hed ne'er traivelt on his feet frae he wis born, sittin hairknin him. He stelled his een on him an, seein at he hed the faith tae be hailed, said til him in a loud voice, "Straucht tae your feet"; an the lamiter banged up an begoud traivlin about.

At the sicht o him gangin the croud cried out loud i the Lýcaonian leid, "The Gods is come doun til us i the form o men!" They caa'd Barnabas Zeus, an Paul Hermès, because he wis the chief speaker; an the priest o Zeus Forenent the Yetts cam tae the toun's port bringin bills dinkit out wi wraiths about their craigs, an wis about tae offer saicrifíce for himsel an the croud.

Whan wurd o this cam tae the Apostles Barnabas an Paul, they rave their claes an rushed in amang the croud, cryin out wi aa their pith, "What is this at ye ar daein, friends? We ar juist sillie men, the same as yoursels; an the guid news we ar preachin is een at ye suid turn awà frae thir nochtie things tae the lívin God, *at made the lift an the yird an the sea an aathing intil them.* In times bygane he loot aa the haithen fowks gang their ain gates. Yit he left-them-na wi nae kennin avà o himsel. His kindnesses shaws

---

⁸ raised *R*: kennelt *L*.

what he is—the rain frae the lift an the craps at he sends i their saisons tae full your wames wi mait an your hairts wi blytheness." Wi thir wurds they jimplie manned tae hender them offerin saicrifíce tae them.

Efter this a wheen Jews cam frae Antioch an Iconium tae Lýstra. They wan owre the common fowk, staned Paul, an haurlt him out the toun, jalousin he wis deid. But whan the disciples cam an stuid round him, he rase aff the grund an gaed back tae the toun, an syne the morn he gaed awà wi Barnabas tae Derbè.

EFTER PREACHIN THE Gospel an makkin a hantle o disciples there, the twasome gaed back tae Lýstra, Iconium, an Antioch, hairtin the disciples aagates an exhortin them tae haud steive i the faith, ᵗfor "we hae monie a dree tae dree," they said, "afore we win intil the Kingdom o God". They appointit elders in ilka kirk an, efter prayer an fastin, commendit them tae the care o the Lord at they hed pitten their faith in.

Frae Pisídia they passed tae Pamphýlia. Efter preachin the Wurd in Pergè, they gaed on til Attalía on the coast, an there tuik ship for Antioch in Sýria. It wis in Antioch at they hed been commendit tae the grace o God at the affset for the wark they hed nou brocht til an end; an as suin as they war back, they convened the congregâtion an tauld them aa at God hed helpit them tae dae, an hou he hed apent the door tae faith for the haithens. Here in Antioch they bade a fell while wi the disciples.

15 THEY WAR EY there, whan a curn fowk cam up frae Judaea til Antioch an begoud tellin the brether at they coudna be saufed, onless they hed themsels circumcísed conform tae the custom estaiblished bi Moses. Efter a hantle o tuilie-tuiliein an conter-contrin atweesh Paul an Barnabas an thir Jews, the brether sattelt at Paul an Barnabas suid gae doun tae Jerusalem wi a wheen ithers an see the Apostles anent this quastin. Sae the Kirk members set them forrit on their road; an as they fuir awà throu Phoenícia an Samâria, they tauld aa the brether they cam til hou the haithens wis turnin tae God; an the brether wis byous gled tae hear it.

Whan they cam tae Jerusalem, they war walcomed bi the Kirk members, the Apostles, an the Elders, an tauld them aa about what

---

ᵗ an ey keep mind at we hae monie a dree tae dree afore R: *ut supra*, L.

God hed helpit them tae dae. But some o the pairtie o the Pharisees at hed become believers cam forrit an threapit at the haithen convèrts maun be circumcísed an bidden keep the Law o Moses. Sae the Apostles an Elders forgethert tae tak the maitter throu haunds.

Efter monie-ane hed spokken on the tae pairt an the tither, Peter rase an said, "Weill ken ye, brether, at God langsyne waled mine tae be the mouth at the haithens suid hear the Gospel Wurd frae an come tae belíeve. God, at reads men's benmaist thochts, hes borne them witness bi gíein them the Halie Spírit, een as he hes gíen it til us. He hes made nae differ avà atweesh us an them, but hes redd their hairts o aa at is onclean, bi faith, the same as he hes redd ours. What for, than, ar ye no content wi God's wark, but maun lay a cloit on the disciples' backs at naither our forebeirs nor oursels docht beir? Na, we luik, as they luik, tae be saufed bi the grace o the Lord Jesus!"

Quait fell on the haill Assemblie, an they hairkent Barnabas an Paul tellin aa about the signs an míracles at God hed wrocht amang the haithens bi their haunds. Whan they hed said their say, Jeames tuik speech in haund: "Hairken me, brether," said he. "Sýmeon hes tauld us hou God first tuik thocht tae gether a fowk for himsel out o the haithens at wad beir his name, an the wurds o the Prophets compluthers wi that, whaur they say:

> 'Efterhend I will gae back an bigg up again
>   the dwallin o Dauvit, at hes faan;
> what is nou but a ruckle I will bigg up again
>   an raise up the haill aince mair,
> sae at the lave o mankind may seek efter the Lord,
>   aa the haithen at my name hes been incallit owre'—
> sae says the Lord, at made thir things
>   kent i the lang-back time.

My juidgement, than, is at we suid lay nae fashious birns on the haithens at is turnin tae God, but suid write them wurd tae haud atowre frae aathing fyled bi ídols, [u]hurin, the flesh o beass at hes been wirriet, an flesh at hes the bluid ey intil it. For generâtions monie feck hes come an gane at hes hard Moses preached an his Law read out i the sýnagogues, Sabbath for Sabbath, in ilka toun."

---

[u] furnicâtion R.

The Apostles an Elders than sattelt wi the assent o the haill membership tae wale deputes an send them til Antioch wi Paul an Barnabas. Judas, caa'd BarSabbas, an Sílas, twa o the foremaist brether, wis the deputes waled, an they tuik wi them this message in write:

THE APOSTLES & ELDERS TIL THEIR UMQUHILE HAITHEN BRETHER IN ANTIOCH, SYRIA, & CILICIA:

Dear Brether,
    Forasmickle as we hae hard at some o our members (at hed nae authoritie frae us) hes been fashin ye an sturtin your minds wi their teachin, wi ane accord we hae thocht it guid tae wale Deputes an send them tae ye wi Barnabas an Paul, our weill-luved brether, at hes pitten their lives in jippertie for the cause o our Lord Jesus Christ. We ar sendin Judas an Sílas as our Deputes, an they will corroborate bi wurd o mouth what is written herein.
    It hes seemed guid til the Halie Spírit, an til us, tae lay nae birns on your backs, binna thir necessar things—at ye haud atowre frae mait offert til ídols, flesh wi the bluid in it, the flesh o wirriet beass, an ᵛhurin. Hae nocht adae wi thir things, an ye will be daein richt. Fareweill.

Sae the deputes wis setten tae the gate an cam up til Antioch, whaur they convened the congregâtion an haundit owre the letter. Whan it wis read out, the brether wis richt blythe tae hae gotten sic a wurd o hairtnin; an Judas an Sílas, at wis prophets themsels, eikit their ain wurd o hairtnin an strenthnin in lang discoùrses. Syne, efter they hed steyed a while i the place, the brether set them tae the road aince mair wi their blissin an wi messages for them at hed sent them. But Paul an Barnabas bade on in Antioch, teachin an preachin the Wurd o the Lord wi a guid wheen ithers.

AFTER A WHILOCK Paul said tae Barnabas, "Lat us gae back an vísit aa the touns whaur we made kent the Wurd o the Lord, an see hou they ar comin on." Barnabas wis for takkin John Mârk wi them: but Paul manteined at they coudna

ᵛ furnicâtion R.

be takkin wi them a man at hed forleitit them in Pamphýlia, an
no gane forrit wi them on their wark; an it cam tae sic a snell
outcast atweesh them at they sindert frae ither. Barnabas sailed
awà tae Cýprus wi Mârk, an Paul choised Sílas for his companion
an, efter he hed been commendit bi the brether tae the grace o
the Lord, gaed his waas an fuir throu Sýria an Cilícia, strenth-
nin the faith o the kirks.

Frae Cilícia he gaed on tae Derbè an Lýstra. In Lýstra he faund **16**
a disciple, Tímothy bi name, at wis the son o a believin Jewish
mither an a paugan faither. The brether in Lýstra an Iconium
gíed him a fell guid name, an Paul wis amind tae tak him wi him
on his traivels. But first, sin it wis weill kent til aa the Jews i thae
pairts at his faither wis a paugan, he thocht it guid tae circumcíse
him.

As they gaed on frae toun tae toun, they haundit the brether
doubles o the decree made bi the Apostles an Elders in Jerusalem
an baud them keep the same; an day an dailie the kirks grew
stranger in faith an mair in nummers.

PAUL AN HIS companions wis hendert bi the Halie Spírit tae
preach the Wurd in Asia; an sae they gaed isteid throu Phrýgia
an the Galâtian kintra. Whan they hed come the lenth o Mýsia,
they mintit tae gang intil Bithýnia, but the Spírit o Jesus wadna
lat them, an they gaed doun throu Mýsia tae the coast at Troas.

Here Paul saw a vísion throu the nicht o a Macedonian
staundin an fleitchin wi him, cryin, "Come atowre tae Macedonia
an help us." Whaniver he hed seen this vísion, we socht awà tae
Macedonia, for we doutit nane it wis God caain us tae preach the
Gospel tae the fowk thereawà. Sae we sailed awà frae Troas an
made a straucht rin tae Samothrace, an the neist day on tae
Neapolis. Frae there we gaed up tae Philippi, a toun i the First
Ward o Macedonia, an a Roman colonie.

We bade there some days, an on the Sabbath gaed furth the
toun's yetts an out alang the watterside. Finndin a chaipel there,
as we expeckit, we sat doun an spak tae the weimen at wis gethert
in it. Ane o our hearers wis a gude-fearin wuman caa'd Lýdia, a
purpie-seller frae the toun o Thýatíra; an the Lord apent her hairt
tae gíe inlat tae Paul's wurds. Efter she hed been baptízed, an her
houss-hauld wi her, she ᵂsaid til us, "Nou at ye ar saitisfíed at I

ᵂ priggit wi us tae come an bide in her houss, nou at we war saitisfied at she wis a believer
i the Lord. An she wadna {tak/hae} a na-say, but we maun come [all bracketed] R: ut
supra, L.

am a belíever i the Lord, come an bide i my houss"; an she fleitched wi us an wadna tak a na-say.

Aince whan we war on our gate tae the chaipel, a servan-quean at wis saicond-sichtit an made a pouer o siller for her maisters met in wi us an cam efter Paul, cryin out, "Thir men is servans o the Maist Híe God, an is tellin ye hou ye can sauf your sauls!"

She gaed on this gate a guid puckle days, till at lenth an lang Paul becam sae ill-sortit at he turned round an said tae the spírit in her, "I the name o Jesus Christ, I bid ye come out"; an it cam out that same maument.

Whan her maisters saw at their howp o gain wis tint, they grippit Paul an Sílas an haurlt them awà tae the court i the mercat, whaur they brocht them afore the magistrates an said, "Thir men, at is Jews, is *turnin the haill toun tapsalteerie, preachin up customs at it isna leisome for hiz, at is Romans, tae tak up an practíse."

The common fowk cam out again them, tae, an the magistrates ordert them tae be tirlt o their claes an baeten wi wands. Efter they hed haen monie straiks, they war cuissen in jyle, an the jyler wis ordert tae keep strick gaird owre them. Sae he lockit them i the benmaist jyle an siccart their feet i the stocks.

About the howe o the nicht Paul an Sílas wis at wurship singin hymes tae God, wi the lave o the prísoners hairknin them, whan aa o a suddentie there wis sic an unco yirdquauk at the founds o the jyle dinnelt, an immedentlie aa the doors brust apen, an the cheyns o the prísoners fell aff them. The jyler waukent an, seein the doors o the príson staundin apen, drew his swuird ettlin tae fell himsel, whan Paul cried til him wi a loud stevven, "Wrangna yoursel; we'r aa here!"

Caain for a licht, the man brashed in an flang himsel, trimmlin wi dreid, at the feet o Paul an Sílas. Syne, as he brocht them furth, he speired, "What maun I dae tae be saufed, sirs?"

"Belíeve i the Lord Jesus," they answert, "an ye an your houss-hauld will be saufed."

Than they gaed on tae lay out the Wurd o God til him an his houss-hauld, an, for as faur i the nicht as it wis, he tuik them an wuish their wounds; an, whaniver that wis dune, he wis baptízed, an his haill houss-hauld wi him. Syne he tuik them intil his houss an gae them a meltith, an sae blythe as he wis at winnin faith in God, baith himsel an aa at belanged him!

---

* settin the haill toun in a steer R: *ut supra, L.*

Whan daylicht cam, the magistrate sent macers wi the order tae lat them gae. The jyler cam owre the message tae Paul: "The magistrates," said he, "hes sent orders at ye'r tae be looten gae, sae ye can come out an gang your waas wi God's blissin."

But Paul said, "They flaggit us publiclie an cuist us in jyle, for aa we ar Roman cítizens, an hed haen nae trial; an nou wad they send us awà huggrie-muggrie? Na, faith ye! Lat them een come an fesh us furth themsels."

Whan the macers tauld the magistrates what Paul hed said, they war dooms fleyed at hearin they war Roman cítizens, an they cam an fleitched wi them an, efter convoyin them outen the jyle, priggit them tae quat the toun. Frae the jyle Paul an Sílas gaed tae Lýdia's houss, whaur they saw the brether an gae them a wurd o hairtnin afore they set tac their gate.

THEY FUIR THROU Amphípolis an Apollonia an cam tae Thessa- **17** loníca. Here the Jews hed a sýnagogue, an Paul, efter his ordnar, gaed til it an for three Sabbaths discussed Scriptur texts wi them, expundin them an pruivin at the Christ buid dree deith an rise again frae the deid—"An," said he, "this Jesus, at I am tellin ye o, is the Christ."

ᵛSome o them wis wun owre an joined Paul an Sílas, an, forbye them, a fell hantle o gude-fearin haithens an monie o the gryte leddies o the toun. But the Jews wis chawed, an out-houndit a wheen wauch scaff an raff tae raise a stramash an set the haill toun in a stír. Syne they kythed suddent outside Jâson's houss, ettlin tae fesh them out an bring them afore the assemblie o the tounsfowk. But, no finndin them there, they haurlt aff Jâson an some mae o the brether tae the burgh magistrates, rairin out, "Thir's the men hes been turnin the warld dounside up, an nou they'r come here, an Jâson's hairbourin them! They'r gaein clean contrair tae Caesar's laws, threapin at a man Jesus, an no him, is Emperor."

The croud an the magistrates wis uncolie sturtit tae hear this, an Jâson an the lave buid come guid for Paul an Sílas afore they war looten gang.

THE BRETHER NOU tint nae time in sendin Paul an Sílas awà tae Beroea throu the nicht. On their comin there, they gaed tae the Jewish sýnagogue, an they faund the Jews o Beroea a betterlike kind nor their kintramen in Thessaloníca; for they walcomed the

---

ᵛ some o the Jews R [τινες ἐξ αὐτῶν].

Wurd hairtilie an dailie-day caa'd their Bibles tae see gif aathing they war hearin wis een sae.

Monie o them becam belíevers, an, forbye them, a guid few sponsible haithen weimen as weill as men. But whan the Jews in Thessaloníca gat wit at Paul hed preached the Wurd in Beroea, tae, they cam an yokit tae stírrin up the common fowk. The brether immedentlie sent Paul awà on his road tae the coast, but Sílas an Tímothy steyed on in Beroea. Them at gaed wi Paul convoyed him the lenth o Athens, an syne cam back, bringin wurd tae Sílas an Tímothy tae come on an join Paul whaniver they coud.

[z]MEANTIME PAUL WAITIT their comin in Athens, an as he gaed about the toun, it fair scunnert him tae see hou owregane it wis wi ídols. Sae he argiet wi the Jews an their fallow-wurshippers i the sýnagogue, an ilka day i the Mercat Place wi onie happenin staunders-by.

A wheen Epicurean an Stoic philosophers hed yokins wi him. Some o them said, "What wad this claiver be ettlin tae say?" Ithers, "He seems tae be pittin forrit fremmit gods"—this because he wis preachin Jesus an the Resurrection. Syne they tuik him bi the airm an led him awà afore the Council o the Areopagus.

"Can ye explain til us," said they, "juist what this new-fangelt doctrine o yours is? We ne'er hard oniething the like o it afore, an we wad fain ken what it means."

Aa the Athenians an the fremmit residenters i the toun waired their haill time pittin forrit, or listnin ithers pittin forrit, new-fangelt notions. Sae Paul stuid up afore the Council an said, "Luik what airt I will, sirs, weill see I at ye ar unco relígious. As I gaed alang your streets víziein your saucred moniments, my ee fell on an altar wi the inscription:

TIL AN ONKENT GOD

It is een o this Onkent God ye wurship at I am here tae tell ye o.

"The God at made the warld an aathing intil it, he is Lord o the lift an the yird, an dwallsna in temples biggit bi haund, nor men canna sair him in oniething, for he wantsna for ocht, but himsel gíes life an breith an aathing til aa lívin. Out o ae stock he made ilka race an nâtion for tae dwall owre aa the face o the yird, an

---

[z] As Paul waitit their comin in Athens, it angert him sair tae see ídols an ímages aagates R: *ut supra*, L.

ordeined aforehaund the times o their upcome an dounfaa an the bounds o their kintras; an it wis aa at they suid seek God, gif aiblins they micht graip their staps or they faund him. No at he is faur frae onie-ane o us, for

In him we live an muive an ar,

een as some o your ain poets hes said,

For we ar een his affspring.

Gif, than, we ar the affspring o God, we ochtna tae think the God-heid is like an image wrocht in gowd or siller or stane bi human haunds an hairns.

"The times o ignorance God hes owreluikit, but nou he caas on aa men aagates tae repent, because he hes setten a day whan he will juidge the warld wi juistice bi the man at he hes appointit; an he hes certifíed the same til aa an sindrie bi raisin him frae the deid."

Whan they hard him speak o risin frae the deid, some begoud jamphin, but ithersome said, "We s' listen ye again on this heid." Sae Paul gaed his waas frae mang them.[12] Housomiver, a wheen hang til him an becam belíevers—amang ithers, Díonýsius (a member o the Areopagus), a wuman caa'd Damaris, an a curn mae.

EFTER THIS PAUL quat Athens an cam tac Corinth. Here he met **18** in wi Aquila, a Jew born in Pontus, an his wife Priscilla, at wis newlins come frae Italie owre the heid o an edick o Claudius bainishin aa the Jews furth o Roum. Paul socht their acquantance; an as he wis a tent-makker, the same as Aquila, he stappit wi them, an the twasome wrocht at their tredd thegither. He spak an argiet ilka Sabbath i the sýnagogue, seekin tae win owre baith Jews an haithens.

Efter Sílas an Tímothy cam doun frae Macedonia, he gíed himsel up aathegither tae the preachin. Abuin aathing he strave tae pruive tae the Jews at Jesus wis the Christ; an whan they contraired him an fell tae miscaain him, he shuik the stour aff his claes i their faces an said, "Your bluid be upò your ain heids! My conscience is clear, an frae this forrit I s' gae tae the haithens."

Sae he shiftit frae the sýnagogue tae the houss o a man Títius Justus, a gude-fearin haithen, at his houss wis neist door tae the sýnagogue. Crispus, a sýnagogue-praisident, becam a belíever, an his haill houss-hauld wi him; an monie ither Corinthians forbye at hard the Wurd becam belíevers an wis baptízed.

Ae nicht the Lord said tae Paul in a vísion, "Binna feared, but haud on at your preachin, an gíena owre for anie-ane, for I am wi ye, an naebodie will mint tae scaith ye. I hae a feck o fowk i this toun." Sae he bade auchteen month i the place, teachin the Wurd o God amang them.

WHAN GALLIO WIS Proconsul o Achaea, the Jews aa colleagued thegither again Paul an brocht him intae court. "This man," said they, "is airtin on fowk tae wurship God in a mainner contrair tae law."

Paul wis about tae tak speech in haund, whan Gallio said tae the Jews, "Gif it wis a crime or some ill prat ye war chairgin him wi, what ither coud I dae but listen ye? But sin it is a differ anent wurds an names an your ain Jewish Law, ye maun een see til it yoursels: I hae nae mind tae juidge sic maitters"; an wi that he ordert them out o the court. Syne they aa grippit hauds o the sýnagogue-praisident, Sosthenès, an ᵃbaitchelt him richt forenent the juidgement-sait. But Gallio he caredna by.

PAUL STEYED ON a gey while efter this in Corinth, an syne baud the brether fareweill an tuik ship for Sýria wi Priscilla an Aquila, but no afore he hed haen his hair cuttit aff in Cenchreae conform til a vou he hed taen.

Whan they hed come tae Ephesus, Paul, efter sinderin wi Priscilla an her man, gaed tae the sýnagogue an argiet wi the Jews. They socht him tae bide langer in Ephesus, but he said, na, he coudna, tho he promised, whan he tuik his laive o them, tae come back again, an it wis God's will. Syne he sailed awà frae Ephesus.

On laundin at Caesaraea, he first gaed south tae hailse the Mither Kirk, an syne north til Antioch. Efter steyin a while in Antioch, he set out aince mair an gaed out-throu the Galâtian kintra an Phrýgia, strenthnin the faith o the disciples in aa the kirks.

ABOUT THIS TIME, an Alexandrian Jew, Apollos bi name, a man wi a weill-hung tung, an faur-seen i the Scripturs, cam til

ᵃ yerkit R: baitchelt L.
ᵇ in Asia R: i the province o Asia [et sic saepe] L.

Ephesus. He hed haen instruction i the Wey o the Lord an wi lowin zeal preached an taucht the exack trowth anent Jesus, tho he kent nane but the baptism o John. He nou begoud speakin bauldlie i the sýnagogue at Ephesus; an whan Priscilla an Aquila hard him, they tuik up wi him an laid out til him mair exack the Wey o God.

Efter a while he wis amind tae gang owre til Achaea, an the brether wrate tae the disciples there priggin them tae mak him walcome. Whan he hed come owre, he wis able, bi the grace o God, tae dae the believers byous guid service, for wi pith an virr he redargued the Jews in public wi pruifs frae Scriptur at Jesus wis the Christ.

WHAN APOLLOS WIS in Corinth, Paul traivelt throu the uplaund 19 kintra an cam til Ephesus. Tae some disciples at he met in wi there he pat the quastin: "Whan ye becam believers, received ye the Halie Spírit?"

"Ne'er a wurd hard we o onie Halie Spírit," they answert.

"What baptism gat ye, than?" he speired; an they said, "John's baptism."

Syne Paul said, "John's baptism wis a baptism o repentance, an he taucht the fowk at they suid believe in ane at wis comin efter himsel—that is, in Jesus." On hearin that, they war baptízed i the name o the Lord Jesus; an, whan Paul hed laid his haunds on them, the Halie Spírit cam upò them, an they begoud speakin in unco tungs an prophesíein. There wis a twal o thir men in aa.

At the affset, Paul keepit the sýnagogue an spak bauldlie at the meetins, preachin on the Kingdom o God an seekin tae mak convèrts. But some o them wis owre dour an thrawn tae be convertit, een gaein the lenth o abaisin the Wey afore the haill congregâtion; an sae efter three month he secedit frae the sýnagogue, takkin the disciples wi him, an begoud discoùrsin day an day in the lectur-haa o ane Tyrannus. He gaed on wi this wark for twa year, sae at aa the indwallers in *b*the Province o Asia, baith Jews an haithens, gat hearin the Wurd o the Lord.

GOD WROCHT BY-THE-COMMON míracles throu Paul: there wis sick fowk at gat haill o their ills, or war redd o an ill spírit, whan a nepkin or a brat at hed titched his skin wis brocht tae them. This set on some vaiguin Jewish exorcists tae try their haund at invokin the name o the Lord on fowk pestit wi ill spírits: "I conjure ye bi Jesus, at Paul preaches," they said tae them.

Ae day the seiven sons o a Jewish príest, Scaeva, wis daein this, whan the ill spírit chappit back at them, "Jesus I ken, an I needsna be tauld about Paul: but wha ar ye avà?" At that the man at the ill spírit wis in loot breinge at them an, winnin the owrance o the haill seiven, gae them siccan strenth o airm at they ran, sark-alane an bluidin, out o the houss.

There wisna a residenter, Jew or haithen, in aa Ephesus but hard o the thing an wis uncolie fleyed bi it, an the name o the Lord Jesus wis glorifíed. Monie convèrts cam forrit an apenlie owned wi their dailin in cantrip airts in time bygane, an monie o them at hed practísed sorcerie brocht their warlock's buiks thegither an made a taunle o them i the sicht o aa. Whan the vailie o the buiks wis rackont up, it wis fund tae be fiftie thousand píeces o siller. Sae wis the Wurd o the Lord ey gaein michtilie forrit an kythin its pouer.

WHAN AA THIS wis by, Paul made up his mind he wad vísit Macedonia an Achaea again, an syne gae on tae Jerusalem: "Efter I hae been there," said he, "I maun tae Roum an see hit, tae." Sae he sent on twa o his helpers, Tímothy an Erastus, tae Macedonia, tho, for himsel, he steyed on a while langer in Asia.

About this time there wis an unco hobbleshew rase owre the Wey. A sillersmith, Demetrius bi name, at hed ey a fell curn treddsmen wurkin til him makkin ᶜwee siller Temples o Artemis, caa'd a meetin o thir men an the lave o the craft i the toun an said tae them, "I needsna tell ye, fríends, at our weillfare hings on this tredd[13], an ye hae your ain een, or ither fowk, tae tell ye at no alane in Ephesus, but fecklie i the ᵈhaill Province o Asia, this man Paul hes been gaein round threapin at gods made bi men's haunds is nae gods avà, an winnin owre hantles o fowk tae his wey o thinkin. It is like at our tredd will get an ill name an, by an atowre, at the Temple o the Gryte Goddess Artemis will be lichtlifíed, an hersel twined o her maijestie, her at the haill o Asia, ay! the haill warld, wurships."

Thir wurds o Demetrius pat them hyte, an they begoud rairin out, "Our Leddie o Ephesus is abuin them aa!" Belyve the haill toun wis in a carfuffle, an the fowk breishelt awà like ae man intil the Amphitheâtre, haurlin wi them twa Macedonian traivel-companions o Paul, Gaius an Antonius. Paul wissed tae come forrit afore the fowk, but the disciples wadna lat him, an some o

---

ᶜ siller models o the Temple o Artemis R: ? wee siller temples o Artemis L.
ᵈ haill o Asia R: but cp. ᵇabuin.

the Asiarchs forbye at wis friends wi him sent wurd til him priggin him no tae ventur intil the Amphitheâtre.

Some wis yowtin ae thing, ithers anither; for the Assemblie wis aa throu-ither, an the maist feck kentna what for they hed forgethert. Syne the croud made wey for Elshinder, at the Jews wis poussin forrit tae speak.[14] But whan he waggit his haund an mintit tae speak for them, they saw at he wis a Jew, an begoud rairin as ae man, "Our Leddie o Ephesus is abuin them aa!" An they huid on at it for twa hours.

At lang an lenth the Toun Clerk quaitent them. Syne he said tae them, "Burgesses o Ephesus, wha is there in aa the warld kensna at the Guid Toun o Ephesus is keeper o the Temple o the Gryte Artemis an the image at fell frae the lift? Thir is facks at downa be gainsaid, sae ye behuive tae bide lown an dae nocht in heast. The men ye hae brocht here hes naither spuilliet the Temple nor spokken blasphemie again our Goddess. Gif, than, Demetrius an the treddsmen wi him hes onie complènt again onie-ane, there is court-diets an juidges; lat the pairties law ilk ither.

"Onie ither maitter ye may be wantin redd up will be expede at the ordnar meetin o the Assemblie nixt tae come. It's like eneuch we will be fautit for riot owre this day's wark. There is nae guid grund for it, an we winna hae nae lawfu raison tae plead for this hobble." Wi thae wurds he skailed the meetin.

WHAN THE DIRDUM wis by, Paul sent for the disciples an, efter **20** speakin a hairtnin wurd tae them, baud them fareweill an tuik the gate for Macedonia. He gaed throu thae pairts, speakin monie a spíritin wurd i the kirks, an syne passed on intil Greece. Efter he hed been there three month, he wis about tae sail for Sýria, whan he gat wit at the Jews wis hidlins ettlin tae kill him, an made up his mind tae gae back throu Macedonia insteid. His companions for the jornie wis Sopater, the son o Pýrrhus, frae Beroea; Aristarchus an Secundus, frae Thessaloníca; Gaius, frae Derbè, an Tímothy; Týchicus an Trophimus, frae Asia. Thir twa frae Asia gaed on afore an waitit us in Troas. We steyed ahent owre the Feast o Barmless Breid, an syne sailed frae Philippi, an gin the fift day war wi them in Troas, whaur we bade a sennicht.

THE FIRST DAY o the ouk we war gethert for the brakkin o breid. Paul wis preachin, sin he wis tae tak the gate the morn; an whan midnicht cam, he wisna throu wi his discoùrse. There wis a gey feck o lamps brennin i the laft whaur we war gethert; an, as

Paul gaed on an better on wi his discoùrse, a yung man, Eutychus bi name, at wis sittin on the winnock-sole, begoud doverin owre, till at lenth an lang, freelie dung owre wi sleep, he fell doun frae the third fluir tae the grund. He wis taen up for a corp, but Paul gaed doun an, loutin owre him, tuik him in his oxter an said, "Mak nae adae: he's no awà."

Than he gaed up the stair again an, efter brakkin breid an takkin his sipper wi the brether, spak wi them a fell while; syne, whan day wis dawin, he gaed his waas. As for the loun, they tuik him hame in life; an siccan easedom as it wis tae their hairts!

WE SET AFF first an, gaein abuird the ship, sailed for Assos, whaur we war trystit wi Paul, at wis gaein there afit, an war tae tak him up. Sae, whan he forgethert wi us in Assos, we tuik him abuird an gaed on tae Mítylenè. Frae there again we sailed the neist day the lenth o Chíos. Syne the day efter we wan owre tae Samos, an on the neist day again cam tae Miletus. For Paul hed made up his mind tae sail by Ephesus, an no lat himsel be taigelt in Asia. He wis birzin yont tae be in Jerusalem, an it micht be, gin the day o Pentecost.

Frae Miletus, housomiver, he sent wurd til Ephesus biddin the elders o the kirk come til him; an whan they hed come, he said tae them, "Ye aa ken what mainner o life I líved aa the time at I bade amang ye frae the first day at I set fit in Asia—hou I saired the Lord in aa lownness o hairt, an the dule at wis mine an the drees I buid dree throu the packs o the Jews, an hou I ne'er tartelt tae tell ye ocht at wis for your guid, but taucht ye baith in public an in your housses, an preached constant an on, tae Jews an haithens baith, at they maun repent tae God an believe in our Lord Jesus.

"An nou, as ye see, I am on my gate, as a prísoner o the Halie Spírit, tae Jerusalem. What is tae happen me there, I ken nane, forbye at in ilka toun at I come til the Halie Spírit warnishes me at jyle an drees is tae be my faa. But my life isna wurth a doit tae me, saebeins I can win tae the end o the race an fínish the wark o beirin witness tae the Gospel o God's grace at the Lord Jesus lippent me wi.

"An nou tent my wurds: I ken brawlie at there is no ane o ye aa i this kintra at I hae gane throu preachin the Kingdom o God will e'er see my face again; an sae here, afore ye aa, I gíe ye my wurd an witness this day at, gif onie man gaes the Carr Gate, the wyte isna mine, for ne'er hae I tartelt tae mak kent tae ye the haill will o God. Tak heed, than, tae yoursels an the haill hirsel at God hes lippent tae your chairge, as herds o the Kirk o God, at he hes made his ain bi his nain bluid. Weill ken I at efter my wagaein fairce woufs will come in amang ye, at winna hain the hirsel: ay, an frae 'mang yoursels there is them will kythe at will preach fauss doctrines tae draw the disciples aff ahent themsels. Haud ye ey wauken, than, keepin mind hou for three year I devauled-na warnishin ilkane o ye nicht an day wi the tears in my een!

"An nou I lippen ye tae the Lord an the Wurd o his grace, at is able tae bigg ye up an gíe ye your heirskip amang aa them at is sanctifíed. Ne'er hae I greined for onie man's siller or gowd or cleadin; ye ken yoursels at thir haunds hes ey fendit baith mysel an my companions. Sae hae I ey looten ye see at ye maun tew the same gate, sae at ye can help the waik, an forbye at ye suid mind the Lord Jesus' ain wurd: 'Happier him at gíes nor him at gets'."

Efter thae wurds he kneeled doun an prayed wi them aa. Than wis monie a sich an sab tae be hard, an they aa haussed Paul an kissed him fainlie, hairtsair abuin aathing for his sayin at they wadna see his face nae mair. Syne they convoyed him tae the ship.

WHAN AT LANG an lenth we hed sindert frae our friends an set **21** sail, we made a straucht rin tae Cos, an syne on tae Rhodes the neist day, an frae there tae Patara. Here we faund a ship bund for Phoenícia an gaed abuird her an set sail. Efter comin in sicht o Cýprus an laein it on our carr haund, we sailed on tae Sýria an laundit at Tyre, whaur our ship wis tae dischairge her fraucht.

We socht out the disciples, an bade wi them a sennicht. They war muived bi the Spírit tae wairn Paul no tae gang tae Jerusalem: but whan our time wis up, we gaed awà for aa, an reshumed our jornie. Aa the disciples convoyed us furth the toun wi their weimen-fowk an bairns; an thair on the saunds we gaed doun on our knees an prayed. Syne we tuik fareweill o ither; an we clam abuird the ship, an they gaed their waas hame.

GAEIN ON WI our voyage, we sailed frae Tyre tae Ptolemaïs, whaur we met the brether an bade ae day wi them. Neist day we quat Ptolemaïs an cam tae Caesaraea, whaur we gaed tae the houss o Phílip the Evangelist, ane o the Seiven, an he gíed us up-pittin. He hed fowr onmairriet dauchters, at hed the gift o prophecíe.

We hed been a while in Caesaraea, whan a prophet o the name o Agabus cam up frae Judaea. Whan he cam tae see us, he tuik

Paul's belt affen him an baund himsel fit an haund wi it. Syne he said, "The Halie Spírit says this: 'The man at is aucht this belt will be bund een sae bi the Jews in Jerusalem an haundit owre tae the haithens'."

On hearin this, we aa fleitched wi him—oursels an the brether o Caesaraea—no tae gang tae Jerusalem. "What's this o'd," said Paul, "aa this blirtin an greitin? Ding aa the pith outen my saul, wad ye? Faith, na! For my pairt, I'm rad naither o baunds nor o deith itsel for the name o the Lord Jesus!"

Finndin we coudna mudge him naegate, we buid een lat him tak his ain mind o it, an say, "The Lord's will be dune!"

Whan the time for our wagaein cam, we made aathing reddie, an syne set tae the gate southlins for Jerusalem. Some o the brether gaed wi us frae Caesaraea tae bring us tae the houss o an airlie convèrt frae Cýprus, Mnâson, at wis tae gíe us up-pittin.

WHAN WE ARRIVED in Jerusalem, we war hairtilie walcomed bi the brether. Neist day Paul gaed wi us tae see Jeames, an we faund him sittin wi aa the Elders. Efter hailsin them, he laid out tae them aa the outs an ins o what God hed wrocht throu his mínistrie, an they glorifíed God whan they hard what he hed tae tell them.

Syne they said til him, "Ye see, brither, whattan thousands o the Jews hes become belíevers, an ilkane o them unco reithe tae uphaud the Law. Nou they hae been tauld at ye ar lairnin aa the Jews at wons amang the haithens tae cast aside the Law o Moses, an haudin out at they suidna circumcíse their childer or mantein the Jewish customs. What is tae be dune, syne? It canna be but they will hear ye hae come. Dae as we bid ye, than. There is fowr men wi us here hes taen a vou. Gae ye an get yoursel purifíed alang wi them, an pey for them what they wad needs pey afore they coud hae their hair cuttit aff. That will lat aabodie ken at there isna a haet o trowth i the clatters they hae hard anent ye, an ye ar as leal a keeper o the Law as the lave.

"As for the haithens at hes become belíevers, we hae sent them wurd o our decree at they maun abstein frae mait offert til ídols, flesh wi the bluid in it, the flesh o wirriet beass, an [e]hurin."

Sae Paul tuik the men an wis purifíed wi them the neist day an gaed tae the Temple tae gíe notice o the day whan the time o the

_____
[e] furnicâtion R.

purificâtion wad be owre an the offerin made for ilkane o them.[15]

THE SEIVEN DAYS wis maistlins by, whan the Jews frae Asia saw
Paul i the Temple. They set the haill croud in a stír an grippit him,
rairin out, "Come an help us, brither Jews! This is the fallow at is
teachin aabodie aagates tae think ill o our fowk an our Law an
this halie place: ay, an, by an atowre, he hes brocht haithens intil
the Temple an smittit this halie place!" They hed seen Trophimus,
at belanged Ephesus, i the toun wi him, an jaloused he hed taen
him intil the Temple.

Belyve the haill toun wis in a stour, an fowk cam screivin up
frae ilka airt. They claucht hauds o Paul an haurlt him outen the
Temple, an the yetts wis daudit tae ahent him. They war makkin
for killin him, whan the Cornel o the Regiment gat wittins at aa
Jerusalem wis in a stír. He immedentlie tuik some sodgers an
centurions an awà doun on the mengie wi speed. Whaniver they
saw him an the sodgers, they gíed owre creishin Paul.

On comin up tae them, the Cornel arreistit Paul an ordert him
tae be cheyned til a sodger on ivrie side. Syne he speired wha he
wis an what he hed been daein. Some o the croud cried ae thing,
an some anither; sae, finndin himsel no able tae win at the trowth
o the maitter for the din, he ordert him tae be taen tae the Castel.

Gin Paul wis at the staps, the sodgers buid cairrie him up, for
the haill thrang wis at his heels, yellochin, "Kill the wratch! Kill
the wratch!" an onie mínit wis like tae be naither tae haud nor
binnd. Juist whan he wis bein cairriet intil the Castel, Paul said
tae the Cornel, "Can I say a wurd tae ye?"

"Oh, sae ye hae the Greek, hae ye?" said the Cornel. "Ye
canna be yon Egyptian, than, at tuik up airms again the Govern-
ment a while syne an led awà thae fowr thousand dirkmen[16] intil
the muirs."

"I am a Jew frae Tarsus in Cilícia," said Paul, "an a burgess o
that faumous burrowstoun. I want tae speir your laive tae speak
tae the fowk."

The Cornel gíed him laive, an Paul tuik this stance on the
staps an waggit wi his haund tae the fowk. At aince aa wis lown
an quait, an Paul gaed on tae speak i the Aramâic. / "Faithers an **22**
brether," he said, "listen what I am tae say tae ye in my defence."
Whan they hard he wis speakin i the Aramâic, they hairkent him
the mair quaitlie.

"I am a Jew," he gaed on, "born at Tarsus in Cilícia, but fuishen
up i this toun, an laired in aa the outs an ins o the Law o our

forefaithers at the Scuil o Gamâliel; an I wis as reithe an uphauder
o the cause o God as ye ar aa yoursels the day.[17] I persecutit
them o this Wey tae the deith, arreistin baith men an weimen an
castin them in jyle, as the Heid-Príest an the Eldership can beir me
witness; for they sent me til our brether in Damascus, wi their
authoritie in write, tae arreist sic as hed taen the Wey an bring
them tae Jerusalem tae be pounished. But, whan I wis ey on the
gate, no faur frae Damascus, suddent, about twal hours, a gryte
licht frae the lift bleezed aa round me. I fell tae the grund, an I
hard a voice sayin, 'Saul, Saul, what gars ye persecute me?'

"'Tell me, Maister, wha ar ye?' I answert; an he said, 'I am
Jesus o Nazareth, at ye ar persecutin.' Them at wis wi me saw the
licht, but hardna the voice o him at spak wi me.

"Syne I said, 'What maun I dae, Lord?' An the Lord answert,
'Staund ye up an gang intil Damascus, an ye s' be tauld there
about aa the wark at hes been appointit for ye tae dae.'

"I hed tint my eesicht wi the brichtness o the licht, an them at
wis wi me buid tak me bi the haund an lead me intil Damascus.
There a gudelie keeper o the Law, Ananías, at wis weill spokken
o bi the Jews thereawà, cam an stuid aside me an said, 'Brither
Saul, hae your sicht again'; an that same maument I luikit up
an saw him. Syne he said, 'The God o our forebeirs hes waled ye
tae ken his will an tae see the Richteous Ane an hear wurds frae
his mouth, because ye ar tae be his witness til aa men for aathing
ye hae seen an hard. Sae nou, what for taigle owre it? Staund up
an, efter invocâtion o his name, be baptízed an wuishen clean o
your sins.'

"Ae day, efter my back-come tae Jerusalem, I wis prayin i the
Temple, whan I fell intil a dwaum an saw Jesus. 'Be at your
speed,' he wis sayin tae me, 'an awà outen Jerusalem, for they
winna listen your witness for me.'

"'But, Lord,' I answert, 'they ken at I gaed frae sýnagogue tae
sýnagogue causin jyle an flag them at belíeves in thee, an whan
the bluid o thy witness Steven wis skailed, I wis staundin by,
appruivin his murther an tentin the claes o them at wis killin him!'

"But he said tae me, 'Gang ye een your waas, for I am tae send
ye hyne awà tae the haithens.'"

They hed listent him this lenth, but nou they raised their
voices, cryin out, "Kill the wratch! The like o him suidna be
looten líve on the yird!" An they gaed on yallin an yowtin an
begoud flaffin their claes an flingin stour i the air, till the Cornel
ordert him tae be brocht intil the Castel, an syne leashed an

quastint, sae at he micht finnd out what for the fowk wis makkin sic a clamour again him.

They hed streikit him out else on the buird for the leashin, whan Paul said tae the Centurion in chairge, "Is it lawfu for ye tae leash o Roman cítizen, an him no tried forbye?"

On hearin that, the Centurion awà tae the Cornel an said til him, "What will ye dae nou, sir? This man's a Roman cítizen!"

The Cornel cam tae Paul an speired at him, "Ar ye fack a Roman cítizen?"

An he said, "I am that."

"I peyed a lang siller," said the Cornel, "tae become a Roman cítizen."

"I wis born ane," said Paul. At that them at wis tae quastin him banged outowre frae his side; an as for the Cornel, it gart him dree a sair drither tae ken at he hed pitten a Roman cítizen in airns.

NEIST DAY, WANTIN tae win at the trowth anent what the Jews wis chairgin him wi, he lowsed him frae his baunds an ordert the Heid-Príests an the haill Eldership tae convene. Syne he brocht Paul doun frae the Castel an set him afore them.

Stellin his een on the Council, Paul begoud: "Brether, my **23** conscience hes nae faut tae me afore God for the life I hae líved tae this day." At thae wurds the Heid-Príest Ananías baud them at wis staundin aside him strick him on the mouth.

"God will strick ye ae day, ye white-wuishen waa!" Paul brustit out. "Sit ye there tae juidge me conform tae the Law, an syne bid me be strucken clean contrair tae the Law?"

"Wad ye gíe God's Heid-Príest ill tung?" the court servitors cried out.

"I kentna it wis the Heid-Príest, brether," said Paul: 'weill-a-wat the Buik says, '*Ye sanna miscaa the ruler o the fowk*'!"

Kennin at the tae pairt o the Council wis Sadducees, an the tither Pharisees, Paul cried loud out, "Brether, I am a Pharisee, an come o Pharisees. It is for our howp o resurrection frae the deid at I am here tae be juidged."

At that the Pharisees an Sadducees fell tae canglin wi ither, an the Assemblie wis sindert in twa. The Sadducees manteins at there is naither resurrection nor angels nor spírits, but the Pharisees belíeves in them aa. Sae there wis a fell dirdum, an a wheen Doctors o the Law o the pairtie o the Pharisees banged up an spak wi birr i the tuilie: "We finnd nocht ill," said they, "i this man;

an gif a spírit or an angel hes fack spokken til him. . . ." But nou
the yedd grew sae fairce at the Cornel wis afeared at Paul wad be
riven spaul frae spaul, an gíed orders for the gaird tae come doun
an cleik him awà frae 'mang them an tak him back tae the
Castel.

That nicht the Lord kythed tae Paul an said til him, "Tak
nae fear; as ye hae borne witness tae the trowth anent me in
Jerusalem, een sae ye maun beir your witness in Roum."

WHAN DAY CAM, the Jews forgethert in hidlins an made a vou
tae tak naither bite nor sup or they hed killed Paul. Mair nor
fortie o them wis i this pack. They gaed tae the Heid-Príests an
Elders an said tae them, "We hae solemnlie banned tae pree
naither mait nor drink or we hae killed Paul. Sae nou ye an the
Council behuive tae seek the Cornel tae bring him doun tae ye,
makkin on, like, at ye want tae tairge him mair tichtlie; an syne
we s' be there tae kill him, afore he comes the lenth o the court."
But Paul's sister's son gat wittins o the pack, an he awà tae the
Castel an wis looten in an gae Paul his tidins.

Paul sent for ane o the Centurions an said til him, "Ye suid
tak this yung man tae the Cornel, sir; he hes tidins tae gíe
him."

Sae the Centurion tuik him tae the Cornel an said, "The
prísoner Paul sent for me an axed me tae tak this callan tae ye,
sin he hes something tae tell ye."

The Cornel tuik him bi the airm an, drawin him aside, speired
at him, "What is this tidins ye hae for me?"

"The Jews," he answert, "hes made it up atween them tae ax ye
tae bring Paul doun tae them the morn, makkin on, like, at they
want tae tairge him mair stricklie. But gíe-them-na their will,
sir ! There is fortie an mae o them layin their wait eenou for him.
They hae made a vou tae pree naither bite nor sup or they hae
killed him; they ar luikin for ye tae graunt them their requeisht,
an hae aathing reddie for their pairt."

The Cornel than sent the callan awà wi the warnishment:
"Mind an no tell onie lívin at ye hae tauld me this." Syne he sent
for twa o the Centurions an said tae them, "Get twa hunder fit-
sodgers reddie tae gang tae Caesaraea, forbye seiventie horsemen
an twa hunder spearmen,[18] gin nine hours the nicht, an hae ither
beass forrit for Paul tae ride on, sae at he may be brocht sauflie tae
the Governor Felix."

Mairatowre he scríved a letter in thir or siclike wurds:

Claudius Lysias til ⨍H. E. the Governor Felix

Sir:

    The Jews hed grippit this man an wis like tae kill him, whan I cam up wi the Gaird an tuik him awà frae them, because I hed lairnt at he wis a Roman cítizen.

    I wis wishfu tae ken what it wis they war chairgin him wi; an sae I tuik him doun tae their Council, whaur I faund at the chairges again him wis aa a maitter o kittle points o their ain Law, an he wisna chairged wi onie crime for whilk a man is pounished wi deith or imprísonment.

    Sinsyne informâtion hes come tae me o a pack tae kill him, an I hae therefore tint nae time in sendin him tae ye; an I hae tauld his accusers they maun bring their chairges again him in your Court.

Conform tae their orders the sodgers tuik Paul an brocht him bi nicht til Antipatris. Neist day the fit-sodgers left the horsemen tae convoy him the rest o the road, an themsels gaed back tae the Castel.

On comin tae Caesaraea, the horsemen delívert the letter tae the Governor an brocht Paul intil his praisence. Whan he hed read the letter, the Governor speired what province he cam frae; an whan he wis tauld he belanged Cilícia, "I will hear your case," said he, "whaniver your accusers is here." Syne he ordert him tae be keepit under gaird in Herod's Pailace.

FIVE DAYS EFTERHIN the Heid-Príest Ananías cam up tae **24** Caesaraea wi a wheen Elders an ane Tertullus, an advocate; an they made the Governor acquant wi their chairges again Paul.

    Syne Paul wis brocht intae court, an Tertullus begoud his speech: "Gif aa is lown an peace i the laund," he said, "an gif this fowk is ey seein its wrangs richtit, it is tae ye an your care an forethocht at we ar behauden for it aa, an aaweys an aagates we avou the same an cun Your ᵍExcellencie gryte thenks. But, no tae taigle ye onie langer, I s' een ax ye nou tae hairken us, wi your weill-kent discreetness, while we say a twa-three wurds.

    "This man is an aivendoun public pest—that we hae fund—a raiser o sturt an strife amang the Jews the haill warld owre, an ane o the heids o the Nazarene seck; an he hed gotten the lenth o

---

His Honour R [τῷ κρατίστῳ].   ᵍ Honour R.

mintin tae fyle the Temple whan we arreistit him. Exemine him
yoursel, an ye will be able tae finnd out gif our chairges again him
is weill-foundit, or no."

The Jews made the like chairges again him: Tertullus hed
spokken nocht but the trowth, they said.

At a sign frae the Governor, Paul yokit til his defence: "It is wi
a guid hairt," he said, "at I mak my defence, because I ken it is
monie year nou ye hae been the heid o the law i this kintra, an ye
can finnd out for yoursel at this is the trowth: it is no abuin twal
days sin I gaed doun tae Jerusalem on a pilgrimage, an there
naebodie saw me argiein wi onie-ane or raisin a stour amang the
fowk, aither in Temple, sýnagogue, or street; nor they canna
bring forrit nae pruif o their praisent chairges again me.

"I will own wi this, housiver: I haud wi the Wey, at they caa
a seck, an sae wurship the God o our forefaithers: but I believe in
aa at staunds i the Law an aa at is written i the Prophets, an I hae
the same howp in God as they haud themsels, at baith the guid an
the ill will rise frae the deid. An sae, nae less nor them, I dae my
endaivour ey tae hae a sakeless conscience afore baith God an man.

"Efter monie lang year furth o the kintra I hed come tae
Jerusalem tae bring awmous tae my Jewish brether an offer
saicrifíces tae God. I wis seein efter the same, an hed haen mysel
purifíed, whan they faund me i the Temple. Thrang o fowk or
stír there wis nane avà, afore a curn Jews frae Asia—but they suid
hae compeared here afore ye an brocht forrit onie chairges
they hed again me. Wantin that, them at is here behuives tae say
what faut they faund in me whan I compeared afore the Council,
an it binna yon ae thing I cried loud out as I stuid there amang
them: 'It is owre the heid o the resurrection frae the deid at I am
tae be juidged here this day'."

Felix, at kent mair nor the maist feck anent the Wey, than
made avizandum: "I will gíe juidgement in your case," said he,
"whaniver Cornel Lýsias comes up frae Jerusalem." Syne he gae
the Centurion orders tae keep him a prísoner, but tae lat him hae
some scouth, an no hender onie o his friends tae fettle him.

SOME DAYS EFTER, whan he wis back in Caesaraea wi his wife
Drusilla, at wis a Jewess, Felix sent for Paul an listent what he hed
tae say anent faith in Christ Jesus. But whan he begoud tae speak
o weill-lívin an self-owrance an the Juidgement tae come, Felix
tuik the fricht an said, "Gang your waas for the nou; I s' send for
ye again, whan I'm orra." An, deed, monitime he sent for him

an spak wi him, for he wis ey howpin at Paul wad offer him a budd.

But twa year gaed by, an than Porcius Festus wis appointit Governor in his place. Tae pleisur the Jews, Felix left Paul a prisoner at his wagang.

THREE DAYS EFTER he hed come intil his Province, Festus **25** gaed doun frae Caesaraea tae Jerusalem. There the Heid-Priests an chief men o the Jews tauld him o their chairges again Paul an socht o him as a fauvour at he wad cause bring Paul tae Jerusalem—for his scaith, like, for they war ettlin tae lay their wait for him on the gate an kill him. But Festus answert at Paul wis in firmance at Caesaraea, an he wad be quattin Jerusalem himsel or it wis lang. "Your principal men," said he, "can gang up-bye wi me an mak their chairges again him, gif there is ocht amiss wi him."

Efter steyin an ouk or ten days at the maist in Jerusalem, he gaed up tae Caesaraea, an the day efter tuik his sait in court an baud Paul be brocht in.

Whan he cam in, the Jews at hed come up frae Jerusalem stuid round him makkin ey the tither grave chairge again him, but bringin forrit nae pruif o the same, an Paul answert them, sayin, "Naither again Jewish Law nor again the Temple nor again Caesar hae I dune ocht wrang."

But Festus wis amind tae pleisur the Jews, an said til him, "Ar ye willint tae gang tae Jerusalem an staund trial on thir chairges afore me there?"

But Paul said, "I staund here at Caesar's bar, an it is een here at I maun be tried. I haena wranged the Jews nane; brawlie ken ye that yoursel. Gif I am oniegate in faut, an hae dune ocht for whilk the pounishment is deith, I speir nae mercie: lat me een be pitten tae deith. But gif there is nae found for thir men's chairges, naebodie is tae gie me owre tae them tae win their guid will.

"I appeal tae Caesar."

Efter advisin wi his assessors, Festus said, "Ye hae appealed tae Caesar: tae Caesar ye s' een gang."

SOME DAYS EFTERHIN King Agrippa an Bernìcè cam tae Caesaraea tae walcom Festus. As they war bidin there some time, Festus socht the King's mind anent Paul's case. "There is a man here," said he, "at Felix left a prisoner; an whan I wis in Jerusalem, the Heid-Priests an Elders o the Jews delâtit him tae me an craved juidgement again him. I tauld them at it isna the gate wi the Romans tae gíe up onie man til his accusers afore he hes met them breist tae breist an haen an opportunitie tae answer their chairges. Sae, whan they hed come here wi me, I tint nae time, but the verra neist day tuik my sait in court an baud the man be brocht in. But whan his accusers rase up round him, it wisna tae chairge him wi onie o the crimes at I wis expeckin: it wis onlie some differs they hed wi him anent their ain orralike relígion an ane Jesus, a deid man at Paul threapit wis in life.

"I wis sair pitten hou tae cognosce siclike maitters, sae I speired gif he wis willint tae gang tae Jerusalem an be tried there on his accusers' chairges. But Paul appealed tae hae his case keepit for *h* His Imperial Maijestie's decísion, an sae I gíed orders at he suid remein in waird or I coud send him tae Roum."

"I wad like fine," said Agrippa, "tae hear the man mysel."

"A-weill," Festus answert, "ye s' een hear him the morn."

Sae the neist day, whan Agrippa an Bernícè cam owre wi muckle pomp an hed entert intil the audience-chaumer wi the cornels o the regiments an the principal men o the toun, Festus gae the order, an Paul wis brocht in.

Syne Festus said, "King Agrippa an aa the lave o ye at is here praisent, ye see afore ye the man at the haill Jewish fowk hes compleined o tae me baith in Jerusalem an here in Caesaraea, rairin out at he suidna be alloued tae líve a day langer. I faund, housomiver, at he hedna dune ocht deservin deith, an as he hes appealed til *i* His Imperial Maijestie, I hae concludit tae send him tae Roum. But I hae nocht siccar tae pit doun in write for our Sovereign Lord, an it is een for that at I hae brocht him afore ye aa—an, mairbitaiken, afore ye, King Agrippa—sae at I may get something out o his exemine at I can set doun in write for the Emperor. For it wadna be wyss-like, I'm thinkin, tae send a man tae Roum for trial, an no condescend on the chairges again him."

26   Agrippa than said tae Paul, "Ye hae freedom tae speak for yoursel."

At that Paul raxed furth his haund an yokit til his defence. "King Agrippa," he begoud, "I haud mysel a fortinate man tae be makkin my defence afore ye this day on aa the Jews' chairges again me, sin ye ar by-ordnar weill-acquant wi the customs an

---

h His maijestie's R [τοῦ Σεβαστοῦ]: *but cp.* 26.26 *ablò, whaur* His Maijestie = King Agrippa.   *i* His maijestie R.

controvversies o the Jews. I ax ye, than, tae gíe me a pâtient hearin.

"There isna a Jew but is acquant wi my wey o life frae my yung days forrit amang my ain fowk an in Jerusalem. Lang time hae they kent—an they can beir witness, gif they hae the will—at I wis an adherent o the maist strick professors o our relígion, an líved as a Pharisee. An nou I staund here tae be juidged for my howp i the promise made bi God til our forebeirs, the self an same promise at the Twal Clans o Israel wurships God for nicht an day, wi aa their hairt an saul, i the howp o seein it fufilled: ay, it is for hit, King Agrippa, at I am accused bi Jews![19]

"Ae time I mysel thocht I behuived tae contrair the cause o Jesus o Nazareth; an I een did the same in Jerusalem. I steikit monie o God's fowk in jyle, for whilk I hed the necessar authoritie frae the Heid-Príests; an whan they war sent tae their deith, I gae my vote again them. There wisna a sýnagogue whaur I causedna pounish them, monie's the time, tae gar them disavou their Lord; an sae ondeemous wud wis I at them at I persecutit them in touns outwith Judaea.

"I wis gangin tae Damascus on ane o thir eerants, wi authoritie an commíssion frae the Heid-Príests, whan, as I fuir alang the gate at the heicht o the day, King Agrippa, I saw a licht frae the lift mair daizzlin nor the sun shínin aa round me an them at traivelt wi me. We aa fell tae the grund, an I hard a voice sayin tae me i the Aramâic, 'Saul, Saul, what gars ye persecute me? Ye but wrang yoursel flingin at the gaud.'

"I answert, 'Wha ar ye, Maister?' An he said, 'I am Jesus, at ye ar persecutin. But rise ye up an staund on your feet. No for nocht hae I kythed tae ye, but because I am walin ye tae be my servan an a witness o my kythin here tae ye nou, an my kythins tae ye in time tae come. I will delíver ye frae your ain fowk, an frae the haithens, at I am sendin ye til. I am sendin ye tae apen their een, sae at they may turn frae the mirk tae the licht, an frae the pouer o Sautan tae God, an throu faith in me may win forgíeness for their sins, an a place wi them at is sanctifíed.'

"Efter that, King Agrippa, I dauredna disobay the heivenlie vísion. In Damascus an Jerusalem first, syne owre the haill o Judaea, an last amang the haithens, I preached at aa men maun repent an turn tae God an líve lives confeirin wi repentance. It wis for this at the Jews claucht hauds o me i the Temple an mintit tae kill me. But God hes fendit me frae scaith tae this day, an sae I staund here tae beir my witness tae gryte an smaa; nor I sayna ocht by what the Prophets an Moses foretauld wis tae be. What gars ye think it a thing ayont belíef at God suid raise the deid tae life[20]—at the Christ buid dree deith, an syne, risin the first frae the deid, gar licht shíne furth for the Jews an the haithens baith?"

Paul wis speakin this gate in his defence, whan Festus cried loud out, "Ye ar by yoursel, Paul! Your muckle buik-lair is pittin ye clean out o your juidgement."

"Wi respeck, Your [j]Excellencie," Paul answert, "I am no by mysel: aa am I sayin is baith wyss an true. His Maijestie is weill-acquant wi thir maitters; an gif I am speakin til him sae bauldlike, it is because this hesna been dune in a bynuik, an there is nocht o it aa, I s' warran, at he kensna the outs an ins o. Belíeve ye the Prophets, King Agrippa? But what needs I speir? Weill-a-wat ye belíeve them!" Agrippa said til him, "Ye will be makkin me a Christian suin wi the skíllie tung o ye."

"Be it suin, or be it syne,"[21] Paul answert, "I wiss tae God at no ye alane, but aa them at is hairknin me this day, may become sic as I am, forbye thir cheyns!"

At that the King an the Governor an Bernícè an them at wis sittin wi them aa rase frae their saits; an, whan they war furth the chaumer, they begoud speakin wi ither anent the maitter: "This man," said they, "hesna dune ocht tae deserve deith or imprísonment." For his pairt, Agrippa said tae Festus, "This chíel micht hae been líberate, gif he hedna appealed tae the Emperor."

27 WHAN IT WIS concludit at we war tae sail for Italie, Paul an a wheen ither prísoners wis haundit owre til a Centurion o the Cohort Augusta, caa'd Julius. We gaed abuird an Adramýttium boat at wis bund for the seaports o Asia an sailed awà. Aristarchus, a Macedonian frae Thessaloníca, wis wi us.

Neist day we laundit at Sídon, whaur Julius wis rael kind tae Paul an loot him vísit his fríends an finnd easedom an aa wi them. Frae there we sailed awà i the lee o Cýprus, because the winds wis contrair, an syne athort the apen sea aff Cilícia an Pamphýlia, till we cam tae laund at Mýra in Lýcia.

Here the Centurion faund an Alexandrian ship at wis sailin til Italie, an pat us abuird her. For a guid wheen days it wis but slaw endwey we made, an we hed ill gettin the lenth o Cnídus. Faurer

---

[j] Honour R [κράτιστε].

forrit we coudna win for the wind, sae we sailed for Salmonè Ness an round i the lee o Crete. It wis a sair pingle sailin alang the coast o the island, but at lenth an lang we cam tae Bonnie Hynes, no faur frae the toun o Lasaea.

Whan a fell time hed gane by, an sailin hed become onchancie—the Fast wis owre else—Paul warnished them: "I foresee, friends," said he, "at scaith will come o this voyage, an, forbye the loss o the ship an her fraucht, there is monie o us will tyne our lives." But the Centurion peyed mair heed tae the skipper an the awner o the ship nor tae Paul's warnishment; an, as Bonnie Hynes wis a disconvenient hairbour tae winter in, the maist feck wis for sailin awà an makkin til Phoenix, a hairbour in Crete luikin south-wast an nor-wast, for tae winter there, saebeins they coud win as faur.

Sae, whan a gray o wind begoud tae blaw frae the south, jalousin they hed gotten their ettle, they wee'd anchor an sailed alang the coast, haudin close in tae the shore. But, or it wis lang, a *blowsterous wind at they caa Euraquilo strack doun on us frae the laund an soupit the ship out o her course; an, as there wis nae bringin her heid round intil the wind, we buid een gíe the gell its will an lat her drive afore it.

Syne we ran aneth the lee o an inch caa'd Clauda, whaur we manned wi *muckle adae tae siccar the *ship's boat. Whan it hed been heized abuird, they wappit tows round the ship, the better tae haud her thegither; syne, dreidin they wad be blawn on tae the Shaulds o Sýrtis, they cuist out the floatin anchor an loot her drive at the merciment o the wind.[22] We hed byous ill wather again the neist day, an they begoud lichtnin the ship; an the day efter the sailors buid haive the ship's orra graith owre-buird. Monie day sun nor stairn kythed i the lift, an ey the storm it raged an better raged, till at last an lang we war tynin aa howp o winnin throu.

Mait-haill there wis 'maist nane o them aa, whan Paul stuid up i their mids an said, "Ye suid hae dune as I baud ye, my friends, an no lenched furth frae Crete, an than ye wad ne'er hae incurred aa this scaith an loss. Still an on, I nou bid ye keep weill up in hairt: no ae ane o ye is tae loss his life, tho the ship will be tint. Last nicht an angel o the God I belang til an sair kythed tae me an said, 'Binna feared, Paul; ye ar tae compear afore Caesar, an,

---

k gell o wind—it wis the wind they caa Euraquilo—strack doun on us frae the hills *R*: *ut supra, L.·*   *l* a pingle *R*: muckle adae/a t(y)auve/(monie) a put an row *L*.
m boat *R*: coble (?)/ship's boat [O.Sc. float-boat] *L*.

mairbitaiken, for your sake, God is tae keep aa them sauf at is sailin wi ye.' Keep weill up in hairt, than, my fríends; I lippen tae God an steivelie trew at aathing will happen een as I hae been tauld. Housomiver, we'r tae be cuissen up on some island."

A fortnicht gaed by, an we war ey drivin hither an yont i the Adriâtic, whan about the middle nicht the sailors begoud jalousin we war comin near laund. They loot doun a plummet an faund a deepth o twintie faddom; an whan, a wee efterhin, they loot it doun again, it wis fifteen faddom. Dreidin we wad be driven on a roch coast, they drappit fowr anchors frae the stern, an syne prayed for the comin o day. Belyve the sailors socht tae quat the ship, an hed looten doun the boat intil the sea, makkin on they war gaein tae lay out anchors frae the bow, whan Paul said tae the Centurion an the sodgers, "Thir men maun bide abuird, or ye canna be saufed"; an at that the sodgers cuttit the raips o the boat an loot her een gang wi the waves.

Whan it wis near tae the dawin, Paul priggit wi them tae tak some mait. "It is a fortnicht the day," said he, "at ye hae been waitin an better waitin, an aa the time wantit fuid; no a rissom hae ye etten. Sae nou, I rede ye, tak some mait; hou ither can ye howp tae win throu in life? An, mind ye, no a hair o onie-ane's heid will be tint!"

Efter sayin that, he tuik a laif an, gíein thenks tae God forenent them aa, brak it an begoud tae eat. That hairtit them aa, an they did the like an tuik some mait. The haill tot o us i the ship wis twa hunder an seiventie-sax sauls. Whan they hed stainched their hunger, they yokit tae lichtnin the ship bi castin her fraucht o wheat owre-buird.

Whan day brak, an unco laund met their een, but they saw a bay wi a saundie shore, an they purposed tae rin the ship agrund on hit, gif they coud. Sae they cuttit awà the anchors an left them intil the sea, an at the same time lowsed the tow-raips haudin the steerin-airs; syne they heized the foresail an loot the wind drive the ship tae the shore.[23] But they hed happent on a shauld; an, whan the ship drave on it, the bow stack firm an fast i the saund, an the stern wis shakken out o ither wi the dunt.

The sodgers wis for killin the prísoners, for dreid at onie o them micht soum awà an escape. But the Centurion wis wishfu tae sauf Paul's life, an hendert them daein what they ettelt. He gíed orders at sic as coud soum suid lowp owre-buird first an mak til the laund; the lave wis tae fallow on dails or ither bits o the ship. I this wey the haill o them wan sauf tae laund.

EFTER WE HED come sauf tae laund, we faund at it wis the island **28**
caa'd Malta. The haimart fowk o the island wis by-ordnar kind
til us: they kennelt a bale-fire an baud us aa come round about,
for [n]there wis an on-ding o rain, an we war chittrin wi cauld.

Paul hed gethert an oxterfu o eldin, an whan he laid it on the
fire, a víper crowled out wi the hait an waund itsel round his
haund. Whan the island-fowk saw the beast hingin frae his
haund, they said til ither, "This man is a murtherer, nae dout o it;
he may hae wan sauf out o the sea, but [o]the gods' juistice isna
tae lat him líve!" But Paul shuik the beast aff intil the fire an
keppit nae scaith o it. They war expeckin him tae hove up or
cloit doun deid on a suddent: but efter waitin a gey while, an no
seein ocht by the common come owre him, they cheynged their
minds, an said he wis a god.

The Chíef o the island, Publius bi name, hed a wheen dails i
that pairt, an he gíed us up-pittin an interteined us verra kindlie
for three days. As it happent, his faither wis lyin in his bed at the
time, fell bad wi the fivver an dýsenterie. Paul gaed tae see him
an, efter pittin owre a prayer, laid his haunds on him, an he gat the
better o his ills.

Efter that aabodie i the island at wis oniegate ailin cam tae
Paul, an he hailed them aa. Thir fowk peyed us aa kin o mense an,
whan we war tae sail, sortit us wi aathing at we micht need.

EFTER THREE MONTH we sailed awà in an Alexandrian ship,
The Twin Brithers, at hed wintert i the island. We laundit at
Sýracuse; an, efter bidin there three days, we tuik a cast about an
cam tae laund at Rhegium.

A wind begoud tae blaw frae the southart the morn, an the
neist day we wan tae Puteoli. Here we faund brether an war
invítit tae bide an ouk wi them. An sae at last an lang we cam tae
Roum.

The brether there hed gotten speirins o us an cam out the
lenth o Appii Forum (Appius' Mercat) an Tres Tabernae (Three
Crames) tae meet us; an whan Paul saw them, he gae thenks tae
God an tuik hairt.

ON OUR COMIN tae Roum, Paul wis alloued tae howff his lane
wi a sodger tae gaird him. Three days efter, he invítit the principal

---

[n] it wis dingin on an we war chittrin wi cauld R: there wis an onding o rain an it wis
cauld/because o the daudin rain an the cauld L.

[o] God's juistice R: the juistice o the gods/divine juistice/the juistice o heiven L.

Jews o Roum tae meet him; an whan they war aa forgethert, he
said tae them, "Brether, for aa I hed dune naething again our
fowk or contrair til our customs haundit doun frae our fore-
faithers, I wis arreistit in Jerusalem an haundit owre tae the
Romans. I wis exemint bi them, an they war mindit tae assoilie
me, because I hedna dune ocht deservin deith. But the Jews
wadna gree wi that, an sae I buid appeal tae the Emperor: it
wisna at I hed onie chairge tae bring again my nâtion. That is hou
I invítit ye here tae see an speak wi ye, for it is een because
Israel's howp is mine at I am bund in thir cheyns."

"For our pairt," they answert, "we hae haen nae scríve frae
Judaea anent ye, nor hes onie o the brether brocht us onie speirins
or souch o ocht ill about ye. But we wad be blythe tae hear frae
yoursel what ye think; for aa we ken o this seck is at it gets an ill
name aagates."

Sae a day wis trystit atweesh them; an whan it cam, they cam
back til his ludgins, an a wheen mae wi them. Syne frae the
dawin tae the darknin he gae them his testimonie, proclaimin the
Kingdom o God, an seekin tae win them tae faith in Jesus Christ
wi pruifs frae Moses an the Prophets. Some o them wis wun owre
bi what he said, but ithers wad nane believe. Sae they gaed their
waas no greein wi ilk ither, but no afore Paul hed spokken ae
wurd mair.

"It is a true wurd," said he, "at the Halie Spírit spak throu the
mouth o Isaiah the Prophet tae your forebeirs, whan it said:

'Gang tae this fowk an say,

"Ye sal hairken an better hairken an nocht forstaund,
an glower an better glower an naething see."

For drumlie i the wit this fowk hes grown, an dull o hearin;
   an tichtlie their een hae they dittit
leist they suid see wi their een an hear wi their ears
an forstaund wi their wit an turn back til me,
   an I wad hail them.'

This I am tae tell ye, than: this salvâtion frae God hes been sent
tae the haithens; an the haithens will hairken."

For twa haill towmonds Paul bade in his ain hired ludgins. He
walcomed aa at cam tae see him, an ey he preached the Kingdom
o God an taucht the trowth anent the Lord Jesus Christ but dreid
or hender.

PAUL'S LETTER
TAE THE ROMANS

PAUL, A SERVAN o Christ Jesus, caa'd tae be an apostle, an 1
set apairt tae preach the Gospel o God, til aa them in Roum
at is luved bi God an caa'd bi him tae be saunts: Grace an
peace be wi ye frae God our Faither an the Lord Jesus Christ !¹

THAT GOSPEL, GOD promised it langsyne i the wurds o his
Prophets at is written doun i the Halie Scripturs, an it tells o his
Son, at wis born as a man o Dauvit's stock, an for his haliness o
spírit wis constitute the Son o God, whan God pat out his pouer
an raised him frae the deid, Jesus Christ our Lord. It is throu him
at we hae gotten grace an the office o an apostle, wi the wark laid
on us tae gang aagates amang the haithen an win men til obedience
an faith, for the glorie o his name; an amang the lave yoursels, at
hes gotten the caa an belang til Jesus Christ.

First, I maun thenk my God throu Jesus Christ for ye aa,
because the haill warld hes hard tell o your faith. God, at I sair wi
aa my hairt an saul in my wark o preachin the Gospel o his Son,
is my witness at hou I mind ye constant an on in my prayers, an
hou the ne'er a prayer pit I up but I seek o him at nou, at lest an
lang, an it be his will, I may somegate mak out tae come tae ye.
For I am fair greinin tae see ye, sae fain am I tae gíe ye some
spírial gift at will mak ye the steiver in faith; or, raither, I
am fain at bi my comin amang ye, the baith o us, ye an me, suid
win hairtnin frae the ither's faith.

Ye maunna be thinkin, brether, at I haena ettelt, monie's the
time, tae come tae ye—but up til this there hes ey been some-
thing tae hender me—sae as I micht win some hairst amang ye,
as I hae een dune amang the haithen ithergates. I aw a dutie baith
tae Grecks an barbârians, tae the weill-laired an the onlaired, an
it is for that I am sae fond² tae preach the Gospel, the best I can,
tae ye, tae, at bides in Roum.

For I amna affrontit wi the Gospel; it is God's michtie mean
for the salvâtion o ilkane at belíeves, the Jew first, but the Greek
an aa. For in it is revealed God's wark wi richteousness,³ a wark
at hes faith at the beginnin an faith at the end o it, een as it says i
the Buik: "*He will líve at is juistifíed bi faith.*"

FOR THE WRAITH o God is revealed frae heiven, his wraith at aa
the godlessness an ill-daein o men. Wi their ill-daein men is

smoorin the truith. For what may be kent o God is plain tae them; God himsel hes een made it plain. He downa be seen himsel, but, frae the warld wis first made, what he is hes ey kythed in his haundiwark, sae at, gin a man will but yuise his wit, he will see therein God's iverlestin pouer an godheid. Sae they canna up-haud they ar nane tae wyte: kennin God, they wurshipped-him-na as God, nor they cunned him nae thenks, but tuik up wi haiverel thochts o their ain thinkin, till their smeddumless minds wis mirkit. For as wyss as they huid out tae be, they becam fuils, an isteid o the glorie o the immortal God they fell a-wurshippin images o mortal men an birds an fowr-fittit beass an crowlin things.

For that, God hes gíen them up tae fallowin the lusts o their hairts an dishonourin their bodies wi oncleanness—ay, because they hae trokit the true God for fauss gods an gíen honour an wurship tae things at is made, gaein by their Makker, at is blissed for iver an ey, âmen! For that, I say, God hes gíen them owre tae shamefu passions. Contrair naitur, their weimen beds the-gither, an the men is naegate better—quattin the naitural wey o a man wi a wuman, they lowe wi lust for ither an dae shamefu things, men wi men; sae ar they peyed the wauge they hae airned wi their forleitin o God.

Een as they wadna ken God nae mair, sae God wadna ken them nae mair; an they war left tae themsels, tae dae aathing men ochtna tae dae. They ar pang-fu o aa kin o wrang-daein, wickit-ness, greed, malice; invŷfu, bluid-thristie, canglesome, sleekie, ill-hairtit, sae as they coudna be mair; clash-pyats, ill-speakers; hatesome tae God, bangsters, scorners, sprosers, drauchtie, camstairie wi their paurents; dull i the wit for richt an wrang, covenant-brakkers, an the ne'er a styme o luve or pítie i the breists o them. They ar weill-acquent wi God's juidgement at them at dis siclike things is wurdie o deith, but for aa that they no onlie dae them themsels, but hae ey a guid wurd for ithers at dis them.

2 YE HAE, THEREFORE, nae defence avà, ye at sets up as a juidge, be ye wha ye like. Whan ye juidge your neipour, ye condemn yoursel, for ye dae the same things as them ye juidge. Aabodie kens at God's juidgement faas, an juistlie faas, on aa them at dis sic things; an ye, at juidges them at dis sic things an dis them yoursel, lippen ye at ye will win by God's juidgement, whan they divna? Or is it at ye lichtlie God's ondeemous kindness an

forbeirin an pâtience, forgettin at wi his kindness an aa God is seekin tae lead ye on the gate tae repentance?

Wi your thrawart, onrepentant spírit, ye ar layin up for yoursel a store o wraith gin the Day o Wraith, whan God will kythe afore the warld as its richteous Juidge. He will pey ilka man what is awin him for his deeds. Eternal life will be the rewaird o them at seeks glorie an honour an immortalitie bi haudin on, lívin richt, an daein guid: but them at is sellie an willyart an hairkens ey the voice o wrang an niver the voice o truith, anger an wraith is bidin them. Sair dree an pyne there will be for ilka man an wuman at is ill-daein, for the Jew first, an syne for the Greek, but glorie an honour an peace will be the faa o ilkane at is weill-daein, the Jew first, an syne the Greek.

For tae God nae man is mair nor anither, an sae them at, wantin the Law, hes sinned will perish outwith the Law, an them at, haein the Law, hes sinned will be juidged bi the Law. No hearin the Law, but daein the Law's biddins, maks men richteous in God's sicht, an will win them juistificâtion on the day whan, as my Gospel teaches, God, at kens aa at is hodden in men's hairts, will juidge them throu Jesus Christ. Whan haithens, at wants the Law, dis bi kind what the Law prescrives, it maun een be at they hae a law in themsels; their deeds pruives at the Law's com-maunds is written i their hairts, an the testimonie o their deeds is corroborate bi their conscience, an bi their wytin an antrin ruisin o ither.[4]

Ye ar a Jew, an proud tae caa yoursel ane; ye finnd siccar wi the Law tae staund on; ye voust o your God; ye ar acquent wi his will; as a raiglar hearer o the Law, ye ken brawlie richt bi wrang in aathing; ye doutna but ye behuive tae airt the staps o the blinnd an licht the gate o grapers i the mirk, tae scuil cuifs an teach bairns, sin the haill o knawledge an truith is conteined i the Law: ye, than, at teaches ithers, ye teachna yoursel! Ye preach again staelin, an ar yoursel a thíef! Ye forbid adulterie, an ar yoursel an adulterer! Ye ugg at ídols, an ar yoursel a rubber o paugan temples! Ye voust o the Law, an dishonour God wi brakkin it yoursel![5] "Ye gar my name be miscaa'd amang the haithen", sae the Bible tells ye.

Circumcísion is a fore tae ye, saebeins ye keep the Law: but gin ye brak the Law, it is like as ye war oncircumcísed. Gin, than, an oncircumcísed haithen keeps the preceps o the Law, winna he be trate as gin he wis circumcísed, for aa he isna? Ay, will he, an mairbitaiken the oncircumcísed haithen at keeps the Law bi kind[6]

will be your juidge, at, wi aa your Law in write an your circum-
císion, is a brakker o the Law. For the rael Jew isna him at is
outwartlie an vísiblie a Jew, nor the rael circumcísion isna the
outwart an vísible mark made on the bodie. Na, the rael Jew is him
at is ane inwartlie an invísiblie, an the rael circumcísion is the
circumcísion o the hairt, at is wrocht bi the Spírit, an no bi the
written Law. That is the Jew at God, no man, commends.[7]

3   What fore, than, hes the Jew? What guid is circumcísion?
Muckle, ilka wey. First, they hae been lippent wi God's hechts.
Nae dout some o them hesna belíeved, but what recks? Will their
onbelíef gar God gang by his wurd? Na, haith! Be ilka man a
líar, but God maun ey be fund true, een as it says in Scriptur:

> at thou may be declared richteous in thy wurds,
>   an win thy cause, whan thou is juidged.

But gin our wrang-daein gars God's richteousness kythe the
better, what ar we tae say? Weill-a-wat it's nae wey tae speak o
God, but I s' say it for aa—is God onrichteous tae gar us finnd the
wecht o his wraith? Na, haith! What wey coud an onrichteous
God juidge the warld? Gin my líein maks it better seen at God is
true, an sae brings him mair glorie, what for suid I ey be con-
demned as a sinner? What for no say, as some at wad bleck my
name chairges me wi sayin, "Lat us dae ill, at guid may come o
it"? Them at sae thinks an speaks will get their sairin whan God
condemns them.

     What, than? Ar we better aff nor ithers? Atweill no! We
chairged baith Jews an Greeks eenou wi bein i the grips o sin, an
the Bible will tell ye the same:

> There is no a sakeless man—
>   na, no ae ane.
> There is nane hes understaundin,
>   there is nane seeks God.
> They hae aa gane agley frae the gate;
>   they ar aa become nae-wurth thegither;
> there is nane at is weill-daein—
>   na, no the lenth o ane!
> Their thrapple is a gantin graff;
>   they hae slidderie tungs i their mous;
> the pusion o ethers is ahent their lips;
>   their mouth is fu o bannin an gaa;

> *their feet rins swith tae the skailin o bluid;*
> *hership an dree fallows their staps,*
> *an the gate o peace is a gate they kenna;*
> *they haena nae fear o God afore their een.*

Sae it is written, but we ken at in aathing it says the Law speaks tae them at is aneth it, sae at ilka mou may be dittit, an the haill warld underlie the juidgement o God. For nae man will be juistifíed in his sicht bi keepin the Law: the Law but maks a man awaur at he's a sinner.

BUT NOU THE warld hes lairnt o God's wark wi richteousness, an a richteousness hes been revealed at is gotten outwith the Law (athò the Law itsel an the Prophets beirs witness til it). It is gotten throu faith in Jesus Christ, this richteousness; an it is gíen til aa at belíeves—aa, I say, for there is nae differ atween ane an anither: aa hes sinned an comes short o the glorie o God. But belíevers is juistfíed[8] bi his grace, but onie merit o their ain, throu the delíverance wrocht in Christ Jesus. For God set him furth afore the warld as the mean o extínguishin gilt bi his deith for them at belíeves. It wis een his will sae tae pruive his richteousness; i the bygane he hed ey luikit owre men's sins,[9] but gin he wis forbeirin than, it wis at he micht kythe his richteousness nou, i thir times o ours, an sae reveal himsel as ane at is baith richteous an juist himsel an juistifíes ilkane at pits his faith in Jesus.

What room is there left, than, for voustin? Nane avà! Hou that? Bi whatna law is it debarred? A law at prescrives the daein o this or that? Na, a law at requíres nocht o a man but faith. For what we mantein is at a man is juistifíed bi faith, an no bi daein the biddins o the Law. Or is he the God o the Jews alane, na? Is he no the God o the haithens an aa? Deed is he the God o the haithens, tae, as shair as there is but ae God; an he will juistifíe the circumcísed Jew on the grund o faith, an the oncircumcísed haithen likweys for his faith. Ar we dingin owre the Law wi faith? Troth, no: we ar gíein it a firmer found!

WHAT AR WE tae say, than,[10] o Abraham, our yirdlie forefaither? **4** Gin Abraham wis juistifíed bi warks,[11] than hes he something tae voust o. But no afore God, na; for what says Scriptur? "*Abraham lippent on God, an his faith wis rackont til him for richteousness.*" A wurker's winnins isna rackont a gift, but a wauge at is awin him. But whan a man, on dune wark, lippens on him at juistifíes the ongudelie, his faith is rackont til him for richteousness. An what ither says Dauvit whan he declares him happie at God juistifíes, wi nae wurd o warks?

> *Hou seilfu them at their fauts is forgíen,*
> *an their sins happit owre!*
> *Hou seilfu the man*
> *at the Lord will nane rackon sin til!*

Can onlie the circumcísed be spokken o that gate? Is that happiness no for the oncircumcísed as weill?

Lat us tak anither luik o our tex: "*Abraham lippent on God, an his faith wis rackont til him for richteousness.*" Weill nou, hou wis it wi him, whan this happent him? Wis he circumcísed or oncircumcísed? He wis ey oncircumcísed. Efterhin he wis circumcísed, an that as a taiken or seal o the richteousness at wis rackont til him for the faith he hed haen whan he wis ey oncircumcísed. It wis een God's will wi him at he suid become the forefaither o aa at belíeves, no bein circumcísed, an hes their faith rackont til them for richteousness, an nae less o sic circumcísed Jews as, forbye their circumcísion, gangs i the fit-steds o the faith at our forefaither Abraham hed afore he wis circumcísed.

Again, the promise at he wad heir the warld camna til Abraham an his posteritie throu the Law, but throu the richteousness at comes o faith. For think: gin the heirskip faas tae them alane at founds on the Law, faith tynes aa sense, an the promise micht as weill ne'er been made, for the Law sairs but tae bring doun God's wraith on men: but whaur nae law is, there is nae contravenin o law.

Sae it wis at aathing wis made tae hing on faith; the heirskip buid be a maitter o grace, at the promise micht be confirmed for the haill o Abraham's posteritie—no juist the pairt o it at grips til the Law, but that pairt an aa at skairs his faith. Sae is Abraham the forefaither o us aa; een as it says i the Buik: "*I hae made ye the faither o monie nâtions*"—ay, faither o us aa i the sicht o him at he lippent on, the God at gíes life tae the deid an cries things at isna as gin they war! Wanhowp he dang wi howp, an sae becam *the faither o monie nâtions*, conform tae the wurd "*Sae will it be wi your posteritie*". His bouk wis sair failed wi eild, for he wis ny-haund a hunder year auld, an Sârah wis lang by her bairntime, but for aa he mindit weill hou it wis wi them baith, his faith bade nane the less steive. Nae onbelíef gart him misdout God's hecht: upò the contrair, his faith wauxed stranger, an he gíed praise tae God, weill trewin at God coud een dae what aince he hed hecht. That is his faith at *wis rackont til him for richteousness.*

The wurds "*wis rackont til him*" wisna written anent him alane: they war written anent us an aa. For our faith will be rackont til us for richteousness, gin we pit faith in him at raised up frae the deid Jesus our Lord, at wis gíen up tae deith for our transgressions, an raised again for our juistificâtion.

N O U A T W E ar juistifíed bi faith, we hae peace wi God, throu our 5 Lord Jesus Christ; throu him, I say, for we aw it til him at we hae gotten in-gate intil the state o grace whaurin we nou staund, an ar liftit wi the siccar howp o dwallin wi God i the glorie o heiven here-efter, an no wi that alane aitherins, but in our drees as weill, sin we ken at dree maks a man pâtientfu, an pâtience maks him solid an savendle, an a solid an savendle man is ey howpfu; an our howp isna ane tae begunk us, for our hairts is fluidit wi God's luve bi the Halie Spírit at hes been gíen us.

For it was een whan we ey wantit aa pouer tae dae ocht for wirsels at Christ díed for the ongudelie at the time ordeined. It wad be a ferlie gin onie-ane gíed his life for a richteous man, tho aiblins an antrin ane here an there micht een daur tae díe for a guid man. But Christ díed for us—an that is what shaws hou sair God luves us—whan we war ey sinners. Muckle mair, than, nou at we hae been juistifíed throu his bluid, can we be certain at we will be saufed frae God's wraith. For gin, whan we war faes o God, we war reconciled til him throu the deith o his Son, muckle mair siccarlie can we luik tae be saufed throu his life. Mair atowre, een nou we ar liftit up wi the thocht o God's luve, an for that we hae tae thenk our Lord Jesus Christ, at hes wrocht our reconcilement wi him.

This, than, is the gate o it: Sin intilt the warld throu ae man, an at Sin's back cam Deith, an sae Deith wan throu til aa men, because ane an aa they sinned. Nae dout but there wis sin i the warld afore there wis law, but whaur nae law is, there downa be nae imputin o sin. For aa that, Deith ringed as a kíng aa the time frae Aidam tae Moses een owre them at their sins wisna, like Aidam's, contraventions o law or commaunds. Sae Aidam is a paittren o him at wis tae come.

But there is an unco odds atween the transgression an the free gift. Deith wis brocht on the haill o mankind bi the transgression o the ae man, but a fell hantle gryter is the guid at the haill o

mankind hes gotten frae the grace o God an the gift at cam bi the
grace o the ae man Jesus Christ. But there is a fell differ, tae,
atween God's gift an the eftercome o ae man's sinnin. O the ae
man's sin cam a juidgement at brocht condemnâtion on aa: but
the gracious gift, at wis the outcome o transgressions ontellin,
brocht juistificâtion, at assoilies the sinner. Gin aa men cam aneth
the rule o Deith throu the ae man an that man's transgression, hou
muckle mair certainlie will them at gets God's unco gryte an
gracious gift o impute richteousness live an rule as kíngs throu
the ae man, Jesus Christ!

This, than, is the thick o it aa: een as ae an ane transgression
brocht the duim o deith on aa men, sae ae an ane richteous deed
hes brocht juistificâtion an life til aa men; een as throu the
inobedience o the ae man, Aidam, the haill o mankind becam
sinners afore God, sae, contergates, throu the obedience o the ae
man, Christ, the haill o mankind will become richteous afore
God.

Law cam in efterhin, tae multiplíe transgressions. But whaur
sin wis multiplíed, grace reamed owre the mair; for it wis een
God's will at, as sin hed ruled the warld throu deith, sae nou
grace suid rule in its steid, throu a richteousness at apens the
yetts o iverlestin life—an aa the wark o Jesus Christ our Lord.

6 WHAT AR WE tae say, than? Ar we tae haud on sinnin at there may
be ey the mair grace? Na, haith! Us at díed tae sin, hou can we
líve onie langer in sin? Hae ye forgot at, whan we war baptízed
intil Christ Jesus, we war aa baptized intil his deith? Bi that
baptism intil his deith we war graffed wi him, sae at, een as
Christ wis raised frae the deid bi the glorious pouer o the Faither,
we, tae, suid líve a new life.

For gin we war impit intil him throu a deith like his, we maun
een grow ane wi him throu a resurrection like his. Weill ken we
at our auld man hes been crucified wi Christ, at wir carnal pairt,
whaur Sin hes its howff, micht be twined o its pith, an nae mair
haud our sauls in bondage tae Sin, for Sin hes nae grip on a man
aince he is deid, I trew! But gin we hae díed wi Christ, we will
een líve wi him, we downa dout it; for weill we ken at Christ
will ne'er díe nae mair: Deith is nae mair his maister. I the deith
at he díed he díed tae Sin, aince an ey; the life at he líves he líves
tae God. Sae ye, tae, maun think o yoursels as deid tae Sin, an
lívin tae God.

Sin maunna rule nae mair owre your mortal bodies an gar ye

gíe in til their lusts, nor ye maunna pit nae pairt o your bodies
at the service o Sin as luims o wickitness: pit yoursels at the
service o God as men at wis deid an nou is in life, an pit ilka
pairt o your bodies at his service as luims o richteousness. For
Sin s' no laird it owre ye mair: ye arna aneth law, but grace!

What than? Will we sin, because we arna aneth law, but grace?
Na, faith ye! Kenna ye at whan ye tak service wi a maister an
binnd yoursel tae dae his biddins, ye ar the slaves o that maister—
be it sin, an than what ye win o your service is deith; or be it
obedience tae God, an syne what ye win o it is richteousness?
But be-thenkit at, for aa ye war aince slaves o sin, ye hae nou
gíen hairt-obedience tae the doctrine ye war taucht for tae airt
your lives bi, an sae been líberate frae bondage tae sin, an become
slaves o richteousness! [a]Tak-it-na ill out, gin I caa ye slaves, but
ye ar nae glegger nor the lave o men, an I want ye tae understaund
me. In time bygane ye made your bodies the slaves o oncleanness
an wrang-daein, till it wis aa wrang-daein wi ye thegither, an sae
nou ye maun mak them slaves o richteousness or your sanctifi-
câtion is perfyte.

What ye war slaves o sin, ye needitna heed the biddins o
richteousness. A-weill, what guid gat ye o that? Nocht but what
ye ar nou affrontit wi; for the end o aa that is deith. But nou at
ye ar líberate frae the service o sin an become slaves o God, ye get
this guid—sanctificâtion, an, at the hinnerend, iverlestin life.
Sin peys a wauge, an the wauge is deith: God gíes a free gift, an
his gift is iverlestin life in Christ Jesus our Lord.

MEN AT KENS about law like yoursels, brether, maun be awaur **7**
at a law onlie hauds for a man as lang as he is in life. Tak mairrage.
A mairriet wuman is bund til her husband as lang as he is in life:
gin he díes, she is nae mair subjeck tae the law o husband an wife.
She will be cried an adultress, gin she gíes hersel til anither man,
an her husband ey in life: but gin he díes, she is quat o the law o
husband an wife; an gin she gíes hersel til anither man, she is nae
adultress.

It is the same gate wi ye, brether. Ye hae díed tae the Law
throu the deith o Christ's bodie on the cross, an ye hae been
joined til anither—til him at wis raised frae the deid—sae at we
micht beir frute for God. Whan we líved ithout the Spírit, the
sinfu passions stírred up bi the Law sae wrocht in our bodies at

---

[a] Gin I speak o slaverie, it is because I mind at hou ye are but men an nae glegger o the
uptak nor the lave.—R: *ut supra*, L.

we buir nae frute but for deith. But nou we ar deid tae that whilk huid us in baunds; we ar quat o the Law, an sair God in a new wey, the wey o the Spírit, an nae mair i the auld wey, the wey o the written Law.

Ar we tae say, than, at the Law is sin? Na, haith! Still an on, I hedna kent sin for what it is, an it warna the Law. For exemple, I wadna kent at ill desires wis sinfu, an the Law hedna said, "*Thou sanna covet.*" But Sin staw the dint at the Commaund gíed it, an stírred up aa kin o ill desires in me. Wantin the Law, Sin wants life. Afore I hed adae wi law, I wis in life, but whan the Commaund cam, Sin laup tae life, an I díed; an sae tae me the Commaund, at wis tae bring us life, brocht deith. For Sin staw the dint at the Commaund gíed it, an begunkit me, an syne, wi hit for its wappon, twined me o life. Sae the Law is halie, an the Commaund is halie, juist, an guid. Wis a guid thing, than, the deid o me? Na, faith! My deith wis the wark o Sin, at buid kythe in its true colours: ay, Sin yuised a guid thing tae wurk my deith, at throu that guid thing, the Commaund, it micht shaw hou doun sinfu it is.

The Law is a spíritual thing, we aa ken that: I am a carnal craitur, sauld tae Sin for a slave. [b]It blecks me tae understaund my ain actions: what I dae isna what I want tae dae, but what scunners me. But gin I want no tae dae what I dae, I am sayin ae wey wi the Law, an awnin it is a braw thing. But an that is the gate o it, syne it isna me at dis the thing, but Sin, at hes made its howff in me. For this I ken, at nocht guid howffs in me—na, I am líein— i the carnal pairt o me. The wiss tae dae guid is there, but no the pouer. For I daena the guid I want tae dae, an I am ey daein the ill I want no tae dae. But gin I dae what I want no tae dae, syne it isna me at dis it, but Sin, at hes made its howff in me.

Sae what I finnd wi the Law is at whan I want tae dae richt, onlie wrang is ithin my reak. I my benmaist saul I haud wi the law o God an delyte in it, but I finnd anither law at wark in my bodilie members, at fechts again the law at my raison accèps, an taks me prísoner an haurls me awà intae bondage tae the law o Sin, at dwalls in my bodilie members. Sae, left tae mysel, I sair twa maisters: my raison bous tae the law o God, an my carnal pairt obays the law o Sin.

Wae's me, puir wratch at I am! Wha will líberate me frae

[b] I winna own my ain actions for mine R [ὃ γὰρ κατεργάζομαι οὐ γινώσκω]: It {blecks/ dings} me tae understaund my ain actions/I am (fair) fickelt bie my ain actions/My ain actions (fair) fickles me L.

this bodie at duims me tae deith? God be thenkit, at líberates us throu Jesus Christ our Lord!

There is nae duim o deith, than, for them at is in Christ Jesus, **8** for in him the life-giein law o the Spírit hes wrocht delíverance[12] frae the law o Sin an Deith. What the Law coudna mann, for want o the pith tae maister our carnal naitur, that God hes dune: bi sendin his ain Son i the samelike naitur as our sinfu naitur tae dree the penaltie o sin, he hes condemned sin i that same naitur, sae at what the Law ordeins tae be dune may be fufillt in us, at is nae mair maistert bi our carnal naitur, but hes gíen the gydin o our lives tae the Spírit.

Them at is ruled bi their carnal naitur, their thochts is aa set on carnal things, an that means deith: but them at is ruled bi the Spírit, their thochts is aa set on spíritual things. For the carnal mind is a fae tae God; it obaysna his law—nor, troth, it downa! Carnal men canna plcise God. But ye arna carnal, ye ar spíritual, gin deed God's Spírit dwalls in ye—an I needsna say at a man is nane Christ's, gin he hesna Christ's Spírit in him. But gin Christ is in ye, athò your bodies is deid because o sin, your spírits is in life, because ye hae been juistifíed. An gin the Spírit o him at raised Jesus frae the deid dwalls in ye, it canna be but at him at raised Christ Jesus frae the deid will een gíe life tae your mortal bodies throu his Spírit, at dwalls in ye.

Our carnal naitur, than, hes nae richt owre us, nor we arna oniegate bund tae líve as it wad gar us líve. Gin ye líve conform til hit, it will be the deid o ye: but gin, wi the help o the Spírit, ye mak an end o thc ill deeds at the bodie ey airts ye on til, ye winna nane díe, but líve.

Them at lats the Spírit o God ettle them on their gate is sons o God. The Spírit ye hae gotten nou is nae spírit o slaves, at wad cast ye back intil your auld life o fear an dreidour: it is the spírit o adoptit sons, at gars us cry out, "*Abba*, Faither!" I that cry the Spírit itsel corroborates the testimonie o our ain spírit at we ar God's bairns: but gin we ar his bairns, syne we ar his heirs an aa— heirs o God, an co-heirs wi Christ, saebeins we tak our pairt in his drees, at we may hae our pairt in his glorie.

As for the drees at we thole eenou, they ar nocht avà, in my juidgement, biz the glorie at is tae be revealed in us. The haill o creâtion is ᶜwaitin an greinin sair for the day whan the sons o God will kythe in glorie. For it wisna for ocht o its ain daein at

---

ᶜ wairdin the day wi unco greinin/luikin forrit wi unco greinin tae the day *R: ut supra, L.*

creâtion fell intil the sairie wey it is eenou, but bi the will o him
at sae ordeined it—yit ey wi the howp at ae day creâtion, tae,
will be líberate frae subjection tae decay an deith an obtein the
glorious freedom at aa God's bairns is tae bruik. Weill ken we at
creâtion in ilka pairt o it is ey graenin like a wuman i the birth-
stounds. Ay, an mair atowre, we oursels, for aa we hae else i the
gift o the Spírit the firstfrutes o the hairst at is tae be ours—we,
tae, graen in our hairts, as we wait on the day whan God will
adopt us as his sons an lowse our bodies frae their bondage. The
salvâtion we hae gotten is a maitter o howp. Howp isna howp
whan the thing is there else. Naebodie can howp for ocht at he
hes afore his een. But gin we howp for what we seena, syne we
maun een wait on its comin-about wi pâtience.

    I the same wey the Spírit comes til our help in our fecklessness.
We kenna hou tae pray richt, but the Spírit itsel pleads for us in
ilka wurdless graen an maen at we mak, an weill kens God, the
ryper o hairts, what the Spírit means, because its pleadin for his
saunts is conform til his ain will. We ken, mairowre, at the
Spírit[13] wurks for their guid wi them at luves [d]God—them, that
is, at hes been caa'd conform til his eternal purpose. Them at he
choised for his ain[14] i the auld he pre-ordeined suid become like
his Son, sae at his Son suid be the auldest o a faimilie o monie
brithers. Them at he sae pre-ordeined he hes caa'd, an them at he
hes caa'd he hes juistifíed, an them at he hes juistifíed he hes
glorifíed.

    Nou, what dis aa that mean? Gin God is for us, wha can be
again us? Him at hainedna his nain Son, but gíed him up tae
deith for us aa, what wey will he no freelie gíe us aathing ither
forbye? Wha will come forrit tae accuse God's eleck? Whan God
assoilies them, wha will condemn them? Will Christ? Christ, at
díed—ay, an wis raised frae the deid? Christ, at sits at God's
richt haund, plead-pleadin for us? Wha will shed us frae the luve
o Christ? Can dree or straits or misgydin, want o mait for the
wyme or hap for the back, jippertie or the lockman's swuird? An,
deed, it is een as it says i the Buik—

> For thy sake we ar dune tae deid the lee-lang day;
>   we ar countit as sheep for the skemmles.

But aa thir drees an ills, we ey waur an better nor waur them aa

---

[d] him R [τοῖς ἀγαπῶσιν τὸν θεόν].

wi the help o him at hes taen us til his hairt. For I think hailumlie
at naither deith nor life, naither angels nor spírits an pouers i the
lift, naither things praisent nor things tae come,[15] naither ocht i
the heicht abuin nor ocht i the deepth ablò, nor oniething ither i
the haill warld at God hes made, will e'er can shed us frae the luve
o God at he hes kythed til us in Christ Jesus our Lord!

I T IS THE God's truith, an nae líe, what I am nou tae say, an I **9**
say it wi a conscience as clair as the Halie Spírit can mak it:
I am that dule—ay, nicht an day sae dooms wae-hairtit—at I
coud een pray tae be damned an cuttit aff frae Christ, an sae be
my brithers, my nain kith an kin, wad be the better o it. They ar
Israelítes; adoption as God's sons, the gloric o his praisence, the
Covenants, the Law, the Temple service, an the hechts—aa thir
is theirs. Theirs, tae, is the Pâtriarchs, an the Christ, as a man,
comes o them: ay, an theirs is God, supreme owre aa, God, at is
blissed for iver, âmen![16]

But it isna, for aa, like as God's Wurd hed misgíen. For no aa
them at comes o Jaucob belangs the true Israel, nor is aa them at
hes Abraham's bluid i their veins Abraham's childer: "*Nane but
Isaac's line*," it says i the Buik, "*will be rackont your posteritie.*" In
ither wurds, no aa them at hes Abraham's bluid i their veins is
God's childer, but onlie the childer Abraham gat bi the promise
is rackont his posteritie. For it wis een a promise whan God said,
"*I will come back in a towmond's time, an Sârah will hae a son.*" An
it wisna onlie Sârah at gat a promise: there wis Rebecca, tac.
Whan she wis big wi twins til our forefaither Isaac, or iver the
bairns wis born, lat abee dune ocht guid or ill, she wis tauld at
the elder wad sair the yunger. An sae we read ithergates:

> '*Fell fain hae I been o Jaucob, but at Esau
> I hae haen a sair ill-will.*'

An what for wis that? It wis at God's purpose in election suid be
up-hauden as something at hingsna naegate on ocht at men dis,
but on the caa o God alane.[17]

What, than? Ar we tae say at God is onjuist? Na, faith! God
says tae Moses:

> '*I will hae mercie on him at I will,
> an I will hae pítie on him at I will.*'

Sae, than, man may will, an man may strive, but aathing hings on God haein mercie. I the Bible God says tae Phâraoh, "*It wis een for this I raised ye up, at I micht kythe my pouer in ye an gar my name be weill kent owre aa the yird.*" Sae, than, he hes mercie on him at he will, an he maks him thrawn at he will.

Hou, than, ye will speir me, can he wyte us, whan there is nae haudin again his will? An may I speir, my man, wha ar ye tae speak back tae God? Wad ye hae a luim say til its makker, "What for hae ye made me what I am?" Hes the patter no the richt tae dae as he will wi his cley an mak o the ae daud o it baith a bonnie vâse an a common pigg?

A-weill, what gin God, for aa at he ettelt tae kythe his wraith an mak kent his micht, hes lang time an pâtientlie tholed veshels o wraith at is reddie for destruction,[18] an hes sae dune at he micht mak kent the walth o his glorie in veshels o mercie at he hed afore prepared for glorie? An sic veshels ar we, at he hes caa'd, no onlie frae amang the Jews, but frae amang the haithen an aa. This is een what he says in Hosea:

> '*Them at wis nae fowk o mine*
> *I s' caa my fowk,*
> *an her at I luved nane*
> *I s' caa my weill-beluvèd.*
> *An it sal be at whaur they war tauld,*
> *"Ye ar nae fowk o mine",*
> *i that samen place they will be caa'd*
> *sons o the lívin God.'*

An Isaiah lifts up his stevven anent Israel, cryin,

*Tho the sons o Israel be in nummer as the saund bi the sea, a wee wheen, an nae mair, will be saufed. For the Lord will accomplish his wurd on the laund, an *[e]*short wark an siccar he s' mak o it.*

It is een as Isaiah foretauld:

> *Gin the Lord o Hosts hedna hained a wheen o us,*
> *it wad gane wi us as it gaed wi Sodom,*
> *our faa wad been like the faa o Gomorrah.*

---

[e] {haill wark an short/speedie wark an complete} he will mak o it *R*: wi speed he s' wurk ontil he {be/is} throu wi it/short wark an siccar he s' mak o it *L*.

What ar we tae say, than? This—at haithens at stravena efter richteousness hes gotten richteousness, the richteousness at comes bi faith; an Israel, at strave efter a law at wad bring them richteousness, cam nae speed wi their strivin. An hou wis that? Because they thochtna tae win at their ettle bi faith, but bi daein the biddins o the Law. They snappert on the stane at gars men snapper, as it says i the Buik:

> 'Behaud, I am laying a stane in Zíon,
>   a stane at will mak men snapper,
>   a bullet at will gar men stoiter an faa:
>   but him at lippens theretil
>   will ne'er be affrontit.'

The ae wiss o my hairt for the Jews, an my prayer tae God for **10** them, brether, is at they may be saufed. Weill-a-wat they hae a zeal for God, that I will say for them: but they haena knawledge confeirin wi their zeal. Miskennin God's wey o richteousness, an seekin tae set up their ain, they haena boued tae God's wey o richteousness. For law is by wi, nou at Christ hes comed, an richteousness is for ilkane at lippens til him.

ANENT LAW-RICHTEOUSNESS MOSES writes at *a man will finnd life* throu the Law *an he dis its biddins*. But faith-richteousness says, "*Binna sayin* intil your hairts, '*Wha can sclim up intil the lift*, for tae bring doun Christ frae heiven til us, or *wha can gang doun intil the Howe Pat*, for tae fesh Christ up frae the deid til us?'" What dis hit say? Hit says:

> The Wurd is anear ye,
>   it is in your mouth an your hairt.

An bi "*the Wurd*" is meaned the Wurd at we preach, the Gospel o faith.

Gin ye confess wi your mouth at Jesus is Lord, an trew in your hairt at God raised him frae the deid, ye will be saufed. For it is een bi belíef i the hairt an confession wi the mouth at we win tae richteousness an salvâtion.

Scriptur says, "*Nae-ane at lippens til him will e'er be affrontit.*" Tak tent, "*nae-ane*": nae differ is made atween Jew an Greek. The same Lord is Lord o aa, an gìes furthilie o his walth til aa at caas upò him. "*Ilkane*," it says, "*at caas on the name o the Lord will be saufed.*" Hou, than, ar they tae caa on ane they haena believed in? An hou ar they tae believe in ane they haena hard tell o? An hou ar they tae hear, wantin onie-ane tae preach tae them? An hou is onie-ane tae preach, an naebodie sends him? As it says i the Buik, *hou bonnie is the feet o them at comes bringin guid tidins o braw things*! But they haena aa heedit the guid tidins: Isaiah says, "*Lord, wha hes believed our preachin?*" Sae there is nae faith ithout hearin, an nae hearin ithout the preachin o Christ.

But aiblins they haena hard the Wurd, na? Atweill hae they:

> *Their voice hes gane furth outowre the haill yird,*
> *an their wurds hes wun til the warld's faurest bounds.*

But mebbies Israel understuidna the Wurd? Understuidna? Tae begin wi, there is Moses, at tauld them else:

> '*I s' mak ye jailous o a fowk at is nae fowk avà;*
> *at a daumert fowk I s' mak ye angert.*'

Syne Isaiah he ᶠgangsna about the buss, but says fair out:

> '*I hae been fund bi them at socht me nane;*
> *I hae kythed tae them at speired nane efter me.*'

But anent Israel he says, "*I hae streikit out my haunds the leelang day til a rebunctious an contermashious fowk.*"

11 A-WEILL, THAN, HES God *cuissen awà his fowk*? Na, faith ye! Luik at mysel: here am I, an Israelíte, o Abraham's stock, belangin Clan BenJamín. Na, *God hesna cuissen awà his fowk*, at he choised for his ain i the auld! Mind-ye-na what the Buik says i the bit whaur Elíjah compleins tae God again Israel: "*Lord, they hae felled thy Prophets an dung doun thy altars; an I am left my leefu lane i the laund, an they ar seekin my life*"? Ay, an what answer gat he frae God? "*I hae left mysel seiven thousand men at hes cruikit nane the knee tae Bâal.*" It is een the like in our day: there is a wee wheer left o leal anes, at hes been waled out frae the haill bi grace But gin it is a maitter o grace, syne it isna foundit on warks or ocht they hae dune, or than grace wadna be grace nae mair!

ᶠ isna blate but says R: gangsna about the buss but says/gaes the length o sayin L.

Hou staunds it, than? Israel hesna gotten what it socht, but the eleck hes gotten it. The lave hes been hardent, een as it says i the Buik:

> God hes cuissen like a dwaum on the sauls o them;
>> he hes taen the seein frae their een
>>> an the hearin frae their lugs;
>>> an sae it is ey at this day.

An Dauvit says this o them:

> Lat their buird be made
>> a girn an a hose-net,
> a hodden stane i their gate,
>> an the mean o their pounishment;
> lat their een be mirkit, sae at they see nane;
> lat them gang wi boued backs for iver.

Hae they stammert an faan, than, tae win up on their feet nae mair? Na, haith! Throu their faa salvâtion hes comed tae the haithen, at the Jews may be chawed tae be ahent them. But gin their faa hes been sic a fore tae the warld, an their backset hes been sic a fore tae the haithen, hou muckle gryter will the gain no be, whan they ar ane an aa ingethert?

I am speakin tae ye at wis born haithens, an I am an apostle til the haithens, an I seek sae tae dae my wark as men will ruise it—but ey i the howp o chawin my ain kith an kin, an saufin some o them. For gin castin them awà hes made the warld friends wi God, what will their inbringin no dae? What less nor life frae the deid will come o it? Gin the first o the bakkin is consecrate, een sae is the lave o it; an gin the ruit is consecrate, een sae is the granes. But gin some granes hes been sneddit aff, an ye, a wild olive, hes been impit in amang the lave, an nou hae your skair i the sap o the olive,[19] ye maunna craw crouss owre the granes, or I will hae tae mind ye at the ruit isna drawin fusion frae ye, but, contergates, ye ar drawin fusion frae hit.

"Ay," ye will say, "but the granes wis sneddit aff at I micht be impit in." Atweill war they: but they war sneddit aff for want o faith, an ye bide i their bit because ye hae faith. Sae ye hae nae caa tae be heich-heidit, but hae cause raither tae be afeared. For gin God hainedna the tree's ain granes, he winna hain ye aitherins. Tak tent hou God is baith kind an siccar: sae siccar as he wis wi

them at fell, an sae kind as he is tae ye—an will be, saebeins ye
dae nocht tae forfaut his fauvour; for than ye s' be sneggit awà
the same as them! Mair atowre, gin they bidena ey i their onbelíef,
they will be impit in an aa: it owregangsna God's pouer tae imp
them in again. For gin ye, at wis cuttit aff frae your olive at grew
o will, war syne, clean conter naitur, impit intil a plantit olive,
it will be a fell hantle aisier for them, the naitural granes, tae be
impit back intil the tree they belang til.

At ye mayna lippen tae your ain wit i this maitter, brether, I
s' mak ye acquent wi God's saicret counsel at is saicret nae mair,
an this is it: gin some pairt o Israel hes been hardent i the hairt,
the hardenin is tae lest onlie till the hailwar o the haithens hes
been inbrocht intil the Kirk, an syne, aince they ar in, aa Israel
will be saufed, een as it says i the Buik:

> 'Out o Zíon will come the delíverer,
>   redd will he Jaucob o aa ongodliness;
> for this is my Covenant wi them,
>   whan I tak awà their sins.'

Effeirin tae the Gospel, they ar trate bi God as his faes: but,
effeirin til his election, they ar ey luved bi him for their fore-
faithers' sakes; for God ne'er taks back a gift or a caa he hes
gíen. Ae time ye war inobedient tae God, but nou ye hae fund
mercie throu their inobedience; an een sae they ar nou inobedient
at they may finnd the same mercie at ye hae been shawn. For
God hes like steikit them aa ithin a príson o inobedience, at he
may hae mercie on them aa.

Oh, the faddomless, boddomless walth an wísdom an knaw-
ledge o God! Hou deep an dairk is his juidgements! Hou ill tae
finnd an fallow his fit-steds!

> Wha hes e'er kent the mind o the Lord?
> Wha hes he e'er socht rede o?
> Wha hes e'er gíen afore he hes gotten,
>   sae at God is behauden til him?

Aathing comes frae him, aathing is up-hauden bi him, aathing
gangs hame til him. Til him be glore for iver an ey, âmen!

AN NOU, BRETHER, bi aa thir mercies o God I trait ye tae **12** offer up your bodies as a lívin, halie, an acceptable saicrifíce tae God; that is een the spíritual wurship ye behuive tae gíe him. Takna paittren efter this warld an its gates: na, lat your minds an haill naiturs be cheinged, sae at ye need naebodie tae tell ye what is God's will, what is guid an acceptable til him an freelie richt!

Bi the grace at hes been gíen me I bid ilkane amang ye no tae be heich an think mair o himsel nor he ocht: ilkane maun think sober an wysslike o himsel, conform til the meisur o faith he hes been gíen. Juist as we hae monie members in our ae bodie, ilkane wi its nain wark tae dae, een sae we ar aa, for as monie as we ar, ae bodie in Christ, an severallie members ilkane o ither. God hes gíen us aa different gifts, an they ar no tae mislippen. Ane hes the gift o prophecie—he maun prophesíe the lenth at his faith will cairrie him; anither hes the gift o gydeship—he maun tak in haund gydin; anither the gift o teachin—he maun haud on at the teachin; anither hes the gift o exhortin—lat him mak that his wark. Lat him at gíes tae the puir gíe wi a furthie haund, an nae thocht o himsel, him at hes the tentin o ithers tent them wi eydent care, him at is kind tae the síck an the sorrowin be cheerfu as weill as kind.

Lat there be nae mak-on in your luve. Turn awà wi ugg frae aa at is ill, grip til aa at is guid. Lat your britherlie luve be the luve o rael brithers, an ilkane deem his neipour a wurthier man nor himsel. Binna thowless servans o the Lord, but bring ey the lowin hairt tae your wark: be howpfu an blythe; pâtientfu an steive in dree; ey mindfu o your prayers; lairge wi your siller in beetin the misters o the saunts; ey willint tae gíe the fremmit brither up-pittin.

Bliss them at misgydes ye—bliss, no ban them, I say. Be cantie wi the cantie, an dowie wi the dowie. Ey gree weill wi ither. Binna ettlin an upsettin, but mingle an muil wi smaa fowk. Thinkna at there is naebodie hes onie wit but yoursels. Peyna back wrang wi wrang. See at your weys o daein is sic as the warld canna wyte. Gin it may be—sae faur, that is, as ye hae it in your ain haund—líve at quait wi aa men. Oh, my dear friends, seekna tae get day about wi them at wrangs ye: staund abeich, an lat the wraith o God hae scouth, for, as the Bible tells ye, "*Vengeance it is mine: I will een tak the mends,*" says the Lord! Na, *gin your ill-willer is yaup, gíe him scran; gin he is thristie, gíe him a waucht o watter; sair him sae, an ye will be like tuimin a clash o aizles owre the heid o him.* Binna waured bi ill: waur ill wi guid.

13   Ilkane maun dae the biddins o the lawfu authorities. Authorities there wad be nane warna God's will, an the authorities at is i the warld eenou is there bi God's ordinance. Onie-ane, therefore, at conters an authoritie is a reibel again God's ordinance, an them at sae dis will bring juidgement upò themsels. It isna the douce, weill-daein man, but the ill, hes need tae be feared for the magistrate. Wad ye gang ithout dreid o the authorities? Ey dae what is richt, an they will hae a guid wurd for ye. The magistrate is God's servan wurkin for your guid. But gin ye dae ill, syne ye may weill be afeared; it isna for nocht at he weirs his swuird: na, he is God's servan tae execute his richteous wraith on the ill-daer!

Sae ye maun ey obay the authorities, an that no juist for dreid o God's wraith aitherins, but as weill because your conscience sae bids ye. It is een for the upkeep o the magistrates an aa at ye pey taxes; they ar God's offishers an wair aa their time on this wark. Pey ilkane o them what he hes a richt tae claim o ye, be it tax or cess, be it respeck or honour.

Binna inawin nae debts, forbye the debt o luve for ilk ither. Him at luves his neipour laes the Law wi nae mair claim on him. The Commaunds, "*Thou sanna commit adulterie, Thou sanna commit murther, Thou sanna stael, Thou sanna covet what belangs anither,*" wi onie ither Commaunds there may be, is aa gethert up i the ae wurd, "*Thou sal luve thy neipour as thysel.*" Luve your neipour, an ye canna skaith him: wi luvin, than, ye keep the haill Law.

An sae ye maun dae aa the mair because ye ken whatlike is the times we ar lívin in; it is time at ye waukent outen your sleep, for salvâtion is naurer-haund nor whan we becam belíevers. [g]The nicht is 'maist by; aareddies it is grayin. Lat us be dune wi deeds at ee mayna see, an reik us out i the graith o licht. Lat us líve dacent an wysslike lives, as tho we war ey i the daylicht—nae gilravitchin an drucken splores, nae [h]sculdudderie an debosherie, nae canglin an jailousies! Na, graith ye in Jesus Christ, an think nane o your carnal lusts an hou ye will saitisfíe them.

14   WALCOME THE MAN wi a waik conscience intil your fallowship, but argle-bargle-na wi him owre kittle points. Ae belíever douts nane he is free tae ait fleshmait an aathing: anither's conscience

---

[g] It is faur i the nicht R: The nicht is maist bye [*ticked*] L.
[h] furnicâtion R [κοίταις]: sculdudderie L.

winna lat him ait ocht but greens. The man at aits maunna hout
him at aitsna, an the man at aitsna maunna faut him at aits:
efterinaa, God hes walcomed him. Wha ar ye tae faut anither's
servan? It is een as he is richt or wrang wi his maister at he staunds
or faas; an staund will he, for the Lord can up-haud him.

Ae man thinks ae day mair saucrit biz anither: for anither man
there is nae odds atween day an day. *Whatreck, as lang as ilkane
is certain shair in his ain mind at he is richt? Him at keeps a day
keeps it tae pleise the Lord; an it is een tae pleise the Lord at this
man aits fleshmait, for he thenks God for it, an that man absteins
an gíes thenks tae God nae less for his greens.

Nane o us líves for himsel, an nane o us díes for himsel. Gin we
líve, it is for the Lord at we líve, an gin we díe, we díe for the
Lord; baith in life an in deith we belang tae the Lord. It wis een
at he micht be lord baith o the lívin an the deid at Christ díed an
cam back tae life.

What for suid ye, sir, faut your brither, an what for suid ye,
sir, hout your brither, whan we maun aa compear ae day at the
bar o God tae be juidged? For it says i the Buik:

> 'As I líve,' says the Lord, 'tae me sal ilka knee bou,
> an ilka tung sal gíe praise tae God.'

Ilkane o us, than, will hae tae mak answer for himsel tae God.

Lat us, than, quat juidgin an fautin ilk ither. Your juidgement
suid tell ye no tae lay girns[20] in your brither's gate. I ken an I
weill belíeve, as a man at líves i the Lord Jesus, at naething is
onclean in itsel: but gin a man trews at a thing is onclean, syne
til him it is onclean. Gin your aitin ocht gíes a brither pain,
⟨an ye winna want it for aa⟩, ye arna lívin bi the law o luve. Oh,
bringna perdítion on a saul at Christ díed tae sauf! Latna the
braw freedom ye bruik get an ill name! Efterinaa, the Kíngdom
o God isna a maitter o aitin an drinkin this or that, but o richteous-
ness, peace, an joy i the Halie Spírit. A man at sairs Christ that
gate, God is pleised wi him, an men hes nae faut til him.

Lat us, than, ey dae our endaivour tae forder peace amang
oursels an the spíritual up-biggin o ither. Dingna doun for a
mouth o mait what God hes biggit up. Atweill aathing is clean,
but it is wrang for a man tae ait ocht whan his aitin it will gar
anither snapper. The richt thing is tae abstein frae aitin an drinkin

---

*(whatreck;) what maitters is at ilkane suid think hailumlie for himsel R: ... be certain
shair in his ain mind/whatreck, as lang as ilkane is certain shair L.

an daein oniething ither at will mak a brither snapper. Gin ye weill belíeve in your ain mind at a thing is richt, keep your belíef tae yoursel—atween yoursel an God, that is. Happie is the man at can say til himsel, "I can ait this", an hae nae twa thochts about it. But whan a man swees an swithers owre aitin something, an syne aits it, he dis ill, because he hes nae clairness tae dae as he dis, an oniething sae dune is a sin.

15 Hiz at is strang suid beir wi the fashious scruples o our waiker brether, an no haud tae the gate at pleises oursels. Na, lat ilkane o us dae what will pleise his neipour an be for his guid an help tae mak a better man o him. Christ gaedna the gate at pleised himsel: it wis een wi him as it says in Scriptur: "*The flytins o them at flytes on thee hes fallen on me.*" Aa at wis written i the auld wis written tae lairn us in our day: what it tells o the pâtient dreein o ills an the comfort men hes o God is tae gíe us a siccarer grip o our howp. May God, the gíer o aa pâtience an aa comfort, graunt ye the grace tae gree weill wi ilk ither i the Spírit o Christ Jesus, sae at aa wi ae hairt an ae voice may glorifíe the God an Faither o our Lord, Jesus Christ!

Walcome ilk ither, than, intil your fallowship for the glorie o God, een as Christ walcomed ye. For I tell ye at Christ becam a servan o the circumcísed Jews tae fufill God's promises til our forebeirs an pruive him true til his wurd, but as weill at the haithens micht glorifíe God for his mercie, as it says i the Buik:

> *Therefore will I praise thee amang the haithen*
> *an sing hymes tae thy name.*

An again:

> *Rejoice, ye haithens, wi his fowk.*

An again:

> *Praise the Lord, aa ye haithens,*
> *lat aa the fowks o the yird gíe him praise.*

An, forbye thir, Isaiah says:

> *An there sal be the Ryss o Jessè,*
> *him at springs up tae rule the haithens;*
> *on him the haithens will stell their howps.*

May God, at gíes us our howp, fu ye wi perfyte joy an peace i
your faith, till bi the pouer o the Halie Spírit your caup o howp
fair lippers owre!

MISTAK-ME-NA, MY BRETHER: I dout nane at ye ar guid, hairt-
kind fowk else, faur seen in aa maitters o our faith an weill able
tae speak a tymous wurd til ither. For aa that, I hae written ye
this scríve an, mairfortaiken, been some outspokken in some
bits: but there wis things I wantit tae pit ye amind o, an I buid
dischairge the office at God hes graciouslie lippent me wi. For bi
God's grace I am Christ Jesus' servan amang the haithen, an as
his mínister I preach the Gospel o God tae them, daein like the
¹job o a príest wi it an ettlin tae mak o the haithen an offerin
acceptable tae God throu the sanctifíein wark o the Halie Spírit.
Sae I can be proud o what, in Christ Jesus, I hae dune in God's
service. I winna mird tae speak o ithers, I s' speak onlie o what
Christ hes wrocht throu me in makkin the haithens his leal
servans, bi my wurds an my deeds, bi fell signs an ferlies an the
pouer o the Spírit, sae at I hae preached the haill Gospel o Christ
aa the gate frae Jerusalem til Illýricum, an lang wis the cast I tuik
tae win there! It hes ey been a maitter o honour wi me no tae
gang wi the Gospel whaur the name o Christ wis kent else—I
wisna tae bigg on a found at anither hed laid: na, I wad tak my
gate bi the Bible wurd:

> Them at hes nane haen wurd o him will see,
>   an them at hes nane hard tell o him will understaund.

That is what hes hendert me sae affen tae come an vísit ye. But
nou there is nae mair wark for me i thir pairts, an there is naething
I hae wantit sae sair for a guid few years back as tae come an see
ye on my road tae Spain. I howp, ye see, tae get a sicht o ye i the
by-gaein, like, an syne, efter I hae enjoyed bein wi ye for a wee
whilie at least, tae hae ye set me forrit on my gate aince mair. No
the nou, tho, for I am on my gate tae Jerusalem eenou wi help
for the saunts there. The Kirks o Macedonia an Achaea hes been
pleised tae mak a collection for the puir o the Kirk at Jerusalem.
It is a free-will offerin, but efterinaa they ar behauden tae the
brether there. For gin the Jews hes skaired their spíritual walth wi
the haithens, the haithens behuives tae skair their warldlie walth

---

¹ wark o a priest . . . sanctifiein wark o the Halie Spírit R [ἱερουργοῦντα . . . ἡγιασμένη
ἐν πνεύματι ἁγίῳ].

wi the Jews. Whan I hae dulie haundit owre this awmous tae them, an my eerant is fínished, I will come tae ye on my gate tae Spain; an weill-a-wat, whan I come, my comin winna want nane the blissin o Christ!

AN NOU I prig ye, [k]bi our Lord Jesus Christ, an bi the luve o the Spírit, tae help me wi your prayers. Pray for me at I may be keepit outen the clutes o the onbelíevers in Judaea an come speed wi my eerant tae the saunts in Jerusalem. Than will I come wi a lichtsome hairt tae Roum an hae easedom a whilie amang ye, an God sae will. The God o peace be wi ye aa, âmen!

16 I WISS TAE commend tae ye herewith Phoebè, ane o our sisters an a wurker i the Kirk at Cenchreae. Gíe her the couthie walcome i the Lord at the saunts behuives tae gíe ilk ither, an help her in onie maitter whaur she is needfu o your help, for she hes hersel been a braw backfríend tae monie-ane, mysel amang them.

Remember me kindlie tae Prisca an Aquila, my neipour-wurkers in Christ Jesus. They aince daured deith tae sauf my life; for the whilk they hae no my blissins alane, but the blissins as weill o aa the kirks o convertit haithens. Remember me kindlie tae the congregâtion at wurships i their houss: tae my dear fríend Epaenetus, the first shaif o Christ's hairst in Asia; tae Mary, at hes wrocht sae sair for ye; til Andronícus an Junias, my kintramen, an ae time my fallow-prísoners, faumous apostles baith, an langer in Christ nor me; til Amphliâtus, my dear fríend i the Lord; til Urbânus, our fallow-wurker in Christ, an my dear fríend Stachys; til Apellès, at hes ne'er been fund wantin; til Aristobulus' houss-hauld; til Herodion, my kintraman; til aa them o Narcissus' houss-hauld at is in the Lord; tae Tryphaena an Tryphosa, thae eydent wurkers i the Lord's service; tae my dear fríend Persis, at hes wrocht sae sair an lang i the Lord's service; tae Rufus, the pick an wale o saunts, an his mither, at hes been a mither tae me; til Asýncritus, Phlegon, Hermès, Patrobas, Hermas, an aa the brether at wurships wi them; tae Philologus an Julia, Nereus an his sister, an Olýmpas, an aa the saunts at wurships wi them. Gie ilk ither the kiss o brithers an sisters in Christ. Aa the kirks o Christ sends ye their weill-wisses.

[k] bi our Lord Jesus Christ, an bi the luve o the Spírit om. R [διὰ τοῦ κυρίου ἡμῶν Ἰησοῦ Χριστοῦ καὶ διὰ τῆς ἀγάπης τοῦ πνεύματος].

An nou I am tae prig ye, brether, tae keep a gleg ee on them at is stírrin up divísions i your mids an garrin some gang agley. Haud ye wide o them. Siclike is nae servans o our Lord Christ: the slaves o their ain appetítes, that is what they ar, an they mis-lippen semple sauls wi the weill-hung, fair-caain tungs o them. Aa the warld hes hard hou leal ye ar tae the Gospel, an sae blythe as I am owre ye! Still an on, I wad hae ye lang-heidit for aa at is guid, an as sakeless bairns for aa at is ill; syne, or lang gae, the God o peace will brouzle Sautan aneth your feet. The grace o our Lord Jesus Christ be wi ye!

TIMOTHY, MY FALLOW-WURKER, sends ye his weill-wisses; an sae dis my kintramen, Lucius, Jâson, an Sosípater.* Gaius, my host, an the host o the haill kirk here, sends ye his weill-wisses; an Erâstus, the Toun's Boxmaister, an our brither Quârtus, sends theirs.

AN NOU TIL him at is able tae stell your feet siccarlie on the grund o my Gospel, the truith anent Jesus Christ at I preach, whaurin is revealed God's saicret purpose, at for lang, lang ages wis hauden frae the warld's ken, but nou hes been brocht intil the licht, an bi the eternal God's commaund hes been made kent throu the scríves o the Prophets till aa the nâtions, at they may belíeve an obay—til God, at alane is wyss, be glore throu Jesus Christ for iver an ey, âmen!

---

* I, tae, at hae scriven this letter, send ye my weill-wisses i the Lord.—TERTIUS.

PAUL'S FIRST LETTER
TAE THE CORINTHIANS

1 PAUL, AN APOSTLE o Christ Jesus bi the will an the caa o God, an Sosthenès our brither, til the Kirk o God at Corinth, aa them at wons there sanctifíed in Christ Jesus an caa'd tae be saunts, an til aa them forbye at oniegate else caas upò the name o our Lord Jesus Christ, their Lord nae less nor ours: Grace be wi ye an peace frae God our Faither an the Lord Jesus Christ!

I AM CONSTANT an on thenkin God for the grace he hes gíen ye in Christ Jesus. Ye hae made rich throu him in aathing; aa kin o eloquence an aa kin o knawledge is yours. Deed, sae weill hes our testimonie tae Christ taen ruit amang ye at ye wantna for ae ane gift o the Spírit, an hae nocht adae nou but haud on bidin the kythin o our Lord, Jesus Christ, weill ashaired at he will keep ye steive i the faith tae the end, sae as nane will can bring onie chairge again ye on the day o our Lord Jesus. It wis God at caa'd ye tae fallowship wi his Son, Jesus, our Lord; an God's hechts ey hauds.

I the name o Christ I beseek ye, brether, tae say aa ae wey wi ither. Hae nae divísions amang ye, but be freelie ane in mind an purpose. Chloè's fowk hes been tellin me, my brether, at there is branglins amang ye. What I am ettlin at is, at ilkane o ye's sayin, "I haud wi Paul", or "I haud wi Apollos", or "I haud wi Cephas", or "I haud wi Christ". What! Hes Christ been sindert? Wis it Paul wis crucifíed for ye? War ye baptízed i the name o Paul? Gude be thenkit at I baptízed nane o ye, binna Críspus an Gaius, for nou naebodie can say at ye war baptízed i my name! Ou ay, an I baptízed Stephanas' houss-hauld, tae, but, as faur as I mind, naebodie else. Christ sent-me-na tae baptíze, but tae preach the Gospel o the Cross, an no i the braw langage o the wyss, at wad tak aa the fusion out o it.

THE WURD o the Cross is fuilishness tae them at is gaein the Black Gate, but til us, at is gangin the road tae salvâtion, it is the pouer o God. It is written i the Buik:

> 'I will destroy the wísdom o the wyss,
> an the ªwit o the wysslike I will bring tae nocht.'

ª mense o the mensefu *R*: wit o the wysslike [*ticked*]/smeddum o the smeddum**fu** *L*.

Whaur ar they nou—the wyss man, the scholard, the gleg-wittit argle-bargler o this praisent age? Hesna God made aa this warld's wisdom fuilishness?

Whan, in God's wyss providence, the warld socht God wi its wisdom an cam nae speed wi its seekin, God thocht it guid tae sauf aa sic as wad believe our fuilish preachin. Ay, the Jews maun hae signs an ferlies, an the paugans rins efter wisdom, but we preach Christ crucified, whilk is a scunner tae the Jews an a haiver tae the paugans, but tae them at is caa'd themsels, Jews an paugans baith, Christ, the pouer o God an the wisdom o God. For God's fuilishness owregangs men's wisdom, an God's silliness owregangs men's strenth.

Luik at whatlike fowk ye ar at is caa'd, brether. No monie o ye is wyss i the warld's wey o it, nor no monie o ye is gryte fowk or weill-comed. Upò the contrair, God hes waled what is fuilish i the warld tae ᵇsnuil the wyss; God hes waled what is sillie i the warld tae snuil the strang; God hes waled what is laich i the warld an houtit, what is nae better nor gin it warna, tae bring tae nocht what is, sae at nocht o flesh an bluid suid voust afore God. It is his wark at ye ar in Christ Jesus, at God hes gien us tae be our wisdom an, bi the same taiken, our richteousness an sanctificâtion an redemption. An sae, as it says i the Buik, *lat him at vousts voust o the Lord*!

Whan I cam tae Corinth, brether, an proclaimed God's saicret **2** purpose tae ye, aathing wis hame-owre wi me, baith wurds an wit. I had sattelt wi mysel no tae ken ocht, whan I wis wi ye, binna Jesus Christ, mairfortaiken the Jesus Christ o the Cross. ⟨I can tell ye⟩ I wis fu o ᶜdouts an dreid, an terrible nervish, whan I cam tae ye. In my speaks an sermons I yuisedna the langage at professors an siclike yuises tae win owre their hearers tae their ain weys o thinkin: it wis God's Spírit an pouer at brocht hame my wurds tae your hairts, for it wis een his will at your faith suid be biggit on his pouer, an no on men's wisdom.

Still an on, there is a wisdom at we mak kent tae them at is manmuckle in faith, a wisdom no o this warld or the rulers o this age, at is shune tae be by wi it. Na, it is God's wisdom we mak kent, his skame, at he made afore iver the warld begoud, an hes keepit hodden till nou, for gíein us our pairt in glorie. Nane o the rulers o this age hes kent it, or they wadna hae crucified the

ᵇ shame [*bis*] *R*: snool [*bis*] *L*, *but cp. S.N.D.*, s.v. Snuil.

ᶜ douts an fair bevverin wi dreid *R*: dreid an terrible nervish: {bevveran/chitteran/ peeveran (?)/trimmlan/quaukan} *L*.

Lord o glorie. It is een what the Buik speaks o, whaur it says:

Things at ee hesna seen, nor ear hesna hard,

nor hes e'er come up intil the hairt o man—aa the things at God hes prepared for them at luves him. But God hes revealed thir same things til us throu the Spírit.

For the Spírit faddoms aa things, een the deepths o God's will. Wha kens a man's thochts binna the man's ain spírit ithin him? Een sae nae-ane kens God's thochts binna God's ain Spírit. But we hae gotten, no the spírit o the warld, but the Spírit at comes frae God, sae at we may ken God's gracious gifts til us for what they ar. An we speak o thir gifts, no yuisin the langage o the scuils o human wísdom, but expundin spíritual truiths tae spíritual men in langage lairnt o the Spírit. The onspíritual man rejecks aa at comes frae the Spírit o God: it is aa styte til him; he canna mak ocht o it, for ithout the Spírit it downa be exemined an juidged. But the spíritual man exemines an juidges aathing, an himsel downa be juidged bi nae man.

For wha e'er kent the mind o the Lord,
an coud gíe him rede?

But we skair the mind o Christ.

3 MYSEL, BRETHER, I coudna speak tae ye as spíritual men: I buid speak tae ye as warldlie men—pap-bairns in Christ, at I buid feed wi milk, no mait, because ye warna able tae disgeist mait. Deed, an ye ar ey no able tae tak mait, for ye ar ey warldlie! *ᵈ*Wi aa your jailousies an canglin, what ither can ye be but warldlie men wi nocht o the Spírit in your lives? Whan ane says, "I haud wi Paul", an anither, "I haud wi Apollos", what ither ar ye but warldlie men?

Efterinaa, what is Apollos? What is Paul? Nae mair an the mean yuised tae bring ye tae faith! Ilkane o us did the wark God gíed him; mine wis the plantin, Apollos' the watterin, but the growth wis God's wark. Naither planter, than, nor watterer is ocht avà biz God, at gart the seed grow. Plantin or watterin, it

---

ᵈ The jailousie an {yeddin/canglin} at is rife amang ye, are they no a pruif at ye are ey warldlie men wi nocht o the Spírit in your lives? *R*: Wi aa your jailousies an canglin, what ither can ye be but warldlie men {wi nocht o the Spírit in your lives/leevan your lives wiout the spírit}? *L*.

maksna, tho ilkane o us will be peyed his nain wauge for his nain
laubour. For we ar neipour-servans fee'd wi God, an ye ar God's
gairden—or, lat us say, a houss abiggin for God.

Wi the grace gíen me bi God, I yokit like a skíllie foreman
dorbie an laid the founds. Tae bigg the houss upò them is for
ithers tae see til; lat onie-ane at pits haund til it tak tent hou he
dis the wark. For ither found nae man can lay nor the found at is
laid ense, Jesus Christ. A man may bigg on the found wi gowd,
siller, braw stanes, wuid, hey, or strae: but, come time, his wark
will be seen for what it is; the Lang Day will een mak it plain,
for it daws, that day, in fire, an the fire will sey the wurth o
ilkane's wark. Gin what a man hes biggit on the found ey staunds,
he s' get a rewaird: gin it is brunt up, he s' get nane, but himsel
will be saufed, tho jimplie, like a man at wins outen a houss ahaud.[1]
Kenna ye at ye ar God's Temple, an hae the Spírit o God dwallin
in ye? Gin a man destroys God's Temple, God will een destroy
him; for God's Temple is halie, an ye ar that Temple.

Lat nae man mistak himsel. Gin onie-ane amang ye thinks
himsel wyss—what this praisent warld caas wyss—he maun
become a fuil afore he can become trulins wyss. For this warld's
wísdom is fuilishness i the sicht o God. As it says i the Buik:

> He fangs the wyss i their ain pawkiness.

An again:

> He is acquent wi the thochts o the wyss,
> an kens they ar fusionless.

Sae lat nae-ane be pridit o onie man. Aathing is yours—be it Paul
or Apollos or Cephas, the warld or life or deith, the praisent or
the future, aathing is yours; an ye ar Christ's, an Christ is God's.

The richt wey o luikin on us is as servans o Christ, stewarts o **4**
the knawledge o God's saicret truiths. A-weill, than, ae thing at is
socht o a stewart is at he suid be fund leal an lippenable. For mysel,
tho, I carena a doit gin ye or onie ither human court juidges me.
Deed, I dinna een juidge mysel, for tho my conscience hes nocht
tae cast up at me, that [e]maks-me-na sakeless. My juidge is the
Lord, an nae ither. Binna forehaundit, than, wi your juidgements,
but bide on Christ's comin. He will bring furth intil the licht what

---

[e] is nae pruif at I am R: *ut supra*, L.

is hodden nou i the mirk an lay bare what men ettle i their hairts; an than ilkane will get frae God the praise he hes airned.

I hae been speakin, for your sakes, as gin it wis a maitter o mysel an Apollos; bi speakin o him an me, I thocht I coud best lairn ye no tae be big about ae man an rane doun anither.[2] Wha pits ye tae the fore o ithers, my friend? War ye no gíen onie fore at ye hae? A-weill, gin ye war gíen it, what for blaw as gin ye warna?

Ou ay, my friends, ye hae aa ye need ense, an seek nae mair! [f]Ye hae gotten walth, ye hae gotten on tae be kíngs, an hae left us ahent! I wiss ye hed become kíngs, sae at we micht ring wi ye. But I dout God hes made us apostles the laichest o the laich, like the wratches duimed til a public deith; sic a speckilâtion we hae been made tae the haill warld, men an angels baith. We ar fuils for our sairin o Christ, an ye ar wysslike members o Christ; we ar sillie, an ye ar strang; ye ar hauden in honour, an we ar hauden in scorn bi the warld. Tae this day we dree hunger an drouth; we haena a hap tae wir backs; we get aagate the baff an the blaffart; we hae nae bidin naewey; we maun ey be trauchlin awà, wurkin wi our nain haunds tae fend wir needs. [g]We meet bannin wi blissin, persecution wi pâtience, ill-speakin wi the couthie wurd. We hae been like the dichtins o the yird, the outwale o mankind, an sae ar we eenou.

I am no scrívin this tae shame ye: I am [h]gíein my dear bairns a wurd for their guid. Ye may hae ten thousand bairn-keepers in Christ, but nae feck o faithers hae ye—nane but mysel, at begat ye in Christ Jesus, whan I gíed ye the Gospel. Tak paittren, than, bi me, I prig ye. It is for that I hae sent Tímothy tae ye. He is my son, leal an luved, i the Lord, an he will mind ye o the wey o life in Christ at I fallow mysel, an bid ithers fallow in aa the kirks aawheres.

There is some o ye hes taen an unco notion o themsels, because they think at I am no tae come tae Corinth. But I s' come, at I will, an shortlins, gin it is the Lord's will; an syne it is what thir upstucken fowk can dae, no what they say, at I will mak it my bizness tae finnd out; for it isna wurds, but spíritual pouer, at maks the Kíngdom o God gang forrit. Whilk will ye hae, than?

---

[f] Ye hae made rich; ye hae comed intil your kingdom, an us ey common fowk! (Wow, but) I wiss ye hed comed intil it, at we micht be kings alang wi ye R: ut supra, L.

[g] Whan fowk miscaas us, we bliss them; whan they persecute us, we quaitlie thole it; whan they speak ill o us, we speak {them fair/tae them kindlie} R: ut supra, L.

[h] shawan my dear bairns whaur they are wrang R: ut supra, L.

Will I come tae ye wi a wand in my neive, or in a douce an
luvin spírit?

WE HAE GOTTEN wurd—an the thing is notour, it seems, an 5
downa be doutit[3]—o a case o oncleanness amang ye, an, mairbi-
taiken, sic oncleanness as is no tae be fund amang the haithen—a
man lívin in incest wi his stapmither, nae less! An ye, ye ar ey
bowdent wi pride—bowdent wi pride, whan ye suid hae been
bowdent wi gríef, till him at hes dune this thing wis cuissen out
o the Kirk!

For my pairt, tho I am absent i the bodie, I am praisent amang
ye i the spírit, an there i your mids I hae juidged the man at hes
wrocht this deed, an my sentence is this: at a kirk meetin convened
i the name o our Lord Jesus, whaur my spírit is praisent, an we
hae the pouer o the Lord Jesus wi us, this fautor sal be haundit
owre tae Sautan for the destruction o his bodie, sae at his spírit
may be saufed on the day o the Lord.

It ill sets ye tae craw sae crousslie. Hae ye ne'er hard tell at a
flowe o barm toves the haill daud o daich? Clean out ilka pick
o the auld barm, at ye may be fresh daich wi nae barm in ye, as
fack ye ar ense, ⟨gin ye be saunts⟩. For Christ, our Passowre
Lamb, hes been saicrifíced; an we behuive tae keep our Passowre,
no wi the auld barm, the barm o vice an wickitness, but wi the
barmless breid o aefauldness an truith.

Whan I tauld ye, i the letter I wrate tae ye, tae mell nane wi
hurers an siclike, in course I wisna speakin o haithen hurers or
grabblers or swickers or ídolators; for than ye wad needs quat the
warld aathegither. Na: what I meaned wis at ye maunna mell
nane wi onie-ane caa'd a brither at is a hurer or nâbal or ídolator
or ill-caaer or [i]dribbler or swicker—ay, maunna sae muckle as
tak your mait wi him! What hae I adae wi juidgin the frem? God
will juidge them. But wir ain fowk, ye juidge them, div ye no?
A-weill: cast out the ill-daer frae your mids!

CAN IT BE at, whan ane o ye hes a pley wi anither, he will mint 6
tae law him in a court o haithen sinners, isteid o bringin the
maitter afore the saunts? Kenna ye at the saunts is tae juidge
the warld? A-weill, gin ye ar tae be juidges o the haill warld,
[j]ar ye no guid eneuch tae try the maist trifflin cases? Kenna ye at

---

[i] drunkart R: dribbler L.　　[j] can ye no be lippent wi juidgin the smaaest maitters?
R: {are ye no competent/dis it gae up your backs} tae try the maist {trifflan/ordinar}
cases/ are ye no guid eneuch tae. . . ? L.

we ar tae juidge angels? Hou muckle mair, than, pleys owre warldlie maitters! Gin ye hae siclike pleys tae sattle, I rede ye haund them owre tae the least thocht-on o your members tae juidge.

I say that tae gar ye think shame o yoursels. Ar ye tellin me at ye haena ae wysslike man amang ye able tae redd a differ atween twa brether, but brither maun een law wi brither—ay, an in a court o onbelievers? An that isna the hauf aitherins: it is a fell shortcome in ye at ye suid pley wi ilk ither avà. What for no raither thole wrang? What for no lat yoursels be defraudit? But no ye: ye wrang an defraud ithers yoursels, an thae ithers your ain brether!

Kenna ye, than, at wrang-daers winna heir the Kíngdom o God? Binna in nae mistak: nae hurers or ídolators or adulterers or catamítes or Sodomítes or thíefs or nâbals, nor nae drunkarts nor ill-caaers nor swickers, will heir the Kíngdom o God. Sic wis some o ye aince: but nou ye hae wuishen yoursels clean o it aa, ye hae been sanctifíed, ye hae been juistifíed, throu the name o the Lord Jesus Christ an the Spírit o our God.

[k]Aathing is lawfu for me: ay, but no aathing is guid for me. Aathing is lawfu for me, but naething is tae law me. "Mait is for the wyme, an the wyme is for mait," ye say; "an God will mak an end o baith the tane an the tither." Ay, but the bodie isna for [l]hurin: the bodie is for the service o the Lord, an the Lord is for the guid o the bodie; an, as God raised up the Lord frae the deid, een sae will he raise us up bi his pouer. Atweill ken ye at our bodies is members o Christ. Am I, than, tae tak Christ's members an mak them members o a hure? Na, haith! Weill-a-wat ye ken at, whan a man gíes himsel til a hure, he maks ae bodie wi her: saysna the Buik, *"The twasome will become ae flesh"*? But him at gíes himsel til the Lord is ane wi him in spírit.

Haud wide o [m]hurin. Ilk ither sin at a man commits is outwith the bodie, but the hurer sins again his ain bodie. Or kenna ye at your bodies is temples o the Halie Spírit at dwalls ithin ye, the Spírit at ye hae frae God? Kenna ye at ye ar nae mair in your ain aucht? Ye hae been coft an peyed-for. Glorifíe, than, God in your bodies.

---

[k] I am free tae dae as I will in aathing: ay, but no aathing I micht dae is guid for me. I am free tae dae as I will in aathing, but I s' no mak mysel a slave o oniething R: *ut supra*, L.

[l] furnicâtion R.   [m] furnicâtion . . . furnicâtor R.

AN NOU FOR the maitters ye wrate me anent. Braw an weill 7
wad a man bide onmairriet, war it no for [n]hurin! But wi
hit sae rife, lat ilka man een hae a wife o his ain, an ilka
wuman a husband o her ain. The husband maun gíe the wife
what she hes a richt til, an the wife maun dae the like wi her
husband. The wife isna free tae dae wi her bodie as she pleises,
but maun pleisur her husband, nor the husband isna free tae dae
wi his bodie as he pleises, but maun pleisur his wife. The tane
maunna twine the tither o his or her richts, binna aiblins for a
while, an bi consent o baith, tae lat ye haud in the better at the
prayin; syne líve again as man an wife, or incontinence will
mebbies gíe Sautan his chaunce tae temp ye. Mind ye, thir is nae
commaunds: it is líshence I am gícin ye.

I wiss aabodie wis like mysel, but ilkane hes his ain gift o God,
ane this, an anither that. Til onmairriet men an wídows I say:
they wad dae weill tae bide onmairriet like mysel. But gin they
haena the owrance o themsels, lat them een mairrie; better be
mairriet nor alowe wi lust! For them at is mairriet, my biddin—
or, raither, the Lord's biddin—is this: a wife maunna twine frae
her husband, or, gin she dis, she maun aither bide onmairriet or
souther it up wi her husband; an a husband maunna pit awà his
wife.

Tae the lave, my rede is this (it is my rede, this, no a com-
maund o the Lord): gin a brether hes a haithen wife, an she is
willint tae líve wi him, he maunna pit her awà; an gin a wuman
hes a haithen husband, an he is willint tae líve wi her, she maunna
pit him awà. The haithen husband is sanctifíed throu his wife, an
the haithen wife is sanctifíed throu her husband: gin no, your
bairns wad be onsanctifíed, an weill ye ken they belang tae the
saunts. But gin a haithen spouse is for twinin, lat them een twine:
whan that is the gate o it, a brither or a sister isna bund, an God
hes caa'd us tae líve in peace. Mairowre, sister, hou ken ye at ye
will sauf your husband? Or hou ken ye, brither, at ye will sauf
your wife?

For ordnar, tho, a man suid be content wi the faa he hes frae
God, an bide the wey he wis whan God's caa cam til him. That
is the rule I gíe them in aa the kirks.

Wis a man circumcísed whan he wis caa'd? A-weill, lat-him-
na gyse it. Wis he oncircumcísed whan he wis caa'd? Lat-him-
na be circumcísed. Circumcísion or oncircumcísion, what recks?

[n] furnicâtion R.

Keepin God's commaunds is what maitters. Sae lat ilkane bide the wey he wis whan he wis caa'd.

War ye a slave whan ye war caa'd? Vexna yoursel owre that, but gin ye get an opportunitie o becomin free, grip til it. A slave at is caa'd bi the Lord is a freedman o the Lord, an likweys a free man at is caa'd bi the Lord is a slave o Christ. Ye hae been bocht an peyed-for: see an no become slaves o men. Ilkane o ye, brether, maun bide, as a member o God's houss-hauld, what he wis whan he wis caa'd.

ANENT VIRGINS I hae nae commaund o the Lord for ye, but I will gíe ye my ain juidgement; an, efter aa I hae kent o the Lord's mercie, I trew I am ane ye can lippen.

It is my mind, than, at i thir ill times this is the best wey o it for a man—it is best, I mean, for a man tae bide as he is. Ar ye bund til a wife? Seekna tae be lowsed. Ye arna bund til a wife? Seekna ane. Housomiver, gin ye div mairrie, ye hae dune naething wrang; an gin the maiden mairries, she hesna dune ocht wrang aithers. But them at mairries will hae muckle warldlie kyaucht; an I wad fain hain ye that.

What I am sayin, brether, is this: the time afore us is short; frae this forrit them at hes wives maun be as gin wives they hed nane, the dulefu as gin dule they hed nane, the blythe as gin they warna blythe, buyers as gin they warna awners, them at is taen up wi the warld as gin they melled nane wi it; for the warld as it nou is is weirin awà.

I want ye tae be free frae cark an care. The onmairriet man is interèstit i the things o the Lord, an is ey thinkin hou he can pleise the Lord: but the mairriet man is interèstit in warldlie maitters, an is ey thinkin hou he can pleise his wife, sae at his hairt is ruggit conter gates. The onmairriet wuman an the [o]maiden is interèstit i the things o the Lord, an is ey thinkin hou they can haud themsels halie in bodie an spírit: but the mairriet wuman is interèstit in warldlie maitters, an is ey thinkin hou she can pleise her man.

In sayin this, I am no seekin tae langle ye, like: I am onlie thinkin o your guid—hou aathing may be mensefu wi ye, an hou ye may líve gíein aa your thochts an time tae the service o the Lord. But gin a man [p]thinks it is no mensefu the wey he is traitin

---

[o] spíritual bride/maiden R [παρθένος].   [p] But gin a man at hes a spiritual bride thinks it is no mensefu the wey he is traitin her R [Εἰ δέ τις ἀσχημονεῖν ἐπὶ τὴν παρθένον αὐτοῦ νομίζει].   [q] an mairrie his burd R [γαμείτωσαν].

his bird, an gin he hes mair keist in him nor he can maister, an
there is nae ither o it but mairrage, a-weill, lat him een dae as he
is mindit, ^qan mairrie her; he winna sin nane, gin he dis. But gin
a man hauds steive til his purpose, an isna under the maistrie o
naitur, but is maister o his ain will, an hes his mind fullie made up
tae haud ^rhis maid as she is, he will dae weill no tae mairrie her.
Sae him at mairries ^shis maid dis weill, but him at mairries-her-na
dis better.

A wuman is bund til her husband as lang as he líves: but gin
he slips awà, she is free tae mairrie onie man she is mindit,
saebeins he is a brither in Christ. But she will be happier, gin she
bides as she is; oniegate that is my thocht, an I trew I hae the
Spírit o God as weill as ithers.

AN NOU ANENT offerins made til haithen gods—we ken at we **8**
aa hae knawledge, as ye say. But ^tknawledge maks big, luve biggs
up. Gin a man thinks he hes knawledge, he hesna wan at richt
knawledge avà: but gin he luves God, God hesna miskent him.
A-weill, than, anent this maitter o aitin mait offert tae the gods o
the haithen—atweill there is nae sic gods i the hailwar o things:
there is but ae ane God. For, tak it there is sic things as thir gods
in heiven or on the yird (an, fack, there is sic "gods"—ay, an
"lords" forbye, monie feck), still an on, for us there is but ae ane
god, God the Faither, at aa things cam frae at the first, an at we
ar made for; an ae ane lord, the Lord Jesus Christ, at aa things
wis made bi his wark, an oursels wi the lave.

But it isna ilkane hes this knawledge. There is some wi waik
consciences at hes been sae yuised til shortsyne wi ídolatrie at
they canna win redd o the thocht at this mait is an offerin til a
fauss god, an sae finnd themsels fyled, whan they ait it. But God
winna speir about aitin or no aitin at the Juidgement:⁴ gin we
aitna, we ar nane the waur o it; an gin we ait, we ar nane the
better o'd. But tak ye tent at this líbertie o yours becomesna a
stane for the waik brither tae tak his fit on. Gin siccan ane sees ye,
at hes knawledge, lyin in til the buird in a haithen temple, will
the sicht o it no pit sic pith intil his waik conscience at he will ait
mait at hes been offert til a fauss god, himsel? "Pith," say ye?
Deed, no: your knawledge is the aivendoun ruin o your waik
brither, your ain brither at Christ díed tae sauf! Forbye, in

^r his maid R [τὴν ἑαυτοῦ παρθένον].   ^s his spíritual bride R [τὴν ἑαυτοῦ παρθένον].
^t knowledge maks a man massie; it is luve maks a {better an ey better man o him/man
mair gudelie} R: knowledge maks big, but luve biggs up L.

sinnin again your brether, an mischíevin their waik consciences
that gate, ye sin again Christ, nae less. An sae, gin what I ait gars
my brither snapper, no a rissom o flesh-mait will e'er cross my
craig again as lang as I líve, raither nor I suid gar my brither
snapper!

9 A M I N O free? Am I no an apostle? Hae I no seen Jesus, our Lord?
Ar ye no yoursels the frute o my wark i the Lord? Ithers may haud
me nae apostle, but ye canna oniegate: ye ar the Lord's ain seal
attestin my apostleship!

Here, than, is my reply tae my back-speirers: hae we nae richt
til up-haud frae the Kirk? Haena we the richt tae tak round wi us
on our traivels a wife at is a belíever, the same as the lave o the
apostles an the Lord's brithers an Cephas? Is Barnabas an mysel
the onlie anes at hes nae richt til up-haud, but maun een fend
themsels? Wha e'er hard tell o a sodger gaein tae the wars on his
nain expenses, or a man plantin a vine-yaird an gettin nae guid o
the grapes, or a herd tentin a hirsel an gettin nae guid o the
yowes' milk?

Sayna at thae is ordnar, ilkaday things, an there is naething tae
the same effeck i the Law. For it is written i the Law o Moses:
"*Thou sanna mizzle the owss whan he is strampin the corn.*" Wis
God thinkin o the nowt-beass i that law? Wis it no freelie for hiz
it wis written? Faith an it wis—meanin at the pleuchman at the
pleuchin, an the berrier at the berriein, suid ey hae a howp o
gettin a skair o the crap!

Gin we hae sawn a spíritual seed in your hairts, is it axin owre
muckle at we suid win a warldlie crap affen ye? ᵘGin ithers
bruiks a richt o uppal at your haunds, bruikna we a better? But
we haena exerced our richt: we wad raither bide onie mister avà
nor mar the Gospel o Christ. Needs I mind ye at them at sees til
the Temple services aits the mait frae the saicrifíces, an them at
sairs at the altar gets their skair o the offerins made at it? Een sae
the Lord hes ordeined at them at preaches the Gospel suid fend
on the Gospel. But I haena yuised onie sic richt i the past, nor I
amna scrívin this tae claim it nou. I wad lourd díe nor—na, nae
man is tae mak mine a tuim voust! I downa mak a ruise o mysel
for preachin the Gospel: it is een maundae for me; pítie help me,
an I preach-it-na! Gin I hed taen up this wark at my nain haund, I
coud claim tae be peyed for it: but gin I am daein it because dae it

---

ᵘ Ithers is alloued a richt o {(uppal)/uphaud} at your haunds, an haena we a (faur) better
richt til it? *R: ut supra, L.*

I maun, it is a factorie I hae been lippent wi. A-weill, than, what claim can I mak for pey? Juist this: at I preach the Gospel, an chairgena a doit for it—forgae, that is, my richts as a Gospel preacher.

Wi no a maister in aa the warld, I hae made mysel a servan o aa the warld, at I may win the mair sauls for Christ. Amang Jews I lived as a Jew—ay, amang them at is under the Law, for as free as I am o the Law mysel, I lived as ane at is under the Law, for tae win them at is under the Law for Christ: amang them at is outwith the Law I lived as ane at is outwith the Law, for tae win them at is outwith the Law for Christ—no at I am free o the law o God: I am under the law o Christ—wi the waik I hae been waik, for tae win the waik for Christ. In a wurd, I hae been aathing til aabodie in turn, sae as, ae wey or anither, tae sauf some. Aa this I dae at I, tae, for my pairt, may mak the *v*blissins o the Gospel my ain.

O aa the rinners in a race at the *w*Games there is but ane beirs the gree—nae need tae tell ye that! Rin ye aa like him. Them at is tae kemp at the Games is unco hard wi themsels: they dae it tae win a croun at will dow gin the morn, but the croun at we seek will ey be green. *x*Hou rin I, than? Siccar an strecht for the mark! Hou fecht I? No wallopin the air wi my neives! Na: I nevel my ain bodie black an blae, an gar it ey dae my will, for dreid at, efter preachin til ithers, I suid een be rejeckit mysel.

HERE I MAUN remember ye, brether, about our forebeirs. They **10** aa hed the clud abuin their heids, an they wan throu the Reid Sea; an sae frae clud an sea they aa gat baptism as fallowers o Moses. Mairatowre, they aa aitit the same spiritual breid, an they aa drank the same spiritual drink, for they drank o the spiritual rock at convoyed them, an that rock wis Christ. But, for aa that, God wis ill-pleised wi the feck o them; ye mind hou they war strucken doun i the desert.

Thir happnins wis like picturs o hou it wad be wi us, warnishin us no tae grein for ill things, like thae forebeirs o ours. Sae ye maunna be idolators, like some o them. Readna we i the Buik, *"The fowk leaned them doun tae ait an drink, an syne rase up *y*tae be at*

v gospel blissins R: blissins o the gospel L.   *w* gemms . . . gemms R.

x Sae I, tae, rin i the race, but no {onkennin/(onkent)} whaur I {maun mak/am makkin} til; I fecht, but no wallopin the air wi my neives R: For mysel, than, I rin-na as ane at kensna whaur he maun mak til; I fechtna as ane at wallops the air wi his neives/An sae i the race I rin siccar an strecht for the mark; i the fecht I wallopna the air wi my neives/ *ut supra*, L.   *v* an fell tae their daffin an gamflin R: *ut supra*, L.

their daffin"? Nor we maunna ᶻhure, as some o them ᵃhured, an
syne díed, three an twintie thousand o them, i the space o ae day;
nor we maunna try the Lord's pâtience sair, as some o them tried
it sair, an syne wis bitten bi ethers, an díed; nor ye maunna
chaunner, naither, as some o them did, an syne wis felled bi the
Angel o Deith.

Thir things at happent our forebeirs wis like picturs o what
wis tae be, an they war written doun for a warnishment til us, at
the end o the warld hes owrehied. Lat onie-ane, than, at thinks he
staunds siccar haud a care at he ᵇslipsna his fit. This faur ye haena
been tried ayont what man can thole, an for what is tae be ye can
ey lippen tae God. He winna lat ye be tried abuin your strenth;
an whan he sends the trial, he will een gíe ye the pouer tae bide
an win throu it.

Haud atowre, than, my verra dear brether, frae ídolatrie. What
I am tae say tae ye nou on that heid ye maun juidge for yoursels
like the wysslike men I ken ye tae be. The caup o the blissin at we
bliss, is it no a mean o skairin i the bluid o Christ? The laif at we
brak, is it no a mean o skairin i the bodie o Christ? Because there
is but the ae laif, we ar ae bodie, for as monie as we ar; for we aa
ait o the same laif. Luik at Israel—Abraham's stock, I mean. Is
them at aits o the mait offert at the altar no skairers i the altar?
What am I sayin there? At there is ocht in an offerin til an ídol
by what ye see wi your ain een? Or ocht i the ídol the sel o it?
Na, what I am sayin is at haithen saicrifíces isna offert tae nae
God, but tae ill spírits; an I am no wantin ye tae hae fallowship
wi ill spírits. Ye downa drink baith the Lord's caup an the caup o
ill spírits, nor ye canna ait baith at the Lord's buird an the buird
o ill spírits. Ar we seekin tae mak the Lord jailous? Ar we
ᶜwichter nor him?

AATHING IS LAWFU, but no aathing is guid for men's sauls;
aathing is lawfu, but no aathing maks men mair gudelie. Ilkane
suid seek his neipour's fore, no his ain. Ye can ait oniething sauld
i the fleshin-chops wi a guid conscience, an nae need tae speir onie
queystins, for, as the Buik says,

> The yird is the Lord's
> an aa at is intil it.

ᶻ furnicâte *R.*   ᵃ furnicâtit *R.*   ᵇ faasna *R*: slipsna his fit *L.*
ᶜ stranger *R*: mauchtier/sta(i)rker/mair wicht/wichter *L.*

Gin a paugan bids ye hame tae denner, an ye accèp his invíte, ye can ait aathing at is sutten afore ye wi a guid conscience, an nae need tae speir onie queystins. But gin someane at the buird says, "That is flesh frae a haithen saicrifíce", forbeir tae ait it for the sake o him at hes tauld ye, an as a maitter o conscience—no your ain conscience, like, but the ither man's.

"What for," say ye, "suid anither man's conscience law me an my freedom? Gin I ait sic mait wi thenkfuness, what for suid I be miscaa'd for aitin what I cun God thenks for?"[5] A-weill, whativer it is ye dae, be it aitin or drinkin, or onie ither, dae it for the glorie o God. Dae nocht at may be a mar tae Jew or paugan or the Kirk o God. That is my gate: I ey seek tae meet aabodie haufroads, ettlin nane at my ain fore, but ey at the guid o the monie, sae at they may be saufed. / Tak ye paittren on me, een as I tak **11** paittren on Christ.

I MAUN RUISE ye for ey haein mind o me an keepin the teachin o the Kirk as I gíed ye it. But there is something mair I want ye tae ken, an it is this: ilka man hes Christ for his heid, an Christ's heid is God: but wuman's heid is man.

Ilka man at prays or prophesíes wi his heid kivert brings shame on his heid: an ilka wuman at prays or prophesíes bare-heidit brings shame on her heid; she is nae better nor a limmer at hes haen her hair cowed. Gin a wuman winna weir a vail, she suid een gae faurer alenth, an hae her hair crappit. But gin it is shamefu for a wuman tae gang crappit or cowed, than she maun een weir a vail. A man ochtna tae kiver his heid, sin he is God's image, an reflecks God's glorie: but wuman reflecks man's glorie. Man camna o wuman, but wuman o man; mairfortaiken, man wisna creâtit for the sake o wuman, but, contergates, wuman for the sake o man. Sae a wuman suid hae that on her heid at will fend her frae the angels. That is no tae say at i the Lord it is iver man wantin wuman, or wuman wantin man: as wuman cam out o man at the first, sae iver sinsyne man hes been born o wuman; an baith o them, like aathing ither i the warld, comes frae God.

Speir at your ain juidgement: is it dacentlike for a wuman tae pray i the kirk bare-heidit? Disna Naitur hersel lairn ye at lang hair is a disgrace til a man, but a wuman's glorie? An, troth, is it no like a hap til her heid gíen her bi Naitur? Houanabee, gin onie-ane is for threap-threapin anent this maitter, I s' say nae mair an juist this—at naither we nor the kirks o God hes onie siccan hant.

^dTAE GAE ON wi my directions. Here is something at I canna ruise—your meetins is daein mair hairm nor guid. Tae begin wi, I am tauld at whan ye forgether for wurship, there is divísions⁶ amang ye; an I dout that isna juist líes aathegither, for pairties there maun een be, gin it is tae kythe wha amang ye is true coin. Sae, whan ye aa come thegither, it is onpossible tae ait a Lord's Sipper; ilkane sups his lane at the buird on his ain vívers, an the affcome is at this ane is clung, an that ane is the waur o wine. Hae ye nae hames, than, at ye can ait an drink in? Or is it at ye hae sae smaa respeck for God's Kirk at ye maun affront your ill-aff brether? What am I tae say tae ye? Am I tae ruise ye? Na, faith ye, no on that heid!

What I tauld ye cam doun tae me frae the Lord, an it is this: the Lord Jesus, on the nicht whan he wis betrayed, tuik a laif an, efter he hed speired the blissin, brak it an said, "This is my bodie at is gíen for ye: dae this in remembrance o me." I the same wey, whan the sipper wis by, he tuik the caup an said, "This caup is the new Covenant, sealed wi my bluid: dae this, as affen as ye drink it, in remembrance o me. For ilka time at ye ait this breid an drink this caup, ye proclaim the Lord's deith, till he comes."

Ilkane, therefore, at aits the breid or drinks the caup onwurdilie will hae tae answer for sinnin again the Lord's bodie an bluid. Aabodie behuives, than, tae tak himsel throu haunds afore he aits o this laif an drinks o this caup. For onie-ane at aits an drinks, but juidgesna the bodie richtlie, aits an drinks a juidgement til himsel. That is hou sae monie amang ye is dowie an dwaiblie, an a guid wheen hes slippit awà. Gin we juidged oursels richtlie, we wadna hae tae dree the Lord's juidgements: as it is, the Lord's juidgements is chastísements tae sauf us frae the condemnâtion at is tae come on the warld. Therefore, my dear fríends, whan ye forgether for sipper, bide or aabodie is forrit afore ye begin— onie-ane at is yaup wad best sup at hame: syne your meetins winna bring doun condemnâtion on ye.

Ither maitters I will see til whan I come tae Corinth.

12 NOU, BRETHER, I maun enlichten ye anent the gifts o the Spírit. Weill mind ye, I trew, hou i your auld haithen days ye war led awà, ae wey or anither, intae wurshippin their fauss gods, at hesna the pouer o speech.⁷ That is hou I want

---

^d Nou for my {directions/(instructions)} on {anither maitter/ither maitters}. Your meetins is daein mair hairm nor guid, an *that* is something at I *canna* ruise R: *ut supra*, L.

ye tae ken this: onie-ane at says, "Malisons on Christ!" isna speakin i the Spírit o God; an [e]nae-ane can say, "Jesus is Lord", gin he binna speakin i the Halie Spírit.

There is different gifts, but it is the same Spírit gíes them aa; there is different kinds o service, but it is ey the same Lord is saired; there is different kythins o pouer, but it is the same God kythes his pouer in ane an aa. Whativer the gift at the Spírit kythes in, it is gíen til ilkane for the guid o aa. Ae man, throu the Spírit, hes the pouer tae speak wi wísdom; anither, bi the wark o the same Spírit, hes the pouer tae speak wi knawledge. Ane, throu the Spírit, is gíen faith; anither, throu the ae Spírit, hes the gift o hailin the ills o the bodie; anither hes the pouer tae wurk míracles, anither the gift o prophecie, anither the can tae tell true spírits frae fauss; anither can speak in different tungs; anither hes the pouer tae redd what is said in tungs. But aa thir gifts is the wark o ae an the same Spírit, at distributes them til ilka ane severallie, een as it will.

The bodie is ane, for aa it hes monie members; an the members o the bodie, for as monie as they ar, maks but ae bodie. Een sae it is wi Christ. We war aa baptízed in ae Spírit intil ae bodie, Jews an paugans, slaves an freemen; an we aa drank in ae Spírit. The bodie, as I say, isna ae member, but monie. Gin the fit said, "I am no the haund, sae I belangna the bodie", it wadna no belang the bodie the mair o that. Gin the lug said, "I am no the ee, sae I belangna the bodie", it wadna no belang the bodie the mair o that. Gin the bodie wis aa ae ee, whaur wad your hearin be? Gin the bodie wis aa ae lug, whaur wad your smellin be? But the wey it is, God hes pitten the members i the bodie, ilkane in a place o its ain, as he thocht it guid. Gin the haill o them wis ae member, what wad come o the bodie?

As it is, there is monie members, but ae ane bodie. The ee canna say tae the haund, "I can dae wantin ye"; nor the heid canna say tae the feet, "I can dae wantin ye". Na, faur frae that, the members at is thocht the waikest downa nane be wantit. The pairts o our bodies at we hae the least brou o we mak the mair o, an the pairts we think shame o we hap the maist honestlike, but the pairts we pride in hes nae need o buskin. The fack is at in pittin thegither the bodie out o pairts God hes gíen mair honour tae the pairts at is scant o it, sae as the bodie suidna be sindert, like, but aa the pairts suid hae the same care for ilk ither's weill-

<hr/>

[e] onie-ane at says, Jesus is Lord, maun be speakin R: ut supra, L.

fare. Gin ae pairt pynes, aa the lave pynes wi it; an gin ae pairt is honourt, aa the lave skairs its pleisur.

Ye ar Christ's bodie, an severallie its members. God hes gíen ilkane his place i the Kirk—first, apostles; saicond, prophets; third, teachers; efter thir, wurkers o míracles; syne, men wi the gift o hailin bodilie ills; them at can help whaur help is needit; them at can gyde the Kirk's affairs weill; them at can speak in different tungs. Is aa apostles? Is aa prophets? Is aa teachers? Is aa míracle-wurkers? Hes aa the gift o hailin the síck? Can aa speak in tungs? Can aa redd what is said in tungs? Set your hairts on the heichest o thir gifts. But there is something at is faur abuin them aa; an I s' nou *ƒ*airt ye til it.

13　GIN I SPEAK wi the tungs o men an angels, but hae nae luve i my hairt, *ᵍ*I am no nane better nor dunnerin bress or a rínging cymbal. Gin I hae the gift o prophecie, an am acquent wi the saicret mind o God, an ken aathing ither at man may ken, an gin I hae siccan faith as can flit the hills frae their larachs—gin I hae aa that, but hae nae luve i my hairt, I am nocht. Gin I skail aa my guids an graith in awmous, an gin I gíe up my bodie tae be brunt in aiss—gin I een dae that, but hae nae luve i my hairt, I am nane the better o it.

Luve is pâtientfu; luve is couthie an kind; luve is nane jailous; nane sprosie; nane bowdent wi pride; nane mislaired; nane hame-drauchtit; nane toustie. Luve keeps nae nickstick o the wrangs it drees; fínnds nae pleisur i the ill wark o ithers; is ey liftit up whan truith dings líes; kens ey tae keep a caum souch; is ey sweired tae misdout; ey howps the best; ey bides the warst.

Luve will ne'er fail. Prophecies, they s' een be by wi; tungs, they s' een devaul; knawledge, it s' een be by wi. Aa our knaw-ledge is hauflin; aa our prophesíein is hauflin: but whan the perfyte is comed, the onperfyte will be by wi. In my bairn days, I hed the speech o a bairn, the mind o a bairn, the thochts o a bairn, but nou at I am grown manmuckle, I am throu wi aathing bairnlie. Nou we ar like luikin in a mirror an seein aathing athraw, but than we s' luik aathing braid i the face. Nou I ken aathing hauflinsweys, but than I will ken aathing as weill as God kens me.

In smaa: there is three things bides for ey: faith, howp, luve. But the grytest o the three is luve.

ƒ　shaw ye the gate til it R: airt ye til it L.
ᵍ　I am but R: nae better am I nor/I am no nane better nor [*underlined, ticked*] L.

ETTLE TAE MAK luve your ain: but be ye fond tae win the gifts o **14**
the Spírit an aa—an, mairfortaiken, the gift o prophecie. A man
speakin in a tung isna speakin wi men, but wi God, for naebodie
understaunds him; he is speakin, wi a gell on his spírit, o things
ayont the common uptak o men. But a man at prophesíes is
speakin wi men, edifíein them, it may be, or hairtin or comfortin
them. Him at speaks in a tung edifíes himsel: him at prophesíes
edifíes the congregâtion. Faith, I wadna mind tho ye aa spak in
tungs, but I wad lourd ye prophesíed! A man at prophesíes is mair
wurth nor a man at speaks in tungs, by an out-taen the case whaur
a speaker in tungs gaes on tae expund til his hearers what he hes
said, sae at they can get guid o it. Gin I speak in tungs whan I
come tae Corinth, brether, what the better will ye be o it, gin I
eikna some prophesíein an teachin til my tung-wark, an bring
some revelâtion or deeper knawledge out o it?

It is the same[8] wi maisical instruments—a [h]chanter, like, or a
hairp: gin they gíe out a mixtur-maxtur o notes, wha can tell
what tuin the player is playin? Or, for that pairt, gin the tout on
the horn isna clair, wha will graith him for battle? It is een the
same wi yoursels: whan ye moubandna your wurds plain an
clair, hou is oniebodie tae uptak what ye ar sayin? Ye ar juist
waistin your wind![9] There is wha kens hou monie different
langages i the warld, an no ane o them but its sounds hes meanin.
[i]But gin I am no acquent wi the langage o a man I speak wi, my
speech will be like the cheepin o a spug tae him, an his will be
like the chitterin o a swallow tae me. Sae, gin gifts o the Spírit
ye maun hae, think onlie o what will forder the weillfare o the
Kirk whan ye pray tae be rife o them.

Onie-ane, therefore, at speaks in a tung ocht tae pray for
abílitie tae expund what he says. Gin I pray in a tung, my spírit
prays, but my mind is nane the better o it. Hou than? I will pray
wi my spírit, but I will pray wi my mind an aa; an I will sing
praise tae God wi my spírit, but I will sing praise tae God wi my
mind an aa. Gin ye ar blissin God in langage gíen ye bi the
Spírit, hou will ane at hes his sait amang them at isna joined

---

[h] flute R [αὐλός].

[i] Aweel, than, gin I speak wi a man at I kenna what the sounds o his langage means, I
will be like a barbârian tae him, an he will be like a barbârian tae me R [. . . ἔσομαι
τῷ λαλοῦντι βάρβαρος καὶ ὁ λαλῶν ἐν ἐμοὶ βάρβαρος]: But gin I am no acquent wi the
langage o a man I spaik wi, [my speech will be like the {cheepin o a spug/currooin o a
(cushie) dou} tae him an his will be like the {chitterin o a swallow/claikin o a {kae/
craw}} tae me] L: cp. HDT. II. 57 (Πελειάδες δέ μοι δοκέουσι κληθῆναι πρὸς Δωδω-
ναίων ἐπὶ τοῦδε αἱ γυναῖκες, διότι βάρβαροι ἦσαν, ἐδόκεον δέ σφι ὁμοίως ὄρνισι
φθέγγεσθαι); AESCH. Ag. 1050-1; L.S.J., svv. χελιδονίζω, χελιδών.

members say "Amen" tae your thenksgíen, whan he under-
staundsna what ye ar sayin? Lat your thenksgíein be as guid as
may be, he winna be edifíed the mair for that. Mysel, I speak in
tungs mair nor the haill o ye, Gude be thenkit! But i the kirk I
wad shuner speak fowr-five wurds wi my mind nor ten thousand
wurds in a tung, at wad I!

Binna ye wanelie i the wit, brether; for ill-daein, be as sakeless
as pap-bairns, but ye maun be manmuckle i the wit. It is written i
the Law:

> '*I will speak tae this fowk*
> *bi men o a fremmit leid,*
> *bi the lips o outland men:*
> *but een sae they will heed me nane.*'

It is the Lord at says it. Thir tungs, than, canna be meaned as a
sign for belíevers, but for onbelíevers; an prophecie isna for the
guid o onbelíevers, but for the guid o belíevers.

[j]Sae gin some at isna members, or some onbelíevers, comes in
whan the kirk hes gane in an finnds them aa speakin in tungs,
winna they say at ye ar clean by yoursels? But gin an onbelíever,
or someane at isna a kirk member, comes in, an ye ar at the
prophesíein, he will feel like as ilkane o ye wis takkin him throu
haunds[10] an back-speirin him till aabodie can see intil the ben-
maist nuiks o his hairt; an syne he will fling himsel doun on the
grund an wurship God, cryin out afore ye aa, "God is amang ye
atweill!"

What than, brether? Whan ye forgether for wurship, ane o ye
hes a hyme tae contribute, anither a lesson, anither a revelâtion,
anither a speak in a tung, anither an exposítion o the same—what
I say is, lat aathing be dune sae as the brether will be the better o
it. Gin it is a maitter o speakin in tungs, nae mair an twa—or, at
the maist, three—maun speak, an ane at a time, an there maun
ey be someane by tae redd what they say: gin there is naebodie
forrit can dae that, they maun een whisht i the kirk, an bide or
they can speak themlane tae God.

Twa or three prophets, an nae mair, suid speak at ae service,
bi ane an ane, like; an the lave suid juidge what they say. Gin a
prophet is speakin, an, afore he is throu, a revelâtion comes til

---

[j]   Sae gin the haill kirk hes gane in an aa the members is speakin in tungs, an some at isna
members or mebbie some onbelievers comes in, winna they say at ye are clean bye
yoursels? R: *ut supra*, L.

anither prophet sittin by, the first ane maun gíe owre speakin. Gin sae ye dae, ye can aa prophesíe, sae as there will be baith lairnin an hairtnin for ane an aa. The prophets hes the owrance o their spírits, for God isna a God o throu-itherness, but o peace.

Weimen maun haud a quait souch i the kirk in Corinth, the same as the weimen dis in aa ither kirks; weimen hesna freedom tae speak i the kirk, an they maun een obay the law at bids them no be upsettin. Gin there is ocht at they want tae ken, lat them speir at their menfowk ahame; speakin i the kirk is a thing onie wysslike wuman wad think shame tae dae.

Wis Corinth the first hame o the Wurd o God? Or is Corinth the ae place it hes wun til? Onie-ane at claims tae be a prophet or spírituallie giftit will ken this at I am scrívin ye nou for a commaund o the Lord; or, gin he miskens the Lord in it, God miskens him.[11] Sae, than, my brether, be fond tae prophesíe, an hender naebodie tae speak in a tung: but see at aathing is dune mensefullie an in order.

N OU, BRETHER, I am tae mind ye o the Gospel at I preached **15** tae ye, the Gospel at ye hed frae me an staund steive in, an bi whilk ye will be saufed, gin ye haud a siccar grip o it een as I preached it tae ye—onless it wis lichtlie ye becam believers.

A-weill, than, I haundit on tae ye as the maist thing what hed been haundit on tae me bi ithers—this namelie: at Christ díed for our sins, as Scriptur foretauld; at he wis yirdit; at, as Scriptur foretauld, he rase again frae the graff the third day; at he kythed first tae Cephas, an syne tae the Twal. Efterhin, he kythed til a getherin o mair nor five hunder brether, at is fecklie ey tae the fore, tho a wheen is awà; neist tae Jeames; syne til aa the apostles; an than, henmaist o aa, as til a bairn born ahent its time, he kythed tae me as weill. Atweill am I the nochtiest apostle o them aa—apostle? Na, faith ye: efter persecutin God's Kirk, I hae nae richt tae the name o apostle! Housomiver, bi the grace o God I am what I am, nor his grace hesna been waired on me for nocht, for I hae wrocht sairer nor them aa—na, na, it wisna me, but the grace o God at gaed wi me! My Gospel, or their Gospel, it maksna: this is what we aa preach, an this is what ye believed. But, gin the heid o that Gospel is at Christ hes risen frae the deid, hou is some o ye up-haudin at there is nae sic a thing as a resurrection o the deid? Gin there is nae resurrection o the deid, Christ isna risen aitherins; an gin Christ isna risen, there is nocht avà in our preachin, an nocht avà in your faith! Mairfortaiken, we ar convickit o beirin fauss witness anent God, for we buir witness at he raised Christ frae the deid; an that did he nane, gin it be truith at the deid ne'er rises again. For gin the deid risesna, Christ isna risen aitherins; an gin Christ isna risen, ye ar naegate the better o your faith, but ar ey laired in your sins; an, as for them at hes slippit awà belíevin in Christ, they ar by wi it for iver. Gin we hae onlie howpit in Christ i this life, we ar mair tae pítie nor aa ither men!

But, na: Christ is risen frae the graff, the first shaif shorn at the hairstin o the deid! For as deith cam intil the warld bi ae man's wark, een sae resurrection frae the deid buid come bi anither man's wark; an as in Aidam aa men díes, een sae in Christ aa men will be brocht tae life. But ilkane in his richt order: first, Christ, the first shaif o the hairst; an syne, at his comin, them at belangs him. An than comes the hinnerend o the warld, whan, efter he hes *k*annulled aa ither rule an authoritie an pouer, Christ will haund owre the Kíngdom tae God the Faither. For Kíng he maun bide or God hes pitten aa his faes aneth his feet: ay, till, henmaist o aa, deith itsel is destroyed, as destroyed it will be, for God, it says, *hes pitten aathing in subjection aneth his feet.*[12] Sae, whan aathing hes been made subjeck til him, the Son himsel will become subjeck til him at hes subjeckit aathing til him, sae at God may be aa in aa.

An it binna sae, whaur will they be at gets themsels baptízed for the deid? Gin the deid rises nane, what for be baptízed for them? An, for that pairt, what for pit we our lives in jippertie ilka hour o the day an nicht? The ne'er a day but I come ithin a haundbreid o deith—that's the God's truith, or I hae nae pride in ye in Christ Jesus our Lord! Gin I focht wi wild beass, as the say is, at Ephesus, what the better am I o it? Na, na: gin there is nae risin frae the deid,

Lat us een ait an drink, for we díe the morn!

*l*Chaitna yoursels:

*m*It's little guid ill companie dis guid gates.

---

k abolished/?pitten awa (R.G.C.) R [καταργήσῃ].
l Binna chaitit R: Chaitna yoursels L.   *m* Ill companie is bad for guid gates R: It's little guid ill companie {wurks/dis} guid gates L.

Come tae your richt, sober senses, an sin nae mair; there is some
o ye wants aa kennins o God, tae your shame I say it!

"But," someane will speir, "hou rise the deid up? In what
mainner o bodie will they kythe?" Cuif at ye ar, what ye saw i
the grund comesna tae life, an it díesna first; an what ye saw isna
the bodie at is tae be, but a bare grain, o wheat, mebbie, or some
ither crap. Syne God gíes it the bodie ordeined for it bi himsel—
an the same wey wi the ither seeds, ilkane gets a bodie o its ain
frae him. Flesh isna aa the same: men hes ae kin o flesh, beass hes
anither, birds anither, fishes anither. There is heivenlie bodies, an
there is yirdlie bodies: but the brawness o a heivenlie bodie is ae
thing, an the brawness o a yirdlie thing is anither. The sun hes his
ain brawness, an the muin hes hers, an the stairns hes theirs—ay,
an een stairn an stairn differs in brawness.

Sae it is wi the resurrection o the deid. That whilk is sawn i the
yird decays: that whilk rises will ne'er decay:

> [n] A sairie thing it is sawn,
>   a braw thing it is raised;
> a feckless thing it is sawn,
>   a feckfu thing it is raised.

It is sawn a naitural bodie: it rises a spíritual bodie. An that
says the Buik, whaur we read, "*The first man, Aidam, becam a
lívin saul*". The lest Aidam is a life-gíein spírit. But the spíritual
comesna first: the naitural comes first, an syne the spíritual. The
first man wis made o the stour o the yird: the saicond man is
frae heiven. Them at is made o stour is like him at wis made o
stour; an them at their hame is in heiven is like him at his hame
is in heiven. As we hae wurn the likeness o him at wis made o
stour, een sae will we weir the likeness o him at his hame is in
heiven.

What I am sayin, brether, is at flesh an bluid downa heir nae
haudin i the Kíngdom o God: that whilk drees corruption can
bruik nae haudin i that whilk drees nane. Hairken me nou till I
tell ye things at hes ne'er been tauld i the warld afore: we s' no
aa díe, but we s' aa be cheinged in a gliff, in a blink, whan the
Lest Horn sounds. The Horn will sound, an the deid will rise
up, niver tae dree corruption mair, an us at is ey tae the fore

---

[n] {Sairie/A sairie thing} is that whilk is sawn, {glorious/(a) braw (thing)} is that whilk
rises; (a) feckless (thing) is that whilk is sawn, (a) feckfu (thing) is that whilk rises *R*:
ut supra, L.

will be cheinged. For this corruptible naitur o ours maun be cleadit in incorruption, an this mortal naitur maun be cleadit in immortalitie. An whan this corruptible naitur is cleadit in incorruption, an this mortal naitur is cleadit in immortalitie, than will the Scriptur wurd come true:

> Deith is swalliet up in victorie.
> Whaur, than, O Deith, is thy victorie?
> Whaur, than, O Deith, is thy stang?

The stang o Deith it is sin, an sin hes its pouer frae the Law; sae God be thenkit, at gíes us the victorie in Christ Jesus our Lord!

Staund siccar an steive, than, my dear brether: wurk an better wurk at the wark o the Lord, no hainin yoursels nane, sin weill ye ken at nae trauchle o yours °e'er gaes for nocht wi the Lord aside ye.

16 ANENT THE COLLECTION for the saunts. Fallow the directions I gae the kirks in Galâtia. Ilka first day o the ouk tak something aff your gains or winnins, ilkane o ye, an pit it by in a pose, sae at there mayna be onie collectin tae dae whan I am wi ye.

Meantime depute some o your members tae cairrie your awmous tae Jerusalem; an whan I come, I will send them aff wi letters frae mysel tae tak wi it. Gin there is what wad juistifíe me in gaein mysel, they can gang wi me.

I WILL BE comin tae ye whaniver I hae gotten throu Macedonia, for I am no stappin i that pairt; an I am thinkin o steyin a while, aiblins the haill winter, in Corinth; an than ye will hae tae set me forrit on my gate, ᴾonie airt I am gaein neist. I am no for seein ye the nou: it wad be nae mair an a cry-in i the bygaein; an what I am howpin for is tae bide a gey while wi ye, saebeins the Lord lats me. But till Pentecost I am tae bide on here in Ephesus, whaur I hae a graund opportunitie for frutefu wark—an, bi the same taiken, owre monie contrairin me!

Whan Tímothy comes tae ye, mak him feel at hame; he is daein the Lord's wark the same as mysel, an maunna be lichtliet bi naebodie. Set him forrit on his gate tae join me again wi your

---

° i the service o the Lord e'er gaes for nocht R [ὁ κόπος ὑμῶν οὐκ ἔστιν κενὸς ἐν κυρίῳ]: ut supra, L. ᴾ whauriver I am gaein tae neist/onie airt R [οὗ ἐὰν πορεύωμαι].

britherlie blissins: I am waitin on his back-comin wi the lave o the brether.

As for our brither Apollos, sair fleitched I him tae gang wi the brether, but na, he wadna hear tell o gaein the nou: he is tae gang later, tho, some time whan it is mair convenient.

Be waukrif; staund steive i your faith; be manfu an stout. Lat aathing at ye dae be dune for luve.

An nou for a requeist, brether. Ye ken at Stephanas an his houss-hauld wis the first shaif tae be shorn i the Lord's hairst in Achaea, an ye ken hou they hae taen in haund wi the service o the saunts. A-weill, I want ye tae tak your orders frae siclike as them, an frae aa at lends them an eydent haund i their wark. I am hairt-gled at haein Stephanas an Fortunâtus an Achâicus here. They mak me up for the want o yoursels. Atweill hes their comin lichtent my hairt, as I trew it hes lichtent yours. Ye canna weill think owre muckle on men sic as them.

THE KIRKS IN Asia sends ye their weill-wisses. Aquila an Prisca an the congregâtion at meets for wurship i their houss sends ye their warm weill-wisses. Aa the brether in Ephesus sends ye their weill-wisses. Gíe ilk ither the kiss o brithers an sisters in Christ.

Here I mysel, Paul, tak the pen tae eik my ain guid wisses. God's malison on onie-ane at luvesna the Lord! *Marana tha* [come, Lord]![13] The grace o the Lord Jesus be wi ye! My luve til ye aa in Christ Jesus!

PAUL'S SAICOND LETTER
TAE THE CORINTHIANS

I PAUL, AN APOSTLE o Jesus Christ bi the will o God, an brither Tímothy, til the Kirk o God at Corinth an aa the saunts i the haill o Achaea: Grace be wi ye an peace frae God our Faither an the Lord Jesus Christ!

BLISSED BE THE God an Faither o our Lord Jesus Christ, the mercifu Faither, an the God at gíes aa comfort! He comforts us in aa our afflictions, sae as we can comfort aa ithers at is oniegate afflickit wi the comfort we ar gíen bi God oursels. For as we hae a skair in Christ's drees, sae we hae a skair in comfort as weill throu Christ. Gin we ar afflickit, it is tae win ye comfort an forder the weillfare o your sauls; an gin we ar comfortit, that, tae, is tae win ye comfort, an wi it the pouer tae thole steivelie the same drees as we dree oursels. An our howp for ye is siccar, for we ken at, as ye skair our drees, ye skair our comfort an aa.

Anent our throucomes in Asia, we wad hae ye tae ken, brether, at it wis a sair, sair wecht wis laid on us, a wecht at sae owregaed our strenth at we een despaired o life itsel. But gin we hed the sentence o deith ithin us, it wis tae lairn us no tae lippen til oursels, but tae God, at raises the deid tae life. God saufed us whan we stuid in our gryte peril o deith, an he will sauf us again: ay, we hae set our howp on him, at he will sauf us again in time tae come, wi the help o your prayers for us; an than thenks will gae up tae God on our behauf frae monie a hairt an monie a tung for the gracious fauvour he hes shawn us.

We mak a ruise o oursels for ae thing: our conscience beirs us witness at in our dailins wi ithers, an mairbitaiken wi ye, we hae ey, bi the gracious wark o God, been aefauld an aivendoun an tentit nane the voice o carnal wísdom. We scríve nocht in our letters tae ye but what ye read an what ye understaund i them; an I howp ye will freelie understaund, as ye hae understuiden else in pairt, at ye can mak a ruise o us, as we can o ye, on the Day o the Lord Jesus.[1]

It wis because I wis sae shair on that heid at I wis mindit tae come tae ye first, sae at ye micht get guid o me twice owre: I ettelt tae gang throu Corinth on my gate tae Macedonia, an syne come back tae ye frae Macedonia an hae ye set me forrit on my road tae Judaea. That wis my ettle: hae I shawn mysel flichtrif in no haudin til'd? Is my plans ey the plans o a warldlie man at says "Ay" the day, an "Na" the morn? As God is leal an suthfast, there is nae sweein back an fore atween "Ay" an "Na" in scríve or wurd o ours tae ye. I the Son o God, Christ Jesus, at we— Silvânus an Tímothy forbye mysel—preached tae ye, there wis nae sweein back an fore atween "Ay" an "Na": it ey wis an is "Ay" wi him. For monie an aa as is God's hechts, ilkane hes gotten its "Ay" o fufilment in him; an een sae it is throu him at we say "Amen" in our wurship o God. It is God at binnds baith us an ye siccarlie tae Christ; it is him at hes anointit us, an, mairfortaiken, hes set his seal on us an pitten the Spírit in our hairts as airles an warrandice o blissins tae come.

I caa God tae witness—may I be strucken deid, gin I líe!—at it wis sweirdness tae vex ye gart me gíe owre my vísit tae Corinth. Trewna we ar seekin tae laird it owre your faith. Aa we care for is helpin tae mak ye happie; i the maitter o faith, your feet is weill stelled on the grund. / Sae I made up my mind at I maunna **2** mak ye a saicond dulesome vísit. Gin I maun cause ye dule, I hae nae-ane tae lichten me but them I hae brocht dule til. It wis juist that I wrate i my letter: I hed nae mind, I tauld ye, tae come an be made dule bi them at suid mak me blythe; an I wis shair at ocht at made me blythe made ye blythe an aa. It wis in sair, sair teen an hairt-sorrow an wi the tears happin owre my chowks at I wrate tae ye. I wratena tae cause ye dule, but tae lat ye see hou byous weill I luve ye.

Gin someane hes been a cause o dule, it isna me he hes vexed or wranged: it is ye aa—least-hou, in a meisur, for I am no tae say mair nor the truith. For the man I am speakin o, the censures passed on him bi the maist pairt o ye is eneuch, an ye suid nou gae the contrair gate an forgíe an comfort him, an no lat the wecht o his dule owregang him aathegither. Sae I beg ye tae tak sic order wi him as will lat him ken ye luve him.

Whan I wrate ye, it wis tae preive ye an see gin ye ar reddie at aa times tae dae my biddins. Onie-ane at ye forgíe, I forgíe him, tae. Gin I hae forgíen ocht—sae be at I hed ocht tae forgíe— it wis for your sakes, an aneth Christ's een, I forgíed it: I wisna tae lat Sautan get the withgate o us, we ar owre weill acquent wi his praticks!

Whan I cam tae Troas tae preach the Gospel o Christ, I faund a gryte opportunitie afore me for daein the Lord's wark. But saucht o mind I coud nane win at frithàt, because brither Títus wisna there tae meet me; an sae I buid een bid the brether thereawà fareweill, an gang forrit tae Macedonia. But praise be

tae God, at ey leads us in Christ's tríumphal train, an aagates
maks us the mean o spreidin the saur o the knawledge o himsel!
Ay, for God we ar a sweet wagang o Christ, baith amang them
at is on the road tae salvâtion an amang them at is gangin the
Gray Gate—tae the tane a deidlie saur o deith, tae the tithers a
life-gíein saur o life! Wha is able for siccan a wark?[2] Ar we?
A-weill, oniegate we ar nae chaitrie trokers i the Wurd o God,
as owre monie ithers is; as honest an aefauld deputes o God we
speak it in Christ aneth God's een.

3 AR WE BEGINNIN tae gíe oursels a testíficâtion again, na? Or
needs we aiblins aither shaw ye a testíficate, or seek ane at your
haund, like some fowk? Deed, no: ye ar our testíficate, scriven on
our hairt, an kent for sic, an read bi the haill warld! Ay, ilkane
can see for himsel at ye ar a letter o Christ's, scriven bi our
haund, no wi ink, but wi the Spírit o the lívin God, no grâven
on tablets o stane, but on the fleshlie tablets o the hairt.

We coudna speak that gate, an it warna the lippenance we hae
on God throu Christ. We ar nane able for sic wark o oursels; we
canna pit doun ocht at we dae as our ain daein. For our abílitie
tae dae what we dae we ar behauden tae God, at hes made us able
for the mínistrie o the new Covenant. That Covenant isna ocht
in write, but a thing o the Spírit. The written Law brings deith,
but the Spírit gíes life.

But, gin the mínistrie o the Law, at wis a maitter o letters
cuttit on stanes, an brocht deith wi it—[a]gin that mínistrie wis
institute wi sic a daizzlin glorie at the Childer o Israel dochtna
haud luikin at Moses for the daizzlin brichtness o his face, for aa
it wis dwinin else, hou muckle the mair glorious maun be the
mínistrie o the Spírit? For gin the mínistrie at brocht men
condemnâtion wis a glorious thing, the mínistrie at brings them
juistificâtion maun be bi faur mair glorious. Deed, what hed sae
muckle glorie hes nae glorie avà biz the glorie at dings aa ither
for brichtness![3] Gin a thing at wis dwinin awà hed glorie about
it, faur gryter maun be the glorie o a thing at dwinesna awà, but
bides.

Wi siccan a howp tae hairt us, we ey speak fair out an furth
the gate; no hidlin ocht, the wey Moses ey drew a vail owre his
face, at the Childer o Israel michtna glowre at that dwinin bricht-
ness or it wis gane. But dullness o wit cam owre them for aa, an

---

[a] wis institute R:—gin that mínistrie {wis institute/cam in} L.

een tae this day the same vail lies on the Bible, whan it is read i their meetins; they haena been gíen the licht tae see at the auld Covenant hes been abrogate in Christ. Ay, een tae this day, I say, a vail lies on their minds, whan the Law o Moses is read amang them. *"But lat a man turn tae the Lord, an than strecht the vail is liftit."* Nou, the Lord i that verse is the Spírit, an whaur the Spírit o the Lord is, thair is líbertie.[4] But us believers, at hes nae vails afore our faces, luiks on the glorie o the Lord as in a gless; an the langer we luik, ey the mair ilkane o us taks on his glorious likeness. Hou ither coud it be, whan it is aa the wark o the Lord at is Spírit?

Seein, than, at God in his mercie hes lippent us wi a mínistrie **4** like that,[5] we ne'er tyne hairt. We hae forswurn aa shamefu joukerie-pawkerie; there is nae drauchtiness about us; we corrupna the Wurd o God, but haud up the truith for aa tae see, an that gate, an that gate alane, seek tae commend oursels tae the juidgement o ilka man's conscience, an that i the sicht o God. Gin there is a vail on my Gospel, it is onlie for them at is traivlin the gate tae perdítion, the onbelievers, at God hes blinndit their minds, sae at they canna see nane the licht at leams frae the Gospel o the glorie o Christ—Christ at is God's ain ímage. We preachna oursels: we preach Christ Jesus as Lord; for oursels, we ar but your servans for Jesus' sake. The same God at said, "Lat licht shíne out o the mirk", hes himsel shíned ithin us, sae as we suid lichten ithers wi the knawledge o the glorie o God, as it kythes i the face o Christ.

We ar but bruckle piggs for sic a treisur tae be pitten in; an sae it is seen at the unco pouer at gaes wi us isna our ain, but God's. We ar iver an on sair pressed, but our backs is ne'er at the waa; mistrystit, but ne'er at a deid lift; persecutit, but ne'er left wir lane; strucken doun, but ne'er strucken deid. Gang whaur we may, we cairrie about in our bodie the deith at Jesus dree'd, at the life o Jesus as weill may be plainlie seen in our bodie. Ay, for aa we ar ey in life, we ar iverlie gíen up tae deith, at the life o Jesus may be plainlie seen i this mortal bouk o ours. Sae deith is at wark in us, an life in ye.

"I believed, an therefore I spak." We hae the same spírit o faith as him at wrate that Bible wurd, an sae we mak it our ain an say, "We belíeve, an therefore we speak"; for we ken at him at raised up the Lord Jesus frae the deid will een raise us up wi him an set baith us an ye afore him. Ye, I say, because aathing we dree is dree'd for your guid, sae at grace may be gíen ey tae mair

an mair, an louder may rise the sang o thenksgíein til heiven tae the glorie o God.

Sae we tynena hairt, but for aa our huil is dwinin awà, our saul is day an day renewed. Our praisent drees is but a licht lade at will shune be by wi, an wees nocht avà biz the vast o glorie it is bringin us, glorie at is tae lest for ey; *b*an we stellna wir sicht on the things at is seen, but on the things at is onseen; for the things at is seen hes nae bidin, but the things at is onseen lests for iver an ey.

5   For we ken at, gin the howff at sairs us for houss here on the yird is caa'd doun, God hes a biggin for us in heiven, a houss no made bi haund o man, at will lest for ey. Sair we sich an graen i this howff at we líve in the nou, ey greinin tae hae our heivenlie wonnin pitten on abuin'd; for aince we hae pitten it on, we winna be fund nakit at our wagang. Ay, hiz at is ey i this howff hes a lade on the hairt, an sichs an graens: no at we want tae lay it aff, but because we ar fain tae pit on the new kiverin abuin the auld, sae at our mortal pairt may be swalliet up bi life. For this verra thing we hae been prepared bi God himsel, an his gift o the ·Spírit is a warrandice at as he hes said, sae he will dae.

That hauds us in guid hairt at aa times; an sin we ken at, as lang as we ar ahame i the bodie, we ar no ahame wi the Lord, but sindert frae him—for we maun een airt wir staps i this warld bi faith, an no bi sicht—we ar ey in guid hairt, I say, an wad lourd quat our hame i the bodie an win awà til our hame wi the Lord. An sae, be it we ar ahame, or be it we ar awà frae hame, whan he comes, we dae our endaivour tae pleise him i the nou. For we maun aa compear at the bar o Christ, tae be peyed ilkane o us what is awin him for aathing he hes dune i the bodie, guid be it, or ill.

GIN I SEEK, than, tae win men's hairts, it is because I hae fund the fear o the Lord in mysel, an ken what it means; whatlike a man I am is plain tae God, an I howp tae yoursels as weill in your benmaist hairts.

Na, we ar no stairtin awà on anither ruise o oursels; we ar onlie gíein ye something ye can tak a pride in us for an haud out again them at prides in outwart things, no in ocht at they ar in themsels. Ar we whiles out o our wit? Ay, but at sic times we hae

---

b *For* we stellna our *een* on the things at is *seen*, but on the things at is onseen; *for* [*stigmatised, as here italicised*] R [. . . μὴ σκοπούντων ἡμῶν τὰ βλεπόμενα ἀλλὰ τὰ μὴ βλεπόμενα· τὰ γὰρ βλεπόμενα].

adae wi God alane. Ar we wyss for ordnar? Ay, an that is whan ye an us hes adae wi ither.[6] Christ's luve laes us nae scouth tae dae ither an we dae, because we weill believe at ane died for aa, an therefore aa men is deid. But gin he died for aa men, it wis sae at them at is in life suid live nae langer for themsels, but for him at died for them an rase again frae the deid. Sae we ken nae-ane onie mair the wey he luiks as a man amang men. Mebbies aince on a day we kent Christ that gate, but yon's aa by wi nou. Sae, than, gin a man is in Christ, he is a new thing aathegither; the auld wey o things is by an gane, an a new wey o things hes begoud.

This is aa God's wark, at hes reconciled us til himsel throu Christ. Ay, I say, God wis in Christ reconcilin the warld til himsel, [c]no haudin men's sins again them; an he hes lippent us wi the wark o preachin this reconciliâtion. Sae we ar Christ's ambassadors, an we speak wi the voice o God whan we caa tae men,[7] "I the name o Christ, we beseek ye, be reconciled wi God." Him at wis sinless God made tae be sin for us, at we micht in him become the richteousness o God.

As pairtners in God's wark, we prig wi ye no tae lat the grace **6** ye hae gotten o him hae nae effeck. Hear his ain wurd:

> '*I the walcome hour o acceppance*
> *I tentit thy cry;*
> *on the day o salvâtion*
> *I cam tae thy help.*'

Nou, nou, I tell ye, is *the walcome hour o acceppance*,[8] nou is *the day o salvâtion*! Sae at our ministrie binna houtit, we tak heed tae gie nae grund avà for wyte. Upò the contrair, as ministers o God we seek tae commend oursels at aa times bi steive drecin o ill—be it hardships an difficulties an straits is our faa, or lounderins an jylins an rabblins, or days o trauchle an waukrif nichts an times o hunger: ay, an bi puritie o life an knawledge o the truith, pâtience an kindliness, [d]haliness o spirit an onfenyiet luve, preachin o the truith an the pouer o God kythin ithin us! Graithed wi the wappons at richteousness gies baith tae strick an tae fend wi, we tak our gate throu the warld, sair respeckit an ruised bi some, sair houtit an toutit bi ithers; "gillenyers"—at ey speaks the truith; "naebodies"—at aabodie kens; ey faur throu, an ey sae livin an

---

[c] an forgiein men {what they war awin/their debts} for their {fauts/transgressions} an sins R: *ut supra*, L.   [d] haliness o spirit R: haliness o spirit (πνεύματι ἁγίῳ)/the wurkins o the Halie Spirit (Πνεύματι Ἁγίῳ) L.

lifelike; chastísed for our sins, but no pitten tae deid; ey dowff an dowie, an ey fu o blytheness; plackless, an makkin monie-ane rich; awnin naething, an auchtin aathing !

Thair, my Corinth friends, I hae said my say aa fair out an furth the gate tae ye; I hae laid my hairt wide apen tae ye. Ay, it isna my hairt hes scrimp room for ye, it's yours hes scrimp room for me ! O bairns, bairns, will ye no play giff-gaff wi me, an niffer apen hairt for apen hairt?[9],[10]

7

MAK ROOM FOR us in your hairts. [e]We hae wranged nae man; naebodie is the waur o ocht we hae dune; we haena comed in ahent the face o cley. Trewna it is tae pit ye i the wrang, like, at I am sayin that. As I hae tauld ye else, we hae taen ye intil our hairt: ay, ye ar sae heftit there at life nor deith can twine us ! I am ey aivendoun wi ye. I ey mak a ruise o ye. The thocht o ye gíes me aa the consolement I need, an mair joy nor I 'maist can haud, maugre aa the dree we hae tae dree.

Een efter we war comed tae Macedonia, lissance I hed nane for bodie or mind: it wis nocht but tribble here an tribble there—strows ithout an ill-bodins ithin. But God, at comforts the disjaskit, comfortit me wi Títus' comin, an no juist wi his comin aitherins, but wi his tidins o the comfort ye hed gíen him, forbye. He tauld us hou ye greined for us an rued sair on aathing an pairt-tuik us hairt an saul; an I coudna but be the mair blyther o that. For gin I caused ye dule wi my letter, I forthinkna scrívin it. I winna say but I forthocht at the first, whan I faund at my letter hed caused ye dule (een tho it wisna for lang).[11] But nou I am hairt-gled at I wrate it, no for the dule itsel at ye war caused, but for the repentance at wis its outcome. For yours wis dule sic as God appruives, an sae ye ar nane the waur aff o our scrívin ye. For the dule at God appruives breeds repentance, a repentance at is ne'er tae rue on, because it leads tae salvâtion; but the warld's dule ey ends in deith. Juist luik what it hes dune for yoursels, this dule at God appruives—hou airnest it made ye; hou redd wi your defences; hou angert at some, an feared for ithers; hou fond tae see me, an auwid tae staund up for me; hou willint tae tak mends o a fautor ! Ye hae shawn yoursels tae be aathegither sakeless i this maitter. Sae gin I wrate my letter tae ye, it wisna for the sake aither o the fautor, or o him at wis wranged, but een

[e] We hae wranged nae man, skaithed nae man, comed in ahent nae man R: *ut supra*, ticked, L.

tae lat ye see afore God hou muckle ye care for me. It is that at hes gíen us comfort.

But that comfort is little biz the happiness we get frae Títus' happiness; his mind is at saucht aince mair, an for that he is behauden tae ye aa. I haena haen tae think shame o mysel for onie ruise I hae made o ye til him. I hae ey spokken the truith tae ye; an nou aathing I hae said anent ye whan Títus wis by hes been fund nae less true. His hairt fair gaes out tae ye whan he remembers on the obedience he gat frae ye aa, an hou ye walcomed him wi dreid an trimmlin. An, oh, sae happie as I am tae ken I can lippen on ye in aathing!

AN NOU WE maun tell ye, brether, anent God's wark o grace **8** amang the kirks o Macedonia. ᶠThae kirks hes comed throu the hard i thir days, an it is a sair seyal they hae haen: but their joy hes kent nae bounds, an out o their awesome puirtith hes flowed a verra spate o líberalitie. I can beir witness at they hae gíen aa at they coud affuird—ay, an fullie mair! Deed, they een cam a-will an fleitched an better fleitched wi us, wad we pleise lat them tak a haund i this wark o mínisterin tae the needs o the saunts? As for their gícin, it fair owregaed our howps: bi the will o God they gae themsels tae the Lord an, efter the Lord, til us; an the outcome o that is at we hae socht Títus tae gae fínish this wark o charitie at he begoud amang ye. Ye excel in aathing else—faith, speech, knawledge, aa kin o zeal, the luve we hae kindelt in your hairts—see an excel i this gracious wark as weill.

That isna an order I am gíein ye: I am onlie haudin up tae ye the exemple o ithers' zeal tae sey your luve an see gin it marrows theirs. I needsna mind ye, I trew, o the gracious kindness o our Lord, Jesus Christ; hou, for as rich as he wis, he made himsel puir, at ye micht mak rich throu his puirtith. It is nae mair nor my thocht at I am gíein ye i this maitter. What for suid I gíe ye an order, whan ye war tae the fore o ithers in beginnin tae mak this collection—ay, an in thinkin o it, an that as lang back as fernyear?

It is my mind, than, at ye suid gae on nou an fínish the wark, sae at, as faur as your means allous, the outcome may marrow the reitheness at ye tuik it in haund wi. Sae faur as your means allous, I say; for God is weill pleised wi onie-ane at is reithe tae gíe as muckle as he can affuird: mair nor that he expecks o nae man.

ᶠ Sair hae thae kirks been seyed i thir days comin through (the haunds o) the hard R: Thae kirks . . . haen, *ut supra*, L.

Naebodie is seekin ye tae mak yoursels ill-aff for tae mak ithers weill-aff; it is a maitter o equal-aqual. Your owreplus is tae mak up their want eenou, an syne some ither time their owreplus will mak up your want, an than it will be equal-aqual atween ye— een as it says in Scriptur:

> Him at gethert muckle hed nae owrecome,
> an him at gethert little hed nae want.

Thenks be tae God, at hes pitten the same care for ye intil Títus' hairt as he hes intil mine! He is gledlie daein what I socht o him, but his ain care for ye wis takkin him tae Corinth ithout onie wurd o mine. Alang wi Títus we ar sendin the brither at hes gotten himsel sic a guid name in aa the kirks for his Gospel-wark; the same man, mairfortaiken, as hes been eleckit bi the kirks tae gang wi us on our jornie, whan we gae tae Jerusalem wi this found at we ar seein til the getherin o for the glorie o the Lord himsel, an tae shaw hou fain we ar tae help the brether. This gate we howp tae mak siccar at nae man can wyte us anent this braw wark o charitie at we hae the gydin o; what *we ar daein* is *tae be richt in men's een, as weill as God's*. Alang wi thir twa we ar sendin a third brither, a man at monitime, an in monie a maitter, we hae fund tae be fu o zeal; an nou he is that mair nor iver for the firm belíef he hes gotten in ye.

Wha is Títus? A colleague o mine at hes haen a pairt in aa my wark amang ye; as tae the ither twa, they ar deputes o the kirks, an, atowre that, a rael mense tae Christ. Sae ye behuive tae gíe their kirks pruif o your luve for me, an lat them een see at I dae weill tae mak a ruise o ye.

9 AS TAE THE collection for the saunts, I needsna scríve ye anent it. Weill ken I hou auwid ye ar tae contribute, an I am ey makkin a ruise o ye til the Macedonians an tellin them at Achaea hes haen aathing reddie sin fernyear; an your reitheness hes stírred up the maist feck o them. But I am sendin thir brether tae ye, sae at our ruise o ye mayna be fund ill-foundit—tae mak siccar, like, at ye hae aathing reddie, the same as I hae been sayin ye hae. For it winna dae avà, gin some o our Macedonian friends comes wi us an finnds ye no reddie, an us been sae shair o ye; we wad be black-affrontit, tae say nocht o the shame tae yoursels. Sae it seemed tae me I hed nae ither o it but ax thir brether tae gang aheid o me tae Corinth an see at aathing is dune tae hae your

promised gift forrit gin I come; syne it will be a rael guidwillie
gift, an no like something brizzed out o ye.

"Saw thin, maw thin": but saw ye rowthilie, an ye s' een maw
a rowthie crap. Ilkane o ye maun *mak up his ain mind what he is
tae gíe, an gíe it, an nae wae's-me nor maundae about it; God
luves a cheerfu gíer. An, mind ye, it is in God's pouer tae bliss ye
sae rowthilie wi aa kinkind o guid things at, by an atowre ey
haein as muckle as will sair ye for aa your ain needs, come what
likes, ye will ey hae a rowthie owrecome tae wair on daein
guid til ithers—een as it says i the Buik:

> He hes skailed abreid,
> he hes gíen tae the needfu,
> his weill-daein bides for ey.

Him at gíes the sawer his seed, an men their breid, will gíe ye
seed tac saw, an mak it frutefu, an increase the hairst o your
weill-daein. Sae ye will be made rich in ilka wey, an ey able
tae gíe líberallie, be the caa what it may; an your gifts, whan
they hae gane throu our haunds, will gar thenks gang up tae God,
for this charitie-wark dis mair nor beet the misters o the saunts:
it gars monie feck lift up their voices in thenks tae God forbye.
Seein frae this service o yours whatlike men ye ar, they will
glorifíe God for your haudin sae leal tae your profession o faith
i the Gospel o Christ, an your britherlie líberalitie tae themsels
an aa ithers; an because o the unco fauvour at God hes shawn ye,
they will remember ye i their prayers wi hairtwarm luve.

Thenks be tae God for his gift, at tung o man downa descrive!

An nou I beg ye, bi the gentleness an raisonableness o **10**
Christ—I, Paul, at ye say is sae hummle whan he's amang
ye, an sae bauld whan he's awà—I prig ye no tae gar me
lat ye see hou bauld I can be wi ye, whan I come; for I s' warran
I s' no want for bauldness, whan I yoke on some at rackons we
hae nocht but man's strenth tae lippen til! Be it een sae for aathing
ither, but we hae mair tae lippen til for our fechtin. Ours isna
the wappons o sillie man: the wappons we fecht wi hes pouer
frae God tae ding doun castels an peels. Ay, we can whummle the
cliver consaits o man's ingyne, an ilka barrier at the pride o man

g gie what he hes made up his ain mind tae gie R: ut supra, L.

biggs híe tae haud the knawledge o God again; we tak prísoner ilka mind an gar it bou tae the will o Christ; an, whaniver we can lippen on the obedience o the Kirk o Corinth, we s' no hanker tae pounish onie member at winna dae our biddins.

Luik at the facks at is glowrin ye i the face. Onie-ane at is shair he belangs tae Christ suid think again an tell himsel at we ar Christ's nae less nor him. Deed, I micht een blaw some o the authoritie I hae frae the Lord—gíen me bi him, sae as I micht bigg ye up, no hummle ye—but een gin I blowstit a wee owre muckle, I s' hae nae cause for shame. Mair nor that I am no tae say; ye maunna be thinkin I write my letters tae daunton ye.

"Ou ay," they say, "his scríves is wechtie an pithfu, but himsel he's a [h]puir blichan o a bodie tae luik at; an as for his speakin, sairie's owre guid a wurd for it!" Them at says the like o that can tak it at whan we come an yoke tae wark amang ye, they will finnd nae odds on us biz what we ar i the letters at we scríve ye whan we'r awà.

We wadna preshume tae compare, lat abee aiven, oursels wi some o them at blaws their ain horn. They meisur themsels bi ither an compare themsels wi ither, an that isna a thing at wysslike men wad dae. But ⟨we s' no be sae menseless;⟩ we winna gang owre the score wi our voustin; we winna voust o ocht but what is ithin the bounds o the province at God hes gíen us; an ye ar in ithin that province. Ay, it isna as gin ye warna ithin it, an we war gangin outwith the bounds prescrived for us, for we war the first tae win the lenth o Corinth wi the Gospel o Christ. We gangna owre the score wi our voustin; we makna a ruise o oursels owre ither men's wark. We howp, tho, at, as your faith grows, we will get mair scouth for our wark, sae at, ithout quattin our ain province, we can een cairrie the Gospel tae places ayont Corinth. Oniegate, we s' ne'er birze intil anither man's province, an syne voust o wark dune there afore we cam. But *gin a man voust, lat him voust o the Lord*! For a man's ain guid wurd for himsel is nae testíficate o his wurth: onlie the Lord's guid wurd for him is that.

11 OH, I HOWP ye winna mind me speakin this fuil-like gate. Howp? Na, I ken ye winna! I am jailous owre ye the wey God is jailous owre them at he luves. I trystit ye tae Christ; ye war tae be his, an his alane, an it wis a snoick bird I luikit tae bring til

---

[h] a nochtie (bit) craitur *R*: a (puir) walliedraig(le) o a {craitur/bodie}/a puir blichan *L*.

her bridegroom. But nou I dreid sair at, like as Eve wis mislippent bi the Serpent's pawks, your hairts may be corruppit an wyled awà frae their aefauld luve o Christ. For gin some unco bodie comes an preaches anither Christ nor we preached, an ye get anither spírit nor wis gíen ye afore, or anither Gospel an ye tuik frae us—ou ay, ye thole brawlie wi him: an yit I rackon I am freelie as guid a man as thir byous byordnar apostles o yours! A cowan at the speakin I may be, but I am nae cowan in knawledge o the truith: o that ye hae aa haen aa the pruif ye coud want o us.

Or wis my faut this—at I laiched mysel tae help ye tae rise frae the mirk tae the licht; at I preached the Gospel o God tae ye an tuikna a doit frae ye for my wark? Ither kirks I poverízed wi the up-haud I tuik o them, sae as I coud mínister tae ye. Syne, whan I wis wi ye an cam til a dcid lift, I sornedna on nane o ye: my need wis aa supplíed bi the brether at cam frae Macedonia. I wis ey heedfu no tae be a dwang tae ye, an I s' ey be heedfu. Bi aa the truith o Christ in me, naebodie s' hender me tae mak that voust i the haill o Achaea. An what for? Because I luve-yena? Deed, no: Gude kens I luve ye!

An I am tae haud on daein as I am daein, sae as they downa mak out there is nae odds atween them an us in what they voust o, as they wad fain be able tae dae. Siclike men is fauss apostles, onhonest treddsmen, play-actors gysin as apostles o Christ. An nae ferlie gin they dae: Sautan himsel whiles gyses as an angel o licht. Sae his servans hesna ill gysin as servans o the richt. But, come time, they s' een be peyed the wauge they hae wrocht for!

I say it again: lat nane o ye tak me for a fuil; or, gin ye maun, syne tak the gate ye wad wi onie ither fuil, an lat me hae my bit voust like the lave. *Whan I blaw an blowst at sic a rate, I am no sayin ocht at the Lord hes bidden me say, but juist blawin like a fuil. But sin monie ithers is blawin o their warldlie fores, I maun een hae my blaw an aa. Ye ar that wyss, ye haena ill tholin fuils. Deed no, ye thole onie-ane at maks snuils o ye, herries ye out o houss an hauld, taks ye in his girns, lairds it owre ye, an *gíes ye a rap i the jaw! I think shame tae say it, but I hae wantit the smeddum tae dae siclike.

Still an on—I am speakin again as a fuil—I hae nae mair need tae be blate nor onie ither man. Ar they Hebrews? Sae am I. Ar they Israelítes? Sae am I. Come they o Abraham? Sae div I. Ar

---

* Whan I blaw sae {confidentlike/maikintlike/loud}, I am no speakin the wey the Lord wad bid me speak, but juist blawin the wey a fuil wad blaw *R: ut supra, L.*

* {lends ye a blenter/gies ye a scud} owre the chafts *R: ut supra, L.*

they mínisters o Christ? I am horn-daft tae say it, but I am a mínister o Christ faur mair nor them. I hae trauchelt an tyauved bi faur mair, been jyled bi faur affener, haen a fell hantle mair flaggins—ay, an been ithin a haundbreid o deith, monie's the time an aft! I hae haen the nine-an-thertie straiks frae the Jews five times; three times I hae been beaten wi wands; aince I hae been staned; thrice I hae been shipwrackit; ae time I wis a haill nicht an day i the sea. I hae been constant on the road, an moni-time hae I been in danger—danger frae rivers, danger frae rubbers, danger frae Jews, danger frae haithens, danger in touns, danger i the muirs, danger on the sea, danger amang fauss brether. I hae trauchelt sair an been dung wi tire an monitime wantit sleep the haill nicht throu; baith hunger an thrist hae I dree'd an monitime gane ithout mait an been cauld an ill-happit. By an atowre the lave, I hae my hairt's care for aa the kirks tae dwang me ilka day. Wha's waik conscience e'er gíes him fash, an I amna fashed an aa? Wha is led agley, an my hairt gangsna alowe? Sae, gin there is tae be voustin, I s' voust o aathing at shaws hou waik I am. The God an Faither o the Lord Jesus, him at is blissed for iver an ey, is witness at I líena.

Ae thing mair.[12] At Damascus Kíng Aretas' governor hed gairds at the toun's ports tae grip me, an warna I wis looten doun in a creel throu a winnock i the toun waa, I wadna escapit his clouks.

12 I HAE NAE ither o it but tae voust. Weill-a-wat, there is nae guid tae be gotten o it, but, still an on, I s' gang on tae tell ye o vísions an revelâtions I hae haen o the Lord. I ken a man in Christ—it is fowrteen year sinsyne, but gin he wis in o the bodie, or gin he wis out o the bodie, I kenna, God alane kens—I ken, I say, hou this man wis claucht up tae the Third Heiven: ay, I ken hou this man at I am speakin o—whuther he wis in o the bodie, or out o the bodie, I kenna, God alane kens—wis claucht up tae Paradise an hard wurds at is no tae be comed owre, wurds at tung o man mayna mouband. I s' voust o that man, but no o mysel, haud awà frae my waiknesses!

Gin I wis mindit tae voust, it wad be nae fuil voustin, for I wad be speakin the truith. But I s' een forbeir, sae as naebodie may think itherweys anent me nor he wad frae what he sees me daein an hears me sayin. Mairowre, at I michtna be overlie liftit up wi the graund revelâtions I hae haen, I wis gíen a stog i the flesh, an angel o Sautan tae nevel me—juist, as I say, at I michtna be overlie liftit up. Three times I prayed tae the Lord tae gar it quat me, but this wis his answer: "My grace is aa ye need; strenth downa richtlie kythe but whaur there is waikness." Fell gledlie, than, will I raither voust o my waiknesses; for than the strenth o Christ will mak its wonnin wi me. Sae I am weill content tae be waik an dree skaith an scorn, needcessitie an persecution an straits, for the sake o Christ; for whan I am waik, than I am strang.

I AM A fuil tae scríve that gate, but ye gart me dae it. Ye suidna left it tae me tae ruise mysel: nae dout I am naebodie, but I wis naegate ahent thae byous byordnar apostles. Aa the kenmarks o the true apostle wis seen whan I wis amang ye; ye saw hou pâtientfu I ey wis, an ye saw the signs an ferlies an míracles at I wrocht. War ye onie wey no as weill trate bi me as the lave o the kirks—forbye at I sornedna on ye? That wis dooms ill-dune o me; I speir your forgíeness! Here I am nou aa redd tae vísit ye for the third time. But I s' no sorn on ye: it isna your siller I seek, but your sauls. Paurents behuives tae hain for their childer, no childer for their paurents. For mysel, richt gledlie will I wair an be waired, till I am dune, for the guid o your sauls. Am I, than, tae be luved the less for luvin ye sae byous weill?

"A-weill," ye say, "we'll allou ye wis ne'er a dwang til us yoursel." Ay, but, the loupie loun at I am, I gaed boutgates tae cleik ye in! Did I cen that, na? Tuik I the lend o ye wi onie o them at I sent ye tae? Whan I socht Títus tae gae tae ye, an sent the brither wi him, tuik Títus the lend o ye? Gaed-he-na raither the same gate as mysel? Wis he no airtit bi the self-an-same Spírit?

Aiblins ye hae been jalousin this while back at we ar defendin oursels again your chairges. A-weill, than, ye ar wrang: we ar speakin i the praisence o God an in Christ, an aa for your up-biggin, dear brether. I am feared at mebbies, whan I come, I winna finnd ye sic as I wad like, nor ye winna finnd me sic as ye wad like. I dreid at I will finnd yedd an invỳ, tirrivíes an sellie ambítion, ill-speakin an clishmaclaiverin, mass an disorder, amang ye. I dreid at whan I come again, my God will hummle me afore ye, an I will hae tae murn for monie at fyled them-sels in time bygane wi *khurin an sensualitie, an hesna repentit o their sins.*

k furnicâtion R.

13 THIS IS MY third vísit tae ye. I promise ye at ilka cause sal be sattelt bi the testimonie o twa witnesses or three. Whan I wis wi ye the saicond time, I warnished them at hed sinned afore my comin; an nou, whan I am no wi ye, I come owre the warnishment baith tae them an till aa ither fautors, at whan I come, I s' no hain them. Sae will ye hae the pruif ye seek at Christ speaks in me, an ye will see at he isna waik, but strang, in his dailins wi ye. Atweill, warna waikness, he wadna been crucifíed, but nou bi the pouer o God he líves again. We skair that waikness o his, but ye will finnd, whan we come, at bi the pouer o God we skair his life.

Exemine yoursels tae see gin ye ar leal belíevers; tak yoursels, no me, throu haunds, I bid ye. Your consciences will tell ye at Christ is in ye, I doutna—⟨ay, maun they,⟩ onless ye fail at the preivin; an for oursels, I howp ye will finnd at we haena failed.

I pray tae God tae haud ye frae takkin the wrang gate—it isna at we want oursels tae be pitten i the richt: what we want is at ye suid dae as ye behuive tae dae, een tho we suid be pitten i the wrang. For I downa gae conter tae the truith: I can onlie wurk for it. We ar ey rael gled whan we maun be waik because ye ar strang: deed, it is juist this we pray for—at ye may grow in strenth till ye ar perfyte. Gin I scríve this gate tae ye nou, whan I'm awà frae ye, it is at, whan I'm wi ye, I mayna hae tae exercíse the authoritie the Lord gae me, an dail siccarlie wi ye; it wis for biggin up, no dingin doun, at I wis gíen that authoritie.

AN NOU, BRETHER, fareweill. Haud on at perfytin yoursels; heed weill my fleitchins an warnishins; gree wi ither; líve in peace. Sae will the God o luve an peace be wi ye. Gíe ilk ither the britherlie kiss. Aa the saunts here sends ye their weill-wisses.

The grace o the Lord Jesus Christ an the luve o God an fallowship i the Halie Spírit be wi ye aa!

PAUL'S LETTER
TAE THE GALATIANS

Paul, an Apostle (no frae men, nor throu man, but throu 1
Jesus Christ an God the Faither, at raised him frae the deid),
an aa the brether here wi me, til the Kirks o Galâtia: Grace
an peace be wi ye frae God the Faither an our Lord Jesus Christ, at
gíed himsel for our sins, sae at he micht delíver us frae the praisent
ill warld, conform til the will o our God an Faither; til him be
glorie for iver an ey, âmen!

I ferlie at ye ar sae shune quattin him at caa'd ye bi grace, an
takkin up wi anither Gospel. Anither Gospel? There is nae sic a
thing: it is onlie at a curn men is pittin ye in a stír an mintin tae
whummle the Gospel o Christ. But gin we, or for that o'd an
angel frae heiven, suid preach anither Gospel tae ye by that at we
preached tae ye, God's malison be on him! As we said afore, sae
nou I say again: gin onie-ane preaches anither Gospel tae ye by
that ye hed frae us, God's malison be on him!

Seekin the fauvour o men am I nou, or God's? Or ettlin tae
pleise men? Gin I wis ey ettlin tae pleise men, I wadna be, as I am,
a servan o Christ.

I wad hae ye tae ken, brether, at the Gospel I preached tae ye is
nae men's wark. I gat-it-na frae onie man, nor I wisna taucht it bi
onie man: it cam tae me bi a revelâtion frae Jesus Christ.

Ye hae hard the gate I gaed in time bygane, whan I wis ey a
Jew in faith, hou I persecutit the Kirk o God ayont aathing, an
socht tae destroy it, an hou in my Judaism I wis a lang gate tae the
fore o monie o my eildins amang my ain fowk, sae byous wid
wis I tae up-haud the tradítions o my forebeirs. But whan him at
frae my mither's wyme set me apairt an caa'd me bi his grace wis
pleised tae reveal his Son in me, sae at I suid preach him amang
the haithen, hed I onie communin wi ocht o bluid an bane, or
gaed I doun tae Jerusalem tae them at wis apostles afore me?
Deed, no: I gaed strecht awà til Arâbia, an efterhin cam back
again tae Damascus.

Syne efter three year, nae less, I gaed doun tae Jerusalem tae get
acquent wi Cephas, an I bade a fortnicht wi him. But I sawna
onie ither o the apostles, binna Jeames, the Lord's brither. It's the
God's truith, an nae líes, I am tellin ye.

Syne I gaed tae the kintras o Sýria an Cilícia, but I wis ey
onkent bi face til the kirks o Christ in Judaea. They war onlie

constant hearin tell at "him at ae time persecutit us is nou preachin the faith he aince socht tae destroy"; an they gae God glorie for me.

2 It wis fowrteen year afore I gaed doun tae Jerusalem again. This time Barnabas gaed wi me, an I tuik Títus forbye wi us. I gaed doun on the heid o a revelâtion, an I laid doun tae them the Gospel at I preach amang the haithen—tae them, that is, at is muckle thocht-on i their kirk, their lanes; I wis feared at I micht hae laubourt an be laubourin aa for nocht. But they gartna een Títus, at wis wi me, be circumcísed, Greek an aa as he is. Deed, war it no for the hidlins-inbrocht fauss brether at snuived in hidlins amang us tae keek round on the freedom at we bruik in Christ Jesus, at they micht mak slaves o us—but no for a gliff did we knuckle tae them i the maitter: the true Gospel doctrine wis tae be up-hauden for ye, come what liked! But frae them at is no little thocht-on amang them (what they may hae been aince maksna for me; God caresna by wha a man is)—thir men, I say, pat nae eik tae my Gospel: upò the contrair, they saw at I hed been lippent wi the preachin o the Gospel tae the oncircumcísed, as Peter wi the preachin o it tae the circumcísed. For him at bi a furth-pittin o his pouer made Peter an apostle tae the circumcísed i the same wey made me an apostle tae the haithen.

A-weill, than, whan the "stoups o the Kirk", Jeames, Cephas, an John, saw for themsels at God hed impairtit grace tae me, they raxed out the richt haund o fallowship tae me an Barnabas, an it wis sattelt atween us at we war tae wurk amang the haithen, an they amang the circumcísed; onlie we war tae hae mind o the puir, the whilk thing I hae ey been fond tae dae. But whan Cephas cam til Antioch, I contert him i the braid o his face, for he hed pitten himsel i the wrang. Here is what happent. Afore the comin o some frae Jeames, he tuik his mait wi the haithen convèrts: but efter they hed come, he begoud tae hen an haud abeich for fear o the circumcísed. The lave o the Jews gaed the same twa-faced gate alang wi them, an een Barnabas wis cairriet awà wi their twa-facèdness. But whan I saw at they huidna the strecht gate o Gospel truith, I said tae Cephas afore them aa, "Ye, at's a Jew born an bred, hae gíen up Jewish customs for haithen: what wey, syne, wad ye gar the haithen convèrts tak up Jewish customs?"

We ar born Jews, an nae haithen sinners: but we ken at a man isna juistifíed bi Law-warks, but onlie throu faith in Christ Jesus, an that is hou we, tae, belíeved in Christ Jesus, at we micht be juistifíed bi faith in him, an no bi Law-warks; for bi Law-warks, we ar tauld in Scriptur, *will nane* at is born o wuman *be juistified.*

But gin we, in seekin tae be juistifíed in Christ, ar fund tae be sinners wirsels, is Christ, than, a helper o sin? Na, faith ye! For gin I bigg up again what I caa'd doun, I pruive mysel a transgressor. For throu the Law I díed tae law, at I micht líve tae God. Ay, I hae been crucifíed wi Christ, an nou it is nae mair me at líves, but Christ at líves in me. The life at I líve i this bodie o flesh, I líve it bi faith i the Son o God, at luved me an gíed himsel for me. Na, I annull nane the grace o God; for gin richteousness is tae be gotten throu law, than Christ díed for nocht!

MY PUIR GLAIKIT Galâtians, wha hes beglaumourt ye—ye at **3** hed Jesus Christ on the Cross plaicairdit afore your een? Lat me speir ae queystin o ye, an that isna twa—gat ye the Spírit bi daein the biddins o the Law, or bi hairknin the Gospel wi faith? Ar ye fack sae dooms glaikit? Ye begoud wi the Spírit, an seek ye nou tae fínish wi the flesh? Hes aa your experience o blissins been for nocht—gin, deed, it hes been for nocht? Whan God impairts the Spírit tae ye, an wurks míracles amang ye, is it because ye dae the biddins o the Law, or because ye hairken the Gospel wi faith? Mind Abraham, hou we ar tauld at *he lippent God, an his faith wis rackont til him for richteousness!*

Ye maun see, than, at it is them at founds on faith at is Abraham's sons. Scriptur foresaw at God wad juistifíe the haithen on the grund o faith, an proclaimed the Gospel aforehaund til Abraham i the wurds, "*In thee sal aa the nâtions be blissed.*" Sae, than, the men o faith skair the blissin o Abraham, the man at hed faith. But them at founds on Law-warks is aneth a curse; for it is written, "*Cursit is ilkane at gripsna til aa the commaunds i the Buik o the Law, nor dis them.*" At nae man is juistifíed afore God bi the Law is plain, for *the richteous man sal líve bi faith.* But the Law hesna faith for its found: upò the contrair, *him at dis them will líve bi them.*

Christ hes redeemed us frae this curse o the Law bi himsel becomin a curse in our behauf; for it is written, "*Cursit is ilkane at hings on a dule-tree.*" An he hes redeemed us sae at the haithen micht skair i the blissin o Abraham in Christ Jesus, an we aa micht obtein the promised Spírit throu faith.

Lat me gíe ye an exemple frae ilkaday life, brether. Een wi a man's dísposítion, like a testament, aince it hes been dulie execute, nae ither bodie can set it aside or pit onie eik til it. Nou, the promises wisna made til Abraham *"an his affsprings"*, inferrin mair gin ane, but, inferrin ane alane, *"an his affspring"*—that is, Christ. What I am sayin is this: a dísposítion, like a covenant, dulie execute bi God, isna irritate, an the promises conteined in it isna made null an o nae effeck, bi the Law, whilk onlie cam tae be fowr hunder an thertie year efterhin. For gin the heirskip is gotten bi the daein o Law-warks, syne it isna gotten because o a promise. But it wis in a promise at God made a free gift o it til Abraham.

What for is the Law, than? It wis eikit on tae mak fautors law-brakkers, an it wis onlie tae lest or the comin o the affspring at the promise wis made til. Mairatowre, it wis [a]inackit bi angels throu the âgencie o a mediâtor: but a mediâtor is a mediâtor atween twa, an God is ane. Is the Law, than, contrair tae the promises? Na, faith ye! For gin a law hed been gíen at wis able tae impairt life, truith an atweill wad richteousness comed o keepin the Law. But Scriptur hes incarcerate the haill warld i the jyle o sin, sae at the promised blissin micht be gíen on the grund o faith tae them at pits faith in him.

Afore the comin o this faith we war hauden lockit up in jyle bi the Law gin the time whan faith wad be revealed. Sae the Law wis like our bairn-keeper tentin us or the comin o Christ an our juistificâtion bi faith. But nou faith hes comed, an we ar nae mair under a bairn-keeper, for throu faith ye ar aa manmuckle sons o God in Christ Jesus. In Christ Jesus, I say; for ye at wis baptízed hae aa pitten on Christ. There is naither Jew nor Greek, slave nor freeman, male an female amang ye, for ye ar aa ane in Christ Jesus. But gin ye belang Christ, ye ar Abraham's affspring, an his heirs conform til the promise.

4　　What I mean is this: as lang as an heir til a haudin is a pupil an a minor, he differs naegate frae a slave, for aa he is the awner o the haill o it, but is subjeck tae tutors an curators an factors ontil the time set bi his faither. I the same wey we, whan we war pupils an minors, war slaves tae the spírit-pouers at hes the gydin o the warld. But whan the appointit time wis comed, God sent furth his Son, born o a wuman, an born subjeck tae law, for tae redeem them at wis subjeck tae the Law, sae at we micht become his sons bi adoption. It is because ye ar sons at God hes sent furth the Spírit intil our hairts, cryin, *"Abba"*, or *"Faither"*. Sae ye ar nae

---

[a]　brocht intil force *R*: enackit? (cf. *D.O.S.T.*, s.v. INACT) *L*.

mair a slave, but a son; an gin a son, than bi the grace o God an heir forbye.

I THE TIME bygane ye kentna God, an war slaves tae gods at isna nae gods avà: but nou at ye hae gotten on tae ken God, or raither tae be kent bi God, hou is it ye ar seekin back tae the sairie, feckless spírit-pouers, an ar fain tae become their slaves aa owre again? Ye ar keepin halie days an months an saisons an years. I fear o ye: can it be I hae waired aa my trauchle on ye for nocht?

Become ye like me, een as I becam like ye, I prig ye, brether. I am no sayin at ye hae wranged me onie: deed, no! It wis owre the heid o a bodilie ail, as ye ken, at I preached the Gospel tae ye the first time: but for aa my complènt wis ane at micht hae tempit ye tae lichtlie or ugg me, ye did naither the tane nor the tither, but gae me sic a walcome as ye wad hae gíen an angel o God—ay, or Christ Jesus himsel! Sae happie an crouss as ye war i thae days! Troth, I s' warran ye wad howkit the een out o your heids, gin ye coud, an gíen me them. What, than, hes comed owre ye? Am I become your onfríend for tellin ye the truith?

Thir men is haudin up tae ye, but no out o guid: they want tae steik ye out o the Kirk tae hae ye haudin up tae them. Mind, I'm no sayin at it isna a guid thing tae hae fowk haudin up tae ye, an that at aa times, an no juist whan I am wi ye, my bairnies—weill may I sae caa ye, for I am aince mair in sair grip wi ye, or Christ be formed ithin ye. Oh, gin I wis amang ye eenou, an coud speak anither gate til ye, for I am fair fickelt about ye!

TELL ME NOU, ye at is sae fond tae be subjeck tae the Law, kenna ye what the Law says? It is written there at Abraham hed twa sons, ane bi a slave-lass, an the tither bi a freewuman. The son o the slave-lass wis begotten as onie ither bairn is begotten, but the son o the freewuman wis begotten as the effeck o a promise. There's a hodden meanin aneth that. The twa weimen is twa covenants. The tane o them wis gíen furth frae Munt Sínai, an beirs childer at is slaves. That is Hâgar, for Munt Sínai is hyne-awà in Arâbia, an she answers til the praisent Jerusalem, at is ey in bondage tae the Law wi her childer. But the Jerusalem abuin is free, an she is our mither. For it is written:

Be mirkie an blythe, thou barren wuman at ne'er fuish hame bairn,
lilt wi joy, raisin loud thy stevven, thou at ne'er faund birth-stoun;
for monie is the bairns o her at hed nae marrow,
monie mae nor the bairns o the waddit wife.

Ye, brether, like Isaac, ar childer o the promise. But een as i thae days the son begotten as ither bairns is begotten misgydit the son begotten bi the wurkin o the Spírit, sae is it nou. But what says Scriptur? *"Cast furth the slave-lass an her son, for the son o the slave-lass sanna heir alang wi the son o the freewuman."* Sae, brether, we arna the childer o the slave-lass, but the childer o the free-
5 wuman. / Christ set us free at we micht bruik freedom: staund steive, than, an pitna your craigs again anunder the yoke o bondage.

Hairken me, Paul, as I tell ye this: gin ye hae yoursels circumcísed, ye s' get nae guid o Christ. Aince mair I warnish ilkane at hes himsel circumcísed at he is bund tae keep the haill o the Law. Ye ar twined frae Christ, ye at wad be juistifíed bi the Law; ye ar forfautit an deprived o grace. For, for our pairt, it is faith an the wark o the Spírit at we lippen on tae bring us the juistificâtion at we howp for an wait on wi greinin. For whan a man is in Christ Jesus, it maksna an he be circumcísed or no: the ae thing at maitters is faith wurkin warks o luve.

Ye war comin speed; wha marred ye frae obayin the truith? The fair-farran rede at ye hairkent ne'er cam frae him at caa'd ye; an I'm wae tae mind hou "it needs but a flowe o barm tae tove the haill daud o daich." But I weill belíeve for aa i the Lord at ye will think the same gate as me. As for him at is pittin ye in a stír, he will een hae tae beir the hivvie juidgement o God, it maks nae odds wha he is. For mysel, brether, gin I am ey preachin circumcísion, what for am I ey persecutit? An what is there, than, i the Cross for oniebodie tae reist at? Sall, but I wiss thae din-breeders amang ye may gang on an libb themsels![1]

IT WIS TAE bruik freedom, brether, at God gae ye his caa: onlie abyuisena your freedom tae gíe scouth tae your carnal desires. Raither, luve an sair ilk ither; for the haill Law is keepit whan ye keep the ae commaund: *"Thou sal luve thy neipour as thysel."* But gin ye haud on bitin an devourin ilk ither, tak a care at the day disna come whan there is no ane o ye left tae the fore!

Sae I wad say tae ye this: Airt your staps bi the Spírit, an ye winna saitisfíe the desires o the flesh. For the desires o the flesh an the desires o the Spírit contrar ilk ither; they ar ey at feid wi ither, an that is hou ye finnd yoursels willin ae thing an daein anither. But gin ye ar led bi the Spírit, ye arna subjeck tae law.

The vices o the flesh isna ill tae see—[b]hurin, oncleanness, shameless debosherie, ídolatrie, glaumour, feids, yedd, invỳ,

tirrivíes, sellie ambítion,² differs, divísions, jailousies, drucken
splores, gilravitchin, an aa siclike things; anent whilk I warnish
ye, as I hae warnished ye afore, at them at is giltie o siccan sins
winna heir the Kíngdom o God. But the frutes o the Spírit is
luve, joy, peace, pâtience, kindness, guidness, lealtie, douceness,
self-maistrie. Thir things is ayont the rax o law. Them at belangs
Christ Jesus hes crucifíed the flesh alang wi its passions an desires.
Gin we aw life itsel tae the Spírit, lat us airt our lives bi the Spírit.
Lat us no be massie, braggin ilk ither, an invỳin ilk ither.

GIN A MAN is catched daein wrang, brether, ye at is spírituallie-
mindit maun set him on the richt gate again doucelie, tentin him-
sel, ilkane o ye, in case be he suid be tempit himsel ae day. Beir ilk
ither's backbirns; that gate ye will keep the haill law o Christ, for
gin onie-ane trews he is something, whan he is naething, he
mislippens himsel. Aabodie suid tak his ain wark throu haunds;
syne he will hae some rael guid in himsel tae be pleised wi, an no
juist at he is better biz his neipour. For ilkane will hae his ain lade
tae cadge.

Onie-ane at is bein taucht the Wurd maun gíe his teacher a
skair in aa his warldlie guids.

Binna in nae mistak: there is nae begowkin God. A man maws
what he saws. Him at saws i the soil o his flesh will win o the
flesh at the mawin muillerin an deith, an him at saws i the soil o
the Spírit will win o the Spírit at the mawin iverlestin life. Sae
lat-us-na grow wearie o weill-daein, for, whan the time comes, we
will maw wir crap, saebeins we ᶜquatna the grip. Lat us, than, as
lang as the opportunitie is ours, dae guid til aa men, an mairfor-
taiken tae them at belangs the faimilie o faith.

LUIK AT THIS muckle write! I hae taen the pen in my nain haund
nou.

Thir men at is cy threapin on ye tae be circumcísed, wha ar
they? I s' tell ye: they ar aa men at wad fain luik weill i the een
o the Jews, sae at they mayna hae tae dree persecution for the
Cross. For the up-hauders o circumcísion, athò they ar circum-
císed, keepsna the lave o the Law, an they onlie want ye tae be
circumcísed at they may blowst o garrin ye undergang this out-
wart Jewish rite. But as for me, Gude keep me frae blowstin o
ocht binna the Cross o our Lord Jesus Christ, throu the whilk the

ᵇ furnicâtion R.   ᶜ tynena hairt R: stick in til it/haud the grip/quatna the grip L.

warld hes been crucifíed tae me, an I tae the warld! For naither
is circumcísion ocht, nor oncircumcísion: ar ye new creâtit, or no,
is the ae thing at maitters. Peace an mercie be upò aa them at will
airt their lives bi this rule, an upò the true Israel o God! Frae this
time forrit lat nae man fash me mair, for I beir on my bodie the
aurs at shaws I belang Jesus.

The grace o our Lord Jesus Christ be wi your spírit, brether,
âmen!

PAUL'S LETTER
TAE THE EPHESIANS

PAUL, AN APOSTLE o Christ Jesus bi the will o God, til the 1
sauns an belíevers in Christ Jesus ⟦at Ephesus⟧: Grace be wi
ye an peace frae God our Faither an the Lord Jesus Christ!

BLISSED BE THE God an Faither o our Lord Jesus Christ, at hes
blissed us wi ilka spíritual blissin in heiven abuin! Afore the
founds o the warld wis laid, he waled us out in Christ, tae be
halie an blameless in his sicht. For luve o us he predestinâtit us
til adoption as his sons throu Christ, because that wis een his
guid pleisur an his will, sae at the glorie o the grace he hes freelie
gíen us i the Beluvit Ane micht win the mair praise. In him, an
throu the skailin o his bluid, we hae redemption, the forgíeness
o sins: sae rowthie is God's grace at he hes made us rife o aa kin
o wisdom an understaundin, an made kent til us the lang-hodden
purpose o his soveran will anent him, sae tae airt the gang o things
as at the hinnerend o the ages tae gether up in ane in Christ aa
things baith in heiven an upò the yird.

In him, tae, we hae gotten wir portion o the heirskip, een as
we war predestinate til the same i the purpose o him at effecks
aathing accordin as he hes ordeined it sal be, sae at his glorie suid
be praised for us at wis the first tae set wir howp on Christ. In
him ye, tae, whan ye hed hard the Wurd o truith, the Gospel o
your salvâtion, an hed belíeved it, war sealed as his wi the gift o
the promised Spírit, the Halie Spírit, at is the arles o our heirskip,
our warrantie at we will een heir it whan God redeems them he
hes taen for his ain, tae the praise o his glorie.

For aa that, an because I hae hard o your faith i the Lord Jesus
an your luve for aa the saunts, I, for my pairt, devaulna gíein
thenks tae God for ye an namin ye in my prayers; in whilk I pray
at the God o our Lord Jesus Christ, the Maist Glorious Faither,
may gíe ye the Spírit at impairts wisdom an reveals hodden
truith, sae at ye may ken him ey the better, an may sae enlicht
your minds at ye may see hou wunderfu is the howp at God's caa
maks yours, an hou braw an glorious is the heirskip he is gíein ye
amang the saunts, an hou ondeemous gryte is the pouer at he
kythes in us at belíeves—the same owremaisterin strenth as he
pat furth whan he raised Christ frae the deid, an set him doun on
his richt haund in heiven, faur abuin aa at exerces rule or authori-
tie, pouer or lordship, an aathing ither at hes a name, be it i this

warld, or be it i the warld tae come. *He hes pitten aathing aneth his feet* an gíen him as its supreme heid tae the Kirk, whilk is his bodie, filled wi him at fills the haill warld, an aathing intil it, wi his praisence.

2 YE, TAE, WAR aince deid throu your transgressions an the sinfu gates in whilk ye líved day bi day, lattin yoursels gae wi the gang o this warld, an daein the pleisur o the Maister Fíend at rules i the air, the spírit at is ey wurkin his will i them at heedsna God's caa. An sic war we aa in time bygane. We líved thirlt til our carnal craves, an daein the biddins o our carnal minds; an what we war bi kind pat us under the wraith o God, like the lave o mankind. But God is rife o mercie, an, deid an aa as we war throu our sins, he brocht us tae life wi Christ for the unco luve at he hed for us— your salvâtion is aa the wark o grace—an wi him raised us up an made us sit doun in heiven abuin in Christ Jesus. This he did, at throu aa the ages tae come the ondeemous walth o his grace micht be seen in his kindness til us in Christ Jesus. It is een bi grace ye hae been saufed, bi grace, an no bi yoursels, or bi ocht at ye hae dune; it is God's free gift, an nae man can mak a ruise o himsel anent it. For we ar his haundiwark, creâtit in Christ Jesus for tae wurk the guid warks at he langsyne ordeined we suid wair our lives on daein.

Keep mind, than, ye at is haithens born, an gets the name o the oncircumcísed frae them at caas themsels the circumcísed for a cuttin o the flesh bi haund o man—keep ye mind at i thae bygane days ye war sindert frae Christ, steikit out frae the common-weill o Israel, outlans but richts in covenant an promise, lívin there i the warld, wantin howp, an wantin God. But nou in Christ Jesus ye at wis aince hyne-awà hes been brocht naur bi the bluid o Christ. He is the baund o peace atween us; he hes made the twa intil ane; he hes dung doun the mairch-dyke o ill-will at keepit us sindrie; in his crucifíed bouk he hes cassed an annulled the Law, wi its commaunds an rules. His purpose wis tae creâte like ae man in himsel out o the twa an, sae daein, mak peace atween us; an no that alane, but gíein our ill-will at ither its deith-straik on the Cross, throu the Cross tae reconcile us, Jew an haithen baith, in ae bodie, tae God.

Sae he cam an *preached the Gospel o peace—peace for* ye *at wis hyne-awà frae God, an peace for them at wis naur til him*; for throu him we nou win ben, the baith o us, i the ae Spírit, til the Faither. Sae ye ar nae mair outlans an incomers, but burgess tounsmen o the saunts an members o the houss-hauld o God. Ye ar the stanes o a biggin at hes the Apostles an Prophets for its found, an Christ Jesus himsel for its cungie-stane. In him the haill biggin is raxin up, stane weill fittit tae stane, intil a halie temple i the Lord, an in him ye, tae, ar bein biggit up wi the lave, tae mak a dwallin-place for the Spírit o God tae won in.

MINDIN ON AA that, I, Paul, at Christ Jesus hes made a prísoner **3** for the sake o ye umquhill haithens—ye buid hae hard o the gate God gaed wi the grace he gíed me for your service, an maun ken at it wis bi revelâtion I wis made acquent wi his saicret purpose. Read owre the few lines I hae scriven eenou on the maitter, an ye s' see hou brawlies I understaund the saicret o Christ. That saicret wisna made kent tae the men o bygane times, but nou it hes been revealed tae the halie Apostles an Prophets bi the Spírit; an the soum o it is this—at in Christ throu the Gospel the haithens is heirs o the same heirskip, an members o the same bodie, an hes a pairt i the same promise, as the Jews.

O that Gospel I wis made a mínister throu the free grace at Almichtie God pat furth his pouer tae gíe me. Ay, tae me, leastest an aa as I am o aa the saunts, wis this grace gíen, at I suid preach an proclaim tae the haithens the ondeemous riches o Christ an enlicht them anent the execution o the saicret purpose at lay hodden frae the beginnin o time i the mind o God, the Makar o aa things. It wis een God's will at nou, in our time, his monifauld wisdom suid be made kent throu the Kirk til aa at exerces rule an authoritie in heiven abuin. Sic wis his eternal purpose, at he hes nou accomplished in Christ Jesus our Lord. In him, an throu faith in him, we daur bauldlie an maikintlie gang ben til God. Sae I prig ye no tae tyne hairt owre the drees I am tholin for ye: raither, ye suid pride i them.

At the thocht o aa that, I gae doun on my knees afore the Faither, at ilka faimlie in heiven an upò the yird taks its name frae, an this is the prayer I pit up: May he, out o the treisurs o his glorie, gíe ye pouer an strenth i your benmaist sauls throu his Spírit; may Christ mak his wonnin in your hairts throu faith; may ye be sae ruitit in luve an foundit on luve at, wi aa the saunts, ye may apprehend the luve o Christ in aa its breidth an lenth an heicht an deepth—ay, may ken that luve at is ayont aa kennin, an sae win on til aa the perfyteness o God himsel!

Nou til him at bi his pouer a-wurkin ·in us is able tae dae ondeemous mair nor aa we seek or can think o, til him be glore i the Kirk, an in Christ Jesus, throu aa generâtions, for iver an ey, âmen !

4 AS A PRISONER, than, i the Lord, I beseek ye tae líve lives wurdie o the caa wi whilk ye hae been caa'd. Be ey hummle an douce; be pautientfu, an forbeir ilk ither's fauts for luve; dae your endaivour tae mantein the unitie at comes o the Spírit, wi peace for the baund at hauds ye thegither. Ye ar members o ae bodie, een as ane an the same howp wis gíen ye wi your caa: there is ae Lord, ae faith, ae baptism; ae God an Faither o aa, him at is owre aa, an wurks in aa, an dwalls in aa. But ilkane o us hes been gíen his ain meisur o God's grace bi Christ. An sae it is said:

> *Whan he gaed up on híe,*
> *he led awà captives,*
> *he gíed gifts tae men.*

"*Gaed up*"—disna that infer at he hed gane doun afore tae the laicher pairts o the yird? Him at gaed doun is the same as him at hes nou gane up abuin aa the heivens, at he micht fill the haill warld wi his praisence. As for gifts, he gae some tae be apostles, some prophets, some evangelists, an ithers pastors an teachers. He gae them at they micht graith the saunts for service i the Kirk, an wurk at the biggin-up o the bodie o Christ, til sic time as we hae aa become ane in faith i the Son o God an the knawledge o him, an ar fullie grown men, an hae raxed up tae the staitur o men at is perfyte as Christ is perfyte. Nae mair ar we tae be feckless bairns caa'd up an doun like cobles on a jawin sea, an blawn hither an yont bi ilka flaucht o new-fangelt doctrine, an ey at the merciment o the chaitrie an drauchtie prats o men at wad drive ye agley frae the truith. Na, we maun speak the truith, but speak it in a spírit o luve. Sae will we grow ilka wey intil him at is the heid, Christ himsel. Our growth comes o him: knittit an bund thegither an supplíed bi aa the links, the haill bodie raxes an grows throu ilka pairt daein the wark at perteins til it, an sae biggs itsel up in luve.

Sae I tell ye—or, raither, I threap on ye i the Lord—at ye maunna líve nae mair ᵃas the haithens líves, wi their feckless, mirkit minds, an fremmed frae the life o God because o their ignorance an waukitness o hairt. Their conscience gane taibetless,

---

ᵃ as the feckless, weirdless haithens leeves, mirkit in mind an R: *ut supra, L.*

they hae gíen themsels owre tae shameless debosherie, an practíse aa kin o oncleanness, be the cost til ithers what likes. But siccan ill-gates greesna wi the knawledge ye hae gotten o Christ, sae be at ye hard him preached, an in him war taucht the truith as it is in Jesus. For than ye buid hae lairnt at ye maun lay by your auld weys o daein, an pit aff the auld man, at the deceiverie o carnal passion is wysin alang the Gray Gate, an maun be renewed i your mind an spírit, an pit on the new man, at hes been creâtit i the likeness o God wi the richteousness an gudeliness at comes o belíef i the truith.

DEVAUL, THAN, WI líein, *speak ye ey the truith ilkane til his neipour*: arna we aa members o the ae bodie? *Be angert*, an ye maun, but *bide athist sin*. Lat your teen be by wi it afore the sun gaes doun, sae as the Deivil canna steal a dint on ye. The thíef maun gíe owre his thíevin an yoke intil some honest tredd, sae at he can spare a needfu brither something out o his winnins. Lat nae sculdudderie come outowre your lips, but onlie what is helpfu an tymous an like tae bring doun a blissin on them ye ar speakin til. Vexna the Halie Spírit o God, bi whilk ye war sealed for the day o redemption. Awà wi aa bitterness an teen an anger, aa rippetin an ill-speakin; an aa malice gang wi them!

Be kind an innerlie til ilk ither, an forgíe ilk ither, een as God **5** forgae yoursels in Christ. / As God's ain dear childer, ye maun ettle tae be like him an líve your lives in luve, een as Christ luved ye an gíed himsel up as a maumie-smellin offerin an saicrifíce tae God in our behauf.

AS FOR [b]HURIN an oncleanness o onie kind, or greed o gear, the verra wurds suidna be moubandit amang ye nor nae ither saunts: na, nor sculdudderie, nor haivrellin, nor jeistin an jokin! Thae things isna for daicent fowk; an your tungs wad be better employed in gíein thenks tae God. Braw an weill ye ken at nac [c]hurer nor onclean líver nor geinyoch (caa him an ídolator, an ye s' no be wrang) heirs onie portion i the Kingdom o Christ an God.

Lat nae-ane mislippen ye wi tuim wurds: it is een thae things at brings doun the wraith o God on them at heedsna his caa. Mell nane, than, wi them an their sins. Ae time ye war aa mirkness, but nou i the Lord ye ar aa licht. Líve your lives, than, as men at

---

[b] furnicâtion *R*.   [c] furnicâtor *R*.

belangs tae the licht, for the crap at licht feshes up is aa kin o guidness, richteousness, an truith. Be ey seekin tae finnd out what is pleisin tae God. Be naither airt nor pairt i the barren deeds o them at bides i the mirk, but raither apenlie condemn them, for the things at they dae in hiddlins isna een tae be spokken o wiout shame. But aathing at is apenlie condemned is made manifest bi the licht, for aathing at is made manifest is itsel made licht.[1] An sae the hyme says:

<blockquote>
Wauk ye, sleeper,
rise ye up frae the deid,
an Christ upò ye sal shíne!
</blockquote>

Tak guid tent, than, hou ye airt your staps. Lívena as men wantin wit, but as wyss men, an mak the maist o ilka opportunitie at casts up, for thir is ill times. Binna fuilish, but yuise your wit tae finnd out what the Lord's will is. Fillna yoursels fu wi wine—drink is the road tae debosherie—but be filled wi the Spírit. Speak til ither in psaums an hymes an gudelie sangs; sing an lilt tae the Lord in your hairts. Gíe thenks at aa times for aathing tae God our Faither i the name o our Lord Jesus Christ.

BE SUBJECK TIL ilk ither out o raiverence for Christ.

Wives, be subjeck tae your guidmen, as tae the Lord. The husband is the heid o the wife, een as Christ is the heid o his bodie, the Kirk. Nae dout he is the sauviour forbye o that bodie: still an on, as the Kirk is subjeck tae Christ, sae maun wives be subjeck tae their guidmen in aathing. Husbands, luve your wives, as Christ luved the Kirk an gíed himsel for it, at he micht clense it bi the washin in watter an the Wurd, an set it afore himsel, a Kirk aa fair an glorious, without tash or lirk or onie sic thing, but aa halie an fautless. Een sae husbands suid luve their guidwives as their nain bodies: him at luves his wife luves himsel. Nae man iver hed an ill-will at his ain bodie: upò the contrair, he feeds an taks tent til it, as Christ taks tent tae the Kirk, because it is his bodie, o whilk we ar members. *For that cause sal a man forleit his faither an his mither an haud til his wife, an the twasome sal become ae flesh.* There is faur mair i thir wurds nor kythes. I hae qotit them here as speakin o Christ an the Kirk. But, tae say nae mair on that heid the nou, they lairn us, tae, at ilka man maun luve his guidwife, as he luves himsel, an the wife, for her pairt, maun raiverence her man.

Bairns, ey dae your paurents' biddins: it is your dutie. "*Honour* **6**
thy faither an thy mither"—that is the first Commaund at is gíen
wi a hecht—"*at thou may thrive, an líve til a lang age on the yird.*"
Faithers, cankerna your bairns: fesh them up stricklie, an challenge
them for their fauts, but ey i the spírit o the Lord.

Servans, dae the biddins o your maisters i this warld wi dreid
an trimmlin an in aefauldness o hairt, as service tae Christ. Latna
yours be inhauders' wark duin tae tak the ee an win human
fauvour, but as servans o Christ pit your hairt an saul intil daein
the will o God. Lat yours be the leal service o men wurkin tae
the Lord, an no tae men, for weill ye ken at ilkane—slave or
freeman, it maksna—will be repeyed bi the Lord for onie guid
wark he hes duin. Maisters, dae the like wi them, an gíc owre
your shorin: weill ken ye at them an ye hes a common Maister
in heiven, at caresna by wha a man is.

NAE MAIR EENOU, but juist this. Tak strenth frae the Lord an his
michtie pouer. Graith ye i the haill airmour o God, at ye may be
able tae gainstaund the prots o the Deivil. Our fecht isna wi bluid
an bane, but wi the angel pouers an authorities, wi the rulers o
this mirk warld, wi the ill spírits i the heivens abuin. Tak up,
than, the haill airmour o God, at ye may be able tae haud your
ain whan the ill day comes an, *d*efter ye hae duin aa ye behuive
tae dae, bide staundin i the bit. Tak your staund, than, afore the
fae: but first *gird ye your* *e*lungies *wi the belt o truith*; *pit on the
breistplate o richteousness*; see at your *feet* is shoddit *wi the reddiness
at the Gospel o peace* gíes them at belíeves it. Forbye thir, tak up
the shíeld o faith, wi whilk ye will be able tae slocken aa the
brennin bowts o the Ill Ane. Tak *the helmet o salvation* raxed ye
bi God, an *the swuird o the Spírit*, whilk is *the Wurd o God*. Be ey
pittin up prayers an petítions o ilka kind i the Spírit. Haud ye
wauken for prayer, an devaulna pittin up prayers for aa the saunts.
Pray for me, tae, at, as affen as I tak speech in haund, the *f*wurds
at I need may be pitten in my mouth, an I may bauldlie mak kent
the saicret revealed i the Gospel, for the whilk I am an ambassador;
an, for aa I am an ambassador in chcins, pray at I may proclaim
it bauldlie, as I een behuive tae dae.

HOU IS AA wi mysel, an hou am I comin on? Týchicus, my dear

---

d vincussin ilka fae, bide maisters o the field *R*: {efter/whan} ye hae dune aa ye behuive
    tae dae, bide staundin i the bit *L*.
e lunyies *R*: *but cp. abuin,* 2.20, cungie-stane.   *f* richt wurds *R*: wurds at I need *L*.

brither an leal neipour-servan i the Lord, will tell ye aa about that: deed, I am sendin him tae ye aince-eerant tae gíe ye our news an hairten ye.

Peace be wi the brether, an luve an faith, frae God our Faither an the Lord Jesus Christ! Grace be wi aa them at luves our Lord Jesus Christ wi a luve at ne'er dwines awà!

PAUL'S LETTER
TAE THE PHILIPPIANS

PAUL AN TIMOTHY, servans o Christ Jesus, til aa the saunts **1**
in Christ Jesus at bides in Philippi, wi the owre-seers an
helpers: Grace be wi ye an peace frae God our Faither an
the Lord Jesus Christ!

I THENK MY God ilka time I mind on ye, an ilka prayer at I pit up
for ye aa I pit up wi joy, because o aa ye hae dune tae forder the
Gospel frae the first day ontil nou. Shair am I o this, at him at
begoud the guid wark in ye will gang on wi it an complete it gin
the day o Christ Jesus. An, deed, it is but richt at I suid think this
gate anent ye aa; I hae a rael hairt-likin for ye, because baith in
my incarcerâtion an in my defendin an pruivin the truith o the
Gospel ye skair i the fauvour God hes dune me. For God is my
witness at I grein for ye aa wi the deep luve o Jesus Christ himsel.
An my prayer is this—at your luve may grow an better grow in
knawledge an aa kin o insicht, sae at ye may ey ken guid biz ill,
an better biz guid, an be fund cleanthrou o saul an fautless at the
day o Christ's kythin, wi rowth o the frute o richteousness at
comes throu Christ, tae the glorie an praise o God.

Nou I want ye tae ken, brether, at what hes befaan me hes
mair fordert nor hendert the Gospel: it is nou notour amang the
haill Gairds an aagate else at it is for Christ's sake at I am in jyle,
an the maist feck o the brether i the Lord hes been hairtit bi my
imprisonment, an is nou faur mair forrit an frack tae preach the
Wurd wiouten dreid.

Nae dout some preaches Christ out o jailousie an fainness for
yedd, but there is ithers preaches him out o guid-will. Thir anes
dis it out o luve o me, because they ken at I am pitten whaur I am
for the up-haudin o the Gospel. But thae ithers proclaims Christ
out o sellie ambítion,[1] an no wi an aefauld hairt, but because they
think that gate tae mak my imprisonment the sairer tae bide. But
what recks? Ivrie wey o it, honestlie or no honestlie, Christ is
proclaimed, an o that I am blythe.

Ay, an blythe o it will be, for I ken at throu your prayers an
the help o the Spírit o Jesus Christ what is happnin me eenou will
forder the weillfare o my saul afore aa is dune. An may it een be
sae, for it is my hairt-greinin an my maikint howp at I will ne'er
hae tae hing my heid for ocht, but throu my bauld speakin will
cause Christ tae be magnifíed in me, nou as at aa times, be it bi

my life, or be it bi my deith! For me, life is Christ, an deith is gain. But gin my life is life i the bodie, I can dae frutefu wark, an sae whilk I am tae choise I canna tell. I am in a fair habble: for mysel I lang tae flit an be wi Christ, for that is bi faur an awà the better thing for me: but for your sakes it is mair needfu I suid bide i the bodie. O that needcessitie I hae nae dout, an sae I ken at I will een bide in it, bidin on wi ye aa, an forritin your growth an joy in faith. An sae wi my back-comin amang ye ye will hae the mair raison tae mak a ruise o me in Christ Jesus.

Onlie see at ye líve lives wurdie o the Gospel, sae at, whuther I come an see ye, or am hyne-awà an onlie hear wurd o ye, I may ken ye ar staundin steive in ae spírit, strivin side for side wi ae mind an hairt for the Gospel faith, an dauntont nane bi your adversaries. That is a clear sign tae them o their perdítion, an tae ye o your salvâtion; an it is a sign frae God, for it hes been gíen ye as a gift o grace, no onlie tae lippen on Christ, but tae dree ill for him as weill. An it is the same fecht ye hae tae fecht as afore ye saw for yoursels, an nou ye get wurd, at I hae mysel.

2 GIN HAIRTNIN IN Christ, hairt-heizin luve, fallowship i the Spírit, an leifu innerliness maks ocht wi ye, fill up the caup o my joy: be ye aa o the same mind, I beseek ye, haein the same luve, saul ane wi saul, aa o ae mind; dae nocht out o sellie ambítion or consait, but in hummleness o spírit haud ilk ither for better fowk nor yoursels; binna hamedrawn, but tak thocht ilkane o ye for his neipour's weill afore his ain.

I your dailins wi ither ey mind at members o the Kirk is members o Christ Jesus, at, for aa he wis i the form o God, thochtna equalitie wi God a thing tae glaum at, but tuimed himsel an tuik the form o a servan an the likeness o men an, kythin on the yird as a man, sae hummelt himsel at in obedience tae the will o his Maister he een tholed deith—ay, deith on a cross! For whilk cause God raised him heich owre aa, an gíed him the name at is abuin aa ither name, sae at afore the name o Jesus *ilka dwaller* i the lift an upò the yird an doun i the warld ablò *suid bou the knee an wi his tung confess* at Jesus Christ is Lord, tae the glorie o God the Faither.

Therefore, my dear fríends, een as ye hae dune what ye war bidden i the bygane, sae nou wurk out your ain salvâtion wi dreidour an trimmlin, no juist as whan I wis praisent amang ye, but aa the mair at I am hyne-awà; for it is God at wurks in ye baith the willin an the wurkin, sae at his guid pleisur may be

dune.[2] Dae aathing wiout girnin an canglin, at ye may be blame-
less an sakeless—fautless bairns o God i the mids o a cruikit,
camshauchelt generâtion, amang whilk ye shíne out like lichts o
the lift in a mirk warld, an grippin fest til the Wurd o Life: sae
will I can mak a ruise o mysel on the day o Christ's kythin, at I
haena run, haena trauchelt sair, aa for nocht. Ay, an een gin my
life's bluid is tae be poured out like wine on the saicrifíce at ye
offer in your faith, I am blythe an rejoice wi ye aa; an een sae ye
maun be blythe an rejoice wi me.

I AM HOWPIN, an it be the Lord Jesus' will, tae send Tímothy
owrebye tae ye or lang; it wad be rael hairt-heizin tae get speirins
hou aa gaes wi ye. I haena naebodie ither tae send at wad tak the
same hairt-warm consait in your weillfare: the lave is aa thrang
ilkane wi his ain affairs, an hesna a thocht tae the cause o Christ.
But Tímothy's weill-pruived wurth ye ken, hou he hes wrocht
wi me i the service o the Gospel like a son wi his faither. Sae I
howp tae send him strecht awà whaniver I see hou my ain
maitters staunds: no but what I lippen i the Lord at I will come
or lang gae mysel.

Still an on, I think it neccessar tae send back til ye Epaphrodítus,
at wis sent bi ye tae mínister tae my needs, an hes been tae me a
brither an a helper an a fallow-sodger. He wis greinin sair for ye,
an uncolie pitten about owre your hearin he hed taen ill. An ill
he wis, sae ill at he wis 'maist awà wi it. But God tuik pítie on
him, an no on him alane, but on me as weill, at I michtna hae
sorrow comin on sorrow's back. That is hou I am the fonder tae
send him; I want ye tae hae the happiness o seein him again, an
my ain lade o sorrow will be the lichter o that. Gíe him, than,
a gled hairt-walcome i the Lord. Ye suid haud the like o him in
honour; for he cam ithin a haundbreid o deith for the wark o
Christ, riskin his verra life tae upmak what buid be wantin i your
services tae me.

Nae mair eenou, brether, but juist this—be blythe i the Lord! 3

TAE SCRIVE WHAT I hae scriven afore is nae fash tae me, an it
will help tae haud ye frae hairm. Tak tent o thae messans, tak tent
o thae wurkers o ill, tak tent o thae Illibberals[3] an their demem-
brâtion! Ay, demembrâtion, no circumcísion; for it is hiz at is
the trulie circumcísed, hiz at wurships God[4] in spírit an prides in
Christ Jesus alane an pitsna wir trust i the flesh: tho, for that
pairt o it, I am ane at coud pit his trust i the flesh. Deed, naebodie

hes as muckle richt as mysel tae dae sae, lat him think what he will. I wis circumcísed whan seiven days auld. I am an Israelíte bi race; I belang Clan BenJamín; I am a Hebrew comed o Hebrew forebeirs. I keepit the Law as onlie a Pharisee keeps it: deed, sae keen o the Law wis I at I een persecutit the Kirk, an i the maitter o Law-richteousness I coud nane be fautit. But whativer I hed on the side o gains I hae pitten doun as loss for Christ's sake. Ay, an mair, I haud aathing i the warld for loss biz what is o muckle mair wurth, the knawledge o Christ Jesus, my Lord! For his sake I hae dree'd the loss o aathing, an I rackon it but drite,[5] gin sae I may gain Christ an be fund in him, no haein a richteousness o my ain, Law-richteousness, but the richteousness at comes throu faith in Christ, the richteousness at is gíen the belíever bi God on the found o his faith; for I wad fain ken him an the pouer at raised him frae the deid, an what it is tae skair in his sufferins an become like him in his deith, gin aiblins I can win on til the resurrection frae the deid.

No at I hae gained my end else, or become perfyte else, but I ey haud on efter it, gin aiblins I may grip that for whilk I wis grippit bi Christ Jesus. Na, brether, I thinkna tae hae grippit it else: but this I dow say—forgettin what lies aback, an breistin yont wi aa my pith tae what lies aheid, I ey haud on for the dule at I may win the gree, God's upwith caa in Christ Jesus.

That is the richt wey o thinkin for hiz at is perfyte: gin ye think onie ither, I doutna but God will shaw ye at that is een sae. Houanabee, what maitters maist is at ilkane o us suid airt his staps bi the truith he hes wun til.

Ane an aa o ye, fallow my exemple, brether, an tent them weíll at líves efter the paittren o life at ye hae in us; for, as I hae tauld ye afore, monie's the time, an tell ye again nou wi the tear in my ee, there is monie at is lívin as faes o the Cross o Christ. Their hinnerend is perdítion; their god is their wyme; they pride i their shame; their thochts is on yirdlie things. But we ar cítizens o heiven; an it is frae heiven at we luik for ane tae come an sauf us, the Lord Jesus Christ. He will cheinge thir bodies at we hae in our praisent laich estate, an mak them like his ain glorious bodie bi his pouer tae gar aathing i the warld bou til his will.

4 Sae, my dear brether, at I lang tae see, my delyte an my gree, staund ye steive i the Lord, dear fríends o mine, as I bid ye.

I PRIG EUODIA, an I prig Sýntichè, tae souther wi ither i the Lord; an I ax ye, tae, weíll-named Sýzygus [yoke-marrow], tae help tae gree them, for they strave side for side wi me in my wark for the Gospel alang wi Clement an the lave o my helpers at their names is written i the Buik o Life.

Be blythe i the Lord at aa times. I s' say it again: be blythe! Lat your douce an cannie spírit be kent til aa men. The Lord is naurhaund. Binna thochtit for ocht, but in aathing mak your wants kent tae God bi prayer an petítion wi cunnin o thenks. Sae will the peace o God, at is ayont the rax o man's understaundin, gaird your hairts an thochts in Christ Jesus.

Fínallie, brether, aa at is true, aa at is noble, aa at is richt, aa at is pure, aa at is leisome, aa at is weill-spokken-o, aa guidness, an aathing wurdie o praise—lat your thochts be on thir things. What ye wat taucht an lairnt bi me, what ye hard me say, or saw me dae—practíse thir things, an syne the God o peace will be wi ye.

I AM GEY an gled i the Lord at efter aa this while your care for me hes flourished again: I'm no sayin it wisna there—deed, no, but ye wantit the opportunitie tae shaw it. It isna want gars me speak this gate: I hae lairnt ey tae tak the crap as it grows. I ken hou tac fast, an hou tae líve at heck an manger: ay, I am a deacon o aa the tredds—maitin weill an gangin yaup, bruikin rowth an tholin want! I am able for aathing in him at maks me strang. Still an on, it wis kindlie dune o ye tae tak a skair in my tribbles.

Ye in Philippi needna me tae tell ye hou i the airlic days o my Gospel-wark, at the time o my wagang frae Macedonia, nae kirk hed a giff-gaff account wi me binna yoursels: no aince, but twice, whan I wis ey at Thessaloníca, ye sent an supplíed my wants. It isna the gift at I am keen o: it's the eik at it pits tae the treisur ye ar layin by for yoursels in heiven. Ye hae peyed me aa ye wis awin me, an mair forbye; my needs is aa supplíed, nou at I hae gotten frae Epaphrodítus the gifts ye sent me, gifts at brings wi them the maumie waff o a saicrifíce efter God's ain mind an hairt. Your needs, ane an aa, my God will fullie supplíe in Christ Jesus out o his ondeemous walth. Glorie be til our God an Faither for iver an ey, âmen!

Gíe my weill-wisses in Christ Jesus til ilkane o the saunts. Aa the saunts here sends ye their weill-wisses, maist o aa them at wurks i the Emperor's service. The grace o the Lord Jesus Christ be wi your spírit!

PAUL'S LETTER
TAE THE COLOSSIANS

I PAUL, AN APOSTLE o Christ Jesus bi the will o God, an brither Tímothy, til the saunts an belíevin brether in Christ at Colossae: Grace be wi ye an peace frae God our Faither!

DAILIDAY IN OUR prayers for ye we cun thenks tae God, the Faither o our Lord Jesus, for aa at we hae hard anent your faith in Christ Jesus an your luve for aa the saunts, at springs frae your howp o what is laid by in heiven for ye. O that ye first hard whan ye hard the true Wurd o the Gospel, whilk hesna comed til ye alane, but is beirin frute an growin aagate i the warld, the same as it is daein an hes dune amang yoursels frae the day ye first hard it an cam tae ken the grace o God for what it is in truith. It wis Epaphras at taucht ye this, Epaphras, our dear neipour-servan, at wurks as a leal mínister o Christ amang ye on our behauf; an it is een him at hes tauld us nou o your luve i the Spírit.

That is hou we, for our pairt, frae the day we first gat wurd o it, haena devauled prayin for ye an seekin God tae fill ye wi knawledge o his will an gíe ye aa wísdom an spíritual understaundin, sae at ye may líve lives wurdie o the Lord an pleise him in aathing. May ye be frutefu in aa kin o guid warks, an ey grow i the knawledge o God; may he strenthen ye in ilka wey as his glorious micht alane can strenthen ye, an sae gíe ye the steive pâtience tae thole the sairest o ills; an may ye wi blythesome hairts cun thenks tae the Faither, at hes made us fit tae skair the heirskip o the saunts i the Kíngdom o Licht!

·He rescued us out o the domínion o the mirk an brocht us intil the Kíngdom o his dearlie-luved Son; for it is in him at we hae redemption, the forgíeness o sins. He is the ímage o the invísible God, the first-born amang aa creâtit things; for in him aa things wis creâtit in heiven an upò the yird, vísible an invísible, be it thrones or lordships, pouers or authorities—aa things hes been creâtit throu him an for him. He is afore aa things, an aa things hauds thegither in him. He is mairowre the heid o the Kirk, whilk is his bodie, an he is the beginnin, the first-born frae 'mang the deid; for it wis ordeined he suid tak the first place in aa things. It wis een God's guid pleisur at the hailwar o Godheid suid mak its wonnin in him, an throu him tae reconcile aa things til himsel, makkin peace atween himsel an them throu the bluid skailt on the

Cross: ay, throu him tae reconcile aa things baith on the yird an in heiven!

I the bygane ye, tae, war fremmit frae God, faes til him in your hairts, an kythin the same in your ill weys o daein: but nou God hes reconciled ye til himsel throu the deith o Christ in his bodie o flesh an bluid on the Cross, at he micht set ye halie, fautless, an blameless afore himsel—sae be ye bide fest an firm i your faith an latna ocht ding ye frae the howp at is gíen us i the Gospel at ye hard, whilk hes nou been preached amang the haill creâtion aneth hciven, an o whilk I, Paul, hae been made a mínister.

I AM RAEL gled tae be dreein ill in your behauf the nou, for sae I am makkin up in my bouk the fu meisur o Christ's afflictions for his bodie, the Kirk. For I am a mínister o the Kirk, God haein made me his stewart tae forder your guid bi preachin the haill Wurd o God an makkin kent the saicret at hes been keepit hodden in aa bygane times an generâtions, but nou hes been revealed til his saunts. For it wis een God's will tae lat them ken wi what a walth o glorie this saicret hes kythed amang the haithen. An this is the saicret nou revealed: Christ dwallin in ye, your howp o glorie tae come!

It is him, Christ, at we preach. We warnish ilka man, be he wha he may, an we teach ilka man wi aa the wísdom we hae in us, sae at ilka man—ilka man, I say—may compear at the Juidgement perfyte in Christ. An for that end I tew an kemp awà wi aa the pith an pouer o Christ wurkin ithin me.

I want ye tae ken what a sair kemp I am susteinin on your **2** behauf, an on behauf o the brether at Lâodicea an the lave at hes ne'er seen the face o me. May they be strenthent in hairt an knittit thegither in luve, sae as they may win on tae the fu an perfyte understaundin at will lat them comprehend God's saicret! That saicret is een Christ; for in him the seeker will finnd aa the treisurs o wísdom an knawledge. I say that, sae at naebodie may mislippen ye wi skíll o tung. Atweill am I hyne-awà i the bodie, but I am by ye i the Spírit, an am blythe tae be amang ye an see your guid order an the steiveness o your faith in Christ.

LIVE YOUR LIVES, than, in Christ Jesus the Lord, wi him as your ruit, wi him as the found at ye bigg on, growin ey the mair siccar i the faith as ye war taucht it, an your hairts reamin owre aa the time wi thenkfuness. Tak tent at nae man fangs ye an cairries ye awà wi tuim, chaitrie philosophie at is foundit on human

traditions an hes adae wi the spirit-pouers o the warld, an no wi
Christ!

It is in him at the hailwar o Godheid dwalls incarnate, an it is in
him at your life hes been made haill an complete—in him, the
heid supreme owre ilka pouer an authoritie. In him, mairowre,
ye war circumcised, no wi the circumcision at is wrocht bi haund
o man, but wi the circumcision o Christ, at tirred your carnal
naitur aff ye. For sae war ye circumcised at your baptism, whan
ye war buirit wi him, an syne raised wi him throu faith i the
feckfu wurkin o God, at raised him frae the deid. An no him
alane, but ye, tae, he brocht back tae life, whan ye war deid
because o sins an the want o circumcision. Freelie he forgied us
our sins; he annulled the bond at stuid again us, bi whilk we war
obligâtit tae dae aa the biddins o the Law, an clean tuik it out o the
gate bi nailin it tae the Cross: ay, an there on the Cross he tirred
the pouers an authorities, tae mak them a sicht for the warld tae
glower at, as he led them captives in his triumphal train!

Lat nae man, than, tak ye in task owre what ye ait or drink, or
anent the keepin o a halie day or new muin or Sabbath. Siclike is
but the shaidow o what wis tae come, an nou it hes comed in
Christ. Latna onie-ane at taks pleisur in fastin an siclike, an the
wurship o angels, hamper ye o the gree at is yours! Sic men
founds[1] on what they hae seen in visions, an bowdent, but aa
raison, wi pride i the carnal minds o them, quats their grip o the
heid—the heid, at throu link an ligament gies the haill bodie
fusion an knits it thegither, sae at it grows wi a growth o God's
makkin.

Gin ye died in Christ an wan outen the reak o the spirit-pouers
o the warld, hou is it at ye ack as gin ye war ey livin i the warld,
an lat ithers law ye wi their rules, sic as, "Haundlena this",
"Preena that", "Titchna yon ither thing", whan aa the things
forbidden is by wi aince ye hae yuised them? Siccan rules is but
the commaundments an teachins o men. Nae dout they hae a
luik o wisdom, wi their oncommaundit devotions an fastin an
ither siclike ill-gydin o the bodie, but they ar wurthless for
restreinin sensualitie.

3 GIN, THAN, YE ar risen wi Christ, rax out efter the things abuin,
whaur Christ is, saitit at the richt haund o God; hae aa your
thochts on heivenlie, no on yirdlie, things. For ye ar deid, an your
life is hodden frae sicht wi Christ in God—hodden eenou, but whan
Christ, our life, kythes, than will ye, tae, kythe wi him in glorie.

Ye maun pit tae deid, than, the haill yirdlie pairt o ye—*a*hurin, oncleanness, lust, ill craves: it is thir things brings doun the wraith o God upò men. Ye, tae, war aince gíen owre tae sic things an waired your days practísin them. But nou ye, tae, maun cast them aa aff—anger, flistin, malice, bannin, sculduddcrie, the like o whilk maun ne'er be hard on your lips. Líe nae mair til ither, nou at ye hae pitten aff the auld man an his weys o daein, an hae pitten on the new man, at is ey a-remakkin i the likeness o his Creâtor, an ey growin i the knawledge o God. Here there is nae mair wurd o Greek or Jew, circumcísed or oncircumcísed, fremmit, bar-bârian, slave, or free, but Christ is aathing, an in aathing.

Clead yoursels, than, ye at is God's eleck an weill-luved saunts, in feelin-hairtit innerliness, guidwilliness, humílitie, douceness, pâtience. Be forbeirin wi ither, an freelie forgíe ither, onie o ye at hes a complènt tae mak again his neipour: the Lord freelie forgae ye, an ye maun een freelie forgíe ilk ither. By an atowre aa thae things, clead yoursels in luve, whilk is the baund at maks aa perfyte. Lat the peace o Christ, tae bruik whilk ye war caa'd as members o ae bodie, rule in your hairts; an mind ey tae be thenkfu. Lat the Wurd o Christ dwall rowthilie amang ye. Teach an admonish ilk ither wi aa wísdom in psaums an hymes an gudelie sangs, an lilt God's praise in your hairts wi thenkfuness. Aa at ye dae, be it wurd, or be it deed, dae it i the name o the Lord Jesus, gíein thenks tae God the Faither throu him.

WIVES, BE SUBJECK tae your guidmen, as becomes belíevers i the Lord. Husbands, luve your wives, an binna ill tae them.

Bairns, dae your paurents' biddin in aathing, for God is pleised wi bairns at obays their paurents. Faithers, angerna your bairns, for fear ye gar them tyne hairt an smeddum.

Servans, dae the biddins o your maisters i this warld in aathing. Latna yours be inhauders' wark dune tae tak the ee an win human fauvour; lat it be dune wi aefauldncss o hairt an the fear o the Lord. Be your wark what likes, pit aa your hairt intil the daein o it, as men wurkin tae the Lord, an no tae men, an weill ashaired at ye will be rewairdit bi the Lord wi the promised heirskip. The Lord Christ is the Maister ye sair. Amends will be taen o onie-ane at dis wrang for the wrang he hes dune, it maksna wha he is. / Maisters, trait your servans juistlie an fairlie, ey mindin **4** at ye hae a Maister o your ain in heiven.

---

a furnicâtion *R*.

Haud on constant at the prayin. Doverna owre your prayers, an gíe thenks tae God i them. Pray for us, tae, at God may gíe the Wurd scouth, sae as I may proclaim the saicret o Christ, for the whilk I am praisentlie in jyle, an finnd the richt wey o speakin tae mak it plain tae the warld.

Be cannie whan ye mell wi the frem, but mak the maist o ilka opportunitie at casts up. Your crack maun be baith winsome an gustie, an ye maun ken the richt answer tae gíe onie-ane at speirs ye a queystin.

YE WILL GET wurd hou aathing is wi me frae Týchicus, our dear brither an leal helper an neipour-servan i the Lord. I am sendin him aince-eerant tae gíe ye our news an cheer your hairts. Alang wi him gaes Onesimus, our leal an dear brither, an, mairfortaiken, ane o yoursels. The twa o them will gíe ye the outs an ins o aathing hereawà.

Aristarchus, at is here in jyle wi me, sends ye his weill-wisses; sae dis Barnabas' cuisin, Mârk (anent him ye hae been tauld what ye ar tae dae—walcome him, gin he comes your gate), an, forbye them, Jesus, at hes the tae-name Justus. Thir three is the onlie born Jews at is helpin me in my wark for the Kíngdom o God: but sic a hairtnin as they hae been tae me!

Anither at sends ye his weill-wisses is your ain tounsbairn, an Christ Jesus' servan, Epaphras; he is ey warslin awà in his prayers for ye, at ye may staund steive, believers at wants for naething an douts nane in onie maitter o God's will. I can beir witness at he hainsna himsel in wark or thocht for ye an the brether at Lâodicea an Híerapolis.

Our dear fríend Luke, the doctor, an Demas, sends ye their weill-wisses. Gíe my ain weill-wisses tae the brether at Lâodicea, an tae Nympha an the congregâtion at meets in her houss. Whan this letter hes been read out tae yoursels, see at it is read out tae the congregâtion at Lâodicea; an yoursels see at ye read theirs. Gíe Archippus this message: "Tak tent tae dischairge aa the duties o the office at hes been lippent ye i the Lord."

AN NOU I, Paul, tak the pen in my nain haund tae gíe ye my weill-wisses. Keep ye mind o my cheins. Grace be wi ye!

PAUL'S FIRST LETTER
TAE THE THESSALONIANS

PAUL AN SILVANUS an Tímothy til the Kirk o God the **1**
Faither an the Lord Jesus Christ in Thessalonía: Grace be
wi ye an peace!

WE MIND YE in aa our prayers, an cun thenks tae God for the
haill o ye. Ne'er for a maument can we forget, i the praisence o
God our Faither, your luve an aa it hes dune, your luve, at winna
lat ye hain yoursels, an your steive an pâtientfu howp in our Lord
Jesus Christ. We ar shair, brether beluved bi God, at ye hae been
eleckit tae salvâtion. For it wisna in wurd alane at our Gospel wis
brocht tae ye: the pouer o the Spírit an certaintie o its truith gaed
wi our preachin—ye ken yoursels whatlike men we shawed our-
sels amang ye, an hou we wrocht for your guid.

Ye, i your turn, tuik paittren on us an the Lord, whan, maugre
the sair affliction it brocht ye, ye walcomed our wurd wi the joy
at the Spírit impairts, an sae becam an exemple til aa the belíevers
in Macedonia an Achaea. For frae ye the Wurd o the Lord hes
soundit furth athort Macedonia an Achaea; an no there alane, for
wittins o your faith in God hes gane abreid aawheres. We needsna
say ocht anent it, for they themsels ar tellin about us an our
incomin amang ye, what speed we cam, an hou ye turned frae
ídols tae be servans o the lívin an true God, an tae wait the comin
frae heiven o his Son, at he raised frae the deid, Jesus, our sauviour
frae the wraith tae come.

But ye needna oniebodie tae tell ye, brether, at we fellna throu **2**
our vísit. We hed been shamefullie misgydit at Philippi, as ye
ar awaur, afore we cam tae ye, but wi the help o our God we
bauldlie laid doun the Gospel o God tae ye, tho it wis a sair fecht
at we hed o it.

Our preachin hesna its ruits in onie fauss belíef or ill-faured
purpose, an we yuise nae swickerie wi it: na, we speak as men at
hes been seyed an fund wurdie bi God tae be lippent wi the
Gospel, an we seekna tae win fauvour o men, but o God, at seys
our hairts. We ne'er fraikit an phrased, as ye ken yoursels, nor
skinned up fair tales, God is our witness, tae hod greed o gain;
naither socht we honour o men, yoursels or ithers, tho we micht
hae gart ye finnd the wecht o our authoritie as apostles o Christ.
Na, we war douce an cannie amang ye, like a kindlie nurse wi her
littlans: deed, we war that browdent on ye at we warna content

tae gíe ye the Gospel o God alane, but gíed ye our nain hairts as weill, sae verra dear hed ye become til us.

Ye canna hae forgotten, brether, hou sair we laubourt wi our haunds, whan we war in Thessaloníca preachin the Gospel o God: ye will mind hou we wrocht nicht an day at wir tredd raither nor be a dwang til onie o ye. Ye ar witnesses, an God is witness, hou fautless we war afore God an man in our dailins wi ye belíevers; een as ye ken hou we dailt wi ilkane o ye like a faither wi his bairn, airtin an hairtin an airnestlie chairgin ye tae líve lives wurdie o God, at caas ye til his Kíngdom an glorie.

For this, tae, we cun thenks tae God ithout devaul, at whan ye hard the Wurd o God frae us, ye walcomed it, no as a wurd o men, but for what it trulins is, the Wurd o God, whilk een nou is kythin its pouer in ye belíevers. Ye hae fallowt i the staps o the kirks o God in Christ Jesus in Judaea, brether; ye hae been trate the same gate bi your kintramen as thae kirks hes been bi the Jews—the Jews at killed the Lord Jesus an the Prophets, an hes driven us out o toun efter toun, at hes airned God's displeisur, an is faes til aa men, henderin us, as they dae, tae speak the Wurd o salvâtion tae the haithen—sae as ne'er tae devaul fuin up the meisur o their sins. But the wraith o God hes owrehied them at lang an lenth.

IT ISNA LANG sin we sindert frae ye, brether, an there hes been nae twinin o hairts, but we hae felt like orphants, an oh, sae fond as we hae been tae see ye i the bodie! Troth, sae sair hae we greined for the sicht o ye at we ettelt—I, Paul, mair nor aince— tae come owrebye tae ye, but Sautan marred us. An weill micht we; for what howp or joy hae we, or what croun tae voust o, an it binna ye; whan we staund afore our Lord Jesus at his comin? Ay, ye ar our glorie, ye ar our joy!

3   The time cam whan we coud haud out nae langer; an sae, thinkin it best tae bide ahent in Athens wir lane, we sent Tímothy our brither, an God's helper, i the Gospel o Christ, tae hairt ye an mak ye steive i your faith, sae at nane o ye suid be shuiken bi the dules ye ar dreein eenou. Ye ken yoursels at sic is the faa ordeined for us: monitime, whan we war wi ye, we warnished ye at we war tae dree dules, an sae it hes been, as ye ken. That wis hou, whan I coud haud out nae langer, I sent tae obtein speirins o your faith; for I wis in a fear at the Temper micht hae tempit ye, an aa our sair wark micht be tint. But whan Tímothy cam back til us shortsyne, he brocht us guid news o your faith an your luve an

tauld us ye war greinin tae see us as muckle as we ar greinin tae see ye; an it hes been a rael comfort til us, i the mids o aa our distrèss an dree, gettin wurd at aa is weill wi your faith, for it pits new life in us tae ken at ye ar staundin siccar i the Lord.

Hou can we thenk God eneuch for aa the joy ye gar us finnd i the praisence o our God, as nicht an day we beseek an better beseek him at we may see your faces again an perfyte your faith whaur it isna aa it suid be? May our God an Faither himsel an our Lord Jesus redd our gate til ye! May the Lord gíe ye sic rowth an owrecome o luve for ither, an for aa men, as we hae for ye! May he strenthen your hairts, sae at ye may staund fautless an halie afore God our Faither at the comin o our Lord Jesus Christ wi aa his saunts!

AE THING MAIR, brether. We lairnt ye hou ye behuive tae líve, **4** gin ye ar tae pleise God. Atweill ye ar lívin as we tauld ye: but nou we ax an trait ye i the name o the Lord Jesus tae gang on frae guid tae better.

Ye ken the biddins at we gíed ye as the biddins o the Lord Jesus. God's will for ye is at ye suid be sanctified: at ye suid haud atowre frae [a]hurin; at ilkane o ye suid líve wi[1] his ain haufmarrow as a sanctified man, haudin her in honour, an no as the slave o carnal passion, like the haithens, at kensa God; at he suidna wrang his neipour an win in ahent him i this maitter, because the Lord ey pounishes siclike ill-daein, as we airnestlie warnished ye. It isna tae líve in oncleanness, but tae líve halie, sanctified lives, at God hes caa'd us; an sae onie-ane at sets thir precceps at nocht setsna man at nocht, but God, the God at gíes ye his Halie Spírit.

Anent luve o the brether ye needna at onie-ane scríve a wurd til ye. Ye hae lairnt frae God at we maun luve ilk ither; an ye ar een shawin luve til aa the brether i the haill o Macedonia. Aa at we seek o ye, brether, is at ye suid luve them ey mair an mair an mak it your ettle tae be lown an quait, ilkane mindin his ain affairs an wurkin at [b]his thrift, as we baud ye, sae at ye may be kent for wysslike fowk amang your neipours an hae nac need tae sorn on naebodie.

NOU, WE WADNA hae ye left in ignorance, brether, anent them at's awà, an murnin for them like the lave o mankind, at hes nae

---

[a] furnicâtion R.
[b] a tredd R: his thrift L.

howp. Gin Jesus díed an rase again, as we belíeve, than throu the pouer o Jesus them at's awà will be brocht back tae life, een as he wis.[2]

On this we hae a wurd o the Lord tae come owre tae ye. Hiz at is left tae the fore or the comin o the Lord winna nane be tae the forehaund wi them at's awà. At a signal gíen bi archangel's cry an blast [c]on God's horn, the Lord himsel will come doun frae heiven. Than first will them at hes díed in Christ rise frae their graffs; an syne, efter they hae risen, will hiz at is left tae the fore on the yird be claucht up aside them amang cluds tae meet the Lord i the lift, an than we will be wi the Lord for ivermair. Comfort ilk ither, than, wi this I hae tauld ye.

5 Anent times an dates ye needna at oniebodie scríve til ye, brether. Braw an weill ye ken yoursels at the Day o the Lord is tae come like a thíef under clud o nicht. Whan fowk is sayin, "Aa's lown an quait, there's nocht tae be feared for", destruction will be on them in a clap, like the thraws o birth on a boukit wuman, an escape they winna. But ye, brether, lívena i the mirk at the Day o the Lord suid come on ye onawaurs like a thíef. Ye ar sons o licht, sons o the day. We belangna tae nicht an the mirk; sae lat us no sleep like the lave o men, but be waukrif an sober. Sleepers sleeps at nicht, an drunkarts drinks themsels ree at nicht. But lat us, at belangs tae the day, be sober, *graithed* wi luve an faith *for breist-plate*, an the howp o *salvâtion for helmet*. For God hesna ordeined us tae dree his wraith, but tae win salvâtion throu our Lord Jesus Christ, at díed for us, sae at, waukin or sleepin, we may líve wi him. Comfort ilk ither, than, an upbigg the tane [d]the tither, as deed ye ar daein.

WE AX YE, brether, tae gíe them aa respeck at laubours amang ye an gydes ye i the Lord an admonishes ye, an tae pey them by-ordinar mense, an luve them for the wark at they dae. Líve in peace wi ilk ither.

We trait ye forbye, brether, tae admonish the sweird, tae hairt the tímoursome, tae help the waik, an tae be pâtientfu wi aabodie. See til it at nane o ye peys back ill wi ill: upò the contrair, be ey seekin ilk ither's guid, an the guid o aa men. Be blythe at aa times; pray wiout devaul; cun thenks tae God, faa ye what likes, for that is God's will for ye in Christ Jesus. Slockenna the lowe o the Spírit, an lichtliena the wurds spokken bi the prophets whan a gell

---

[c] on the trump o God R [ἐν σάλπιγγι Θεοῦ]: *but I dout it's no wi a Jew's hairp we s' be gethert til the Lest Juidgement.*   [d] the ither R [τὸν ἕνα].

is gíen them. Tak aathing throu haunds; grip tae what is guid, an evíte aa kinkind o ill.

May God himsel, the gíer o peace, mak ye perfýte in haliness, an may ye be keepit—spírit, saul, an bodie—perfýte an fautless gin the comin o our Lord Jesus Christ! Him at caas ye is tae lippen til, an will een complete his wark.

PRAY FOR US, brether. Gíe ilkane o the brether a halie kiss frae us. I adjure ye bi the Lord tae see at this letter is read out til aa the brether. The grace o our Lord Jesus Christ be wi ye!

PAUL'S SAICOND LETTER
TAE THE THESSALONIANS

1 PAUL AN SILVANUS an Tímothy til the Kirk o God our Faither an the Lord Jesus Christ in Thessaloníca: Grace be wi ye an peace frae God the Faither an the Lord Jesus Christ!

WE BEHUIVE TAE cun thenks tae God for ye at aa times—it is nae mair an your due—because your faith is ey growin an better growin, an ane an aa ye ar ey luvin ilk ither mair an mair. Deed, we oursels mak a ruise o ye i the kirks o God for your pâtience an faith in aa the persecutions an afflictions ye ar dreein. Thir is a pruif o the juistice o God's juidgement, bi the whilk ye will be hauden wurdie o the Kíngdom o God, at ye ar dreein ill for the nou.

For it is plain juistice in God tae repey them at afflicks ye wi affliction, an tae repey ye at is afflickit, an us as weill, wi easedom, whan the Lord Jesus kythes frae heiven wi his mauchtie angels *i the mids o lowin fire, an taks amends o them at kensna God* an heeds nane the Gospel o our Lord Jesus. For pounished they s' een be wi iverlestin destruction an bainishment *frae the face o the Lord an his glorious micht*, whan he comes on the Gryte Day tae be glorifíed i the mids o his saunts, an tae be adored i the mids o aa them at hes belíeved; an amang thir ye will hae your place, for ye hae belíeved our witness.

Wi that day afore our een we ar ey prayin for ye at God may juidge ye wurdie o the caa at he gíed ye, an pit furth his pouer tae bring tae fufilment aathing guid at ye ettle or dae throu faith, sae at the name o our Lord Jesus Christ may be glorifíed in ye, an ye in him, conform til the grace o our God an the Lord Jesus Christ.

2 ANENT THE COMIN o our Lord Jesus Christ an our getherin thegither tae meet him, we ax ye, brether, no tae lat yoursels be dung eithlie outen your wit or flauchtert bi onie prophecie or onie wurds or letter fenyiet tae be ours, sayin at the Day o the Lord is here else. Lat nae man glaumour ye naegate. Afore that day there maun first come the Gryte Defection an the kythin o the Man o Lawlessness, the Son o Perdítion, the Adversarie, at is tae *heize himsel abuin aa* at is caa'd God, or is wurshipped, sae as een *tae tak his sait i the* Temple *o God* an proclaim at he is God.

Weill-a-wat ye mind hou I tauld ye thir things whan I wis ey
wi ye. An ye ken, tae, what is haudin him back eenou, sae at he
mayna kythe afore his time. For this Lawless Thing is at wark
else in hidlins, but in hidlins onlie or him at is haudin it back
praisentlie is taen out o the gate. Whaniver hit is awà, *the Lawless
Man* will kythe—tae be *felled* bi the Lord *wi the breith o his mouth*
an clean destroyed wi the first glisk o his comin. The haund o
Sautan will be at wark i the comin o the Lawless Ane; there will
be aa kin o leashin míracles an ferlies an uncos, an aa kin o wickit
deceiverie tae help them on their road at is gangin the Black Gate,
because they steikit their hairts tae the truith at coud hae saufed
them. For that God is settin delusion a-wurkin in them, tae gar
them belíeve what is fauss, sae at aa may be duimed at hesna
belíeved the truith, but taen pleisur in ill-daein.

As for us, brether beluved bi the Lord, we behuive tae be ey
cunnin thenks tae God for ye, because he hes waled ye tae be the
first shaives o his hairst, the first tae be saufed throu the sancti-
fíein wark o the Spírit an belíef i the truith. It wis een for this
at he caa'd ye throu our preachin o the Gospel, sae at ye micht
mak the glorie o our Lord Jesus Christ your ain. Staund steive,
than, brether, an grip weill til aa the teachin o the Kirk at we hae
impairtit tae ye aither bi wurd o mouth or letter. An may our
Lord Jesus Christ himsel an God our Faither, at hes luved us an
gíen us lestin comfort an guid howp throu his grace, comfort
your hairts an mak ye stainch in aathing guid, be it wark or wurd!

AE WURD MAIR. Pray for us, brether. Pray at the Wurd o the **3**
Lord may come gryte an glorious speed wi ithers, the same as wi
yoursels. Pray at we may be rescued frae ill-gíen an wickit men;
for it isna ilkane hes faith. But the Lord keeps faith; an he will
mak ye strang an fend ye frae the Ill Ane. We hae faith in ye i
the Lord, an ar shair at ye ar daein, an will ey dae, what we bid
ye. May the Lord wyse your hairts tae the luve o God an the
pâtience o Christ!

I the name o the Lord Jesus Christ we commaund ye, brether,
tae keep abeich frae ilka brither at líves in idleset, an no conform
til the teachin o the Kirk at ye gat frae us. Ye ken yoursels hou
ye suid tak paittren o us: we war nae daidlers, whan we bade
amang ye, nor we aitit nae man's breid ᵃonpeyed for it, but
nicht an day wrocht an trauchelt, trauchelt an wrocht at wir

ᵃ in free awmous R [δωρεὰν]: for naething/onpeyed for it L.

tredd, sae as no tae be a dwang til onie o ye. No at we haena a richt tae be up-hauden, but we wantit tae set ye an exemple tae fallow. Whan we war wi ye, we gae ye the rule, "Nae wark, nae mait." We mind ye o that nou, because we hear at there is some o ye lívin in idleset, mindin aabodie's bizness binna their ain. Siclike men we bid an beseek i the Lord Jesus Christ tae wurk awà quaitlie at their tredds, an airn the breid at they ait.

As for the lave o ye, brether—ne'er wearie o daein richt! Gin onie-ane winna heed our biddins i this letter, mark him weill, an hae nae trokins wi him or he taks shame til himsel. I'm no sayin ye suid trait the man as a fae: admonish him, raither, as a brither.

MAY THE LORD o Peace himsel gíe ye peace aagate an wiout devaul. The Lord be wi ye aa.

The wurd o fareweill I, Paul, scríve wi my nain haund (this is the kenspeckle o ilka letter o mine; this is my haund o writ): The grace o our Lord Jesus Christ be wi ye aa!

PAUL'S FIRST LETTER
TAE TIMOTHY

PAUL, AN APOSTLE o Jesus Christ bi commaund o God, our 1
Sauviour, an Christ Jesus, our howp, tae Tímothy, his true
bairn i the faith: Grace, mercie, an peace be wi ye frae God
the Faither an Christ Jesus our Lord!

I SOCHT YE at my wagang for Macedonia, an I seek ye again
nou, tae bide on in Ephesus an warnish some I coud name no tae
teach unco doctrines, or tak up their heids wi a wheen ranes an
langsome, endless geneâlogies at sairs raither tae breed controv-
versies nor tae forder God's skame o salvâtion throu faith. The
purpose o our preachin an teachin is tae wauken in men the luve
at walls furth frae a pure hairt, a guid conscience, an sincere faith.
There is some hes come nae speed that road an sklentit intil the
gate o idle jaunner. They set up for Doctors o the Law, thir men,
but they understaund nowther the wurds they yuise, nor the
maitters anent whilk they mak their bauld threaps.

Weill-a-wat the Law is a braw thing, whan a man yuises it in
a mainner conform til its naitur, an ey minds at it hesna been made
for honest, weill-daein fowk, but for the lawless an wanrullic, the
gudeless an sinfu, the regairdless an profaun, for them at fells
faither or mither, an aa ither murtherers, for [a]huremongers,
Sodomítes, men-reivers, líars, the mis-swurn, an for aathing ither
contrair til the sound doctrine conteined i the Gospel lippent tae
me, at tells us o the glorie o the iver-blissit God.

Tae Christ Jesus our Lord, at hes gíen me my strenth, I cun
thenks at he reckit me siccar an suthfast, an taen me intil his
service, for aa I hed been a blasphemin, persecutin bangster. Ay,
maugre aathing mercie wis shawn me, because, ey wantin faith, I
kent nae better: deed, the grace o our Lord wis gíen me ayont aa
meisur, an wi it the faith an luve at is ours in Christ Jesus!

Siccar is the say, an naeweys tae be doutit, at Christ Jesus cam
intil the warld tae sauf sinners. Amang them I am the first an
foremaist: but mercie wis shawn me for aa, sae at Christ micht
kythe aa his pâtience first in me an mak me a swatch o them at
wis efterhin tae lippen on him an win iverlestin life. Tae the
King o the Ages, the ae God, immortal an invísible, be honour
an glore for iver an ey, âmen!

[a] furnicâtors R [πόρνοις].

THIS CHAIRGE, THAN, I lay on ye, Tímothy, my bairn; an in sae daein I found on what the prophets aince tauld us anent ye. Your wark nou is tae fecht as a sodger i the guid cause, wi the prophets' wurds for your commíssion, an faith an a guid conscience for your graithin.

There is some hes cuisten conscience owrebuird an wrackit their faith; amang ithers, Hýmenaeus an Elshinder, at I hae haundit owre tae Sautan, for tae lairn in his scuil tae lay by miscaain God.

2 FIRST, THAN, I seek o ye at supplicâtions an prayers, petítions an thenksgíeins, be made for aa men; mairbitaiken for kings an magistrates o ilka degree, at sae in lownness an saucht we may ᵇlead the life o freelie sairious an gude-fearin men. Sae tae pray is richt, an pleises God, for he wisses at aa men suid be saufed an win on tae ken the truith.

THERE IS BUT ae God, an but ae mediâtor atweesh God an man, the man Christ Jesus, at gíed himsel as a ransom for aa, an sae buir his witness at the time ordeined; an nou I hae been appointit a preacher an apostle o the same (it's the God's truith, that, an nae líe), for tae teach the haithen in faith an truith.

I wiss, than, at ilkawhaur at ye gether for wurship the men suid pit up the prayers; the haunds they uplift maun be onfyled bi sin, an faur frae them be aa anger an canglin. Siclike, the weimen maun be mensefullie pitten-on, dinkin themsels chastelie an doucelie, no wi plettit hair or gowd or pairlins or dairthfu cleadin, but wi the decorement at sets professors o their seck, guid deeds. A wuman maun hairken the teachin at your getherins quatelie an hummlie: nae wuman gets líshence o me tae teach or law the men; they suid een sit quate an lat their tungs lie. What for sae? Because Aidam wis made first, an Eve efterhin; an it wisna Aidam wis glaikit bi the Ether, it wis the wuman at gat the glaiks an fell in sin.

Houanabee, the weimen will be saufed throu their beirin o childer, saebeins they bide douce, belíevin, luvin, an halie.

3 IT IS A siccar say, "Ettle tae be an owreseer, an ye bode a braw tredd."

A-weill, an owreseer o the Kirk maun be a man o sakeless life

---

ᵇ lead freelie {sairious/wysslike} an gude-fearin lives R: lead the {life/lives} o freelie sairious an gudefearin men L.

at hesna been mairriet mair nor the aince; sober in aathing, an
douce, weill-lívin, an furthie; a skíllie teacher; no druckensome
or raucle-haundit; complowsible; nae seeker o tuilies, nor keen o
siller; a guid gyde o his houss-hauld, an a faither at hauds his
bairns weill in order an hes aa their respeck—gin a man kensna
hou tae gyde his ain houss-hauld, hou will he mann tae luik owre
the Kirk o God?—no newlins convertit tae the faith, or he may be
liftit up wi pride an dree the same juidgement as the Deil. Forbye
aa that, he maun be weill thocht-on amang the frem, or he may
get an ill name an be taen i the girn at the Deil hes laid for him.

Siclike, deacons maun be douce an sairious, naither double-
tung'd, nor ill for the drink, nor gair o onhonest gain, but men at
hes a clean conscience an keeps a guid grip o the revealed truiths
o our faith. Their lives maun first be taen throu haunds, the same
as wi the owreseers; syne lat them exerce as deacons, gin nae faut
hes been fund in them. Their wives maun be as douce an sairious
as themsels; no ill-speakin; sober an suthfast in aathing. Deacons
maun hae been mairriet nae mair nor the aince, an be guid gydes
o their bairns an houss-haulds. Them at dis a deacon's wark weill
wins a guid staundin for themsels, an gryte bauldness in pro-
claimin the faith in Christ Jesus.

I AM HOWPIN tae come owreby tae ye or it's lang, but I may be
taigelt; an sae I am scrívin ye this tae lat ye ken hou fowk suid
gyde themsels i the houss-hauld o God—an, mind ye, that is een
the Kirk o the lívin God, the stoup an stey o the truith.

Gryte, ayont aa na-sayin, is the truith revealed in our relígion:

> Him at kythed in flesh
> wis shawn furth as richteous in spírit,
> wis behauden bi angels,
> wis made kent amang the haithen,
> wis believed in aagate i the warld,
> wis taen up on híe in glore!

THE SPIRIT SAYS in sae monie wurds at in time tae come a **4**
wheen will sklent frae the faith an hairken mislairin
spírits an deivil-made doctrines. Their gaein-agley will be
the wark o a curn sleekit líars wi consciences brunt wi Sautan's
burn-airn, men at forbids fowk tae mairrie, an wad gar them
haud atowre frae sindrie kinds o mait, for aa at God hes made the

same for them at belíeves an kens the truith tae bruik wi thenkfu-
ness. Aathing at God hes made is guid, an naething he hes made
is tae be rejeckit, saebeins a man taks it wi thenkfuness; for than
it is sanctifíed bi the prayer he pits up an the Wurd spokken bi
God.

Lay aa this out tae the brether, an ye will be a leal servan o
Christ Jesus, lívin on the truiths o the faith an the sound doctrine
bi whilk ye hae ey airtit your fitstaps. Heedna the ranes at some
is tellin ye nae mair nor ye wad a wheen godless carlins' maun-
drels. Scuil yoursels raither i the practice o gudeliness. There is
some guid, nae dout, tae be gotten o bodilie exercíse, but there
is aa the guid i the warld tae be gotten o gudeliness, whilk hes in
it the promise o life, baith eenou an herefter. Atweill is that a
siccar say, an naeweys tae be doutit! For it is een for that at we
trauchle awà an dree revile,[1] because we hae sutten our howp on
the lívin God, the Sauviour o aa men, an mairbitaiken o belíevers.

BE EY LAIRNIN them thir duties an truiths. Lat nae man lichtlifíe
ye because ye ar yung in years: raither, lat belíevers respeck ye
because ye set them an exemple in speech an haivins, in luve an
faith an haliness. Meantime, or I come, link awà at the public
readin o the Buik, the preachin, an the teachin. Mislippen-na the
grace-gift ye hae in ye, the gift at wis gíen ye whan the prophet
named ye, an the eldership laid their haunds on your heid.

Think weill on thir things an practíse them, sae at aabodie can
see the wagate ye ar makkin. Tak tent tae yoursel an your teachin.
Haud on daein aathing I hae bidden ye; an ye will sae, ye s' sauf
yoursel an your hearers baith.

5 WHAN AN AULDER man is in a faut, rebuik-him-na stourlie;
admonish him wi aa respeck, as ye wad your ain faither. Dail wi
yunger men as brithers, wi aulder weimen as mithers, an wi
yunger weimen but aa wrang thochts an wysslike, as gin they
war your nain sisters.

UP-HAUD THAE WIDOWS at is richtlie sae caa'd. But gin a
wídow hes bairns or oes, they maun mind at relígion begins at
hame, an mak their paurents an auld fowk up for aa they hae
haen frae them; for that is pleisin tae God.

The wídow, richtlie sae caa'd, at hes been left tae mak a fend
her lane, keeps the diets o wurship raiglar, nicht an day: the
gilravagin wídow is nae better nor a lívin corp. Bid them haud

aa this in mind, tae, sae at nae-ane can cast up ocht tae them.
Onie-ane at up-haudsna his kith an kin, mairbitaiken them aneth
his ain ruif-tree, hes disavoued the faith, an is waur nor an
onbelíever.

Tae be inrowed i the kirk's buiks a wídow maunna be ablò
saxtie year auld, or been mairriet mair nor the aince. She maun
hae the name forbye o a weill-daein wuman at hes fuishen up
bairns, gíen outrels up-pittin, wuishen the feet o saunts, lent the
hauden-doun a lift—short an lang, gíen hairt an haund til aa kin
o guid warks. Inrowna yung wídows at nae haund. Belyve carnal
desires will turn them awà frae Christ, an they will be ill for
mairriein again, an sae incurr the gilt o gangin by their wurd.
Mairowre an abuin, wi traikin round frae houss tae houss, they
lairn idle gates, an no idle gates alane, but tae be inbeirin middlers
an clishmaclaivers as weill at comes owre things they suidna.
Sae I wad hae yung wídows mairrie again, hae childer, an see
efter a hame o their ain, an sae gíe our ill-willers nae occàsion
tae miscaa us. Wae tae tell, theres' a curn o them hes gleyed else
frae the richt gate an hauden efter Sautan.

Onie belíever, man or wuman,[2] at is sib til a wídow maun see
til her up-haudin; syne the kirk winna be backwechtit wi siclike,
an will be able tae up-haud the wídows at is left their leefu lanes
i the warld.

ELDERS AT GYDES their kirks weill suid be hauden wurdie o an
eik tae their stípend, mairbitaiken sic as wairs laubour on the
preachin an teachin: saysna Scriptur, "*Thou sanna mizzle the owss
whan he is strampin the corn*", or again, "The warkman's winnin
is weill wun"?

Rejeck affluif onie chairge brocht again an elder, gin it binna
corroborate bi twa witnesses or better. Rebuik fautors i the face o
the haill congregâtion, sae at the lave may be feared for themsels.

I adjure ye afore God an Christ an the eleck angels tae observe
thir rules, prejuidgin naething, an pairt-takkin naebodie. Binna
in heest wi the layin-on o haunds, or ye may finnd yoursel airt
an pairt in ithers' sins an tak fylement frae the same.

GIE OWRE DRINKIN nocht but watter: tak a drap wine tae your
mait, sin ye ar sae towtie, tae help your disgeestion.

SOME FOWK'S SINS is easie seen an weill tae the fore wi them on
the road tae juidgement: wi ithers, again, their sins comes a lang

gate ahent them. Een sae wi guid deeds: some is easie seen, an them at isna canna ey bide hoddit.

6 THEM AT BEIRS the yoke o slaverie maun haud their maisters wurdie o aa respeck, at the name o God an our teachin binna ill spokken o. Slaves o believin maisters maunna lichtlie them because they ar brether in Christ: raither, they maun sair them the better because them at gets the guid o their service is believers in God, an luved bi him.

THIR IS THE duties an truiths ye maun ey be preachin an teachin. Gin onie-ane teaches ocht ither at his ain haund, an gaesna in wi sound doctrine, the same as wis taucht bi our Lord Jesus Christ, an teachin at accords wi gudeliness, the man is a consaitie, ignorant cuif, sair fashed, I s' warran ye, wi a yeuk for controversies an carblin owre wurds. An what comes o them? What ither but invỳ, yedd, miscaain, ill-min't jalousins, an pley-pleyin for an iverlestin atweesh men o corruppit minds at hes tint hauds o the truith an regairds religion as a profitable tredd? An profitable is it, atweill, for him at seeks nae mair nor he needs! We brocht naething intil the warld, an we downa tak oniething outen'd; sae, gin we hae wir bit an sup, an wantna for cleadin an a bield, we s' een haud us wi that.

Them at seeks walth faas intil the girns o temptâtion laid bi the Deil; owre they whummle intil a flowe o the fuilitch an scaithfu desires in whilk men sinks doun an doun tae ruin an perdítion. Fainness for siller is the ruit o aa ills, an there is them hes gaen agley wi ettlin tae mak rich, an brocht on themsels a vast o sair, sair pyne. But ye, at is a servan o God, maun haud awà frae aa that an ettle at richteousness, gudeliness, faith, luve, pâtience, douceness o hairt. Kemp awà i the noble kemp o faith; cleik hauds o iverlestin life, tae whilk ye war caa'd, whan ye made your noble profession o faith i the face o monie witnesses. I the face o God, at gíes life til aathing, an Christ Jesus, at made the same noble profession in his witness afore Pontius Pílate, I chairge ye—keep the Gospel law, keep it free o tash, sae as nane can faut it, till the kythin o our Lord Jesus Christ.

That kythin will be in God's ain time—

> God, the blissit ae sovran o aa,
> the king o aa kings
> an lord o aa lords,

at alane is etèrn, an dwalls in licht
   at nane may come naur;
at ee o man hes ne'er seen,
   nor ne'er dow see:
til him be honour an maucht
   for iver an ey, âmen!

Bid them at hes rowth o this warld's gear no be heich-mindit nor stell their howps on ocht sae onsiccar as rowth o gear, but on God, at gíes us rowth o aathing tae bruik an enjoy. Bid them ey be daein guid, rowthie in kindlie deeds, menscfu, an furthie til ithers. Sae will they lay by for themsels a braw found³ for the time tae come, at will help them tae grip hauds o the life at is trulins life.

OH, TIMOTHY, GAIRD ye weill what hes been lippent ye, an haud wide o the warldlie jaunner an the gainsayins o yon ill-named "knawledge", haudin out tae hae whilk hes gart some tyne the gate o faith aathegither!
   Grace be wi ye aa!

PAUL'S SAICOND LETTER
TAE TIMOTHY

I PAUL, AN APOSTLE o Christ Jesus bi the will o God, appointit tae proclaim the promise o life at is gíen us in Christ Jesus, tae Tímothy, his dear bairn: Grace, mercie, an peace frae God the Faither an Christ Jesus our Lord!

I GIE THENKS tae God, the God at I sair, like my forefaithers, wi a clean conscience, whan I mind on ye, as I div for a constancie nicht an day, in my prayers. Whan I think on the tears ye grat at our sinderin, I grein tae see ye again, an, oh, sic a pleisur as that wad be! Monie's the time at I bring tae mind your sincere faith, the faith at wonned first i the hairt o your auldmither Loïs an your mither Euníce, an wons nou, I hae nae douts avà, in your ain hairt as weill.

That is hou I nou remember ye tae beet the lowe o the grace-gift o God at ye hae in ye throu the layin-on o my haunds. For it wis nae tímoursome spírit at God gíed us: it wis a spírit o pouer an luve an self-maistrie. Sae binna ye affrontit wi beirin witness til our Lord, nor wi me his prísoner, but tak a skare i my drees for the Gospel i the strenth at God gíes ye. It is him at hes saufed us an caa'd us til a life o haliness, no for ocht we hae dune wirsels, but o his nain will an gracious purpose. That grace wis gíen til us in Christ Jesus afore the warld begoud, but onlie nou hes been made manifest throu the kythin on the yird o our sauviour Christ Jesus. He hes clean destroyed deith, an brocht life an immortalitie intil the licht throu the Gospel.

O this Gospel I hae been appointit preacher, apostle, an teacher, an it is for that at I hae tae dree my praisent ills. But I tak nae shame tae mysel, for I ken him I hae pitten my faith in, an I dout nane at he is weill able tae keep what he hes lippent me wi sauflie or the Gryte Day comes. Tak as a paittren o sound teachin the teachin ye hed o me, an haud it wi the faith an luve at is ours in Christ Jesus. Gaird weill the treisur at hes been lippent tae your keepin, wi the help o the Halie Spírit at dwalls ithin us.

I needsna tell ye at aabodie in Asia hes forleitit me, Phýgelus an Hermogenès amang the lave. But may the Lord hae mercie on the houss-hauld o Onesíphorus, because monitime he hes blythent my hairt, an wisna affrontit wi my cheins: deed no, but whan he cam tae Roum, he caa'd the haill toun or he faund me. The Lord graunt him tae win mercie at the haunds o the Lord on the Gryte

Day! What aa he did for the wark in Ephesus, ye ken yoursel, naebodie better.

TAK YE STRENTH, than, my bairn, frae the grace at is ours in 2 Christ Jesus. Commit what ye heared frae me afore a feck o witnesses tae men ye can lippen til at will can teach ithers the same i their turn.

Tak your skare o drees, like a guid sodger o Christ Jesus. Nae sodger i the airmie taigles himsel i the trokes o an ordinar tredd: his ae thocht is tae pleise the offisher at listit him. A kemper at the [a]Games gainsna the gree ithout he bides bi the rules. Him at hes wrocht the laund toilin sairlie hes a richt tae the first skare o the crap.

Cast owre what I say i your mind: the Lord will een gíe ye the wit tae understaund aathing. Be ey thinkin o "Jesus Christ, raised frae the deid, o Dauvit's stock", as it staunds i the Gospel I preach. I the service o that Gospel I dree ill, een the lenth o baunds an jyle, as gin I wis an ill-daer. But there's nae haudin the Wurd o God in baunds an jyle! An sae I thole aathing for the sake o the eleck, sae at they, tae, may win the salvâtion at is in Christ Jesus, an glorie iverlestin wi the same. Siccar is the say:

> Gif we díed wi him,
>   we sal líve wi him;
> gif we thole,
>   we sal ring wi him;
> gif we disavou him,
>   he will disavou us;
> thof we binna leal an true,
>   he bides ey leal an true:
> disavou himsel he downa!

MIND THEM O aa that, an adjure them afore God tae haud yont frae carblin owre wurds, whilk dis naebodie onie guid, but onlie owresets the faith o them at hairkens it. Dae your endaivour tae win God's approbâtion, as a wurker at hes nae cause for shame an richtlie expunds the truith. Keep abeich frae gudeless jaunner: them at I am speakin o will haud on the langer the faurer on the gate o ongudeliness, an their teachin will spreid like a gangrene. Hýmenaeus an Philetus is o that core: threapin at the resurrection isna ey tae come, but we hae risen else frae the deid, they hae sklentit frae the truith themsels, an ar whummlin the faith o ithers. But God's steive found staunds siccar, engraven wi thir readins: "*The Lord kens them at is his*", an, "Lat ilkane at names the name o the Lord turn awà frae wickitness." In a muckle houss there isna luims o gowd an siller alane, there is luims o timmer an cley an aa—thae for braw, thir for onbraw, yuisses. Gin a man cleans himsel o aa that clart, he will be a luim for braw yuisses, a consecrate luim at will ey can sair its awner's turn, be the guid wark at he ettles what likes.

Turn your back on the craves an passions o youth, an ettle at richteousness an faith, luve an peace, alang wi them at caas on God wi aefauld hairts. Hae naething adae wi fuilitch controvversies raised bi onlaired men: they breed nocht but tuilies, as I needsna tell ye; an a servan o the Lord maun tuilie nane, but be couthie til aabodie, able an willint tae teach, lairnin them at conters him, cannielike, whaur they ar wrang. Wha kens but God may graunt them tae repent an come tae ken the truith, an sae wauk frae their drucken dwaum an win out o the stamp in whilk the Deil hes girned them tae gar them dae his will?

3 BUT BE SHAIR o this: there is dour times comin i the henmaist days. Men will be fain o self an fain o pelf, vauntie an heilifu, ill-moued, inobedient tae their paurents, ongrate, regairdless, wantin naitural affection, implacable i their feids, sclanderers, incontinent, cruel, haters o aa at is guid, traicherous, ramstam, consaitie, luvin pleisur mair nor God, haein the huil, but wantin the hairt, o gudeliness: mak nor mellna wi siclike. It is that sort o men creeps their waas intil fowk's housses, an maks captives o sillie queans, puir craiturs hauden doun wi a lade o sins on their conscience an caa'd about bi aa kin o craves an desires, at is ey seek-seekin tae lairn, but niver maks out tae win at a knawledge o the truith. Een as Jannès an Jambrès thrawed Moses, sae thir men thraws the truith; their minds is corruppit, an their faith hes been fund fauss coin. But they s' mak nae mair endwey, for their follie will be plain til aabodie, een as thae warlocks' wis or aa wis by.

But ye hae taen paittren bi me in my teachin an weys o daein an ettles, my faith an pâtience an luve an tholin o ill, my persecutions an sufferins, the like o them at befell me in Antioch, Iconium, an Lýstra. Eh, sirce me, what persecutions hae I no haen tae dree? But the Lord he brocht me sauflie out o them aa. Ay, ilkane at is mindit tae líve a gudelie life in Christ Jesus will hae persecution tae dree, but ill-daein men an gillenyers will gang on frae ill tae waur, gaein ajee themsels an leadin ithers ajee. But bide ye bi what ye war taucht an war perswaudit is true; ye ken wha them at taucht ye wis, an hou, frae ye war a littlan, ye hae been weill acquent wi the Halie Scrifts, at can gíe ye the wisdom will bring ye salvâtion throu faith in Christ Jesus. Ilka Scriptur is inspired bi God an yuissfu for teachin truith, redarguein error, correckin fauts, an scuilin men in richteousness, an sae helps tae mak the servan o God a deacon o his craft an gíe him aa the skíll he needs for pittin his haund til onie guid wark.

I adjure ye afore God an Christ, at is tae juidge the lívin an the deid, an bi his kythin an his Kingdom: preach ye the Wurd; be ey on the heid o your dutie, tymouslie an ontymouslie; redargue error, cow sin, exhort tae guid, wi aa the pâtience an aa the can o a guid teacher. For a time is comin whan they winna thole sound doctrine onie mair, but will tak their ain road an gether a haip o teachers about them tae kittle their lugs wi newfangles, an, turnin the deifart side o their heids tae the truith, will listen a wheen ranes isteid. But keep ye a sober juidgement at aa times; shrinkna frae dreein ills; dae the wark o a preacher o the Gospel; mislippen-na ae dutie o your mínistrie.   **4**

AS FOR ME, the altar is weet wi my life's-bluid else; the hour for my wagang is ny-haund. I hae kempit i the glorious kemp; I hae run the race tae the end; I hae keepit troth. An nou there is bidin me the croun o the richteous, whilk the Lord, the juist juidge, will rax me on the Gryte Day, an no me alane, but aa them forbye at hes greined for his kythin.

Dae your endaivour tae come til me wi speed. Demas hes become sae browdent on the praisent warld at he hes forleitit me an taen the gate for Thessaloníca; Crescens is awà tae Galâtia, an Títus tae Dalmâtia; Luke is the ae ane saul left by me. Pick up Mârk on your road here, an bring him alang wi ye: I ken him for a fell guid helpener. Týchicus I hae sent til Ephesus. Bring the maud I left ahent wi Cârpus at Troas, whan ye come wast; the buiks, tae, mairbitaiken the pairchment anes.

Saunders the bress-founder hes wrocht me muckle scaith: the Lord will tak amends o him for his ill wark! Ye wad better tent him yoursel; he contrart our preachin wi aa his birr. At the first diet o the court I hedna ae forspeaker; aabodie forhoued me, Gude forgíe them! But the Lord stuid aside me an gae me strenth, sae at throu my mean the haill Gospel wis preached i the hearin o aa the haithen. Sae wis I delívert out o the lion's chafts; an the Lord will delíver me frae ilka ill prat an bring me sauflie intil his heivenlie Kingdom. Til him be the glore for iver an ey, âmen!

REMEMBER ME KINDLIE tae Prisca an Aquila an the houss-hauld o Onesíphorus. Erastus bade ahent in Corinth, an Trophimus I left no weill in Miletus. Dae your endaivour tae get here afore the winter.

Eubulus, Pudens, Linus, Claudia, an aa the lave o the brether wisses tae be kindlie remembert tae ye. The Lord be wi your spírit! Grace be wi ye aa!

PAUL'S LETTER
TAE TITUS

PAUL, A SERVAN o God an apostle o Jesus Christ for the 1
forderin o faith amang God's eleck an knawledge o the
truith at gangs haund for neive wi gudeliness an howp as
weill in iverlestin life, whilk wis promised afore the beginnin o
the warld bi God, at líesna, an nou in his ain guid time hes made
kent his Wurd i the preachin lippent tae me bi the commaund o
God our Sauviour, tae Títus, his ain true bairn i the common
faith: Grace an peace be wi ye frae God the Faither an Christ
Jesus our Sauviour!

I LEFT YE ahent in Crete at ye micht pit aathing in order at wis
cy needin dune an appoint elders in ilka toun conform til my
directions—men o blameless life, ye will mind, no mairriet mair
nor the aince, an faithers o belíevin bairns, an no tae faut for
debosherie, or wanrullie. As God's stewart, an owreseer maun
be o blameless life, naither wilyart nor birsie nor druckensome
nor raucle-haundit nor gair o onhonest gain: upò the contrair,
he behuives tae be furthie, fain o aa at is guid, douce, juist,
gudelie, maister o his passions, grippin weill tae the siccar Wurd
taucht bi the Kirk, an sae able baith tae hairt ithers bi sound
teachin an redargue gainsayers.
    There is a fell wheen wanrullie chíels gaein about blaeflummin
fowk wi haiver an claiver, the maist feck o them Jewish convèrts.
Thir men maun hae the mous o them steikit, for they ar whum-
mlin the faith o haill faimlies wi teachin things they ochtna for
the sake o ill-faured gain. Ane o themsels—a prophet o their ain,
nae less—hes said:

The Cretans is ey líars, nestie bruits, sweir poke-puddins.

Yon is a true wurd. Sae tairge ye them snellie, at they may be
sound i the faith, an nane heed Jewish ranes an commaunds o
men at turns their backs on the truith.
    Tae the clean o hairt aathing is clean. But tae the onclean an
onbelíevin naething is clean: they ar suddelt baith in mind an
conscience. They mak on tae ken God, but they misken him bi
their deeds, scunnersome, onbiddable men, freelie yuissless for
onie guid wark.

2 THAT IS NA TAE be the gate o it wi your teachin, Títus: ye maun teach what compluthers wi sound doctrine. Ye maun bid the aulder men be sober, grave, douce, sound in faith, in luve, in pâtience. Een sae the aulder weimen maun be tauld at their haivins maun be sic as sets servans o God; they maunna be ill-caaers, or slaves o the drink; raither, they maun be teachers o aa at is guid, sae as they can lairn the yunger weimen tae be luvin wives an mithers, douce i their gates an chaste, eydent in hizziskip, couthie an kind, biddable wi their guidmen. Lat them be sic, an God's Wurd winna be miscaa'd.

Exhort ye the yunger men likweys tae be douce in aathing. Shaw yoursel a paittren o richt weys o daein; in your teachin be aefauld in hairt, grave in mainner, sound an fautless in maitter, sae at our adversaries may think black shame, whan they can finnd nocht ill tae say o us.

Tell servans they maun dae their maisters' will in aathing, an be fond tae pleise them; they maunna speak back at them, or pyke an pilk, but ey be freelie leal an true, sae as tae be in aa weys a mense tae the teachin o God our Sauviour. For the grace o God hes kythed wi salvâtion for aa men; an it hes taen us in haund, lairnin us tae gíe owre wi gudelessness an warldlie craves, an líve douce, honest, gude-fearin lives i the praisent warld, ey waitin on the fufilment o our blissit howp, the kythin o the Glorie[1] o our gryte God an Sauviour, Christ Jesus, at gíed himsel in our behauf tae redeem us frae aa wickitness an mak o us a fowk o his nain, clean o the fylement o sin, an ey fond tae dae what is richt an guid.

Thir is the things ye maun say in your teachin an exhortin an rebuikin. An say them wi authoritie; nae man is tae lichtlifíe ye!

3 MIND THEM AT they behuive tae respeck the authoritie o rulers an magistrates an dae their biddins; tae be redd tae lay their haund til onie guid wark; tae miscaa naebodie, nor seek nae tuilies: upò the contrair, tae be complowsible an cannie an discreet til aa men.

Aince in a day we oursels war glaikit, inobedient, wildert; slaves o aa kin o passions an pleisurs; lívin our lives in ill-will an invỳ; uggit, an hatin ilk ither. But whan the kindness o God, our Sauviour, an his luve for men kythed, he saufed us, no for onie richteous deeds dune bi us, but out o his ain mercie throu the washin at gíes us new birth an the renewin-wark o the Halie Spírit, whilk he rowthilie tuimed out on us throu Jesus Christ,

our Sauviour, sae at, juistifíed bi his grace, we suid become heirs
o iverlestin life conform til our howp.

Yon is a siccar wurd; an I want ye tae threap an better threap
at thir things is true, sae at them at hes pitten their faith in God
may be carefu tae mak weill-daein their tredd. Thir is hailsome
truiths at dis men guid. But fuilitch debates an geneâlogies, yedd
an canglin anent the Law, ye maun evíte: there is naething in
them, an nae guid can come o them.

Efter ane or aiblins[2] twa warnissments hae nocht mair adae wi
a makker o divísions; ye may be shair at siccan a ane is pervertit
an sins awà again his ain conscience.

WHANIVER I SEND Artemas—or it may be Týchicus—tae ye,
heest ye an join me at Nícopolis, for it's there I hae sattlet tae
pit owre the winter. Dae what ye can for Zenas, the lawwer,
an Apollos, whan ye set them tae the gate, an see at they want for
naething. Our fowk, tae, maun mak weill-daein their tredd an
lend ithers a lift whan there's muckle need o it. They maunna
be a crap at misgíes.

Aabodie here wisses tae be kindlie remembert tae ye. Remember
me kindlie til aa at luves us. Grace be wi ye aa !

PAUL'S LETTER
TAE PHILEMON

PAUL, A PRISONER for Jesus Christ, an Timothy, our brither,
til our verra dear helper Philemon, an til our sister Apphia,
our brither sodger Archippus, an the haill congregâtion at
wurships in Philemon's houss: Grace be wi ye aa an peace frae
God our Faither an the Lord Jesus Christ!

I MIND YE constant in my prayers, an ilka time I thenk my God,
brither, because I hear hou luvin an leal ye ar tae the Lord Jesus
an aa his saunts. I pray at the britherlie kindness at faith hes bred
in ye may be the mean o your kennin ey better ilka blissin at is
ours at belíeves in Christ.[1] Ye hae lichtent the hairts o the saunts,
an it's nae smaa gledness an comfort, I can tell ye, brither, at the
luve ye hae shawn them hes gíen me.

An sae, for as free as I am in Christ tae bid ye dae what it's
richt suid be dune, I wad líefer prig wi ye i the name o luve: ay,
tho I hae aa the authoritie at belangs Paul, Christ Jesus' ambassador,
an nou in príson for his sake forbye, I prig wi ye in behauf o my
bairn, my son in Christ at I hae begotten in my imprísonment,
Onesimus.

Aince he wis a guid-for-nocht til ye, but nou he is a guid-for-
ocht til ye an me baith. I am sendin him back til ye wi this—
Him? Na, it's the hairt out o my ain breist I am sendin ye! I wad
fain hauden him here by me, tae fettle me in your behauf, as lang
as I am in príson for the Gospel. But I wisna tae dae ocht wantin
your will; I wad hae your kindness tae me a willintlike kindness,
an no a maitter o maundae. [a]I wadna winder tho he wis sindert
frae ye for a wee juist sae at ye micht hae him syne for ey—no
as a slave onie mair, but as something better nor a slave, as a dear
brither, verra dear tae me, but hou muckle dearer til ye, baith as
a man an as a brither i the Lord!

I'm your marrow, am I no? Welcome him, than, as ye wad
walcome mysel. Gin he hes wranged ye onie, or is awin ye ocht,
lay it tae my account. See, I, Paul, scríve it wi my nain haund, I
will repey ye—ne'er speakin o the fack at ye aw me nae less nor
your ain sel. Ay, brither, lat me hae this guid o ye, an mak my
hairt lichtsomer in Christ. In scrívin this, I lippen on your daein
as I bid ye: deed, I ken ye will dae mair nor I am seekin o ye.

a Wha kens but R: ut supra, L.

AE THING MAIR: pleise hae a chaumer reddie for me; I'm howpin
at God will graciouslie hear your prayers, an gíe me back til ye aa.

EPAPHRAS, HERE IN príson wi me for Christ Jesus' sake, sends ye
his weill-wisses;[2] an sae dis my helpers Mârk, Aristarchus, Demas,
an Luke. The grace o the Lord Jesus Christ be wi your spírit!

PAUL'S LETTER
TAE THE HEBREWS

1 AT MONIE TIMES an in monie weys God spak til our fore-
faithers i the langsyne throu the Prophets, but nou i thir
henmaist days he hes spokken til us throu a Son—the Son
at he hes appointit heir o aa things, een as throu him he made the
warld we ken. *a* As the licht o the sun streams out in its rays, een
sae God's glorie streams out in him; as perfytelie as signet on
seal, God's naitur is imprentit on him. He up-hauds the hailwar
o things bi his feckfu wurd; an whan he hed wuishen awà our
sins, he leaned him doun on the richt haund o the maijestie o God
on híe, as far abuin the angels as the name he hes heired is heicher
nor theirs.

Tae whilk o the angels did God e'er say:

> *'This is my Son, this day*
> *hae I begotten thee'?*

Or again:

> *'I will be a faither til him,*
> *an he sal be a son tae me'?*

Again, luikin til the time whan he brings his first-born intil the
warld, he says:

> *'An aa the angels o God*
> *maun bou doun an wurship him.'*

Mairatowre, anent the angels he says:

> *'. . . him at maks his angels winds,*
> *an his mínisters a flaucht o fire'*:

but this tae the Son:

> *'Thy[1] throne, O God, staunds for iver an ey,*
> *an the king's wand thou beirs is the wand o juistice;*
> *thou hes luvit richt an hatit wrang,*

---

a The sheen reflexion o the glorie o God an the perfyte ímage o his naitur, he uphauds the
hailwar o things bie his feckfu wurd *R*: As the licht . . . on him, an, *ut supra, L.*

> *an for that hes God, thy God, anointit thee*
> *wi the uilie o gledness abuin thy marrows.'*

This, tae:

> '*I the beginnin thou laid the founds o the yird, O Lord,*
> *an the lifts is the wark o thy haunds.*
> *They will een weir awà, but thou bides ey:*
> *they will aa waux auld an dune like a dud,*
> *like a rauchan thou will rowe them up—*
> *ay, like an auld dud at is cheinged for anither!*
> *But thou is for ey the same,*
> *nor nae end will there be tae thy years.'*

Tac whilk o the angels hes God e'er said:

> '*Sit ye doun on my richt haund,*
> *or I mak your faes*
> *a fit-brod aneth your feet*'?

What ither is the angels, ane an aa, but spírits in God's service, an their wark tae gang on eerands o help tae them at is on the gate tae salvâtion?

   Mindin on aa that, we suid pey the mair heed tae what we hae **2** been teached, an no lat wirsels be cairriet awà frae it. For gif the Law, at wis made kent throu angels, wis ey stricklie manteinec, an ilka [b]contravention an ack o inobedience hed ey tae be peyed for tae the full, what wey will we evíte dreein the like, gif we heedna the gryte offer o salvâtion at is made us? This wey o salvâtion wis first proclcimed bi the Lord himsel, an syne faithfullie made kent til us bi them at heared him; an God hes corroborate their testimonie bi signs an ferlies an [c]aa kin o míracles, forbye sic gifts o the Halie Spírit tae this ane an tae that as seemed guid til him.

   It isna til the angels at he hes gíen the gydin o the warld at we ar speakin o the nou, the warld tae come. Someane hes gíen us his wurd for that somewey:

> *What is man, at thou minds on him,*
> *or the son o man, at thou cares for him?*

---

[b] contravener an fauter gat the rewaird he deserved *R: ut supra, L.*
[c] moniefauld *R:* aa kin o/aa kin-kind o/monie kind o (?) *L.*

> *For a wee thou made him laicher by the angels:*
> *but syne thou crouned him wi honour an glore,*
> *an pat aathing aneth his feet.*

Whan he says "*pat aathing aneth*" him, he laes naething outwith his owrance. Nou, that isna sae yet: we seena aathing in man's owrance the nou! But this we div see: we see him, Jesus, at *for a wee* hes been made *laicher by the angels, crouned* nou *wi honour an glore* for his dreein o deith; for it wis een God's gracious will at he suid pree deith for ilka man.

It becam God, for wham an throu wham aa things is, in bringin monie sons tae glorie, tae mak their leader on the gate tae salvâtion a perfyte leader throu the dreein o drees. Him at sanctifíes an them at he sanctifíes hes the same Faither, an therefore he thinks nae shame tae caa them brithers:

> 'I will procleim thy name
>   til my brether,' he says:
> 'i the mids o the congregâtion
>   I will lilt thy praise.'

An again:

> 'I will ey pit my traist in him.'

An yet again:

> 'Here me an the childer God gae me.'

Sith the childer, than, is aa craiturs o flesh an bluid, he, tae, tuik flesh an bluid, sae at [d]bi díein he micht twine the Lord o Deith, the Ill Ane, o aa his pouer for aince an ey, an líberate aa sic as for dreid o deith líved aa their days the life o slaves.

It isna angels he *taks adae wi*, na 'tweill: it is *Abraham's posteritie*. He buid, therefore, become like his brether in aathing, gif he wis tae be a feelin-hairtit Heid-Príest at they coud lippen til, ane at coud gang atweesh them an God an [e]mak expiâtion for the sins o the fowk. Weill kens he what is is tae be siccarlie seyed, an sae he can help them at is tholin the like eenou.

---

[d] he coud dee an bie deein *R*: bi deein he micht, *L*.
[e] win for the fowk his forgieness o their sins *R*: *ut supra, L (cp. I Jn., Note 1, below, p. 463).*

SIN THAT IS sae, brether an saunts, at hes aa gotten the same caa **3**
frae abuin, I wad hae ye luik weill nou at Jesus the Apostle an
Heid-Príest o the faith we profess, an think hou leal he wis til
God, at appointit him. *Moses, tae, wis leal tae God in his houss,* but
Jesus hes been juidged wurdie o gryter honour by Moses, een as
the biggar an aa o a houss is mair thocht-on nor the houss he hes
biggit. For ilka houss hes its biggar; an the biggar an makar o
aathing at is is God. It wis as *a servan at Moses wis leal tae God in
aa his houss,* an his service wis onlie tae beir witness tae what wis
tae be made kent in time tae come: but Christ wis leal as a son at
hed the gydin o his houss. That houss ar we, *f*saebeins we bide
ey maikint an grip fest til our howp at maks us sae gled
an proud.

Therefore, i the wurds o the Halie Spírit:

> 'This day, whan ye hear his voice,
>   harden-na your hairts, as in the rebellion,
>   i the day o seyin i the wilderness,
> whaur your forefaithers seyed an preived me
>   an saw my warks fortie year.
>
> Therefore wis I angert wi that generâtion an said,
>   "They gang ey agley i their hairts,
>   ne'er hae they lairnt my gates";
> an I swuir in my wraith,
>   "They s' nane win intil my rest".'

Tak tent, brether, at there be nae-ane amang ye wi an ill,
onbelíevin hairt at gars him turn awà frae the lívin God. Na, day
an day admonish an hairten ither, as lang as there is a "this day",
sae as sin glaumours nane o ye wi its chaitrie an maks him
thrawart an dour. For we ar skairers wi Christ—saebeins, that is,
we haud the grip an bide til the hinnerend as maikint as we war
at the first, ey hearin the wurds:

> 'This day, whan ye hear his voice,
>   harden-na your hairts, as in the rebellion.'

For wha wis it heared an rase in rebellion? Wis it no aa them at
Moses led furth o Egyp? Wha wis he *angert wi fortie year?* Wis it

---

f gif (onlie) we grip weel til our howp at maks us sae maikint an gled an proud [*all
bracketed*] R: {gif/saebeins} we bide (ey) maikint ... gled an proud, *ut supra, ticked,* L.

no them at sinned, an *the corps o them fell i the wilderness?* Wha wis it he *swuir* til at *they nane* wad *win intil* his *rest?* Wis it no them at wis inobedient? Sae we see it wis for onbelief at they dochtna win in.

4　God's hecht, than, anent winnin intil his rest ey hauds, an we maun een be afeared at, whan aa is dune, some o ye may be fund no tae hae made it out. For this guid news hes been preached til us the same as it wis til them; an gin they didna mak o what they heared, it wis because they didna hairken it wi faith. For hiz believers dis win intil the rest at he speaks o whan he says:

> 'an I swuir in my wraith,
> "They s' nane win intil my rest".'

An yit God's wark wis dune an by wi frae the warld wis foundit, as we see frae the bit anent the Seivent Day whaur he says: "*An God restit the seivent day frae aa his wark.*" But here he says, "*They s' nane win intil my rest.*" Sith, than, there maun be some will win in, an them at wis first made acquent wi the guid news didna win in for inobedience, we finnd him lang, lang efterhin settin anither day—this day—i the bit qotit else frae ane o the Psaums:

> 'This day, gif ye hear his voice,
> harden-na your hairts . . .'.

For gif Joshua hed brocht them intil God's rest, God wadna spokken, lang efterhin, o anither day. There is, therefore, a Sabbath-rest ey bidin God's fowk. For ilkane at wins intil God's rest rests frae aa his wark, een as God frae his. Lat us, than, dae wir endaivour tae win intil that rest, sae at nae-ane may become an exemple o faain throu inobedience like them.

A livin an feckfu thing is the Wurd o God, an shairper nor onie twa-faced swuird. It pierces een tae the sinderins o saul an spirit, joints an merch, an weill it discerns the thochts an ettles o the hairt. Nae craitur is hodden frae him; aathing is nakit an bare til the een o him at we hae adae wi. Sith, than, we hae a gryte Heid-Priest, Jesus, the Son o God, at hes gane up throu the heivens, lat us grip weill til the faith we profess. For ours isna a Heid-Priest at canna feel wi us in our waiknesses, but ane at hes come throu aa kin-kind o temptâtion the same as oursels, forbye at he sinned nane. Lat us, therefore, gang maikintlie forrit tae

God's throne o grace, at we may obtein mercie an grace tae help us in ilka time o need.

ILKA HEID-PRIEST IS waled frae amang men an appointit tae 5 sair men in aathing perteinin tae God, an his wark is tae offer gifts an saicrifíces tae God for sins. He kens hou tae be douce an cannie wi the ignorant an forwandert, for he is but a puir sillie craitur himsel an, as sic, obligate tae mak offerins for his ain sins as weill as the fowk's. Nae man, mairowre, taks up this híe office at his ain haund: like Aaron, he waits on a caa frae God. An sae wis it wi Christ. He tuikna up his glorious office o Heid-Príest at his ain haund: he gat it at the haund o God, at said til him:

> 'Thou is my Son, this day
> hae I begotten thee';

an the like ithergates:

> 'Thou is a priest for ey
> o the samen kind as Melchízedek.'

I the days o his yirdlie life, Christ prayed an priggit him at coud cleik him out o the grips o deith—an sae loud as he cried, an sae sair as he grat! an his prayers wis heared for his gudelie fear. Son an aa at he wis, he lairnt obedience frae his drees; an, sae made perfyte, an named bi God a Heid-Príest *o the samen kind as Melchízedek*, he becam the mean o eternal salvâtion til aa them at dis his biddins.

THERE IS A hantle we hae tae say tae ye on that heid, but it is ill tae explenn tae ye, ye hae become that dull i the uptak—ay, tho bi this time ye suid be teachin ithers, ye hae need o someane tae lairn ye the verra Ah-Bae-Sae o God's Wurd; ye need milk, no mait! Him at líves on milk is a pap-bairn an kens nocht o richt an wrang: mait is for grown men at bi lang exercíse o their naitural pouers hes lairned tae ken guid biz ill.

Lat us, than, lae aa bairnlie lair about Christ ahent us an gang 6 on tae doctrines at is for grown men. We maunna be ey layin the founds owre again—repentance frae sinfu deeds; faith in God; our teachin anent baptisms an the layin-on o haunds, resurrection

frae the deìd, an eternal juidgement. Na, we s' rax forrit ayont aa
that nou, an God binna contrar.

⁹It is onpossible at them at hes aince been enlichtent an pree'd
the heivenlie gift an gotten a skair o the Halie Spírit, an pree'd
God's Wurd an fund hou guid it is, an the pouers at is tae be ours
i the warld tae come, an efter aa that hes faan awà—it is on-
possible at siclike suid be cheinged an repent a saicond time, for
they crucifíe the Son o God an haud him up tae the warld's scorn.
Laund at hes soukit up ey the tither shouer o renn an beirs a crap
at is yuissfu for them it is wrocht for wins a skair in God's blissin:
but for laund at brings furth nocht but thrissles an bríars men
hesna a guid wurd, an God is naur bannin it; an whan aa is dune,
they maun een fire it.

Binna mistaen, dear fríends: we dinna belíeve but ye ar on the
richt road, the road tae salvâtion, the mair we speak. God isna sae
onjuist as tae forget aa ye hae dune, mairbitaiken the luve ye hae
shawn him i the help ye hae gíen an ar gíein his saunts. What we
want, an we want it sair, is at ilkane o ye suid haud on at the wark
wi the same zeal, ey thinkin on the day whan our howp will be
fufillt.² Thowless an lag ye maunna be: tak paittren, raither, on
them at bi dint o faith an pâtience heir the promises.

WHAN GOD MADE his promise til Abraham, he swuir bi himsel,
there bein nocht gryter for him tae sweir bi: "Verilies I will bliss
thee," he said, "verilies I will multiplíe thy posteritie"; an Abraham
waitit pâtientlie an obteined i the end what God hed promised
him. Men sweirs bi something gryter nor themsels, an in onie
pley an aith is taen as a warrantie o truith an pits an end tae
back-speakin; an God, i the same wey, wantin tae mak the heirs
o his promise certain shair at he ne'er wad shift frae his purpose,
interponed an aith. What he ettelt wi that wis at bi twa things at
he ne'er coud pruive fauss an gang by, his wurd an his aith, us at
is seekin a bíeld frae the storm micht be strenthent an hairtit tae
grip til the howp at is ours for the grippin. I that howp we hae
like an anchor til our sauls, an anchor siccar an savendle, thair
ayont the courtain, whaur Jesus hes gane in else as our forerinner
an fríend, Jesus at is nou become a Heid-Príest for iver o the
samen kind as Melchízedek.

7   This Melchízedek, Kíng o Sâlem, an príest o God Maist Híe,

---

⁹ Them at hes aince been enlichtent . . . hes faan awa {(canna)/can nane} be cheenged an
repent a saicond time; the thing {is/{is (aathegither)/(freelie)}} onpossible; for they
crucifie the Son o God an mak him a mock afore the warld R: ut supra, L.

forgethert wi Abraham on his back-comin frae the slauchter o the Kíngs, an *gíed him his blissin*; an *Abraham gíed him a teind o aa his spuilie*.

Nou, tae luik at the meanin o the names, i the first place, "Melchízedek" is "Kíng o Richteousness", an "Kíng o Sâlem" is "Kíng o Peace". Faither, mither, forebeirs he hes nane, an there is nae wurd o whan he wis born, or whan he gaed hame. Like the Son o God, he remeins a príest in perpetuitie.

Juist think, nou, what a fell ane this man buid be, whan the Pâtriarch Abraham gíed him a teind o the wale o his spuilie! The Levítes at is ordeined tae the príesthuid is bund bi the Law tae uplift a teind frae the fowk—that is, frae their ain kith an kin, for aa they come o Abraham the same as themsels. But this man, at wis naegate sib tae them, tuik a teind frae Abraham an blissed him forbye, him at hed gotten God's promises; an aabodie kens at him at blisses is gryter nor him at is blissed. Mairatowre, i the tae case the teinds is taen bi men at maun díe, i the tither bi ane at suthfast witness [h]bids us trew is in life. An, deed, in a mainner o speakin, Leví, at taks teinds, himsel peyed a teind in Abraham; for he wis ey in his auld-gutcher's lungies whan *Melchízedek met in wi him*.

A-weill, than, gif perfyteness coud be gotten throu the Levítical Príesthuid—an hit is the found o the haill Jewish Law—what need wis there tae set up a new kin o príest, ane *o the samen kind as Melchízedek*, an no *o the samen kind* as Aaron?[3] The príesthuid canna be cheinged, an the Law remein oncheinged. An him at thir things is said o belangs anither clan aathegither, nae member o whilk e'er hed ocht adae wi the altar. For it [i]downa be gainsaid at our Lord cam o Judah; an Moses speaks naegate o onie príests in Clan Judah.

Aa this is the aisier seen gin a new kin o príest kythes, a príest like Melchízedek, no behauden for his appointment til a law at luiksna ayont bodilie things, but awin it til the pouer o a life at downa be destroyed—whilk is een what we ar tauld i the wurds:

> 'Thou is a príest for iver
> o the samen kind as Melchízedek.'

This, than, is the gate o it: the auld rule is cassed as a thing

---

[h] tells us R: bids us trew L.
[i] is weel kent R [πρόδηλον]: is notour/downa be gainsaid L.

fusionless an yuissless, for the Law coud mak naething perfyte; an a better thing is ʲinbrocht in its place, a howp throu whilk we win naur tae God.

By-atowre, this time an aith wis swurn. Nae aith wis swurn whan the auld priests wis ordeined, but wi this ane an aith wis swurn bi God, whan he said til him:

> The Lord hes swurn,
> an he winna nane gang by his wurd,
> 'Thou is a priest for iver. . .'.

Hou muckle better, than, nor the auld Covenant is the Covenant for whilk Jesus staunds warrandice!

Again, o the ither priests there hes been monie, because deith henders them tae bide on in office: but Jesus bides for iver, an hes ne'er tae haund on his priesthuid til anither.⁴ That is hou he can freelie sauf them at seeks tae God throu him; he is ey lívin tae be their forspeaker.

It wis een siccan a Heid-Priest we hed need o—halie, sakeless, onfylt, sindert frae sinners, liftit up abuin the heivens; ane at needsna, like thae ither Heid-Priests, offer up saicrifíce day an day, first for his ain sins, an syne for the sins o the fowk: that he did aince an ey whan he offert up himsel. The Law appointit men, feckless, sillie men, tae be Heid-Priests: the wurds o God's aith, at cam efter the Law, appoints the Son, made perfyte nou for iver.

8 THE BACKBANE O what I am sayin is this: siccan a Heid-Priest we hae, ane at hes *leaned him doun on the richt haund* o the maijestie *o God* in heiven, whaur he mínisters i the Halie Place, the true Tent,⁵ at man setna up, but the Lord.

Nou, the wark for whilk aa Heid-Priests is appointit is offerin gifts an saicrifíces; an sae Jesus, tae, maun hae some offerin tae mak in heiven. Gif he wis on the yird, he wadna be a priest avà, sin there is priests else tae offer the gifts an saicrifíces prescrived bi the Law, tho the sanctuarie whaur they mínister is but a copie an a shaidow o the heivenlie (mind hou God warnished Moses, whan he wis ettlin tae set up the Tent: "*Tak heed,*" he said, "*tae mak aathing conform til the paittren at wis shawn thee on the muntain*"). But whaur he is, in heiven, he hes gotten a mínistrie at is as muckle better nor theirs as the Covenant o whilk he is the medi-

---

ʲ brocht in *R*: inbrocht *L*.

âtor is brawer nor the auld Covenant, an foundit on brawer promises.

Gif there hed been nocht amiss wi the first Covenant, there wad been nae queystin o a saicond tae pit in its place. But we finnd God wytin them, whan he says:

'Behaud, the days is comin,' says the Lord,
  'whan I will mak a new Covenant
  wi the Houss o Israel an the Houss o Judah:
no siccan a Covenant as I made wi their forebeirs
  i the day whan I tuik them bi the haund
  tae lead them furth o the laund o Egyp,
for they keepitna my Covenant,
  an I left them tae themsels,' says the Lord.

'This is the Covenant I will mak wi the Houss o Israel
  efter thae days,' says the Lord:
'I will set my laws i their minds,
  an on their hairts will I scríve them;
    an I will be their God,
    an they will be my fowk.

Nae mair will they lairn ither,
  ilkane his kintraman, an ilkane his brither,
    sayin, "Ken the Lord".
For aa will ken me, heich an laich alike.
For I will be mercifu tae their ill-daeins,
  an their sins I winna mind on nae mair.'

Whan he speaks o a New Covenant, he maks the ither the Auld Covenant, but aathing at is weirin auld an dune maun be by wi or lang gae.

NOU, THE FIRST Covenant, tae, hed ordinances o divine wurship, **9** forbye its yirdlie sanctuarie.[6] There wis a [k]Tent (or "Tabernacle") setten up an plenished an aa. First cam a fore pairt, caa'd the "Halie Place", whaurin sat the Lampstaund an the Table wi the Saucred Laifs. Syne, aback o the Saicond Courtain, wis a hent pairt, caa'd the "Halie o Halies". Here wis a gowden Altar o Incense an the Airk o the Covenant, freelie owrelaid wi gowd,

[k] Tabernacle R: but cp. Note 5, below, p. 462.

intil whilk wis a gowden Crock haudin the Manna, Aaron's
Wand at flourished, an the Taiblets o the Covenant; an abuin it
the Cherubím o God's Glore, owre-shaidowin the Mercie-Sait
wi their wíngs. But I canna lay doun the outs an ins o thae things
the nou.

That wis the wey the Tabernacle an aa wis ordert. Syne the
príests gaes constant intil the fore pairt o it i the dischairge o their
duties: but intil the hent pairt nae-ane gangs but the Heid-
Príest, an him but aince i the towmond; his lane, tae, an ey
takkin bluid wi him, at he offers for himsel an the shortcomes o
the fowk. Bi that the Halie Spírit wad hae us tae ken at the wey
intil the heivenlie Sanctuarie bides hodden as lang as the auld
Tabernacle is ey tae the fore. That Tabernacle hes a hantle tae
teach us anent the praisent age: the gifts an saicrifíces offert in it
canna mak a man aa at his conscience tells him he suid be, an the
auld order it is pairt o hes adae wi mait an drink, an washin o this,
an washin o that, mere rules about bodilie things, ne'er ettelt tae
be keepit efter the comin o the new order.[7]

But nou Christ hes come as the Heid-Príest o the blissins at is
tae be ours.[8] Throu the gryter an mair perfyte Tabernacle, at
haund o man ne'er made—no belangin, that is, this creâtit warld
avà—takkin wi him, no the bluid o gaits an caar, but his nain
bluid, he hes gane intil the heivenlie Sanctuarie—ay, gane intil,
aince an for aa, an wrocht an iverlestin delíverance. For gif under
the Law the bluid o gaits an bills an the aiss o a brunt quey
strinkelt on the onclean can redd them o outwart fylement, hou
muckle mair will the bluid o Christ, at throu his eternal spírit
offert himsel up, a lamb ithout smitch, tae God, redd our
consciences o the fylement o our sinfu deeds an set us free for the
wurship an service o the lívin God?

That is hou Christ is the mediâtor o a new Covenant, under
whilk, throu a deith gíein delíverance frae sins committit under
the auld Covenant, them at God hes caa'd obteins the eternal
heirskip promised them. Wi a will[9] there maun be pruif o the
testâtor's deith. A man's will is guid onlie efter his deith, [l]an hes
nae force or effeck as lang as he is ey tae the fore. That is hou the
auld Covenant[10] wisna inaugurate ithout the skailin o bluid
aitherins. For whan he hed read out the haill commaunds o the
Law til aa the fowk, Moses tuik the bluid o the caar an the gaits,
wi watter an scarlet oo an a ryss o hyssop, an strinkelt baith the

---

[l] as lang as he is ey tae the fore, nocht can be dune wi it R: *ut supra*, L.

Law-Buik itsel an the haill fowk, sayin, as he did sae, "*This is the bluid o the Covenant at God* ^m *bids ye keep.*" Mairatowre, he strinkelt the Tabernacle an the haill o the service-luims i the like mainner wi the bluid. An, deed, ye wadna be faur wrang an ye said at under the Law aathing is redd o fylement bi bluid, an wiout bluid is skailed, there is nae forgíeness o sin.

Bi siclike saicrifíces, than, the yirdlie copies o the heivenlie things buid be redd o fylement: but the heivenlie things themsels needs better saicrifíces tae redd them o fylement. For Christ hesna gane intil a sanctuarie made bi haund o man, a mere ímage o the true Sanctuarie, but intil heiven itsel, whaur nou he kythes i the praisence o God in our behauf. Nor he hesna gane in tae offer himsel up monitime, like the yirdlie Heid-Príest, at gangs intil the Halie o Halies ilka towmond wi bluid no his ain, or than he buid hae dree'd his dree monitime frae the founds o the warld wis laid. But na: nou at the hinnerend o the age he hes kythed, kythed for the first time an the lest, tae abolish sin bi the saicrifíce o himsel. Man's faa is tae díe aince, an syne tae thole juidgement; an een sae Christ wis offert up aince tae beir the birn o the warld's sins, an will kythe again, no tae warsle wi sin, but tae sauf them at is bidin his comin.

THE LAW CONTEINS but the shaidow, an nae true ímage, o the ╷**10** blissins tae come, an sae can niver, wi the saicrifíces offert iver an on, an ey the same, year efter year, mak them at comes tae them perfyte; or than wad they no hae devauled tae be offert, gif the wurshippers hed been redd o fylement aince an ey, an nane o them fashed onie mair wi an ill conscience? But in fack ilkane caas his sins tae mind at thae yearlie saicrifíces; for it is aathegither onpossible at sins suid be taen awà bi the bluid o bills an gaits. That is hou at is his comin intil the warld he says:

'*Saicrifice an offerin thou wantit nane,*
  but a bodie thou hes made for me.
Brunt-offerins an sin-offerins
  thou tuik nae delyte in.

Than said I, "Behaud, here am I come,
  een as it is written anent me i the Buik,
  for tae dae thy will, O God".'

---

^m hes prescrived for ye *R*: *ut supra, L.*

Efter first sayin, "*Saicrifíces an offerins, brunt-offerins an sin-offerins, thou wantit nane nor tuik nae delyte in*"—prescrived an aa as they ar bi the Law—syne he says, "*Behaud, here am I come for tae dae thy will.*" He abolishes the tae order, ye see, tae set up the tither. An it is because God's will wis dune at we hae been sanctified, throu the offerin o the bodie o Jesus Christ aince an ey.

Aa ither príests staunds sairin day an day at the altar, offerin ey the same saicrifíces, at ne'er can tirr the sins aff the sinner. But Christ offert ae ane saicrifíce for aa time an syne *leaned him doun on the richt haund o God*, whaur nou he waits or *his faes is made a fitbrod aneth his feet*. Wi the ae saicrifíce he hes made perfyte them at he sanctifíes.

Here we hae the witness o the Halie Spírit forbye. First he says:

> 'This is the Covenant at I will mak wi them
>   efter thae days,' says the Lord:
> 'I will set my laws i their minds,
>   an on their hairts will I scríve them.'

Syne he eiks this:

> 'An their sins an their wrang-daeins
>   I winna mind on nae mair.'

But whaur thir is forgíen there is nae place mair for sin-offerins.

THROU THE DEITH o Christ, than, brether, we can nou gang bauldlie intil the Halie o Halies bi the new an lívin road at he hes apent up for us throu the Courtain—that is tae say, his flesh; an we hae, mairatowre, a gryte Heid-Príest as the maister i the housshauld o God. Lat us, than, come forrit wi honest hairts an maikint faith; for weill we may, nou at strinkelt bluid hes wuishen our hairts clean o the fylement o an ill conscience, an our bodies hes been laved in pure watter. Lat us grip til our confession o howp wi nae swee-sweein—we can lippen til him at hes gíen us the promise—an lat ilkane o us be ey tentin his neipour an airtin him on tae be luvin an kind til ithers. Lat us no bide awà frae the kirk, as some is daein; lat us keep it raiglar, the better tae hairten ither, an that aa the mair because ye see the henmaist day comin naur.

Gif we haud on sinnin willintlie efter aince we hae gotten tae ken the truith, there is nae mair saicrifíce for sin tae the fore: aa

at is left us is a dreesome waitin on juidgement, an the bleezin
wraith at will conshume aa them at contrars God. Lat a man set
at nocht the Law o Moses, an he is *pitten tae deid but mercie on the
wurd o twa or three witnesses*. Hou muckle sairer a pounishment will
he be duimed til at hes strampit the Son o God aneth his feet,
made ordinar bluid o the Bluid o the Covenant, bi whilk he wis
sanctifíed, an cuissen laith at the Spírit o Grace!

We ken wha hes said:

> 'Vengeance is for me,
>   I will een [n]pey hame,'

says the Lord. An again:

> The Lord will juidge his fowk.

It is a fleysome thing tae faa intil the haunds o the lívin God.

Mind on the days bygane, whan ye hed first gotten the licht
—the dour, dour faucht at ye hed o it, an the bidins at ye bade,
whan some o ye [o]buid thole sic scorn an scaith as made them an
outspeckle, an ithers tuik pairt wi them at wis dreein the like.
For atweill ye skaired the drees o your brether in jyle, an blythelie
ye tuik it whan ye war spuiliet o guids an gear, for ye kent at ye
hae a brawer haudin in heiven at ye ne'er will tyne. Castna awà
your bauldness, a gryte rewaird is bidin it; ye hae need o pâtience
an the pouer tae thole, gif ye ar tae dae God's will an obtein what
he hes hechtit ye:

> 'But a whilock, a whilock,
>   an him at is comin will be here;
>   taigle will he nane.
>
> Bi faith will my Richteous Ane líve:
>   but gif he hens,
>   my saul is nane pleised wi him.'

But we ar nae henners on the gate tae perdítion, we ar belíevers
at is saufin their sauls.

---

11 NOU, FAITH IS the warrantie o our howps, the pruif at things at downa be seen is rael. It wis for their faith at the men o auld is weill spokken o in Scriptur. Bi faith we ar insensed at the warld wis made bi God's Wurd, sae at aathing we see cam furth o things at downa be seen.

Bi faith Abel offert up a better saicrifíce tae God nor Cain, an we read at his gift wis acceppit, whilk is God's testimonie at he wis a richteous man; an efter he wis felled, he ey spak, throu faith.

Because he hed faith, Enoch wis flittit frae the yird onpree'd deith; *philt nor hair o him wis seen*, we ar tauld, *because God hed flittit him*. For witness is borne him in Scriptur at, afore he wis flittit, *he hed pleised God*, an wantin faith a man can nane pleise God; for him at comes tae God maun believe twa things—first, at he is; an, saicond, at he rewairds them at seeks him.

Bi faith Noah, whan wairned bi God o ills tae come, o whilk there wis ey nae kythin, tentit weill the warnishment an biggit an airk for the saufin o his houss-hauld. Throu his faith he duimed the warld an becam heir o the richteousness at comes o faith.

Bi faith Abraham tentit the caa tae gae furth til the kintra at wis tae be his heirskip, an tuik the gate onkennin whaur he wis gaein til. Bi faith he sattelt i the kintra promised him, an there dwalt as an outlan in a fremmit laund, wi naething tae caa a bidin but the tents at he skaired wi Isaac an Jaucob, his coheirs i the promise; for his een wis stelled on the cítie wi the siccar founds, the architeck an biggar o whilk is God.

Bi faith een Sârah gat the pouer tae consave, by her bairntime an aa as she wis, because she trewed at God wad ne'er gang by his wurd;[11] an sae o ae man, an him forfairn wi eild, there cam a stock as monie in nummer as *the stairns i the cairrie* or *the grains o saund ontellin bi the lip o the sea*.

Thir aa díed, as they hed líved, in faith. They díed ithout gettin the things promised, but they hed seen them an hailsed them frae a lang gate awà, an awned at here on the yird they war outlans in a fremmit laund. Them at speaks that gate maks it plain at they ar seekin a kintra o their ain. Gif they hed been thinkin o the kintra they hed quat, they wadna wantit opportunities tae gang back til it. But the truith is at they ar greinin for a better—that is, a heivenlie—kintra. An sae God thinks nae shame tae be caa'd their God; he hes een a cítie waitin them.[12]

---

p he wis nae wey tae be fund *R*: {hilt/naither hint} nor hair o him wis seen *L*.

Bi faith Abraham, whan God preived him, offert up Isaac: ay, him at hed gotten the promises wis ettlin tae offer up his ae son; him at hed been tauld, "*Bi Isaac* [q]*thou s' hae the stock will be caa'd for thee.*" God, he thocht til himsel, maun be able tae raise frae the deid; an get him back frae the deid he een did, in a mainner o speakin.

Bi faith Isaac gae Jaucob an Esau his blissin, prayin for things at wis ey tae come. Bi faith Jaucob gae Joseph's twa sons his blissin at his wagang, an *wurshipped God owre the heid o his rung.* Bi faith Joseph, whan he wis slippin awà, spak o the outgaein o the Israelítes frae Egyp, an gae commaunds anent his banes.

Bi faith, whan Moses wis born, his pârents wis dauntont nane bi the Kíng's edick, but derned him three month, because they saw what a bonnie bairn he wis. Bi faith Moses, whan he wis grown manmuckle, wadna lat himsel be caa'd the son o Phâraoh's dachter. He choiced raither tae dree misgydin wi God's fowk nor bruik the pleisurs tae be gotten o sin for a weeock. I the warld's scorn o Christ he thocht he hed gryter walth nor aa the treisurs o Egyp coud gíe him, for his een wis stelled on the rewaird tae come. Bi faith he quat Egyp, an no in fear for the wraith o the Kíng, for aathing there wis tae bide he bade, like ane at saw him at downa be seen. Bi faith he keepit the Passowre, an strinkelt the bluid on the doorcheeks an doorheids, at the Angel o Deith, whan he killed the firstborn, micht hain the bairns o the Hebrews.

Bi faith the Israelítes gaed throu the Reid Sea as gin it war biggit laund, tho the Egyptians wis drouned, whan they socht tae dae the like. Bi faith the Israelítes gart the waas o Jericho faa doun wi mairchin round them seiven days efter ither. Bi faith the hure Râhab escapit the ill end o the onbelíevers, because she hed fríendit an hairbourt the spies.

What needs I say mair? I want the time tae lay doun the stories o Gídeon, Bârak, Samson, an Jephthah, o Dauvit, Samuil, an the Prophets. Throu faith they waured kinricks, ruled wi juistice, obteined the fufilment o God's hechts, dittit the mous o lions, slockent the bensil o fire, wan awà frae the face o the swuird, frae mauchtless becam strang, kythed feckfu in weir, gart fremmit airmies turn an flee. Mithers o bairns at hed díed gat them back again raised tae life. Ithers [r]loot themsels be swabbelt tae deid

[q] {(thou)/ye} s' hae stock caad for {(thee)/ye} *R*: *ut supra, L.*

[r] wis loundert tae deid wi rungs, whan for a wurd they micht hae gane free, but mouband it they wadna, sae fond *R*: loot themsels be {loundert/runged/swabbelt} tae deid raither nor mouband the wurd at wad free them, sae fain *L.*

raither nor mouband the wurd at wad free them, sae fain war they tae rise til a better life nor this. Ithers pree'd scornin an screingein —ay, een fetters an firmance! They war staned; they war sawn sindrie; ⟦they war tairged⟧;[13] they war felled bi straik o swuird. They gaed hither an yont, happit in pellets[14] an gait-hides, misterfu, dwanged, ill-gydit. They war owre guid for this warld —an thair they gaed, wanderin owre the muirs an amang the hills, wi nae bield but weems an clifts i the grund!

Nane o thir, athò they ar weill spokken o in Scriptur for their faith, gat what God hed promised: he wis een providin something better for us, because he wantitna them tae win tae perfyteness themlane.

12 FORASMUCKLE, THAN, AS we hae sae michtie a clud o witnesses round about us, lat us cast by ilka cummer an the taiglin garment o sin an, takkin a stout hairt, rin the race at God hes gíen us tae rin, our een stelled on Jesus, the paittren o perfyte faith, at for the joy at wis bidin him dree'd the Cross, nane heedin the shame o it, an nou hes *leaned him doun on the richt haund* o the throne *o God*. Think o him tholin aa that conterin an thrawin o sinfu men, an syne ye winna grow wearie an tyne hairt! Efterinaa, this faur in your warsle wi sin ye haena gane the lenth o skailin your bluid. Ye hae forgotten the bit whaur God exhorts ye as sons:

> My son, lichtlifíena the chaistnin o the Lord,
>   an tyne-na hairt whan he bosts ye.
> For them at the Lord luves he chaistens,
>   an he leashes ilkane he resaves as a son.

Bide aathing at ye hae tae dree as chaistnin; God is een traitin ye as sons.

Whaur is the son at his faither disna chaisten? Gif ye want the chaistnin at aa ithers gets, ye maun be bastarts, an no sons. Mairatowre, we aa hed wir bodilie faithers at chaistent us, an we gae them aa respeck: suid we no muckle mair willintlie bou til the authoritie o the Faither o spírits, an win eternal life? They chaistent us a whilock in our bairntime, as seemed tae them best: he chaistens us for our guid, at we may skair his haliness.

I'm no sayin at chaistnin is a lichtsomelike thing, whan a man is dreein it: faur frae it, it pynes him sair! But him at hes been throu the mill is the better o it efterhin, whan it hes made him a weill-daein man at saucht wi God an his ain conscience.

Sae *richt ye the thowless airm,*
richt ye the dwaible knee;

an *mak ye strecht roads til your feet,* at the cripple limb binna
dislockit, but raither made haill.

ETTLE AT PEACE wi aa men, an haliness, wantin the whilk nae
man will see the Lord. Tent weill at there be nane amang ye
missin tae win the grace o God; nae sour, pushionous weed
shuitin up tae breed fashrie an smit monie ithers; nae ˢhurer or
coorse chíeld, sic as Esau, at trokit his auld son's richts for ae dish
o mait. Weill ken ye hou efterhin, whan he wis wishfu tae heir
the blissin, he wis rejeckit; nae wey coud he finnd tae tak back
his choice, sair tho he socht ane wi tears.

Ye arna come til ocht at haund can titch—lowes o fire, derkness
an mirk an storm o wind, blast o horn an a voice moubandin
wurds whilk them at hard it prayed micht devaul an speak nae
mair, sae ill coud they bide the commaund at *een a baist at set a*
clute on the hill suid be staned tae deith; an, deed, sae fleysome wis
the sicht at Moses said, ᵗ*"It gars me grue wi dreid."*

Na, ye ar come til Munt Zíon an the cítie o the lívin God, the
heivenlie Jerusalem; til thousands on thousands o angels, the
getherin an assemblie o God's firstborn, whase names staunds i
the burgess-row o heiven; til God, the juidge o aa; til the sauls o
richteous men made perfyte; til Jesus, the mediâtor o a new
Covenant, an the strinkelt bluid, at speaks a betterlike wurd by
the bluid o Abel. See at ye refuisena tae listen him at is speakin
tae ye. Gif they buid pey for their faut at wadna listen God, whan
he made kent his will on the yird, muckle mair will we hae tae
pey for ours, gif we ᵘturn the deif side o our heids til him whan
he speaks frae heiven. Than his voice dinnelt the yird, but nou he
hes promised: "*Aince mair will I dinnle, no the yird* alane, but *the*
heivens an aa." Frae the wurds "*aince again*" it is eithlie seen at
the things at is shuiken is tae be clean soopit awà, as things made;
an syne onlie the things at downa be shuiken will bide. Seein,
than, at the Kíngdom at we hae gotten is no tae be shuiken, lat
us een be thenkfu tae God an sair an wurship him as saired an
wurshipped he wad be, wi guidlie fear an awe; for atweill our
God is a conshumin fire.

ˢ furnicâtor R [πόρνος].
ᵗ I {chitter/bevver/girle} an grue R: I (a)m fair chitterin/It gars me grue wi dreid L.
ᵘ turn awa frae R: turn the deif side o our heids til L.

13 NE'ER DEVAUL TAE luve ither. Mind ey tae be furthie til unco fowk; we ken o some hes gíen angels up-pittin, no jalousin wha they war. Remember them at is in jyle, as gin ye war in jyle wi them; them, tae, at is dreein ill-gydin, sin ye hae bodies yoursels, an micht be dreein the same. Lat mairrage be hauden in honour bi aa, an the mairrage-bed keepit onfyled: *v*hurers an adulterers will be duimed bi God. Binna greedie o siller; be content wi what ye hae. God hes een said, "*I will nane lae thee tae thysel, I will nane forleit thee.*" An sae we can maikintlie say:

> *The Lord is my helper, I winna be afeared:*
> *what will man can dae til me?*

Remember them at wis owre ye an preached God's Wurd tae ye; scance the outcome o their lives an mak their faith your exemple. Jesus Christ is the same yesterday, the day, an for ey. Binna cairriet awà bi a hatterel o unco doctrines; the hairt suid get its strenth frae God's grace, an no frae keepin rules anent mait at ne'er did onie man guid at keepit them. We hae our nain altar, whaur the Príests o the Tabernacle hesna the richt tae ait the offerins. Whan the Heid-Príest cairries the bluid o baists as a sin-offerin intil the Halie Place, the carcages o the baists is taen an brunt outwith the camp; an that is hou Jesus, at he micht sanctifíe the fowk bi his ain bluid, dree'd deith outwith the toun's port. Lat us, than, gang furth til him outwith the camp, the warld's scorn an aa. For we haena here on the yird a lestin cítie: we ar seekin the cítie at is tae be. Throu him, than, lat us offer the saicrifíce o praise tae God—that is, "the frute o lips", as it says, "ruisin his name". But forgetna tae be kind til ithers an skair your guids an gear wi them; wi siclike saicrifíces, tae, God is weill pleised.

Obay them at is owre ye, an respeck their authoritie. Nicht an day they watch owre your sauls, as men at will hae tae answer for their wark til their maister. Sae ey dae ye their biddins, at they may finnd their wark lichtsome, an no tae graen owre; for than little is the guid ye wad get o it.

Pray for us, brether. Weill-a-wat I hae nae wecht on my conscience, nor nae wiss but tae dae what is richt in aathing; an gif I prig ye sair tae pray for me, it is sae at I may the suiner win back tae ye.

---

v furnicâtors R [πόρνους].

MAY THE GOD o peace, at brocht up frae the deid our Lord Jesus Christ, that gryte herd o the sheep, bi the bluid o an eternal Covenant, mak ye perfyte in aa at is guid, sae at ye may dae his will; an may he wurk in us what is weill-pleisin in his sicht throu Jesus Christ! Til him be glore for iver an ey!

PLEISE, BRETHER, DINNA tak ill out wi this scriv I hae written tae warnish an hairten ye; efterinaa, it isna a lang screed avà!

I am blythe tae tell ye at our brither Tímothy hes been setten free. Whaniver he joins me, we will come an vísit ye thegither.

My guid wisses til aa your office-beirers, an til aa the saunts! Our Italian brether sends ye their guid wisses, tae. Grace be wi ye aa!

JEAMES'S LETTER

1 JEAMES, A SERVAN o God an the Lord Jesus Christ, tae the Twal Clans o the Skailment, wissin them weill.

DEAR FRIENDS:

It is like ye will meet in wi aa kinkind o trysts; an whan ye div, ye maun be blythe o it. Ye can seek nocht better; it is frae thae seyals o your faith at ye win the pouer tae thole aa ills. See an no quat the grip haufgates, tho; no or ye can bide aathing will ye be aathegither perfyte, no wantin naething.

Gin there is onie-ane amang ye scant o wisdom, lat him seek it at God: God gíes til aa men wi a furthie haund an nae upcastin; an him at seeks o him wisdom will een hae his wiss. But he maun seek wi faith, nane doutin: him at douts is like a jaw o the sea caa'd hither an yont wi blaffarts o wind. Siccan ane downa luik tae get ocht frae God—a man at is ey in a swither, onsiccar in aa his gates.

The ill-aff brither suid be gled an proud at God hes raised him up, an the weill-aff brither suid be gled an proud at God hes brocht him doun. For the walthie man will een pass awà like a flouer i the girss: ay, whan the sun gings up wi his birslin hait, the girss is aa scouthert, an the bonnie bit flouer dows awà an is by wi it; an een sae will the walthie merchan dwine an díe i the mids o his vaiges.[1]

Happie is the man at bides steive whan he is trystit wi ills an tempit, for aince he hes wun throu his seyal, the croun o life will be his whilk God hes hecht til them at luves him. Nae man at is tempit maun say, "This temptâtion comes frae God"; for God [a]canna be tempit bi ill, nor himsel temps onie-ane. Whan onie-ane is tempit, it is ey his ain desires [b]rug-ruggin at him an wysin him on. Syne desire biggens an brings furth sin; an sin, whan it hes raxed up, feshes hame deith.

Be in nae mistak, dear fríends. Ilka guid thing we ar gíen, ilka gift at is nane tae faut, comes doun frae abuin, frae the Faither at made the lichts o heiven. Wi him is nae cheingin, naither backlins-gaein nor mirkin.[2] O his ain free will he brocht us furth, at we micht be kinoweys the first an best frutes o his haill creâtion.

---

[a] canna be tempit bie R: hes nae trokins wi [cf. N. Turner, G.I.N.T., pp. 162 ff.] but n.b. αὐτὸς L.

[b] ruggin R: rug-ruggin L.

Brawlie ye ken that yoursels, my dear friends. But ilkane maun be ey redd tae hairken, dreich o speakin, an no aisie angert; an angert man ᶜcanna dae what is richt in God's sicht. Clean aa the fylement, than, aa the raffie wickitness, out o your lives; an binna misproud, but lat the seed o the Wurd sawn in your hairts tak ruit, for it can sauf your sauls.

But, mind ye, ye maun be daers o the Wurd, an no juist hearers: ense ye will be mislippenin yoursels. Onie-ane at hears the Wurd, but disna its biddins, is like a man at taks a scance o his born face in a keekin-gless: he taks his scance, ᵈan awà he gaes; an he hesna gane twa-three staps afore he hes forgot whatlike he luikit. But the man at hes studdiet weill the perfyte law, the law o freedom, the man at is nae forgettle hearer, but a daer, o the law, will hae a happie an seilfu life.

A man at trews he is religious, but crubsna his tung, mislippens himsel, an his religion is ᵉlittlewurth. But God our Faither finnds nae faut or tash i the religion o the man at gingsna by the door o misterfu widow an orphant, an keeps himsel onsuddelt bi the warld.

YE MAUN EY mind, dear friends, at for us believers i the Lord 2 Jesus Christ, nou in glorie, there is nae odds atween gentle an semple, rich an puir.

A-weill, than, gin twa men comes intil your place o wurship, the tane o them buskit i the best o braws, an wi gowd rings on his fingers, an the tither happit in clartie auld duds, an ye mak a fraik wi the weill-pitten-on man an say til him, "Here a cosh sait, maister, sit your waas doun", an syne tae the puir man, "Ye can staund owre thonder", or, "Sit ye doun there on the fluirhead, aside my fitbrod"—gin sae ye dae, ar ye no gaein conter the faith ye profess? Is it no a fauss, ill-foundit juidgement ye'r makkin?

Hairken, my dear friends. Hesna God waled them at the warld caas puir tae be rich in faith, an tae heir the Kingdom he hes hechtit them at luves him? But ye, ye affront the puir man. An is it no the rich nithers ye? Is it no the rich harls ye intil the law-courts? Is it no the rich at casts laith on the glorious name at wis aince cried owre ye?

Atweill, gin ye keep the royal law laid doun in Scriptur, "*Thou sal luve thy neipour as thysel*", there is nane can faut ye: but gin ye

---

ᶜ {wurksna the will/fordersna the wark} o a richteous God *R*: canna . . . sicht, *ut supra, L.*
ᵈ an gangs his waas an immedentlie forgets *R*: an awa . . . hes forgot, *ut supra, L.*
ᵉ a feckless thing *R*: littlewurth *L.*

mak o some an lichtlie ithers, ye commit a sin, an ar convickit as contraveners o the Law. For a man may keep the lave o the Law, but lat him snapper on ae point, an it is the same as gin he hed brokken the haill Law. For him at said, "*Thou sanna commit adulterie*", said as weill, "*Thou sanna commit murther*"; an sae, tho ye be nae adulterer, gin ye commit murther, that maks ye a brakker o the Law.

Ey speak an ack as men at is tae be juidged bi the law o freedom. The man at hes shawn nae mercie will himsel be juidged wiout mercie. But mercie lauchs at juidgement.

WHAT THE BETTER is a man, dear friends, gin he threaps he hes faith, but hes nae deeds confeirin tae point til? Can his faith sauf him, na? Gin a brither or a sister hes jimplie a rag tae their back, an hes ill scrannin a day's mait, an ye say, "Gang your waas, an fair faa ye, friend, hap an wyme ye weill", an beetna their bodilie misters, what the better ar they? It is een the same wi faith: wantin deeds, it wants life.

But someane will say, "Ye hae faith, an I hae deeds."[3] A-weill, lat me see your faith wiout deeds, an syne I s' lat ye see bi my deeds at I hae faith. Ye believe at there is ae God. Fine: but Sautan an aa his core believes nae less, an it gars them grue.

Menseless man at ye ar, maun ye hae pruif at faith is barren wantin deeds? Tak Abraham, than, our forebeir. Wis it no bi his deed he wis juistified, whan he offert up Isaac his son on the altar? Ye shair maun see at naither wis his deed dune wiout the help o his faith, nor his faith wisna complete or his deed wis dune. It wis een as Scriptur says: "*Abraham lippent God, an his faith wis rackont til him for richteousness*", an he wis caa'd "the friend o God". Sae ye see at a man is juistified bi deeds, no bi faith itlane. An wis it no the like wi the hure Râhab? Wis it no bi deeds she wis juistified, whan she bieldit the messengers, an syne sent them back anither gate? Ay, as the bodie wantin the breith o life is deid, een sae faith, wantin deeds, is nae better nor a corp.

3 DEAR FRIENDS, I'M no fond tae see owre monie o ye settin up for teachers: dinna forget at hiz teachers will be mair stricklie juidged nor the lave. Ilkane o us is aft in a faut. A man at is ne'er in a faut wi his tung maun be aathing a man suid be, an maister o aa his members. Luik at horses. We pit a wee bit in a horse's mou, an syne we can gar the muckle beass turn this wey an that as we will. Or luik at ships. Muckle an aa as they ar, an driven alang bi

bowstrous gells o wind, it needs but a wee smaa ruther tae fesh
them round an gar them ging whativer airt the steerman wisses.
Een sae wi the tung. Atweill is it a smaa member, but siccan
blowsts as it maks!

Or again, what a scroggs[4] a wee gleid o fire sets alowe! [f] The
tung, tae, is a fire. Aa the wickitness o the warld is intil'd. It sits
there amang our members an smits the haill bodie. Luntin itsel wi
the lowes o hell, it maks the haill o life a bleezin hell.[5] Aa kinkind
o beass—gangin, fliein, crowlin, soomin—is cuddomt, an hes
lang been cuddomt, bi man. But the tung nae man can cuddom.
Sic an ill, wanrullie thing as it is, an fu o deidlie pusion! Wi hit we
bliss our Lord an Faither, an wi hit we ban our brither-man, at is
made in God's image. Blissin an bannin comes out the same mou.
Oh, my friends, that suidna be sac! Dis a spring send out [g]sweet
watter an sharrow at the same ee? Can a feg-tree beir olives, or a
vine fegs? Na, troth; an nae mair can a saut spring send up fresh
watter!

IS THERE ONIE man o wisdom an lair amang ye? Lat the douce-
ness o the trulie wyss kythe in aa at they dae. But gin your hairts
is fu o bitter jailousie an sellie ambition,[6] blawna about your
wisdom, whan true wisdom ye haena. Sic wisdom comesna doun
frae abuin: it is yirdlie, onspiritual, deivilish. Whauriver there is
jailousie an hamedrauchtitness, there is onsaucht an aathing ither
at is bad. But the heivenlie wisdom is, abuin aathing, pure; syne,
them at hes it is peaceable, complowsible, no thrawart, mercifu,
kindlie, no partial, aefauld an evendoun. A crap o richteousness
comes o the seed sawn in peace bi them at wurks for peace.

What is it breeds branglins an canglins amang ye? What ither **4**
but your greinin efter pleisurs, an the war it raises in your breists?
Ye grein an haena, ye ar invyfu[7] an jailous an canna win at your
wiss, an syne ye brangle an cangle wi ither. Ye haena, because ye
prayna God for what ye want; or ye pray an gitna[8] what ye wad
hae, because ye pray amiss, ettlin tae wair God's gift on your
pleisurs. Trothless sauls, ken-ye-na at friendship wi the warld is
onfriendship wi God? [h]Ilkane at draws up wi the warld casts out
wi God. Or trew ye at Scriptur speaks an idle wurd whan it says,

[f] The tung, tae, is a fire; . . . the warld o wickitness . . . it hes its ain place amang our
members, an frae there it smits the haill bodie an lunts the wheel o life, itsel alowe/wi
lowes frae the fires o hell [cf. Zink & Phillips] R, wi lacunae here shawn: as abuin,
sidelined an queried, L.   [g] sweet watter an fresh R [τὸ γλυκὺ καὶ τὸ πικρόν]:
sour/sharrow/sharra/shirroch, in three previous drafts.
[h] Onieane at maks freinds wi the warld maks himsel a fae o God R: ut supra, L.

"Jailousie greins the Spírit at he hes gart dwall in us"?
But he gíes us the mair grace. An sae he says:

> God outstaunds the heich,
> but gíes grace til the hummle.[9]

Lat God, than, be ey your maister, but haud again the Deil, an,
ⁱswith, ye will see the tail o him! Draw ye naurhaund God, an he
will draw naurhaund ye. Dicht weill your haunds, ye sinners;
synd clean your hairts, ye switherers! Pyne an murn an greit.
Lauch nae mair, but murn; binna blythe nae mair, but dowie
an dowff. Hummle yoursels afore God, an he will heize ye up.

Speakna ill o ither, dear fríends. Onie-ane at speaks ill o a
brither, or juidges a brither, speaks ill o the Law an juidges the
Law. But gin ye juidge the Law, ye ar nae mair makkin the Law
your maister, but settin yoursel abuin'd as its juidge. Ye forget at
there is but the ae Law-Makker an Juidge, him at hes the pouer o
life an deith owre aa lívin.

AN NOU, A wurd wi them o ye at says,[10] "This day or the morn
we s' ging til sic an siccan a toun, an bide there a towmond, an
cairrie on tredd, an gether a claut o siller."

What ken ye what may cast up the morn? For whatlike is your
life? Ye ar but a waff o rouk at kythes a weeock, an syne eelies
awà. ʲYe war better tae say, "Gin it's God's will, we'll be ey
tae the fore, an we s' dae this or that." But no ye, na: ye blaw an
blowst o what ye'r tae dae.

Aa sic blowstin is wrang. Whan a man kens what he ocht tae
dae, an dis-it-na, he commits sin.

5 AN NOU, TWA-THREE wurds wi the rich. Greit an gowl, I rede
ye, greit an gowl for the waes at is comin upò ye! Your walth
is foustit; your braivitie is moch-etten; your braw gowd an
siller's roustit awà, an the roust will beir witness again ye an
conshume your flesh like fire. Thir is the henmaist days at this
warld will see, an ye hae waired them harlin thegither gowd
an gear!

Listen! The fee at ye keepit back frae the dargars at mawed
your fíelds is scraichin out, an the cries o them at shuir your corn
hes wun til the ears o the Lord o Hosts. Ye hae dwalt at heck an

---

ⁱ (he will flee awa frae ye)/swith, he will fugie R: swith, ye will see the tail o him L.
ʲ What ye ocht tae say is R: Ye war better tae say L.

manger here on the yird, gavaullin an gilravagin een on the day o slauchter. Ye hae duimed an murthert sakeless men at sochtna tae haud ye again.

YE MAUN BE pâtientfu, than, dear friends, or the comin o the Lord. See hou the fairmer bides on his praicious craps ripenin, pâtientlie waitin or the laund hes gotten the rains o the back-end an the spring o the year. Ye, tae, maun be pâtientfu, an steive an stout o hairt forbye, for the comin o the Lord is naurhaund. Channerna at ilk ither, dear friends, or ye will finnd yoursels afore the juidge; an, luik, thair he is else at the door! Gin ye wad hae an exemple o pâtience in tholin dree, tak the Prophets at spak i the name o the Lord. We caa them blissit at bade steive in dree. Ye hae aa hard the storie o pâtientfu Job, an ye ken what owrecome God gíed him o his waes, an hou true it is at the Lord is unco leifu an innerlie. But, mair nor aathing, dear friends, sweir nane, naither bi heiven nor bi the yird, nor onie ither aith, but lat your "Ay" mean "Ay" an your "Na" mean "Na", for fear ye bring juidgement doun on yoursels.

Is onie-ane amang ye sair hauden-doun? Lat him pray. Is anither in a merrie pin? Lat him sing psaums an hymes. Is ane o ye ailin? Lat him cry in the elders o the kirk, an syne lat them anoint him wi uilie an pray owre him. Their prayer pitten up wi faith will sauf the man's life, an the Lord will set him up on his feet again; an onie sins he hes committit will be forgíen him. Confess, than, your sins til ither, an pray for ither, at ye may cowr your ails.

A feckfu thing is the prayer pitten up wi pith bi a weill-dacin man. Elíjah wis a man like wirsels, an he prayed an better prayed at it suidna rain, an for haill three year an sax month no a drap rain fell on the yird. Syne he prayed again, an doun cam the rain frae the lift, an the yird brocht furth its craps an aa.

Dear friends, gin ane o ye finnds a brither gaein agley frae the truith, an sets him back on the richt road, he may be shair o this: him at turns a sinner frae his will gate saufs the man's saul frae deith, an scougs a feck o sins!

1 PETER, AN APOSTLE o Jesus Christ, til the eleck outlans o the Skailment at dwalls in Pontus, Galâtia, Cappadocia, Asia, an Bithýnia, waled out frae aa eternitie[1] bi God the Faither tae be sanctifíed bi the Spírit an become leal servans o Jesus Christ an be strinkelt wi his bluid: Grace an saucht be gíen ye afouth!

BLISSED BE GOD, the Faither o our Lord Jesus Christ, at in his gryte mercie hes begotten us til a new life an a víve howp throu the resurrection o Jesus Christ frae the deid! Nou ar we heirs til an heirskip at will ne'er be connacht or fyled or dow, an heirskip laid by in heiven for ye, at is keepit bi the pouer o God throu faith for the salvâtion at is bidin us eenou, an will kythe at the hinnerend o this warld.

That dirls your hairts wi joy, een tho for a wee the nou ye may hae tae dree pyne in monifauld seyals. For aa it perishes, gowd is seyed wi fire; an een sae ye maun dree sair seyals, at the pure metal[2] o your faith, whilk is mair praicious nor gowd, may bring ye praise, glorie, an honour on the day whan Jesus Christ is revealt. For aa ye haena seen him, ye luve him; an tho ye see-him-na the nou, ye lippen on him, an your hairts stounds wi a glorious, heivenlie joy by tellin, because ye ar winnin the frute o your faith, the salvâtion o your sauls.

Anent this salvâtion the prophets at prophesíed o the grace at wis tae be bestowed upò ye made eydent sairch an ínquirie. They socht tae finnd out what or whatlike time the Spírit o Christ ithin them ettelt at whan it foretauld the drees at Christ wis tae dree, an the glories at wis tae fallow. It wis revealt tae them at it wisna themsels, but ye, they war sairin in foretellin thir things at hes nou been made kent tae ye bi them at preached the Gospel tae ye i the Halie Spírit sent furth frae heiven. An, mind ye, een angels wad fain get a glisk o thir things!

Ye maun, therefore, haud yoursels ey reddie for the gate, as it war, an líve douce an sober lives, wi your howps aa set on the grace at is comin tae ye wi the kythin o Jesus Christ. Ye maun be your Faither's biddable bairns, an no lat the desires at ruled your hairts afore ye kent the Gospel hae the gydin o your lives onie mair, but, een as him at caa'd ye is halie, sae maun ye be halie in aa your gates; is-it-na written i the Buik, "Ye sal be halie, because I am halie"?

Gin ye cry on him as your Faither at juidges ilkane, be he wha he likes,[3] bi his deeds, ye suid líve your lives in gudelie fear aa the time o your bidin doun here as outlans amang the frem. Weill wat ye it wisna wi things at perishes, sic as siller an gowd, at ye war redeemed frae the feckless mainner o life at ye heired frae your forebeirs, but wi the praicious bluid o Christ, that lamb but faut or fylement. He wis predestinate for his wark afore the founds o the warld wis laid, an nou at the hinnerend o time he hes been revealt for your sakes; an it is throu him at ye lippen on God, at raised him frae the deid an gíed him glorie, sae at your faith an howp is in God.

Nou at bi obedience tae the truith ye hae made your sauls clean an able for aefauld luve o the brether, luve ye ilk ither frae the boddom o your hairts wi aa your pith! Ye hae been born again, no o seed at perishes, but o seed at perishes nane, throu the Wurd o God, at líves an bides for iver. For

> Aa flesh is as gress, an aa its glorie
> as a flouer i the gress:
> the gress dows, an the flouer faas,
> but the Wurd o the Lord
> bides ivermair.

An that Wurd is een the Gospel at wis preached tae ye.

Lay by, than, aa ill-will, aa cheatrie an fenyiein, aa invỳ an **2** ill-speakin. Like the new-born bairns at ye ar, ye suid grein for pure, spíritual milk, sae at ye may rax up on hit, an win on tae salvâtion; for atweill ye hae *pree'd an fund at the Lord is kind.* Com ye til him! Ye maun see in him a lívin stane, the stane at wis *cuissen aside* bi the biggars, but *the wale o them aa, an verra praicious* i the sicht o God. Come, than, til him, an lat yoursels be biggit up intil a spíritual temple, therein tae sair as a halie príesthuid offerin spíritual saicrifíces tae God, at he gledlie accèps because they ar offert throu Jesus Christ. For we read i the Buik:

> 'Behaud, I lay in Zíon a cunyie-stane,
> the wale o them aa,
> an verra praicious;
> an him at lippens on hit
> will ne'er be pitten til shame.'

For ye, than, at belíeves in him he is verra praicious: but tae them at belíevesna

The stane at the biggars cuist aside,
hit hes een become the cunyie—

an, mairatowre,

a stane tae mak a man stammer,
a bullet tae gar a man
stoiter an faa.

They stammer because they misbelíeve the Wurd, as they war een ordeined tae dae. But ye ar *a waled stock, a royal príesthuid, a consecrate nation, God's ain peiple, chairged tae mak kent aawheres the unco warks* o him at hes caa'd ye out o darkness intil his wunderfu licht.

Aforesyne *ye warna a peiple* avà,
but nou ye ar *the peiple o God;*
aforesyne *ye hed nae kennin o his mercie,*
but nou *ye hae pree'd it.*

DEAR FRIENDS, I beseek ye, as outlans dwallin amang the frem, tae haud atowre frae carnal desires, at is ey at war wi the saul! Líve honest, wysslike lives amang your haithen neipours, an syne, athò they miscaa ye the nou for ill-deedie wratches, they will come tae see what weill-daein fowk ye ar, an gíe glorie tae God for the same on the day whan he comes tae juidge the warld.

Bou tae the will o ilka human authoritie, be it the Emperor, as the heichest o aa, or be it the magistrate, as his depute for the punishin o them at dis wrang an commendin o them at dis richt; for it is een God's will at bi daein what is richt ye suid steek the mous o ignorant cuifs. Ye ar free men, but ne'er mak your freedom a scoug for ill-daein; mind ye ey at ye ar servans o God. Respeck aa men; luve your brithers in Christ; fear God; honour the Emperor.

HOUSS-SERVANS, BE EY biddable an awe-bund wi your maisters, an no alane wi guid an douce maisters aitherins, but wi them at is ᵃstour an boul-horned as weill. It is a braw thing whan the thocht o God in his hairt hauds a man steive in dreein ᵇonforsaired pyne. What is there tae mak a ruise o, gin ye ar loundert for daein

---

ᵃ dour an stour R: stour an boul-horned L.   ᵇ pyne at he hesna dune ocht tae deserve
R: onforsained pyne (A. Ross 1768) L, *but cp.* S.N.D., s.v. ONFORSAIRED.

wrang, an thole your paiks weill? But gin ye ar misgydit for
daein richt, an thole it weill, it is a braw thing ye dae i the sicht o
God. That is een what ye war caa'd til; for in dreein ill for ye he
left ye an exemple, at ye suid fallow his fitstaps. *He sinned nane,
naither wis fausset fund in his mou*; whan he wis miscaa'd, he
miscaa'dna again; whan he dree'd ill, he shoredna, but lippent his
cause til him at juidges juistlie. *Himsel he buir our sins* in his bodie
on the dule-tree, at we micht díe tae sin an líve for richteousness;
an it is his *wauts at hes made ye haill. Ye war gaein will like wandert
sheep*, but nou ye hae turnt back til the herd at hcs the tentin o
your sauls.

YE WIVES, LIKWEYS, maun be biddable wi your guidmen, sae **3**
at onie o them at obaysna the Wurd may be wun owre, no bi
ocht ye say, but bi your weys o daein, bi seein, like, what leal an
respeckfu guidwives they hae in ye. Yours suidna be the outer
decorment o plettit hair an bonnie-dies o gowd an braw gouns
an aa: your bewtie suid be o the hidden sel ithin, the ne'er-dowin
bewtie o a lown an cannie spírit, whilk is unco praicious i the
sicht o God. It wis een sae at halie weimen at set their howps on
God buskit themscls i the langsyne days. They war ey biddable
wi their guidmen, like Sârah, at did Abraham's biddin an caa'd
him "the Maister". Ye ar nou her dochters, gin ye dae richt an
lat naething fley or fricht ye.
　　Ye mairriet men, likweys, maun líve wi your guidwives i the
hame as men at kens Christ. Ey mind at, for aa they ar sillier
craiturs by yoursels, they ar your coheirs i the life at is life; an
shaw them aa regaird, ᶜfor ye s' come nae speed wi your prayers,
an ye dinna.

FINALLIE, BE YE aa weill-grccin wi ither, innerlie an britherlie,
feelin-hairtit an hummle. Peyna back ill wi ill, nor ill-tung wi
ill-tung, but, upò the contrair, wi blissin; for it wis ecn tae heir a
blissin at ye gat your caa frae God.

> *Wad a man be fain o life*
> *an see blythe days?*
> *Lat him keep his tung frae ill*
> *an his lips frae ᵈswickfu wurds;*

ᶜ {an ye dinna/(ense)}, ye s' come nae speed wi your prayers *R*: syne your prayers will
meet wi nae hender/*ut supra, ticked, L.*
ᵈ desaitfu *R*: swickfu *L.*

lat him evíte ill an dae richt;
lat him seek peace an pursue it.
For *the een o the Lord is upò the richteous,*
an his ears is apen til their prayers:
but the face o the Lord is again ill-daers.

An, for that pairt, wha is gaein tae scaith ye, gin ye ar fu o zeal for aa at is guid? But sae be ye suid dree ill for richteousness' sake, happie ar ye. *Binna fleyed for their threits, nor sair pitten about, but hallow the Lord* Christ in your hairts. Be ey reddie wi your defences whan onie-ane speirs ye your raisons for the howp ye hae in ye. But mak your answers doucelie an respeckfullie, an see at your conscience is clean, sae at whan your guid name is bleckit, they may think black shame o themsels at cooms your guid mainner o life in Christ. For it is better tae dree ill, an it suid be God's will an pleisur, for daein richt nor for daein wrang. Christ himsel díed for men's sins aince for aa, the richteous for the onrichteous, at he micht bring us tae God.

In his bodie he wis pitten tae deith, but in his spírit he wis raised tae life, an it wis than at he gaed an preached tae the spírits in waird. Thir wis the spírits at wis inobedient i the *ᵉ*langsyne whan God wis pâtientlie waitin an better waitin, an the Airk wis makkin reddie i the days o Noah; in whilk a wee wheen sauls, echt in haill, wis saufed throu watter.[4] *ᶠ* That wis like the paittren o baptism, bi whilk ye ar nou saufed—no bi the reddance o bodilie fylements at it wurks, but bi the prayer pitten up tae God for a clean conscience, throu the resurrection o Jesus Christ, at hes gane up til heiven, an there sits on the richt haund o God, wi angels, authorities, an pouers aa pitten aneth his feet.

4 Sin Christ hes suffert i the bodie, ye, tae, maun airm yoursels wi the same thocht—the thocht, I mean, at him at hes suffert i the bodie is throu wi sin, an maun nae mair airt his life bi human passions, but bi the will o God, aa the lave o his time i the bodie.[5] Eneuch time hae ye waired i the years *ᵍ*at is by lívin your lives efter the haithens' gate o it, gíen owre tae debosherie an carnal lusts, dram-drammin, gilravitchin, an drucken splores, an aa kinkind o ill-faured ídolatrie. *ʰ*Your auld butties ferlies at ye winna rin ramstam wi them nou on the road o debosherie—ay,

---

ᵉ lang back days . . . an Noah wis abiggin the airk *R: ut supra, L.*
ᶠ An nou i the samelike wey ye are saufed throu watter bie baptism; whilk saufs ye, no bie *R: ut supra, L.*   *ᵍ* bygane *R:* at is bye *L.*
ʰ They ferlie . . . miscaa *R:* Your auld butties ferlies . . . miscaas (<Wand, Phillips) *L.*

an miscaas ye tae the bute owre the heid o it: but they will hae tae mak answer for themsels til him at staunds reddie tae juidge baith the lívin an the deid. For gin the Gospel wis preached tae the deid, it wis een at, efter dreein i the bodie the juidgement at aa men drees, they micht líve the life at God líves, i the spírit.

The hinnerend o the warld is narhaund, sae ye behuive tae líve sairious, sober lives, an haud on at the prayin. Abuin aathing, hae a hairtwarm luve for ilk ither, for luve haps up a hantle o sins. Gíe onie brither in Christ at hes need o it interteinment, an ᶦnae orpin about it! Ilkane maun employ the gift he hes gotten o God for the guid o ithers; sae will he shaw himsel a leal stewart o the monifauld grace o God. Gin he is a preacher, he maun preach as ane at speaks but the wurds o God; gin he exerces some ither mínistrie, it maun be as ane behauden tae God for aa the strenth at he brings til his wark. Aathing is tae be dune sae at God may be glorifíed throu Jesus Christ. Til him belangs glorie an pouer for iver an ey, âmen!

★ ★ ★

DEAR FRIENDS, TAKNA unco wi the fierie seyin ye ar dreein the nou, as gin ocht forbye wis happnin ye. Raither, rejoice the mair for the pairt it gíes ye i the sufferins o Christ, an syne ye s' rejoice an be wunderfu liftit up whan he kythes in his glorie. Gin ye ar flytit for the name o Christ, happie ar ye, for than the Spírit o glorie, the Spírit o God, is restin on ye. Nane o ye maun suffer for murther or theft or ither malverse, or for onie kind o wrangous intromission. But gin he suffers for bein a Christian, he needsna tak nae shame til himsel, but raither suid glorifíe God for the same.

Nou is the time for the Juidgement tae begin. It hes een begoud wi the faimlie o God: but gin it is beginnin wi us, hou will it end wi them at heedsna the Gospel o God an its biddins?

> Gin *the richteous hes ill winnin tae heiven,*
> *what will come o the ongudelie an sinfu?*

Sae them at suffers because it is God's will suid lippen their sauls tae their Makar, at ne'er gangs by his wurd, an haud on daein guid.

ᶦ gie it wi a willint hairt R: an, (mind), nae orpin about it/an orp nane about it L.

5 AN NOU, TWA-THREE wurds tae the elders amang ye, an I speak them as a brither elder an a witness o aa at Christ dree'd, an as ane at hes a skare i the glorie tae be revealt—tent ye the hirsel o God aneth your care, no as a maitter o maundae, but willintlie, an no for onie ill-faured greed o gain, but wi aa your hairt, as God wad hae ye dae; no lairdin it owre your flocks aitherins, but settin an example tae the hirsel. Syne, whan the heid herd kythes, ye will win the croun o glorie at canna dow.

Ye yunger members, for your pairt, maun bou tae the authoritie o the elders. Deed, aa o ye maun be cleadit in lown-hairtitness in your dailins wi ither:

> For *God outstaunds the heich,*
>   *but gíes grace til the hummle.*

Hummle yoursels, than, aneth the wicht haund o God, an syne he will heize ye up in his ain guid time. Cast aa your kyauch an cark on him, for he cares for ye.

Be sober an waukrif: your fae, the Deivil, gangs reingein round like a ᴶlion rowtin for his prey. Haud him again, steive i your faith: what needs I mind ye at your brithers in Christ ithergates i the warld hes the same drees tae bide as yoursels? Efter ye hae dree'd ill for a weeock, God, the gíer o aa grace, at hes caa'd us til his iverlestin glorie in Christ, will restore ye, mak ye siccar an strang, an stell ye on a firm found. Aa pouer is his for iver an ey, âmen!

I HAE WRITTEN this short scríeve bi the haund o Silvânus, a leal brither in Christ in my juidgement, tae hairt ye, an tae ashair ye at it is trulins the grace o God ye hae gotten.

Your sister-kirk o God's eleck here in Babylon sends ye her weill-wisses; an my son, Mârk, eiks his til hers. Salute ye ilk ither wi the kiss o britherhuid. Peace be wi ye aa, our brithers in Christ!

ᴶ {rairin/rowtin} lion seekin R: lion rowtin for L.

PETER'S SAICOND LETTER[1]

SYMEON PETER, A servan an apostle o Jesus Christ, til them **1**
wham the richteous providence o our God an Sauviour
Jesus Christ hes made our comburgesses i the Commonweill
o Faith: Grace an saucht be gíen ye afouth throu the knawledge
o God an Jesus our Lord!

HIS DIVINE POUER hes gíen us aa at is needfu for life an gudeliness
throu bringin us til a knawledge o him wha drew us til himsel bi
his glore an unco micht; throu the whilk he hes giftit us wi
thae praicious promises o blissins at is abuin aa ither blissins,
sae at throu them ye micht win awà frae the corruption wi
whilk carnalitie hes smittit the warld, an become pairt-takkers
i the divine naitur.

Juist for that raison ye maun dae your endaivour til eik virtue
tae your faith, knawledge tae virtue, self-maistrie tae knawledge,
fortitude tae self-maistrie, gudeliness tae fortitude, britherlie
affection tae gudeliness, luve tae britherlie affection. Gin ye hae
thir things, an hae them ey mair an mair, ye winna be feckless,
onfrutefu scholards i the knawledge o our Lord Jesus Christ. But
him wha wants them is blinnd, or leastweys saund-blinnd; he
hesna mind at his auld sins hae been wuishen awà. Strive, than,
the mair, brether, til mak siccar at ye bide i the nummer o the
caa'd an the eleck. Dae as I bid ye, an your feet will ne'er stam-
mer, sae braw an braid will be the in-gang gíen ye intil the
iverlestin Kinrick o our Lord an Sauviour, Jesus Christ.

Sae I ettle til keep mindin ye constant o thir things, for aa
at ye ken them an hae a siccar grip o the truith at wis teached ye.
I trew it behuives me, as lang as I howff i this bouk o mine, til
haud ye waukin wi a mind bytimes; for weill ken I at I maun flit
my howff afore it is lang—sae our Lord Jesus Christ telt me himsel.
But I will dae my endaivour til see at efter my awà-gaein ye will
can bring thir things tae mind at onie time.

IT WIS NAE cannilie-made-up tales we war foundin on whan we
teached ye anent the back-comin in pouer o our Lord Jesus
Christ: wi our nain ee we hed behauden his maijestie. We war
there whan God gíed him honour an glore, an a voice wis borne
til him frae the glorious Maijestie on híe, sayin, "This is my
beluvit Son, in wham I am weill pleised." Ay, wirsels we hard that
voice frae heiven whan we war wi him on the halie muntain!

Bi that is the wurd o the Prophets corroborate for us. An ye dae weill til tent that wurd: it is een as a lamp shínin awà in an ourie bit, or the day daw, an the mornin sterne gings up in your hairts. But this abuin aa ye maun ken: nae prophecie in Scriptur is for onie man til expund at his ain haund. For nae prophecie e'er cam o onie man's willin an wissin: men prophesíed whan they **2** hed a gell o the Spírit,[2] an God pat wurds i their mou. / But there were fauss prophets as weill as true amang God's fowk i the auld; an een sae amang yoursels fauss teachers will kythe, wha will inbring pernícious doctrines in hidlins, disavouin their Maister, nae less, wha coft them their freedom, an caain doun perdítion on their ain heids belyve. Monie feck will rin efter them an their shamless debosherie an get the Wey o Truith an ill name wi their scandalous on-gaeins. They will be keen o gear an gain, an gain they will mak o ye, gowin ye owre wi fraik an phrase. But lang hes juidgement been lampin efter them: ay, perdítion is bidin them wi wide an waukrif een!

Gin God faikitna angels wha hed sinned, but flang them doun intil mirkie heuchs i the boddom o hell, whaur nou they ar wairdit gin the Day o Juidgement; gin he faikitna the auld warld, but loot lowss a fluid on thae ongudelie men, saufin nane but Noah, the preacher o richteousness, an ither seiven; gin he duimed the touns o Sodom an Gomorrah til iverlestin destruction an brunt them in aiss for a wairnin tae the ongudelie in time tae come,[3] but rescued richteous Lot, wha faund the ill gates an debosherie o his regairdless neipours an unco dwang—ay, weill-a-wat, that richteous man, as he wonned amang them, dailiday seein an hearin tell o their wickit ongaeins, dree'd sair, sair pyne i the richteous hairt o him; gin the Lord did aa that, atweill he maun ken baith hou til rescue the gudelie out o their trials, an hou til keep the onrichteous tholin pounishment or the Day o Juidgement, mairfortaiken them wha líve for the saitisfaction o their smittin carnal appetítes an lichtlifíe authoritie! The rackless, wilyart sorras at they ar, thir men arna afeared tae miscaa the dwallers in glorie, tho the angels, for aa they hae mair micht an pouer nor onie man, miscaas them nane i thir pleain again them afore the Lord. But, like the bruit beass, whilk ar born tae be catched an slauchtert, thir men, wha miscaa what they understaundna, will gang the Black Gate an be clean made an end o; sic will be the ill rewaird they s' get for their ill-daein.

Gilravitchin in braid daylicht is the tap an wale o pleisur for them; an hou they gavaul an gilravitch, whan ye feast thegither,

tae the skaith o your guid name, the fousome sorras! Their een ar
ey stelled on their neipours' wives, ne'er blin they a maument frae
sin. They tak flichtrif sauls wi their baits; they ar skíllie i the tredd
o winnin at what they wad hae; the ban o God liggs on them.
They hae quat the richt road an gane agley alang the same road as
Bâlaam, the son o Beor, the man at wis sae auwid tae mak gain o
ill-daein, but gat a snell bensil for his faut, whan the dumb
cuddie-ass spak wi the voice o a bodie, an gart the Prophet jehò
his gyte ploy.

Thir men is walls wantin the watter, rouks driven alang bi a
bowder; the nether pit-mirk is the faa whilk is waitin them.
They come in ahent ye wi lang-nebbit dictionar wurds whilk hae
mair syllables nor sense i them, an wi the bait o líshence for
sensualitie an deboshcrie they catch them at is jimplie winnin out
o the warld o haithen error, ey promisin them líbertie, líbertie,
whan themsels they'r the slaves o ill laits; for a man's ey the slave
o oniething at hes maistert him. Gin they wan awà frae the
befylement o the warld throu kennin the Lord an Sauviour Jesus
Christ, an syne hae been fankelt an maistert bi them aince mair,
atweill is their henmaist plichen waur nor their first! Better for
them niver til hae kent the Wey o Richteousness avà nor, efter
kennin it, tae turn their backs on the halie law whilk wis gíen
them! It is the wey o the true auld say wi them:

Bawtie gaes back tae snowk at his bockin.

Or yon ither ane:

Grumphie douks i the burn,
    an syne rows again i the glaur.

DEAR FRIENDS, THIS is the saicond letter I hae scriven ye. Your **3**
minds is onfylt bi error, an I hae socht in baith my letters tae haud
them waukin bi mindin ye o certain things. I wad hae ye re-
member what the halie Prophets foretauld lang back syne, an the
haill commaunds whilk your Apostles gíed ye frae the Lord an
Sauviour.

Abuin aa thing ye maun keep mind at a wheen geckers airtin
their lives bi their carnal passions is til kythe amang us i the
henmaist days. Thir men will jamph an jeer ye: "What hes
happent his promised comin, na?" sae they will speir at ye. "Wir

faithers an mithers is awà, but it's ey the auld hech-howe; ther' nae cheinge avà frae the warld wis first made!" They willintlie steek their een tae what they weill ken—at the' war heivens lang back syne, an a yird, formed out o watter an bi watter, whan God spak the wurd; an again he spak,[4] an that auld warld perished, drouned in a fluid o watter. Aince mair God hes spokken; an thir heivens an yird whilk nou ar hes become a store o eldin for the fire o the Day o Juidgement, whan the ongudelie will be destroyed.

Ae thing ye maunna forget, dear friends, is at wi the Lord ae day is like a thousand year, an a thousand year is like ae day. The Lord isna bein lang o fufillin his promise, as some jalouse: he is onlie bein pâtient wi ye; for he wissesna at onie suid perish, but wad hae aa men win tae repentance. But the Day o the Lord will come; like a thief it will come, whan ye luikna for it. On that day the heivens will pass awà wi a whinner, the elements will tak lowe an bleeze till they gae frae ither, an the yird an aa the warks o man will vainish an be seen nae mair, nae mair.[5]

Sin thir things ar til gae tae wrack that gate, whatten halie an gudelie lives we behuive tae live, bodin the Day o God, an seekin tae speed its comin! On that day the heivens will lunt an be brunt in aiss, an the elements will tak lowe an bleeze till they melt. But than there will be *new heivens an a new yird*, an we bode that new warld, whaurin richteousness will hae its bidin. Wi that, than, dear friends, tae luik forrit til, ye maun dae your endaivour tae mak siccar at the Gryte Day finnds ye spatless an sakeless in his sicht, an at saucht.

It is for our salvâtion at God is sae pâtient wi us. Sae I bid ye believe, as our dear brither Paul, speakin out o his God-gien wisdom, did afore me i the letter he wrate ye; an, deed, he ey speaks the same wey on that heid i the lave o his letters. (I'm no forgettin there ar kittle bits in his letters whilk the ignorant an onsiccar thraw out o their richt sense, as they een dae wi the ither Scripturs, tae their ain perdition.)

A-weill, than, dear friends, ye ken nou what is tae be: tak ye tent, than, no tae be cairriet awà bi the regairdless an tyne your guid haud o the grund aneth your feet: ettle, raither, tae win ey the faurer forrit in grace an the knawledge o our Lord an Sauviour Jesus Christ. Til him be glore, baith nou an till the day o eternitie!

JOHN'S FIRST LETTER

[a]THIS SCRIEVE IS about the Wurd o Life. It wis frae the **1** beginnin; we hae hard it an seen it wi our ain een; we hae luikit an better luikit at it an fund it wi our ain haunds; an nou we ar tae [b]wreat o it. It kythed on the yird, that life, an we hae seen it an beir witness til it an tell ye about it—that eternal life at dwalt wi the Faither, an nou hes kythed afore our een. What we hae seen an hard, we tell ye, at ye may skare in our fallowship, the fallowship at we hae wi the Faither an his Son Jesus Christ; an it is tae mak our joy perfyte at we wreat this scrieve.

The wurd we hard him speak, an bring ye, is this: God is licht, an in him there is nac mirkness avà. Gin we threap at we hae fallowship wi him, an aa the time ar lívin i the mirk, we ar líars, an our life is a líe. But gin we líve i the licht, een as he is i the licht, we hae fallowship wi ilk ither, an the bluid o Jesus his Son washes us clean o aa sin. Gin we threap at we ar wíout sin, we blaw oursels up, an the [c]trowth isna in us. Gin we confess our sins, he forgíes us an maks us clean o aa onrichteousness, for he is richteous, an ne'er gangs by his hechts. Gin we threap at we haena sinned, we mak him a líar, an his Wurd hes nae place in us.

I AM SCRIEVIN thir things tae ye, my bairnies, tae haud ye frae **2** sinnin. But, gin onie o us suid sin, we hae a forspeaker tae plea our cause afore the Faither in richteous Jesus Christ, at is himsel the expiâtion[1] for our sins, an no our sins alane, but the sins o the haill warld as weill.

What wey can we ken at we ken him? Gin we keep his commaunds. Onie-ane at threaps at he kens him, an keepsna his commaunds, is a líar, an the trowth isna in him: but in him at heeds his Wurd luve o God is aa at luve o God suid be. This gate we ken at we ar in him: him at threaps at he bides in him maun líve as he líved.

Dear friends, it isna a new commaund I am gíein ye: it is the auld commaund at ye hae haen frae the beginnin i the Gospel Wurd at wis preached tae ye. Still an on, it is a new commaund, the trowth o whilk is seen baith in him an in ye, because the mirk is nou at the liftin, an the true licht is shínin else.

---

a Ἄλλως (cf. C. H. Dodd): This scrieve is about the wurd o life, an we are tae wreat o what it wis frae the beginnin an what we ken o it bie hearin an seein wi our ain een, bie luikin an better luikin, bie finndin wi our haunds L.
b wreat R, L: pron. rate (cp. S.N.D., s.v. WRITE).
c truith R, et sic semper in his Johannis epistulis: v. tamen supra, p. xix.

The man at threaps he is in the licht, an hes an ill-will at his brither, is ey i the mirk. The man at luves his brither bides i the licht, an sae hes nae cause tae snapper. But the man at hes an ill-will at his brither is in the mirk an líves i the mirk; he kensna whaur he is gaein, because his een is blinnd i the mirk.

I scríeve tae ye, bairnies, because your sins hes been
    forgíen for his name's sake;
I scríeve tae ye, faithers, because ye ken him at hes
    been frae the beginnin;
I scríeve tae ye, yung men, because ye hae waured
    the Ill Ane.

I hae scriven tae ye, littlans, because ye ken the Faither;
I hae scriven tae ye, faithers, because ye ken him at hes
    been frae the beginnin;
I hae scriven tae ye, yung men, because ye ar strang, an
    hae the Wurd o God ey bidin in ye, an hae waured
    the Ill Ane.

Luvena the warld, nor ocht at is in the warld. Nae luver o the warld is a luver o the Faither. Aathing at is in the warld—carnal craves, craves o the een, the vauntie pride o pelf—comes frae the warld, an no frae the Faither. The warld an its craves is weirin awà, but him at dis the will o God bides ivermair.

LITTLANS, THIR IS the henmaist days. Ye war tauld at Antichrist wis tae come, an nou monie Antichrists hes kythed, an frae that we ken at thir is the henmaist days. They gaed out frae 'mang us, but they war niver true brether o ours. Gin they hed been, they wad bidden wi us. But it buid kythe at no aa amang us is true brether.

Na, ye hae been anointit bi the Halie Ane, an ye aa ken the trowth. I haena scriven tae ye because ye kenna the trowth, but because ye ken it, an *d*wat at Líe wis ne'er the gett o Trowth. Wha is the Líar, an it binna him at denies at Jesus is the Christ? He is Antichrist, for he denies baith the Faither an the Son. *e*Him at denies the Son hesna the Faither aitherins: him at owns the Son

---

d because nae lee e'er cam o the truith R: wat at Lee wis ne'er the gett o Truith L.
e Him at denyes the Faither hesna the Son (aitherins) R [πᾶς ὁ ἀρνούμενος τὸν υἱὸν οὐδὲ τὸν πατέρα ἔχει]; sic Filium Patremque pater filiusque transposuimus.

hes the Faither forbye. Lat that bide in your hairts at ye war taucht frae the beginnin. Gin that bides in your hairts, ye will bide yoursels i the Son an the Faither baith; an that is what he hes hechtit us himsel—eternal life.

I hae thocht it weill tae say this muckle tae ye anent them at is seekin tae lead ye agley. But raellie ye needna onie-ane tae teach ye, for what ye gat whan he anointit ye ey bides wi ye. It teaches ye anent aathing, an what it teaches ye is the trowth, an nae líes. Bide ye, than, in him, as it hes taucht ye tae dae.

Ay, bide ye in him, bairnies, sae at, whan he kythes, we mayna hae tae staund abeich for black shame, but may gang bauldlie forrit tae meet him. Gin ye ken at he is richteous, ye maun ken as weill at ilkane at dis what is richt is a son o his. / Wow, whattan **3** luve God hes shawn us, lattin us be caa'd the childer o God—as fack we ar! Gin the warld kensna us, it is because it kentna him. Dear friends, we ar een nou God's childer. What we sal be hereafter hesna yit been made kent, but this muckle we div ken, at whan he kythes, we sal be like him, because we will see him as he is. Ilkane at hes this howp in him seeks tae mak himsel pure, as he is pure. Ilkane at commits sin is a law-brakker; sin is nocht but brakkin o the law. Ye ken at he kythed on the yird tae tak awà men's sins, an in him there is nae sin. The man at bides in him sins nane; the sinner can naither hae seen him nor ken him.

Lat nae man lead ye agley, bairnies. Him at dis what is richt is richteous, een as Christ is richteous. Him at commits sin hes the Deivil for faither, for the Deivil is a sinner frae the beginnin. It wis tae ondae what the Deivil hed dune at the Son o God kythed on the yird.

Nae son o God commits sins: what he hes frae God's begettin ey bides in him, an sin he downa, because he is a son o God. This will lat ye ken brawlie the childer o God bi the childer o the Deivil: nae-ane at disna what is richt hes God for faither, mairbitaiken nae-ane at luvesna his brither. "Luve ye ilk ither" wis the commaund laid on ye frae the beginnin. We warna tae be like Cain, that gett o the Ill Ane at felled his brither. An what gart him dae that, na? Juist at he wis an ill-daein, an his brither a weilldaein, man!

Ferliena, brether, gin the warld hates ye. We ken at we hae passed owre frae daith tae life, because we luve the brether. Him at luvesna bides ey in daith. Ilkane at hates his brither is a murtherer, an weill ken ye at nae murtherer hes eternal life bidin in him. We ken what luve is frae Christ's layin doun his life for us;

an sae we, for our pairt, behuive tae lay doun our lives for the brether. But gin a weill-gethert man sees a brither in need, an steiks his hairt tae pítie, hou can we trew at onie luve o God bides in his hairt?

Bairnies, latna our luve be frae the teeth outwith: lat us luve ilk ither frae the hairt, an in deeds! Gin sae we dae, we will dout nane at we ar childer o the trowth, an we will set our consciences at saucht afore God, gin they condemn us for ocht: atweill God is gryter nor our consciences, an kens aathing!

Dear friends, whan our consciences condemns-us-na, we needsna be feared tae seek ocht o God, an he will een gíe us what we seek, because we ar keepin his commaunds an daein what pleises him. His commaund is at we suid lippen til the name o his Son Jesus Christ an luve ilk ither, conform til Christ's commaund. The man at keeps God's commaunds bides in God, an God in him; an the pruíf at he bides in us is the praisence ithin us o the Spírit at he hes gíen us.

4 Dear friends, ye maunna lippen ilka spírit. Tak them aa throu haunds, tae see gin they ar frae God, for fauss prophets monie feck hes gane out frae 'mang us intil the warld. This gate ye s' ken the Spírit o God: gin a spírit confesses at Jesus Christ hes come in bluid an bane, it is frae God; an a spírit at confessesna that isna frae God. That is the spírit o Antichrist; ye war tauld at he wis tae come, an here he is i the warld else. Bairnies, ye ar childer o God, an ye hae waured the Antichrists, because the pouer a-wurkin in ye is stairker nor the pouer a-wurkin i the warld. They ar childer o the warld, an they speak the warld's leid, an sae the warld hairkens them. We ar childer o God. Him at kens God hairkens us, an him at isna a child o God hairkens-us-na. That gate we ken the true spírit bi the spírit at is fauss.

DEAR FRIENDS, LAT us luve ilk ither, for luve is o God, an ilkane at luves is a son o God, an kens God. Him at luvesna hes ne'er kent God, for God is luve. God kythed his luve til us bi sendin his ae Son intil the warld, at we micht hae life throu him. That luve isna onie luve o ours for God: it is his luvin us an sendin his Son as the expiâtion for our sins.

Dear friends, gin God hes luved us sae dearlie, we behuive tae luve ilk ither. Nae man hes e'er seen God, atweill: but gin we luve ilk ither, God bides in us, an our luve o him is aa at luve o God suid be. That we bide in him, an he in us, we ken frae his gíein us a skare o his Spírit. Mairatowre, we beir witness frae what we hae

seen wi our ain een at the Faither hes sent his Son tae be the
sauviour o the warld. Gin a man confesses at Jesus Christ is the
Son o God, God bides in him, an he in God. Sae we ken an lippen
til the luve at God hes for us.

God is luve; an him at bides in luve bides in God, an God in
him. What maks luve perfyte in us is this, at it frees us o aa dreid
on the Day o Juidgement, an that is sae because een nou i this
warld we ar sic as he is. (There isna a haet o fear in luve: upò the
contrair, perfyte luve casts out fear, for fear hes ey the thocht o
pounishment[2] in it. A man at is afeared hesna perfyte luve.) We
luve him because he first luved us. A man wi an ill-will at his
brither at says, "I luve God", is a líar. Hou can a man at luvesna
his brither, at he hes seen, luve God, at he hesna seen? We hae his
commaund, mairowre, at a man at luves God maun luve his
brither as weill.

ILKANE AT TREWS at Jesus is the Christ is a child o God, an onie- 5
ane at luves the faither maun luve the child. Sae we ken at we
luve God's childer whan we luve God an obay his commaunds;
for luvin God is keepin his commaunds. An thae commaunds isna
a sair lade tae beir; for ilkane at hes God for his faither owrecomes
the warld. What hes gíen us our victorie owre the warld is our
faith: deed, nae ither can owrecome the warld but him at trews at
Jesus is the Son o God!

This is him at cam bi watter an bluid, Jesus Christ: no wi the
watter alane, but wi the watter an the bluid. An the Spírit is the
witness, because the Spírit is the trowth. For there is three wit-
nesses—the Spírit, the Watter, an the Bluid; an they gíe the same
witness, thir three. We accèp the witness o men, but the witness o
God is wechtier bi faur an awà; an this witness at we hae is God's
witness, the testimonie he hes borne anent his Son. Him at
belíeves i the Son o God hes that witness in ithin himsel. Him at
misbelíeves God maks him a líar, because he misbelíeves God's
testimonie anent his ain Son.

That testimonie is at he hes gíen us eternal life, an at that life
is his Son. Sae him at hes the Son hes life, an him at hesna the
Son hesna life.

I HAE SCRIVEN ye this gate, ye at lippens til the name o the Son
o God, at ye may dout nane at ye hae eternal life in your aucht.

This is the confidence at we hae in him: gin we seek ocht o him
at is conform til his will, he hairkens us. Gin we ken at he hairkens

us, be it what it may at we seek, we ken at we needs but seek ocht o him, an it is ours.

Gin onie-ane sees a brither committin a sin at isna a deidlie sin, he suid pray for him, an God will graunt the sinner life, sae-beins it isna a deidlie sin. (There is sic a thing as deidlie sin, an I'm no sayin he suid pray for siclike. In course aa wrang-daein is sin: but no aa sin is deidlie.) We ken at nae child o God sins; the Son o God keeps him sauf out o the Ill Ane's clauchts. The haill warld lies i the pouer o the Ill Ane, but, whatreck, we ken at we ar childer o God.

We ken, mairowre, at the Son o God hes come an gíen us the wit tae ken him at is rael: deed, we ar in him at is rael, sin we ar in his Son, Jesus Christ. This is the true God, at is eternal life. Bairns, tent ye weill fauss gods!

JOHN'S SAICOND LETTER

THE ELDER TAE the Eleck Leddie an her childer, at I luve in trowth—an no me alane, but aa them forbye at kens the trowth—because o the trowth at bides in us, an will een be wi us for iver: Grace, mercie, an peace will be wi us frae God, the Son o the Faither, in trowth an luve.

I WIS HAIRT-GLED tae finnd childer o yours lívin i the trowth conform til the commaund we hae gotten frae the Faither. An nou I am tae beg ye, Leddie—it is nae new commaund I am gíein ye i this scríeve, but juist the commaund we hae haen frae the first—at we luve ilk ither. Luve is lívin conform til his commaunds; his commaund, as ye hae been tauld frae the first, is at ye suid airt your lives bi luve.

Monie fauss teachers hes gane outowre the warld, men at haudsna wi the comin o Jesus Christ i the flesh. That is the heidmark o the Fauss Teacher an Antichrist. Tak tent at ye lossna your laubours,[1] but ar peyed the haill wauge ye hae airned.

Naebodie at birzes yont an laes the doctrine o the Christ ahent him hes God, but him at bides bi that doctrine hes baith the Faither an the Son. Gin onie-ane comes til ye, an bringsna that doctrine, bid-him-na atowre your doorstane, nor gíe-him-na sae muckle as "Fair guid-een" an "Fair guid-day"; for gíe him as muckle as that, an ye mak yoursels airt an pairt in his ill wark.

I HAE MONIE thing tae say til ye, but I wad líefer no bleck paper wi them. I am howpin tae come owrebye an hae a speak wi ye face tae face, sae at our joy may be perfyte.

Your eleck sister's childer sends ye their weill-wisses.

JOHN'S THIRD LETTER

THE ELDER TAE dear Gaius, at I luve in trowth: My dear Gaius, I pray at ye may keep weill an bíen, thrivin in aathing, as I ken ye ar thrivin in saul. I wis hairt-gled tae hae brether comin an tellin us hou leal ye ar tae the trowth, an lívin your haill life i the trowth. Naething maks me mair blyther nor hearin at my bairns is lívin i the trowth.

IT IS LEAL wark, dear fríend, what ye ar daein for the brether, the mairbitaiken at they ar fremmit fowk tae ye. They tauld us aa about your kindness tae them at a kirk-meetin here, an nou it will be kindlie dune o ye tae set them forrit on their road in a mainner wurdie o God. They tuik the gate for the sake o the Name, ontaen a plack frae the haithen; an we behuive tae intertein aa siclike, an sae help tae forder the trowth.

I wrate twa-three lines tae the congregâtion, but Díotrephès, at is fain tae be the stang o the trump, winna awn me. A-weill, whan I come, I s' hae something tae say o the things he is daein. He miscaas an líes on us; an, as that wisna eneuch, he winna walcome brether frae ither kirks himsel, an henders them at wad, an casts them out o the Kirk.

Takna paittren o ill, dear fríend, but o guid. Him at dis guid is o God: him at dis ill hesna seen God.

Demetrius gets a guid name frae aabodie, an the trowth itsel speaks weill o him. He hes our guid wurd, tae; an ye ken at onie wurd o ours is tae lippen til.

I HAE MONIE thing tae say tae ye, but I wad líefer no pit them doun in wreat on paper. I am howpin tae see ye shortlins, an than we s' hae a twa-haundit crack.

Peace be wi ye! Our fríends here sends ye their weill-wisses. Gíe ilkane o our fríends owrebye ours.

---

a Yet maugre sic exemples thir men een gangs the same gate R: *ut supra*, L.
b at is weirdit tae end their stravaigins i the iverlestin mirk R [οἷς ὁ ζόφος τοῦ σκότους εἰς αἰῶνα τετήρηται]: for whilk black mirkness hes been keepit for iver an ey L.

JUDE'S LETTER

JUDE, A SERVAN o Jesus Christ, an brither o Jeames, tae them at hes been caa'd, them at is luved bi God an keepit for Jesus Christ: May mercie an peace an luve be gíen ye afouth!

I WIS FOND, an I wis ettlin, dear fríends, tae scríve ye something anent our common salvâtion, but isteid I finnd nou I maun wrate an exhort ye tae fecht in defence o the faith at hes been lippent aince for aa tae the saunts. For a curn ongudelie men at auld buiks tells us will hae their duim tae dree hes cruppen in stownlins amang ye, ill-daers at maks o the grace o God a líshence for debosherie, an miskens our ae Maister an Lord, Jesus Christ.

Weill-a-wat ye ken it aa else, but I want tae mind ye at hou, whan he hed saufed his fowk out o Egyp, the Lord efterhin destroyed them at belíevedna, an hou, whan the angels quat the wark he hed gíen them tae dae, an forhoued the place he hed gíen them tae won in, he cuist them intil the nether mirk, there tae bide in cheins or the Juidgement o the Lang Day. An a like warnishment ye hae in Sodom an Gomorrah an the ither touns there-awà; for they, tae, gíed themsels up til huredom an onnaitural lusts, an nou they dree the dronach in iverlestin fire. ᵃBut aa that hendersna thir men tae gang the same gate: liftit up wi their dreams, they suddle their bodies, set authoritie at nocht, an miscaa the glorious dwallers in heiven. An yet Michael the Archangel himsel, whan he thrawed wi the Deil owre Moses' corp, dauredna miscaa the Ill Ane, but onlie said, "*The Lord rebuik ye.*"

Thir men miscaas aathing at owregangs their uptak, an oniething they hae kennin o bi the senses, like the brute beass, sairs but tae drive them the Gray Gate. Black is the hinnerend bidin them: they hae taen the road o Cain; they hae ramstammed intil the will-gate o Bâlaam for the sake o gain; they hae contert God like Korah, an made his duim their ain.

Thir men fyles your luve-sippers wi their shameless gilravagin; herds ar they at fothers nane but themsels; cluds soopit alang bi the winds at comesna doun on the yird in rain; trees wantin frute at the hint o hairst, twice deid, ruggit up bi the ruits; wud jaws o the sea faemin wi a fousome fraith; gangrel stairns ᵇfor whilk the blackness o dairkness hes been keepit for iver an ey.

Thir men wis amang them at Enoch, the seivent in descent frae Aidam, spaed o, whan he said, "Behaud, the Lord hes come wi his halie menyie by tellin, tae gíe juidgement on aa men, an tae convick aa the ongudelie o aa their ongudelie deeds they hae wrocht wi ongudeliness, an aa the stour wurds ongudelie sinners hes spokken again him."

They ar girners, thir men, ey channer-channerin at their faa; they airt their lives bi their desires; they ar ey blawin an blowstin, but will beck an beinge tae fowk, whan there is onie fore tae be gotten o'd. But ye, dear friends, suid bring tae mind what the Apostles o our Lord Jesus Christ said tae ye in days bygane: "I the henmaist times," they tauld ye, "there will be geckers at airts their lives bi their ain desires."

Thir is the men at fallows divísive courses; warldlie sauls, wantin the Spírit. But ye, dear friends, maun mak your maist halie faith the found o your lives an haud on at the prayin i the Halie Spírit, an sae keep yoursels i the luve o God, as ye wait on the day whan our Lord Jesus Christ in his mercie will bring ye intil eternal life. Perswaud them at hes douts an swithers o their error; cleik ithers out o the fire an sauf them; ithers again ye maun dreid an evíte,[1] uggin een the sin-smittit claes o them.

NOU, TIL HIM at dow keep ye frae stoiterin an set ye sakeless an rejoicin forenent his glore, til the ae God, our Sauviour throu our Lord Jesus Christ, be glore an maijestie, maucht an authoritie, afore aa time, an nou, an for iver an ey!

JOHN'S REVELATION

THIS IS A revelâtion gíen bi God tae Jesus Christ, at he micht **1**
shaw his servans things at is shortlins tae come tae pass.
Jesus sent his angel an made it kent til his servan John; an
John hes here borne witness tae this wurd o prophecie an testi-
monie o Jesus Christ an sotten doun aathing at he saw in his
vísion.

Seilie is the reader o the wurds o this prophecie, an seilie is the
hearers at keeps mind o what is written i the same; for the day an
the hour is nyhaund.

JOHN TIL THE Seiven Kirks o Asia: Grace be wi ye an paice
frae Him at is an at wis an at is tae come, frae the Sciven
Spírits at staunds afore the Throne, an frae Jesus Christ, the
leal an soothfast witness, the first-born frae the deid, an lord o
the kings o the yird!

Til him at luves us an skailed his life's bluid tae lowse us frae
our sins, an hes made us a kinrick o príests tae sair his God an
Faither— til him be glore an domínion for iver an ey, âmen!

> *Behaud, he is comin amang the clouds,* an ilk ee *will see him:*
> ay, een them *at broddit him* will see him,
> an his comin will gar *aa the tribes o the yird*
> *mak murn an maen.*

Een sae will it be, âmen!

"I am Alpha an Omega," qo God the Lord, "him at is an at wis
an at is tae come, the Almichtie."

I, JOHN, YOUR brither, at skairs your ill-gydin, your kinrick, an
your endurement in Jesus, wis i the Isle o Patmos for preachin
God's Wurd an beirin witness tae Jesus. On the Lord's Day I fell
in a dwaum o the spírit, an I hard a voice aback o me, loud as a
blast on the horn, sayin: "Scríve doun aa at ye see intil a buik, an
send it tae the Seiven Kirks o Ephesus, Smyrna, Pergamum,
Thýatíra, Sardis, Phíladelphia, an Lâodícea."

I turnt about tae see whase wis the voice at spak til me, an whan
I hed turnt, I saw seiven goulden lamps, an [a]thair i the mids

---

[a] ane like a son o man i the mids o them R: *ut supra*, L

o them ane *like a son o man*. He *wis cled in a side sairk, at cam doun til his cuits*, an a *goulden* girdle wis about his breist. *The hair o his heid wis like snaw-white* oo, *an his een like* lowes o *fire; his feet wis like clair bress* noo frae the furnace, *an his voice like the rowt o a river in spate*. In his richt haund he huid seiven stairns, an a shairp, twa-edged swuird cam furth o his mouth; an his face it shíned like the sun at the hicht o his strenth.

Whan I saw him, I cloitit doun at his feet like a corp. But he laid his richt haund upò me an said, "Binna fleyed. I am the First an the Lest; I am the Lívin Ane, for, tho I wis deid, see, nou I am in life for iver an ey; an I haud the keys o deith an the place o the deid!

"Scríve ye, than, what ye hae seen, what is nou, an what is tae be in time tae come. As til the hodden meanin o the seiven stairns at ye saw in my richt haund, an the seiven goulden lamps —the seiven stairns is the Angels o the Seiven Kirks, and the seiven lamps is the Seiven Kirks.

2 § "Til the Angel o the Kirk at Ephesus scríve ye this: Thir is the wurds o him at hauds the Seiven Stairns in his richt haund an gangs back an fore amang the Seiven Goulden Lamps.

"I ken aa ye hae dune, your tewin an tyauvin an your endurement, an hou ye canna bide ill-daers, but hae taen them at caas themsels apostles an isna throu haunds an faund them líars. Troth, ay, ye ar tholemuidie, an monie a dree ye hae bidden for my sake, an no gíen owre for tire. But I hae this tae brag ye for, at ye luve nae mair as ye luved at the first. Think, than, hou faur ye hae faan, an repent an dae again as ye did at the first; or than, gin ye repentna, I will come an shift your lamp frae its lerroch. Still an on, ye ar tae ruise for this, at ye ugg the Nícolâitans' gates, at I ugg mysel.

"Lat him at hes lugs in his heid hairken what the Spírit says til the Kirks: Tae him at wins i the fecht I will gíe freedom til ait the frute o the Tree o Life, at grows i the Gairden o God.

§ "Til the Angel o the Kirk at Smyrna scríve ye this: Thir is the wurds o him at is the First an the Lest, at díed an cam back tae life.

"I ken your ill-gydin an your puirtith—ay, but ye'r rich for aa!—an hou ye ar sclauriet bi them at threaps they'r Jews an arna Jews avà, but a Sýnagogue o Sautan. Binna frichtit for the drees at's bidin ye. Belyve the Deivil will cast some o ye intil príson,

at your faith may be preived; an ye will dree sair ill-gydin a
whilock. But haud ye leal, tho it brings ye deith; an I will gíe
ye the Croun o Life.

"Lat him at hes lugs in his heid hairken what the Spírit says
tae the Kirks: Him at wins i the fecht winna tak nae skaith o
the Saicond Deith.

§ "Til the Angel o the Kirk at Pergamum scríve ye this: Thir
is the wurds o him at hauds the Shairp, Twa-Edged Swuird.

"I ken whaur ye dwal. It is whaur Sautan hes his throne: but
ye haud fest til my name frithàt, an ye disavou'dna your faith in
me een i the days o Antipas, my witness, my leal ane, at wis
pitten tae deid thair i your toun, whaur Sautan hes his dwallin.
But I hae something tae brag ye for. Ye hae amang ye some at
hauds til the teachin o Bâlaam, him at shawed Bâlak hou tae set
a girn for the Childer o Israel an wyse them on til ait mait offert
til ídols an ^bhure. Sae ye, tae, hae some at hauds i the samelike
wey til the teachin o the Nícolâitans. Repent, than; or than I
will come wi speed an mak war on them wi the swuird o my
mouth.

"Lat him at hes lugs in his heid hairken what the Spírit says
til the Kirks: Til him at wins i the fecht I will gíe o the hodden
manna; an a white peible forbyes will I gíe him, an on the peible
a noo name written, at nae-ane kens binna him at is gíen it.

§ "Til the Angel o the Kirk at Thýatíra scríve ye this: Thir is
the wurds o the Son o God, at hes *eeh like* lowes o *fire an feet like
clair bress* noo frae the furnace.

"I ken aa ye hae dune, your luve an your faith, your guid
service an your endurement, an hou ye hae dune een mair i thir
henmaist days nor ye did at the first. But I hae this tac brag ye for,
at ye lae that wuman Jezabel tae ging her ain gate, her at caas
hersel a prophetess, an wi her fauss teachin lairns my servans tae
^chure an ait ídols' mait. I gíed her time tae repent, but she winna
repent an gíe owre her ^dhurin. Sae nou I am tae cast her on a bed
o pyne an bring sair dree on her lemans, gin they repentna an
gíe owre the ill wark she hes taucht them; an her bairns I will
ding them deid. Syne will aa the Kirks ken at I am him at rypes
the hairts an the benmaist thochts o men, an will rewaird ilkane
o ye conform til his deeds. But as for the lave o ye at hesna taen

---

^b commit furnicâtion R [πορνεῦσαι].   ^c furnicâtion R [πορνεῦσαι].
^d furnicâtion R [πορνείας].

up this teachin, an kens nocht o their 'deep things o Sautan'—I
will lay nae noo birn on your backs: onlie haud ye fest what ye
hae, or I come.

"Til him at wins i the fecht an dis my biddins til the hinnerend
I will gíe authoritie owre *the haithens*, the same as I hae gotten
frae my Faither—

> *an he will gyde them wi a wand o airn*
> *an ding them asmash like piggs;*

an forbyes I will gíe him the Stairn o the Dawin. Lat him at hes
lugs in his heid hairken what the Spírit says til the Kirks!

3 § "Til the Angel o the Kirk at Sardis scríve ye this: Thir is the
wurds o him at hes the Seiven Spírits o God an the Seiven
Stairns.

"I ken aa ye hae dune, an hou ye ar habit an repute in life, but
in truith ar deid. Wauk ye up, an pit fusion in aa at is ey on life,
tho like tae díe; for I finnd ye mank in aa at God requíres o ye.
Mind, than, hou gledlie ye gat an hard the Wurd at the first, an
foryet-it-na nou, but repent. Gin ye winna wauk, I will come upò
ye like a thíef, an ye winna ken nane the hour o my comin.
Houanabee, ye hae ey in Sardis an antrin saul at hesna suddelt
his claes, an sic will gang wi me cleadit in white; for they ar
wurdie.

"Him at wins i the fecht will be cleadit in white graith, an
ne'er will I strick his name out o the Buik o Life, but will own
him for mine afore my Faither an his angels. Lat him at hes lugs
in his heid hairken what the Spírit says til the Kirks!

§ "Til the Angel o the Kirk at Phíladelphia scríve ye this: Thir
is the wurds o the Halie an True Ane—

> him at hes *the Key o Dauvit*,
> *an doors at he apens nane may steik,*
> *an doors at he steiks nane may apen.*

"I ken aa ye hae dune—see, I hae set afore ye an apen door at
nane dow steik—for, tho your pouer is smaa, ye hae bidden leal
tae my Wurd, an haena disavou'd my name. Sae nou I am tae
gíe ye some o Sautan's Sýnagogue, thae líars at threaps they'r
Jews an isna Jews avà—ay, I will gar them come an bou doun at

your feet an lairn at I hae taen ye tae my hairt. I baud ye haud
steive in dree, an ye hae keepit my commaund; an I will een
keep ye sauf frae the time o trial at is tae faa on the haill warld for
the preivin o aa at dwalls on the yird. I am comin afore it is lang:
haud fest what ye hae, an lat nae-ane twine ye o your croun!

"Him at wins i the fecht I will mak a stoup i the temple o my
God, an ne'er will he quat it; an I will write on him the name o
my God an the name o the cítie o my God, the Noo Jerusalem,
at comes doun out o heiven frae my God, an my ain noo name.
Lat him at hes lugs in his heid hairken what the Spírit says til
the Kirks!

§ "Til the Angel o the Kirk at Lâodicea scríve ye this: Thir is
the wurds o the Amen, the leal an soothfast witness, the beginnin
o God's creâtion.

"I ken aa ye hae dune, an I wat ye ar naither cauld nor het. O
gin ye war aither cauld or het! But nou, because ye ar lunk, an
naither het nor cauld, I will spew ye out o my mouth. 'I am
rich,' ye say: 'ay, I hae made rich, an want for nocht!' Na,
deed: for aa ye see-it-na, a pítifu vratch, wantin siller an sicht an
claes, that's een what ye ar! Sae this is the rede I gíc ye: buy o me
gould purified i the fire tae mak ye rich, an white claes tae clead
ye in an hod the shame o your nakitness, an ee-saw tae straik on
your een an gíe them sicht. Aa them at I luve I cow an chastíse;
sae binna ye ill-less guid-less nae mair, but repent. See, here I
staund chap-chappin at the door; gin onie-ane hears my voice an
apens the door, I will ging inbye an tak my sipper wi him, an
him wi me.

"Til him at wins i the fecht I will gíe a sait at my side on my
throne, een as I wan i the fecht an tuik my sait aside my Faither
on his throne. Lat him at hes lugs in his heid hairken what the
Spírit says til the Kirks!"

S YNE I HED anither vísion. Thair in heiven I saw a door 4
staundin apen; an the voice I hed hard afore speakin loud as
a blast on the horn said tae me, "Come up here, an I will
shaw ye what maun come til pass ᵉin time tae come."

Strecht I fell in a dwaum o the spírit, an thair in heiven I saw a
throne, an ane saitit upò it. He leamed wi the leam o cornelian

ᵉ here-efter R: in time tae come L.

an jasper, an aa round the Throne wis a broch o emerald green. Round the Throne wis ither fowr an twintie thrones; an on them fowr an twintie elders wis sittin, ſilkane o them cleadit in white, an a goulden croun on his heid. Flauchts o fire an dinnles o thunder cam furth o the Throne, an burnin afore it wis seiven lamps, the Seiven Spírits o God. Forenenst the Throne there wis like a sea o gless, clair as cristal; an atween an the Throne an round it[1] wis fowr baists, fu o een, afore an ahent. *The First* Baist wis like *a lion; the Saicond* wis like *a yung bill; the Third* hed *a face* like *a man's; an the Fowrt* wis like *an aigle* flíein. *Ilkane* o the Fowr Baists hed *sax wíngs*, an aa round, baith ithout an ithin[2], they war fu o een, an ne'er linned they a blink, day or nicht, sayin:

> "*Halie, halie, halie is God the Lord, the Almichtie,*
> him at wis an at is an is tae come!"

As affen as the Baists gae glorie an honour an thenks til him at sat on the Throne, him at líves for iver an ey, the Fowr an Twintie Elders fell doun afore him at sat on the Throne an wurshipped him at líves for iver an ey, an cuist doun their crouns afore the Throne, sayin:

> "Thou is wurdie, our Lord an God,
> tae receive glore an honour an pouer,
> because thou made aathing,
> an bi thy will aathing wis an wis made!"

5   Syne I saw at him at sat on the Throne huid a buik-row in his richt haund. It hed write on ilka side, an wis sealed wi seiven seals. An I saw an angel, stairk an strang, at wis cryin wi a loud stevven: "Wha's wurdie til apen the Row an brak its Seals?" But there wis nae-ane in heiven or on the yird or aneth the yird docht apen the Row an luik inside it.

I fell ablirtin an cownin at there wis nae-ane tae be fund wurdie til apen the Row an luik inside it. But ane o the Elders said til me, "Greitna: the Lion o Clan Judah, the Shuit[3] o Dauvit, hes wan i the fecht; he will apen the Row an its Seals."

Syne atween[4] the Fowr Baists about the Throne an the Elders I saw a lamb staundin, at luikit as it hed been felled. He hed seiven horns an seiven een, whilk is the Seiven Spírits o God sent furth

---

ſ aa cleedit in white an wi goolden crouns on their heids R: *ut supra*, L.

outowre the haill yird. He cam forrit an tuik the Buik-row out o
the richt haund o him at sat on the Throne, an whan he hed taen
it, the Fowr Baists an the Fowr-an-Twintie Elders fell doun afore
him. Ilkane o them hed a hairp an a goulden bowl lip-fu o incense,
whilk is the prayers o the Saunts, an they war singin a noo sang:

> "Thou is wurdie til tak the Buik
>   an brak the Seals,
>   because thou wis felled an wi thy bluid
>   coft [g]sowls for God
>   out o ilka clan an leid, ilka peiple an nation,
>   an made them a kinrick o priests til sair our God;
>   an they sal ring owre the yird."

Syne in my vision I hard the voice o an ondeemous thrang o
angels at stuid round the Throne, the Baists, an the Elders. There
wis ten thousand times ten thousand an thousands upò thousands
mair o them, an they war cryin wi a loud stevven: "Wurdie is
the Lamb at wis felled til receive pouer an walth an wisdom an
micht an honour an glore an blissin!" An ilka creâtit thing i the
lift an on the yird an aneth the yird an upò the sea, an aathing at
is in them, I hard them cryin: "Til him at sits on the Throne, an
the Lamb, be blissin an honour an glore an dominion for iver an
ey!" An the Fowr Baists said "Amen"; an the Elders fell doun an
wurshipped.

§ Syne in my vision, whan the Lamb brak ane o the Seiven Seals, **6**
I hard ane o the Fowr Baists sayin in a voice like a dinnle o
thunder, "Come!" I luikit, an thair afore my een wis a white
horse, an his rider cairriet a bow, an he wis gien a croun an rade
awà, a conqueror, an til conquer.

§ Whan the Lamb brak the Saicond Seal, I hard the Saicond
Baist cry, "Come!" An a reid horse cam furth, an his rider wis
gien pouer tae tak awà paice frae the yird an gar men slauchter
ilk ither; an he wis gien a muckle swuird.

§ Whan he brak the Third Seal, I hard the Third Baist sayin,
"Come!" An I luikit, an afore my een wis a black horse, an his
rider hed a bauk in his haund. Syne I hard like a voice i the mids

---

[g] sauls R: *but cp. ablò,* 6.9, 18.13.

o the Fowr Baists sayin, "A haill dairgar's wauge for a quart o whyte, an a haill dairgar's wauge for three quarts o bere: but blaudna the uilie an the wine!"

§ Whan he brak the Fowrt Seal, I hard the voice o the Fowrt Baist sayin, "Come!" An I luikit, an thair afore my een wis a pailie horse, an the name o its rider wis Deith. *h*The Lord o the Gane-Awà Laund gaed at his side, an pouer wis gíen them tae fell wi the swuird an faimin an the pest, an bi the wild baists o the yird.

§ Whan he brak the Fift Seal, I saw ablò the Altar the sowls o them at hed been slain for lealness til the Wurd o God an faithfu witnessin. They war cryin wi a loud stevven, "Hou lang maun it be, Lord an Maister halie an true, or thou brings the dwallers on the yird tae juidgement an taks amends o them for skailin our bluid?" Syne ilkane o them wis gíen a white goun, an they war bidden bide quait a whilock langer, or the nummer o their fallow-servans an brether at wis tae be slain wis complete.

§ Whan he brak the Saxt Seal, what I saw wis this: there wis an awesome yirdquauk; the sun turned as black as buiral blacks, an the muin aa as reid as bluid; the stairns i the lift fell tae the yird like fegs at draps frae the tree afore their time in a gell o wind; the lift rowed up like a buik an eelied awà, an ilka hill an island wis shiftit out o its lerroch; the kings o the yird, the gryte nobles an captains, the rich an the michtie—ay, aa men, baith slave an free—they derned themsels intil weems an craigs, *cryin til the hills an the craigs*, "Faa on us, an *hod us* frae the sicht o him at sits on the Throne, an the wraith o the Lamb, for the gryte day o their wraith is come, an wha will can bide the bensil?"

7   Efterhin I saw fowr angels staundin at the Fowr Nuiks o the Yird, haudin back the Fowr Winds o the Yird, sae as nae wind suid blaw on laund or sea, or on onie tree. Syne I saw anither angel risin up frae the aist wi the Seal o the Lívin God cairriein, an he cried wi a loud stevven til the Fowr Angels at hed been gíen the pouer tae skaith laund an sea.

"Skaithna ye laund or sea or treen," he cried, "afore we hae markit the *i*brous o the servans o the Lívin God wi his Seal!"

---

h The Lord o the Nether Warld R [ὁ ᾅδης]: Hades/The Lord o the Gane-awa Laund/ Nether Warld/The Graff L.

i (foreheids)/brous R: foreheids/brous—use whichever suits rhythm best L.

Than I hard the soum o them at wis markit wi the Seal, an there wis a hunder an fortie-fowr thousand markit out o aa the Clans o the Childer o Israel:

twal thousand frae Clan Judah wis markit,
twal thousand frae Clan Reuben,
twal thousand frae Clan Gad,
twal thousand frae Clan Asher,
twal thousand frae Clan Naphthalí,
twal thousand frae Clan Manasseh,
twal thousand frae Clan Símeon,
twal thousand frae Clan Leví,
twal thousand frae Clan Issachar,
twal thousand frae Clan Zebulon,
twal thousand frae Clan Joseph,
twal thousand frae Clan Benjamín.

Efter this I luikit, an thair afore my een wis a michtie thrang ontellin o ilka nation an clan, ilka peiple an leid. They war staundin afore the Throne an the Lamb, buskit in white gouns, an wi paum-granes intil their haunds, an wi a loud stevven they cried: "Salvâtion comes frae our God, at sits on the Throne, an the Lamb."

The Angels stuid round the Throne an the Elders an the Fowr Baists, an they flang themsels doun on their faces afore the Throne an wurshipped God, sayin, "Amen! Blissin an glore, wisdom an thenks-gíein, honour an pouer an micht, be til our God for iver an ey!"

Syne ane o the Elders tuik speech in haund an said til me, "Thir at is buskit in white, wha ar they, an whaur cam they frae?"

"It is ye kens that, my lord," I answert.

"Thir is them," qo he, "at is come throu the ⅉDays o Dree an wuishen their gouns an made them white i the bluid o the Lamb. That is hou they staund afore the Throne an sair him day an nicht in his temple, an him at sits on the Throne will mak his wonnin amang them.

> *Hunger nor thrist will they dree* nae mair
> *nor nae mair will the sun strick them,*
> *nor onie scoutherin hait,*

ⅉ the time o dree R [τῆς θλίψεως τῆς μεγάλης]: gryte affliction/Dreesome Days/time o dree/days o dree L.

For the Lamb at is atween an⁵ the Throne
will herd them an wyse them
til the springs o the Watters o Life;
an God will dicht awà
ilka tear frae their een."

8 § Syne he brak the Seivent Seal, an efter that aa wis sílence in heiven for about the space o a hauf-hour.

THAN I SAW seiven horns gíen til the Seiven Angels at staunds afore God. Syne anither angel cam an stuid at the Altar wi a goulden censer cairriein, an incense afouth he wis gíen til eik tae the prayers o aa the Saunts an offer on the Goulden Altar afore the Throne; an belyve the smeik o the incense gaed up frae the Angel's haund alang wi the prayers o the Saunts. Than the Angel tuik the censer an fulled it wi aizles frae the fire on the Altar an cuist it on the grund; an there fallowt binners o thunder an flauchts o fire an a yirdquauk. Syne the Seiven Angels at hed the seiven horns made reddie tae blaw them.

§ Whan the First Angel blew his horn, a storm o hail an fire ming'd wi bluid wis cuissen on the yird; an a third pairt o the yird an a third o aa the treen an ilka pile o green girss wis burnt up.

§ Whan the Saicond Angel blew his horn, like a muckle hill aa alowe wis cuissen intil the sea; an a third pairt o the sea turnt intil bluid, an a third o aa the lívin things i the sea díed, an a third o the ships wis wrackit.

§ Whan the Third Angel blew his horn, a muckle stairn like a glozin fir fell doun frae the lift; an it fell on a third o the rivers, an on the springs o watter. The name o the stairn is Wurmwuid; an a third pairt o the watters wis turnt intil wurmwuid, an monie feck díed o drinkin the watter, at wis aa turnt strounge.

§ Whan the Fowrt Angel blew his horn, a third pairt o the sun an a third pairt o the muin an a third o the stairns wis strucken an gaed mirk; an licht there wis nane for a third pairt o the day, an the same at nicht. Syne in my vísion I hard an aigle flíein híe i the lift an cryin wi a loud stevven, "Wae, wae, wae for the dwallers

on the yird, whan the blasts is blawn at the Three Angels is nou
tae blaw on their horns !"

§ Whan the Fift Angel blew his horn, I saw a stairn at hed faan　9
frae the lift tae the yird, an he wis gíen the key o the shaft at gaes
doun til the Howe Pat; an he apent the shaft, an smeik cam up
frae the shaft like the reik frae a muckle kil', an the smeik frae
the shaft it mirkit the sun an the air. Out o the smeik cam a cloud
o locusts, at flew outowre the yird. They war gíen the pouer tae
stang at scorpions hes, but war bidden no skaith the girss on the
yird, nor onie green thing, nor onie tree, nor ocht avà but sic men
as hedna the kenmark o God on their brous. They warna tae kill
thir men, but tae pyne them sair five month wi the pyne a man
finnds whan a scorpion stangs him. I thae days men will seek
deith, an no finnd it; they will grein tae díe, an deith will ey jouk
them.

Thir locusts wis like horses graithed for battle: on their heids
wis like crouns o gould; their faces wis like the faces o men, their
hair like the hair o weimen, an their teeth like the teeth o lions.
They hed kists like breist-plates o airn, an the sound o their wíngs
wis like the brattle o a thrang o horses an chairiots rushin intae
battle. They hed tails like the tails o scorpions, an stangs i their
tails at gae them their pouer tae dae men skaith for five month.
They hed the Angel o the Howe Pat as king owre them; Abaddon
is his name i the Hebrew, Apollyon he is caa'd i the Greek.

The First Wae is by: ither twa is ey tae come.

§ Whan the Saxt Angel blew his horn, I hard a voice comin out
o the fowr knags o the Altar at staunds afore God. It said til the
Saxt Angel, him at huid the horn, "Lowse the fowr angels at is
hauden bund at the Gryte River Euphrâtès !"

Sae the Fowr Angels wis lowsed at wis waitin reddie for the
hour o the day o the month o the year whan they war tae kill a
third o mankind. I hard the nummer o the horsemen i their
airmies, an it wis twa hunder million. An this is what the horses
an their riders at I saw in my vísion wis like: the riders hed
breist-plates o reid an blue an yallow, an the horses' heids wis
like lions' heids, an out o their mous cam fire an smeik an
brunstane. Bi thir three plagues—the fire an the smeik an the
brunstane—a third o mankind wis killed. The horses' pouer tae
kill is i their mous an forbyes i their tails; for their tails is like
ethers an ends in ethers' heids, an wi them they wurk skaith.

The lave o mankind—them at wisna killed bi thir plagues—turntna awà frae the things they hed wrocht wi their haunds an devauledna wurshippin deils an ídols o gould an siller an bress an stane an wuid, at can naither see nor hear nor ging; nor they gaena owre their wark o murther an sorcerie, *k*hurin an thift.

10 Syne I saw anither angel, a michtie ane, comin doun frae heiven. He wis happit in a cloud, an a rainbow wis about his heid; his face wis like the sun, an his legs wis like pillars o fire, an he hed a wee smaa buik apen in his haund. He stelled his richt fit on the sea an his left fit on the laund, an loot an unco cry, like the rair o a lion; an efter his cry the Seiven Thunders made their voices hard.

I wis gaein awà tae scríve doun what the Seiven Thunders hed said, whan I hard a voice sayin out o heiven, "Seal up what the Seiven Thunders said eenou: scríve-it-na doun."

Than the Angel at I hed seen staundin on the sea an the laund

liftit up his richt haund til heiven an swuir
this aith bi him at lives for iver an ey,
the Makker o heiven an yird an sea
an aathing at is in them:

"Nou, there will be nae mair delay," he swuir; "whan the time comes, an the Seivent Angel blaws the blast he is tae blaw on his horn, than strecht will God's hodden purpose come tae fufilment, een as he tauld his servans the Prophets, whan he gae them the Guid Tidins."

The voice I hed hard speakin out o heiven afore nou spak again: "Awà," it said tae me, "an tak the Buik liggin apen i the haund o the Angel at is staundin on the sea an the laund." Sae I gaed awà til the Angel an socht the Wee Smaa Buik o him.

"Tak it," qo he, "an ait it; it will be as gustie as hinnie in your mou, but will turn sour on your stamack." Sae I tuik the Wee Smaa Buik out o the Angel's haund an aitit it, an it wis as gustie as hinnie in my mou, but efter I hed aiten it, it turnt sour on my stamack.

Syne they said tae me, "Ye maun prophesíe again about the
11 peiples an nations an leids an kings monie feck." / I wis gíen a sprot like an ellwand, wi thir wurds: "Up an mett the Temple o God, an the Altar, an count the wurshippers intil it. Lae out

---

k furnicâtion R [πορνείας].

the yaird outwith the Temple in your meisurin: ye maunna mett hit, because it hes been gíen owre til the haithens, an they will stramp the Halie Cítie aneth their feet for the space o twa-an-fortie month. I will gar my Twa Witnesses prophesíe throu the haill o thae twal hunder an saxtie days, cleadit in harn gouns.

"Thir Witnesses is the twa olive-treen an the twa lamps at staunds afore the Lord o the Yird. Gin onie-ane o their faes offers tae skaith them, fire comes furth o their mous an conshumes him: ay, lat onie-ane seek tae skaith them, an een sae will he díe, for a certaintie! Thir twa hes the pouer tae steik the lift an hender rain tae faa aa the time o their prophesíein; an they hae the pouer forbyes tae turn the watters intil bluid an strick the yird wi onie plague onie time they hae a mind. Whan they ¹ar throu wi their witness-beirin, the Baist at comes up frae the Howe Pat will fecht wi them an will waur them an kill them. Their corps will ligg i the street o the gryte cítie at is caa'd bi the Prophets Sodom an Egyp, the cítie whaur their Lord wis crucifíed. For three an a hauf days men o ilka peiple an clan, ilka leid an nation, will glower at their corps, an no lat them be laid in a graff. The dwallers on the yird will be liftit up an haud it hairtie owre them an niffer propines, because thir Twa Witnesses gart them dree sair pyne."

Whan the three an a hauf days wis by, God sent the breith o life intil them, an they strechtit tae their feet; an sair dreid fell on them at saw the sicht. Syne the Twa Prophets hard a loud voice sayin til them out o heiven, "Come ye up here"; an they gaed up til heiven in a cloud afore the luikin een o their faes. I that same maument there wis a fell yirdquauk, at dang doun a tent pairt o the cítie. Seiven thousand fowk tint their lives, an the lave wis uncolie fleggit, an gae glorie til the God o heiven.

The Saicond Wae is by: the Third will be here bedeen.

§ The Seivent Angel than blew his horn, an strecht voices wis hard sayin loud in heiven, "The kinrick o the warld hes become the kinrick o our Lord an his Christ; an he will ring for iver an ey." Than the Fowr-an-Twintie Elders at sits on their thrones afore God flang themsels agrouf an wurshipped him, sayin:

> "Lord God Almichtie, at is an at wis,
>   we thenk thee at thou hes taen

---

¹ war R [ὅταν τελέσωσιν].

> thy gryte pouer intil thy haunds
>   an begoud thy ring:
> the haithens wis frenned, but nou
>   the day o thy wraith hes comed,
> whan the deid will be juidged,
>   an thou will mak up
> thy servans the Prophets, the Saunts,
>   an them at fears thy name, smaa an gryte,
>   an destroy the destroyers o the yird."

Syne the Temple o God in heiven wis laid apen, an the Airk o his Covenant wis seen ithin its waas; an there fallowt flauchts o fire an dinnles o thunder, a yirdquauk an a fell on-ding o hail.

12 AN NOU THERE kythed an unco ferlie in heiven—a wuman cleadit i the sun, an the muin wis aneth her feet, an on her heid wis a croun o twal stairns. She wis boukit, an skirlt out wi the sair pyne o her birth-thraws. Than anither ferlie kythed in heiven—a muckle reid draigon, at hed seiven heids an ten horns, an on ilka heid a croun. His tail soopit a third o the stairns frae the lift an cuist them doun on the yird.

The Draigon stuid forenenst the Wuman at wis about tae bring furth a bairn, ettlin tae wirrie the bairn, whaniver she buir it. She brocht furth a man-bairn, at is weirdit *tae herd the nations wi an airn wand*; but her bairn wis claucht up tae God, richt up til his throne, an hersel she fled intil the desert til a place at God hed prepared for her, whaur she will be tentit for twal hunder an saxtie days.

An nou a war wis focht in heiven atween the Draigon an Michael wi his angels; an, fecht as the Draigon an his angels micht, win the owrance he dochtna. [m]Bole nor bore coud they finnd in heiven tae dern in; an that muckle Draigon, the auld-time Serpent, kent bi the names o Deivil an Sautan, at mislairs the haill warld, wis cuissen doun on til the yird, an his angels wis cuissen doun wi him.

Than I hard a voice sayin loud in heiven:

> "Nou hes salvâtion come frae our God,
>   at hes kythed his kinglie pouer
>   an estaiblished the authoritie o his Christ;

[m] but wis driven furth o the bounds o heiven, him an his angels. Sae *R*: *ut supra, L.*

for the accuser o our brether, at accused them
　　day an nicht afore God,
　hes been cuissen doun out o heiven.

The bluid o the Lamb an the witness they buir
　　hes gíen them the victorie
　　　owre their fae;
　　for they lichtliet life
　　　an dreiditna deith.

Be ye blythe for this, O heiven
　　an aa ye dwallers in heiven!
But wae for the yird an the sea,
　　because the Deivil hes gane doun tae ye
　　in sair teen, kennin his time is short!"

Whan the Draigon faund himsel cuissen doun on til the yird, he set efter the Wuman at hed fuishen hame the man-bairn. But the Wuman wis gíen twa gryte aigle's wíngs, sae at she coud flíe awà til her bíeld i the desert, whaur she wis tae be tentit, ayont the reak o the Deivil, for a year, twa year, an a hauf-year. Syne the Ether spewed like a river o watter outen his mouth efter the Wuman tae soop her awà in its spate. But the yird cam til her help, an apent its mouth an swallowt up the river at the Ether hed spewed outen his mouth. Sae wud wis the Draigon at the Wuman for that at he gaed awà tae mak war on the lave o her childer, them at keeps the commaundments o God an beirs leal witness tae Jesus.

He tuik up his stance on the saunds by the sea.

SYNE I SAW a baist comin up out o the sea at hed ten horns an **13** seiven heids, an on ilka horn a croun, an on ilka heid a blasphemous name. It wis like a lippart, this baist at I saw, but hed feet like a bair's, an a mou like a lion's. The Draigon gíed it his ain pouer an throne, an gryte authoritie. Ane o its heids luikit as gin it hed been strucken a deidlie straik, but for aa the wound wis hailed. Aa the warld gaed ferliein efter the Baist, an men wurshipped the Draigon, because he hed gíen it his ain pouer an throne, an gryte authoritie. An they wurshipped the Baist an aa, sayin:

　　"Whaur's the marrow o the Baist?
　　Wha dow fecht again it?"

It wis gíen a mou tae blowst an blaspheme wi, an freedom tae dae the same for the space o twa-an-fortie month. Sae it apent its mouth an spak blasphemies again God, miscaain his name an his heivenlie bidin.[6] It wis gíen líshence, mairowre, til mak war on the Saunts an owrecome them, an domínion forbyes owre ilka clan an peiple, ilka leid an nation. Aa the dwallers on the yird will wurship it, binna sic as hes haen their names inrowed, frae the warld begoud, i the slauchtert Lamb's Buik o Life.

Lat him at hes lugs in his heid hairken:

Him at is tae ging tae príson,
   tae príson he s' een ging;
an him at is tae be felled bi the swuird,
   bi the swuird he s' een be felled.

That is the time for the Saunts til haud steive in dree an be strang in faith.[7]

SYNE I SAW anither baist comin up out o the yird. It hed twa horns like a lamb's, but a voice like a draigon's. It exerced the pouers o the First Baist afore its ain een an gart the yird an aa the dwallers on the yird wurship the First Baist, at cowred the deidlie straik. It wrocht unco ferlies, een garrin fire come doun frae the lift on til the yird afore the luikin een o men. Wi the ferlies it wis looten dae afore the Baist's een it glaikit the dwallers on the yird an ordert them tae set up an ímage o the Baist at hed the blain o the swuird-straik, but wis in life for aa. It wis alloued forbyes tae pit the breith o life intil the ímage o the Baist, sae at it spak like a bodie an caused pit tae deid aa sic as wurshippedna the ímage. Mair an atowre, it gart ilkane, smaa an gryte, rich an puir, freeman an slave, be markit wi a birn aither on his richt haund or on his brou; an syne nae-ane micht coff or sell but them at hed this birn—aither the name or the nummer o the Baist.

Here there is need o wit. Lat them at hes smeddum rackon up the nummer o the Baist. It is the nummer o a man; an his nummer is sax hunder an saxtie-sax.

14 SYNE I LUIKIT, an thair afore my een wis the Lamb staundin on Munt Zion, an wi him a mengie o a hunder an fortie-fowr thousand, at hed his name an the name o his Faither written on their brous. Than I hard a sound comin out o heiven like the rair o a watter in spate, an a dunnerin dinnle o thunder. The sound at I hard wis like as hairpers wis playin on their hairps; an they war singin a noo sang afore the Throne an the Fowr Baists an the Elders. Nane coud lairn that sang but the hunder an fortie-fowr thousand redeemed o mankind. Thir is men at fyledna themsels wi weimen, but ey bade chaste, an nou they ar the Lamb's mengie at gaes wi him whauriver he gaes. They hae been redeemed as the first-frutes o mankind for God an the Lamb. Nae fausset wis fund i their mous; there is nane can wyte them wi ocht.

Syne I saw anither angel fliein hie i the lift, wi an iverlestin Gospel tae proclaim tae them at wons on the yird, til ilka nation an clan, ilka leid an peiple. He wis cryin wi a loud stevven, "Fear ye God, an gie him glorie, for the hour o his Juidgement hes come; wurship ye him at made the lift an the yird, the sea an the springs o watter!"

Efter him cam anither, a saicond, angel, cryin, "Faan doun, faan doun is Babylon the Gryte, at gart aa the nations drink the fairce an fierie wine o her [n]hure's wark."

Efter thir twa cam anither, a third, angel, cryin wi a loud stevven, "Ilkane at wurships the Baist an its image an beirs its birn on his brou or his haund will drink the wine o God's wraith poured out onming'd i the caup o his gram, an will dree tormènt wi fire an brunstane afore the halie Angels, an afore the Lamb. The reik o the fire an brunstane will gae up for iver an ey, an them at wurships the Baist an its image, or beirs the birn o its name, will hae nae easedom, day nor nicht, frae their pyne!"

Than's the time for the Saunts til haud steive in dree, the Saunts at keeps the commaundments o God, an bides leal tae Jesus.

Syne I hard a voice out o heiven sayin, "Scrive ye this: Happie is the deid at dies i the Lord frae this time forrit! 'Happie atweill,' says the Spirit; 'nou may they rest frae their laubours, for the guid deeds they hae dune gaes wi them!'"

Again I luikit, an thair afore my een wis a white cloud, an ane like a son o man wis sittin on the cloud, wi a goulden croun on his heid, an a shairp heuk in his haund. Than anither angel cam out o the Temple an cried wi a loud stevven til him at sat on the cloud, "Pit in your heuk an shear, for the yird's crap is ripe, an the time for shearin is come!" Sae him at sat on the cloud pat in his heuk outowre the yird, an its crap wis shorn.

[n] furnicâtion R [πορνείας].

Syne anither angel cam out o the Temple in heiven wi a shairp heuk intil his haund, een as the ither; an anither angel, the Angel at hes the Gydin o Fire, cam out o the Altar an cried wi a loud stevven til the Angel at hed the Shairp Heuk, "Pit in your heuk an gether the grapes o the yird's vine-yaird, for the bunches is ripe!" Sae the Angel at hed the Heuk raxed it furth outowre the yird an gethert the grapes i the vine-yaird o the yird an cuist them intil the gryte wine-fat o the Wraith o God; an whan they war strampit i the wine-fat outwith the cítie, bluid poured fruth outowre the yird for twa hunder mile as deep as cam up tae the horses' bridles.

15 SYNE I SAW anither ferlie in heiven, a fell an awesome ferlie— seiven angels wi seiven plagues, the henmaist plagues o aa, for wi them the Wraith o God comes til an end.

I saw like a sea o gless an fire, an staundin aside it them at hed focht an waured the Baist an its ímage an the nummer o its name. Wi the hairps o God i their haunds, they sing the sang o Moses, the servan o God, an the sang o the Lamb, an thir is the wurds o their hyme:

> Gryte an winderfu is thy warks,
>   Lord God Almichtie;
> richteous an true is thy gates,
>   thou King o the Nations!
> Wha winna fear thee, O Lord,
>   an glorifíe thy name?
> Thou alane is halie, an aa the nations
>   will come an wurship afore thee,
> because thou hes kythed
>   thy richteous juidgements.

Efter this, as I luikit, I saw the Temple o the Tabernacle o the Testimonie apen; an the Seiven Angels at hed the Seiven Plagues cam furth, cleadit in linnen, clean an sheen, an wi goulden girdles about their breists. Syne ane o the Fowr Baists gae the Seiven Angels seiven goulden bowls fulled wi the Wraith o God, at líves for iver an ey; an the Temple wis fulled wi smeik frae the glorie o God an his pouer, sae at nae-ane coud ging intil it or the Seiven Plagues i the haunds o the Seiven Angels hed dune their wark.

SYNE I HARD a loud voice cryin til the Angels out o the Temple, **16**
"Awà an tuim out the Seiven Bowls o God's Wraith on the
yird!"

§ Sae the First Angel gaed an tuimed his bowl out on the yird;
an ilkane at hed the birn o the Baist an wurshipped its image wis
strucken wi an ugsome, etterin sair.

§ The Saicond Angel tuimed his bowl intil the sea; an it turnt
intae bluid like the bluid o a corp, an ilka livin thing i the sea died.

§ The Third Angel tuimed his bowl out on the rivers an the
springs o watter; an they turnt intil bluid. Than I hard the Angel
o the Watters sayin:

> "Thou is juist, thou Halie Ane, at is an at wis,
>   i thir juidgements o thine;
>   for they skailed the bluid o the Saunts an Prophets,
>   an weill it sairs them at thou hes gien them
>   bluid tae drink."

An I hard the Altar sayin: "Atweill, Lord God Almichtie, thy
juidgements is true an juist!"

§ The Fowrt Angel tuimed out his bowl on the sun; an it wis
gien the sun tae scouther mankind wi fierie hait, but for aa men
wis scouthert wi an awesome hait, they banned the name o God,
at gydit thir plagues, an repentit nane, nor gied him glorie.

§ The Fift Angel tuimed out his bowl on the Baist's throne, an
mirkness cam doun owre aa its kinrick; an men chackit their tungs
for pyne an banned the God o heiven for their pynin an their
sairs, but for aa repentit nane o their sins.

§ The Saxt Angel tuimed out his bowl on the Gryte River
Euphrâtès; an its watter dried up, tae mak redd a gate for the
Kings o the Aist. Syne I saw three foul spirits, like puddocks,
come out o the mouth o the Draigon an the mouth o the Baist
an the mouth o the Fauss Prophet. Thir is ferlie-wurkin spirits o
deivils; an nou they gaed furth outowre the haill yird tae seek
the Kings an bring them aa thegither for battle on the Gryte Day
o God Almichtie. ("Tak tent, I am comin like a thief! Happie is

the man at is waukin an hesna tirred, sae at he winna hae tae ging about mither-nakit afore men's een!") Sae the Spírits brocht the Kings aa thegither i the place caa'd, i the Hebrew leid, Armageddon.

§ The Seivent Angel tuimed out his bowl on the air; an a loud voice cam out o the Throne i the Temple, sayin, "It is aa bihaund!" Than there cam flauchts o fire an binners o thunder an a frichtsome yirdquauk, sic as ne'er hed been frae man first kythed on the yird—na, ne'er the like o it! The Gryte Cítie sindert in three, an the cíties o the haithen sank doun intae ruckles; an God mindit on Babylon the Gryte an gart it drink o the caup at is fu o the wine o his gram. Ilk island flittit awà frae its place, an the hills wis nae mair tae be seen i their lerrochs. A storm o hail, ilka stane hauf a bow o bere (less or mair) in wecht, daudit doun frae the lift on men; an they banned God for the plague o hail, for a dooms fell plague it wis.

17 ANE O THE Angels at hed the Seiven Bowls cam an spak tae me: "C'wà here," said he, "an I s' shaw ye the juidgement on the Gryte Hure-Queyn at sits on monie watters. The Kings o the Yird hes ᵒhured wi her, an the dwallers on the yird hes made themsels ree wi the wine o her hure's wark."

Sae he cairriet me awà i the Spírit intil a desert; an thair I saw a wuman sittin on a scarlet baist at wis kivert aa owre wi blasphemous names an hed seiven heids an ten horns. Hersel she wis cled in purpie an scarlet, an dinkit out wi gould an jowels an pairlins, an she huid in her haund a caup at wis fu tae the lip wi laithfu things an the filth an fulyie o her hure's wark. On her foreheid wis written a saicret name:

BABYLON THE GRYTE
THE MITHER O HURES
AN O AA THE LAITHFU THINGS
ON THE YIRD

I saw at the Wuman wis drunk wi the bluid o the Saunts an the bluid o them at gae their witness for Jesus. I ferliet sair at the sicht o her, but the Angel said tae me, "What gars ye ferlie? I

ᵒ furnicate R [ἐπόρνευσαν].

will tell ye the saicret o the Wuman an the Baist wi seiven heids
an ten horns at she is ridin.

"The Baist at ye saw wis an isna, but belyve it will come up
frae the Howe Pat, an syne tak the gate tae perdítion. Aa the
dwallers on the yird at hesna their names written i the Buik o
Life frae the warld begoud will ferlie whan they see the Baist at
wis an isna, but is tae kythe again.

"Here there is need o wit an smeddum. The seiven heids is the
Sciven Hills on whilk the Wuman is saitit. But forbyes they ar
seiven Kings. Five o thir Kings is faan, an ane o them rings eenou.
The ither ane is ey tae come; an whan he comes, he winna bide
lang. The Baist at wis an isna, he is an echt King, but for aa that
he is ane o the Seiven as weill, an he is tae tak the gate tae per-
dítion. The ten horns at ye saw is ten Kings at hesna yit begoud
tae ring, but they ar tae bruik kinglie authoritie for ae short hour
alang wi the Baist. They ar aa o ae mind, an will haund owre
their pouer an authoritie tae the Baist. Thir Kings will ᵖmak weir
on the Lamb; an the Lamb, wi them at his back, ilkane a man
caa'd an waled an leal, will ding them, because he is Lord o
Lords, an King o Kings."

Than the Angel said tae me, "The watters at ye saw, whaur the
Hure is saitit, is peiples an multitudes, nations an leids. The ten
horns at ye saw, an the Baist, will tak an ill-will at the Hure; an,
whan they hae tirred her o her claes an aathing, they will ait her
flesh an burn her banes in aiss. For God hes pitten it intil their
hairts tae execute his ettle, bi greein thegither an gíein owre
their kinglie pouer tae the Baist till sic time as God's wurds is
fufilled.

"The Wuman at ye saw is the Gryte Cítie at's Queen owre aa
the Kings o the Yird."

EFTER THIS I saw anither angel comin doun out o heiven. He wis **18**
cled in gryte authoritie, an the yird wis lichtit up wi the shíne o
his glorie. Wi a michtie stevven he cried:

> "Faan doun, faan doun is Babylon the Gryte!
> She hes become the howff o deivils,
> the haud o ilka onclean spírit, the bíeld
> o ilka fousome an laithfu bird.

ᵖ {gae tae war/(fecht)} wi the Lamb, an the Lamb wi his airmie o men caad an waled an
leal will waur them *R*: {mak weir on/gae tae war wi} the Lamb, an the Lamb wi them
at his back, ilkane a man caad an waled an leal, will {owrecome/vincuss/ding} them *L*.

For aa the nations hes drunk
o the fairce an fierie wine o her [q]hure's wark;
the Kings o the Yird hes hured wi her,
an the merchans o the yird hes made rich
out o the walth o her wantonness."

Syne I hard anither voice sayin out o heiven:

"Come ye furth o her, my fowk,
sae ye binna airt nor pairt in her sins,
an kep nae skaith frae the plagues
at is nou tae faa on her:
for her sins raxes up til heiven,
an God hes haen mind o her ill-daeins.

Gar her as guid—ay, gar her dree
the double o aa she hes dune,
an brew her a browst double the strenth
o the browst brewn bi hersel for ithers!

Mak her thole tormènt an dule as gryte
as her pridefu voustin an wantonness;
because she hes said in her hairt, 'I sit here a Queen,
an nae wídow am I: dule will I pree nane.'
Therefore in ae day will her plagues come on her,
deith an dule an dairth, an burnt she will be in aiss;
for michtie is the Lord God, at hes duimed her!

The Kings o the Yird at [r]hured an gavaulled wi her will mak murn an maen, whan they see the reik o her burnin. Staundin a lang gate awà for dreid o her tormènt,

'Alackanee, alackanee,' they will say,
'for the Gryte Cítie,
Babylon, the michtie cítie:
in ae short hour
your duim hes come on ye!'

The merchans o the yird will murn an mak maen for her, because nae-ane coffs their frauchts nae mair—their frauchts o gould an

[q] furnicâtion . . . furnicate *R* [*πορνείας . . . ἐπόρνευσαν*].
[r] (gavault an furnicâtit)/furnicâtit an leeved in wantonness *R* [*πορνεύσαντες καὶ στρηνιάσαντες*].

siller an jowels an pairlins, fine linnen an purpie gouns an silk an
scarlet claith, wi aa kin o fragrant wuids an aathing at is wrocht
in ivorie an dairthfu wuid, forbyes bress an airn an marble waur;
cinnamon, tae, an spice, incense an ointment an Indian rozit,
wine an uilie, fine flour an whyte, nowt an sheep an horse-baists
an cairrages: ay, an the bouks an the sowls o men!

> The maumie frutes at your sowls ey greined for
>   is aa gane frae ye;
>   your grandur an your braivitie—
>   ye hae tint it aa,
>   tint it aa for aince an ey!

The merchans at sauld thir things an made fortuns aff her will
staund a lang gate awà for dreid o her pyne an tormènt, murnin
an makkin maen, an sayin:

> 'Alackanee, alackanee for the Gryte Cítie,
>   at wes cled in fine linnen an purpie an scarlet,
>   an dinkit out wi gould an jowels an pairlins:
>   in ae short hour
>   aa that walth hes perished!'"

Syne ilka steerman an traivler bi sea, ilka sailor an aa them at
líves aff the sea, stuid a lang gate awà an cried out, as they luikit
at the reik o her burnin, "Whaur hed e'er the Gryte Cítie her
marrow?" They cuist stour on their heids, an murned an made
maen, sayin:

> "Alackanee, alackanee for the Gryte Cítie,
>   whaur aa at hes ships on the sea
>   made rich aff her walth:
>   in ae short hour
>   she hes been tirred
>   bare o aathing!
>   Be ye blythe owre her faa, thou heiven
>   an ye Saunts an Apostles an Prophets,
>   for God hes taen the mends o her
>   for your wrangs!"

Syne a stairk angel liftit a bullet the bouk o a millstane an cuist
it doun intil the sea, sayin:

"Een sae, an wi siccan a cast,
  will Babylon, the Gryte Cítie,
    be cuissen doun,
  an nocht iver mair be seen o her.

Niver mair will maisic o hairper an minstrel,
^spiper an horn-blawer, be hard in ye.

Niver mair will treddsman o onie tredd be fund in ye,
nor din o grinndin millstane be hard in ye.

Niver mair will licht o lamp shíne in ye,
or voice o bridegroom an bride be hard in ye.

For your merchans war the gryte men o the yird,
an ye led aa the nations ajee wi your sorcerie.

In her wis fund the bluid o the Prophets an Saunts—
ay, the bluid o aa at iver wis slain on the yird!"

19 EFTER THIS I hard like the sound o an unco thrang cryin in heiven:

"Hallelujah! Salvâtion an glore an pouer
    belangs til our God,
  for his juidgements is true an richteous.
    He hes juidged the Gryte Hure,
  at smittit the haill yird wi her hure's wark,
    an taen mends o her
    for the bluid o his servans.
  Hallelujah!" aince mair they cried;
    "the reik o her burnin gaes up
      for iver an ey!"

Syne the Fowr-an-Twintie Elders an the Fowr Baists flang themsels doun an wurshipped God, ^tsittin thair on his Throne, sayin, "Amen, hallelujah!"

OUT FRAE THE Throne cam a voice, sayin: "Praise our God, aa ye his servans, ye at fears his name, baith smaa an gryte!" Than I hard like the voice o an unco thrang

---

^s flute-player R [αὐλητῶν].
^t at sits on the throne R: ut supra, ticked, L.

an the din o monie watters an the dunner o dinnlin thunder,
cryin:

"Hallelujah! The Lord our God, the Almichtie,
 hes taen possession o his Kinrick!
  Lat us be blythe an rejoice
   an gíe him glorie,
because the mairrage-day o the Lamb hes come,
 an his Bride is there, aa buskit an boun:
buskit an boun, bi the fauvour o heiven,
  in a dress o fine linnen,
   clean an sheen!"

Her fine linnen is the richteous deeds o the Saunts.

Than the Angel said tae me, "Scríve ye this: Happie is them
at is bidden tae the Waddin Banqet o the Lamb!"

Syne he said, "That is a true wurd o God at I am comin owre
tae ye." At that I flang mysel doun at his feet for til wurship him.
But he said tae me, "Na, na, dae nae sic a thing: I am nae mair
an a fallow-servan o yoursel an your brether at beirs witness tae
Jesus. Wurship nane but God. Them at beirs witness tae Jesus
speaks wi the Spírit at speaks i the Prophets."

SYNE HEIVEN WIS apen afore my een, an I saw a white horse, an
on it a rider caa'd Leal-an-True, at juidges wi juistice an fechts for
the richt. His een lowed like fire, an monie crouns wis on his
heid; a name wis inscrived upò him at is kent tae nane forbyes
himsel. His cleadin wis droukit in bluid, an the name at he beirs
is the Wurd o God. At his back rade the Airmies o Heiven
muntit on white horses an cled in fine linnen, white an clean. A
shairp swuird cam out o his mou, wi whilk tae ding the haithens;
for it is him *will herd them wi a cruik o airn* an stramp the grapes o
Almichtie God's fairce Wraith i the wine-fat. On his cleadin an
his thíe wis written the títle:

KING O KINGS

&

LORD O LORDS

Syne I saw an angel staundin on the sun, an he cried wi a loud

stevven til aa the birds fliein hie i the lift: "Come, gether ye here
for God's Gryte Banqet! Come an ait the flesh o kings an captains
an dochtie men, the flesh o horses an their riders, the flesh o aa
kin o men, free an slave, smaa an gryte!"

Than I saw the Baist an the Kings o the Yird wi their airmies
aa gethert for battle wi him at sat on the horse an his airmie. The
Baist wis fangit i the fecht, an wi it the Fauss Prophet at wrocht
ferlies afore his Maister an led ajee them at hed taen the birn o
the Baist an wurshipped its image. Thir twa wis cuissen, ey in life,
i the Lochan ableeze wi lowin brunstane. Aa the lave wis felled
wi the swuird at comes furth o the mouth o the rider on the
horse; an aa the birds steched wi the flesh o their carcages.

20 Syne I saw an angel comin doun out o heiven wi the key o the
Howe Pat an an unco thing o a chein in his haunds. He grippit
the Draigon, at is nae ither an the auncient Serpent at is caa'd the
Deivil an Sautan, an bund him fest for a thousand year. Syne he
cuist him doun intil the Howe Pat an steikit an sealed the mouth
o it owre him, sae at he michtna lead the nations ajee nae mair, or
a thousand year wis by; for efter that he maun be lowsed for a
whilock.

SYNE I SAW a wheen thrones; an, as I luikit, them at wis gien the
pouer tae juidge sat doun on them. I saw the sowls o them at hed
been heidit for beirin witness tae Jesus an uphaudin the Wurd o
God, them at hedna wurshipped the Baist or its image, or taen its
birn on their foreheids or haunds. Thir nou cam back tae life, an
rang wi Christ for a thousand year: but the lave o the deid camna
back tae life or the thousand year wis by. This is the First Resur-
rection, an happie an halie is them at hes pairt in it! The Saicond
Deith downa skaith them, an they will be priests o God an
Christ an ring wi Christ throu the thousand year.

Whan the thousand year is come til an end, Sautan will be
looten out o his prison, an will gae furth tae lead ajee the nations
at bides i the Fowr Nuiks o the Yird, Gog an Mâgog, an gether
them thegither for battle in nummers ontellin as the saund bi the
sea. They cam up an gaed outowre the haill breid o the yird an
beset the camp o the Saunts an God's weill-luved citie. But fire
cam doun outen the lift an conshumed them. The Deivil, at hed
led them ajee, wis cuissen intil the Lochan o Fire an Brunstane
tae neibour the Baist an the Fauss Prophet an dree tormènt day
an nicht for iver an ey.

Syne I saw a mickle white throne, an him at sat on it; an

heiven an the yird fled awà frae his face, an hilt nor hair wis left o them[8]. Than I saw the deid, gryte an smaa, staundin afore the Throne. Buiks wis apent, an syne anither buik wis apent, the Buik o Life, an the deid wis juidged frae that whilk wis written i the buiks, ilkane conform til his deeds. The sea gíed up its deid, an Deith an the Lord o the Nether Warld gíed up the deid at wis wi them; an ilkane wis juidged conform til his deeds. Than Deith an the Lord o the Nether Warld wis cuissen intil the Lochan o Fire. This castin intil the Lochan o Fire is the Saicond Deith; an intil the Lochan wis cuissen ilkane at his name wisna fund written i the Buik o Life.

SYNE I SAW a noo heiven an a noo yird, for the auld heiven an **21** the auld yird wis awà, an sea there wis nane onie mair. I saw the Halie Cítie, Noo Jerusalem, comin doun out o heiven frae God, buskit an boun like a bride dinkit out for her husband. Than I hard a loud voice cryin frae the Throne: "Nou is God's bidin wi men, an he will bide wi them, an they will be his peiple. God himsel will won wi them, an will dicht ilka tear frae their een; there will be nae mair deith, nor dule, nor cries o wae, nor pyne, for the auld warld is by wi."

Syne him at sat on the Throne spak: "See, I am makkin aathing noo," he said. An again, "Scríve ye the wurds I am nou tae speak; they ar siccar an true." Syne he said: "It is aa bihaund. I am Alpha an Omega, the Beginnin an the End. Him at is thristie I will een lat waucht the Watter o Life at the spring, an seek nae peyment o him. Him at wins i the fecht will hae thir things for heirskip, an *I will be his God, an he will be my son.* But couarts an the onfaithfu, pilshachs an murtherers, hurers an sorcerers, ídolators an aa kinkind o líars, will hae their portion i the Lochan o Bleezin Fire an Brunstane, whilk is the Saicond Deith."

Syne ane o the Seiven Angels at hed the Seiven Bowls lippin wi the Seiven Henmaist Plagues cam an spak tae me: "C'wà here," he said, "an I s' shaw ye the Bride, the Wife-tae-be o the Lamb!"

Wi that he cairriet me awà til a gryte híe muntain; an frae there he shawed me the Halie Cítie, Jerusalem, comin doun out o heiven frae God, an the glorie o God about it. The shíne o it wis like the shíne o a braw jowel—a jasper, it micht be—as clair as cristal. It hed a waa, híe an braid, aa round it, an twal ports i the waa; an ilka port hed an angel stanced aside it, an the name o ane o the Twal *Clans o the Childer o Israel* graven on it. *There wis three*

*ports on the aist side, three on the north, three on the south, an three
on the wast.* The waa o the Cítie hed twal foundstanes; an on
them wis graven the twal names o the Twal Apostles o the
Lamb.

The Angel at spak wi me hed a goulden wand for mett-stick
tae mett the Cítie an its waa an ports wi. The Cítie is fowr-
nuikit, an as braid as it is lang; an whan he meisurt it wi his wand,
it wis fund tae be twal hunder mile⁹ ilka wey. The hicht o it is the
same as the lenth an the breid. Syne he mettit the waa; an the
hicht o it wis a hunder an fortie-fowr cubits in our meisur, whilk
the Angel wis yuisin. The waa wis biggit o jasper, an the Cítie
wis o fine gould, clair as clair gless. The foundstanes o the waa wis
wrocht in ilka kind o jowel. The first foundstane wis a jasper, the
saicond a sapphire, the third a chalcedonie, the fowrt an emerald,
the fift a sardonyx, the saxt a sard, the seivent a chrýsolíte, the
echt a beryl, the nint a topaz, the tent a chrýsoprase, the eleivent
a jacinth, the twalt an amethyst. The twal ports is twal pairls; an
ilka port is made o ae ane pairl.

Temple I saw in it nane, for the Lord God Almichtie an the
Lamb is its Temple. Nae need hes the Cítie o sun or muin tae
shíne on it, for the glorie o God lichtens it, an the Lamb is its
lamp. The nations will ging bi its licht, an the Kings o the Yird
will bring their braw treisurs intil it. Its ports will ne'er be steikit
bi day; an nicht there s' be nane tae mirk it. They will bring the
braw treisurs an walth o the nations intil it, but nocht at is
onclean will e'er win ithin its yetts, nor nae-ane at is fousome or
fauss in his weys o daein, but alanerlie them at their names is
written i the Lamb's Buik o Life.

22　Syne he shawed me the river o the Watter o Life flowin out o
the Throne o God an the Lamb, skinklin like cristal. It flowed
doun the mids o the híe-gate, an *on ivrie side grew a Tree o Life* at
beirs frute twal times in a towmond, *ae crap ilka month, an leafs
at brings hailin* til the nations. There will be nae banned thing
intil it. The Throne o God an the Lamb will be in it, an his
servans will wurship him an behaud his face, an his name will be
on their foreheids. There will be nae mair nicht, an nae need will
they hae o licht o lamp or licht o sun, for the Lord God will shed
licht upò them, an they will ring for iver an ey.

Than he said tae me, "Thir wurds is siccar an true: the Lord
God at speaks throu the Prophets sent his Angel tae lat his servans
ken the things at maun come tae pass afore lang gaes by. Tak
tent: I am comin bedeen!"

HAPPIE IS HIM at heeds the wurds o prophecie intil this Buik! It is me, John, at hard an saw thir things; an whan I hed hard an seen them, I cuist mysel doun at the feet o the Angel at shawed me them, for til wurship him. But he said tae me, "Na, na: dae nae sic a thing; I am nae mair an a fallow-servan o yoursel an your brither prophets an aa them at heeds the wurds i this buik. Wurship nane but God."

Syne he said tae me, "Sealna up the wurds o prophecie at is intil this buik, for the weirdit hour is naurhaund. Lat the ill-daein man haud on wi his ill-daein, an him at is fyled wi his fylin himsel; lat the weill-daein man haud on wi his weill-daein, an the halie man wi his halie lívin. Tak tent: I am comin bedeen; an I am comin tae pey ilkane guid or ill conform til his deeds. I am Alpha an Omega, the First an the Lest, the Beginnin an the End. Happie is them at washes clean their robes! They will hae free access tae the Tree o Life, an ingress intil the Cítie throu the ports. But for them at líves nae better nor messans, for sorcerers an hurers, for murtherers an ídolators an aa sic as is fain o fausset an líes, there s' ne'er be nae in-gate avà!

"I, Jesus, hae sent ye my Angel tae gíe ye this wurd for the Kirks. I am the Shuit an Affspring o Dauvit, the glentin Stairn o the Dawin. The Spírit an the Bride say, 'Come!' Lat ilkane at hears answer, 'Come!' Lat him at is thristie come; lat ilkane at wisses *waucht the Watter o Life lawin-free!"

TIL ILKANE AT hears the wurds o prophecie i this Buik I, for my pairt, gíe this warnishment: gin onie-ane eiks ocht tae them, God will eik til his ills the plagues at hes been descrived i this Buik; an gin onie-ane taks awà frae the wurds o prophecie i this Buik, God will tak awà frae him his faa i the Tree o Life an the Halie Cítie at hes been descrived i this Buik.

Him at beirs witness says, "Atweill, I am comin bedeen!"
Amen, come, Lord Jesus!
The grace o the Lord Jesus be wi ane an aa!

---

u drink o the watter o life *ithout cost* R [λαβέτω ὕδωρ ζωῆς δωρεάν]: *stigmatísed, as here italicísed.*

APPENDICES

APPENDIX I : *Spuria*

MARK 16.9–20

⟦EFTER HE HED risen frae the deid air i the mornin o the first day of the ouk, he kythed first tae Mary o Magdala, frae wham he hed cuissen out seiven ill spírits. She gaed an tellt his auld feres, wham she faund murnin an greitin: but whan they hard her say at he wis in life, an hed been seen bi her, they believed-it-na.

Neist he shawed himsel in anither mak tae twa o them as they war traivlin fieldwart, an the twasome gaed back an tellt the lave: but they warna believed aithcrins.

A while efter, he shawed himsel til the haill Elciven as they lay at the buird, an repree'd them for their dour, thrawn onbelíef in no lippnin them at hed seen him risen frae the deid.

"Gae ye out," qo he, "athort the haill warld an preach the Gospel til ane an aa. Him at belíeves will be saufed, an him at belíevesna will be damned. Whauriver belíevers gangs, thir míracles will gae wi them: in my name they will cast out ill spírits; they will speak in leids at they kentna afore; they will lift ethers i their haunds, an gin they drink poison, they will tak nae skaith o'd; they will lay their haunds on sick fowk an mak them better."

Efter he hed spokken this gate til them, the Lord Jesus wis taen up intil heiven an tuik his sait on the richt haund o God; an the disciples gaed furth an preached aaweys, the Lord wurkin wi them an roborâtin their wurds wi the míracles he gart gang wi them.⟧

JOHN 7.53/8.11

⟦SYNE THEY AA gaed their waas hame. / But Jesus gaed awà **8** tae the Hill o Olives.

Gin day-daw he wis back i the Temple, whaur the haill fowk cam til him, an he leaned him doun an taucht them. Belyve the Doctors o the Law an Pharisees brang til him a wuman at hed been fund committin adulterie an set her there afore them aa.

"Maister," they said til him, "this wuman hes been catched i the verra ack o committin adulterie. Moses laid doun i the Law at siclike weimen wis tae be staned tae deith: what's your thocht?"

This wis a girn; they war seekin something tae faut him wi. But Jesus loutit doun an begoud scríevin on the grund wi his finger. Whan they keepit on speir-speirin at him, he strauchtent himsel an said tae them, "Lat him amang ye at hes ne'er sinned nane clod the first stane at her." Syne he loutit doun again an gaed on wi his scrievin.

Whan they hard what he said, they gaed awà, ane an ane, beginnin wi the auldest, till he wis left himlane wi the wuman ey staundin thair forenent him. Syne he strauchtent himsel an said til her, "Whaur ar they, wuman? Hes naebodie condemned ye?"

"Naebodie, sir," she answert.

"Nowther div I condemn ye," said Jesus: "gang your waas, an frae this time forrit sin nae mair."]

JOHN 21.1–25[1]

21 ⟦JESUS KYTHED AGAIN efterhin tae the disciples at Tiberias Loch. This wis the gate o it.

Símon Peter, Tammas (caa'd "The Twin"), Nathanael (at belanged Câna in Galilee), an the Sons of Zebedee, forbyes ither twa o the disciples, wis aa there thegither. "I'm awà tae the fishin," said Peter. "A-weill," said the ithers, "we s' een ging wi ye an aa." Sae they awà an gaed abuird their boat: but that nicht they catched naething.

At screich o day, thair wis Jesus staundin at the lochside, tho the disciples kentna it wis him. "Hae ye catched oniething, lathies?" he cried tae them; an, whan they said at they hedna, "Cast your net," he tellt them, "on the richt side o the boat, an syne ye'll finnd rowth o fish!" Sae they cuist the net as he baud them, an belyve they dochtna pu it up for the sowd o fishes at wis intil it.

"It's the Lord," said the disciple at Jesus luved.

Whan he hard it wis the Lord, Símon Peter happit his coat about him—for he wis sairk-alane—an lap intil the loch. Meantime the ither disciples cam on wi the boat, dreggin the net fu o fishes efter them; for they warna faur—aiblins a hunder yairds—out frae the shore. Whan they gaed ashore, they saw a greishoch o fire there, an a fish abuin it, forbyes a laif o breid.

"Bring some o the fishes ye catched eenou," Jesus said tae them; an Símon Peter gaed abuird an haurlt the net alaund. It wis fu o muckle fishes, a hunder an fiftie-three o them, nae less: but for aa the' wis sic a sowd, the net ravena.

"Come here," said Jesus, "an tak your brakfast"; an nane o them mintit tae speir at him, "Wha ar ye?" For they kent it wis the Lord.

Syne Jesus cam an tuik the laif an gíed it tae them, an the kitchen likweys. This wis the third time at Jesus hed kythed til his disciples sin he rase frae the deid.

WHAN THEY WAR throu wi their brakfast, Jesus said tae Símon Peter, "Símon, Son o John, luve ye me mair nor thir ithers?"

"Ay, Lord," Peter answert, "ye ken at I luve ye."

"Feed my lambs," said Jesus. Syne he said til him again, "Símon, Son o John, luve ye me?"

"Ay, Lord," Peter answert, "ye ken at I luve ye."

"Tent my sheep," said Jesus. Syne he said til him the third time, "Símon, Son o John, luve ye me?"

Peter wis sair vexed at him sayin, "Luve ye me?" the third time, an said, "Lord, ye ken aathing, ye maun ken at I luve ye!"

"Feed my sheep," said Jesus. "Trowth an atweill, I tell ye, whan ye war ying, ye pat on your girth yoursel an traivelt hereawà-thereawà as ye hed a mind: but whan ye'r auld, ye will streik out your haunds for anither tae pit a girth about ye an cairrie ye whaur ye hae nae mind tae ging." This he said tae lat him ken whatna kin o deith he wis tae díe tae the glorie o God. Syne he said til him, "Come ye wi me."

Peter turnt round, an saw the disciple at Jesus luved fallowin him, the same as hed leaned back again Jesus' breist at the Sipper an speired, "Wha's betrayin ye?" Whan Peter saw him, he said tae Jesus, "What o him, Lord?"

Jesus answert, "Gin it is my will at he bides or I come, what hae ye adae wi that? Fallow ye me."

Frae that it cam tae be said amang the brether at that disciple wadna díe. But Jesus ne'er said he wadna díe: what he said wis, "Gin it is my will at he bides or I come, what hae ye adae wi that?"

THIS IS THE disciple at beirs witness til aa thir things an hes written them doun; an weill ken we at his witness is leal an suthfast. Jesus did monie things forbyes thir—sae monie at, gin they war aa written doun, ane an ane, I dout the haill warld wadna haud aa the buiks at buid be written!]

II CORINTHIANS 6.14/7.1[2]

⟦DRAWNA YE UP wi onbelíevers; ye an them maun mak mis-marrows. What troke can richt hae wi wrang? Hou can licht sort wi mirk? Hou can Christ an Belial compluther? What hes belíevers an onbelíevers adae wi ither? Can the Temple o God mak a paction wi ídols? An what ar we but the Temple o God?

It is what he hes said himsel:

'I will won i their mids
　an gang out an in amang them;
an I will be their God,
　an they will be my fowk.
Therefore come ye furth frae 'mang them
　an sinder yoursels frae them,'
　qo the Lord.
'Titchna ye ocht at is onclean:
　syne I will walcome ye;
an I will be tae ye a Faither,
　an ye will be tae me sons an dachters,'
　qo the Lord Aamichtie.

7 Sin thir promises is ours, than, dear fríends, lat us get redd o aa fylement o flesh an spírit, an seek tae mak our sanctificâtion perfyte i the fear o the Lord. . . .⟧

APPENDIX II : *Interpretatio apocrypha*

MATTHEW 4.1–11*

SYNE JESUS WIS led awà bi the Spírit tae the muirs for tae be tempit bi the Deil.

Whan he hed taen nae mait for fortie days an fortie nichts an wis fell hungrisome, the Temper cam til him an said, "If you are the Son of God, tell these stones to turn into loaves."

Jesus answert, "It says i the Buik:

> *Man sanna live on breid alane,*
> *but on ilka wurd at comes*
> *furth o God's mouth."*

Neist the Deil tuik him awà til the Halie Citie an set him on a ledgit o the Temple an said til him, "If you are the Son of God, throw yourself down to the ground. For it says in the Bible:

> *He shall give his angels charge concerning thee,*
> *and in their hands they shall bear thee up,*
> *lest at any time thou dash thy foot against a stone.*

Jesus answert, "Ithergates it says i the Buik: '*Thou sanna pit the Lord thy God tae the pruif*'."

Aince mair the Deil tuik him awà, this time til an unco heich muntain, whaur he shawed him aa the kíngdoms o the warld an their glorie an said til him, "All this I will give you, if you will only go down on your knees and worship me."

Than Jesus said til him, "Awà wi ye, Sautan! It says i the Buik:

> *Thou sal wurship the Lord thy God,*
> *an him sal thou sair alane."*

At that the Deil loot him abee, an immedentlie angels cam an fettelt for him.

---

* In the sole surviving draft (for which see above, p. xxi), my father spells the Deil's English like Scots mispronounced, and the Deil provides his own English translation of the passage he quotes from Ps. 91. My father's Scots phonetics merely labour the point. In the transcript here printed, I have accordingly substituted conventional English spelling; and by quoting from the Authorised Version the Deil reminds us how much influence it has exerted in Scotland during the last three hundred and fifty years.—ED.

APPENDIX III : *Notes*

MATTHEW

1 The Jewish saulies, or hired murners, wisna dummies, like our saulies, but scraiched or played the flute. [Mair likelie, pipes: cp. F. Collinson, *The Bagpipe* (1975), p. 24.—ED.]

2 *I.e.*, MacIain: Erse (Bedell 1690), "a Shimoin mhic Ióna"; Manx (1819), "Simon mac Jona": *p.c.*, Sc.G. versions, Prot. & R.C., aa yuise "Bhar-".

3 Versus valde dubiae interpretationis: ἔρημος interpol., u.v.

MARK

1 εὐθὺς dubiae est interpretationis.

2 Cf. Brandon, *Fall of Jerusalem*, p. 105.

3 ἦσαν: but cf. Mt. 13.2, εἱστήκει. (What for did they no sit?)

4 Here [43] it seems tae me at it isna a maitter o brock o hauf-aiten bits o breid an fishes—what wey coud they hae liftit moulins or wee aff-faains or mushlach o fish aff the grund?—but o *haill* whangs o breid (κλάσματα, cf. ⁴¹κατέκλασεν) an *haill* fishes at hedna been nott, an sae hedna been gnappit avà.

5 "at the gateside" = ἐν ταῖς ἀγυίαις Pallis: ἐν ταῖς πλατείαις D. 565 700 (cf. Latt. Syr.ˢᵖ; SERV. ad VIRG. *Aen.* XII. 395; MAX. TYR. 12(6), 2; HDT. I. 197; STR. III. 3.7, XVI. 1.20; ISID. *Et.* X. 72): ἐν ταῖς ἀγοραῖς cett.

6 "them . . . he": cf. N. Turner, *G.I.N.T.*, pp. 55 f.

7 "onfaulds" = ἐκφυῇ) (ἐκφύῃ.

8 ἀνάγαιον μέγα ἐστρωμένον ἕτοιμον: "une grande pièce garnie de coussins, toute prête", *B. Jér.*; "une grande chambre haute, meublée et toute prête", Maredsous; "a large room upstairs, set in readiness", *N.E.B.*; "a large upper room, furnished and prepared", Knox; "a gudely upper room, plenish't and ready", W. W. Smith (but the room in question seems to be furnished *for the occasion*); "ein grossen Saal . . . der, mit Teppichen belegt, bereit steht", J. Weiss; "a large room upstairs, with couches spread, all ready", Moffatt.

9 Cf. N. Turner, *G.I.N.T.*, p. 71.

10 [Some authorities here adds 16.19, for whilk see abuin, p. 451.—ED.]

LUKE

1 1.1-4 is aiblins the maist líterarie Greek i the New Testament.

2 (?) leg. μηδὲν ἀπ⟨ολαβεῖν⟩ ἐλπίζοντες.

3 Cf. W. Bauer, s.v. σορός: *p.c.*, Hastings' *D.B.*, I, p. 332ᵇ m.; *Enc. Bibl.*, I, c. 1041 m.; an Creed, ad loc.

4 Cf. James Smith of Jordanhill, *Voyage & Shipwreck of St Paul* (1848¹), p. xvii: "It was the contrast between the *landsmanlike* style in which St Matthew describes the storm and its effects, and the accurate but provincial style of the fisherman of the lake apparent in St Mark's account, and the equally accurate but less provincial and more historical style in which St Luke, in a narrative evidently constructed from the other two, relates the same occurrence, which first arrested my attention."

5 Om. τῷ ἁγίῳ.

6 Hauf the translators gíes "cellar", *vel sim.*, for whilk the Scots wurd is "vowt": but "cellar" can hardlins be the meanin.

7 Cf. Hastings' *D.B.*, IV, p. 457^b m/f.

8 A gloss bi Luke or someane else.

9 Leg. ὖς: vid. Moir, in *Bible Translator*, XVI (1965), p. 50.

10 Leg. ὑμέτερον.

11 Pro ὧδε leg. ὅδε.

12 "Will . . . wrangs?" fortasse delendum cum Jülichero et Pernoto.

13 Omnino videndus A. R. S. Kennedy, in *Enc. Bibl.*, II, c. 1562.

14 Versûs 19^b-20 fortassè non excidendi. Vid. E. Schweitzer, *Neotestamentica* (1963), p. 345: p.c., *N.E.B.* (1961).

15 Ithergates: "It is ye is sayin at I am." But "*Ye* hae said it" laes the meanin ambíguous, whilk is aiblins as weill.

16 Versus 34 [Jesus said, ". . . daein"] fortassè secludendus.

JOHN

1 1 Sc. gallon = 3 Eng. gallons.

2 Nexus horum versuum [36-8] valdè obscurus.

3 Tiberias Loch: cf. Dalswinton Loch, Rescobie Loch, Duddingston Loch, an Cobbinshaw Loch. Nae Loch o Tiberias: cf. PAUS. V. 7. 4.

4 προφήτης, "prophets ne'er comes": ὁ προφήτης, "the prophet isna tae come", vid. *Bible Translator*, XVI (1965), p. 194.

5 [Here some authorities inserts 7.53-8.11, for whilk see abuin, pp. 451-2. ED.]

6 Líterallie "uncolie angert an pitten about". Here ἐνεβριμήσατο τῷ πνεύματι is a mistranslâtion o a *Sýriac* expression at coud be equívalent til ἐνεβριμήσατο in anither context: vid. M. Black, *A.A.G.A.*[2], pp. 175-7; Barrett, ad loc.

7 Read ὑμῖν ὅτι . . . ἑτοιμάσαι τόπον ὑμῖν; wi Moffatt, Bauer, Strachan, E. Abbott, T. K. Abbott, Lowther Clarke, Pernot, Phillips, *N.E.B.* n., Aland.

8 Om. πολλὰ cum Syr.[s], Bauer, *B. Jér.* (u.v.): πολλὰ servato, muckle pro onie ponendum.

9 Versûs 8-11: vid. W. Bauer, *Das Joh. Ev.*, 1925[2], p. 191.

10 Leg. ἀπῆλθεν et ἔπεσεν (Torrey, Schonfield).

11 For "allouance", h.s., cf. *Trials of James, Duncan, & Robert M'Gregor* (1818), p. 191.

12 λίτρας ἑκατόν = c. 75 lb. avoirdupois = c. 54 pund Dutch wecht.

13 [For Chaipter 12, see abuin, pp. 452-3.—ED.]

ACKS

1 Leg. μακρὰν ὅσους) (μακρὰν, ὅσους.

2 Cf. Haencher, p. 168, n. 3: "Die Beiden Aussagen des Verses sind wieder sich gegenseitig ergänzende Sätze über dasselbe Ereignis."

3 ἐπεγίνωσκόν τε . . . ἦσαν del. Preuschen.

4 Versûs 12^b, 13, 14, 12^a, 15 transposuerunt Moffatt, Wade, Goodspeed: locus obscurissimus.

5 Λιβερτίνων vel Λιβύων.

6 The wurd gazelle is Arabic, an wis barriet bi the French i the XIIIth

cent., an lang efter (1600) bi the Pokepuddins. It is a kin o antelope, some like a rae.

7 Del. ὅν.

8 Verses 36-8: the text isna richt here.

9 διακρίνοντα, "no heedin wha they micht be": διακρινόμενον, "wiout a hanker."

10 Hîc et sexcenties alibi occupavit me apostata Knoxius (cf. hîc *N.E.B.*).

11 Textus valdè dubius.

12 [17.16-33 wis ane o the portions o Scriptur read at the Translâtor's founeral.—ED.]

13 Maredsous comes nearest-haund the meaning o thir verses [24-5], tae my thinkin.

14 Interpretatio valdè dubia.

15 Hoc videtur dicere velle scriptor, et sic—aut sic ferè—vertunt plurimi, sed Graecum fortassè torquent potius quam interpretantui.

16 σικαρίων: cf. "bowman".

17 Valdè dubiae interpretationis: vid. N. Turner, *G.I.N.T.*, pp. 83 f.

18 That is, airmed pollis, gendarmes: cf. G. D. Kilpatrick, *J.T.S.*, N.S., XVI (1963), pp. 303 f.

19 ["Verse 8", says the Translator in his commènt on 26.8, "suid likelie be pitten efter v. 22 (Moffatt, Wade)"; sae thon's whaur I hae pitten it.—ED.]

20 [Cf. n. 19 abuin.—ED.]

21 ²⁸ἐν ὀλίγῳ με πείθεις [? ? ?πείσεις] Χριστιανὸν ποιῆσαι .... ²⁹καὶ ἐν ὀλίγῳ καὶ ἐν μεγάλῳ. ... Cf. W. Bauer, *Wb.N.T.* (1952⁴), s.vv. πείθω (c. 1164), ὀλίγος (c. 1023). For disjunctive καὶ ἐν ὀλίγῳ καὶ ἐν μεγάλῳ, cf. PL. *Lg.* 887 C 7, [D.] XLIV. 35, etc. Sed incerta interpretatio.

22 Cf. James Smith of Jordanhill, *Voyage & Shipwreck of St Paul* (1848¹), p. 61: "St Luke exhibits here, as on every other occasion, the most perfect command of nautical terms."

23 Versus valdè dubiae interpretationis.

ROMANS

1 Versûs 7 et 2-6 transposui.

2 Leg. πρόθυμος. Cf. Bl. Debr.⁷, Anh., p. 40; Moulton-Turner, p. 302 (c): p.c., Turner, *G.I.N.T.*, p. 92.

3 δικαιοσύνη θεοῦ: vid. C. H. Dodd (1959), ad loc., p. 41 m. (= "God is now seen to be vindicating the right, redressing wrong, and delivering men from the power of evil"), atque in *Exp. Times* (June 1961), repr. in *Bible Translator*, XIII (1962), p. 155; *N.E.B.*

4 Versûs 14-16 ["on the day . . . ruisin o ither"]: locus conclamatus, sensus obscurus; Henricum A. W. Meyer (cf. *Bibl. Hieros.*, et L. Thimme) secutus sum, sed haesitanter.

5 Versûs 21-3 ["ye, than, . . . brakkin it"]: affirmativè interpretantur Stapfer, Mounier, *B.J.*, Maredsous, Swed. (1917), Dan. (1948), Vicentini, Tricot.

6 Et contextus et *syntaxis* jubent ἐκ φύσεως cum τελοῦσα jungi (sic Koppe, Olshausen, Denney, Burton; cf. PL. *Sph.* 263 E 7; D. XVIII. 35).

7 Verses 28-9 ["For the rael Jew . . . commends"]: a beetmister translâtion.

8 That is, "pronunced richteous (sakeless), an sae assoiliet".

9 S. & H. hîc secutus sum, sed valdè dubitanter.

10 Om. εὑρηκέναι.

11 That is, "bie daein things prescrived i the law".

12 Om. με.

13 Pro πάντα leg. τὸ Πνεῦμα: cf. M. Black in *Festschrift Cullman* (1962), p. 124.

14 "Forekent" wad be a maxie: προέγνω hes nocht adae wi *kennin* oniething at wis tae be in time comin; an them at says it hes is aff their eggs aathegither. C. Hodge's lang note here is ey the best.

15 Hîc [38] οὔτε δυνάμεις ante οὔτε τὰ ἐνεστῶτα transposui.

16 Readin ὧ ν ὁ (Schlichting) ἐπὶ πάντων Θεὸς (cf. Lev. 26.12, etc.), ⟨ὁ ὤ ν⟩ εὐλογητὸς εἰς αἰῶνας (cf. 2 Cor. 11.31), ἀμήν.

17 [The Translator hes here transponed verse 11[b] ("An what for . . . God alane") wi verses 12-13 ("she wis tauld . . . *ill-will*").—ED.]

18 Cf. Bauer, H. J. Holtzmann, *B.Syn.*, Stapfer, Leiden, *Bibl. Cent.*, Diodati, Thimme, Weizsäcker, *Μάξ. Κάλλ.*

19 Om. τῆς ῥίζης cum Pap.[46] al. (*B.J.*).

20 Om. πρόσκομμα et ἢ cum B Syr.[P] Arm. Ephr.

I CORINTHIANS

1 οὕτως δὲ ὡς διὰ πυρός. Cf. Jehan Leal s.j., in *La Segrada Escritura . . . por Profesores de la Compañía de Jesús*, N.T., II, p. 370: "Nos parece, pues, que Pablo no habla aquí directamente del purgatorio y que el argumento indirecto que se puede sacar es muy débil"—a gey leal commènt for a Jesuite.

2 Textus hujus versûs corruptus, ut videtur, traditus est. Verti quasi apostolus scripsisset: ἵνα ἐν ἡμῖν μάθητε μὴ εἰς ὑπὲρ τοῦ ἑνὸς φυσιοῦσθ α ι. Fieri posse videtur ut, verbo φυσιοῦσθαι in φυσιοῦσθε corrupto, μὴ infelici παραδιορθώσει in ἵνα μὴ mutatum sit; quo facto, mox eo quem suspicatus est Baljon modo (cf. Héring, Bousset) aliae illatae sunt corruptelae. Lectio tradita = ". . . lairn ye tae tent the say, No a {haundbreid/tae's lenth} ayont the Buik, an no be big . . ." (?)

3 ὅλως ἀκούεται valdè dubiae est interpretationis.

4 Cf. Plummer, Edwards, Weiss, ad loc. Cf. also Mrs Haggart: "Na, na, Miss Ogilbie: at the Lest Juidgement Christ'll no speir fat kirk we belanged tae." [For Mrs Haggart an her kimmers, cp. abuin, pp. xiii-xiv.—ED.]

5 Vv. 29[b]-30 ["What for . . . thenks for?"]: locus obscurissimus.

6 σχίσματα. Is there a Scots wurd for "cliques, sets"?

7 Textus dubius, et sensus incertus.

8 ὁμῶς: vid. Héring.

9 "Αλλως: "Whan your spirit is cairriet an ye spaik in wurds at isna the leid o onie tung, hou can fowk {ken/mak out} what ye are ettlan at? It is aa juist a waste o your wind." διὰ τῆς γλώσσης, cf. N.E.B., Ph., R.S.V., Kx (u.v.), Edw., Menge, Karrer: p.c., Findlay, Bousset, *B.J.*, Mar., Nor., Peake, Bauer, Weiss, Stapfer.

10 That seems tae be the meanin o ἐλέγχεται (sae classical Greek *saepissime*), at canna = "is convickit" or "is perswaudit" wiout an ill-faured ὕστερον πρότερον.

11   ἀγνοεῖται = "God miskens him". Ithergates: ἀγνοείτω = "lat him een
be miskennin it, I hae nae mair tae say til him"; ἀγνοεῖτε = "misken ye
him".

12   [The Translâtor omits verse 27[b] ("an whan it says at 'aathing' hes been
subjeckit, it means, plainlie, 'aathing, binna him at subjecks it'"), but
micht weill hae thocht it an interpolâtion.—ED.]

13   Marana tha = "Come, Lord": muhram'atta = "Thou is cursit", cf.
Hudson.

II CORINTHIANS

1   Leg. ἐπιγινώσκετε· ἐλπίζω . . . ἐπιγινώσεσθε, καθὼς . . . ἡμῶν, ἐν
τῇ. . . .

2   Om. ἐκ bis.

3   ἐν τούτῳ τῷ μέρει = εἵνεκεν κτλ: cf. Denney, p. 123 n.; Plummer.

4   Fort. rectè Baljon cj. ο ὗ δ ὲ ὁ Κύριος, τὸ Πνεῦμά ἐστιν, οὗ δὲ τὸ
Πνεῦμα Κυρίου ἐλευθερία: "Nou, whaur the Lord is, the Spírit is; an
whaur the Spírit is, there is freedom (an aa)".

5   Aiblins, "wi this mínistrie": cf. διὰ τοῦτο; Plummer, pp. 94 in., 109 sqq.

6   Vid. Menzies ad loc.

7   N.B., "men", no "ye": vid. Meyer, Massie, etc.

8   Vid. Plummer, p. 191 in.

9   The Apostle is speakin mair couthilie here.

10   [For 6.14-7.11, see abuin, p. 454.—ED.]

11   Cf. Menzies ad loc. Sed et textus et interpretatio valdè dubia.

12   Cf. Menzies ad loc. But aiblins verses 32-3 suid come atween verses 27
an 28: cf. Wade.

GALATIANS

1   Cf. Moulton & Milligan, V.G.T., p. 64[a]: "Nägeli . . . brings together
several phrases which show Paul using a more vernacular style in Gal.
than anywhere else, the startling passage 5[12] being the climax."

2   ἐριθείαι: cf. Bauer, s.v.

EPHESIANS

1   Maugre aa at pseudo-Paul says i this bit anent licht, what he says is dooms
mirk an drumlie!

PHILIPPIANS

1   Cf. Bauer, s.v. ἐριθεία.

2   Vid H. A. A. Kennedy ad loc.

3   = τὴν κατατομήν ("a somewhat vulgar jeer", says F. W. Beare: but cf.
Gal. 5[12]). "Illibberals", no "Libbertínes"; for the Líbertínes in Geneva
wis Antinomians.

4   Leg. θεῷ.

5   "Drite": Thd. Mps., Vg., Pesh., Goth.

COLOSSIANS

1   Termino technico mysteriorum abuti hîc videtur apostolus. Vid.
tamen A. D. Nock, in J.B.L., LII (1933), pp. 132 f., qui tr., "entering at
length upon the tale of what he has seen (in a vision)": cf. 2 Mac. 2.30.

I THESSALONIANS

1 Aither κτᾶσθαι can = possidere (Vg.), or it is a corruption o κεκτῆσθαι.
2 < F. F. Bruce (1965).

I TIMOTHY

1 ὀνειδιζόμεθα: cf. Easton, p. 148 m.
2 Leg. πιστὸς ἢ πιστή.
3 θεμέλιον καλόν: N. J. D. Kelly, like the feck o commentâtors, thinks there is an unco mixtur o metaphors here, but he says at θεμέλιος "can also, in a transferred sense, mean 'fund'." He gíes nae pruif o that, an I canna finnd nae exemple o the wurd i that sense mysel. Sc. found = Eng. (1) "fund", (2) "foundation". Aiblins we suid read θέμα λίαν καλόν (cf. Lambert, Bos, an LXX Tob. 4.9) = "a braw an guid f(o)und". Mair likelie, tho, we suid read θέμα καλόν (cf. LXX Tob. 4.9). A scribe coud aisie mis-scríve θέμα καλόν as θεμέλιον καλόν, or the writer o the letter micht throu heedlessness scríve θεμέλιον for θέμα himsel; we aa mak siclike mistaks.

TITUS

1 Cf. Moulton & Milligan, s.v. σωτήρ; White, in E.G.T., ad loc.
2 "or aiblins": cf. HLD. VII. 20 (bis); D. IV. 19.

PHILEMON

1 Dear kens what this verse means!
2 Cf. Lightfoot ad loc.

HEBREWS

1 Leg. σοῦ non αὐτοῦ.
2 Versus incertissimae interpretationis.
3 καὶ οὐ . . . λέγεσθαι: vid. Lünemann (sed v.s.)
4 Gin ἁ π α ρ ἄβατον canna mean this, read ἁ μ ε τ ἄβατον ex cj.
5 σκήνη (i.e., the "Tabernacle"): cf. 8.5; 9.2, 3, 6, 8, etc.
6 Nane o the commentâtors or grammârians hes a rael parallel tae qote for τό τε ἅγιον κοσμικόν. It suid mean "an the sanctuarie it hed wis yirdlie".
7 9.9-10 ["That Tabernacle . . . the new order"]: versûs interpretationis incertissimae.
8 Leg. μελλόντων.
9 διαθήκη.
10 Sc. διαθήκη.
11 Text no siccar: (1) αὐτὴ Σάρρα, ut supra; (2) αὐτῇ Σάρρᾳ "Bi faith he gat the pouer tae beget a son wis een o Sârah, for aa he wis by the age for sic wark, because he trewed at he wis tae lippen til at gaed him the promise"; (3) del. αὐτὴ Σάρρα, idem quod supra, om. "een o Sârah".
12 [11.1-16 wis ane o the portions o Scriptur read at the Translâtor's founeral.—ED.]
13 Vid. N.E.B. n.; I. A. Moir, in Bible Translator, XVI (1965), p. 51. But gin the author hed been speakin o legal tortur, he wad likelie hae said ἐβασανίσθησαν.

14   Our Geordie Buchanans winna tell us gin μηλωταί hed the oo on or no. Cf. McCaul ad loc. (p. 250), an in Hastings' *D.B.*, p. 487ᵃ i/m.

JEAMES

1   πορείαις: cf. ἔμπορος.
2   Readin παραλλαγὴ ἢ τροπῆς ⟨ἢ⟩ ἀποσκιάσματος (cf. Dibelius ad loc.)
3   Lacunam inter τις et σὺ statuit Spitla, quem secutus est Windisch, haud scio an rectè.
4   Cf. Elliott-Binns, in *N.T.S.*, II (1955/6), pp. 48–50.
5   Cf. H. Windisch (1911): "Der vorliegende Text ist unverständlich. . . . Der ganze Text ist verderbt".
6   Cf. Bauer, s.v. ἐριθεία.
7   φθονεῖτε cj. Erasmus, Calvinus, etc
8   I hae fund "git" in Cai., Bnf., Ags., Per. (Wilson), Fif., Edb., w.Lth., m.Lth., e.Lth., s.Sc., an Dmf. writers.
9   There is likelie something wrang wi the text here. Nae sense can weill be birzed out o verses 5–6 ["Or trew ye . . . *til the hummle*"] the wey they are.
10   Cf. Jessen (1960³), "Un nu en Word för de, de dor seggt"; *N.E.B.*, "A word with you, you who say"; J. Zink (1965), "Nun ein Wort für euch, die sagen"; Norw. (1960), "Og nå et ord til dere som sier".

I PETER

1   κατὰ πρόγνωσιν θεοῦ πατρός: cf. Gunkel in loc.; Bauer, s.v. πρόγνωσις; Windisch.
2   ? δόκιμον, cf. Hort ad loc.
3   Cf. R. Steuart, *L.L.*, 99.
4   Vid. F. W. Beare in loc. (pp. 147 sq.).
5   [1–2] Versûs obscurissimi.

II PETER

1   Cf. J. H. Moulton, *Grammar of New Testament Greek*, II. i, pp. 5 ("2 Peter is written in Greek which seems to have been learnt mainly from books"); 6 ("this artificial language").
2   Cf. P. Walker, apud Fleming, *Six Saints of the Covenant*, I, p. 357 ult.
3   ἀσεβεῖν: or aiblins ἀσέβεσιν, "tae lat the ongudelie see what wis bidin them".
4   I.e., δι' ὃν vel δι' οὗ (Mayer, de Zwaan, Windisch, Knopf, Wand): δι' ὧν = "an bie the same (mean)".
5   I.e., οὐχ εὑρεθήσεται: cf. Cobet, *V.L.*, p. 235.

I JOHN

1   ἱλασμὸν: "propitiatio" Vg., et sic plerique: contra, C. H. Dodd, ad h.l., pp. 25–7 (ἱλασκόμεσθαι = "to cleanse from defilement, to expiate"), et ad Rom. 3.25, ed. 1959, pp. 78 f. Propter ambiguitatem arridet mihi "expiâtion"; cf., for O.Sc., *D.O.S.T.*, II, p. 756ᵇ.
2   For the semantic shift in κόλασιν = "the *thocht* o pounishment", cf. THUC. I. 33, 2 [φέρουσα ἐς μὲν τοὺς πολλοὺς ἀ ρ ε τ ή ν, οἶς δὲ ἐπαμυνεῖτε χάριν, ὑμῖν δ' αὐτοῖς ἰσχύν, which Hobbes translates:

21

"bringing with it reputation amongst most men; a grateful minde from those you defend; and strength to yourselves".—ED.]

II JOHN

1   Leg. ἠργάσασθε: ἑαυτοὺς is pitten *per antiptosin.*

JUDE

1   Textus valdè dubius. Lego: καὶ οὓς μὲν ἐ λ έ γ χ ε τ ε διακρινομένους, οὓς δὲ σώζετε ἐκ πυρὸς ἁρπάζοντες, οὓς δὲ ἐ κ κ λ ί ν ε τ ε ἐν φόβῳ κτλ.

REVELATION

1   ἐν μέσῳ τοῦ θρόνου καὶ κύκλῳ τοῦ θρόνου: in despair I tak ἐν μέσῳ as in AR. *Av.* 187; cf. D. XIX. 164, etc. For "atween an", at here = "atween ⟨me⟩ an", cf. *S.N.D.*, s.v. ATWEEN, 3 (1).
2   ἔξωθεν καὶ ἔσωθεν, 046 69 p.c., e conjecturâ felici.
3   Vid. Bauer, s.v. ῥίζα.
4   Non liquet: vid. 7.17.
5   Cf. Wade. Sed locutio obscura, cf. 4.6, 5.6, supra.
6   "his heivenlie bidin" = τὴν σκηνὴν αὐτοῦ ἐν τῷ οὐρανῷ, Pap.[47]g, N.E.B.
7   Text: vid. Lohse, *N.T. Deutsch. Offenb.* (1960), pp. 69-71.
8   Cf. B. *Jér.*, G. B. Caird, *Jerus. Bib.*
9   Or about ae thousand, three hunner an fowrtie-echt English miles.

APPENDIX I

1   No written bie the same author as Jn. 1-20.
2   [Cp. C. Anderson Scott, in Peake's *Commentary* (1948), p. 853: "These verses appear plainly out of place. . . . They are best regarded as a scrap from another letter by Paul to Corinth, possibly a fragment of the letter referred to in I Cor. 5.9, which has accidentally crept into the sheets on which our letter was preserved." Cp. also C. S. C. Williams, in Peake's *Commentary*, revised edn (1962), edd. M. Black & H. H. Rowley, p. 966: "The language of the Qumran sectaries, especially their use of 'Belial', which occurs as 'Beliar' in the better-attested text here and which does not occur elsewhere in the NT as a personal name for Satan, is extremely close to the wording of this fragment." I am grateful to Professor R. A. S. Barbour for having directed my attention to the second of these quotations.—ED.]

APPENDIX IV : *Spelling and pronunciation*

IN THESE BRIEF notes, which are concerned only with my father's Scots, "Eng." means "Standard English", especially as spoken by any well-educated Scot whose pronunciation has not become Anglified, and the symbol = means "has approximately the same sound as".

a · *In Sc. it is never the case that* a = a *in Eng.* "hat". *In Sc.* "apen(t), ar, brak, can, chafts, forfachelt, harl, lad, lassock, mak, man, saft, tak, than, wall = '(water-)well', wark, warld, whan", *etc.,* a = a *in Eng.* "bar". *In Sc.* "twa, watch, wha", a = *in Eng.* "bar", *or* a *in Eng.* "walk". *In Sc.* "bade, chaste, gate, grane, hade, late, made, same, taste", *etc.,* a = a *in Eng.* "mate"; *and in Sc.* "skare", a = a *in Eng.* "care". *For* à, â, *see below,* ACCENTS.

aa · *In Sc.* "aa, caa, faa, smaa", *etc.,* aa = a *in Eng.* "bar", *or* a *in Eng.* "walk".

ae · *In Sc.* "ae, baet, brae, dae, fae, frae, gae, graen, haen, maen, rael, sae, shaes, stael, tae, taen", *etc.,* ae = ai *in Eng.* "plain" *or in Eng.* "pail".

ai · *In Sc.* "ait, braid, draim, hain, mait, quait, sain, sait, scraich, skail, scaith", *etc.,* ai = ai *in Eng.* "plain": *but in Sc.* "air, mair, rair, sair, shair, wair", *etc.,* ai = ai *in Eng.* "pair"; *in Sc.* "airm, bairn, fairm", ai = ai *in Eng.* "plain", *or* e *in Eng.* "bed"; *and in Sc.* "lairn", ai = e *in Eng.* "bed".

au · *In Sc.* "aucht, auld, daud, faucht, faud, fauld, faund, haud, haurl, laund, naur, saur, saucht, tauld, trauchle, waur", *etc.,* au = a *in Eng.* "bar", *or* au *in Eng.* "applaud".

aw · *In Sc.* "aw(e), awmous, daw, law, maw, saw", *etc.,* aw = a *in Eng.* "bar", *or* a *in Eng.* "paw".

ay · *In Sc.* "ay", ay = i *in Eng.* "five": *but in all other Sc. words, incl.* "day, gray, lay, may, obay, say", *etc.,* ay = ay *in Eng.* "tray".

e · *In Sc.* "mercie, merch = 'bone-marrow'", *etc.,* e = e *in Eng.* "bed". *For* è, *see below,* ACCENTS.

ea · *In Sc.* "clean, dream, eat, mean, preach, quean, speak, teach", *etc.,* ea = ea *in Eng.* "leap"; *and in Sc.* "bear = 'barley', fear, leal, seal, shear, speal", *etc.,* ea = ea *in Eng.* "near".

ee · *In all Sc. words, incl.* "beet, een, feed, feet, greet, meet, sheep, sheet, sleep, steek," *etc.,* ee = ee *in Eng.* "deep". *In Sc.* "ne'er", e'e = ai *in Eng.* "fair".

ei · *In Sc.* "heir, their, veil, vein", ei = ei *in same Eng. words: but in all other Sc. words, incl.* "breid, cleik, deid, feid, grein, greit, heid, heiven, heize, leid, seiven, skreich, smeik, steik, steive, weill", *etc.,* ei = ei *in Eng.* "receive".

eu · *In Sc.* "eneuch, heuch, leuch", eu = ew *in Eng.* "few".

ew · *In Sc.* "few, new, tew", *etc.,* ew = ew *in Eng.* "pew"; *and in Sc.* "trew", ew = ew *in Eng.* "grew".

ey   *In Sc.* "prey, they", ey = ey *in same Eng. words: but in all other Sc. words, incl.* "agley, ey, eydent, fleyed, keys, peyed, queyn, sey, stey", *etc.,* ey = i *in Eng.* "nine". *It should, however, be borne in mind that the difference between the* i *in* "five" *and the* i *in* "nine" *is much more strongly marked in Sc. than in Eng.*

i   *In Sc.* "binna, blinnd, dinna, dis, div, driven, finnd, (h)it, kin, king, niver, rich, thin, thing, titch, wind, wing", *etc.,* i = i *in Eng.* "fit": *but in Sc.* "drive, five, lie, lion", i = i *in Eng.* "five"; *in Sc.* "disciples, kind, mind, reconcile, time, tine", *etc.,* i = i *in Eng.* "nine"; *and in Sc.* "bird, girss", *etc.,* i = u *in Eng.* "but". *For* í, *see below,* ACCENTS.

ia   *In Sc.* "trial", ia = ia *in Eng.* "denial".

ie   *In Sc.* "cried, dried, lies", *etc.,* ie = ie *in Eng.* "flies". *But in Sc.* "diet, fierie", ie = ie *in same Eng. words. For* íe, *see below,* ACCENTS.

io   *In Sc.* "riot", io = io *in same Eng. word.*

o   *In Sc.* "bocht, coft, loch, nocht, socht, thocht", *etc.,* o = o *in Eng.* "got"; *and in Sc.* "bole, bore, gote, thole", *etc.,* o = o *in Eng.* "tone". *For* ò, *see below,* ACCENTS.

oi   *In Sc.* "anoint, assoilie, boil, choise, doit(e), join(t), oil, point, poison, rejoice, soil, toil, voice", *etc.,* oi = i *in Eng.* "nine".

oo   *In Sc.* "door", oo = o *in Eng.* "tone": *but in all other Sc. words, incl.* "dool, hoot, loon, loot, noo(lins), renoo, room, soom, soop", *etc.,* oo = oo *in Eng.* "croon".

ou   *In all Sc. words, incl.* "about, account, allou, bouls, cloud, clout, croud, dou, doun, dumfounert, eenou, found(s), hou, houss, hout, loun, lounder, moul(s), mou(th), nou, out, stoup, stout, toun, tout", *etc.,* ou = oo *in Eng.* "croon".

ow   *In all Sc. words, incl.* "bow, browst, dow, dowff, dowie, flow, flowe, glowre, grow(n), howe, howff, lowe, lown, own, owre, row, stowp, trowth", *etc.,* ow = ow *in Eng.* "cow". *But see also below,* UNSTRESSED VOWELS.

oy   *In Sc.* "boy, joy", oy = oy *in Eng.* "employ".

u   *In Sc.* "but, curn, duds, lunt, muckle, sumph, turn, wurd, wurk, wurth", *etc.,* u = u *in Eng.* "hut". *In Sc.* "clute, dule, fu, gude, hure, hurin, pu, suth", *etc.,* u = oo *in Eng.* "croon": *but in Sc.* "dune, frute, luve, shune", u = eu *in French* "peur".

ui   *In all Sc. words, incl.* "abuin, buid, buir, buiral, fuir, huid, muin, muive, pruif, pruive, ruise, ruit, shuin, shuit, yuise, yuiss", *etc.,* ui = eu *in French* "peur".

y   *In Sc.* "by, forbye, fy, inbye, lyin, kye, ny-haund, owrebye, try", *etc.,* y = i *in Eng.* "five": *but in Sc.* "gyde, ryss, synd, wyss", y = i *in Eng.* "nine". *For* ý, ỳ, *see below,* ACCENTS.

UNSTRESSED VOWELS

ow   *In Sc.* "fallow(t), marrow, scaddow, shaidow, sorrow, sharrow, yallow, widow", ow = a *in Eng.* "Verona".

CONSONANTS

ch   *In all Sc. words beginning with* ch, *incl.* "chaste, chastifíe, cheap, cheep, chíel, chitter, chop", *etc., and in Sc.* "fleech, fleitch, mairch = 'boundary', preach, rich, sairch, speech, teach, titch", ch = ch *in Eng.* "church": *in Sc.* "aucht, bocht, broch, erch = 'anxious', faucht, hoch, lauch, loch, maucht, merch = 'bone-marrow', roch, saucht, socht, taucht, trauchle", *etc.,* ch = ch *in German* "lach", *or in German* "auch"; *and in Sc.* "abeich, bricht, daich, eneuch, fricht, heich, heuch, laich, leuch, micht, nicht, richt, scraich, shouch, sicht, skreich, spraich, ticht, wicht", *etc.,* ch = ch *in German* "ich".

g   *In Sc.* "gell = 'gale', gether, gilt, gin = 'if', girn, girss, gyde, gyte", *etc.,* g = g *in Eng.* "gun". *In Sc.* "breinge(in), cheynge(in), mounge(in), screinge(in)", *etc.,* g = g *in Eng.* "barge".

h   *In Sc.* "heuch, heuk", h *may* = ch *in German* "ich".

l   *In all Sc. words, incl.* "clean, blinnd, lat, lauch, leuch, warld", *etc.,* l = l *in Eng.* "full".

nd   *In Sc.* "blinnd, finnd, grund, haund, hunder, laund, lend, mend, round, sound, stound", *etc., the* d *is not always pronounced.*

ng   *In Sc..* "anger, finger, langer, stranger = 'stronger', yunger", ng = ng *in Eng.* "ring".

q   *In Sc.* "qo", q = k *in Eng.* "cold".

r   *In Sc.* r *is always pronounced.*

th   *In Sc.* "athò, baith, graith, mouths, outwith, paths, scaith, truith, tho", *etc.,* th = th *in Eng.* "thick": *but in Sc.* "brether, brither, faither, gether, mither, this, than, thair, that", *etc.,* th = th *in Eng.* "there".

wh   *In Sc.* "wha, whan, what, whaul, whaur", *etc.,* wh *is always pronounced* hw.

ACCENTS

In Sc. "generation", *etc., my father wrote a special* a; *and for* i, y, *he sometimes substituted* ī, ÿ. *His use of these special characters, however, was limited, and was not sufficiently systematic to prevent confusion in the mind of any reader not already acquainted with Scots. For his special* a, *I have substituted* â; *and for* ī, ÿ, *I have substituted* í, ý. *So as to prevent any possible confusion, I have used these three characters extensively and systematically; and I have also made limited use of* à, è, ò, *and* ỳ.

â   *In Sc.* "congregâtion, creâtor, Gamâliel, generâtion, nâtion, salvâtion, Sâmos", *etc.,* â = a *in Eng.* "after", *or* au *in Eng.* "applaud".

à   *In Sc.* "atwà, avà, forwàrdit, frithàt", à = a *in Eng.* "after", *or* au *in Eng.* "applaud", *and indicates final (or penultimate) stress.*

è   *In Sc.* "convèrt, interèstit, matrèss, tormènt", è = e *in Eng.* "bed", *and indicates stress: but in Sc.* "Bernícè, Chloè, Derbè, Euphrâtès, Jessè, Salomè", *etc.,* è *merely indicates that the final* e *should be pronounced.*

í   *In all Sc. words, incl.* "hýpocríte, kíng, líar, mínister, perdítion, shíne, síck, Sídon, stír, wídow, wíng, wísdom", *etc.,* í = i *in Eng.* "machine".

ì   *In Sc.* "convìct", *etc.,* ì *merely indicates final stress.*

íe   *In all Sc. words, incl.* "bíeld, bíen, fíeld, flíe, forgíe(n), gíe(n), juistifíe, prophesíe, saitisfíe, sanctifíe", *etc.,* íe = ie *in Eng.* "shield".

ò   *In Sc.* "ablò, athò, jehò, upò", ò *merely indicates final stress.*

ý   *In all Sc. words, incl.* "hýpocríte, Lýstra, sýnagogue", *etc.,* ý = i *in Eng.* "machine".

ỳ   *In Sc.* "invỳ(fu)", ỳ = i *in Eng.* "five", *and indicates final (or penultimate) stress.*

EXCEPTIONS

All phonetic characters employed in the following list of words not pronounced as spelt have the values assigned to them in The Scottish National Dictionary, Vol. I, *pp. xlii-v.*

Abel [a:bl, ǫ:bl].
Abraham ['a:brəhəm, ǫ:brəhəm].
adae [ə'dø].
affront [ə'frʌnt].
Ahaz ['a:həz, 'ǫ:həz].
Amon ['a:mən, 'ǫ:mən].
angel ['ǫndʒəl].
answer ['a:nsər].
Areopagus ['a:rɛ'opəgəs, 'ǫ:rɛ-].
Asa ['a:zə, 'ǫ:zə].
Asia ['a:ʒə, 'ǫ:ʒə].
assign [ə'sein].
bear = *ursa* [be:r].
bein = "being" ['biin].
Boaz ['boaz].
bodie ['bʌdɪ].
chaste [tʃe:st].
Christ [kreist].
come [kʌm].
comfort ['kʌmfərt].
companie ['kʌmþənɪ].
curator ['kjurətər].

danger ['dendʒər].
design [də'zein].
door [do:r].
Games [gɛ:mz].
Governor ['gʌvərnər].
guest [gɛst].
I [ai, a, ə].
Isaac ['i:zək].
Isaiah [i'zeə].
Israel ['i:zrɛl].
Italie ['i:təlɪ].
listen ['lɪsən]: *but* castel ['kastəl].
manger ['me:ndʒer].
money ['mʌnɪ].
month [mʌnθ].
officiar ['ofɪʃər].
Rachel ['re:tʃəl].
puin ['þuin].
ruin ['ruin].
sign [sein].
some [sʌm].
son [sɪn].

The notes contained in this Appendix are concerned only with my father's Scots, and any reader who finds them inadequate may profitably consult *The Scottish National Dictionary* or, when published, *The Concise Scots Dictionary*.

It remains to be added that in an *obiter dictum* scribbled down in pencil in a notebook opened early in 1959, my father wrote: "Jesus spakna Standard Aramaic – for ordnar oniegate – but guid ('braid') Galilee, an the N.T. isna written in Standard Greek, as the Kirk Faithers alloued."

In the words of Gavin Douglas, "Now is my werk al finist and complete."

R. L. C. L.

DONORS

MR J. P. S. ALLISON
THE EARL OF ANCRAM
THE REV. PROFESSOR G. W. ANDERSON
MR LENNARD M. ANDERSON
MR ALAN D. ARMSTRONG
THE DUKE OF ATHOLL'S CHARITY TRUST
MR W. AULD

DR E. J. BALFOUR
THE MASTER OF BALLIOL
MR & MRS A. W. BARBOUR
MR DAVID BARBOUR
THE VERY REV. PROFESSOR & MRS R. A. S. BARBOUR
THE REV. DR WILLIAM C. BIGWOOD
THE BINKS TRUST
THE LATE LORD BIRSAY & LADY BIRSAY
MRS G. E. BORROWMAN
MR LAURENCE BRANDER
MRS MAIRI BROOKE
THE REV. MR W. G. BURNS
MR G. BURNSIDE & MISS M. BURNSIDE
MRS E. M. BUTT

MR & MRS K. J. CAMERON
PROFESSOR A. H. CAMPBELL
COL. R. M. T. CAMPBELL-PRESTON
DR R. G. CANT
MRS MARY B. CARLTON
MISS MARGARET CHISHOLM
MR & MRS G. W. M. COCKBURN
MR DENNIS F. COLLINS
COLLINS PUBLISHERS
MR J. C. CORMACK
MR CHARLES S. COVENTRY
MR & MRS C. H. COWAN
THE REV. PROFESSOR & MRS ROBERT CRAIG
DR THOMAS CRAWFORD
MISS B. B. CRICHTON-MILLER
MR DONALD CRICHTON-MILLER

MR & MRS C. K. DAVIDSON
DR & MRS G. E. DAVIE
MR & MRS ARMIN DAVIES
MR P. DICKIE
MRS AGNES DOUGLAS
SIR KENNETH DOVER
MISS NAN V. DUNBAR
HIGH SCHOOL OF DUNDEE
THE UNIVERSITY OF DUNDEE
MR K. D. DUVAL
MR DAVID DYER

MRS H. B. FERGUSON
MR STUART FERGUSON
FETTES COLLEGE
MR ROBERT FINDLAY
THE REV. PROFESSOR W. R. FORRESTER
THE REV. MR & MRS COLIN FORRESTER-PATON
MRS JOAN J. FRASER
LT.-COL. S. J. FURNESS

LT.-COL. R. GAYRE OF GAYRE & NIGG
MISS K. S. GIBSON
MISS MARGARET M. GOW
MR DOUGLAS GRANT
THE REV. DR NELSON GRAY
MR IVOR R. GUILD
THE LATE FR E. GUNTER

MISS AGNES HALLIDAY
MR COLIN HAMILTON
MR D. N. H. HAMILTON
LORD JAMES DOUGLAS HAMILTON
MISS JANET HAMILTON
DR IAN HAMNETT
PROFESSOR & MRS R. M. HARE
MR & MRS JULIAN HAVILAND
MR BARRY HENDERSON
PROFESSOR G. P. HENDERSON
MR J. M. HINTON
MISS KATHLEEN HOLME

MISS ETHEL M. HOUSTON
MR A. P. HOWAT

SHERIFF R. D. IRELAND

THE RT HON. ROY JENKINS
MR & MRS E. M. JOHN
MISS J. FULTON JOHNSTON

SHERIFF & MRS DAVID KELBIE
LORD KILBRANDON

DR & MRS A. LAW
MR & MRS T. S. LAW
MRS MARJORIE S. S. LAWSON
MR E. L. LITTLE
MISS MARION C. LOCHHEAD
MISS J. Y. LOGAN
MR CHRISTOPHER LORIMER
MISS C. R. M. LORIMER
MR HEW LORIMER
MISS J. R. LORIMER
MISS K. A. J. LORIMER
MISS M. G. LORIMER
MR W. J. G. LORIMER
MISS ALISON M. G. LOWE
THE HELEN LOWE CHARITABLE TRUST
DR DAVID LUKE

MR C. A. MCALLISTER
MR & MRS ROBERT MACANDREW
COUNCILLOR TOM MCCALLUM
PROFESSOR D. N. MCCORMICK
MR & MRS ELLICE MCDONALD JR
DR & MRS GAVIN MCEWEN
MR GORDON MCFARLANE
MR W. B. MCGARVA
THE VERY REV. PROFESSOR JOHN MCINTYRE
MRS E. B. MACKAY
DR ELIZABETH M. MACKIE
LORD & LADY MACKENZIE-STUART
MR COLIN MACLEAN

DR & MRS SORLEY MACLEAN
MISS JEAN MACLURE
MISS JEAN MACNAB
MR JAMES MCNEILL
MRS J. A. SCOTT MILLER
MR IAIN G. MITCHELL
MISS CORA MONCRIEFF
MR DAVID C. SCOTT MONCRIEFF
DR & MRS WILLIAM MONTGOMERIE
PROFESSOR EDWIN MORGAN
MISS A. D. MOWAT
MR ALEX G. MURDOCH
MR & MRS DAVID MURISON
ST ANDREW'S PARISH CHURCH, MUSSELBURGH

MR D. C. NEILLANDS
MR FREDERICK J. NICHOLSON
MR & MRS J. M. NORMAND

PROFESSOR ROBIN ORR

DR A. PACKARD
MR P. H. J. PACKARD
MR & MRS JAMES Y. PATON
PROFESSOR A. T. PEACOCK
MR ROGER E. PEARS
DR & MRS GEORGE PHILP
LORD & LADY POLWARTH
THE REV. PROFESSOR N. W. PORTEOUS
THE RT HON. J. ENOCH POWELL
MR GLEN L. PRIDE
MR & MRS WILLIAM D. PROSSER

MR ALLAN RAMSAY
MRS RITA P. RAMSAY
MR J. B. RANKIN
DR ELIZABETH RATCLIFF
THE REV. DR D. H. C. READ
MISS JEAN REDPATH
MR ORD K. REID
MR & MRS A. L. RENNIE
MR JAMES T. R. RITCHIE

MR A. S. ROBERTSON
MR DAVID ROSE
DR WINIFRED RUSHFORTH
THE LATE LADY RUSSELL
MISS FLORENCE M. RUSSELL

MISS M. T. SADLER
THE UNIVERSITY OF ST ANDREWS
THE SCOTS LANGUAGE SOCIETY
THE SCOTS LANGUAGE SOCIETY (ABERDEEN)
DR T. M. SCOTT
THE SCOTTISH INTERNATIONAL EDUCATION TRUST
THE EARL OF SELKIRK
PROFESSOR & MRS G. H. N. SETON-WATSON
MISS ELSIE SHEPHERD
SHERIFF & MRS GORDON SHIACH
THE SOCIETY OF WRITERS TO HER MAJESTY'S SIGNET
MR P. W. SIMPSON
MISS A. L. SKUTSCH
PROFESSOR OTTO SKUTSCH
MR J. A. SMITH
SHERIFF & MRS J. AIKMAN SMITH
MR & MRS J. J. SMITH
MR & MRS RICHARD N. W. SMITH
PROFESSOR SIR THOMAS & LADY SMITH
MR ANTHONY SNODGRASS
THE SPECULATIVE SOCIETY OF EDINBURGH
MISS C. P. SPITTAL
MISS PATRICIA STAVERT
THE REV. MR JOHN STEIN
THE VERY REV. PROFESSOR JAMES S. STEWART
MR & MRS R. R. STEWART
LADY STORMONTH-DARLING
MR JOHN H. & MRS P. J. STUART
THE LATE MR R. G. SUTHERLAND

MR IAN THOMSON
SHERIFF NIGEL THOMSON
TRINITY COLLEGE, OXFORD
MR GEOFFREY TURNER

PROFESSOR & MRS E. ULLENDORFF

MISS SARAH WATERLOW
MR & MRS JOHN P. WATSON
MR R. DRENNAN WATSON
PROFESSOR W. S. WATT
MR & MRS R. W. G. WEIR
THE EARL OF WEMYSS & MARCH
PROFESSOR DAVID WEST
PROFESSOR A. B. WILKINSON
PROFESSOR IAN D. WILLOCK
MR & MRS A. WILSON
MR GORDON WILSON

MR & MRS D. C. YALDEN-THOMSON
MISS CLARA YOUNG
MRS HELLA YOUNG
SIR ROGER & LADY YOUNG

Some Donors have chosen to remain anonymous.

R.L.C.L.